学技术局

市长李明远（左三）在渭南高新区调研，要求营造良好创新创业环境，加快推进产业转型升级。

局长张向民（左三）深入科技型企业开展调研对接

市获批为陕西省第一批创新型县市试点。澄城农业科技园区、韩城花椒农业科技园区被省科技厅正式命名为首批省级农业科技园区。

强服务，提升工作水平。一是努力提高全社会科技研发投入。二是组织人员深入县市分片区召开了5场次技术合同认定登记的工作培训会，免费给企业讲政策、教办法。全市技术合同成交总额突破1亿元，完成目标任务143%。三是大荔模式实现镇级全覆盖。全市共建设镇级配送中心130个，大荔模式已覆盖全市100%的镇。

促合作，绽放科技之花。为持续深入抓好校地合作工作，市科技局积极落实省市科技会商和市政府与有关高校院所签署的战略合作协议，重点抓好县级层面和企业层面开展工作，促进各项协议落地生根、开花结果，使“研之能”与“产之需”无缝对接，校地合作之花开遍秦东大地。全年共评审鉴定各类科技成果13项，登记科技成果47项。推荐15个项目参评2014年省科学技术奖，4项列入拟奖范围，为近年最好成绩。全市40家科技企业的专利产值达49亿元。“政府牵线、高校满意、企业高兴”已成为渭南校地科技合作的真实写照。

全市科技创新大会隆重召开，创新型渭南建设工作全面启动。

组织召开全国3D打印与生物医疗器械产业推进会，3D打印产业链成为渭南转型升级新的增长极。

全省科技金融结合培训会在渭召开，加快推进资本要素向科技型企业集聚。

渭南市科技资源统筹中心建成运营，为全社会提供一站式科技服务。

渭南市文化广

渭南市召开创建国家公共文化服务体系示范区动员大会

创建示范区领导小组召开会议安排部署创建工作

全力创建国家公共
保障广大人

春雨工程—渭南文化志愿者边疆行走进云南

2013年9月，渭南市被文化部、财政部确定为第二批国家公共文化服务体系示范区创建城市。自示范区创建工作开展以来，在市委市政府的正确领导和各县（市、区）、各相关部门的大力支持下，坚持“立足当前，着眼长远；政府主导，统筹兼顾；整体推进，彰显特色。严格标准，上下联动；夯实基础，补齐短板；典型引领，惠及民生”的思路，两年来，着力在“公共文化服务设施四级网络建设、基层文化服务人才队伍建设、公

社火巡游车开上街头

“四进零距·百姓之声”文艺精品展演月活动

电新闻出版局

廉政文化演出在市中心广场举行

“渭南·泰国风情文化节”在渭南大剧院举行

化服务体系示范区

众文化权益

“大地情深”国家院团走基层来渭演出

共文化服务供给、典型项目示范引领”上下功夫，按照国家创建示范区标准和渭南市创建规划，突出重点、突破难点、凸显特点，全市上下齐心协力，真抓实干，扎实推进示范区各项创建工作，建立了有力的组织保障体系、政策保障体系和资金保障体系，形成了行之有效的协调联动机制、评估监督机制和全员参与机制，各项创建工作任务稳步推进，全市文化事业良性发展，人民群众对公共文化服务工作的满意度不断提高。

青春之梦群众大舞台

全市文广系统职工运动会

《渭南年鉴》编辑部
电话 （0913）2930501　　**传真** （0913）2930508
邮编 714000　　**电子邮箱：** sxwndfz@163.com
地址 渭南市民综合服务中心西配楼 5 层 525 号

渭南年鉴

WEINAN YEARBOOK

2015

渭南市人民政府

陕西新华出版传媒集团
陕 西 人 民 出 版 社

渭南市行政区划图

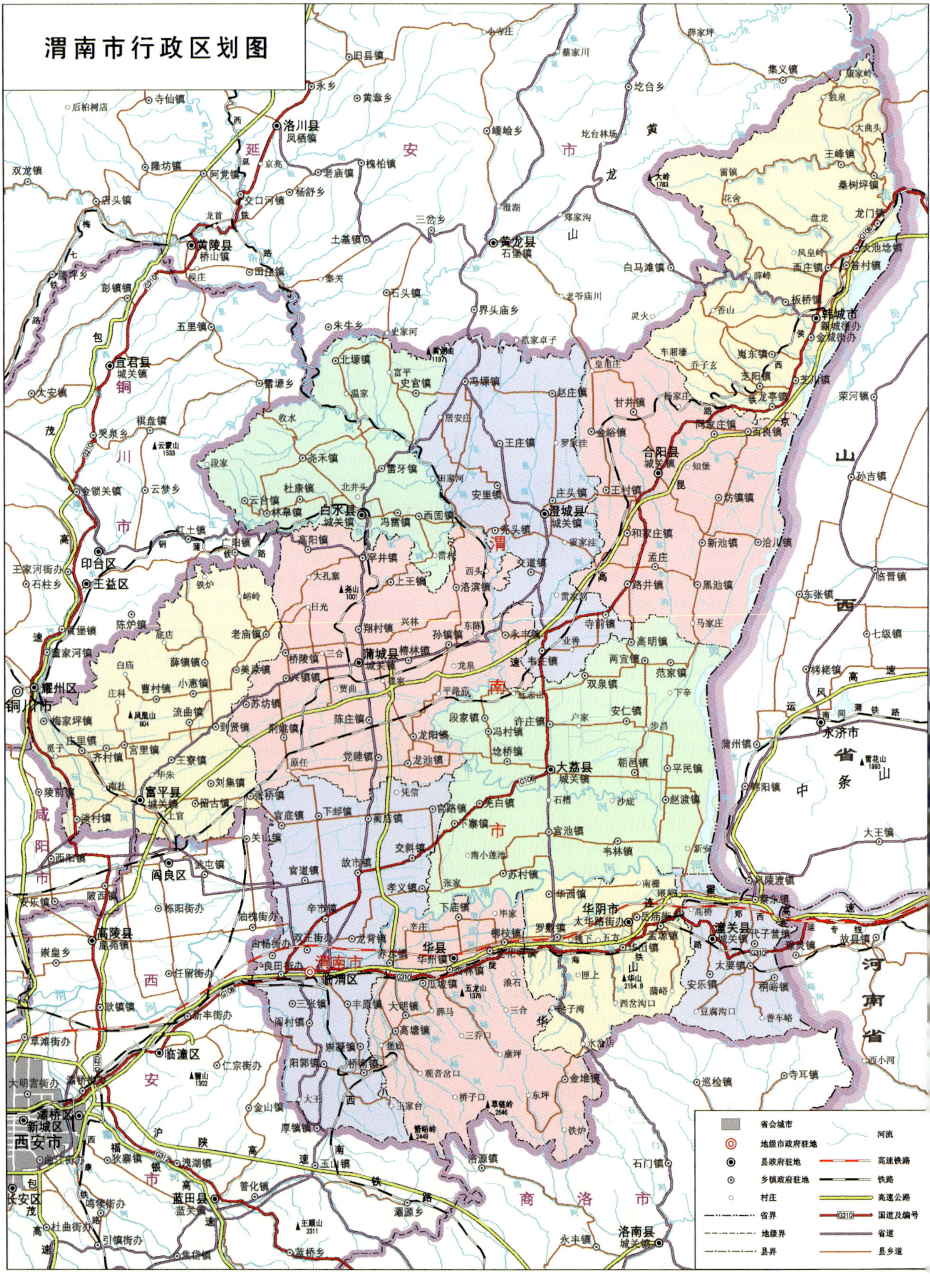

省会城市
地级市政府驻地
县政府驻地
乡镇政府驻地
村庄
省界
地级界
县界
河流
高速铁路
铁路
高速公路
国道及编号
省道
县乡道
G210
渭南市
临渭区
华县
华州镇
华阴市
太华路街办
潼关县
城关镇
大荔县
城关镇
蒲城县
城关镇
白水县
城关镇
澄城县
城关镇
合阳县
城关镇
韩城市
新城街办
金城街办
富平县
城关镇
黄龙县
石堡镇
洛川县
凤栖镇
黄陵县
桥山镇
宜君县
城关镇
印台区
王益区
耀州区
铜川市
阎良区
高陵县
鹿苑镇
临潼区
灞桥区
新城区
西安市
长安区
蓝田县
蓝关镇
洛南县
城关镇
永济市
延安市
铜川市
咸阳市
西安市
商洛市
山西省
河南省
渭南市
尧山
1001
黄龙山
1197
五龙山
1376
华山
2154.9
草链岭
2646
箭峪岭
2449
骊山
1302
王顺山
2311
大岭
1783
云梦山
1533
凤凰山
804
雪花山
1993
G108
G310
G210
G312

重要活动

2014年9月25日，由工信部赛迪研究院、中国医疗器械行业协会、渭南市人民政府联合主办，渭南高新区管委会承办的3D打印与生物医疗器械产业化推进会在渭南市举行。中国科学院院士、全国人大常委会副委员长、农工党中央主席陈竺出席并讲话。图为会前，陈竺（正中）等中、省领导视察渭南市高新区3D打印产业培育基地。（王晓宁摄影）

2014年11月18日至19日，省委书记赵正永在渭南市调研。他强调，要认真学习贯彻党的十八届四中全会精神，持续推动党的群众路线教育实践活动整改工作，认真履行党风廉政建设“两个责任”，积极稳妥推进镇村综合改革，真正把渭南建成展示陕西新形象的东大门。图为11月19日，赵正永（右一）在蒲城县考察。（王晓宁摄影）

2015年8月7日，2015年陕西省全民健身日系列活动在渭南市体育中心广场举行，渭南市委书记陆治原宣布活动启动。（杨青山摄影）

2015年7月14日，市长李明远（中）参加渭南3D打印工作会议。（杨青山摄影）

渭南市交通运输局

省交通运输厅厅长冯西宁（中）调研渭南市交通运输工作

举办践行党的群众路线教育实践活动演讲比赛

精心施工保质保量

局长陈春明（左二）深入工程一线指导工作

建设中的连霍高速渭南西出入口改造工程

建成的国道108示范路

渭南市环境保护局

2014年市区空气质量优良天数220天超额完成省考指标

市环保局党委举办党的群众路线教育实践活动学习交流会

市环保局成功举办盐酸泄露突发环境事件应急演练

21名市民代表为渭南环保“把脉会诊”

举办“打响向污染宣战战役　建设生态文明的美好家园”主题宣传活动

市环保局荣获市人大中心城市规划管理专题询问评议工作先进单位

渭南市商务局

局长 杨公平

召开2014年全市商务工作会议

市委书记徐新荣（中）在渭南海关、渭南出入境检验检疫局调研

市委常委、副市长程勉贵（右二）参加市商务局领导班子专题民主生活会

渭南市农业局

党委书记、局长 张金荣

机关人员风貌

团结奋进的领导班子

检查农产品质量安全

蓬勃发展的现代农业之一

蓬勃发展的现代农业之二

渭南市城乡规划管理局

“公民代表”参观规划展示馆

规划编制审查会

滨水西区总体鸟瞰图

人大专题询问评议工作

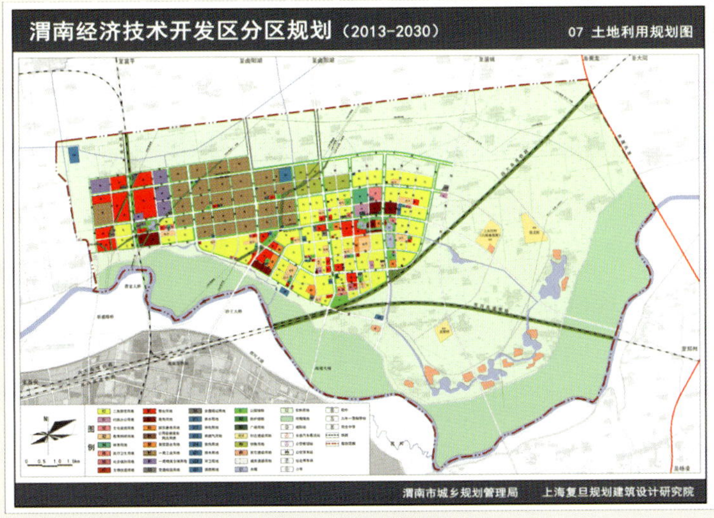

经开区分区规划

渭南市文物旅游局

渭南市文物旅游局局长霍文军作2014年全市文物旅游工作会议讲话

晋陕豫黄河金三角区域公安文物联合执法联席会

国家旅游局副局长吴文学观摩指导华山景区西岳庙灭火救援综合演练

参加2014年度全省文物系统消防技能比赛

2014年度渭南市全国第九个文化遗产宣传主题宣传活动

文物法制宣传

渭南市食品药品监督管理委员会

12月10日，市政协主席张建华（左三）调研豆芽生产企业。

国家食药监管总局司长王小岩在富平食药监管局调研

1月28日，常务副市长郑光照（左一）检查节前市场，市食药委主任王建军陪同。

省食品药品监管局局长胡小平（左二）调研富平县乳品企业

6月1日，开展食品安全周活动。

渭南市移民开发局

2014年移民工作会议

开展党的群众路线教育实践活动

水利部移民局副局长杨嘉隆（正中）来渭南视察移民工作

局长王健康检查临渭区移民危房建设工作

局长王健康慰问贫困移民

2014年市移民局解决移民危房问题全面启动，图为给合阳移民盖好的新房。

渭南市农业机械管理局

陕西省农机局局长何存贵（左四）、渭南市副市长吴蟒成（左二）、渭南市农机局局长张力民陪同农业部农机化技术推广总站副站长涂志强(右三)、农机化司监理处处长范学民（右四）一行检查中农集团建设情况。

《农机化促进法》实施10周年座谈会。市人大常委会副主任薛东江（右四）、市政协副主席杨文斌（左四）出席会议。

2014年，全市玉米综合机械化水平已达81%。

百姓问政市农机局

机械深松

跨区作业

渭南市畜牧兽医局

3月21日，全市动物防疫暨畜牧业发展工作会议召开。

11月4日，白水畜果结合循环经济发展研讨会召开。

9月11日，全市秋季动物防疫暨规范化动物防疫示范县镇创建工作会议召开。

2014年是渭南市建设陕西现代畜牧业示范区的第二年，面对经济下行压力、生猪价格持续下降、奶牛业生产低迷等异常严峻形势，全市各级畜牧部门认真贯彻落实市委、市政府《关于建设陕西现代畜牧业示范区的意见》精神，加强政策引导，强化工作措施，狠抓任务落实，示范区建设取得显著成效。

全市规划建设现代畜牧园区10个，新建各类规模养殖场362个，畜牧业产值增长20%，实现120亿元。五大产业示范区建设快速推进，产业聚集度和发展层次快速提升，特别是以富平县为核心区的百万只奶山羊产业示范区建设快速突破，富平县被中国轻工联合会、中国乳制品工业协会授予“中国羊乳之都”称号。同时，在现代畜牧园区、生态循环畜牧业发展、破解畜牧业融资难题和畜牧业信息化建设方面取得重要突破。

10月19日，富平县“中国羊乳之都”授牌仪式。

11月11日，市委、市政府组织召开示范区建设专项观摩会。

渭南市体育局

渭南市第十二届运动会盛大开幕

满怀信心征战省运会

市体育中心全景

体育为媒 宣传渭南

为健身站点赠送音响器材

义务培训体育技能

陕西省地方电力（集团）有限公司渭南供电分公司

富平分公司主网“体检”战役全面告捷

渭南供电分公司召开一届五次职代会暨2014年工作会

澄城110千伏雷家洼输变电工程顺利建成投运

渭南供电分公司“立足岗位做表率 为民务实比奉献”演讲比赛

爱电日宣传

白水分公司环保义工走进方山森林公园

中国联合通信有限公司渭南分公司

总经理杨帆在公司工作会上讲话

公司首届金点子大赛

“创新中国行”渭南站活动

渭南联通ipone6发布系列活动

公司“班班通”项目签约仪式

在陕西联通第二届职工乒乓球比赛中获奖

中国移动通信集团陕西有限公司渭南分公司

中国好4G宣传遍布城乡

总经理张西华致辞全球通大讲堂活动，感谢重要客户的支持与厚爱。

渭南移动开展“五一七”世界电信和信息社会日现场营销活动

总经理张西华（左二）慰问“爱心100助学”受助学生家庭

渭南移动成功举办2014年“4G杯”员工羽毛球比赛

渭南师范学院

渭南师范学院

渭华门

教学大楼

渭南师范学院是一所以教师教育为主要特色的多学科普通本科高等院校。学校肇始于1923年中国共产党陕西党团组织创始人之一、著名教育家王尚德创立的赤水职业学校，及之后“抗大式”的赤水农业职业学校。学校先后经历了原渭南师范学院、陕西师范大学渭南专修科、渭南师范专科学校三个时期。2000年，经教育部批准，渭南师范专科学校与1983年创立的渭南教育学院合并为本科层次的渭南师范学院。

学科涵盖经济学、法学、教育学、文学、历史学、理学、工学、管理学、艺术学、农学等10个门类，有59个本科专业。下设12个二级学院，面向全国招生，共有港澳台高校交换生和韩国等国家留学生，在校生和留学生17600余人。

著名工程与技术科学基础学科专家、中国工程院院士李焯芬教授任学校名誉校长。学校共有教职工1300余人，教授、研究员等高级职称教师109人，副教授303人，博士学历教师139人。主干学科教师中硕士、博士分别占教师总数的66.90%和23.97%。

学校建有陕西省院士专家工作站，省级大学生校外实践教学基地，陕西省马克思主义大众化普及基地、陕西省人文社会科学重点研究基地秦东历史文化研究中心、中国史记研究院等11个省级科学研究平台和14个产学研平台。《渭南师范学院学报》的“司马迁与《史记》研究”是教育部名栏建设项目，与中国史记研究院、中国史记研究展览馆、中国史记研究网、司马迁与史记研究特色电子文库等形成面向全国的基础性、引领性和服务性的“史记学”研究阵地。

截至2014年，学校为国家培养输送了7万余名合格人才。他们有学校创始人的红色教育家王尚德、开国上将张宗逊、两次领导解放渭南的权秉华等革命先辈；有国务委员、中央军委委员、国防部长常万全上将和国家工商总局原副局长韩新民等中高级干部；山东大学仵从巨教授、中国人民大学杨保军教授等；全国“五一”劳动奖章获得者吴海洋、中国教育年度人物邓健、全国模范教师郗莉、陕西省师德标兵田江寿等优秀中小学教师；有无锡日联科技有限公司董事长刘骏、西安鼎立高压电器制造有限公司董事长赵渭鹏等。

学校坚持实施“青年马克思主义者”培养工程，建有“刘志丹习仲勋关中东部早期革命活动纪念馆”“科学馆”“河洛文化展览馆”等校内爱国主义教育基地。学校获“全国艺术教育先进单位”“全国语言文字工作先进单位”“全国语言文字规范化示范校”“陕西省最佳单位”“陕西省先进集体”“省级文明校园”“省级园林式单位”等称号。

学校校训为“经世致用、和而不同”，学校精神为“天天奋斗、天天快乐”。

渭南职业技术学院

党委班子成员

全国人大常委会副委员长陈竺（正中）视察学院人才培养

省教育厅副厅长张雄强（正中）视察学院“国培计划”项目

学院第四届大学生校园文化艺术节

学院鸟瞰图

渭南市新华书店有限责任公司

党委书记、总经理 张晓亭

渭南图书大厦外景

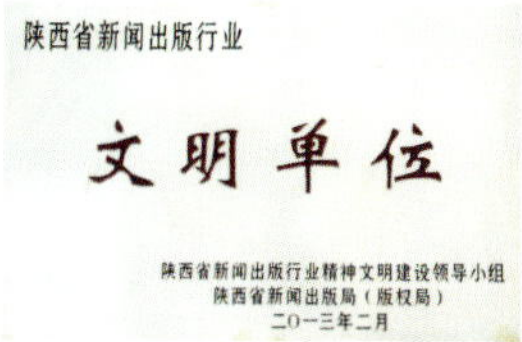

渭南图书大厦少儿区

渭南市新华书店创建于1949年6月，共有干部职工90人，其中中共党员43名。资产总计达6800多万元，年销售总量8300多万元。经营图书、音像制品5万余种，实现年销售1000多万元。2011年被渭南市委、市政府评为“市级文明单位”，渭南图书大厦被中国书刊发行业协会评为出版物发行行业“文明店堂”，被集团公司评为2011年度“优秀经营门市”，被渭南市评为2011年至2014年度“青年文明号”。2010年至2014年被陕西新华发行集团评为年度“综合考核优秀单位”。2012年渭南市新华书店总经理张晓亭被授予“全国新闻出版系统劳动模范”。2013年渭南市新华书店被评为陕西省新闻出版行业“文明单位”，被集团公司评为年度经营工作“先进单位”，2014年被省委、省政府评为省级“文明单位”。

渭南市子公司流动展销活动

大厦成立学雷锋志愿者服务队

中国银行股份有限公司渭南分行

党委书记、行长 张权宏

入党宣誓

党的群众路线教育实践活动启动大会

健步走活动

人民币反假知识进校园

趣味运动会

中国建设银行股份有限公司渭南分行

1月25日，被渭南人民广播电台《环境热线》栏目评选为2014年度人民群众满意十佳单位。

2月13日，建行渭南分行召开2014年工作会议。

2月25日，被渭南市委、市政府评为2014年度目标责任考核优秀单位。

6月5日，渭南分行联合第二监狱举办警示教育大会。

6月23日，建行渭南分行组织员工到铜川照金革命纪念基地参加红色革命教育。

12月5日，举办渭南分行首届“善建者行”杯个人金融产品营销大赛。

中国工商银行股份有限公司渭南分行

8月22日，市长奚正平、副市长王晓军在分行十三楼会议室召开金融系统调研座谈会。

6月10日，分行组织全体员工参加“争做文明渭南人”签名仪式。

9月18日,分行走进渭南师范学院，组织开展了“反假货币知识进校园”宣传活动。

市长奚正平、副市长王晓军一行在前进路支行进行调研考察，对分行在支持重点建设项目、服务三农、促进民生、支持小微企业发展所作的工作给予充分肯定。

6月26日，省银行业协会对前进路支行进行考察调研。

10月16日，分行组织青年员工在市中心广场参加了渭南市防范和打击非法集资宣传月活动启动仪式。

中国农业银行股份有限公司渭南分行

4月22日，陕西省分行与陕西华山旅游集团有限公司签署合作协议。副市长程勉贵、银监分局副局长刘卫、副行长郝玉斌等出席。

4月2日，省行副行长赵志波、副市长王晓军为荣获“文明规范服务百佳示范单位”的朝阳路支行授牌并颁发荣誉证书。

8月21日，渭南分行举办了践行社会主义核心价值观和农行企业文化演讲比赛。

5月29日，主持省行工作的党委副书记王伟，省行农户金融部总经理王醒军等，深入渭南分行调研指导工作。

9月15日，渭南市银行业协会筹备成立大会，邓海峰当选渭南市银行业协会第一任会长。

9月3日，省行党委书记、行长王伟在省行法律事务部总经理董建勋的陪同下，深入渭南大荔、蒲城支行调研指导工作。

中国人寿保险股份有限公司渭南分公司

团结奋进、务实进取的分公司党委班子

中国保监会党委第二巡视组来公司调研指导党的群众路线教育实践活动

总、省公司工会领导莅临渭南调研

公司组织青年员工开展辩论赛

优质服务赢得客户赞誉

公司联合计生系统关爱留守儿童

中国大地财产保险股份有限公司渭南中心支公司

总经理雷宏在工作会上讲话

8月积极参加总公司两险业务培训会

12月作为协办单位之一积极参加渭南市迎新春越野比赛

渭南市盐务管理局

局长吴培育在全年盐业工作会议上作工作报告

新品推广会

食品安全宣传

临渭区

区委书记 杨林

区长 郭柱国

临渭区地处渭南中心城市,是渭南唯一的市辖区,是全市的政治、经济、文化中心。全区辖20个镇、街道办事处，国土总面积1221平方公里，总人口94万人，其中城市人口40万人。

区位优越，交通便捷。境内道路四通八达，遍布城乡，交通便捷顺畅。陇海铁路、西南铁路、郑西高速铁路、310国道、西潼高速公路横贯东西，108国道和107省道、关中环线纵穿南北。距省会42公里，距咸阳国际空港45分钟车程，是关中东部的交通“陆港”。

历史悠久、人杰地灵。自前秦二年置县，临渭区已有2300多年历史，历经数次变化沿革，1995年撤市设区沿用至今。在临渭区这块热土上，曾出现过七位宰相、八名大将、十二任尚书，英贤将相，代不乏人。这里因有寇准、白居易、张仁愿而被称为“三贤故里”，陕西革命先驱王尚德、政治家屈武、功勋卓著的上将张宗逊，更让这里人杰地灵，历史厚重。

文化积淀深厚，旅游资源得天独厚。这里秦汉文化遗存丰厚，市区内有全国仅存的秦始皇焚书台——灰堆遗址。“沈水夜月，瑞泉瀑布”，“泰宁晨钟、风门堆雪”堪称渭景八胜。而民间关于王莽、刘秀的传说，则可以从韩马的墓冢，演绎到南塬的山川流泉。建于晋代的慧照寺塔、寇准墓冢与白氏祖茔并不孤独，它与秦岭北麓近乎原生态的石鼓山、秀龙山、天留山遥相呼应，为临渭区宜居城市的建设和生态旅游业的发展，储备了取之不尽、用之不竭的丰富资源。这里与现代文明和发展也有不解之缘，国家先进的航天卫星测控中心，就坐落在区内。如今这里建有被称为中国“航天故宫”的航天航空博物馆，这里陈列和记载着中国航天事业成长、发展的每一个足迹，可谓“深厚的文化积淀灿若星河，壮丽的山川河流交相辉印”。

资源丰富，商机无限。这里享受着近水得月的独特优势，依托渭南中心城市，辐射周边县市，城市资源丰富，发展空间巨大，消费需求日益增长，城市经济日趋活跃。在加快城市公共基础设施建设，推进旧城和城中村改造步伐，强化城市管理，大力发展城市现代服务业的进程中，新商机不断催生，是社会各界精英投资创业的理想之地。

新时代谋求新发展，临渭区已站在了新一轮创新发展的起跑线上。“十二五”时期是临渭区加速发展的重要机遇期，坚持以科学发展为主体，以富民强区为目标，以“打造经济强区、构建和谐临渭”为统揽，以城市建管为重点，以项目建设为支撑，突出城市建设管理、壮大服务经济、发展现代农业三项重点工作，努力为打造百万人口的中心城市而不断奋斗！

临渭区财政局

局长 刘红娃

临渭区财政局内设20个股室，局属12个二级单位，下辖20个街镇财政所，共有干部321人。近年来，区财政局立足实际，凭借区域优势，坚持在用足财政政策上想办法，在用活财政资金上出实招，在财政管理绩效上做文章，科学统筹，突出重点，逐步走上了开源增收提实力、控支节流保重点、强本提效深改革、强化监督促规范的科学发展轨道，财政资金的杠杆作用、宏观调控能力、综合保障实力明显提升，有效保障了全区经济发展、行政运行、社会稳定和惠及民生等重大事项支出，获得了社会各界的好评。

年度工作会议

上级领导调研工作

全区涉农资金专业整治行动会议

临渭区人力资源和社会保障局

省市区人社部门领导检查指导工作

现场为创业人员发放小额担保贷款

举办高校毕业生专场招聘会

临渭区人力资源和社会保障局坚持“民生为本、人才优先”，紧扣全区中心工作，不断拓展就业渠道，完善社会保障体系，规范人事人才管理，着力营造和谐劳动环境，促进了全区经济社会科学发展。2014年，共组织开展就业创业培训3800人，发放小额担保贷款1.1亿元，全区新增就业1.43万人，农村劳动力转移就业保持在年12万人以上，城镇登记失业率控制在3.5%以内，就业局势保持稳定。全区城镇基本医疗保险参保22.5万人，城乡居民养老保险参保35万人，参保率达到99%，各项社会保险覆盖范围不断扩大，保障水平不断提高。加强劳动保障监察执法规范化建设，精心组织开展清理整顿人力资源市场、拖欠农民工工资清理等劳动保障监察专项行动，营造和谐劳动环境。2014年，区人社局军转安置工作获得省级先进，就业创业、人才服务等多项工作得到市局表彰，综合工作位居全市人社系统前列，先后获得区目标责任考核优秀奖、区级文明单位等多种荣誉称号。

进工地宣传劳动保障法律法规

宣传城乡居民社会养老保险政策

临渭区畜牧兽医管理局

临渭区畜牧兽医管理局成立于1996年，原名渭南市临渭区畜产食品局，畜牧发展局。2008年更名为畜牧兽医管理局。主要职责是承担全区畜牧兽医行政管理职责；贯彻执行畜牧兽医的法律法规和中、省、市畜牧业发展方针政策；拟定全区畜牧业发展规划，指导全区畜牧产业发展工作；负责中、省、市、区扶持畜牧业发展项目的申报、审定工作，拟定全区畜牧业发展资金使用方案并组织实施；负责畜牧兽医龙头企业申报、审定工作；监督和管理全区的动物防疫工作，组织实施动物疫病强制免疫计划和监测计划；负责全区畜牧兽医技术推广工作，组织指导全区畜牧兽医技术培训和推广应用工作；负责食用畜产品从养殖环节到进入批发、零售市场或生产加工企业前的质量安全监督管理；负责兽药、饲料、饲料添加剂等其他畜牧投入品质量及使用的监督管理。负责畜禽屠宰环节和生鲜乳收购环节质量安全监督管理。

局所属单位共有6个。全额事业单位三个：区动物疫病预防控制中心，区动物卫生监督所，区畜牧技术推广站；自收自支事业单位一个：区畜牧良种场。国有企业两个：渭南市禽业公司，临渭区食品公司。局机关内设机构有办公室、畜牧股、畜产品安全监管股三个股室。局系统共有职工480人，其中在岗221人。局系统共有党员103名。

近年来，认真贯彻落实市委、市政府《关于建设陕西现代畜牧业示范区的意见》精神，以五大产业示范区建设为突破口，以现代畜牧业示范区、镇、村创建活动为抓手，以规模养殖场（园区）建设为重点，加强政策扶持引导，加大项目建设力度，强化动物疫病防控和畜产品安全监管，全力推进陕西现代畜牧业示范区建设，全区畜牧产业呈现出蓬勃发展的良好态势。2015年一季度末，全区生猪存栏65.7万头，羊存栏12.5万只，家禽存栏508.2万只。在区畜牧兽医局积极引导和技术支持下，全区新建规模养殖场（小区）不断涌现，成绩喜人，现代畜牧业园区建设步伐加快，畜牧园区已成为全区畜牧产业发展的新亮点。动物防疫和畜产品安全监管工作扎实稳步进行，全区牛、羊、猪五号病防疫密度达到100%（妊娠畜除外），猪蓝耳的防疫密度超过95%，鸡的防疫密度达到100%。多年来，全区无大的疫病发生流行。全区瘦肉精、药残、生鲜乳违禁物质、兽药、饲料监管严格规范，有效保障了全区畜牧产业健康快速发展。

总支书记、局长 党百民

局系统党的群众路线教育实践活动动员会

区委书记杨林深入养殖场调研畜牧产业发展情况

潼关县

县委书记 何树茂

县长 樊正学

潼关位于秦、晋、豫三省交界，为陕西的东大门的门户，全县总面积526平方公里，人口16万，28个村社区。近年来先后获国家卫生县城、全国群众体育先进县、全国三北防护林优质工程县、省级园林城市、全省县域经济社会发展争先进位奖、省级双拥模范县等荣誉称号，是国家资源转型扶持县。全县整体工作满意度调查连续三年全市排名第一。

千古雄关，千年古城。潼关于西汉初年设县，东汉末年建关，是中华文明发源地之一，流传着女娲抟土造人、夸父追日弃杖桃林等美丽传说；潼关为千年雄关，千古名城，史书记载大小战事82次；境内马超刺槐、十二连城、仰韶文化遗址等历史遗存较多，旅游开发潜力巨大。

三河交汇，黄河东流。潼关位于黄、渭、洛三河交汇处，黄河由此自北东折，滚滚东流，形成天下黄河第一湾的奇伟景象，加之湿地绵延，芦荡密布，水鸟集聚，蔚为壮观；潼关南望华山，北眺黄河，“岳渎相望”成语产生于此，是华山与黄河对话的绝佳之地。

盛产黄金，华夏金城。潼关金、银、铅、铁等储量丰富，其中黄金资源得天独厚，年均生产黄金8吨左右。1993年跻身全国第三产金大县，2005年被中国黄金协会授予“华夏金城”称号，2011年以来，连续三年被评为全国“黄金十强县”。

物华天宝，人杰地灵。潼关酱菜历经300年的发展独具特色，1915年获巴拿马世界博览会金奖，为国家地理标志产品；黄河鲶鱼汤、鸭片汤别具风味，八方食客慕名而来，潼关肉夹馍全国连锁店已超过150多家；“关西夫子”杨震生于斯，葬于斯，“四知拒金”流芳千古。

近年来，潼关县始终坚持“黄金立县、旅游兴县”发展战略，按照“转型发展、城乡统筹”工作思路，抢抓机遇、务实苦干、攻坚克难、开拓创新，全县经济社会发展呈现增速加快、质量提高、结构优化、民生改善的喜人局面。

2014年，全县生产总值完成41.1亿元，较2013年增长10.4%；地方财政收入完成2.8亿元，较2013年增长14%；城乡居民收入达到26101元和8381元，较2013年分别增长11.8%和13.4%，县域经济发展全省综合排名52位，较上年靠前7个位次。

坚持黄金立县。打非治违“潼关模式”在全国推广，中深部整装开发进展顺利，建成了200吨/日难选冶生产线、天和苑黄金精炼公司等，首饰城经营店户达到115家。

实施旅游兴县。围绕“一城三园一街”和“慢游潼关”两大主题，全力打造潼关关河旅游品牌。电视剧《兵出潼关》登陆央视8套黄金强档，《潼关历代战争纪事》正式出版，潼关古城保护恢复、国家级黄河湿地公园等项目正在紧张施工。

持续民生改善。每年整合投资1亿元，实施“美丽乡村、美好家园”创建，彻底清理了全县陈年垃圾，组建了镇村专业保洁队伍，重点实施全县各村绿化、亮化、美化工作；开通了城区免费公交、农村免费数字电视和免费校车；基本实现全县农村村部、文化广场、文化活动室、农家书屋、卫生室、治安监控等基础设施建设全覆盖。

创新社会管理。建成了集社会治安、交通管理和城市管理为一体的“三网合一”视频监控平台，健全了县有“人民之家”、镇有“百姓之家”、村有“服务中心”三级便民服务体系，人民群众幸福指数和安全感全面提升。

编辑说明

一、《渭南年鉴》为编年体资料性工具书，由渭南市人民政府主持编纂，市地方志办公室承办。从1999年起出版发行，《渭南年鉴》(2015)是这套连续出版物的第17卷。

二、《渭南年鉴》旨在全面客观地反映渭南改革开放和现代化建设的历史进程，树立当代渭南的新形象，让世界了解渭南，让渭南走向世界。

三、《渭南年鉴》(2015)全面、翔实地记述2014年渭南市政治、经济、军事、社会等各方面的新情况、新成就、新进展，记录全市人民艰苦奋斗的重大史实和不朽业绩。

四、本年鉴采用分类编排法，除特载、大事记、附录等综合性栏目单列外，年鉴的主体内容均按照类目、分目、条目三个层次分类编排，各类目下设若干分目，分目下设若干条目。条目标题统一使用黑体字加【】表示。

五、《渭南年鉴》(2015)共设立渭南概貌、特载、中国共产党渭南市委员会、中国共产党渭南市纪律检查委员会、渭南市人民代表大会、渭南市人民政府、中国人民政治协商会议渭南市委员会等31个类目，222个分目，1115个条目。

六、本年鉴所用文稿，系市直各部门、各县(市、区)及有关单位提供。经济社会指标和综合性数据以统计局提供的数据为准。

七、本年鉴配合文稿内容还配置了系列化的彩色插页，它以形象直观的信息资料，使年鉴图文并茂，精美活泼，增加了信息量和鉴赏性。彩页单列单编了目录和页码，刊于内文目录之后，以备查阅。

八、《渭南年鉴》在征编过程中，得到各方面的大力支持，在此一并表示谢忱。由于本年鉴是众手成书，加之时间仓促，错误和疏漏之处在所难免，恳请读者批评指正。

《渭南年鉴》编辑部

2015年8月

目 录

滑南概貌

特 载

中国共产党渭南市委员会

中国共产党渭南市纪律检查委员会

渭南市人民代表大会

渭南市人民政府

中国人民政治协商会议渭南市委员会

民主党派

人民团体

军　　事

法　　治

农业与农村经济

工业和电力供应

信息产业　信息化

交通　邮政

商贸流通和服务业

旅　游　业

城乡建设 环境保护

建筑业和房地产业

财政 税务

金融 保险

经济管理与监督

教育 科技 文化

体育 卫生 计划生育

社会生活

人　　物

县(市、区)概况

产业园区建设

调研文摘

渭南市主要经济社会指标

附　　录

彩色插页

勤政为民

行业标兵

县市之窗

Contents

Introduction of Weinan City

Important notes

Weinan Municipal Committee of CPC

Weinan Municipal Commission for Discipline Inspection & Supervisory

Weinan Municipal People's Congress of NPC

Weinan Municipal People's Government

Weinan Municipal Committee of CPPCC

Democratic Parties

Mass organization

Military

The Rule of Law

Agriculture and Rural Economy

Industry & Power Supply

Information Industry & Informatization

Transportation & Postal Service

Commerce and Trade & Service

Tourism

Construction of Urban and Rural Areas & Environmental Protection

Construction and real estate industry

Finance & Revenue

Monetary & Insurance

Economic Management & Supervision

Education, Science and Technology, Culture

Sports, Hygiene, Family Planning

Social life

Figures

Brief about districts, counties and cities

Industrial Parks Construction

Research abstract

Main ecnomic and social index of Weinan

Appendix

渭 南 概 貌

基本情况

【位置、面积】 渭南市位于黄河中游，陕西省关中平原东部，东经108°58′～110°35′和北纬34°13′～35°52′之间。东与山西、河南毗邻，西与西安、咸阳相接，南依秦岭与商洛为界，北靠黄龙山、乔山与延安、铜川接壤。南北长182.3公里，东西宽149.7公里，国土总面积13030平方公里。

【政区、沿革】 2014年年底，渭南市辖临渭区和华县、潼关、大荔、合阳、澄城、白水、蒲城、富平8个县，代管韩城、华阴两个省辖市，共110个镇、21个街道办事处，3198个行政村，207个居委会。渭南市历史悠久。西周时，就有郑、彤、芮、莘、梁、屠、彭衙等国邑。东汉建安初年，献帝将左冯翊分为左内史郡和左冯翊郡。左冯翊郡治所临晋（今大荔县），辖临晋、粟邑、衙县、合阳、夏阳5县。从此，关中东部首次形成了独立的县以上政区，渭南市粗具雏形。北魏以后，境内一直为同州、华州所辖。清雍正十三年（1735），同州升为府，华州变为散州，渭南境内1府8县1州1厅，形成了纵括渭水南北的格局。1950年以来，渭南市所辖县市数次增减，但基本辖区未变。

【河流、水资源】 流经市境的河流主要有黄河、渭河、洛河。黄河自北而来沿边境流过，洛河自西北而东南入渭河，渭河自西而东在境内汇入黄河，三河年平均径流量438.86亿立方米。地表水、地下水资源总量20多亿立方米。临渭区、华县、华阴市、韩城市的黄河漫滩和渭河傍河区为地下富水区；大荔、蒲城、富平等县的地热水资源丰富。

【耕地、动植物】 据统计部门资料，年末常用耕地面积54万公顷。全市有野生动物360多种，其中受国家保护的珍稀动物35种，如丹顶鹤、黑鹳、大天鹅、青羊、金鸡等。人工饲养的畜禽20多种，其中以秦川牛、关中驴、奶山羊等量大质优，驰名全国。全市有野生植物2500多种，栽培植物150多种，主要有小麦、玉米、谷子、薯类、豆类、棉花、烟叶、油菜、花生、芝麻、苹果、酥梨、葡萄、花椒、红枣、柿子、核桃、板栗、杏、桃等。

【气候】 渭南市属暖温带半湿润半干旱季风气候，四季分明，光照充足，雨量适宜。除秦岭山区外，年日照时数2009～2528.1小时，年均气温11.5～13.6℃，0℃以上积温4250.3～5022.9℃，大于10℃积温3780.8～4509.4℃，是关中地区热量的高值区。无霜期为199～224天，年降水量508～608毫米。

【矿产资源】 已发现矿产51种，探明储量的有煤、钼、铅、锌、铁、铝、白银、石灰石、大理石、蛭石等33种，易于开采的20余种，以煤、钼、金、铜、石灰石、大理石为优势矿种。煤炭地质储量255亿吨，已探明储量50亿吨，保有储量49亿吨；钼矿已探明储量150万金属吨，居全国第二位；铜保有储量21.7万金属吨，占全省总储量的45.7%；石灰石地质储量133亿吨，保有储量5400万吨，是烧制水泥的优质原料；大理石储量1.3亿立方米，为优质建筑材料。

【旅游资源】 渭南市地貌类型多样，山河壮丽，自然景观神奇瑰丽。以“奇险天下第一山”著称于世的西岳华山，五峰耸立，七十二峰罗列其周，犹如一朵盛开的莲花，圣洁俊秀；还有少华山、黄河龙门、洽川黄河湿地等一批自然景观，特色鲜明，声名远播。渭南历经沧桑，文物古迹荟萃。全市共有古墓葬、古碑刻、古战场、古建筑、名人故居、革命战争纪念地等文物古迹3697处，列入保护和开发的文物旅游景点619处，其中国家级59处，以唐睿宗李旦桥陵、司马迁祠墓、西岳庙、仓颉庙、党家村明清民居最为著名。渭南的自然景观与文物古迹珠联璧合，空间组合良好，旅游开发前景广阔。形成一批国家A级景区，华山风景名胜区晋升为国家5A级景区，4A级景区有少华山森林公园、陶艺村、洽川风景名胜区、司马迁祠景区、韩城市博物馆景区，3A级景区有渭华起义纪念馆、华山御温泉、仓颉庙、杨震廉政教育基地、丰图义仓、巴厘岛温泉、杨虎城纪念馆、林则徐纪念馆、渭北葡萄产业园等。

经济发展

【经济概况】 2014年，全市采取了一系列稳增长优结构的措施，积极适应经济发展的新常态，全市经济运行稳中向好，社会建设和谐稳定。全年实现生产总值1460.94亿元，比上年增长10.5%。其中，第一产业增加值207.16亿元，增长4.9%，占生产总值的14.2%；第二产业增加值794.51亿元，增长12.1%，占生产总值的54.4%；第三产业增加值459.27亿元，增长9.7%，占生产总值的31.4%。人均生产总值27372元，比上年增长8.1%。全年非公有制经济增加值694.6亿元，占生产总值的47.5%，比上年提升1.3个百分点。

【农业】 受冬春连旱、高温伏旱及强秋淋等不利天气影响，全市粮食生产出现播种面积和总产量双下降。全年粮食播种面积51.3万公顷，比上年下降1.4%。其中，夏粮29.3万公顷，下降0.2%；秋粮22万公顷，下降3%。粮食总产量206.01万吨，下降2.4%。其中，夏粮104.01万吨，增长7.2%；秋粮102万吨，下降10.7%。

全市蔬菜面积7.74万公顷，比上年增长2.4%；总产量238.8万吨，增长6.1%。水果面积18.32万公顷，增长5.5%；总产量292.06万吨，增长3.2%。果业规模经营快速发展，新增千亩以上果园3个。瓜类面积3.7万公顷，增长5.4%；总产量140.8万吨，增长7.5%。

高标准实施天然林保护、退耕还林、“三北”防护林五期等国家重点林业工程，完成造林29426公顷，其中人工造林20026公顷，封山育林8733公顷，飞播造林667公顷。

紧紧围绕陕西现代畜牧业示范区建设，加强政策扶持引导，加快体制机制创新。全年新发展现代畜牧园区10个，新建规模养殖场362个。年内大牲畜出栏8.48万头，较上年增长2%；其中牛出栏8.44万头，增长1.9%。猪、羊、家禽分别出栏258.8万头、62.39万只、972.23万只，同比依次增长2.9%、3.5%、0.4%。年末大牲畜存栏29.27万头，较上年增长2.5%；其中牛存栏29.18万头，增长2.5%。猪存栏211.13万头，下降2.4%；羊存栏105.56万只，增长2.74%；家禽存栏1189.5万只，下降0.9%。肉、奶产量分别为22.2万吨、40.23万吨，依次增长2.9%、2.5%；蛋产量10.51万吨，下降0.1%。

【工业】　全年实现工业增加值695.03亿元,比上年增长12.2%;其中规模以上工业企业完成增加值638.35亿元,增长12.3%。

全年规模以上工业完成总产值1883.48亿元,比上年增长8.1%。其中,重工业1637.43亿元,增长7.7%;轻工业246.05亿元,增长10.9%。八大支柱产业呈现全面增长态势,共完成工业总产值1847.46亿元,增长8.8%。其中,能源工业592.80亿元,增长3.3%;化工工业144.86亿元,增长12.3%;装备制造业108.75亿元,增长17.3%;有色冶金工业682.33亿元,增长8.0%;食品工业192.18亿元,增长17.6%;非金属矿物制品业109.41亿元,增长17.5%;医药制造业5.25亿元,增长14.3%;纺织服装工业11.88亿元,增长24.9%。重点监测的30种主要工业产品中,钢材、钼精矿等13种增长,原煤、水泥等17种下降。

全年规模以上工业实现主营业务收入1467.26亿元,同比下降0.8%;实现利税41.92亿元,下降35.9%;实现利润5.32亿元,下降73.1%;亏损企业亏损额30.28亿元,增长1.7%。

2014年工业固定资产投资完成448.15亿元,比上年增长7.9%。34个市级重点项目均完成年度投资计划,韩城龙门煤化28万吨合成氨及48万吨尿素、蒲城70万吨聚烯烃、阳山庄钢铁炉料、富平生态水泥等项目进入试产阶段。

【建筑业】　全年建筑业实现增加值99.48亿元,比上年增长13.4%。资质以上建筑业累计总产值239.21亿元,增长11.9%;其中国有及国有控股企业150.2亿元,增长6.9%。资质以上建筑企业共签订合同额432.22亿元,增长15.75%。房屋建筑施工面积1388.51万平方米,增长1.3%。

【固定资产投资】　全年完成全社会固定资产投资1765.61亿元,比上年增长20.3%。其中,固定资产投资(不含农户)1646.34亿元,增长21.2%;农户投资41.37亿元,增长0.4%。在固定资产投资(不含农户)中,第一产业投资199.30亿元,比上年增长65.4%;第二产业投资449.28亿元,下降9.1%;第三产业投资997.76亿元,增长34.2%。

全年民间投资828.20亿元,比上年增长11.4%,占固定资产投资(不含农户)的50.3%。

全年房地产开发投资81.35亿元,较上年下降19.7%;房地产开发企业房屋施工面积1030.81万平方米,下降13.8%;商品房销售面积325.26万平方米,增长1.3%;商品房待售面积111.34万平方米,增长32.9%。

【公路运输】　全年完成交通总投资37.5亿元。公路建设快速推进,G108渭南至汉村一级公路、S201卤阳湖至翔村、S202澄城至韦庄公路改造项目及韦罗高速、渭玉高速公路建设等一批重点项目建成通车或顺利推进。全年货运量13133万吨,比上年增长13.0%;货物周转量3573985万吨公里,增长13.8%。客运量9169万人,增长4.8%;旅客周转量351325万人公里,增长4.9%。

【邮政通信】　积极推进邮政普遍服务均等化。2014年年底,已完成空白乡镇邮政网点补建49个,为"十二五"规划的85.96%。引导快递企业加快农村网络布局,全市乡镇快递网点覆盖率达到80%以上。全年完成邮政业务收入3.63亿元,增长8.7%。全年完成电信业务总量10.6亿元,增长23.3%。年末固定电话用户77.17万户,其中城市家庭37.24万户,农村家庭37.66万户;年末移动电话用户

431.21万户,其中3G移动电话用户401.81万户,4G移动电话用户29.4万户;年末固定及移动电话用户总数508.38万户。互联网宽带用户数63.79万户,比上年增长51.27%。

【国内贸易和市场价格】 持续扩大有效投资,“镇超工程”、农超对接、西果东送、大型专业市场、物流园区等一批商业项目顺利推进和建成运行,全市商贸能力和水平得到有效提升。全年社会消费品零售总额418.5亿元,比上年增长14.0%。其中,限额以上企业(单位)消费品零售额271.2亿元,增长15.1%。按经营地分,城镇消费品零售额317.0亿元,比上年增长15.3%;乡村消费品零售额101.5亿元,增长10.0%。按消费形态分,商品零售额372.5亿元,增长14.8%;餐饮收入46.0亿元,增长8.0%。全年居民消费价格总指数为101.7%。八大类价格指数中,食品类价格上涨2.6%,居住类上涨1.2%,医疗保健和个人用品类上涨1.4%,衣着类上涨3.0%,烟酒及用品类下降0.2%,交通和通信类上涨0.2%,家庭设备用品及维修服务类价格上涨1.0%,娱乐教育文化用品及服务类上涨0.5%。商品零售价格总指数101.0%,生产资料价格指数99.7%。

【招商引资】 全市共签订各类招商引资项目335个,项目总投资1080亿元。在建项目实际到位资金571.35亿元,较上年增长15.5%,其中新开工项目308个,实际到位资金254.25亿元,续建项目275个,实际到位资金317.1亿元。全市新批外商投资企业1户,合同利用外资825万美元,实际利用外资1216万美元。

【对外贸易】 据西安海关统计,2014年全年实现进出口总额141684万元,较上年下降5.9%。其中出口119111万元,下降4.6%;进口22573万元,下降12.1%。一般贸易和加工贸易仍为进出口贸易主要方式,分别占进出口总额的62%和37%。主要进出口商品为机电产品、农产品、化学品和轻工产品。

【旅游业】 总投资179.5亿元的华山旅游综合开发、史记韩城·风追司马文化景区、潼关古城景区等7个项目列入市级旅游建设项目,共完成年度投资18.23亿元。全年共接待游客3202万人次,较上年增长10.41%;实现旅游综合收入252亿元,增长18.9%。

【财政】 2014年,在财政增收困难加大形势下,不断推进税收征管改革,挖掘增收潜力,顺利完成财政收入预期目标。全年地方财政收入67.46亿元,同口径增长15.0%。财政支出293.3亿元,增长6.4%。其中用于民生方面支出242.9亿元,占全市财政总支出的82.8%,各项“扩标提面”政策较好落实。

【金融保险】 年末全市金融机构各项存款余额1664.57亿元,较年初增加142.17亿元,增长9.3%;其中储蓄存款余额1110.48亿元,增加119.86亿元,增长12.1%。金融机构贷款余额811.40亿元,增加85.38亿元,增长11.8%。其中短期贷款343.61亿元,增加20.39亿元,增长6.3%;中长期贷款400.95亿元,增加39.74亿元,增长11.0%。贷款新增较多的五大行业为批零业、住房按揭贷款、房地产业、采矿业、建筑业,合计占新增贷款总额的75.23%。引导民间资本进入金融服务领域,新设立小额贷款公司6家,融资性担保公司3家。

全市保险业保费收入50.14亿元,比上年增加9.57亿元;其中,财产险保费收入12.62亿元,人身险保费收入37.52亿元。产寿险赔款总支出共计7.98亿元;其中财产险赔款7.02亿元,人身险赔款0.96亿元。

社会事业

【教育】 年末,全市有普通本科高校1所,在校学生1.5万人;专科高职院校2所,在校学生2.3万人;中等职业教育学校42所,在校学生2.58万人;普通中学329所,在校学生26.73万人;小学937所,在校学生27.21万人;幼儿园1102所,在园幼儿18.12万人;特殊教育学校7所,在校学生501人。学龄儿童入学率98.4%,初中毕业生升学率95.8%,初中辍学率0.2%。2014年高考文理两科类各批次上线人数继续处于全省前列,全市本科上线33456人。其中,一批本科上线7956人,比上年增加111人;二批本科上线17033人,比上年减少2人。"双高双普"创建取得新成果,合阳县通过国家义务教育发展基本均衡县评估认定,韩城市通过省级"双高双普"及义务教育均衡发展市验收,华阴市、白水县、潼关县通过市级评估验收。

【科学技术】 重点支持3D创新智造基地建设,设立3D打印创投基金,3D打印技术在生物医疗器械产业化上得到推广应用。全年地方登记的科技成果共42项,其中,农业、生物新品种3项,新产品10项,新工艺20项,新技术5项,地方标准1项,其他5项。

全年登记各类技术合同72项,合同成交总额11495万元。其中,技术开发合同22项,成交金额3536万元;技术转让合同25项,成交金额4729万元;技术服务合同25项,成交金额3230万元。

全年受理专利申请量1679件,其中发明专利298件,实用新型专利560件,外观设计专利821件;专利授权量617件,其中授权发明119件,实用新型325件,外观设计173件。

【文化】 以创建国家公共文化示范区为引领,渭南市文化艺术中心等一批重要文化基础设施相继建成投用,广播电视"户户通"等文化惠民工程深入推进,"青春之梦"系列文化演出等群众文化活动丰富多彩,秦腔现代戏《洽川人家》、广播剧《永远的老腔》等文艺创作精品迭出。年末全市共有艺术表演团体13个,一元剧场文化惠民演出1568场。文化馆12个,文化站193个,艺术表演场馆11个。公共图书馆11个,藏书85.48万册(件)。市级无线广播电台1座,广播节目2套,市级无线电视台1座,电视节目2套;全市电视综合覆盖率96.7%,广播综合覆盖率95.0%,农村数字电影放映覆盖率100%。

【卫生】 年末拥有卫生机构4203个,其中医院93个,社区服务中心(站)66个,卫生院198个;拥有床位20832张,其中医院13541张,卫生院5433张;卫生技术人员25780人,其中医师7266人(执业医师5470人)。年末全市新型农村合作医疗参合人数422.95万人,参合率达99.1%。

【体育】 全年共完成414个村级和镇农民体育健身工程、28个城市社区健身路径配送工程、2个全民健身示范工程,发放安装器材价值1643万元;累计建成村级农民体育健身工程1469个,占到行政村总数的45.4%。组织举办大型赛事8次,组织举办了二级社会体育指导员、裁判员、教练员及体育教师培训班,参训人员达到1635人次,全年审批二级裁判员230人。3747名运动员参加了市十二届全运会,获得金牌384枚、银牌257枚、铜牌259枚,4—8名1920人次。组织431名运动员参加了省十五运会年度赛,获金牌104枚、银牌43枚、铜牌38枚,取得了近20年来参加省运会最好成绩。

【水利】　水利系统全年完成水利建设投资23亿元。渭河综合治理工程部分项目已建成运行，中小河流和病险水库治理项目完成年度任务。年末，有效(农田)灌溉面积31.69万公顷，节水灌溉面积21.1万公顷，旱涝保收面积15.99万公顷，水土流失治理面积3793.9平方公里，堤防长度424.85公里。建成水库101座，总库容22030.6万立方米。建成万亩以上灌区44处，有效灌溉面积19.11万公顷，当年解决农村饮水安全人口46万人。

水利供水工程总供水量达到14.94亿立方米，其中农业供水10.11亿立方米，工业供水1.33亿立方米，城乡居民生活供水1.35亿立方米，城镇公共供水0.21亿立方米，生态环境供水0.14亿立方米，林牧渔畜供水1.80亿立方米。推进节水型社会建设，万元工业增加值用水量比上年下降2%。

【环境保护】　2014年是全市实施新的环境空气质量标准的第一年，全年有效监测天数365天，达标天数220天，比例为60.3%，其中优31天，良189天。超标天数145天，比例为39.7%；其中轻度污染86天，中度污染26天，重度污染28天，严重污染5天。大气污染物指标可吸入颗粒物(PM10)、细颗粒物(PM2.5)、二氧化硫(SO_2)、二氧化氮(NO_2)年均浓度分别为128微克/立方米、72微克/立方米、36微克/立方米、37微克/立方米，降尘强度12.09吨/平方公里·月。

【人民生活和社会保障】　据年度人口抽样调查，年末全市常住人口534.3万人。人口出生率9.7‰，死亡率6.3‰，自然增长率3.5‰。

全年城镇居民人均可支配收入26725元，比上年增加2561元，增长10.6%。城镇居民人均总收入27491元。其中，工资性收入19794元，增长10.0%，占收入的72.0%；经营净收入1145元，增长10.1%，占4.2%；财产性收入742元，增长12.1%，占2.7%；转移性收入5810元，增长11.5%，占21.1%。

全年农村居民人均纯收入8534元，比上年增加969元，增长12.8%。其中，工资性收入3661元，增长13.0%，占纯收入的42.9%；家庭经营收入3854元，增长12.8%，占45.2%；财产性收入231元，增长13.2%，占2.7%；转移性收入788元，增长11.9%，占9.2%。

全年城乡居民收入比为3.13∶1。

年末城镇职工参加养老保险44.5万人，参加失业保险29.96万人，参加城镇基本医疗保险122.02万人。年末工伤保险参保人数25.30万人，生育保险参保13.03万人。城镇新增就业人员7.27万人，下岗失业人员再就业2.6万人，城镇登记失业率3.3%。全市农村劳动力转移就业130.4万人，农村养老保险参保278.37万人。

全年社会福利收养性单位39个，共有床位0.24万张，收养0.2万人。年末纳入城市低保2.49万户、5.53万人，人均月保障标准256.5元；纳入农村低保8.60万户、25.55万人，保障标准每人每年最低1488.5元。农村五保供养服务机构32所，五保对象0.67万人。其中，集中供养0.15万人，供养标准每人每年最低5200元；分散供养每人每年最低4700元。

(张煜峰)

精神文明建设

渭南市精神文明建设指导委员会办公室

主　任　李永朝

副主任　雷卫全

【概况】 2014年,全市精神文明建设工作根据中央、省文明委的要求,认真贯彻落实党的十八届四中全会精神,以学习、宣传、践行社会主义核心价值观为主线,不断加强公民思想道德建设,深化群众性精神文明创建活动,推进未成年人思想道德建设工作,加大志愿服务和诚信建设力度,抓重点、重落实、强措施、见实效,为全市经济社会快速健康发展提供了强大的精神动力和良好的社会环境。

【"争做文明渭南人"主题实践活动】 根据市创建指挥部关于《深入开展"争做文明渭南人"主题实践活动的安排意见》和市委宣传部、市创建办关于《"争做文明渭南人"主题实践活动宣传教育工作实施方案》精神,5月份,将主题实践活动中的任务层层分解,细化到三区和14个相关部门,印发了"争做文明渭南人"主题实践活动通知,明确了工作任务、资料要求、责任单位和完成时限;发布了"争做文明市民共创和谐家园"市委书记、市长致全体市民的一封信。

【"讲文明树新风"公益广告宣传活动】 把公益广告宣传作为一项重要工作进行安排部署,并把此项工作贯穿到各项群众性精神文明创建活动之中,年终作为一项必要条件进行验收。印发了《关于认真做好"讲文明树新风"公益广告宣传工作的通知》,对重点工作、重点部位、责任部门进行再明确、再分工,夯实责任。4月上旬,对各县(市、区)特别是中心城区"讲文明树新风"公益广告进行了整理、修复、清洁工作,并对公益广告宣传工作进行调研,尤其是加大了各县市"讲文明树新风"公益广告宣传力度,达到均衡发展,不留死角。通过督查、通报,推动工作稳步开展,全市户外广告和建筑围挡广告达到14700余平方米,在全省处于前列。

【"陕西好人"评选推荐活动】 印发了《关于开展"陕西好人"推荐评选活动的通知》《关于印发〈"陕西好人"宣传工作方案〉的通知》,每月向省文明办推荐身边好人7—10人,推荐"陕西好人"候选人50人,其中入围24人,7人上榜,20人入围"中国好人榜",2人上榜。

【道德模范巡讲活动】 印发了《关于开展"道德模范巡讲"活动的通知》,组织道德模范、身边好人及先进人物进社区、进村镇、进校园、进企业、进机关、进军营作专场报告,与基层干部群众开展形式多样的面对面交流。大荔县邀请道德模范呼秀珍给全县干部作了报告,渭南市道德模范雷洋洲、高红梅、王金考等在全市范围内宣讲20余场次,各县(市、区)、各行业单位共开展道德模范宣讲50余场。同时开展生活困难道德模范帮扶工作,先后为王金考、温妍等家庭困难道德模范送去帮扶金14000元。

【"诚信渭南"建设】 成立了由31个市直部门组成的"渭南市社会信用体系建设领导小组",下发《渭南市推进诚信建设制度化实施方案》,明确了重点领域和重点工作,对主要任务进行了分工,并把诚信建设作为文明行业创建的一项重要内容,实行年终评比验收一票否决。年初,在全市开展"文明诚信示范药店"评选表彰活动。评出了渭南市临渭区恒同德药店等24个药店为"文明诚信示范药店"。

【志愿服务活动】 2014年,认真贯彻落实中央、省文明委志愿服务制度化有关文件精神,印发了《关于志愿服务制度化的实施意见》。3月5日,在渭南中心广场举行了1000多名志愿者参加的志愿服务月启动仪式。仅3月份,全市共有2万多名志愿者参加了各种形式的志愿服务活动。临渭区志愿服务总队坚持长年在城区街道主要路口组织开展文明劝导志愿服务活动，参与人数达1万多人，有效提升了广大市民文明素质和文明交通意识。渭南青年志愿服务总队先后开展了为失能老人送温暖、清理积雪、环保志愿服务、义务献血暖冬行动等志愿服务活动，产生了良好的社会效应。渭南城区新增注册志愿者2万多名，新增注册志愿服务队20个，7月份，举办志愿者培训班，渭南城区200余名志愿者骨干参加了培训。11月26日，组织开展了“争做文明使者，共创绿色文明”为主题的签名活动，300多名志愿者参加了签名活动，《渭南日报》头版进行了报道。下发了《关于在全市在职党员中开展红袖章志愿服务活动的意见》，逐步建立“工作在单位，活动在社区，奉献双岗位”的党员管理机制。12月5日，在渭南中心广场举行了全市在职党员进社区开展志愿服务活动启动仪式，2300多名志愿者参加了启动仪式，市委书记徐欣荣出席。修订完善了渭南市优秀志愿者、优秀志愿服务组织、志愿服务突出贡献先进个人、志愿服务突出贡献先进集体、优秀志愿服务项目评选表彰管理办法等。评选表彰了一批志愿服务工作先进集体和先进个人。12月2日，省委常委、宣传部长景俊海在省委宣传部《每日要情》第160期的信息《渭南多项举措开展志愿服务活动》上批示，渭南的做法很好，并批示省文明办派专题调研组赴渭南调研，形成完整经验材料，在全省发文推广。

【道德讲堂活动】　把“道德讲堂”建设作为文明单位、文明行业等各项创建评选的重要指标和内容，作为各项评选的必要条件。“道德讲堂”在各级机关、单位、街道社区、村镇已开办，各级文明单位带头建立“道德讲堂”。市文明办将道德讲堂总堂设在市委机关综合楼三楼，三区也相应设置了道德讲堂总堂，道德讲堂基本上达到了有醒目标志，有道德文化氛围，有规范的操作程序。并开展了示范性的道德讲堂活动。

【文明县城创建】　年初，按照中央、省创建工作要求，针对文明城市（县城）创建搞了一次调研和摸底，动员2—3个县（市、区）积极开展文明城市（县城）创建。5月份，向省文明办推荐合阳县、大荔县创建省级文明县城。12月份，向省文明办推荐报送了渭南中心城市为新一轮全国文明城市地级提名城市。

【群众性精神文明创建活动】　广泛开展了文明单位、文明机关、文明校园、文明村镇、文明社区、文明工地、文明家庭等各项创建活动，开展了文明单位结对帮扶活动。创建内容重点围绕“五个一”：即“一堂”（道德讲堂）“一队”（志愿服务队）“一牌”（公益广告宣传牌）“一传播”（网络文明传播）“一行动”（文明餐桌行动）。指导各项创建工作，赋予新时期创建活动新的内容，不断提高群众的参与度，激发广大市民参与文明城市创建的积极性。继续在全市35个行业中开展文明行业创建活动。根据《渭南市创建文明行业活动实施细则》，下发了《关于申报市级创建文明行业先进单位的通知》。有16个行业部门上报了创建文明行业年度工作计划和三年规划，并提出申请创建文明行业先进单位的报告。2014年，共创成全国文明单位3个，各类省级精神文明建设先进集体12个，各类市级精神文明建设先进集体86个。

【文明交通行动】　6月份，以《道路交通安全法》颁布实施十周年和陕西省《实施办法》（简称“新办法”）颁布为契机，举办了《全市交警系统道路交通安全法律法规知识竞赛》，15个大队参加了竞赛活动。同时将《新办法》在市区朝阳公园LED大屏、信达广场LED大屏每天滚动宣传100频次以上，各县(市、区)主要街道LED显示屏、高速公路显示屏均进行了宣传提示，各类媒体、微博、微信、短信等全方位宣传，全市主要路口悬挂横幅、标语，设置咨询点，营造了浓厚的宣传氛围，促进了全社会文明交通新风尚的形成。结合渭南创建文明城市，常态化组织开展志愿者文明交通劝导活动。组织渭南城区18支志愿服务队每天上、下班高峰在市区朝阳大街林业大厦十字、中心广场国贸十字、民主路市委十字等开展“文明过马路”“遵守交通信号”摒弃“中国式过马路”等常态化“学雷锋”文明交通志愿者劝导服务活动，文明交通劝导活动。扎实推进“文明出行，美丽渭南”百日公益活动。印发了《关于开展“文明出行，美丽渭南”百日公益活动实施意见》，并借助“渭南汽车文化节”之力，在市中心广场举行了“文明出行、美丽渭南”大型公益签名活动。渭南市区驾校学员代表、交警代表、汽车企业职工代表及现场群众1000余人参加了签名活动，现场发放交通安全宣传资料6000余份。

【未成年人思想道德建设】 一是年初将《全国未成年人思想道德建设工作测评体系》任务进行分解，与三区及15个承担未成年人思想道德教育工作任务的部门签订责任书。建立了全市未成年人思想道德建设工作联席会议制度，形成了“党委统一领导、党政群齐抓共管、文明委组织协调、有关部门各负其责、全社会积极参与”的领导体制和工作机制。二是组织在全市开展了2014年度“最美陕西少年”推荐评选活动，按照评选标准和要求，经过层层推荐，全市共推荐“最美陕西少年”100余名，经过组委会审核，确定临渭区最美孝心少年王婷等12名学生为“最美陕西好少年”候选人。其中孟庆堃等8名青少年获“最美陕西少年”荣誉称号。三是开展了“走复兴路圆中国梦”为主题的爱国主义读书教育活动、“网上祭英烈”“美德少年”“童心向党”“优秀童谣”等系列主题活动。3月份，印发了《关于在全市青少年爱国主义读书教育活动中举办四项活动的通知》，全市共收到征文50多篇，上报省文明办征文12篇，演讲、讲故事3人。临渭区初级实验中学李根乾获全省演讲比赛一等奖，并代表陕西省赴北京参加全国比赛获优秀奖。5月份，印发了《关于运用重要时间节点深化“我的中国梦”主题教育实践活动的通知》，全市约有4.6万余学生参与了清明节“网上祭英烈”活动，表达对先烈的感恩和敬仰。四是“六一”期间在全市未成年人中组织开展“学习和争做美德少年”活动。第五届优秀童谣征集评选活动全市共征集16首优秀童谣作品上报省文明办，其中李亦非的《三月鲜花好芬芳》获一等奖、李雨洋等3人获二等奖、张元睿等5人获三等奖。五是向省上推荐申报第四批乡村学校少年宫建设项目16个，批准15个。六是全市开展校园周边文化市场整治活动6次，对校园周边的娱乐场所、网吧、游艺厅进行了重点检查，对不符合娱乐场所设立规定的经营场所联合工商部门进行了取缔，为未成年人的健康成长提供了良好的文化环境。

【网络文明传播活动】 继续围绕建立“一站、一队、一群”的思路广泛开展网络文明传播。一站：建好渭南文明网站，并加入中国文明网联盟。网站在聚焦渭南、志愿服务、道德模范、文明创建、未成年人思想道德教育等13个板块的基础上，又在网站首页添加“讲文明树新风”公益广告栏目，不间断滚动展播公益广告。制作了“我们的节日”春节、清明、端午等专题页面、陕西志愿者标志征集作品展和陕西好人专题页面，开展了“网上祭英烈”等主题实践活动，与全省各文明网站形成宣传合力，效果良好。并配合全市创建全国文明城市工作，制作了创文专题栏目，展示全市创文成果。同时，在规范管理方面，先后制定完善了稿件审签制度，优秀稿件、先进网络工作者奖励制度。组建了50名网络志愿者队伍，全年共发布资讯近7000条。组织全国、省、市级文明单位在中国文明网、陕西文明网、渭南文明网开展网上巡礼活动。网站运行以来，发布稿件500余篇，各县（市）投稿100余篇，转发新华社、《陕西日报》《三秦都市报》《华商报》《渭南日报》、中国文明网、陕西文明网等媒体稿件119篇。

国家地理标志保护产品——富平墨玉

富平墨玉是一种珍贵而稀有的自然资源，仅产于陕西省富平县北部山区，其色重质腻，纹理细致，漆黑如墨，光洁可爱，极负盛名，素为治砚、刀工之上佳珍料，古人将其与钻石、宝石、彩石并称为“贵美石”。

富平墨玉自秦汉时即有开采，据县志载“县北产矿石，诸郡县采者群至，可镌字、琢磨，人号墨玉”。富平也是中国著名的“石刻之乡”。富平墨玉及其作品在中华文明历史上也有着光辉灿烂的历史。被称为中国最大石刻艺术宝库的西安碑林博物馆，馆藏的1700多件文物，其中80%以上为富平墨玉所制，秦李斯的《峄山刻石》，东汉合阳的《曹全碑》，唐欧阳询的《皇甫诞碑》，颜真卿的《多宝塔》，柳公权的《玄秘塔》……更是堪称镇馆之宝。时至今日，陕西省博物馆无论是碑石复制，还是当代名家书法刻石，石料均取自富平，并由富平民间艺人雕刻。

2014年7月14日，国家质检总局正式批准“富平墨玉”为地理标志保护产品。

特　　载

在市委四届八次全会第二次全体会议上的讲话

中共渭南市委书记　陆治原

（2015年7月31日）

同志们：

这次会议，我们讲评了二季度工作，明远同志就下半年经济工作讲了很好的意见，春阳同志就学习贯彻习近平总书记来陕重要讲话精神、基层党建、深化改革、意识形态和“三严三实”专题教育等工作做了讲话，与会同志进行了认真讨论，会议开得很好，达到了预期目的。

今年以来，全市上下深入贯彻习近平总书记系列重要讲话精神，统筹推进稳增长、促改革、调结构、惠民生、转作风，各项工作都有了新进展。一是经济运行在稳中有进中取得新成效。我们立足追赶超越、爬坡过坎的市情实际，加快“三区”建设、“四化”同步战略，上半年经济增速虽较去年有所回落，但仍高于全国全省平均水平；特别是服务业对GDP的贡献率达到35%，全社会消费品零售总额增速全省第一，结构调整步伐加快，发展质量持续向好。二是重点改革在不断深化中实现新突破。抢抓国家中小城市综合改革试点机遇，加快推进简政放权、土地确权登记颁证和镇村综合改革，县镇公车改革全面启动。积极推行“三证合一”“一照一码”登记模式，上半年新增各类市场主体16807户，同比增长18%，发展活力和后劲明显增强。三是民生福祉在不知不觉中得到新增加。累计完成民生支出112.77亿元，加快实施扶贫移民搬迁、棚户区改造等重大民生工程，狠抓治水、绿化两件大事，办成了一批事关群众切身利益的民生实事，城乡居民人均可支配收入增速均居全省第三，老百姓的生活更加殷实。四是干部作风在更严更实中有了新改进。深入开展“渭南标杆”评树活动，集聚向上向善的社会正能量。扎实推进“三严三实”专题教育，层层传导正风肃纪压力，狠抓基层组织建设，从市、县机关选派994名优秀干部到村担任第一书记，全市上下心齐劲足的局面进一步巩固和发展。在经济下行压力不断加大的情况下，这样的成绩的确来之不易，离不开省委、省政府的正确领导，凝结着全市干部群众的艰辛努力，值得我们倍加珍惜。关于下半年工作，总的要求就是按照“四个全面”战略布局和“五个扎实”新要求，紧扣既定的发展目标不动摇，坚持既定的发展思路不折腾，一张蓝图干到底，一门心思抓落实，确保全年目标任务圆满完成。

下面，我代表市委常委会讲四点意见。

一、关于经济社会发展工作

要牢牢把握经济工作主动权，把稳增长放在更加突出的位置，坚定不移加快发展，推动渭南经济社会实现追赶超越。

要科学研判形势。经济下行压力增大是当前的新常态，本质是速度趋缓、增长动力切换。这种压力是全局性的，也是持续性的，短期内不会有太大明显改变，渭南也不例外。上半年，全市生产总值、规上工业、固定资产投资等主要经济指标增速均低于预期，距离“双过半”目标差距不小，经济形势稳中有忧、不容乐观。对此，要正确认识、辩证分析，静下心、沉住气，保持好定力，牢牢掌握发展的主动权。新常态也孕育着新的发展机遇，正永书记在这次省委全会讲话中分析的七个方面的机遇，同样适用于渭南。从宏观环境讲，今年以来，国家出台了一系列稳增长的调控措施，推出了“铁公机”、棚户区改造等一批重大工程包，这些政策饱含真金白银，就是发展动力。特别是随着国家“一带一路”战略的加快实施，中央决定打好扶贫攻坚战、每年移民搬迁50万户的政策，都给我们争取更多的资金和项目带来前所未有的机遇。从增长潜力讲，“十二五”以来，我们投资建设了蒲城清洁能源等一批产业项目，新的产能正在加速释放，新的经济增长点正在加速形成。从发展空间讲，我们的工业化水平还比较低，城镇化发展也相对滞后，而我们的生产要素有很大优势，电力、能源、矿产等资源较为富集，以高速铁路、高速公路为代表的交通网络四通八达，完备的职业教育使渭南的劳动力素质都比较高，特别是土地资源较为充足且价格低廉，这些都是渭南所独有的。因此，我们有很大的后发优势，发展的潜力很大。从转型升级讲，经济下行压力越大，倒逼产业转型升级的推力就越大，这就为我们淘汰落后和过剩产能、加快发展方式转变、优化经济结构腾出了很大空间。从发展思路讲，近年来，我们在加快发展方面，形成了“三区”联动、“四化”同步等一套切合渭南实际的好思路，在抓落实方面探索了目标考核、工作讲评、专题和综合观摩等一系列务实管用的好机制，按照既定思路持之以恒地抓下去，一定能够抓出成效。从政治生态讲，渭南有一批想干事、能干事、会干事、干成事的好干部，大家都能聚精会神谋发展，特别是经过教育实践活动的洗礼，全市上下形成了低调务实不张扬、埋头苦干的良好从政环境。这些都是我们应对经济下行压力、实现追赶超越的优势和潜力所在。我们要坚定信心、把握机遇，只争朝夕、积极作为，奋力推动经济社会持续快速发展。

要坚持项目带动。投资拉动是渭南经济增长的重要动力，今天的投资就是明天的产能。当前，渭南发展的最大不足，就是缺乏提神的大项目、好项目，特别是产业类大项目。要始终把抓项目扩投资作为稳增长的重要抓手，一方面要抓好现有项目的推进落实，集中开展四项审批专项督查，创新PPP项目融资模式，加强银政企对接，着力破解资金、用地、环评、审批等突出问题。各级领导干部特别是市级领导，要切实履行包联责任，深入项目建设一线，现场解剖麻雀，一对一帮助制定解决措施，千方百计扩大有效投资。另一方面要扎实做好项目的策划包装，基础设施类项目和民生类项目要跟踪中省政策走向，特别是要紧盯“铁公机”、棚户区改造、城市地下综合管廊建设等项目投资，加大跑部进省力度，争取更多的大项目列入中省计划盘子。产业类项目要加大招商引资力度，紧盯央企、省企和大型民企不放松，突出招大引强，注重以商招商，围绕优势主导产业开展产业链招商，着力招引一批投资规模大、科技含量高、带动能力强、符合环保要求的大项目，为加快渭南发展积聚强大后劲。

要狠抓转型升级。工业化和城镇化是渭南发展的短板。工业化创造财富，城镇化增加消费，工业化是城镇化的基础，没有工业化就没有城镇化。抓转型升级，首先要在工业化上下功夫。渭南的工业能源化工一业独大、结构单一，工业门类也不少，但产业整体竞争力不强。这种结构特点，决定了工业的资源依赖性较强，抵御市场风险的能力较弱。补齐工业化的短板，必须坚持工业主体地位不动摇，加快转型升级步伐，能源化工要立足于存量提升增效、优化结构，走循环经济的路子。特别是煤炭的下一步发展，我认为根本出路在于清洁利用和综合利用，推进煤电铝一体化、煤电钢一体化和煤气化、煤焦化、煤液化，真正实现绿色低碳发展；装备制造要加强技术创新、延伸产业链条，向中高端迈进。同时，要发展电子信息等技术密集型产业，培育壮大 3D 打印、光伏、电动汽车电池等新兴产业，着力培育新的经济增长点。发展工业要从思路上进一步拓展，一是要做好承接东部产业转移的准备，紧盯东部沿海省份招商引资，这方面更要下大功夫。二是大力倡导西渭产业融合发展，做足西安提出的渭北工业走廊的文章，力争上升到省级层面，形成一个大的渭北工业带概念，把富平、蒲城、临渭、大荔都涵盖进去。同时，要做好西安产业向外转移的承接工作，与西安的产业配套发展、错位发展，利用我们的交通优势和区位、土地优势，大力发展生产性服务业。其次要在城镇化上下功夫。什么是城镇化，就是大量的农民进城变为市民，农民进城要能就业、能落户、能扎根、能增收，真正变成市民。城镇化的核心是集聚产业，让农民享受到均等的公共设施和公共服务。城镇化怎么抓，还是要抓中心城市、抓县城、抓重点镇和文化旅游名镇、抓新型农村社区。这里，我重点讲一下中心城市建设。中心城市的定位应该是晋陕豫黄河金三角的区域中心城市，要在这一区域明晰定位、创先争优，培育很强的产业吸引能力、辐射带动能力，打造周边最好的城市功能、城市配套，包括教育、医疗、文化、现代服务业。我们要在“十三五”规划中，把区域中心城市的概念细化、具体化，坚持每年办几件大事，每年有新变化，真正打造名副其实的区域中心城市和西安的副中心城市。第三，要在农业现代化上下功夫。以现代农业园区为依托，强化科技支撑，注重示范引领，加快土地流转，大力扶持专业合作社、家庭农场、农业龙头企业、电子农商等新型农业经营主体，提升特色农业、果业的市场化、规模化和产业化水平。作为农业大市，我们要多搞几个大的食品加工企业，真正做强龙头、创出品牌，努力建设现代农业强市。这是我们的优势，大家一定要有足够的信心。第四，要在推进信息化上下功夫。以智慧城市建设为契机，抢抓互联网 + 机遇，加快培育互联网 + 特色农业、互联网 + 文化旅游、互联网 + 商贸物流、互联网 + 健康养老、互联网 + 生产生活性服务业等新业态，打造三次产业新的增长点。特别是旅游业应该大有作为，整合资源优势，挖掘消费潜力，真正做大做强。同时，渭南的民营经济发展相对来说比较滞后，非公经济占比只有 40% 左右，低于全省平均水平（52.7%），要为民营经营发展创造条件、创优环境，鼓励大众创业、万众创新，关心支持中小微企业茁壮成长，使民营经济成为全市最活跃的增长极。

要深化改革创新。改革是加快发展的第一动力。要注重提高改革的含金量，把深化改革与正常工作区分开来，更加突出改革的针对性和创新性。要坚持问题导向、为民取向，敢闯“深水区”，敢啃“硬骨头”，对中省有明确要求的改革事项，要不等不靠、干在实处，比如简政放权改革、商事制度改革、政府机构改革、镇村综合改革、农村土地确权登记制度改革，要按照时间节点、稳步推进;对自选动作的试点改革,要大胆探索、先行先试,比如中小城市综合改革试点工作,要抓紧修订完善方案,加快形成可复制、可推广的“渭南模式”。最近,我在市委深改领导小组会议和各县(市、区)调研时,点了几个题:比如中心城市供水管理体制、华山景区建设管理体制、中心城市市、区两级建设管理权限、国有企业监管中国资委与主管部门管理权限的划分、户籍制度改革、公车改革完善,等等,这些改革有大有小,但核心在于调整利益关系,厘清责任和权力,要一项一项研究推进、具体深化、真改实改,让老百姓有更多改革获得感。

要保障改善民生。民生是经济社会发展的“指南针”。要把事关群众切身利益的教育、医疗、社会保障、食品安全等问题装在心里、拿在手上,加快图书馆、博物馆、热电联产、棚户区改造、抽黄供水等重大民生工程建设,让老百姓在不知不觉中感受到渭南在变化、福祉在增多。要始终把精准扶贫、精准脱贫作为头等大事,摸清底数、区别对待,加强干部包联帮扶力度,绝对贫困的,要户帮户、人帮人,畅通社会力量参与扶贫渠道,加快实施扶贫移民搬迁七年计划,统筹推进秦岭北麓和渭北旱塬扶贫移民搬迁工程,确保完成18万人的年度脱贫任务。要坚持产业扶贫、智力扶贫,把更多心思和精力放在增强贫困群众自我发展能力上,加强对贫困群众的技能培训,高度重视贫困家庭子女的教育帮扶,防止贫困现象代际传递,提高贫困地区的“造血”功能。

要狠抓生态建设。产业结构决定了生态建设始终是渭南的一项硬任务,能源化工、采石烧窑等带来的环境污染要靠抓生态建设来补偿。我们要善于算大账、长远账、整体账、综合账,一方面,决不能再延续过去那种粗放的能源利用模式,坚持铁腕治污降霾,刚性节能降耗,加快企业技改升级,决不能再盲目上马产能过剩、技术落后、污染严重的项目,坚决防止非法采石、土法石灰窑生产死灰复燃,努力实现绿色发展、循环发展。另一方面要坚持大水、大绿、大生态,持之以恒抓好治水和绿化两件大事,加快实施渭河综合治理续建工程,推进秦东大地园林化、景观化建设。要狠抓农村面源污染防治,认真开展美丽乡村建设和农村环境卫生整治,健全完善卫生保洁长效机制,打造天蓝、地绿、水净、空气清洁的美好环境。

要坚守安全稳定底线。近期,全市信访问题反弹很大,赴省来市集体上访明显增多。加之一般来说,七、八两月安全事故易发多发,安全维稳形势不容乐观。要认真落实市、县领导分口包抓、公开接访、包案下访等调处机制,带着感情和责任做好信访工作,注重以法治思维和法治方式化解矛盾,确保社会和谐稳定。要时刻绷紧安全生产这根弦,严格落实“党政同责、一岗双责”,加强安全生产能力建设,集中开展煤炭及非煤矿山、道路交通、防火防汛等重点领域隐患排查治理,坚决杜绝安全事故发生,不断提升人民群众的安全感、满意度。

二、关于党的建设

要主动适应从严管党治党新常态,强化主体责任意识,全面落实从严管党治党各项要求,努力建设和维护好我市良好的政治生态。

要夯实从严管党治党责任。党要管党、从严治党,主体责任是党委,第一责任人是党委书记。在从严管党治党的新常态下,各级党委书记一定要以坚定的立场、强烈的使命,一心一意唱好“全本戏”,躬身力行种好“责任田”。要切实按照习近平总书记指出的五个方面主体责任，逐项列任务、划清单，坚持重大问题亲自研究、重点环节亲自协调、重大事项亲自督办，更加有效地把从严管党治党要求落到实处。要坚持党纪严于国法，注重把纪律和规矩挺在前，把日常教育和管理放在先，多咬耳朵、多扯袖子，唤醒党员干部党章党规党纪意识。要持续加强制度建设，深化各级党委（党组）书记抓党建工作和履行主体责任述职评议，完善常态化的党建工作督查落实和评估反馈机制，让严的制度、实的规矩成为管党治党、严肃纪律的尺子。要坚持从严执行市委"三条铁律"，支持纪委聚集监督执纪问责主业，加大案件查办力度，始终保持正风肃纪高压态势。每个党委（党组）书记都要用实际行动回答好三个问题："是不是做到了聚精会神抓党建？是不是从严治党的书记？是不是履行了分管领域从严治党责任？"争当清朗从政环境和山清水秀政治生态建设的排头兵。

要切实抓好基层组织建设。前不久，中央召开了农村基层党建工作会议，这是近20年来首次以中央名义专题研究部署农村党建工作，省委及时跟进，召开了全省农村基层党建工作会议，足以表明中省对基层党建的高度重视。各级党委要认真贯彻落实中省会议精神，树牢重视基层、强基固本的思想，切实加强对农村基层党建工作的领导。在领导责任上，县委书记是抓农村基层党建的第一责任人，镇（街道办）党委书记是直接责任人，各级的责任要层层夯实，决不能层层衰减。组织部门要牵头抓总，相关涉农部门要履职尽责，形成齐抓共管的合力。在重点村整治上，各县（市、区）要围绕后进村、党组织软弱涣散村、较差村和贫困村，一一列出清单，逐村研判分析、提出对策，推进选派村支部"第一书记"工作全覆盖，采取部门包村、企业联村、干部驻村，形成常态化整治机制，限期要有明显改观。在村干部的培养管理上，重点在"选、育、管、用"上下功夫，"选"要选德行好的人、有本事的人，选思想活跃的年轻人；"育"要建立村两委会干部定期教育培训机制，提升素质和能力；"管"要建立完善村干部考核、监督、激励、问责机制，做到细管严管；"用"要支持村干部履行职责、大胆工作，调动积极性。在落实"五有"要求上，不断完善村级组织活动阵地及服务设施，落实好村干部基本报酬和村级工作经费。同时，针对城市社区阵地建设比较落后问题，采取"以奖代补"等形式，全力实施城市社区基础建设攻坚提升，力争早日实现达标。

要扎实开展"三严三实"专题教育。"三严三实"专题教育是今年的一项政治任务，各级党组织要自觉肩负起主体责任，从严从实组织实施，层层传导压力，确保专题教育取得实效。要深入理解专题教育的特点。就是要融入日常的学习教育，不是一次活动，没有固定模式，重在让党员干部发自内心地接受教育，实现自我净化、自我完善、自我革新、自我提高，做到专题教育与业务工作互促互进。要准确把握专题教育的焦点。就是要着重解决"不严不实"的问题，党员领导干部要发挥好"关键少数"作用，主动把自己摆进去，把问题找出来，列出问题清单，确保专题教育不空不偏不虚、不走过场。要切实找准专题教育的着力点。就是要知行合一、以知促行，查摆出的问题要紧盯不放、严格整改，不能光说不做或者说一套做一套。要确保达到专题教育的落脚点。就是要让老百姓满意，把专题教育成果体现到推动发展上，体现到为民谋福祉上，让人民群众对党员干部充满信任。我们每个领导干部都要像正永书记要求的那样，把开展专题教育作为清除思想和行为尘垢的又一次重要契机，对照党的纪律规矩，主动革自己的命，改自己的丑，勇于向干部群众承诺，接受监督评议，以更高标准、更严要求、更实作风当好标杆、叫响向我看齐。

要严格干部选拔任用工作。全面管党治党，关键在从严管好用好干部。选人用人是导向，去年中央新修订的《党政领导干部选拔任用工作条例》，就是我们选人用人的规范；习近平总书记提出的好干部“五条标准”和“三严三实”，就是我们选人用人的标尺。规范就是规矩，必须严格遵守。各级党委要准确把握动议、民主推荐、考察、讨论决定、任职五个环节要求，严格选人用人程序，严肃选人用人纪律，严格区分原则标准、职责权限和程序规矩，既不能“偷工减料”走捷径，更不能搞“长官意志”“临时动议”和“突击提拔”。标尺就是要求，必须从严把关。真正出于公心、把握公正，把那些忠诚、干净、担当的好干部选出来用起来。7 月 28 日，中办印发了《推进领导干部能上能下的若干规定（试行）》，明确了今后要进行组织调整的“十类情形”和干部下的“六种渠道”，直指为官不正、为官不为、为官乱为的问题。目前，省委也正在抓紧制定实施细则。规定就是纪律，必须从严执行。我们要与中省同频共振，提前做好调查研究，加强干部队伍研判，抓好超职数配备干部问题专项整治，对问题突出或者能力低下的干部，早做调整和处置，真正打通干部能下的通道。各级领导干部要提前把自己查一查，及早给干部“吹风通气”，再不能当“太平官”“平庸官”。

三、关于作风建设

一分部署，九分落实。能否完成好这次全会确定的各项目标任务，关键就是要以良好的作风抓落实。

要提振精气神。心弱则志衰，志衰则不达。新常态下干部的精神状态至关重要。如何适应新常态、把握新机遇、展现新作为，这是我们必须认真思考的问题。各级干部特别是领导干部，要进一步增强机遇意识和忧患意识，敢于直面改革发展难题，善于应对复杂严峻局面，勇于承担急难险重任务，努力营造昂扬向上、敢闯敢干的良好氛围。要始终保持旺盛的工作激情，倍加珍惜为人民服务的职务岗位，把全部心思和精力都用在干工作上，不断激发干事创业的热情，以钉钉子精神抓落实求实效，努力把工作做出精品、做到极致。要带头弘扬社会主义核心价值观，多做统一思想、凝聚力量的工作，多做鼓舞人心，提振士气的事情，以身作则弘扬主旋律，传播正能量，激发全社会团结奋进的强大力量。

要坚持问题导向。面对新常态，少数干部产生了一些模糊的认识，有的认为从严治党束缚了手脚，感叹干事太难、为官不易；有的廉而不勤、为官不为，败坏了从政环境，贻误了发展机遇。比如，一些县（市）没有及时实施中省投资项目，导致 7499 万元专项资金被收回；秦岭北麓非法开山炸石问题，省委正永书记三番五次作出指示，却始终得不到根治；还有上半年全市仍有 11 个市级重点项目未开工，等等，这些问题都属于不作为、慢作为、乱作为。对此，要进行问责，该约谈的约谈，该追责的追责。近期，市纪委要会同市级相关部门对各县（市、区）、各部门今年以来主要工作集中开展监督检查，对失职渎职、推诿扯皮和不作为、慢作为、乱作为等影响工作落实和项目推进的，要公开通报、严格查处。

要强化责任担当。当官是一种责任而不是享受，组织和人民赋予我们的权力，是沉甸甸的信任与重托。每名领导干部都要认真落实习近平总书记“谋事要实、创业要实、做人要实”的要求，珍惜岗位，不辱使命，担当责任，以高度的政治自觉和胸怀境界，干事创业、推动工作、造福百姓。要从思想上树立“落实观”，提升抓工作的落实力，对认准的目标、承担的事情、推动的工作，都要挂在心头、扛在肩上，在“终端”上见到实效，切忌日计有余、岁计不足；对重点工作要按照责任分工，一件一件抓落实，一个节点一个节点向前推，锲而不舍抓到底，不达目的不罢休，不见结果不松手。市委将旗帜鲜明地支持和保护干事创业者，重用敢担当、愿担当、善担当的干部，努力营造良好的干事创业氛围。

要持续改进作风。“政贵有恒，治须有常”，克服不良作风不是一时之功，形成优良作风不可能一劳永逸，必须弛而不息地抓下去。昨天会上播放了明察暗访专题片，可以看出，仍有一些部门单位和机关干部不以为然、顶风违纪，市纪委要对专题片涉及的人和事盯住不放，督促整改，严肃处理。从上半年的情况看，全市各级纪检监察机关立案588件、给予党政纪处分643人，其中基层违反“四风”的案例占比较大，说明正风肃纪的压力在层层递减，还没有传导到神经末梢，要持续保持正风肃纪的高压态势。对违反中央八项规定精神、市委“三条铁律”，以及发生在群众身边的腐败和“四风”问题，一律严肃查处。同时，要完善作风建设长效机制，形成刚性约束。最近我在调研中看到，同样在经济下行压力下，有的县（市、区）在招商引资、项目建设上力度很大、很有特色，有的却涛声依旧、原地踏步，这也从一个侧面体现了作风是否扎实、工作是否上心。今后，我们要继续加强目标责任考核力度，加大重点工作的专题观摩、专项考核，强化考核问责，抓一批等待观望、畏首畏尾，为官不为、为政不勤的反面典型，警示各级崇尚实干、狠抓落实。

四、关于“十三五”规划的编制

今年是“十二五”规划收官之年，也是“十三五”规划的编制之年。科学谋划“十三五”，对于渭南未来发展至关重要。

要明晰发展定位。定位准才能思路清、方向明。要广泛深入调研，深化市情认识，聘请专业团队在更高层次为渭南把脉会诊，深入开展多领域的专题研讨，进一步明晰发展方向和定位。要坚持问题导向，找准自身短板，坚持“四化”同步，走以工业化带动城镇化、加快农业现代化、推进信息化的路子，努力在“十三五”期间补齐短板、同步发展，各县（市、区）要因地制宜、突出特色、错位发展，不能盲目跟风、贪大求洋。要坚持高点定位，统筹谋划“四个全面”战略布局，按照“五个扎实”的要求，深入研究宏观经济发展走势，跳出渭南看渭南，站在全国全省高度定位渭南，着眼长远、超前谋划，步子要稳、落点要实，切实提高规划的前瞻性、科学性和指导性。

要把握重点任务。“十三五”的重点是什么？习近平总书记在与华东五省市党委书记座谈时指出，要在努力保持经济增长、转变经济发展方式、推动创新驱动发展、加快农业现代化步伐、加强生态文明建设等十个方面取得明显突破，这十个方面，是规划《建议》的方向、重点和内涵。我们要深刻领会、准确把握，切实把讲话要求与渭南实际结合起来。这里我点几个需要把握的问题：一个是发展速度问题。党的十八大提出，要在2020年全面建成小康社会，现在距离这一目标只有“十三五”一个黄金发展期了。目前我们的人均经济总量不到全省的60%，要与全省全国同步迈入小康社会，就要保持一定的速度。因此在目标设定上，既不能脱离实际、提过高的目标和要求，也不能哪里黑了哪里歇，在困难面前缩手缩脚，要始终保持“跳起来摘桃子”的状态，充分调动方方面面加快发展的积极性，推动实现有质量有效益可持续的中高速增长。一个是扶贫开发问题。全省460万贫困人口，渭南就有84.7万，占全省的18%。因此，“十三五”必须把扶贫开发作为一项重要任务，在精准扶贫、精准脱贫上下更大功夫，确保取得明显成效。特别是各县（市、区）不能把贫困作为一种资本，把贫困县作为一种“荣誉”，把贫困人口作为争资引项的筹码，一定要实事求是，有多少就是多少，否则扶贫工作永远都是一本糊涂账。

要注重集思广益。“十三五”发展关乎每一个渭南人的切身利益，制定规划不是一个部门或者一个起草组的事，必须把每一个渭南人的发展意愿融入规划当中，最大限度地凝聚参与规划、共谋发展的共识。要坚持开门搞规划，畅通建言献策的形式和渠道，广泛听取各民主党派、工商联、工青妇以及驻渭单位的意见和建议，群策群力、广纳良言，努力提高规划编制的科学化和民主化水平。要搞好规划衔接，既要全面客观地总结“十二五”，把形成的好思路好做法好机制坚持好、发展好，保持重大规划、重大决策、重大项目的连续性；又要加强与中省规划的对接，使更多的政策红利、改革红利、项目红利体现到规划当中，各县（市、区）也要主动对接市级规划，真正使规划成为指导全市“十三五”发展的纲领性文件。

要强化组织领导。这次省委全会对全省“十三五”规划的编制工作做出了明确安排，为我们树立了榜样。关于我市“十三五”规划的编制工作，市委四届六次全会已做了初步安排，市政府成立了由光照同志任组长的规划编制工作领导小组，印发了实施方案，对规划编制的指导思想、任务分工、进度安排等提出了明确要求。各级各部门要高度重视，切实把规划编制工作提上重要议事日程，把握时间节点，抓好任务落实。党委、政府“一把手”要把规划编制工作拿在手中，亲自研究部署，亲自督促落实，亲自协调对接，确保高质量完成规划编制工作。会后，市委也要尽快成立“十三五”规划《建议》起草领导小组，切实加强对规划编制工作的领导和统筹协调。

同志们，做好下半年工作，任务艰巨、责任重大。让我们在以习近平同志为总书记的党中央坚强领导下，认真贯彻落实省委全会精神，低调务实不张扬、埋头苦干，扎实做好改革发展稳定各项工作，确保顺利完成全年目标任务，实现“十二五”圆满收官。

政府工作报告

——在渭南市第四届人民代表大会第七次会议上

渭南市市长　李明远

（2015年2月27日）

各位代表：

现在，我代表市人民政府向大会作工作报告，请予审议，并请各位政协委员和列席会议的同志提出意见。

一、四届人大六次会议确定任务完成情况

过去的一年，在市委的正确领导下，市政府团结依靠全市人民，认真贯彻落实党的十八大和十八届三中、四中全会精神，牢牢把握稳中求进、提质增效的工作总基调，积极适应发展新常态，坚持城区、园区和景区协调推进，新型工业化、信息化、城镇化和农业现代化互促共动，全市经济社会继续保持平稳较快发展态势。生产总值完成1460.9亿元，增长10.5%，高于全省0.8个百分点；地方财政收入完成67.5亿元，同口径增长15%；城乡居民收入分别达到26725元和8534元，增长10.6%和12.8%。

一是投资持续较快增长，发展后劲不断增强。全社会固定资产投资完成1765.6亿元，增长20.3%。280个市级重点项目完成投资1263.7亿元，国道108渭南至汉村段升等改造等33个项目建成投用，渭玉高速等76个项目超额完成年度投资任务，沿黄公路渭洛河大桥等40个前期项目提前开工建设。渭南热电联产、富平热电联产等项目相继获批，秦电8号机组通过国家核准。成功举办了第二届黄河金三角投资合作交流大会和3D打印暨医疗器械产业化推进会，全年签订招商引资合同项目335个，到位资金570亿元，增长12.9%。

二是产业转型步伐加快，经济质量稳步提升。富平生态水泥、蒲城70万吨烯烃等一批重大工业项目建成投产，陕西黑猫焦化成功上市，3D打印产业培育基地建设迈出实质性步伐，市中小企业服务中心被认定为国家中小企业公共服务示范平台。淘汰小水泥、小钢铁等落后产能185万吨，关闭烟花爆竹生产点104家。工业园区发展到20个，新增规模以上工业企业55家，规模以上工业总产值、增加值分别增长8.1%和12.3%。现代农业园区发展到346个，市级以上龙头企业达到357家。“大荔冬枣”“蒲城西瓜”取得国家地理标志认证，富平荣获“中国羊乳之都”称号，白水被评为“中国有机苹果第一县”。大华山旅游目的地建设扎实推进，“史记韩城·风追司马”、少华山、潼关古城、合阳洽川、富平陶艺村等景区建设全面提升，潼关国家级黄金矿山公园通过评审，华阴荣获“中国十大生态文化旅游城市”称号，全市接待游客3200万人次，实现旅游综合收入252亿元，增长19.7%。信达商业街加快建设，万达城市综合体主体完工，酒河老街美食城一期建成运营，电子商务企业蓬勃发展，我市被确定为全国农产品现代流通网络建设试点市。新增限额以上贸易企业101家，全社会消费品零售总额完成418.6亿元，增长14%。新引进、设立金融机构5家，全市金融机构存款余额1664.6亿元，贷款余额811.4亿元，分别增长9.3%和11.8%。第三产业增加值增长9.7%，增速位居全省第一。

三是城乡面貌深刻变化，生态建设成效明显。中心城市首位度不断提升，实施建设项目190个，完成投资200亿元。打通了6条“断头路”，实施了3座大桥及酒河亮化，完成了民生路中段拓宽改造及连霍高速西出入口改造主体工程，渭河城区段退耕还河还湿地初见成效。县城建设全面提升，形成了大荔同州湖、富平两河一路综合改造、合阳省级文明县城创建达标等新的亮点。19个省市重点镇和文化旅游名镇实施项目130个，完成投资21.9亿元。12个市级新型农村社区完成投资3.9亿元。108个美丽乡村示范村建设基本达标，洽川等4镇5村被命名为省级生态镇村，大荔美丽乡村建设受到省上肯定。秦东大地园林化工程新增绿地74.2万亩，白水林皋湖、富平石川河被确定为国家级湿地公园试点，蒲城被评为全国生态工程示范县。渭河治污三年行动圆满收官，“治污降霾·保卫蓝天”行动扎实有效，在全省地级市中率先引进纯电动公交车24辆，市区二级以上优良天数达到220天，超出省考目标80天。二氧化硫、化学需氧量、氨氮和氮氧化物等4项减排任务超额完成，万元GDP能耗下降4.3%。

四是民生改善力度加大，安全稳定得到加强。全年财政民生支出242.9亿元，占财政支出的82.8%。备受群众关注的市体育中心、文化艺术中心、市民综合服务中心等重大民生工程建成投用，中心城市供热“煤改气”投入运行，新增供热面积110万平方米。抽黄供水工程试验段基本建成，多年未解决的乡镇机关供暖设施改造全面完成。新增城镇就业7.2万人，启动建设扶贫移民搬迁安置社区（村）48个、涉及1.4万人，实现脱贫18.6万人。33.5万人饮水安全得到解决，30.4万城乡低保人口应保尽保，城乡居民养老参保277万人，基本建成各类保障房5.47万套，农民进城落户13.7万人。库区移民后期扶持政策持续实施，移民生产生活条件进一步改善。渭南中学、渭南初级中学和渭南青少年体育学校建成投用，改建公办幼儿园31所，城区“大班额”问题基本解决，大学区改革受到中省肯定。合阳通过国家义务教育均衡县验收，韩城通过省级“双高双普”验收，渭南技师学院被确定为国家级高技能人才培训基地。9个县市列入国家县级公立医院综合改革试点，澄城医改得到国家肯定，城乡居民医疗保险政府补助标准提高到每人每年350元，单独两孩政策平稳实施。国家公共文化服务体系示范区创建深入推进，群众文体活动丰富多彩，市第十二届运动会成功举办，《天国的百合花》荣获全国秦腔艺术节优秀剧目奖。地方志第二轮修志工作顺利完成，智慧城市建设稳步推进，我市列入全国公交一卡通试点城市，潼关在全省率先实施农村免费数字电视。“六五”普法通过中省中期验收，信访“三无”创建得到加强，临渭区医患调解经验在全国推广。安全生产力度进一步加大，平安渭南建设扎实推进，公众安全感持续上升，社会大局和谐稳定。

五是改革创新卓有成效，对外开放不断扩大。积极推进简政放权改革和“权力清单”制度，分三轮先后下放、取消、转移市级经济社会管理权限1171项，市场活力充分释放。食品药品监管体制改革成果进一步巩固，工商登记制度改革成效明显。市、县行政机构改革方案报省上审批，镇村综合改革全面铺开，县（市、区）事业单位清理规范工作取得阶段性成果。国企国资改革稳步推进，市属经营性国有资产基本实现集中统一监管。工业企业改制遗留问题化解和商业企业改制基本完成，公务用车改革在全省率先启动，惠民补贴“一卡通”担保贷款惠及群众5万多户，农村土地确权等全面推进。市科技资源统筹中心建成运行，韩城被确定为全省第一批创新型县市试点，“大荔模式”实现乡镇全覆盖。全市科技研发投入占GDP比重达到1.31%，技术合同交易额突破1亿元，招引高层次人才346名。渭南海关和出入境检验检疫局正式开关开检，我市与韩国龟尾市缔结为友好城市，西渭融合发展、黄河金三角区域合作等进一步加强。

六是政府自身建设全面提升，干部作风切实改进。党的群众路线教育实践活动和纪律作风大整顿大排查、“当好标杆，向我看齐”等活动深入开展，全市集中整改“四风”问题3974个，会议经费、“三公”经费支出分别下降43.5%和21.7%。机关效能建设向纵深拓展，“百姓问政”“向人民报告”、邀请公民进政府等活动受到群众好评。依法行政示范市通过省级验收，人民网留言办理被评为全国示范市。行政监察、审计监督等工作力度持续加大。自觉接受市人大、市政协监督和社会监督，积极回应人大代表、政协委员对社会热点问题的关注，市人大代表建议和政协提案全部按期办结答复，办理质量明显提高。

同时，国防动员、双拥工作、国家安全、人民防空、民族宗教、外事侨务不断加强，妇女、儿童、老龄、残疾人、红十字事业全面进步，统计、气象、地震、档案、新闻出版和广播电视等各项工作都取得了新的成绩。

各位代表，过去的一年，在经济下行压力加大、面临诸多不利因素的情况下，全市经济社会发展稳中有进、稳中趋好，主要指标增速均高于全省平均水平，经济总量首次进入全省前五；渭南3D打印产业化培育基地破土而生，华山旅游门票收入首次突破3亿元；简政放权、医改、教育等多项工作受到国家表彰，公共文化服务体系示范区创建、食品药品监管体制改革、工商登记制度改革、公务用车改革等走在了全省前列。这些成绩的取得，是市委正确领导的结果，是市人大、市政协和社会各界监督支持的结果，是全市人民团结奋斗的结果。在此，我谨代表市人民政府，向全市广大干部群众、驻渭部队指战员、武警官兵和公安干警致以崇高的敬意！向大力支持政府工作的各位代表、各位委员和各界人士表示衷心的感谢！

在看到发展成绩的同时，我们也清醒地看到，受经济下行以及市场因素等的影响，去年经济增长没有达到预期目标，固定资产投资增速放缓；不少工业企业生产经营遇到较大困难，工业经济运行质量效益不高，骨干龙头企业数量偏少；财政收入低速增长，收入结构不尽合理；城镇化水平仍然较低，城乡协调发展差距明显，中心城市辐射带动作用不强；环境保护任务艰巨，节能减排压力较大；改善民生与群众的期盼还有差距，影响安全稳定的因素仍然较多；等等。对此，我们将采取措施努力加以改进。

二、2015年主要工作目标和任务

2015年是完成“十二五”规划的收官之年，也是贯彻十八届四中全会精神、全面推进依法治市的开局之年。当前，我市正处于保持适当速度、继续扩张总量的追赶期，促进转型跨越、不断深化改革的攻坚期，突破瓶颈制约、彰显相对优势的潜能释放期。虽然我国经济发展已进入以速度变化、结构优化、动力转换为主要特点的新常态，但经济发展总体向好、仍处于重要战略机遇期的基本面没有改变；虽然我市发展仍面临一系列的问题、困难和挑战，但也有着多项政策叠加、自然资源丰富、发展基础牢固、新增长点较多等鲜明优势；虽然近年来经济增长的速度放缓，但有利于我们以此为契机优化结构、升级产业、转变方式，提升发展的质量和水平。只要我们抢抓机遇，顺势而为，科学认识新常态，主动适应新常态，积极引领新常态，就一定能够在新一轮发展中赢得主动。

今年全市经济社会发展的主要预期目标是：生产总值增长11%左右；固定资产投资增长23%；地方财政收入同口径增长12%；城镇登记失业率控制在4%以内；城乡居民收入增长11%和13%；人口自然增长率控制在6.2‰以内；万元GDP能耗下降3.8%，市区二级以上优良天数达到190天以上。

需要说明的是，新常态下的发展目标，是一个预期性、区间性、引领性目标，体现了我们跳起来摘桃子，自我加压、加快发展的信心和决心。实现上述目标，一定要牢牢把握稳中求进的总基调，增强定力，保持耐心，主动作为，在有质量、有效益、可持续的前提下全力推动跨越发展；一定要把调结构、转方式作为一条主线，不断提升产业发展层次，打造渭南经济发展的升级版；一定要把深化改革、创新驱动作为根本动力，以改革开放、科技创新加快动力转换，形成稳健、可持续的增长格局；一定要把切实改善民生、增加群众福祉作为基本出发点，凝聚发展正能量，让人民群众真正成为渭南建设的参与者和共享者。

重点抓好以下几方面工作：

（一）坚持把狠抓项目、扩大投资作为重要支撑，持续增强发展动力

强化项目策划储备。紧盯中省政策取向和市场导向，紧扣“一带一路”建设和黄河金三角规划的实施，高质量策划储备一批重大产业、基础设施和民生类项目，确保年内策划重大前期项目200个以上。加强与中省部门的沟通衔接，争取更多项目挤进中省计划盘子和“十三五”规划，为投资持续增长打好基础。

扎实推进重大项目。坚持分级管理、分类推进的原则，完善项目推进机制，提高项目开工率和投产率，确保300个市级重点项目年度完成投资1464亿元。重点抓好西南铁路复线、黄韩侯铁路、沿黄公路等工程建设，确保年内韦罗高速、渭玉高速建成通车，蒲白高速完成路基工程，抽黄供水工程基本建成。力促黄河禹门口大桥、富平热电联产等项目上半年开工建设。

切实加大招商力度。围绕装备制造等支柱产业链延伸和3D打印、新能源新材料等新兴产业发展，紧盯央企、省企和东部产业转移，着力引进战略性投资者。强化领导干部带头招商，积极开展海外招商，着力提高招商引资质量。全面清理规范招商引资税收优惠政策，营造公平的市场环境。狠抓签约项目落实，提高项目开工率和资金到位率，确保招商引资到位资金突破600亿元。

持续优化投资环境。深化投融资体制改革，推广PPP投资模式，降低投资准入门槛，引导更多社会资本投向基础设施、环境保护、民生改善等领域。全面落实小微企业扶持政策，激发全民创业活力，推动民营企业和非公经济快速发展。进一步优化市民综合服务中心运行机制，全面推行服务承诺、限时办结等制度，持续开展服务企业单位评议工作，倒逼职能部门提高服务质量。加强社会诚信体系建设，严肃查处典型案件，确保投资发展环境根本改善。

（二）坚持把调结构、转方式作为重要任务，提升产业整体水平

推进工业结构优化升级。坚持工业强市不动摇，依靠存量稳增长，围绕增量调结构，尽快形成多点支撑的工业发展格局。一是全力支持优势骨干企业发展壮大。推动蒲城70万吨烯烃、富平生态水泥、青岛啤酒一期、韩城龙门煤化等项目尽快释放产能，加快澄城烟厂技改、舜天能源重组、金钼股份采选冶升级改造、大荔锂离子电池、卤阳湖卓达绿色建材等项目建设。认真研究解决煤炭行业当前遇到的困难，采取煤电联营、技术创新等措施，促进煤炭稳产促销。二是加快推动传统产业转型升级。落实企业“直供电”政策，制定企业技术改造、流动信贷、物流销售等补贴政策，积极推进煤化工、有色冶金及装备制造、光伏、食品加工等产业链工程，推动传统产业向中高端迈进。三是大力培育战略性新兴产业。加快3D打印产业培育基地建设，落实创投基金一揽子项目计划，着力引进发展3D打印与生物医疗器械产业化项目，加快3D打印在文化、旅游、教育等领域推广应用。积极推广电动新能源汽车，力求在引进电动汽车核心技术及配套生产项目上实现突破。有序推进智慧城市试点工作，加快以光网工程为重点的信息基础资源建设，逐步完善互联互通、资源共享的信息化服务体系。积极培育扶持大数据、物联网、云计算等示范效应明显的信息产业项目，以信息化带动工业化。四是着力提升工业园区发展水平。强化基础设施和

功能配套,支持园内企业开展技术创新,真正将园区打造成工业发展的聚集区和示范区。全市新增规模以上工业企业50家,规模以上工业企业完成增加值680亿元,增长14%。

加快农业发展方式转变。坚持走产出高效、产品安全、资源节约、环境友好的现代农业发展道路,加快农业规模化、品牌化、标准化、市场化建设,夯实农业发展基础。认真落实耕地保护目标责任制,确保粮食总产稳定在200万吨以上。抓住省上实施"十百千万"工程的机遇,引导土地经营权有序流转,大力培育新型农业经营主体。持续推进现代农业园区、陕西现代畜牧业示范区和现代果业强市建设,力争新增市级以上农业园区10个,总面积达到75万亩。水果和设施蔬菜分别发展到305万亩和105万亩,畜牧业产值增长20%以上。依托滩涂资源,积极扶持发展水产养殖业,尽快形成农业发展新的增长点。大力发展具有地方特色的农副产品加工业和服务业,支持龙头企业发展壮大,鼓励发展休闲农业和乡村旅游,年内新增市级以上龙头企业20户。拓展提升"大荔模式",完善现代农业服务体系。加强水利基础设施建设,着力解决中部易涝区排涝排碱问题,加快改善渭北旱塬灌溉条件。推进高标准基本农田建设,发展节水灌溉14万亩,改造基本农田17.1万亩。建立市、县两级农产品质量安全追溯平台,加强农业园区农产品质量安全监测网络建设,实行农产品"三品一标"认证,提高农产品质量安全水平。

大力发展三产服务业。加大政策支持力度,完善考核奖励办法,着力提高三产服务业对经济的贡献率,确保三产增加值增长10%以上。一是持续推进大华山旅游目的地建设。坚持文化与旅游融合发展,策划启动20个文化旅游产业项目,确保沿黄公路洛河桥年底前建成通车。加快华山、少华山、洽川、仓颉庙、潼关古城以及"史记韩城·风追司马"等景区提升,整体谋划和建设黄洛渭三河文化和山水风貌大景区,推进唐桥陵、泰陵等保护开发,积极发展红色旅游,策划推出以华山为核心、辐射带动周边的精品旅游线路。强化市场营销,优化旅游环境,提升地接能力,推动市、县旅游联动发展。力争全年旅游综合收入达到280亿元,增长11%。二是加快商贸服务业提档升级。抓好经开区凯泰汽配五金机电城等项目建设,确保万达城市综合体8月开业运营、申华汽博园一期10月建成。编制电子商务发展规划,建立电子商务物流园区和孵化基地,培育30户年销售额过千万元的电子商务龙头企业,建设3—5个电子商务发展试点示范县。大力引进创新创业型服务组织,培育休闲、健康、养老、家政等新业态,促进消费持续增长。年内新增限额以上贸易企业80户,全社会消费品零售总额达到480亿元,增长14%。三是积极支持金融业发展。重视发挥银行融资主渠道作用,着力提高存贷比。推进投融资机制创新,设立政府引导基金,支持创投、风投基金参与产业结构调整和新兴产业发展。加强与资本市场对接,鼓励企业通过票据、债券、股权等多渠道融资,推动更多的企业上市。加快农商行组建,确保3家农信社改制进入实质性阶段。规范发展融资担保公司和小额贷款公司,重视发挥保险业作用,严厉打击非法融资,全面提升金融服务水平。

(三)坚持把统筹城乡、协调发展放在突出位置,着力推进新型城镇化

科学修编城镇规划。坚持城镇建设与自然山水相融合、城镇规划与人文历史相呼应,加快编制我市城市设计、风貌规划和

新型城镇化发展规划。科学划定城镇边界,强化规划刚性约束,搞好富平经济社会发展规划、土地利用总体规划和城市规划“多规合一”试点。

突出中心城市发展。实施中心城市建设项目230个,年度完成投资225亿元。积极推动华县撤县设区,构建“一城四区”发展格局。优化城市路网,完善功能配套,着力解决制约城市发展的供水、供气、供热等问题,支持临渭区加快老城开发和城中村改造,增强中心区承载力和吸引力;以实施创新驱动战略为引领,以万达城市综合体开业运营为契机,推进新兴产业和现代服务业协调发展,进一步提升高新区发展层次;强化产业支撑、产城融合,加快光大农资和关中大红市场等建设,以商气聚人气,推动经开区突破发展。依托两条城中河,着力打造城市新亮点。其中渭河全面完成城区段右岸堤顶绿化、湭河入渭口景观绿化和滩区水生态景观核心区建设,加快南岸滨水东区建设;湭河以老街美食城二期建设为重点,加快两岸整体规划建设。加强城市精细化管理,启动全国文明城市创建,加大绿化、亮化和美化力度,不断提高中心城市首位度。

做优做美中小城镇。全面推广“人地房”相结合的征迁模式,推进城镇建设开发。以设施完善、功能配套、内涵提升、文明创建为重点,加快县城扩容提质。突出抓好重点镇建设,充分利用省上政策支持,加快5个省级重点示范镇和2个省级文化旅游名镇建设,确保年内完成投资10.3亿元。以新区建设、旧区整治和镇域综合改造提升为重点,扎实推进16个市级重点镇建设,努力打造县域副中心。

建好新型农村社区。坚持把新型农村社区建设作为推进城乡统筹的重要抓手,与移民搬迁、镇村综合改革和美丽乡村建设等有机结合,每个县(市、区)年内启动建设5—10个新型农村社区,至少建成1个新型农村示范社区,让农民群众就近享受和城镇一样的生活。

推进农村转移人口市民化。放开城镇户口限制,推行人口居住证制度,将进城务工人员纳入城镇公共就业服务体系、住房和社会保障体系,做好养老、医保和子女教育等衔接工作,使进城落户人员融入城市、子女融入学校、家庭融入社区,确保农民进城落户10.8万人以上,全市城镇化水平达到42%以上。

(四)坚持把环境保护、生态文明作为最大的公共福利,加快建设美丽渭南

突出抓好环境保护。扎实推进“治污降霾·保卫蓝天”行动,建立治污降霾“三级”网格化管理机制,健全联防联控机制,年内渣土车全面安装GPS系统,中心城区机扫率基本实现全覆盖,县(市、区)达到60%以上,努力让群众呼吸到更加清新的空气。认真做好主要污染物减排,加快实施重点行业和燃煤锅炉污染治理提标改造,确保14个中省减排项目按期建成、12家污水处理厂规范运行,煤炭消费量较上年削减3%。严格落实环保准入、资源环境总量控制等制度,坚守生态红线。扎实推进工业、建筑、交通和公共机构节能,关停小火电企业12家,淘汰水泥、电解铝等落后产能26万吨。坚持“铁腕促治”,实施新一轮渭河治理三年行动计划,确保地表水国控断面稳定达标。加强饮用水源地保护,建立水源污染事故防范预警应急体系,确保重点饮用水源地水质达标率100%。完善资源有偿使用和生态补偿制度,积极开展节能量和碳排放权、排污权、水权交易试点。

着力改善生态环境。统筹实施堤防、蓄滞洪区、湿地等生态工程建设,加快秦东大地园林化进程,搞好西潼、西禹、沿黄公

路"大三角"绿色通道建设和新一轮退耕还林工作,强力整治取缔非法采石,推进矿山、采煤沉陷区和秦岭北麓生态恢复,完成植树造林35万亩,治理水土流失330平方公里。加快卤阳湖生态区建设,力争年内通过国家湿地公园验收。扎实推进渭河综合整治,全面完成堤防贯通、绿化及潼关入黄口景观建设等工程,确保渭河综合整治"五年计划"提前实现,让群众在生态持续改善中提高满意度、增强幸福感。

加快建设美丽乡村。按照"规划引导、环境整治、产业支撑、完善基础、健全制度"的思路,突出抓好108个示范村和339个重点村建设。扎实做好秸秆禁烧与综合利用工作,加快实施临渭、合阳、富平农村环境连片整治工程,确保年内通过省级审核。全面开展村庄人居环境整治,让群众在净化、绿化、美化家园中生活得更敞亮、更舒心。

(五)坚持把以人为本、改善民生作为基本落脚点,努力增进群众福祉

始终把民之所盼、民之所望作为施政所向,持续加大民生投入,优先安排民生项目,加快解决民生欠账,切实做到保基本、兜底线、促公平、可持续,让改革发展成果更多地惠及全市人民,让人民生活得更加殷实、更加幸福。

千方百计扩大就业。以高校毕业生、复员退伍军人、进城落户农村居民和就业困难人员为重点,认真落实扶持就业各项政策,适度扩大和提高小额担保贷款扶持范围和额度,加大技能培训力度,以创业促就业,开发公益性岗位,确保新增城镇就业5.2万人。

提升社会保障水平。认真做好农民工、灵活就业人员社会保障工作,健全实施好农民工工资保障金制度和城乡居民丧葬费补助制度,大力推进殡葬改革。强化社会救助体系,改进城乡低保和农村五保工作,完善农村留守儿童、妇女、老年人关爱政策,健全残疾人权益保障制度,支持社会福利和慈善事业加快发展。启动机关事业单位养老保险改革,全面推进社会化养老工作,启动建设市、县残疾人康复中心、托养中心。

改善困难群众生活条件。统筹推进采煤沉陷区治理、棚户区改造和保障性安居工程建设,制定购买商品房补充保障房措施,新建各类保障房5.3万套。坚持精准扶贫,积极推广"参股建园""参股融资"等产业扶贫模式,高度重视解决返贫问题。持续推进扶贫移民搬迁七年行动计划,年内完成1.4万人、启动2.3万人的搬迁工程,实现脱贫18万人,解决20万人的安全饮水问题。

积极发展社会事业。加快实施第二期学前教育三年行动计划,新建改建公办幼儿园77所,其中中心城市新建10所。继续深化大学区改革,试点中小学校长职级制。加快实施"千校达标"工程,力促临渭、华阴、白水、潼关通过"双高双普"省级验收。推进中等职业教育资源整合,大力发展职业教育。深化公立医院改革和药品供应保障体系改革,探索建立分级诊疗和双向转诊制度,推进全科医生和居民契约服务模式。加快市图书馆建设,确保市博物馆6月底前对外开放,力争国家公共文化服务体系示范区创建年内通过验收。加强市体育中心和文化艺术中心管理运营,广泛开展各类活动,丰富群众文体生活。突出科学性、前瞻性,扎实做好"十三五"规划编制工作。

切实加强安全稳定。认真贯彻新《安全生产法》,推进政府监管网格化、企业管理精细化、行业直管专业化,构建无缝隙安全责任链条。始终以"零容忍"的态度抓

好隐患排查整治，持续推进烟花爆竹、煤矿和非煤矿山整合关闭工作，强化日常监督检查，坚决杜绝重特大事故发生。加强社会治理制度创新，坚持以法治的思维处理信访问题，妥善化解各类矛盾纠纷，扎实推进平安渭南建设，健全社会治安防控体系，确保全市社会大局稳定。

持续推进双拥共建。一如既往地支持驻渭部队建设，深入开展国防教育，加快推进军民融合，健全国防动员体系，搞好预备役部队和民兵建设，争创国家双拥模范城“五连冠”，不断开创双拥共建工作新局面。

（六）坚持把深化改革、推进创新作为根本动力，激发发展生机活力

深入推进各项改革。继续推进简政放权，进一步深化行政审批制度改革，力争全市行政审批事项再减少10%左右，以权力“瘦身”为廉政“强身”。进一步支持韩城搞好计划单列试点，加快推进事业单位分类改革、政府向社会力量购买服务及县乡公务用车改革。推进镇村综合改革和农村土地确权登记工作，搞好第九次村民委员会换届选举工作。充分发挥市场在资源配置中的决定性作用，支持国有经济和民营经济融合发展，壮大混合所有制经济。继续深化市属国有企业改革，推行企业经营层年薪制。深化工商登记制度改革和财税改革。积极转变财政对经济发展的支持方式，更多地通过产权和股权投资、设立创投基金，吸引社会资本聚集，支持企业发展壮大。坚持节约集约利用土地，开展闲置土地清理工作，继续做好城乡建设用地增减挂钩和工矿废弃地复垦试点。

积极扩大开放合作。加快推动西渭融合发展，积极争取西安至渭南和华阴、大荔高铁公交化运营。加强对外交流合作，支持建设富平“中哈苹果友谊园”。积极参与丝绸之路经济带建设，全面实施黄河金三角区域合作规划，精心办好第三届黄河金三角投资合作交流大会和秦商大会，不断拓展发展空间。以渭南海关开关为契机，积极实施边疆、沿海港铁联运，构建东西货运大通道，全面落实支持进出口贸易企业相关政策，提高经济外向度。力争新增进出口备案企业30户以上，实现进出口总额2亿美元。

推进创新型渭南建设。积极实施科技统筹创新五大工程，加快以企业为主体的创新体系建设，建立市级以上科技研发平台10个，力争省级重大科技成果中试基地落户我市。鼓励民间资本参与科技服务和风险投资，探索科技贷款风险补偿和知识产权质押融资模式，积极破解科技投入瓶颈制约。深入推进校地校企合作，发挥好市科技资源统筹中心作用，力争技术合同交易额达到1.5亿元，专利授权量达到650件，全社会科技研发投入占GDP比重达到1.35%。创新方式、搭建平台，不断加强引才、育才和用才工作，加快实施三个“百人计划”，大力引进行业领军人才和部省高层次人才（团队），为产业转型升级提供强大智力支撑。

三、以依法行政为核心全面加强政府自身建设

认真贯彻落实市委《关于推进依法治市的若干意见》，坚持用法治的思维、法治的方式推进工作，加快建设职能科学、权责法定、执法严明、公开公正、廉洁高效、守法诚信的法治政府。

强化法制教育，推进全民守法。坚持领导干部带头学法、模范遵法，健全行政机关工作人员学法用法制度，崇尚法治信仰，增强法治意识，养成依法办事的行为习惯。加大全民普法宣传力度，扎实推进“法律六进”活动，大力弘扬社会主义核心价值

观，用法治文化教育社会民众，用法治思想引导社会舆论，提高全民对法律的认知度和遵从度，形成全社会遵法、守法、用法、护法的良好氛围。

依法严格履职，提高执法效能。健全公众参与、专家论证、风险评估、合法性审查等科学民主决策制度，完善政府法律顾问制度，探索建立责任追究和倒查机制，坚决防止越权决策、随意决策和违法决策；坚持法定职责必须为、法无授权不可为，着力推进机构、职能、权限、程序、责任法定化，加快推行权力清单、责任清单和负面清单制度，坚决纠正不作为、乱作为和慢作为；深化行政体制改革，进一步理顺行政执法体制，探索跨部门、跨区域联合执法，坚决克服交叉执法、多头执法和低效执法；完善行政执法程序，全面落实行政裁量权基准、重大执法审核、执法人员资格管理和持证上岗等制度，引入第三方机构对行政效能进行评估，建立领导干部干预行政执法记载制度，坚决杜绝以言代法、以权压法和徇私枉法，确保严格规范公正文明执法。

加强监督制约，规范权力运行。强化政府内部的制约与监督，对权力集中的部门和岗位，逐步实行分事行权、分岗设权、分级授权。对公共资金、国有资产、国有资源和领导干部履行经济责任情况，逐步实行全覆盖审计。加强行政监察，完善政府督查体系，建立行政复议纠错、行政诉讼败诉报告制度，落实行政问责制。依法接受市人大及其常委会的监督，主动接受市政协的民主监督，广泛听取民主党派、工商联、无党派人士、各人民团体的意见，重视司法、舆论和社会监督，全面推进政务公开，让权力在阳光下运行。

坚持廉洁从政，持续改进作风。认真践行“三严三实”，讲政治、守规矩，时刻做到心中有党、心中有民、心中有责、心中有戒。巩固拓展党的群众路线教育实践活动成果，狠抓整改落实，健全制度机制，推进作风建设常态化、长效化。坚持从严治权、从严治官、从严治“一把手”，对懒政庸政怠政、不作为的严肃问责，对不敢抓不敢管、混日子的干部，坚决采取组织措施。严格执行新《预算法》，大力倡俭治奢，政府所有收支一律纳入预算管理，所有公共资金一律接受审计监督，确保财政供养人员只减不增，会议、文件持续减少，“三公”经费支出明显下降。扎实推进政府系统党风廉政建设，加强绩效考核和效能监察，严肃查处各类违法违纪案件，以实际行动赢得人民群众的拥护和信任。

各位代表，我们深知，人民群众对渭南发展充满着期待和向往；我们也深知，千里之远需跬步以至，发展大业在日积月累。建设富裕文明和谐活力的陕西东大门，需要我们从改革发展的一点一滴做起，从群众期盼的一情一事做起，从每个人的一言一行做起。让我们在市委的坚强领导下，低调务实、埋头苦干、砥砺奋进、合力向前，共同创造渭南更加美好的明天！

2014年渭南大事记

1月

2日 渭南众合农牧科技有限公司经理陆新宇领到全市工商登记制度改革后第一张注册资本认缴制营业执照。

2—4日 中国共产党渭南市第四届委员会第五次全体会议在光明酒店举行。市委书记徐新荣向全会作工作报告。

4日 全市创建国家公共文化服务体系示范区动员大会召开。市委书记徐新荣出席。

5—6 日　市长奚正平、副市长吴蟒成赴蒲城县现场处理“一·五”客车爆炸案有关工作。

13 日　省体育局考察组来渭考察渭南市申办省第十六届运动会事宜，副市长王素芳陪同。

23 日　渭南市获“陕西省文明城市”称号。

同日　省委常委、副省长江泽林在蒲城县慰问困难企业职工和群众，市上领导徐新荣、奚正平参加。

2 月

7 日　全市 2013 年度总结表彰大会召开。会议对 2013 年度全市目标责任考核先进单位、重点纳税企业、招商引资和项目建设先进单位及个人进行了表彰奖励。市委书记徐新荣出席并讲话。

13 日　《渭南日报》载：蒲城、白水晋级省级园林城市。

16—18 日　市政协四届五次全委会召开。

17—19 日　渭南市四届六次人代会召开。

18—19 日　福州市党政代表团来渭考察，签订渭南市政府和福州市政府战略合作框架协议。市委常委、副市长程勉贵陪同。

3 月

3—5 日　市长奚正平，市委常委、常务副市长郑光照，市委常委、副市长程勉贵等赴各县（市、区）督查重点项目建设、安全生产、食品药品监管体制改革和环境保护等工作。

3—13 日　全国人大代表、市委书记徐新荣，全国人大代表、合阳县黑池镇南廉村党支部书记雷温芳随陕西代表团赴京参加全国“两会”。

5 日　副省长祝列克在卤阳湖、大荔县调研农业农村发展工作，市长奚正平、副市长吴蟒成、市委常委唐代治陪同。

10 日　富平县温泉河景观工程、石川河整治工程开工，两工程总投资64.7亿元。

17 日　副省长庄长兴来渭调研罗韦高速建设情况，市委书记徐新荣、市长奚正平、副市长吴蟒成陪同。

18 日　省委副书记孙清云到第二批群众路线教育实践活动联系点澄城县调研，市委书记徐新荣参加。

19 日　省政协主席马中平到第二批党的群众路线教育实践活动联系点蒲城县调研，指导活动开展工作。市委书记徐新荣参加。

25 日　副省长张道宏在大荔县调研大荔模式示范推广工作，市上领导徐新荣、奚正平、唐代治陪同。

27 日　泰王国驻西安总领事潘孟财一行来渭，市长奚正平会见。

4 月

1—2 日　副省长白阿莹来渭调研文物保护及文化旅游工作，市长奚正平，市委常委、副市长程勉贵陪同。

3 日　西北农林科技大学党委书记梁桂考察白水县西北农林科技大学苹果试验站和白水县标准化示范园建设基地，市委常委、副市长唐代治陪同。

9 日　省委书记赵正永来渭调研渭河综合整治工作，市上领导徐新荣、奚正平、吴蟒成陪同。

9—10 日　全国人大常委会副委员长、农工党中央主席陈竺率调研组来渭就

“促进中医药产业发展”问题开展专题调研，市长奚正平汇报工作。

11日 亚行代表团一行检查卤阳湖盐碱地综合治理项目，市委常委、副市长唐代治陪同。

14日 国务院批准《晋陕豫黄河金三角区域合作规划》。

16日 省政协副主席千军昌来渭调研混合所有制经济发展情况，副市长刘新兴陪同。

28日 全市庆“五一”暨颁发“五一劳动奖状（奖章）”大会召开，市上领导徐新荣、奚正平、王爱民、王荣举、刘新兴、贺韧参加。

5月

6日 国家宗教局政法司副司长刘金光、王天喜一行来渭调研宗教机构编制建设情况，副市长王素芳陪同，7日结束。

8—9日 省人大常委会副主任李晓东一行来渭调研，市上领导徐新荣、雷超武、王荣举、王晓军先后参加。

9日 市长奚正平主持召开市政府常务会议，研究审议《关于深化科技体制改革建设创新型渭南的若干意见》《渭南市城乡规划展示馆布展设计施工一体化方案的意见》等事项。

14日 “民营企业家·商会黄河金三角渭南行”项目推介会召开，市长奚正平，市委常委、常务副市长郑光照，副市长王晓军等参加。

18日 陕西省旅游行业向华山卫士·好司机杨京红学习动员会在华阴市召开，市委常委、副市长程勉贵参加。

20日 国家开发银行、北京汉合置业有限公司、芬兰古松原木建筑股份有限公司、中国海洋石油总公司相关负责人来渭考察，市委常委、副市长唐代治陪同。

24日 第十八届西洽会暨丝博会渭南代表团项目集中签约仪式在西安曲江国际会议中心举行。这次展会渭南共签约合同项目252个，总投资1030亿元，合同引资993亿元。

同日 市长奚正平会见俄罗斯共青城和匈牙利代表团，市政府秘书长孙建升陪同。

28日 “中央媒体再访晋陕豫黄河金三角”采访团成员来渭采访，市长奚正平会见并接受专访。

6月

4—12日 省政协主席、党组书记马中平，省委副书记孙清云，省委常委、省委宣传部部长景俊海，省委常委、省委秘书长刘小燕分别到各自联系点蒲城、澄城、富平、合阳县，全程指导县委常委班子专题民主生活会。市委书记徐新荣参加。

9日 副省长祝列克赴富平县检查“三夏”工作，市长奚正平、副市长吴蟒成陪同。

11日 中央人民广播电台、市委宣传部、市委外宣办携手内地及港澳35家电台在华山景区举办《华山风骨·渭水襟怀——城市新跨越之魅力渭南》大型现场直播节目，市长奚正平向海内外推介渭南。

14日 哈萨克斯坦东干协会主席达乌洛夫·安胡赛一行来渭考察交流，副市长王晓军参加。

17日 中国海洋石油总公司总法律顾问赵利国，中联煤层气有限责任公司总经理、党委书记武文来一行来渭考察，市长奚正平，副市长高洁陪同。

18日 省长娄勤俭赴白水县、澄城县、韩城市、合阳县调研美丽乡村建设、保障性住房、文化产业、工业生产、煤矿安全以及重点项目建设等工作，市上领导徐新荣、奚正平、吴蟒成等先后陪同，19 日结束。

23 日　受全国和省爱卫会委托，渭南市对蒲城、合阳、潼关进行“国家卫生县城”授牌，副市长王素芳参加仪式。

7 月

1 日　大(同)西(安)高铁西安至太原段开通运营。

4 日　国家发改委批准《关中城市群城际铁路规划》。该规划以西安为中心，渭南—西安—宝鸡为主轴，建设覆盖 20 万人以上城市铁路。

9 日　省委副书记孙清云出席澄城县委常委班子专题民主生活会情况通报会。市委书记徐新荣参加。

15 日　市长奚正平陪同省委副书记孙清云、副省长庄长兴检查防汛工作。

22 日　市长奚正平陪同国家烟草专卖局局长凌成兴调研澄城烟厂技改工作。

23 日　省委召开全省地方志工作会议，常务副市长郑光照在会议上介绍了渭南市二轮修志工作的经验。

27 日　市委书记徐新荣，市长奚正平陪同中国医疗器械行业协会副会长姜峰一行考察医疗器械产业发展工作。

30 日　中国共产党渭南市第四届委员会第六次全体会议举行。会议讲评了全市 2014 年第二季度重点工作，颁发了红黄牌，审议通过《中共渭南市委全委会对正县职干部拟任人选和推荐人选票决办法》，市委副书记、市长奚正平总结分析上半年全市经济社会发展情况，安排部署下半年工作，市委书记徐新荣作重要讲话。

同日　中共渭南市四届六次全会举行。

8 月

10 日　第三届中国健身名山·华山登山赛在华山景区举行，市委常委、副市长程勉贵出席。

19 日　黎巴嫩地方政府代表团马苏德·达赫尔一行来渭进行友好访问，市长奚正平与代表团一行就加强双方的交流与合作进行座谈，副市长王晓军参加。

20 日　省人大常委会副主任吴前进赴大荔县对《陕西省现代农业园区条例》进行立法调研并召开座谈会，副市长吴蟒成陪同，21 日结束。

22 日　富士通科技集团幕僚长陈辉龙一行来渭考察，市长奚正平陪同。

26 日　全市科技创新大会召开，市长奚正平，市委常委、常务副市长郑光照，市委常委、副市长程勉贵等参加。

9 月

5 日　渭南市庆祝第 30 个教师节表彰活动在市艺术中心大剧院举行，市上领导徐新荣、奚正平、王春阳、郑光照、郭勇格、程勉贵胡会维、徐月凤参加。

9 日　渭南市与陕西煤业化工集团公司工作座谈会召开，市长奚正平、副市长刘新兴出席。

16—20 日　全省产业扶贫现场培训会在大荔县召开。

19 日　市委书记、市委全面深化改革领导小组组长徐新荣主持召开市委全面深化改革领导小组第三次会议。

24 日　省政协主席马中平到蒲城县调研指导群众路线教育实践活动。市委书记徐新荣参加。

25—26日　3D打印与生物医疗器械产业化推进会在渭举行。中国科学院院士、全国人大常委会副委员长、农工民主党中央主席陈竺出席并讲话，市委书记徐新荣致辞。市委副书记、市长奚正平主持会议。中央、省、市300余人参加会议。

25日　全国人大常委会副委员长陈竺一行在华阴调研三门峡库区发展有关工作，市长奚正平陪同。

30日　渭南市暨临渭区华县烈士纪念日公祭活动召开，市上领导徐新荣、奚正平、张建华、雷超武、王春、郭勇格、程勉贵、潘洁、于会溪、唐代治等出席。

10月

9日　第七届陕西省文化艺术节开幕活动在市文化艺术中心举行，省委常委、宣传部部长景俊海，副省长白阿莹，市上领导徐新荣、奚正平、郑光照参加。

10日　西安交通大学与陕西省12市、区战略合作协议签约仪式举行，市长奚正平参加。

11日　省委书记、省人大常委会主任赵正永出席蒲城县龙阳镇东王村党支部第三小组民主评议党员会。市委书记徐新荣，市委副书记、市长奚正平参加。

同日　省委书记赵正永赴蒲城煤化工园区调研，市上领导徐新荣、奚正平陪同。

19日　市长奚正平主持召开第二届黄河金三角投资合作交流大会、市第十二届运动会筹备工作协调会，市委常委、常务副市长郑光照，副市长吴蟒成参加。

同日　中国奶山羊健康养殖与羊奶加工国际研讨会暨中国羊乳之都命名大会在富平县举行，副市长吴蟒成出席。

26日　渭南市第十二届运动会开幕式在市体育中心举行，市上领导徐新荣、奚正平、张建华、雷超武、王春阳、郑光照等参加。

28日　第二届黄河金三角投资合作交流大会开幕式在市体育中心举行，副省长王莉霞，市上领导徐新荣、奚正平、程勉贵等出席。

11月

1日　市长奚正平赴财政部、国家发改委、国家能源局、中国国际工程咨询公司，衔接新能源汽车、热电联产等项目，3日结束。

3日　市委书记徐新荣在渭南高新区3D打印产业园与美国明尼苏达大学教授裴有康、北京中关村发展集团总经理许强一行座谈。

4日　市长奚正平、副市长王晓军赴上海参加陕西黑猫焦化上市仪式，5日结束。

6日　副省长王莉霞赴澄城调研医药卫生综合改革试点工作，市长奚正平，市委常委、常务副市长郑光照先后陪同，7日结束。

10日　全省重大水利工程暨冬春农田建设现场会在合阳县召开，市长奚正平、副市长吴蟒成参加。

17—20日　渭南市与韩国龟尾市缔结友好城市活动举行，市上领导徐新荣、奚正平、王晓军、刘新举等参加。

18日　省委书记赵正永赴华县、合阳、渭南市区调研镇村综合改革工作，市委书记徐新荣书记汇报全市工作，市长奚正平，市委常委、副市长程勉贵，副市长刘新兴、吴蟒成先后陪同，秘书长孙建升参加，19日结束。

20日　北京有色金属研究总院党委书记赵晓晨来渭考察新能源动力电池项

目，市长奚正平，市委常委、副市长程勉贵陪同。

21日 渭南市百名企业人才职业经理人培训班开班仪式举行，市长奚正平出席。

26日 深圳市新能源汽车产业核心技术创新联盟来渭考察，市长奚正平，市委常委、常务副市长郑光照陪同。

27—29日 全市学习党的十八届四中全会精神读书班在市委党校举办。

12月

8日 省委第一巡回督导组听取渭南市教育实践活动整改工作汇报会召开，市上领导徐新荣、奚正平、王春阳、王爱民参加。

10日 西安银行渭南分行开业仪式举行，市长奚正平出席。

11日 省委常委、常务副省长江泽林来渭调研"十三五"规划有关工作。市委书记徐新荣参加调研。

同日 首届渭南非公有制经济人士优秀中国特色社会主义事业建设者表彰大会召开，市委常委、副市长唐代治出席。

21日 省政府检查组评估验收渭河三年变清行动规划，副市长高洁陪同，22日结束。

22日 市长奚正平主持召开全市机关事业单位"吃空饷"问题治理专题会议，市委常委、常务副市长郑光照，副市长刘新兴，秘书长孙建升参加。

国家地理标志保护产品——大荔黄花菜

黄花菜又名忘忧草、萱草花，学名萱草，为多年生百合科草本植物，在中国已有2000多年的栽培史。大荔县境内的沙苑地区由于土质肥沃松软，排水性能良好，出产的黄花菜以针长、色佳、肉厚、味香、营养丰富，清康熙年间已成为皇室贡品，因其形状笔直如"1"，和沙苑红枣、花生、同州西瓜一起，被形象地称为大荔"1008"特产。大荔黄花针长、色佳、肉厚、味香、营养丰富，配以荤菜香而不腻。大荔黄花菜栽培面积已达3300多公顷，总产量1000万公斤，产值超过2亿元，为西北地区第一生产大县。大荔黄花菜在全国品质鉴定会上名列同类产品之首，每年国家收购数十万公斤，远销国内外。

2010年9月3日，国家质量监督检验检疫总局批准了对大荔黄花菜实施地理标志产品保护。

中国共产党渭南市委员会

市委领导成员

市委书记 徐新荣
副 书 记 奚正平
雷超武(2 月离任)
王春阳(2 月到任)
市委常委 徐新荣 奚正平
雷超武(2 月离任)
王春阳(2 月到任) 郑光照
郭勇格 程勉贵 王爱民
潘洁(女) 于会溪 张建军
郭志英(2 月到任)
唐代治(挂职)
秘 书 长 樊存弟
副秘书长 王建军(12 月离任) 郭俊民
吴培育(4 月离任)
问康美(10 月离任) 文红军
周新强 党国栋(4 月到任)
杨康宏(12 月离任) 邱学军

市委工作概述

【坚持科学决策】 认真学习贯彻落实党的十八大、十八届三中、四中全会和习近平总书记系列重要讲话精神,始终坚持稳中求进、好中求快工作总基调,主动适应经济发展新常态,把园区、城区、景区"三区"建设作为"四化同步"的载体,协调推进"四个全面",全力推进经济社会全面协调可持续发展。全市工业园区达到 20 个,3D 打印产业培育基地建设迈出实质性步伐,新一代 70 万吨煤制烯烃项目建成投产,陕西黑猫焦化成功上市;现代农业园区发展到 346 个,市级以上龙头企业达到 357 家,"大荔冬枣""蒲城西瓜"取得国家地理标志认证,富平县获"中国羊乳之都"称号,白水县被评为"中国有机苹果第一县"。加快发展现代服务业,增速居全省第一。全力抓好大华山旅游目的地、司马迁祠、爱国主义教育基地建设,全年接待游客 3200 万人次,旅游综合收入 252 亿元。2014 年,全市生产总值完成 1460.9 亿元,增长 10.5%,经济总量首次进入全省前五,被省委、省政府评为 2014 年度目标责任考核优秀单位。

【全面深化改革】 始终坚持问题导向、为民取向,全面深化简政放权,推行权力清单制度,下放、取消、转移经济社会管理权限 1171 项,市场活力充分释放,2014 年催生市场主体 2.4 万户。率先在全国开展食品安全监管体制改革,经验在全国交流推广;文化体制改革中,按照政府扶持、企业联姻、剧团服务、百姓受益的思路,创新的"一元剧场"模式,被文化部列入首批"创建国家公共文化服务体系示范项目"。农技服务"大荔模式"推进了"农民小产品"与"市场大空间"有效对接,成为全国农技农资双服务的典范。在全国率先开展财政惠民补贴"一卡通"担保贷款业务,投放贷款 10 亿元,惠及 5 万多户城乡居民。在全省率先启动市级公车改革,解决了实际上存在的领导专车和公车私用问题。建立红牌激励、黄牌预警目标责任考核机制，在市直机关开展选优评差，公务员效能考核工作在中组部和人社部组织的专题座谈会上进行经验交流，切实解决了舒舒服服当官、平平庸庸干事的问题。

【持续改善民生】 始终把人民对美好生活的向往作为奋斗目标，2014 年财政民生支出 242.85 亿元，占财政支出的 82.8%。坚持以创业促就业，新增城镇就业 7.2 万人，获全国创业先进城市。实施扶贫移民搬迁 7 年行动计划，加快秦岭北麓和渭北避灾移民扶贫搬迁，妥善解决煤矿沉陷区群众安置问题，两年累计投入 15 亿元，帮助 36.1 万贫困人口实现脱贫，脱贫绝对数量全省第一。市民综合服务中心、体育中心、文化艺术中心投入使用，市博物馆即将建成开馆；渭南中学、渭南初级中学和渭南青少年体育学校建成投用，改建公办幼儿园 31 所，城区“大班额”问题基本解决，大学区做法受到中省肯定，组建职业教育集团，年培训 5 万名中高级技能工人，渭南技工成为全国品牌；9 个县市列入国家县级公立医院综合改革试点，积极实施“分级诊疗、双向转诊”制度，群众看病难、看病贵问题有效解决。不断健全社会保障体系，30.4 万城乡低保人口实现应保尽保，65 岁以上老人享受免费健康体检，6.7 万户低收入家庭住进了保障房。

【民主法制建设】 积极发展社会主义民主政治，出台《加强和改进人大工作的意见》，支持人大依法履行监督职能。高度重视政协工作，认真落实同各民主党派和无党派人士加强民主协商制度。坚持推进依法治市，制定了全面推进法治渭南建设的《实施意见》。加快推进依法行政示范市、县建设，市政府、澄城县政府顺利通过省政府验收，临渭区、潼关县、澄城县政府试点建设法律顾问服务制度得到省上肯定并推广。持续深化社会治安综合治理，加强基层平安创建，推动社区网格化管理，全市公众社会治安的满意率达到 91% 以上。坚持以法治思维和法治方式化解信访问题，稳步推进涉法涉诉信访改革，全年度交办信访事项到期办结率 100%。全面推进社会稳定风险评估，从源头上预防了不稳定因素的发生。严格依法抓好安全生产工作，深入开展“七打七治”打非治违专项行动，强化重点行业安全监管，全年未发生一起重特大安全事故。

【思想文化建设】 深入开展社会主义核心价值观教育，深入推进中国梦宣传教育，大力弘扬“华山风骨 · 渭水襟怀”新时期渭南精神，培植渭南人民共有精神文化力量；成功举办首届“最美渭南人”评选活动，开展“渭南标杆”评树活动，强化典型示范，加强全社会思想道德建设。把握正确舆论导向，组织开展“向人民报告”活动，开办《百姓问政》电视直播节目，回应解决群众切身利益 1000 多个。加强意识形态工作，加强网络管理，完善网上舆情监测、通报和研判制度，加强网络评论员队伍建设，营造清朗健康的网络环境。全力开展创建国家公共文化服务体系示范区城市，市文化艺术中心建成投用，公共文化场馆免费向社会开放，镇村（社区）文化阵地实现全覆盖。“一元剧场”“四进零距”工程和“青春之梦”系列文化活动三大文化服务品牌日益彰显，开展惠民演出 1900 余场次，“四进零距”工程获国家文化创新工程项目，促进文化繁荣发展。

【党的群众路线教育实践活动】 按照中央和省委关于开展党的群众路线教育实践活动的总体要求，以“立行真改、从我做起，当好标杆、向我看齐”为载体，扎实推进活动开展。坚持始终向中央基准和省委要求看齐,深入学习习近平总书记系列重要讲话和省委书记赵正永《向中央基准看齐》等系列署名文章,增强向中央基准和省委要求看齐的自觉性和坚定性。坚持深入查摆问题,认真开展批评和自我批评,在严肃思想交锋中见人见物见思想。坚持聚焦"四风"问题真改实改,建立"四风"问题"六项清单",以整改实效取信于民。从严从实开好专题民主生活会,市委常委深入谈心谈话,真查真剖根源,亲自撰写、反复修改个人对照检查材料,真刀真枪开展批评和自我批评,达到了红脸出汗、加油鼓劲的效果。深入开展贯彻落实中央八项规定精神、干部作风"庸、懒、散"、为官不为、清理信访件等九项专项整治,制定时间表,落实责任人,做到事事有回音、件件见成效。坚持把群众满意作为重要标准,及时回应群众关切,有效解决了城区供水管网改造、中小学建设等事关群众切身利益的实际问题。注重建章立制,建立为民务实清廉长效机制,带动市级领导班子建章立制130项,县镇(街道办)两级领导班子建立制度2121项,办结率达到99%以上。全市8970个党组织、206442名党员普遍经受了深刻的党内政治生活教育。

【全面从严管党】 始终加强领导班子和干部队伍建设,坚持好干部20字准则,严明干部选拔任用工作纪律,推行市委全委会对正县职干部拟任人选票决制度,规范选人用人行为,不断提高选人用人的公信力。坚持抓细抓小抓实基层党建工作,推行"县镇村三级党组织书记联述联评联考"制度,夯实各级书记抓党建工作责任。深入推进农村党组织"升级晋档、科学发展"活动,扎实开展社区"评星定级、晋位提档"活动,实现全市非公企业党组织和党的工作全覆盖。努力争当向中央基准看齐的标杆,扎实开展一把手"当好标杆、向我看齐"活动,敢讲、真做、严评,向人民报告,接受百姓问政和群众监督。全面落实从严管党治党要求,认真落实党风廉政建设党委主体责任和纪委监督责任,制定了贯彻中央《八项规定》"三条铁律",支持纪委从严履职。坚持整治不正之风,集中开展超职数配备等"十项专项整治",扎实推进"吃空饷"等清理工作,开展整治村组(社区)等基层干部违法违纪行为和涉黑涉恶涉毒涉赌专项行动,努力营造风清气正的政治生态和从政环境。

【四届五次全会】 1月2日至4日,中国共产党渭南市第四届委员会第五次全体会议在渭南举行。会上,市委书记徐新荣代表市委常委会向全会作工作报告;市委副书记、市长奚正平部署全市经济工作,传达李克强总理在听取省委、省政府工作汇报时的讲话精神;市委副书记雷超武对《关于深化全市改革重点工作的意见》和《关于加快推进城镇化发展的意见》作说明。会议期间,与会人员分6个小组,学习了中省相关重要会议精神,讨论并审议通过了《市委常委会2014年工作要点》《关于深化全市改革重点工作的意见》和《关于加快推进城镇化发展的意见》等文件,组织了"一报告两评议"工作测评;播放了市纪委明察暗访多媒体片。

【领导干部读书学习班】 4月24日至29日,渭南市领导干部读书班在市委党校举办。市委书记、市人大常委会主任徐新荣作动员讲话并作题为《怎样做一名合格的共产党员》专题辅导。全体市级领导,驻渭高校书记、院长,市级四大班子秘书长,市委副秘书长、办公室主任,各县(市、区)、高新区、经开区、华山景区、卤阳湖党政主要负责人全程参加。其间,赴富平县爱国主义教育基地现场教学,省委领导远程视频辅导了习近平总书记系列讲话精神和十八届三中全会精神，听取了雷洋洲先进事迹报告，讨论交流了学习体会。市直各部门和省市双管单位主要负责人参加读书班开班仪式和雷洋洲先进事迹报告会。

【四届六次全会】 7月30日，中国共产党渭南市第四届委员会第六次全体会议在渭南举行。上午，市委书记、市人大常委会主任徐新荣主持召开第一次全体会议。会上，市级有关领导分析讲评全市2014年第二季度重点工作并颁发了红黄牌；播放了市纪委明察暗访多媒体片；市委常委、市纪委书记张建军宣读了关于近期查处有关领导干部违纪违法案件的通报；市委副书记、市长奚正平总结分析上半年全市经济社会发展情况，安排部署下半年工作；对与会人员就各县(市、区)、市直部门、中省驻渭单位上半年工作情况进行了测评。下午，与会人员分6个小组，学习讨论了赵正永、娄勤俭、奚正平讲话精神和《中共渭南市委全委会对正县职干部拟任人选和推荐人选票决办法》(审议稿)。市委书记、市人大常委会主任徐新荣主持召开第二次全体会议并作重要讲话。会议审议通过《中共渭南市委全委会对正县职干部拟任人选和推荐人选票决办法》。

(薛笑歌 卫鹏)

市委办公室

主　　任 王建军(12月离任)
副 主 任 郭俊民 王永鹏 雷丁林
张　峰 张世保
纪检组长 田军顺

【综合调研工作】 积极发挥“智库”作用，建真言、出实招，把中省的要求和渭南的实际结合起来，提炼针对性较强的发展思路和建议，有效地服务全市经济社会发展大局。高质量完成了市委领导在市委四届五次全会、全市总结表彰大会和全市党的群众路线教育实践活动动员会，中省领导来渭调研汇报等重大材料的起草任务。全年撰写各类讲话稿400余篇，共计200多万字，编发《渭办通报》10期。

坚持把开展调查研究作为当好参谋助手的重要途径，围绕群教活动、重点项目建设等工作深入调研。先后协调市委主要领导调研50余次，形成《关于加强和改进乡镇工作的意见》等一批质量较高的调研成果，其中，《渭南市农村留守儿童生存现状的调查》在《陕西工作交流》刊载，市委主要领导调研署名的《以“三严三实”为镜正作风树标杆》等10余篇文章在《渭南日报》上刊登。全年共编发《渭南工作交流》29期。

【督查信息工作】 围绕陕西东大门建设大局，对市委重大决策部署开展督查。对全市重点项目进展情况、市委常委会决定事项进行督查。对中央《八项规定》执行情况、创建国家公共文化服务体系示范区工作等进行专项督查。对中省市领导指示件建立督办台账，全年办结领导指示件402件(次)，办结率95%以上。办理市委常委会等重要会议决定事项100余项，市委主要领导交办事项37件(次)，开展专项督查20余次，回复人民网网友致书记留言90余条，向省委上报执行《八项规定》情况2期，报送《督查情况送阅》49期，编报《督查专报》10期，编发《渭南督查》2期，转办政协提案27件。

发挥党委信息主渠道作用，贴近重点，积极调研，延伸信息“触角”，推进工作创新，着力构建“大信息”工作格局。订立电子刊物《安邦咨询》，扩大了信息服务层面。创建发出电子刊物《向您报告》40期，向"两代表一委员"报告全市重要工作动态。编发《信息摘编》周刊13期。严格落实《市级部门向市委报送信息工作制度》《信息工作月通报季讲评》《失误约谈问责》等制度,高度重视紧急信息报送工作,重大紧急信息无迟报、漏报、瞒报现象。全年共向中省上报《渭南信息》876条,编发《渭南信息》83期,形成决策参考10期,编发《要情快报》257期。

【保密机要工作】 进一步加强保密教育、宣传、培训、检查力度。举办全市保密业务知识培训班两期。对11个县(市、区)和36个市级保密要害部门进行了检查,对2013年度涉密文件进行集中销毁。全年编发《渭南保密工作》8期,2篇在《陕西保密工作》上刊登。对全市电报管理进行规范,为4个单位装备了普通密码。对13名新进密码干部进行培训。全年收发密码电报10618份,做到了安全准确、万无一失。

【文书值班信访】 全面落实中央《八项规定》以及省委、市委《实施意见》,严格按照规定办文办会,进一步规范会议程序,精简文件简报,改进文风会风。发文同比下降18.75%。完成了2013年度市委、市委办公室发文4000余件文书目录录入、原文扫描和归档工作,提升了文件和档案管理规范化水平。为机关人员提供查档服务180余次。继续实行市级重大会议跟踪指导服务制度,积极做好市委四届五次全会、全市目标责任考核测评大会、市级领导读书班等重大会议的组织工作,全年高质量完成了30余次大中型会议的组织工作。

严格落实24小时值班制度,修订了《市委机关突发事件应急预案》,完善了车辆出入停放管理制度,开展消防演练和文明执勤训练,利用LED显示屏宣传消防知识,增配防爆器材,增加昼夜巡逻次数。积极做好协访工作,全年协助处理群体性上访119批次,个体上访1504人次。

【后勤服务工作】 严格执行中央《八项规定》和《党政机关厉行节约反对浪费条例》要求,以"改革、节约、精品、高效"的进取意识,完善财务、车管、房管制度。严格执行财务管理制度,完成了各项重大活动、重大会议的后勤保障任务。强化房产管理,清退超标办公用房,做好机关水电气供给保障。对机关食堂进行改造,实行自助餐,关停了开水房,制定了办公室公务用车制度改革《实施意见》办法,率先启动公务用车改革工作。

(曹江波)

组织工作

中共渭南市委组织部

部　长　王爱民

副部长　宋俭生　华惠民　史优胜
　　　　樊涓娟(女)　张志斌　党耀升

【教育实践活动】 以"践行群众路线,坚持公道正派,树立组工新风"为载体,坚持把以上率下、真学真信、聚焦"四风"、立行真改贯穿活动始终,着力解决关系群众切身利益、联系服务群众"最后一公里"等问题。认真履行"双重职责"。起草了全市教育实践活动方案,成立了活动领导小组和工作机构,为活动开展奠定了基础。指导抓好各茬次、各环节任务落实,结合渭南实际,建立推行了"六项清单"机制。省委书记赵正永先后两次批示要求总结推广,《新华社内参选编》《人民日报》《陕西日报》等中省媒体进行了宣传报道。

【加强领导班子和干部队伍建设】 以执行新《干部任用条例》为抓手,着力从干部教育培养、选拔使用、监督管理等方面落实从严要求。一是狠抓干部思想政治素质提升。分级分层举办了十八届三中、四中全会和习近平总书记系列讲话精神学习班。制定出台了《2013—2017年渭南市干部教育培训规划》。深入推行"136"干部培训模式和"三统一推"工作方式。精心打造《东秦大讲堂》,先后邀请金一南、董关鹏等全国知名教授来渭讲座。依托中央财经大学等干部教育培训地基,先后举办了4期专题培训班。二是进一步拓宽识人选人渠道。探索推行"两看四掌握"工作法,强化对干部的日常考核了解。深化领导班子和干部队伍综合研判,先后对11个县(市、区)和市住建局党政领导班子进行了研判,增强了市委管理领导班子和配备领导干部的前瞻性和主动性。三是严格规范干部选人用人程序。制定了干部推荐考察工作程序,明确了民主推荐四项刚性程序。出台的严明干部选拔任用工作纪律的暂行规定,此做法被《新华社国内动态清样》刊登。出台的正县职干部拟任人选和推荐人选票决办法,对7名正县职干部拟任人选和推荐人选进行了票决。出台的聘任制领导干部管理办法规范了聘任制领导干部的管理,形成了能上能下、灵活高效的用人机制。四是加强年轻干部的培养选拔。出台了加强和改进优秀年轻干部培养选拔工作的实施意见。创新年轻干部挂职锻炼工作,推行"上请、互派、外派、下挂"立体式干部挂职锻炼模式,形成了与中央国家部委、福州等沿海经济发达地区干部挂职交流的常态化机制。五是加强干部日常监督管理。集中开展了"超职数、超规格、超范围"配备干部等十项专项整治工作。出台的发挥改任为非领导职务干部作用的意见,有效激发了改任非领导职务干部的工作热情。六是加强和创新考核工作。设立"服务创优奖"和"工作创新奖",实行"月通报、季讲评、专题观摩",采取红牌激励、黄牌预警,这一做法在《人民日报》刊发宣传。扎实开展机关效能考核和末位查究工作,并与年度考核、季度奖励、干部选用"三个挂钩",切实增强了考核的针对性和实效性。

【基层组织建设】　按照建设服务型党组织的总要求和"重心在基层,基层在服务"的理念,着力在深化农村党建、提升社区党建、拓展非公党建等方面下功夫。一是整顿后进党组织。按照20%比例倒排出627个后进村党组织,逐村进行验收,销号率达100%。加强社区阵地建设和整顿,整改不达标社区67个,整顿后进社区38个。二是加强村级党组织带头人队伍建设。推出了雷洋洲、张六三等一批基层党支部书记典型,使各级党员干部学有方向、赶有目标。组织启动了村两委换届工作,建立了反映换届选举违法违纪问题专办制度,确保村级换届工作依法、有序、平稳推进。三是强化基层组织运行保障机制。以提升村干部"一定三有"保障水平和村级组织运转保障水平为切入点,推行村干部"一定一保四挂钩"的补贴办法。四是加强服务平台建设。推行"6+x"服务模式,打造了社区党建特色品牌。开展市直机关在职党员进社区红袖章志愿服务活动,全市4.8万名机关党员到社区党组织参加志愿服务。采取"234"工作法、党工团妇"四位一体"共建模式及党组织与企业结对帮扶等措施,实现了党的工作有力覆盖。五是严抓党员教育管理。严格执行《中国共产党发展党员工作细则》,建立了流动党员工作台账。严格党内组织生活,认真开展民主评议党员工作,建立并落实处置不合格党员机制。精心打造"金城先锋"移动党建平台,开展远程教育"三进"活动,加强服务型站点建设,增强了党员教育的针对性、实效性。

【实施人才强市战略】 加强人才队伍建设,搭建人才作用发挥平台,持续优化人才发展环境,形成了识才、爱才、敬才、用才的良好风气。出台了《渭南市三个“百人计划”实施意见》,开展了首批“百名科技人才计划”“百名企业人才计划”评选工作。与西安交通大学合作,开办了百名企业人才职业经理人培训班,提升了人才质量。以临渭区葡萄产业化、渭南市蔬菜高效绿色栽培等4家市级专家工作站为依托,柔性引进31名专家教授。围绕装备制造、新能源新材料主导产业和3D打印特色产业,提出了打造“百人青年科技军团”实施意见,着力构建了渭南市高层次人才“洼地”。出台了《渭南市科技副职选派管理办法》,充分发挥陕西东大门建设智库专家作用,先后有30多位专家来渭南市开展咨询论证和技术攻关等活动70多场次。积极与卫生、教育等部门对接,落实了“东大门”建设智库专家及优秀高层次人才在游览景区、体检医疗、子女入学等方面的政策待遇。在《渭南日报》、渭南电视台开设了人才专栏,开通了“渭南人才”微信公众平台,推树了一批人才的榜样标杆,激发了各类人才的创新活力。

（田杉杉）

宣传工作

中共渭南市委宣传部

部　长　郭勇格

副部长　李永朝　杨建秦(女)　张百献

【深化理想信念教育】 一是注重研讨交流,提高中心组学习效果。精心做好市委中心组学习的服务工作,修改完善了《市委中心组学习制度》,开通市委中心组微信学习群。截至年底,市委中心组集体学习11次,为市委凝聚思想共识、促进科学决策发挥了重要作用。积极运用新方法,建立新载体,打造新平台,各级党委中心组学习水平不断提高。二是加强干部培训,提高政治理论素养。以全市领导干部读书班为重要依托,举办了习近平总书记系列重要讲话、十八届三中及四中全会精神读书班,领导干部法治思维和法治意识进一步增强,持续推进学习型党组织建设,“党员周五读书日”活动取得新成效。三是深入基层宣讲,更好凝聚思想共识。根据形势需要,广泛开展了省“两会”精神“走基层”、培育和践行社会主义核心价值观群众性宣讲、习近平总书记系列重要讲话精神、四中全会精神等宣讲活动,共举办各类宣讲720余场(次),及时把党的政策方针送到了千家万户。

【提高舆论引导能力】 一是加强正面宣传。围绕全市工作中心,大力宣传全市的发展亮点、改革成效、改善民生和各类先进典型,对市“两会”、首个烈士纪念日、全民健身挑战日、市十二届运动会等活动进行了全方位多层次的报道,为全市实现有质量、有效益、中高速度的发展营造了鼓劲加油、团结奋进的舆论氛围。全市群众路线教育实践活动有声有色,各类媒体共刊播新闻稿件2700余篇(条),中省主流媒体刊发渭南市相关新闻稿件900余篇。二是直击群众关切。精心开展“向人民报告”活动,组织14个县(市、区)及40个市直部门“一把手”通过媒体向群众汇报各自工作重点及进展情况,推动了全市各项重点工作。创新开办了《百姓问政》电视直播节目,全年直播24期,收集事关群众切身利益的问题1000多个,回复率达100%,处理率达90%,受到了群众的广泛好评,做法经验在全省推广。三是严格新闻管理。制定了《关于加强新闻管理工作的意见》,严格执行新闻采访纪律,深入开展打击虚假新闻,整治假媒体、假媒体机构、假记者专项行动,营造了良好的新闻舆论环境。

【培育和践行社会主义核心价值观】 一是强化组织领导。把培育和践行社会主义核心价值观作为凝魂聚力的工程来抓,市委常委会作了专题研究,成立了领导小组,制定出台了《全市培育和践行社会主义核心价值观的实施方案》。把渭南优秀历史文化与社会主义核心价值观相结合,在广泛征集基础上,确定了以“华山风骨渭水襟怀”为内容的新时期渭南精神,增强了全市人民的价值认同和精神力量。二是注重典型示范。以好人好事、凡人善举引领社会风尚,举办了首届“最美渭南人”评选活动,启动实施“渭南标杆”评树活动,推出月度“渭南标杆”162 人,年度“渭南标杆”16 人;入围“陕西好人”24 人,上榜 7 人,入围“中国好人榜”20 人,上榜 2 人,涌现出华县火海救人好小伙张博、爱岗敬业模范杨京红、人民的好医生刘永生等一批先进典型,在全省乃至全国范围产生了良好反响。三是加强思想道德建设。启动全市在职党员进社区开展志愿服务活动,渭南市区新增社区注册志愿者 20000 名,爱心门店达到 30 家。推进“诚信渭南”建设,成立了领导小组,表彰了“文明诚信示范药店”24 家。加强未成年人思想道德建设,组织开展“从小培育和践行社会主义核心价值观争做渭南好少年”“走复兴路圆中国梦”“美德少年”等系列主题教育活动,8 名学生获“最美陕西少年”荣誉称号,开展校园周边文化市场整治活动 6 次,获省上批准第四批乡村学校少年宫建设项目 15 个。四是扎实开展群众性精神文明创建。以“道德讲堂”为切入点,推荐上报中心城市为创建新一轮全国文明城市地级提名城市、第四届全国文明单位 3 个,复查确认已表彰全国文明单位 4 个、文明村镇 2 个。“文明出行,美丽渭南”百日公益活动成效明显。“讲文明,树新风”公益广告宣传深入人心。在合阳王村镇举办了全市文化科技卫生“三下乡”工作启动仪式,捐赠物资、项目共计 3134 万元。

【强化网上舆论引导和管理】 一是提高网络突发事件应对水平。制定下发了《渭南市突发公共事件舆情处置应急预案》,完善网上舆情监测、通报和研判制度,应对处置各类负面舆情和网络事件 60 多起,维护了地方稳定和渭南形象。强化网站管理,通过摸底排查、登记注册和统计上报,对 28 家网站作了备案登记。二是加强网评员队伍建设。组建了一支政治强、业务精、能发声、会发声的评论员队伍,有重点有计划地加强培训,根据舆情动态,正确发声,发挥了舆情引导的重要作用。三是积极推进新媒体建设和管理。引导新媒体创作生产具有渭南特色、体现时代精神,深受群众喜爱的网络公益广告、网络音视频、网络文学作品和网络摄影作品,涌现出了《渭南版小苹果》《千万不要来渭南,我是认真的》等一批优秀网络作品。大力倡导文明上网、文明办网,制定了《关于加强互联网管理保护公民合法权益的意见》,努力营造清朗健康的网络空间。扎实开展网上暴恐音视频专项整治行动,维护了网络安全。

【推动文化改革繁荣发展】 一是加强文艺阵地建设和管理。认真贯彻习近平总书记在文艺工作座谈会上重要讲话精神,加强对文艺战线的指导,召开了全市文艺工作座谈会,评选表彰了一批德艺双馨的艺术家。积极实施文化走出去战略,与福州市联合举办了“民族英雄林则徐和爱国名相王鼎”专题展,深化了两地文化的交流合作。市文化艺术中心获全国文化系统先进集体荣誉称号。二是深化文化体制改革。国有文化企业全部注销事业法人，划转移交国资委管理，市级国有文化企业转企改制工作圆满完成。扎实推进国家公共文化服务体系示范区创建工作，四级文化设施网络体系、公共文化服务供给体系、组织支撑体系和保障体系不断健全，全市所有公共文化场馆均实现向社会免费开放，建成乡镇文化站 193 个，重点镇综合文体中心 17 个，行政村文化活动室 2650 个，社区文化活动室 164 个。公共文化服务“四进”零距工程获 2014 年度国家文化创新工程项目。精心组织参加了第七届西部文化产业博览会，成功签约 3 个项目。三是加强文艺精品创作生产。电视剧《兵出潼关》在央视八套黄金时段播出，《迟开的野山菊》《永远的老腔》《洽川人家》获全省第十三届精神文明建设“五个一工程”奖，《天国的百合花》获全国秦腔艺术节最高奖优秀剧目奖、最佳表演奖和最佳编剧奖。华阴老腔受邀参加了 2014 年国务院春节团拜会文艺演出，进一步打响了渭南文化品牌。四是不断丰富群众文化生活。组织开展了“我们的中国梦”文化进万家活动，“一元剧场”演出 800 余场次、“四进零距”工程演出 870 余场次、“青春之梦”系列文化活动演出 100 余场次，承办了第七届陕西省文化艺术节开幕式，做到了让文化活起来、让群众动起来。

【对外宣传工作】 一是健全工作机制。进一步加强新闻外宣，继续实施外宣稿件月通报制度和“宣传渭南好新闻”奖评制度，全市新闻外宣呈现出发稿多、格次高、影响大的新特点，全年在中省及域外媒体发稿 4663 篇，发稿数量比上年大幅提升，其中《人民日报》政治版头条刊发的《渭南科学考核推进工作落实考核排末位领“黄牌”》消息、新华社报道的《以权力“减法”还群众满意“加法”破解干部庸政懒政怠政——陕西渭南依法“治官”“治权”调查》、中央电视台新闻频道播发的《渭南锐意改革推进简政放权》和《经济半小时》播发的《渭南推进土地流转加速现代农业发展》、《陕西日报》刊发的《盘点渭南 2014 工作亮点：十大改革成为新亮点》等深度报道，引起了全省乃至全国的广泛关注和热议。携手运城、临汾、三门峡等地，成立了晋陕豫黄河金三角宣传思想文化工作联盟，建立宣传思想文化工作联动机制，加强三省四市在新闻外宣、舆情引导等方面合作。二是精心策划活动外宣。主动做好十八届西洽会暨首届丝博会、3D 打印产业与医疗器械产业发展推进会、第二届黄河金三角投资合作交流大会等重大经贸文化活动的宣传报道，联合组织开展了“360°美丽渭南影像大赛”，刊发图片专题专版 11 个，邀请中央人民广播电台携手全国 35 家城市电台和港澳台举办了《华山风骨 · 渭水襟怀——城市新跨越之魅力渭南》大型直播活动，全方位、多角度展示了渭南的新风貌。三是新闻发布工作实现常态化。举办新闻发布会 110 余场次，引导媒体进一步加强市委、市政府重点工作的宣传报道。积极主动做好新闻舆论引导工作，妥善处置多起突发公共事件和社会舆论焦点事件。

（董建伟）

统一战线工作

中共渭南市委统战部
（中共渭南市委台湾工作办公室
渭南市人民政府台湾事务办公室）
部　　长　贺　韧

副 部 长　金爱莲（女）　熊绮芬（女）
　　　　　刘　军　沙伟伟
台办主任　许芬芳（女）

【多党合作和政治协商工作】　制定印发了《中共渭南市委 2014 年政治协商计划》，健全完善了市级党员党政领导干部与党外代表联谊交友制度，并提出联谊交友名单。结合中发〔2012〕4 号和陕发〔2012〕5 号文件精神的贯彻落实和督查工作，协助民主党派做好市级组织领导班子后备干部队伍建设；指导各民主党派不断加强思想建设、组织建设和干部队伍建设。结合纪念建国 65 周年，支持、协助各民主党派、工商联和无党派人士深入开展坚持和发展中国特色社会主义学习实践活动，组织广大统战成员深入学习党的十八届三中、四中全会精神和习近平总书记系列重要讲话精神，多党合作事业的共同思想政治基础进一步夯实。按照全面深化改革任务分工，顺利完成了牵头负责的两项改革内容："创新各民主党派直接向市委提出建议制度"和"研究制定加强协商民主制度建设的意见"。引导广大党外人士围绕全市经济社会发展中的热点难点问题开展调查研究，形成了一批有分量、有价值的调研成果，为市委、市政府科学决策提供了科学依据。

【民族宗教工作】　建立起宗教活动场所消防安全和大型宗教活动报告制度，确保了大型宗教活动安全无事故。先后多次深入少数民族群众聚集区，帮助少数民族群众，特别是少数民族流动人员，解决子女上学、医疗卫生、暂住证发放、房屋租赁和法律援助等方面的困难和问题，引导少数民族群众大力发展民族经济，促进了少数民族群众经济收入稳步增长。继续深入开展"教风建设年"活动，培养出一支政治上靠得住、学术上有造诣、品德上能服众、关键时起作用的宗教骨干人才队伍。积极引导宗教与社会主义社会相适应，以"宗教慈善周"活动为载体，组织宗教团体和宗教界人士开展公益活动，累计捐款捐物十多万元。定期召开民族宗教工作领导小组联席会议，及时妥善处理了一批涉及民族宗教的矛盾纠纷事件，有效抵御了境外敌对势力利用民族宗教问题进行的渗透活动，切实维护了全市民族宗教界的和谐稳定。

【非公有制经济领域统战工作】　进一步巩固非公人士理想信念教育实践活动成果，组织召开了 2014 年全市非公有制经济人士理想信念教育实践活动动员会议，开展了红色革命传统教育、"忆个人成长史、讲企业创业史、话企业发展梦"巡回报告、"做守法之人，办诚信企业"倡议签名等活动，全市非公人士"四信"意识进一步增强。继续开展非公有制企业调研工作，了解非公有制企业在生产经营中存在的困难和问题，针对非公企业维权难、融资难等问题，探索性成立了中小企业维权服务中心，多次组织召开了银企对接会，为非公企业融资 5 亿元。开展了"渭南市首届非公有制经济代表人士优秀中国特色社会主义事业建设者"评选表彰活动，36 名非公有制经济人士被表彰为"优秀建设者"。成功引进聚华小额贷款股份有限公司和聚鑫小额贷款担保公司，总投资 5 亿元。组织 200 余名非公经济人士参与公益活动，累计帮扶困难群众 180 人，解决就业 800 余人，技能培训 1000 余人次，捐赠帮扶资金 600 余万元。

【港澳台及海外统战工作】　组织开展了台湾《世界第一等》栏目组、台湾屏东基层领导参访团、"同心一家亲"台湾文化界知名人士陕西访问团来渭南参观考察等活动，成功举办了第五届"两岸青年志工陕西行"活动，并在第十八届西洽会暨丝博会期间，承办了“新丝路、新起点、新机遇——陕西(渭南)对台项目推介会”，有力地提升了对外开放水平。协调相关部门，及时妥善协调处理了华县聚丰石碴厂等多起涉台投诉纠纷事件和涉台突发事件，得到中省台办的充分肯定和广大台胞的一致好评。发挥海外联谊会积极作用，联系香港福慧慈善基金会为渭南师范学院和渭南胜利聋儿语训学校优秀贫困学生捐助14万元。

市上领导为优秀建设者颁奖

（徐　杰）

政法工作

中共渭南市委政法委员会

书　记　王春阳

副书记　林　跃　王宏运　贾重新

【政法队伍建设】　始终把群众路线教育实践活动作为重大政治任务，善始善终抓好各环节工作，深化“两学一读”活动，组织“大学法、大培训、大练兵”活动，分期分批开展轮训，坚决整改衙门作风、执法不规范、服务意识不强等“四风”顽疾，8000余名政法干警受到了一次深刻的党性洗礼和群众观点教育。结合政法工作实际创造性地开展以“集中排查矛盾纠纷、集中化解信访问题、集中整治社会治安环境”为主要内容的“三集中”活动，使干群关系更加密切，社会治安环境进一步改善。建立健全服务群众工作机制，注重抓源头促维稳，深入推进“千所万人抓化解，力促三秦大和谐”专项行动，有效减少了矛盾纠纷发生。着力推进社区民警专职化和民生警务新模式，实现每个社区至少配备1名民警目标。健全“一村一干警”工作制度，全面推行“政法干警一线工作日”，全市政法干警形成了定期深入基层、带头服务群众的良好风气，2014年全市政法系统满意度全面提升，法院、司法行政系统满意度首次超过了全省平均水平。始终狠抓队伍建设，严格执行中央八项规定精神和市委“三条铁律”。加强政法系统党风廉政建设和反腐败斗争，严格落实“两个责任”，组织听取政法部门党组织负责人述职述廉，依法依纪查处了个别政法干警违法违纪案件，正风肃纪成为新常态。始终用正能量鼓舞人，不断强化宣传，改版渭南政法网，创新《法制周刊》办刊模式，评选24名政法干警、2个政法单位为“渭南标杆”，举办优秀驻村干警座谈会，组建先进事迹报告团进行巡回报告。

【法治渭南建设】　扎实开展“学、讲、走、帮”系列宣讲活动，推动法治思维和法治意识在全社会树立。制定出台《全面推进法治渭南建设的实施意见》，加快公共法律服务体系建设，举办全市首个“国家宪法日”暨全国法治宣传日活动，建成一批法治文化主题广场、公园、街区，在全省“六五”普法中期评比中获“先进城市”。组织参加第五届三省四市法学研讨会和第三届“关中—天水经济区法治论坛”，成立韩城市和华县法学会，法学研究工作得到加强。深入推进民主法制和社会体制改革工作，主审法官办案责任制等17项改革顺利铺开，涉法涉诉信访改革稳步推进，政法机关简政放权下放行政审批70余项。坚持全面从严治党，加大职务犯罪查办力度，立查贪污贿赂等职务犯罪案件136件。强化检察机关对执法司法活动监督，纠正了一批漏捕、漏诉和不当减刑、假释等案件。加强党委政法委执法监督，专项评查1200件案件，整改执法问题32个，发出纠正意见书15份。制定出台《渭南市国家司法救助制度实施细则》，市、县累计落实资金893万元，救助157人。推进法院"三大平台"建设，实现所有新受理案件流程信息同步录入、卷宗同步扫描、审判进程实时网上监督，促进办案质量和效率进一步提升。

【维稳和社会治理】 强化底线思维，注重信息情报研判，严防严打暴力恐怖活动，加大督查暗访力度和密度，开展维稳处突演练，圆满完成多个重要节点、重大节会安保维稳任务。不断健全就近、及时化解矛盾纠纷机制，共调解矛盾纠纷2.5万件，调解成功率达96%。扎实开展县(市、区)委书记、县(市、区)长接访约访活动，深入推进控制进京非访和信访积案专项治理，狠抓"五个专项整治"，依法处置缠访闹访等违法上访行为，全市进京非访、赴省集体访人次同比分别下降78.5%、5.6%。出台《关于加强和改进社会稳定风险评估工作意见》，完成稳评348个，暂缓22个，否决4个，列入省考指标的40个重大固定资产投资项目全部实施稳评。注重打防结合，组织"2014秦剑"等专项行动，全市刑事发案同比下降12.5%，11类主要刑事案件9类下降明显；坚决打击涉黑涉恶涉赌违法犯罪，摧毁了一批黑恶势力犯罪团伙，涉赌问题得到有效控制。积极推进"雨露行动"，在全省率先成立市级新航驿站，全市社区矫正对象、刑释解教人员重新犯罪率分别控制在0.2%、2%以下。深入开展平安创建，合阳县、富平县、蒲城县被评为平安建设先进县。2014年，全市公众安全感达到92.49%，同比上升0.84个百分点，增幅居全省第二，创历史最好成绩。

【基层基础工作】 持续开展整治村、社区等基层干部违法违纪行为专项行动，查办案件183起，查处干部240名，制播以案说法专题片，达到"警示一批、教育一批、影响一方"的效果，赢得了群众支持。对31个治安混乱地区和18个高发案社区进行挂牌督办，一些地区和行业的治安问题得到有效扭转。加快立体化社会治安防控体系建设，健全"红袖章"飘起来工作机制，广泛开展网格化巡逻，全面推进群防群治，全市社会面防控水平显著提升。进一步理顺体制机制，不断加强基层法庭和公安派出所建设，推动8个企业改制分局整体移交县(市、区)管理，全市警力布局得到优化。制定出台《关于加强新形势下人民调解工作的意见》，全市重点领域行业性、专业性人民调解组织实现全覆盖。加快信访信息系统建设，完成市、县、镇网上信访信息系统连通，形成"网上信访"新格局。出台《关于进一步加强和改进全市禁毒工作的意见》，破获涉毒案件数量同比增长64%。

（郑　毅）

市直机关党建工作

中共渭南市直属机关工作委员会

书　　　记　李占春
副　书　记　王西满
工会工委主席　张芸(女)
纪工委书记　田利荣(女)

【思想建设】 一是深入开展了学习贯彻习近平总书记系列重要讲话精神活动。结合群众路线教育实践活动，通过中心组学习、"三会一课"、专题研讨和专家辅导等多种形式,组织党员干部认真学习领会习近平系列重要讲话精神。二是大力弘扬社会主义核心价值观。围绕践行群众路线、弘扬中华民族优良传统、培育昂扬向上的渭南精神等内容,深入开展了社会主义核心价值观学习宣传活动。组织举办了市直机关"践行党的群众路线弘扬社会主义核心价值观"主题演讲赛,共有 60 个市直部门的 80 多名选手参与了活动。三是迅速掀起学习十八届四中全会精神热潮。十八届四中全会召开后,各基层党组织迅速开展了形式多样的学习宣传活动,广大党员认真学习《决定》,积极投身依法治国的伟大实践,为学习贯彻全会精神营造了浓厚氛围。

【组织建设】 规范化水平迈上新台阶:一是进一步规范了基层党组织委员会换届工作。继续采取给部门党组下发《换届提醒通知单》等办法,督促 61 个基层党组织如期按时进行了换届改选,基本解决了该换不换、久缺不补等换届选举工作中的问题。二是进一步规范了党建工作审批时限。无论是换届改选,还是接收党员,或是其他事项,工委坚持以身作则,严格按照承诺,均在一个月内审批完毕。共召开工委委员会 24 次,及时研究各类审批内容 80 余项,均做到了时限内办结。三是加强党员发展工作。按照控制总量、优化结构、提高质量、发挥作用的要求,坚持党员标准,严格入党程序,不断完善政审、考察和公示等制度,确保了新发展党员的质量。全年发展新党员 62 名,其中本科以上学历占 80% ,35 岁以下占 75% 。四是进一步规范了党费收缴管理工作。针对党费收缴管理问题,要求各基层党组织逐级进行公示,并对个别党支部部分党员未按期缴纳党费的情况,进行了通报批评,对 1 名长期不缴纳党费的党员予以除名,有效促进了党费收缴和上解工作。五是进一步加强了机关党建宣传工作。组建了市直机关基层党组织宣传工作队伍,并举办了首期宣传干部培训班,邀请市政府网站、渭南日报社有关人员,对宣传干部进行了信息编发和通讯报道等方面的培训,进一步提高了宣传干部的工作水平。并在《渭南日报》开办了《我身边的共产党员》专栏,大力宣传市直机关涌现出的优秀共产党员先进事迹。

【群众路线教育实践活动】 市直机关各基层党组织在部门党委(党组)的统一领导下,坚持把群众路线教育实践活动作为头等大事,动员广大党员积极投身活动,全面完成了学习教育、听取意见,查摆问题、开展批评,整改落实、建章立制三个环节的工作任务。特别是在查摆问题、开展批评环节,工委按照市委的要求,对市直机关基层党组织的专题组织生活会和民主评议党员工作,进行了扎实安排和精心指导。据统计,市直机关 390 个基层党支部的 6631 名党员按照要求,通过个人自评、党员互评和民主测评,参加了评议活动。

【"党员周五读书日"活动】 一是继续探索创新载体。组织各基层党组织根据新形势、新变化的需要,不断调整和创新活动载体,确定了一批特色载体,进一步充实和丰富了活动内容,赋予了"党员周五读书日"活动旺盛的生命力。市发改委机关党委建立了电子阅览室和远程教育平台,采取集中和分散相结合的模式,对机关党员干部进行素质提升教育,使机关的学习风气日渐浓厚。市委办机关党委开设的"渭办讲坛",定期邀请知名专家学者和教授作辅导报告,不断丰富机关党员干部的知识层面。市委组织部党支部在提出"日读一报、周读一刊、月读一书"的同时,推行了"周小结、月交流、季度讲评"的工作机制,促进了干部之间相互学习、相互探讨、相互交流。市检察院机关党委创新的“六个一”阅读模式,使爱读书、读好书、善读书成为全院干警的自觉行动。二是多种措施推进。5月份,组织举办了市直机关“党员周五读书日”活动观摩交流会,充分展示了各基层党组织的活动成效。同时,对活动中涌现出的市公安局机关党委等16个基层党组织示范点和122名学习模范进行了命名表彰。三是不断提升活动的知名度和影响力。“七一”前夕,组织编印了《党建工作纪实——“党员周五读书日”活动专刊》,全方位、多角度展示了各基层党组织的活动成效。5月,在全省机关党建交流会上,工委作了经验介绍。《陕西日报》《渭南日报》等媒体先后对活动的开展情况进行了多次报道。

【党员志愿服务群众活动】 2014年,市直机关的党员志愿服务活动分为党员义工服务活动和在职党员红袖章志愿服务活动两个阶段。从2013年12月至2014年11月,组织市直机关基层党组织深入开展了党员义工服务群众活动。据统计,市直部门各基层党组织共组建义工服务队203个,参与党员4618名。11月11日,市委组织部、市委宣传部、市文明办联合下发了《关于在全市在职党员中开展红袖章志愿服务活动的意见》,以此为标志,党员志愿服务群众活动转入在职党员红袖章志愿服务活动阶段。工委借鉴宝鸡等地经验,制定下发了《贯彻意见》,并提出了开展共建社区的概念,以及预约服务、代办服务、结对服务、组团服务、管理服务五种志愿服务方式,得到了各基层党组织的积极响应。市委组织部为推动共建社区服务活动的开展,与工委联合下发了《关于开展市直单位党组织与社区党组织共建活动的通知》,确定由106个市直单位党组织和临渭区42个社区党组织结对开展共建活动,要求基层党组织以组团开展志愿服务的形式,帮助社区解决发展中存在的突出问题,实现社区党组织与机关党组织共商共动、共建联建。同时,为了迅速掀起活动热潮,工委给市直机关5000多名在职党员制作发放了红袖章和《活动证》,并于12月5日第29个国际志愿者日,组织市直机关、中省驻渭单位2300余名党员,在市中心广场举办了在职党员进社区红袖章志愿服务活动启动仪式。市委书记徐新荣,副书记王春阳,宣传部部长郭勇格,组织部长王爱民等市上领导出席了启动仪式,为活动营造了浓厚氛围。

(杨继东)

机构编制

渭南市机构编制委员会办公室

主　任　王世德

副主任　董研强　惠民尚

督查专员　李学敏

事业单位登记管理局局长　徐　飞

【行政管理体制改革】 一是统筹推进市、县、镇三级机构改革。《渭南市市县政府职能转变和机构改革方案》已向省委、省政府上报,待批复后进入实施阶段。镇村综合改革实施意见上报省政府后已批复,全市共撤销12个镇,改设8个街道办事处,调整后,全市辖110个镇,20个街道办事处,同时撤并994个村,撤并比例34%。二是不断完善市、县两级食品药品监管体制改革。印发《关于市县两级公安机关食品药品犯罪侦查机构设置和下达政法专项编制的通知》,为基层下达了21名政法专项编制。审查批复了各县(市、区)的食品药品监管体制改革完善方案,进一步优化了监管体制。对三年来实施食品安全监管体制改革情况进行了评估调研，提出了具有建设性的意见建议，正在按要求进行落实。三是做好部门及行业体制调整工作。渭南市在全省第一家完成市级卫生、计生部门整合。理顺了全市盐业管理体制。积极落实中、省纪委“三转”要求，结合实际，完成了纪检监察系统两次体制调整工作。在认真整理8个企业公安分局机构编制现状的基础上，做好企业公安改制分局体制调整工作。做好华山景区管委会、卤阳湖管委会、经开区管委会行政体制调整以及渭南经济技术开发区加挂渭南新区建设管理委员会牌子的工作。进一步理顺市级垂管单位与韩城市之间的关系，全面完成了环保系统下划任务。此外，还提出了渭南日报社体制改革意见，完成了市人大、市政协各委员会职能调整、市互联网信息管理机构的设置和公安出入境管理机构规范设置等工作。

【简政放权】 9月份，市委将简政放权改革工作交由市编办牵头负责。一是继续深化行政审批制度改革。对市级47个部门的433项行政审批事项进行了审核，确定取消44项，向县级下放98项。至年底，市级保留行政审批事项291项，较2013年减少34%，提前一年完成了省委、省政府提出的“2015年底，行政审批事项在原有基础上减少三分之一以上”的目标。二是深入推进政府向社会中介组织转移职能。在全面总结2013年第一批职能转移工作经验的基础上，研究确定了第二批政府转移职能目录92项，涉及技能培训、卫生计生服务、残疾人服务、公共文化服务等22个大类。自2013年实施政府转移职能工作以来，全市新增社会组织603家，达到了2071个，比2012年增加了41.1%。三是积极做好行政收费项目清理工作。对于市级有行政收费项目的29个部门涉及的135项行政收费项目，经审核，予以保留130项，取消5项。从9月中旬开始，在市级新闻媒体和市政府网站上逐部门、逐项目予以公布，明确除公布的行政收费项目外，其他行政收费项目予以取消。

【事业单位改革】 一是完成事业单位清理规范。通过“撤、并、转、减”等方式对事业单位进行深化清理规范。清理规范后，全市事业单位共减少274家，缩减事业编制2921名。其中，市级共减少事业单位73家，缩减事业编制889名，县级共减少事业单位201家，缩减事业编制2032名。二是扎实做好事业单位分类工作。严格按照中省分类标准和改革要求，对全市5800多家事业单位进行了3次模拟分类。经过市、县两级认真工作，与省编办沟通，形成了渭南市事业单位分类方案和意见，于12月份上报省编办，待批复后实施。三是稳妥推进事业单位转企改制。将有条件的市政府办下属中小企业信用担保中心转企改制，市规划局下属市城市勘察测绘院、市城乡规划设计院转企改制工作正在进行中。四是探索推行“政府购买服务岗位”新的管理模式。经过大量查阅文件资料、前往江苏省南通市和内蒙古巴彦淖尔市进行调研，研究形成《渭南市政府购买服务岗位管理办法》，在全市范围内进行推广。至年底，已在渭南市行政服务中心、市煤炭瓦斯监测中心、渭南中学、渭南初级中学、卤阳湖管委会等单位使用，共下达政府购买服务岗位限额400余名，各方面反响良好。同时与市民政局协作，将“政府购买服务岗位”引入退役士兵安置工作，安置退役士兵300余名，有效解决了积压已久的退役士兵安置问题，维护了社会稳定。新浪网、网易等媒体相继进行了报道，省政府将其作为改革亮点，9月24日，以《陕西渭南推行"政府购买服务岗位"编制管理新模式》为题专报国务院,广东佛山市、浙江湖州市专程来渭南学习。五是继续做好高层次人才引进工作。对2011年以来招录的700多名高层次人才作用发挥情况、干部队伍现状进行评估调研,根据评估调研情况,及时调整了2014年招录计划,实际招录(引进)147名。

【事业单位登记管理】 一是认真做好事业单位法人登记的日常管理。市级全年共办理了22家设立登记,29家变更登记,5家注销登记,并对所有设立、变更登记的事业单位进行了公告,对36家拟注销登记的事业单位发布了3期拟注销公告,按时完成了市直280家事业单位法人年检工作任务,并将年检结果通过市政府网站和市编办网站进行公布。二是进一步推进事业单位法人治理结构试点。从年初开始,渭南市在全省率先选择市妇幼保健院开展事业单位法人治理结构建设改革试点工作,成立了理事会,进行了卓有成效的探索和实践,并尝试不断扩大试点范围。同时,在不断推进改革试点工作和总结经验的基础上,印发了《渭南市关于推进事业单位法人治理结构建设的意见》。三是积极推动事业单位登记管理制度改革。新修订的《事业单位登记管理暂行条例实施细则》于4月1日实施后,市编办从不同角度在市级媒体和市政府网站上进行广泛宣传,组织召开了全市登记局局长座谈会,就改革工作进行安排部署。从7月份起,全市事业单位登记管理机关执行新的《实施细则》。事业单位登记管理制度改革,方便了事业单位办理法人登记,同时也使事业单位登记管理工作由重登记向重监督管理转变。

【机构编制管理】 一是严格落实控编减编。贯彻落实国务院关于"财政供养人员只减不增"的精神,认真落实控编减编方案,严格执行机构编制政策,严格控制人员增长。2014年,全市机关事业单位人员较上一年减少2000余名,完成了市长在市人代会上承诺的压缩行政事业人员1300名的任务。二是扎实开展机构和人员编制实名制核查。从7月份开始,市编办对全市6192家机关事业单位、15.7万余人的72项信息逐一进行了实名制审核和登记,摸清了全市机构、编制、人员底数,逐单位、逐人建立了电子和纸质档案,为下一步全面推行网络化实名制管理和控制人员增长打下坚实基础。三是加强机构编制监督检查。充分发挥"12310"举报电话和举报信箱的作用,开辟了网上举报新渠道,先后督查答复了反映的3起举报案件。对全市机关事业单位领导职数配备情况进行了核查,全面摸清了全市机关事业单位超领导职数配备的实际情况。四是加快推进中文域名注册。3月份,向中央编办汇报了渭南市的中文域名注册管理工作,并就相关问题进行了咨询,多措并举强力推进注册工作,市本级注册率接近90%。同时,积极做好机关事业单位官方网站挂标管理工作,至年底,市直有网站的单位已挂标198家。五是按期高质量地完成了2013年度机构编制年报统计工作。

【信息宣传和调研】 一是狠抓信息宣传工作。通过年初下任务、定期通报、组织培训班等方式进一步加强了机构编制信息宣传工作,2014年,市编办和各县(市、区)编办共撰写上报各类信息327条,其中在中央、省、市网站和各类刊物上刊载信息20余条,有力地宣传了全市机构编制工作。二是重点抓机构编制调研。年初,制定了全市编制系统调研工作方案,围绕各项重大改革任务确定了33个调研课题,截至年底,全市完成调研报告51篇。其中,市编办完成24

篇，在中央、省、市相关刊物上发表调研文章6篇，5篇调研报告已在相关工作中得到推广和运用。共有17篇调研报告在全市编制系统调研报告评审会上获奖。

市编办组织信息宣传骨干培训班

（孙登瀛）

政策研究

中共渭南市委政策研究室
渭南市农村工作领导小组办公室
中共渭南市委全面深化改革领导小组办公室

主　　　　任　党国栋
副主任、农工办主任　白宝虎
农工办副主任　刘　刚
改革办副主任　贺敬强

【调查研究】　全员参与，深入基层开展调研，形成一批有情况、有见解、有分量的调研成果。其中，以《决策建议》向市委、市政府呈送了《乡镇办事处（管区）的问题应予重视》《简政放权存在的问题应予关注》《市级机关差旅费管理建议》等41份报告；以《渭南调研》呈送省市领导，印发相关部门的有《渭南市全面推进简政放权改革》《关于我市秦岭生态建设有关情况的调研报告》等15份报告；以《决策参阅》印送有关领导和部门的有《深化农村改革看安徽》等108期；以《改革动态》印送的有《渭南加力推进镇村综合改革》《我市严明干部选拔任用工作机制》等53期。围绕加强镇（办）工作，组织人员进行了为期一年多的深入调研，形成了《关于加强镇办工作的调研报告》，起草了关于深化镇村综合改革的《指导意见》，为推动全市镇村综合改革工作奠定了基础；围绕农村土地确权、村两委换届等，组织召开了全市农村三项重点工作推进会，部署了全市农村三项重点工作调研督办活动；围绕推动蒲城县农村金融体制改革试点工作，开展了农村金融改革调研。起草了《关于改进和加强市委常委会调查研究工作的意见》，将调研任务明确到市委常委一级，设立调查研究工作联席会议，有力推动了全市调研工作深入和干部作风转变。组织人员对上年度县处级以上领导干部调研成果进行收集整理和评选，总结推广了全市重点工作中的做法和经验。

【农村工作】　3月份，召开了全市农村工作暨扶贫开发电视电话会议，安排部署全年农业农村工作，起草印发了贯彻落实中省一号文件的《实施意见》和《任务分工》，为推动全年工作顺利开展打下了坚实基础。全年围绕推动农村改革发展，组织培训5期。5月份，组织县（市）委副书记、美丽乡村重点示范村党支部书记赴成都市考察学习城乡一体化工作，对成都市近年来推进城乡一体化改革发展工作进行了全面考察，形成了《关于成都市统筹城乡发展的考察报告》和《如何借鉴成都市统筹城乡经验发展我市休闲农庄》等报告，确定了华县李坡村等作为全市借鉴成都经验发展乡村旅游的重点村。5月15—20日，在中央财大举办了城乡一体化专题培训班，对全市县（市、区）委副书记、农工部部长和重点镇书记（镇长）进行培训。6月，组织县（市、区）委改革办主任、农工部长赴宝鸡眉县考察学习美丽乡村示范村建设经验。全年组织2批150余名村官参加省委农工办在西农大举办的村官培训班。组织人员对农村基层先进人物和事迹进行了调研整理挖掘，推出了蒲城县龙阳镇东王村党支部书记张六三、白水县雷牙镇雷牙村党支部、潼关县城关镇五虎张村支部书记王新军、韩城市金城办晨钟村党委、白水县农工部部长王志坚、临渭区下邽镇党委书记尹参军等先进集体和先进人物，《人民日报》、新华社等中央媒体对韩城市晨钟村党委书记吉章娃等先进人物进行了报道。起草印发了关于开展“十百千创建”活动的《实施方案》。每年在全市培育树立10个先进镇、100个先进村和1000个示范户，将此作为衡量农村基层工作的重要标尺。对帮扶任务进行了调整，增加了党员领导干部结对扶持5户产业大户和5户贫困户脱贫的内容，取消了GDP和人均收入水平等考核指标，将为民办实事实绩引证和包联村干部群众评议作为评定部门工作格次的重要标准。6月份，分别赴县(市、区)召开了部门包村帮扶对接会，采取以会代训的形式对市直部门和包联村干部进行培训，联系中央7套“美丽中国乡村行”栏目组，对大荔、华县等“美丽乡村”建设情况进行了宣传报道，展示了渭南新形象。

【深化改革】 全年先后两次集中举办市、县领导干部读书班，邀请国研中心研究员魏加宁、国家行政学院教授汪玉凯解读十八届三中全会精神。在中财大培训基地举办了两期全市领导干部全面深化改革专题培训班，邀请中央改革办、国家发改委、财政部及中央党校、中财大的专家教授集中授课。精心编发的《决策参阅》《决策建议》，增强了全市各级的改革意识，激发改革活力。3月26日，市委成立全面深化改革领导小组。3月31日，领导小组召开了第一次会议，审议通过领导小组及7个专项小组和办公室组成人员及《工作规则》，批准了《全面深化改革重点工作实施意见》。指导各县(市、区)组建了领导小组及各专项小组，审议通过了各自《工作规则》，设立了改革办。全年，共召开领导小组会议5次，听取改革任务落实进展情况，审议通过了《下半年度全市重点改革任务的意见》。研究审议了《全面深化镇村综合改革的实施意见》《市级机关公务用车制度改革实施方案》等重点改革方案。市委改革办相继印发7个专项改革《任务分工方案》，建立了重大改革方案报审备案、改革工作信息管理、重点改革任务督查考核等制度，建立了改革任务台账，确定了县(市、区)及部门改革工作信息员，3次召开县(市、区)委改革办主任会议专题督查推进改革进展情况，编印了《全面深化改革渭南纪事2014》一书。

(钟西刚)

老干部工作

中共渭南市委老干部工作局

局　长　张志斌

副局长　张文龙　张永清

【老干部政治待遇】 春节前，对全市的老红军、市级离退休干部等8个层次的500多名老干部采取不同形式进行了慰问；在建国65周年之际，组织对全市2000多名离退休干部进行了一次普遍性慰问，主要领导登门看望了11名正地级老干部。组织部分市级离退休干部和市直离休干部代表参加了市委、市政府迎春座谈会、全市党的群众路线教育实践活动动员大会，参与了征求对市委常委班子意见建议的谈话活动。为市直离退休干部组织举办了健康保健知识讲座，并将内容编印成册发送老干部，为老干部进行了健康体检。组织市级离退休干部先后视察了渭南城区教育工作，视察了合阳、韩城重点民生工程及项目建设工作，参观了市体育中心新建场馆并观看了市第十二届体育运动会开幕式。先后探望住院老干部25人(次)，参加老干部追悼会12人(次)。对全市老干部待遇落实情况进行了全面检查。在党的群众路线教育实践活动中，组织安排了离退休老干部党员的学习活动，并按要求组织开展了党员评议工作。在离退休党员干部中开展评优树模活动，评选表彰了4个先进基层党组织、9名优秀共产党员、5名优秀党务工作者。

【老干部生活待遇】 一是切实落实离休干部护理费和离休干部遗属生活困难补助，落实了企业老干部的防暑降温费，协调解决了市直、富平部分老干部离休费、生活住房、异地门诊购药报销等问题。二是争取资金解决市直企业离休干部遗属补助问题。协调经费42万元，为魏玉梅等21名企业离休干部遗属发放了生活困难补助费，为140名企业离休干部每人征订了一份《金秋》杂志和《陕西老年报》。至年底，共接待老干部来访91人(次)，受理省、市批转的信访件11件，10件已全部按照政策规定处理到位，1件正在协调处理中。三是协调解决省属下划企业老干部问题。经多方努力协调，解决了省属下划3家企业离休干部医疗参统问题，落实医疗参统费用176.1万元。

【发挥老干部作用】 坚持以老干部工作部门为主导，以市级9个老年社团为主体，动员引导广大离退休干部在经济社会发展各个方面发挥积极作用。市关工委在全市中小学生中组织开展了“争当爱国、敬业、诚信、友善小公民活动”；组织“五老”积极参与关爱贫困、留守儿童、农家书屋建设和未成年人思想道德建设工作；举办了全市青少年践行社会主义核心价值观知识竞赛。市老科协完成第六届协会换届工作，持续开展科技下乡服务“三农”。市老年书画协会组织举办晋陕豫黄河金三角三省四市老年书画展。市老年福利会编写了《大爱》一书。市慈善协会先后多次开展失学儿童救助活动。市老年学学会、市养老服务业协会、市老体协等都积极组织协会会员积极发挥作用，产生了广泛的社会影响。在全省老干部“双先”推荐表彰活动中，筛选和推荐老干部工作先进集体5个、离退休干部先进个人15名，并在省市各类媒体广泛宣传，极大地调动了老干部发挥作用的积极性。

【两个阵地建设】 根据省、市年内消灭县一级老年大学空白点的要求，经过多方努力，华阴市老年大学和老干部活动中心于7月份正式挂牌成立，临渭区老年大学站南教学点成立，为两县(区)老干部开展学习活动提供了阵地保证。渭南老年大学教学设施条件得到进一步改善，教育教学规模不断扩大，教学班达到64个，学员总数达3200余人(次)，教学成果突出，影响力不断提升。市财政下拨市老干部活动中心活动阵地建设专项资金45万元，改造了院内配变电设施，安装了新电梯，修补活动中心楼顶、铺设室内防滑地板、粉刷楼道，中心面貌焕然一新。始终坚持组织34个室外活动团队在广场、公园、社区开展丰富多彩的文化体育活动。市干休所老干部养老服务中心建设项目已经完成规划设计，以招商引资为主要投资方式的联建工作已与有关方面达成合作意向。

【宣传调研】 全面加大了信息宣传工作力度。共编发内部期刊《老干部工作情况》16期，在中央、省、市各类媒体刊发消息117篇。同时，关工委会刊、渭南老年大学学报、干休所工作简报编发质量均显著提高，加强了全市老干部工作的横向纵向交流，扩大了老干部工作的知名度和影响力。根据省老干局课题调研安排，结合渭南老干部工作发展实际，累计完成调研报告26份，重点分析研究了全市老干部工作发展面临的突出困难和问题，提出了推动老干部工作在新时期转型发展、科学发展的思路和举措。

（白红娟）

干部教育

中共渭南市委党校

常务副校长 问康美

副 校 长 王天平 毛武彬
张芳侠 王四海

纪委书记 赵忠林

【干部教育】 一是主体班次培训稳步推进。全年完成各类轮培训班次33期，培训学员4813人。重点举办了十八届三中全会及习近平系列讲话精神培训班5期，培训学员1364人；举办全市秋季领导干部进修班7期（县处级领导干部2期，乡科级领导2期，乡（镇、办）副职领导干部1期，组织人事和宣传理论干部1期，党校师资1期），培训学员485人；举办全市党的群众路线教育实践活动专题培训班2期，培训学员520人；举办市级领导干部四中全会读书班80人；举办学习党的十八届四中全会培训班2期400人；举办初任公务员培训班1期，培训学员130人。二是外联引班和自主选学工作成绩显著。全年引进各类短期培训班次51期，共计培训人数达4943人次。举办自主选学"经济学与渭南经济社会发展专题""国学智慧与当代社会生活专题""历史文化传承专题"等专题培训班共5期，累计培训人数412人。干部自主选学属于党校一项富有特色的工作，自开办以来，课程设置灵活多样，结合了干部的兴趣爱好，深受学员欢迎。

【教学科研】 一是课时任务合理安排。全年完成"十八届三中全会及习近平总书记系列讲话精神"专题培训班、全市"深入开展党的群众路线教育实践活动"专题培训班、县处班、乡镇正职班、乡镇副职班、组织人事班、自主选学班、中财大学历班和"十八届四中全会培训班"等诸多班次800余课时的教学任务。在课时安排上做到有条不紊，合理规划，突出重点，有张有弛。二是外出宣讲贴近实际。深入开展送课下基层活动。进一步发挥党校优势，3名校领导和多名教师为60余家单位讲解了群众路线与党的群众工作、延安精神及公务员职业道德建设等多个专题。6名教师参与了全市习近平总书记系列重要讲话精神和十八届四中全会精神的宣讲活动。1名教授还应邀到山西运城市委党校讲授了"准确理解和把握中国特色社会主义理论体系"专题。三是科研成果卓有成效。2014年上报全省党校系统第28次理论研讨会论文28篇，获奖14篇，其中一等奖5篇，二等奖4篇，三等奖5篇，并获组织奖。上报和获奖数量均名列各地（市）党校前茅。积极组织全市党校系统十八届四中全会征文活动。有13名教师分别在《中国商贸》《陕西日报》等多家报刊发表文章。6名教师参与了渭南电视台《百姓问政》栏目或其他电视节目。完成中国特色社会主义理论研究中心3个立项课题。15名教师参与了市委群众路线教育实践活动的调研工作和相关活动。3名教师分别参与了市政协、市纪委相关专题调研活动，其中雷转运所提的"渭南城市集中供暖"建议，市政府专题研究并安排落实。教学专题库储备80多个专题。孙跃刚编写的《思维科学与科学的思维》一书35万字,已由西安出版社出版。参与《中国共产党渭南历史》第二、三卷征编的5项专题,资料征集工作正在进行。

(王桥门)

党史资料征集研究

中共渭南市委党史研究室

主　任　刘会锋

副主任　张军胜

【强化学习】　组织党员干部系统学习了习近平总书记系列重要讲话、十八届三中、四中全会精神、中央八项规定、中省市群众路线教育实践活动重要文件及市委作风建设的有关纪律规定,增强了大家工作的自觉性和主动性。组织党员干部学习新《党章》,开展专题讨论会活动,用新《党章》对照自身,查找差距。坚持对照典型学,用先进典型激励人,以负面典型警示人,组织观看了党内教育专题片《苦难辉煌》《苏联亡党亡国20年祭》《焦裕禄》,以及作风建设专题片《四风之害》、反腐倡廉微电影《小官大贪》等。先后组织集体学习33次,举办专题研讨会2次,民主生活会2次,学习交流会3次,撰写个人体会文章10篇,使党员干部树立正确世界观、人生观、价值观。使大家内化于心,外践于形,学以致用,用以促学。特别是"积极的价值导向、向上的荣誉导向、正确的利益导向"和"使党史成为文化、使文化成为精品、使精品成为名牌"的工作突破,更能彰显渭南市委党史研究室的工作特色和努力方向。

【党史资料征编】　于7月中旬完成了《执政渭南》(2013年卷)的资料征集工作任务,现已进入二校阶段。10月29日,筹备召开了《中共渭南历史》(第二卷、第三卷)专题资料征编工作会议,参加单位74个。下发了《中共渭南历史》(第二卷、第三卷)专题资料征编工作方案。组织部、人社局等单位撰写的专题资料已上报,工作进展顺利。完成了由中共党史出版社出版的《中国共产党渭南历史日志》一书的工作任务。搜集、整理、精编《习仲勋历史上的今天》书稿,至年底,样本正在经中共党史出版社特邀编辑终审。做好渭南博物馆党史部分的布展工作。为搞好陈列馆的布展,安排专人赴延安革命纪念馆、照金革命纪念馆、西安八路军办事处等场馆进行实地考察,已编好布展大纲。按时限完成了省上安排的"红色旅游·渭南卷"资料上报工作任务。

(王　峥)

档案工作

渭南市档案局(馆)

局(馆)　长　李献文

【档案资源建设】　2014年,全市共接收到期档案、资料39221卷,接收现行文件6749份,接收图片、音像档案1868件。其中市馆接收市纪委等单位到期档案2503卷(盒),接收西北林机厂破产企业档案2700多卷,收集市"两会"资料162册。全市共整理、鉴定档案56069卷,其中市馆鉴定、整理土产公司等8个企业档案31000多卷(册)。全市投入抢救经费35万元,积极开展重点珍贵档案抢救和保护工作,抢救档案资料2399卷,复制档案897卷。

【服务利用】　全市共接待查阅利用档案10270人次,编写档案利用实例汇编277例,档案工作在编史修志、宣传教育、调解纠纷、维护社会稳定、促进经济发展等方面发挥了重要作用。市档案寄存中心为1000多名下岗职工代办了养老统筹手续，为1400多人代办了医保续保、缴费等手续，受到了群众的一致好评。

【档案业务建设】 鼓励年轻干部开展辅导讲课，不定期进行学术交流和研讨，全市共举办业务培训班29期，参训人数达1619人次。认真开展“归档月”活动，指导部门、单位进行文件材料归档整理、依法移交。对23个民营企业文件材料收集范围和保管期限表进行了审批，进一步规范了企业档案工作。做好国家综合档案馆测评工作，合阳、蒲城顺利通过国家二级馆测评验收，继续抓好档案目标管理认证工作，全市共认证、复审99个单位，其中新农村示范档案室32个。积极开展项目档案验收工作，对洛惠渠灌区2011年续建配套节水改造项目档案进行了验收。

【档案信息化】 全市共著录案卷级目录2万余条、文件级目录22万余条、全文扫描50多万页，全市共上传档案目录数据170万条，市、县档案数据融合和资源共享水平得到进一步提高。投资108万元，全面实施“智慧档案馆”项目建设，截至年底，20多个市直部门和单位开展了档案数字化加工工作，并上传了数据。全市档案信息化建设工作走在全省前列。

2月28日，全市档案局（馆）长会议

【档案安全建设】 市、县档案部门普遍重视档案安全，不断改善档案保管条件。县级新馆建设工作顺利推进，蒲城新馆正式投入使用；澄城、合阳新馆完成主体工程；韩城、华县中央拨付资金已到位，正在加紧实施；富平已完成新馆前期工作。各县（市、区）普遍成立档案安全工作领导小组，制订应急预案，严格执行档案出入库登记、查阅登记等制度，定期更换防虫药物及消防装具，定期检查库房内外环境及档案安全设施设备运行情况，确保档案绝对安全。

【档案宣传与法制建设】 全市共举办档案展览53场次，印发宣传资料24228份，参展人数12781人次，接待咨询13193人次，编发《渭南档案通讯》12期900余份，在各级报刊发表文章、信息292篇。市城建档案馆举办了《沧桑巨变·魅力渭南》大型展览；大荔、蒲城组织各行各业人员、中小学生到档案馆参观，充分发挥了爱国主义教育基地的作用。全市共编研出版资料66种，合计144.5万字，编研质量明显提升。完成了《陕西省志·档案志》渭南部分的编研工作；韩城出版了《韩城县志稽校》；华阴编写了《华阴史话》；大荔档案馆编撰《当代算圣——史丰收》等。

积极探索和实践市、县联合交叉执法检查新路子。从各县（市、区）档案局抽调档案执法人员组成2个联合交叉执法组，对全市35个县直部门、单位进行联合交叉执法检查，对5个存在违反《档案法》行为的单位下发责令整改通知书。10月份，市档案局分两组对40个市直部门和单位，进行了档案业务和执法检查，并对检查情况进行了通报。全市共检查了809个单位，对58个单位提出限期整改要求。

（陈凯华）

中国共产党渭南市纪律检查委员会

市纪检委领导成员

书　记　张建军
副书记　孙建国　张普选　李刚拴
常　委　史金刚　杨　澎　刘　革
豆军鹏　雷玲(女)
马荣昌(12 月任职)

市监察局领导成员

局　长　孙建国
副局长　史金刚　李卫东　韩安平

纪检监察工作

【廉政建设】 深入推进党风廉政责任制建设,严格落实党风廉政建设党委主体责任和纪委监督责任。制定渭南市落实党风廉政建设责任制党委主体责任、纪委监督责任实施意见,推动全市党风廉政建设责任制的落实。出台"三条铁律",严肃追究"两个责任"(党委主体责任、纪委监督责任)案件 22 起,问责 56 人。在全市分批次、按层级组织召开了党委(党组)书记抓党建履行主体责任述职评议会,对落实主体责任情况进行公开评议。组织 8 名县市区、市级部门党政主要领导向市纪委全会述廉述责,接受服务对象、两代表一委员评议。制定《深化纪律检查体制改革实施方案》,深入推行县(市、区)纪委书记和市直部门纪检机构负责人向市纪委常委会汇报工作制度,强化上级纪委对下级纪委的领导;探索推行党政主要领导和纪检机构负责人同步述廉述责新制度,党委书记述主体责任,纪委书记述监督责任,同时亮相汇报,一并接受评议,不断夯实"两个责任"。选择市交通、住建、环保 3 个部门试点推行按系统按行业设立纪检监察机构新模式,提出监督执纪职能全覆盖的新理念;探索推行市级部门办案协作区制度,将市级部门划分为 7 个办案协作区,实行交叉办案,部门自办案件数同比大幅增长。组织开展第七个廉政教育月、"廉政文化三秦行走进渭南"文艺演出和"树新风扬正气"反腐倡廉文艺巡演等活动,全市各级党员领导干部讲党课 1100 余次,举办廉政教育培训班 91 期,编印制作《警示教育案例选编》《不揣腰包的腐败》《小官大贪》等警示教育素材。规范领导干部个人重大事项报告制度,先后有 157 名县处级领导干部按要求报告了个人有关事项,对部分事项进行了跟踪检查。组织党员干部参加职务犯罪庭审旁听,用身边的人和事警示教育广大党员干部。积极推行约谈制度,对履行主体责任、一岗双责不力,党员干部出现的苗头性、倾向性等问题,及时进行警示教育和约谈提醒,全市共实施警示训诫 595 人次。按要求完成市纪委监察局机关两轮内设机构调整,将人员编制、经费保障向办案一线倾斜,不断增强监督执纪力量。及时清理精简议事协调机构,市、县两级纪检监察机关精简或退出议事协调机构862个。先后3批次组织全市400余名纪检监察干部到市委党校、井冈山培训基地强化业务知识培训,选派23批次63名纪检干部参加中、省纪委组织的案件业务培训班,不断提高履职能力。

【作风建设】 深入贯彻落实中央八项规定精神,狠刹"四风"。组织开展了"纪律作风大整顿再排查""当好标杆向我看齐"讲做评等作风建设活动,紧盯节假日等重要时间节点,不断开展明察暗访,坚持每季度在全市领导干部大会上播放明察暗访专题片,持续推进干部作风转变。围绕发生在群众身边的不正之风和"四风"方面存在的突出问题,结合群众路线教育实践活动,集中开展了治理干部"庸懒散"等9个专项活动,着力破除渭南存在的"新四风"和"潜规则",着力解决党员干部"不作为、慢作为、乱作为"等突出问题。全市共查处违反中央八项规定精神案件134件,处理186人,其中党政纪处分148人。严肃查处了市政府教育督导室原副主任督学李青海公车私用、醉酒驾车案,市渭河治理办原副主任、市港口抽黄局原副局长党亥生违反廉洁自律案,华县教育局原局长何志坚、党委书记王晓光违规超标准使用办公用房等典型问题。市纪委点名道姓通报典型案例7期,下发整改督办函98份,督办问题230个。全市党员干部队伍作风得到进一步好转,在全省年度目标责任制考核民意调查中,2014年群众对渭南干部作风满意度较上年度提高了6.06%。

【案件查办】 坚持依纪依规查办各类违纪违法案件,始终保持高压态势,以零容忍态度惩治腐败。严肃查办十八大后还不收敛不收手的、问题线索反映集中的、群众反映强烈的、现在重要岗位且可能还要提拔使用党员干部的案件;严肃查办领导机关和领导干部贪污贿赂、权钱交易、腐化堕落、失职渎职的案件;严肃查办群体性事件、重大责任事故背后的腐败案件;严肃查办发生在重点领域、关键环节和群众身边的腐败案件。2014年,全市各级纪检监察机关共受理信访举报3921件次;立案1121件(其中县处级28件),同比上升65.34%;给予党政纪处分1236人(其中县处级29人,科级214人),同比上升65.02%;移送司法机关18人(其中县处级5人)。严肃查处了渭南城区杏树林居小区违规开发商住楼案件,4名工作人员因失职、渎职被移送司法机关;严肃查处了市工信局原党委副书记、纪委书记王三平等8起市级部门党员干部贪污受贿案件;严肃查处了韩城市国土局原局长徐建龙(副处级)等94起县(市、区)党员干部贪污受贿案件。

【行政监察】 围绕市委、市政府重大工作部署,对创文创模、安全生产、环境保护等工作执行情况进行了监督检查。对连霍高速河南义昌大桥"二一"重大烟花爆竹运输爆炸事故,蒲城县"一一·二〇"非法储存烟花爆竹药剂爆炸事故,临渭区故市镇朝阳蛋盘厂"六五"事故,韩城、华县环保违法等问题进行了调查处理,责任追究44人。对媒体反映的华阴两铁矿矿洞内械斗有关问题进行了调查处理,严肃追究了华阴市政府、华阴安监局等14名责任人的监管责任。对市、县两级730多个部门进行了政风行风测评,收集群众意见建议1680条,及时予以反馈,要求限期整改,不断提高各部门各行业为民服务意识和能力。开办了《百姓问政》栏目,电视直播23期,群众反映的热难点问题解决率达到90%以上。组织200家企业负责人对38个市级部门服务情况进行测评,积极营造廉洁从政良好生态,受到了群众好评。

(潘宏伟)

渭南市人民代表大会

市四届人大常委会领导成员

主　　任　徐新荣（2月19日任职）
　　　　　雷孟斌（2月19日免职）
副 主 任　雷超武（2月19日任职）
　　　　　郗怀亮　胡会维　张海贵
　　　　　王荣举　薛东江　蒋秀侠
秘 书 长　汝增瑞
委　　员　丁仁兴　马苏有　马保平
　　　　　王学忠　王　磊　文红军
　　　　　宁　珺　华惠民　刘　莉
　　　　　安玉霞　李长宏　李金侠
　　　　　李　琦　杨建秦　张天亮
　　　　　张丹力　张金安　张育文
　　　　　张雪艳　陈彦文　林小中
　　　　　林　跃　骆苏弟　常耀才
　　　　　崔晓民　韩兴龙　韩国强
　　　　　程立华　雷晓萌　樊志斌
　　　　　潘建文
副秘书长　崔晓民　常耀才　石立东

市人大常委会工作机构及领导成员

办公室
主　任　崔晓民
副主任　郭曙光　邢鸿雁
研究室
副主任　王小震
法制工作委员会
主　任　张留文
副主任　黄宏江
财政经济工作委员会
主　任　程立华
副主任　李长敏
教科文卫工作委员会
主　任　骆苏弟
副主任　何园洁
人事代表工作委员会
主　任　王磊（12月22日免职）
　　　　张天亮（12月22日任职）
副主任　薛启龙
农业和农村工作委员会
主　任　潘建文
副主任　马志军
环境与资源保护工作委员会
主　任　张天亮
副主任　王耀利　陈广成

人大工作

【渭南市四届人大六次会议】　2月17日至19日，渭南市第四届人民代表大会第六次会议在渭南国际会议中心隆重举行。会议听取和审议了渭南市人民政府工作报告；审议了渭南市2013年国民经济和社会发展计划执行情况与2014年计划草案的报告，审查批准了渭南市2014年国民经济和社会发展计划；审议了渭南市2013年财政预算执行情况与2014年财政预算草案的报告，审查批准了渭南市2014年市级财政预算；听取和审议了渭南市人大常委会工作报告；听取和审议了渭南市中级人民法院工作报告；听取和审议了渭南市人民检察院工作报告，并依法作出了相应的决议。会议接受了雷孟斌辞去市四届人大常委会主任职务的请求；会议补选徐新荣为市四届人大常委会主任，雷超武为市四届人大常委会副主任，华惠民为市四届人大常委会委员。

【渭南市四届人大常委会】 2014年，渭南市四届人大常委会共举行了7次会议。

2月10日，市四届人大常委会举行第二十八次会议。会议由市人大常委会主任雷孟斌主持，市人大常委会副主任郗怀亮、胡会维、张海贵、薛东江、蒋秀侠，秘书长汝增瑞及委员共28人出席了会议。会议进行了6项议程：讨论了市人大常委会工作报告（讨论稿）；听取和审议了市四届人大代表资格的审查报告，确认白丰等9人的市四届人大代表资格有效，共有市四届人大代表452名；审议了市四届人大六次会议主席团和秘书长建议名单（草案）、议案审查委员会建议名单（草案）、计划预算审查委员会建议名单（草案）；审议了市四届人大六次会议列席人员名单（草案）；审议了市四届人大六次会议日程（草案）；进行了有关人事任免。

3月21日，市四届人大常委会举行第二十九次会议。会议由市委书记、市人大常委会主任徐新荣主持，市人大常委会副主任雷超武、郗怀亮、胡会维、王荣举、薛东江、蒋秀侠，秘书长汝增瑞和委员共34人出席了会议。会议进行了2项议程：听取和审议了市人民政府关于社会治安管理情况的报告；进行了有关人事任免。

6月26日，市四届人大常委会举行第三十次会议。会议由市委书记、市人大常委会主任徐新荣主持，市人大常委会副主任雷超武、郗怀亮、胡会维、张海贵、王荣举、薛东江、蒋秀侠，秘书长汝增瑞和委员共32人出席了会议。会议进行了3项议程：听取和审议了市人民政府关于公务员管理工作情况的报告；听取和审议了市人民政府关于公共卫生工作情况的报告；进行了有关人事任免。

7月21日，市四届人大常委会举行第三十一次会议。会议由市委书记、市人大常委会主任徐新荣主持，市人大常委会副主任雷超武、郗怀亮、胡会维、张海贵、王荣举、薛东江、蒋秀侠，秘书长汝增瑞和委员共28人出席了会议。会议审议了关于接受祝作利辞去陕西省第十二届人大代表职务请求的决定（草案），依法作出了《关于接受祝作利辞去陕西省第十二届人大代表职务请求的决定》，报陕西省人大常委会备案。

8月26日，市四届人大常委会举行第三十二次会议。会议由市委书记、市人大常委会主任徐新荣主持，市人大常委会副主任雷超武、郗怀亮、胡会维、张海贵、王荣举、薛东江、蒋秀侠，秘书长汝增瑞和委员共32人出席了会议。会议进行了4项议程：听取和审议了市人民政府关于2014年上半年国民经济和社会发展计划执行情况的报告；听取和审议了市人民政府关于2014年上半年财政预算执行情况和地方政府债券收支安排及市级预算调整（草案）的报告，依法作出了《关于批准2014年地方政府债券收支安排及市级预算调整的决定》；听取和审议了市人大常委会执法检查组关于《中华人民共和国水污染防治法》实施情况的执法检查报告；审议通过了渭南市人大常委会专题询问暂行办法（草案）。

11月3日至4日，市四届人大常委会举行第三十三次会议。会议由市委书记、市人大常委会主任徐新荣主持，市人大常委会副主任雷超武、郗怀亮、胡会维、张海贵、王荣举、薛东江、蒋秀侠，秘书长汝增瑞和委员共37人出席了会议。市委常委、常务副市长郑光照，市委常委、市纪检委书记张建军，副市长魏稳柱，市政协副主席贺韧，市中级人民法院院长张振伯，市人民检察院检察长刘伟发，市政府秘书长孙建升，各县（市、区）人大常委会负责人，市委相关部门、市政府组成部门及相关部门的负责人、部分市人大代表、公民代表等160余人列席了会议。会议进行了4项议程：听取和审议了市人民政府关于2013年市级财政决算报告；听取和审议了市人民政府关于2013年度市级财政预算执行和其他财政收支的审计工作报告、关于提请追加2014年市本级财政支出预算的报告，依法作出了《关于批准2013年市级财政决算的决议》和《关于批准追加2014年市本级财政支出预算的决定》；听取和审议了18个部门单位关于渭南中心城市规划建设管理工作情况的报告并进行了专题询问评议；进行了有关人事任免。按照《中共中央关于全面推进依法治国若干重大问题的决定》的要求，会议决定任命的6人现场向宪法进行了宣誓。

12月22日，市四届人大常委会举行第三十四次会议。会议由市委书记、市人大常委会主任徐新荣主持，市人大常委会副主任雷超武、郗怀亮、胡会维、张海贵、王荣举、薛东江、蒋秀侠，秘书长汝增瑞和委员共35人出席了会议。会议进行了3项议程：听取了关于市四届人大六次会议代表建议、批评和意见办理情况的报告；听取了市人民政府关于2014年市人大常委会审议意见办理情况的报告；进行了有关人事任免。

【听取和审议市政府2014年上半年国民经济和社会发展计划执行情况、2014年上半年财政预算执行情况的报告和2014年地方政府债券收支安排及预算调整草案的报告】 8月26日，市四届人大常委会第三十二次会议听取和审议了市政府2014年上半年国民经济和社会发展计划、财政预算执行情况的报告和2014年地方政府债券收支安排及预算调整草案的报告。会议认为，市人民政府始终紧扣主题主线，全力攻坚克难，不断改革创新，持之以恒抓项目、扩投资，调结构、转方式，稳增长、促税收，确保了上半年全市经济平稳运行，主要经济指标基本实现了“双过半”目标。会议指出，全市经济形势不容乐观，投资增长乏力、经济运行质量不高、税收收入进度缓慢是全市面临的最大难题，特别是各县（市、区）普遍短收，6个县（市）呈现负增长的情况要引起高度重视，深入调研、拿出措施，切实加以解决。会议要求，市人民政府一要转变作风、真抓实干，把作风转变体现在促进经济社会发展、优化投资发展环境、加强民生工程建设等各个方面，不断转变政府职能，提高服务质量。二要持续抓大项目、大投资，抢抓中央7号文件机遇，重视统筹跨区域发展，包装策划一批重大项目。针对项目建设中存在的突出问题，要拿出具体措施，倒排工期，挂牌督办，推动在建项目早日竣工投产，进展缓慢项目加快建设进度。对发展中遇到困难的企业，要采取党政联手送温暖、财税联手送政策、银企联手送资金等措施，在资金、技改、科技创新、拓宽市场等方面给予企业最大支持，帮助企业渡过难关。三要狠抓重点环节。对韩城存在的问题要派员实地了解情况、分析问题,促进问题早日得到解决。对中省专项资金到位情况、合疗资金的管理等问题要进一步摸清底子、加强管理。四要增强简政放权工作的主动性和责任感,自觉服从改革发展大局,把该管的管好,把该放的放下,切实做到真放权、放真权。五要加强财源建设,优化财源结构,积极组织税收收入,加强对重点税源的监管,挖掘税源潜力,做到应收尽收。六要加强财政管理。一方面进一步扩大支出,充分发挥资金使用效益。另一方面严控"三公"经费支出,提高支出的透明度,不断降低行政运行成本。会议依法作出了《关于批准2014年地方政府债券收支安排及市级预算调整的决定》,要求市人民政府统筹安排政府债券资金的使用管理,确保每一笔钱都用到点子上。及时落实还本付息责任,防范债务风险。

【听取和审议了市人民政府2013年财政决算草案的报告以及2013年度市级预算执行和其他财政收支情况的审计工作报告,审查和批准2013年财政决算和关于提请追加2014年市本级财政支出预算的报告】 11月3日,市四届人大常委会第三十三次会议,听取和审议了市人民政府2013年财政决算草案的报告以及2013年度市级预算执行和其他财政收支情况的审计工作报告、关于提请追加2014年市本级财政支出预算的报告。依法作出了《关于批准2013年市级财政决算的决议》和《关于批准追加2014年市本级财政支出预算的决定》。会议要求,市人民政府要全面深入开展新《预算法》的学习宣传,按照新规定、新要求,形成"花钱必问效,无效必问责"机制,树立公开是常态、不公开是例外的理念,全力打造阳光财政。要加强对新增财力支出的管理,督促有关部门做好预算的落实工作,加大对重点财政收支领域的监管力度,提高财政资金的使用效益。对于审计工作,要抓好整改和问责两个重点,加大审计查出问题的整改力度,认真分析原因,逐一挂牌督办,如期将整改情况向市人大常委会报告,保证财政资金安全有效。

【听取和审议市人民政府关于社会治安管理情况的报告】 3月21日,市四届人大常委会第二十九次会议听取和审议了市人民政府关于社会治安管理情况的报告。会议认为,近年来市人民政府和公安部门以建设"平安渭南"为目标,按照"打防结合、预防为主、专群结合、依靠群众"的工作方针,加大治安防控体系建设力度,视频防控覆盖面不断扩大。积极吸收社会公众参与群防群治,通过开展系列专项活动严打各类违法犯罪,全市主要刑事案件发案率呈下降趋势,群众满意度有所提升,社会治安形势总体平稳。会议指出,全市社会治安中还存在一些问题和不足:一是抢劫、抢夺、盗窃、诈骗等侵犯财产类案件发案率依然较高,影响人民群众的生命财产安全和广大群众对社会治安的满意度。二是技防技侦手段滞后,视频监控覆盖率偏低,部分小区视频监控落后,难以满足社会治安管理需要。三是特殊犯罪群体管控困难,存在抓了放、放了抓、达不到有效治理的问题。四是警力不足的问题普遍存在,制约公安工作的更好开展。会议要求,市人民政府和公安部门要依靠群众、发动群众,充分发挥党政机关干部勇做义工、服务群众的带头作用,切实做好群防群治工作。要通过科技强警、作风强警、从严治警、从优待警、宣传拥警等5个方面的工作提升干警素质,激励广大干警全身心投入维护渭南社会政治大局稳定中。市政府要着手研究解决渭南戒毒所、看守所建设问题和一些县(市、区)警力严重不足的问题,推动公安机关工作更好开展。要加大改革创新力度，抓好简政放权工作，建立权力清单，全面提高广大人民群众对社会治安管理的满意度。

【听取和审议市人民政府关于公务员管理工作情况的报告】　6月26日，市四届人大常委会第三十次会议听取和审议了市人民政府关于公务员管理工作情况的报告。会议认为，近年来，市人民政府认真贯彻《公务员法》，从公务员的招录、登记、培训、管理、考核等各个环节加强管理、建章立制，基本做到了底子清，思路明，措施得力，成效明显。尤其上年以来开展的效能考核工作，有力地激发了公务员队伍的创先争优意识，促进了作风转变，为全市经济社会发展提供了坚强保障。会议指出，公务员管理工作中还存在一些需要加强和改进的地方：一是效能考核标准笼统、方法简单，科学性和针对性不强，个别单位存在“轮流选优”现象，考核的激励约束作用还没有得到充分发挥。二是基层公务员工作任务繁重、工资待遇偏低，影响了他们的思想稳定和工作积极性的发挥。三是公务员竞岗轮岗交流机制尚不完善。会议要求，一要加大《公务员法》及公务员招录、考核、管理工作的宣传力度，不断增强公务员的责任感和使命感。二要进一步改进完善效能考核工作，规范效能考核指标设置，健全奖惩和问责机制。要在公务员队伍中树立典型，使大家学有榜样、赶有目标，使选优评差工作常态化，促进工作作风的转变和行政效能的提高。三要进一步加强公务员教育培训，不断提升公务员的整体能力和素养。四要进一步完善公务员“能进能出”的流动机制，加强公务员岗位轮换工作，让优秀人才在合适的岗位上人尽其才。五要加强政务公开，在政府网站对所有公务员信息进行公开，让全社会共同监督公务员队伍，推动公务员管理工作再上一个新台阶。七是要重视解决公务员带薪休假落实难、个别单位岗位混编的问题。

【听取和审议市人民政府关于基本公共卫生工作情况的报告】　6月26日，市四届人大常委会第三十次会议听取和审议了市人民政府关于基本公共卫生工作情况的报告。会议认为，近年来市人民政府和卫生部门从思想上重视公共卫生事业的发展，围绕既定的11项服务内容，以建立健康档案和加强健康教育为抓手，以慢性病及重点人群、重点疾病预防为重点，整合现有资源，初步建立起了较为全面、比较完善的公共卫生服务网络体系，开展了一系列活动。会议指出，全市公共卫生人才普遍缺乏，基层专业人才严重不足，影响公共卫生服务的开展。基层基础设施建设薄弱，医疗设备更新缓慢，影响公共卫生服务质量。公共卫生服务宣传力度不够，群众自觉参与的积极性不高，影响工作的覆盖面。会议要求，市人民政府一要加大国家惠民政策和卫生保健知识的宣传力度，提高群众的知晓率、参与率，提升群众自我保健意识。二要高度重视公共卫生服务工作存在的“硬件软、软件短”的问题，加大专业人才的配备、培训、培养，加大基层人员的培训力度，不断提升服务水平。要采取不同形式，通过不同渠道，加大资金投入力度，及时更新陈旧设备，不断提高硬件设施水平。要研究做好公共卫生长期规划，认真包装相关项目，积极争取上级政策和资金支持。三要进一步加强公共卫生工作管理，打造树立一批典型，充分发挥典型的示范带头作用，引导全市公共卫生服务工作深入开展。四要重视解决公共卫生工作进展落实不平衡和公职人员健康档案建立不完善的问题，进一步重视社区工作，提高城市居民的健康服务工作水平。五要加强和规范基层卫生院合疗报销的管理工作。六要加强基层卫生和计生资源整合和合理利用，防止资源浪费、闲置和流失。

【开展《中华人民共和国水污染防治法》实施情况的执法检查】 7月7日，市人大常委会召开《水污染防治法》执法检查第一次会议，就执法检查活动进行安排部署。会后，市人大常委会副主任王荣举、薛东江、蒋秀侠分别带队进行检查。7月22日，市人大常委会举行水污染防治法执法检查第二次会议，听取各执法检查组关于检查《水污染防治法》贯彻实施情况的汇报，并进行了座谈讨论。8月26日，市四届人大常委会第三十二次会议听取和审议了市人大常委会执法检查组关于《中华人民共和国水污染防治法》实施情况的执法检查报告。会议认为，市人大常委会将《水污染防治法》执法检查与专题询问评议、环保世纪行活动相结合，坚持问题导向，采取明察暗访，及时总结反馈，逐一挂牌销号，推动水污染防治工作取得了阶段性成果。会议指出，水污染防治工作是一项重要而紧迫的工作、长期而艰巨的任务，市人民政府要着眼当前、立足长远，既要制定长远规划，又要确定短期目标，以钉钉子精神抓好落实。会议要求，市人民政府一要对检查中发现的问题根据轻重缓急明确时限、挂牌督办，紧盯不放。要在媒体上设置"整改进行时"栏目，问题不解决不罢休。要重视渭河水氨氮超标的问题。加强对水污染防治法的宣传工作，提高全社会环境保护意识。加大对违规企业偷排、超排的打击力度，用法律和行政手段逐步解决渭河水污染问题。二要加强饮用水源保护工作。沈河水库、涧峪水库氨氮含量超标，核心要解决好一级保护区移民搬迁、退耕还林问题。加大对农村饮用水安全的投入，减少农业面源污染，切实保护好农村饮用水环境。三要进一步重视污水处理和中水利用工程。加快城镇污水处理厂建设步伐，完善配套管网建设，确保污水全收集、全处理。市人民政府要对特殊行业用水进行重点督查，尽快着手研究解决城区特殊行业、尤其是渭化集团的中水利用问题，一方面节约饮用水，另一方面使中水变废为宝、产生效益。

【开展渭南中心城市规划建设管理专题询问评议】 4月29日，市人大常委会召开中心城市规划建设管理专题询问评议安排部署会，全面启动对市食药委、市住建局、市规划局、高新区管委会、市商务局、市环保局、市民政局、经开区管委会、市城投公司、市文广局、市工商局、市体育局、市公安局、市教育局、市交通局、市文物旅游局、市综合执法局、市卫计局等18个部门单位的专题询问评议工作。7个月来，市人大常委会通过视察调研、定期例会、现场观摩、明察暗访、召开推进会等方式扎实推进，累计向被询问部门反馈意见建议26批次，涉及群众关注的具体问题180多个，形成了近40分钟的暗访录像，做到专题询问与代表评议、创建工作相结合，市、区联动，分级询问，推动了监督实效。11月4日，市四届人大常委会召开第33次会议，会议听取了18个部门单位关于渭南中心城市规划建设管理工作情况的报告，并通过在渭南电视台现场直播的形式，对18个部门单位进行了专题询问。20余名常委会委员和市人大代表围绕中心城市规划、建设、管理中的履职情况、重大工程项目的建设情况、调研发现问题的整改情况以及群众关注的热难点问题开展了专题询问。询问结束后，会议以无记名投票的方式进行了满意度测评。通过测评，市体育局、市工商局、市卫计局、市教育局、市环保局、市文广局等6个单位获"渭南中心城市规划建设管理专题询问评议工作先进单位"。会议认为,市人大常委会首次运用询问监督的方式,对中心城市规划建设管理方面的问题进行专题询问,是履行人大职责、依法实施监督的创新之举,也是十多年来人大代表评议工作的拓展和延伸。会议要求,要高度重视专题询问评议工作,对此次活动要认真总结,完善提高,建立全面系统、科学有效、规范可行的机制和办法;要围绕全市中心工作和人民群众关心关注的热难点问题开展专题询问,使其常态化、规范化;对专题询问提出的问题,要持之以恒整改落实,深挖细究,标本兼治,跟踪问效,巩固提升评议成果。全市各级各部门要深入学习贯彻党的十八届四中全会精神,通过推进科学立法、民主立法,依法行政、严格执法,公正司法、秉公执法,全民守法、人民督法,合力推进依法治市,努力构建法制渭南新格局。要严明党的政治纪律,严守政治规矩,从严治权、从严治官、从严治吏,持之以恒反对"四风",以零容忍态度惩治腐败,真正把党要管党、从严治党落到实处。

【听取市人民政府关于全市旅游工作情况的报告】 9 月 25 日,市四届人大常委会第 86 次主任会议听取了市人民政府关于全市旅游工作情况的报告。会议认为,近年来,市人民政府高度重视旅游业的发展,把发展旅游产业作为调结构、转方式的重要抓手,出台一系列政策,加大资金投入力度,加强主题旅游产品策划推介,全市旅游接待量明显提升,旅游经济收入占 GDP 的比重逐年攀升,取得了令人可喜的成果。会议指出,我市旅游工作还存在一些问题和不足:一是景点分散,各自为战,资源整合力度有待加强。二是旅游基础设施建设比较滞后,宣传促销力度不够,景点整体吸引力不足。三是华山龙头作用发挥不够充分。四是城区旅游发展滞后。会议要求,市人民政府要进一步解放思想,从工作思路、举措、机制等方面不断进行创新,在做优做强精品旅游景区上下功夫。要抢抓晋陕豫黄河金三角良好机遇,按照大华山旅游目的地建设规划,加快包装策划一批重大旅游项目,要将地方饮食文化特色作为旅游目的地建设的重要内容,充分运用车站、宾馆、网络等媒介,加大旅游产品的宣传推介力度,使更多景点融入全省重点旅游线路,不断提高景区吸引力。要专题研究城区旅游工作,填补城区旅游空白。要加强组织领导,坚持考核导向,建立奖惩机制,推动渭南市旅游工作快速发展。

【听取市人民政府关于中心城市供热情况的报告】 9 月 25 日,市四届人大常委会第 86 次主任会议听取了市人民政府关于中心城市供热情况的报告。会议认为,近年来,市人民政府高度重视群众关注的城市供热问题,多次召开会议破解供热难题,工作思路清晰、谋划长远,尤其当年工作推动力度较大,取得了初步成效。会议指出,中心城市供热还存在定位不够明确、供热覆盖率偏低、整体推进力度不大的问题。会议要求,市人民政府要从思想上进一步认识做好城市供热的重要性和必要性,认真做好这一惠及群众切身利益的民生工程。要吃透国家产业政策,结合全市实际,立足长远、正确定位,统筹制定中心城市供热长远规划,一张蓝图画到底,明确责任,倒排工期,稳步推进。要分门别类摸清底子,坚持问题导向,按照轻重缓急逐步解决。要高度重视供热问题,排除困难,加快进度,确保在采暖期来临时按时供热。

【听取市人民政府关于现代果业强市建设情况的报告】 11 月 26 日,市四届人大常委会第 90 次主任会议听取市人民政府关于渭南市现代果业强市建设情况的报告。会议认为,近年来市政府和农业、果业部门围绕建设现代果业强市目标,编制规划,出台政策，加大资金投入，加强检查考核，工作思路清晰、措施有力、效果明显，全市果业规模不断扩大，“白水苹果”“蒲城酥梨”“临渭葡萄”“合阳红提”“大荔冬枣”五大水果区域公用品牌知名度逐步提升，全市果业发展势头良好。会议指出，全市果业发展还存在县（市、区）发展不均衡、财政投入力度不足、标准化生产水平不高、产业链延伸不长等问题和不足。会议要求，市政府要进一步抢抓陕西东大门建设和果业强市建设机遇，积极向上争资引项，利用好国家产业政策，在资金、技术等方面给予果农扶持。要强化科技兴农，加大专业人才的招录使用，用科技引领果业发展。要进一步加大行政推动力度，吸引更多的果农加入标准化示范园区建设中来，不断提高标准化生产水平。要加大对果品的宣传促销，注重产业链条的扩大延伸，推动全市果业不断做优做强。

【加强法律监督】　开展首个国家宪法日宣传活动，维护宪法法律权威，增强全社会的宪法、法治意识。制定出台《渭南市人大常委会规范性文件备案审查办法》，组织专题培训，全面启动规范性文件备案审查工作。采取市、县联动的方式，开展《水污染防治法》执法检查，就饮用水源保护、污水处理、中水利用等提出意见建议。听取审议法院执行工作情况报告，继续开展旁听法院庭审工作，组织对检察院检察工作进行调研，监督司法机关落实错案责任追究制度，让人民群众在每一个司法案件中都感受到公平正义。认真办理群众来信来访，全年共受理来信来访648 批件 700 人次，人大信访在维护社会稳定中发挥了积极作用。

【人事任免工作】　市人大常委会坚持把依法任免干部和党管干部原则有机统一起来，积极慎重地行使人事任免权。坚持拟任人员任前法律知识考试、与常委会组成人员见面并作供职发言、会议表决后颁发任命书、会同组织和人社部门一起到被任命人员任职单位宣布任职决定等制度。全年组织 50 人参加法律知识考试，8 人进行供职发言，并在全省率先组织新任命人员向宪法宣誓。积极探索任后监督新途径，首次提出“一府两院”有关人员任期内要向人大常委会报告履职情况，增强被任命人员的法治意识和受人大监督意识。

【人大代表工作】　常委会把充分发挥代表主体作用作为依法履职的重要内容，进一步加强对代表的服务保障和议案建议办理工作，不断丰富代表活动，促进代表作用有效发挥。一是加强代表上下联系。深入开展“双联系、接地气”活动，由 40 名常委会组成人员和 13 名机关县处级干部联系 400 多名市人大代表，每位代表联系 10 名共计 4520 名群众，定期深入基层走访，及时了解社情民意，建立工作纪实台账，及时反馈群众诉求，积极回应社会关切。组织各级人大代表深入开展述职活动，部分市人大代表带头就年度履职情况向所在选区的人大常委会进行专题报告，密切代表同选区选民或选举单位的联系，增强了代表接受监督和向人民负责的意识。二是提高服务代表水平。围绕中心城市规划建设管理、财政预算执行、重点项目建设、治污防霾等专题，常委会先后组织 78 人次在渭省人大代表开展视察调研，为参加省十二届人大三次会议做好充分准备。开展“代表风采展示月”活动，在渭南电视台和《渭南日报》对 10 名基层市人大代表的优秀事迹进行集中展播，激发了代表的履职热情。及时向省、市人大代表发送人大工作动态，全年发送 25 期 40000 多条，增强了代表对常委会工作的了解和监督。结合学习十八届四中全会精神，对部分市人大代表进行培训，提高了代表运用法治思维和法治方式进行履职的能力。完善代表列席人大会议制度，全年共有36名基层代表列席了常委会会议。三是认真办理代表建议。实行常委会领导包案办理重点代表建议制度，主任会议专题听取办理情况报告，提高了建议办理质量。坚持每年两次听取代表建议办理情况报告，四届人大六次会议共提出建议、批评和意见64件，现已办结53件，其余11件正在积极办理之中，建议办理做到了事事有交代、件件有着落。

（成瑞莉）

国家地理标志保护产品——华县大葱

华县大葱，又叫赤水大葱、赤水孤葱，因形似鞭杆，故亦有“鞭杆葱”之称。

华县大葱葱身高大，葱白粗长，肉质脆嫩，甜而辣少，味浓而香，品质佳，耐贮藏。赤水孤葱，甜辣芳香，营养丰富。根据化验分析，主要含有蛋白质、多种糖类、粗脂肪、维生素C和适量的钙、磷、铁，并含有胡萝卜素、硫化丙烯、葱辣素、苹果酸、有机酸、无机盐等多种营养物质。生熟食均优，既可调味，又能入药。葱叶、白、根须、汁、花都可入药。《名医别录》列为“中品”。《神农本草经》说：葱“气味辛、平，无毒，做汤治伤寒寒热、中风、面目浮肿，能出汗”。《本草纲目》云：“生辛散，熟甘温，外实中空，肺之菜也，肺病宜食之”，“性味辛平、甘温，能治寒热外感和肝中邪气”。《药品化义》记载：大葱入药，具有发汗解表、散寒通阳作用。现代药理研究表明，葱白具有发汗解表、通阳利尿、健胃驱虫、杀菌解毒、霍乱转筋、解肝中邪气等功效。

2010年12月，华县大葱经国家质检总局审核，决定对其实施国家地理标志产品保护。

渭南市人民政府

市人民政府领导成员

市　　长　奚正平
副 市 长　郑光照　程勉贵　王晓军
刘新兴　魏稳柱　吴蟒成
王素芳(女,7月离任)
高洁(女,3月到任)
唐代治(3月到任)
秘 书 长　孙建升
副秘书长　邓宽社　霍文军(3月离任)
王宝红(女)　张培峰
张志斌(4月离任)
王海峰　雷立新　李玲(女)
闫华锋(8月离任)
张心　李晓京
雷普义(12月离任)
高云岗　张黎明
李震宇(11月离任)
武建民(4月到任)
赵睿(10月到任)

市人民政府工作概述

【概况】　全市经济社会继续保持平稳较快发展态势。生产总值完成1460.9亿元,增长10.5%,高于全省0.8个百分点;地方财政收入完成67.5亿元,同口径增长15%;城乡居民收入分别达到26725元和8534元,增长10.6%和12.8%。

【投资增长】　全社会固定资产投资完成1765.6亿元,增长20.3%。280个市级重点项目完成投资1263.7亿元,国道108渭南至汉村段升等改造等33个项目建成投用,渭玉高速等76个项目超额完成年度投资任务,沿黄公路渭洛河大桥等40个前期项目提前开工建设。渭南热电联产、富平热电联产等项目相继获批,秦电8号机组通过国家核准。成功举办了第二届黄河金三角投资合作交流大会和3D打印暨医疗器械产业化推进会,全年签订招商引资合同项目335个,到位资金570亿元,增长12.9%。

【产业升级】　富平生态水泥、蒲城70万吨聚烯烃等一批重大工业项目建成投产,陕西黑猫焦化成功上市,3D打印产业培育基地建设迈出实质性步伐,市中小企业服务中心被认定为国家中小企业公共服务示范平台。淘汰小水泥、小钢铁等落后产能185万吨,关闭烟花爆竹生产点104家。工业园区发展到20个,新增规模以上工业企业55家,规模以上工业总产值、增加值分别增长8.1%和12.3%。现代农业园区发展到346个,市级以上龙头企业达到357家。“大荔冬枣”“蒲城西瓜”取得国家地理标志认证,富平县获“中国羊乳之都”称号,白水县被评为“中国有机苹果第一县”。大华山旅游目的地建设扎实推进,“史记韩城·风追司马”、少华山、潼关古城、合阳洽川、富平陶艺村等景区建设全面提升,潼关县国家级黄金矿山公园通过评审,华阴市获“中国十大生态文化旅游城市”称号,全市接待游客3200万人次,实现旅游综合收入252亿元,增长19.7%。信达商业街加快建设,万达城市综合体主体完工,酒河老街美食城一期建成运营,电子商务企业蓬勃发展,渭南市被确定为全国农产品现代流通网络建设试点市。新增限额以上贸易企业101家,全社会消费品零售总额完成418.6亿元,增长14%。新引进、设立金融机构5家,全市金融机构存款余额1664.6亿元,贷款余额811.4亿元,分别增长9.3%和11.8%。第三产业增加值增长9.7%,增速位居全省第一。

【城乡生态建设】 中心城市首位度不断提升,实施建设项目190个,完成投资200亿元。打通了6条“断头路”,实施了3座大桥及湭河亮化,完成了民生路中段拓宽改造及连霍高速西出入口改造主体工程,渭河城区段退耕还河还湿地初见成效。县城建设全面提升,形成了大荔同州湖、富平两河一路综合改造、合阳省级文明县城创建达标等新的亮点。19个省市重点镇和文化旅游名镇实施项目130个,完成投资21.9亿元。12个市级新型农村社区完成投资3.9亿元。108个美丽乡村示范村建设基本达标,洽川等4镇5村被命名为省级生态镇村,大荔美丽乡村建设受到省上肯定。秦东大地园林化工程新增绿地4.95万公顷,白水林皋湖、富平石川河被确定为国家级湿地公园试点,蒲城被评为全国生态工程示范县。渭河治污三年行动圆满收官,“治污降霾·保卫蓝天”行动扎实有效,在全省地级市中率先引进纯电动公交车24辆,市区二级以上优良天数达到220天,超出省考目标80天。二氧化硫、化学需氧量、氨氮和氮氧化物等4项减排任务超额完成,万元GDP能耗下降4.3%。

【改善民生】 全年财政民生支出242.9亿元,占财政支出的82.8%。备受群众关注的市体育中心、文化艺术中心、市民综合服务中心等重大民生工程建成投用,中心城市供热“煤改气”投入运行,新增供热面积110万平方米。抽黄供水工程试验段基本建成,多年未解决的乡镇机关供暖设施改造全面完成。新增城镇就业7.2万人,启动建设扶贫移民搬迁安置社区(村)48个、涉及1.4万人,实现脱贫18.6万人。33.5万人饮水安全得到解决,30.4万城乡低保人口应保尽保,城乡居民养老参保277万人,基本建成各类保障房5.47万套,农民进城落户13.7万人。库区移民后期扶持政策持续实施,移民生产生活条件进一步改善。渭南中学、渭南初级中学和渭南青少年体育学校建成投用,改建公办幼儿园31所,城区“大班额”问题基本解决,大学区改革受到中省肯定。合阳通过国家义务教育均衡县验收,韩城通过省级“双高双普”验收,渭南技师学院被确定为国家级高技能人才培训基地。9个县市列入国家县级公立医院综合改革试点,澄城县医改得到国家肯定,城乡居民医疗保险政府补助标准提高到每人每年350元,单独两孩政策平稳实施。国家公共文化服务体系示范区创建深入推进,群众文体活动丰富多彩,市第十二届运动会成功举办,《天国的百合花》获全国秦腔艺术节优秀剧目奖。地方志第二轮修志工作顺利完成,智慧城市建设稳步推进,渭南市列入全国公交一卡通试点城市,潼关县在全省率先实施农村免费数字电视。“六五”普法通过中省中期验收,信访“三无”创建得到加强,临渭区医患调解经验在全国推广。安全生产力度进一步加大,平安渭南建设扎实推进,公众安全感持续上升,社会大局和谐稳定。

【深化改革】 积极推进简政放权改革和“权力清单”制度,分三轮先后下放、取消、转移市级经济社会管理权限1171项,市场活力充分释放。食品药品监管体制改革成果进一步巩固,工商登记制度改革成效明显。市、县行政机构改革方案报省上审批,镇村综合改革全面铺开,县(市、区)事业单位清理规范工作取得阶段性成果。国企国资改革稳步推进,市属经营性国有资产基本实现集中统一监管。工业企业改制遗留问题化解和商业企业改制基本完成,公务用车改革在全省率先启动,惠民补贴“一卡通”担保贷款惠及群众5万多户,农村土地确权等全面推进。市科技资源统筹中心建成运行,韩城市被确定为全省第一批创新型县市试点,“大荔模式”实现乡镇全覆盖。全市科技研发投入占GDP比重达到1.31%,技术合同交易额突破1亿元,招引高层次人才346名。渭南海关和出入境检验检疫局正式开关开检,与韩国龟尾市缔结为友好城市,西渭融合发展、黄河金三角区域合作等进一步加强。

【转变作风】 党的群众路线教育实践活动和纪律作风大整顿大排查、“当好标杆,向我看齐”等活动深入开展,全市集中整改“四风”问题3974个,会议经费、“三公”经费支出分别下降43.5%和21.7%。机关效能建设向纵深拓展,“百姓问政”“向人民报告”、邀请公民进政府等活动受到群众好评。依法行政示范市通过省级验收,人民网留言办理被评为全国示范市。行政监察、审计监督等工作力度持续加大。自觉接受市人大、市政协监督和社会监督,积极回应人大代表、政协委员对社会热点问题的关注,市人大代表建议和政协提案全部按期办结答复,办理质量明显提高。

(张欲飞)

市人民政府办公室

主　　任　邓宽社
副 主 任　王宝红(女)　王海峰
　　　　　　段武学
纪检组长　马道平

【调查研究】 针对建设陕西东大门,黄河金三角产业转移示范区、畜牧业示范区和公共文化服务体系示范区创建等重点课题,深入基层开展调研,全年形成《关于市级重点示范镇和新型农村社区建设发展情况的调研报告》《让农业富民美丽乡村不再是梦》《渭南市农业对二、三产贡献份额的调查报告》《关于市直部门干部住房情况的调研报告》等调研报告20余篇。

【政务信息】 紧紧围绕市委、市政府中心和重点工作,积极服务领导决策,不断提高信息服务质量。全年共编辑《渭南快讯》800期,其中上报省政府办公厅政务信息333条,采用75条,办公室被评为全省政务信息先进单位,2篇信息得到省政府领导的批示,市政府领导批示21条次。编辑《媒体信息摘报》151期,采用新闻媒体、互联网信息442条,领导批示信息53条次,一些群众反映的难点、热点问题得到及时解决。同时,上报市政府主要领导政务活动243期,该项工作位居全省各地市前列。

【公文办理】 一是全年共起草、修改领导讲话、工作汇报、会议纪要等材料600多份,均做到精益求精、优质高效、领导满意,达到以文辅政、传达精神、指导工作、促进落实的目的。二是全年共接收各类公文3065件,其中办文1932件,办结1853,清退率达96%。复核印发市政府及市政府办公室挂号类文件877件,处理涉密和紧急公文60余件,退回不合格公文30余件。

三是积极开展保密宣传和检查活动,对每台涉密机安装外联监控,计算机保密工作实行常态化管理,先后查检计算机近200机次,保密要害部位人防、物防、技防到位,管理有序。落实传真和电子公文传输管理职责,共收发传真8233件,专网接收电子公文30件,向省政府上报电子公文18件,均未发生失密事件和漏发、错发现象。

【强化督查督办】 一是对《常委会工作要点》《政府工作报告》涉及的工作任务分解到有关部门,并定期开展督促检查。二是对全市重点项目、民生工程等进行专项督查。根据市政府党组会议安排,每月底将各市长包抓的重点工作汇总并专报政府领导,跟踪督查,推动落实。三是采取台账管理、明察暗访、媒体曝光、发督查函等办法,先后配合省政府督查室对华阴市非法开山采石、中央"八项规定"落实情况等问题进行现场督办,有效解决突出问题。全年共办理省政府领导批示件和省政府督查室转来督办单267件,市政府主要领导批示件和信访件120件,办结率达99%。承办的16件省人大代表建议、省政协委员提案已办理完毕。同时,向市政府各部门交办市人大代表建议63件,市政协委员提案352件,现已全部办结。及时办理人民网网友留言280件,累计办理1176件,连续五年被评为全国办理先进单位。渭南市被人民网设立为全国网友留言办理三个示范市之一。

【协调沟通】 从为领导分忧、为基层服务、为群众解难的角度,着力抓好工作协调,形成合力,确保政府工作高效运转。一是加强与省政府办公厅的联系,积极争取上级的指导和帮助;密切与各县市区、市直部门的联系,及时做好上传下达;加强与各大班子办公室的横向联系,及时通报信息,促进了工作开展。二是精心组织,积极参与,先后承担了全市年度总结表彰大会、西洽会、项目观摩等10余次重要会议的组织协调服务工作。共组织完成政府常务会议18次、党组会议17次、专题会议59次及各类协调会议200余次。三是坚持办公室领导轮流接访制度,热情接待群众来访。全年接待上访群众1400余人次,其中接待集体访50余(批)次,个访120余人次。处置堵门、堵路较大以上上访10余次,维护了政府机关的正常办公秩序。

【应急保障】 坚持以保障人民生命财产安全和社会大局稳定为目标,切实抓好应急管理基础性工作和突发事件应对工作。建成市级专项应急预案信息库,并在网上进行发布。审核修订印发防御洪水、地震灾害、防治大气污染等多部专项应急预案,开展各类应急预案演练520多次。逐步为11个县级应急救援大队配备有关设备设施,并依托志愿者协会、红十字会等社会组织在全省率先成立应急救援志愿服务支队。加强综合协调,妥善处置了华县下庙段柴油污染等突发事件,向市委、市政府及省政府报送突发事件信息78期,应急处置工作始终处于可控状态。各县(市、区)三级值守系统全部安装到位,实现互通。

【依法行政】 制定了《2014年度渭南市依法行政工作计划》,全年共审查市政府拟出台的规范性文件34件,提出修改意见136条;向省政府报备规范性文件10件,均未发现违法内容;形成市级单位行政审批事项目录,取消审批事项43项、下放98项、保留271项;组织开展行政收费项目清理工作,对市级32个有收费项目的单位,逐单位、逐事项进行审核,公布保留的收费项目目录,分19批在市级新闻媒体公布各单位权力清单,逐部门公开行政审批事项办理规程和单位负责人承诺等10项内容;共办理行政复议案244件,已经审结230

件。

【政务公开】 一是修订《渭南市邀请公民代表走进政府活动总体方案》,进一步明确了活动内容、参观路线、报名办法等细节。全年成功开展活动14期,邀请来自农民、教师、学生、工人等行业的373名公民代表参加,先后有9位市政府领导分别与公民代表进行面对面的座谈,并解答群众问题、采纳群众意见共计89条。二是制定《渭南市大学生假期到政府机关见习工作总体方案》,并于2014年暑期开展了渭南市首期大学生到政府机关见习活动,100名学生进入市发改委等36个单位开展为期1个月的见习工作。在市级活动开展的同时,还积极在临渭区开展了试点,进一步延伸此项活动。

【招商引资】 积极开展招商引资工作,全年共引进落户金融机构5家,引进资金超过6亿元,超额完成2014年的招商引资任务。充分发挥金融办的协调服务职能,推动陕西黑猫股份在上海成功挂牌上市交易,成为渭南市首家上市企业。市金融办与市住建局及国开行陕西省分行、省保障房公司对棚改项目进行了筛选汇总,确定纳入全省一期棚户区融资计划360亿元的融资项目24个,贷款金额41亿元,已发放7.27亿元。

【后勤保障】 严格执行中央"八项规定",进一步压缩"三公"经费,"三公"经费同比下降25%。全力保障市民综合服务中心后勤工作,确保中心的安保、物业、餐厅等人员及时配备到位。同时,协助有关部门完成政务大厅单位进驻工作,并尽快对外办公。

（张欲飞）

人力资源和社会保障

渭南市人力资源和社会保障局

党委书记、局长 史优胜
副局长 梁建军 李分社
董建明 王亚平
武俊兴 刘春铭
马建成 蔡利军
纪委书记 段效民
党委副书记 蔚文新

【就业再就业】 2014年,全市实现城镇新增就业6.8万人,完成年任务6万人的113.16%;下岗失业人员实现再就业2.4万人,完成年任务2.1万人的112.81%;就业困难人员实现就业1.02万人,完成年任务9000人的113.62%;城镇登记失业率为3.39%,控制在任务4%以下;劳动力转移就业130.44万人,完成年任务100万人的130.44%;农民进城落户15.5万人,完成年任务12.5万人的117%,全市就业形势基本稳定。一是落实政策帮扶就业。以高校毕业生、下岗失业人员、进城务工农民和就业困难人员等四类群体为重点,举办各类招聘活动90余场次,与电视台联合开办了每周一期的《就业之窗》栏目,以及开通"微传播"平台,宣传就业创业政策,为就业人员多渠道搭建"供需见面、双向选择"平台,促进各类就业人员4万余人,就业率达到95%以上,消除"零就业"家庭209户,实现就业286人。二是推动创业带动就业。不断完善创业服务体系,推行项目推荐、创业培训、担保贷款、创业指导等"一条龙"创业服务。积极落实小额担保贷款新政策,扩大扶持范围,提高贷款限额,创新担保方式。全市共建成创建农民工创业示范园26个,入驻企业1859户,实现就业4.3万人,争取中省就业资金3.12亿元,受益培训、社保补贴3.3万人。全市创业培训8093人,发放小额担保贷款5.98亿元,扶持创业8160人,带动就业2.7万人,创业促就业倍增效应充分显现。三是加强培训推动就业。充分发挥渭南"培训城"资源优势,大力推行"招工、培训、就业"三位一体模式,先后为渭南技术学院、轨道交通运输学校分别争取到国家级高技能人才实训基地和省级高技能人才实训基地项目,并组织承办了《第六届全国数控技能大赛陕西赛区选拔赛》《渭南市首届残疾人职业技能大赛渭南赛区选拔赛》,参加了《晋陕豫黄河金三角地区职工技能大赛》,为培养高素质技能人才队伍创造了条件。全年共免费培训4万人次,落实培训补贴2000余万元,培训后就业率达到80%以上。同时,将鉴定的覆盖面延伸到企业、院校、下岗失业人员、监狱等群体,全年共组织日常鉴定3.6万人,落实补贴资金179万元。

【社会保障】 全面贯彻落实《社会保险法》,推进社会保险体系向纵深拓展。一是积极落实政策。对生育保险实行了市级统筹,对企业退休人员基本养老金调整增加了10%,城乡居民养老保险补贴由原来的月60元增加到月70元,并于2014年10月调整到月85元,累计发放养老金16.56亿元。调整提高了全市工伤保险待遇标准。对全市关闭、破产等困难企业职工各项社会保险遗留问题进行调研摸底,并制订了实施方案,努力解决这部分人的社会保险问题。二是完成扩面征缴任务。以企业职工为重点,将农民工、灵活就业人员、被征地农民纳入社会保险保障范围,不断扩大参保范围。2014年,全市城镇职工基本养老保险、城乡居民社会养老保险、城镇基本医疗保险、失业保险、工伤保险、生育保险的参保人数达到40.5万人、276.2万人、132.23万人、30.1万人、26万人、13.02万人,分别完成任务的101%、100.1%、100.18%、100.96%、100.07%、106.05%,全部超额完成年度目标任务。三是强化基金审计监管。对全市社保基金进行了审计,及时整改审计发现的问题,在强化基金稽核上下功夫、在完善基金管理上出实招、在提升基金营运上强措施。进一步健全了内控体系,从制度和管理上加强了对风险点的排查、分析、评估和监察,规范和加强了社会保险基金管理,确保各项基金安全运行。开展了工伤保险基金和失业保险基金检查。

【人才队伍建设】 一是加强公务员队伍建设。在组考环节上,严格做好资格审查,面试全部实行异地考官交流,提升招录的公信度。全市共招录公务员181人,其中从优秀工人农民中录用18人。认真贯彻执行公务员分类量化考核办法,强化公务员平时考核,在市直机关干部中全面开展效能考核工作。积极开展了科级干部竞争上岗工作,全年共完成了48个市级政府工作部门科级及以下公务员和参管人员3911人的年度考核工作。同时,深入推进干部轮岗工作机制。对市直部门任职满5年或不满5年但时间较长、岗位特殊的160余名科级干部统一进行了岗位轮换,激发了机关干部的工作活力。二是加强专业技术人才队伍建设。以建立竞争开放、动态管理的"三三人才"选拔新机制为目标,积极推进职称制度分类改革,加强专业技术人员的继续教育培训工作,深化职称制度改革试点,充分调动广大基层专业技术人员的工作积极性。已经完成了教育、农业、文化系列2524人的职称评审工作,完成了各级各类4532人的资格复审及证书办理发放工作,完成了全国卫生专业技术资格考试和护士执业资格考试7542人的组考工作。三是加强基层人才队伍建设。积极实施农村基层人才队伍振兴计划,为全市9个县市招录145名大学生。同时,加强高层次人才引进工作,为教育、卫生、交通、环保、文广等市直部门引进高层次人才147名,进一步优化了全市人才队伍结构。四是扎实推进事业单位岗位设置。遵循"按岗聘用、竞聘上岗、以岗定薪、合同管理"的原则,强化岗位在事业单位人事管理中的基础性作用。市直事业单位岗位聘用核准备案1917人,涉及所有市直事业单位,其中新进人员(包括政策性安置、调入和公开招聘)岗位确定核准备案548人,三类人员转岗聘用核准备案85人,极大地激发了事业单位工作人员的积极性。五是深化收入分配制度改革。完成了市级机关及参照公务员法管理事业单位6278人五年升级、职务变动等审批工作;完成了事业单位1671人的正常升薪级、岗位变动晋升工资审批工作;完成了市级机关事业单位535人的招考(招聘)、调入确定、复员战士确定、军转干部确定工资工作;调整提高了全市最低工资标准,保障低收入家庭基本生活,维护了社会和谐稳定。

【劳动维权】 深入开展"春暖行动",全市劳动合同签订率一直稳定在95%以上。充分发挥12333热线、信访、劳动争议调解仲裁、劳动保障监察、行政复议等多渠道作用,建立了具有人社部门特色的矛盾纠纷调处联合机制,矛盾纠纷调处能力进一步加强,劳动关系总体保持和谐稳定。全市共检查用人单位3620户,查处违法案件431起。共妥善处理劳动争议案件319件,其中调解结案183件。认真落实企业军转干部解困政策,落实"五包"责任制,企业军转干部总体稳定。妥善处理涉及人社领域的信访案件,成功化解了一批信访积案,信访态势总体平稳。健全完善军转干部安置工作,回渭工作的65名军转干部通过排名选岗的方式,全部安置到位;加大引智项目实施力度,先后实施专家项目7项,分别从法国、荷兰、日本等国引进外国专家15人次,举办培训会20多场,培训各类技术和管理人员1600余人次,发挥了引智基地辐射带动效应。严密组织各类人事考试,全国职称英语渭南考区考试、全国职业能力鉴定考试、工人技术等级考试、专技人员计算机应用能力考试等,共计6.3万人的组考任务均圆满顺利。

(王晓鹏)

民　　政

渭南市民政局

局　　长　田继东

副 局 长　高　尚　王栋梁　李天民

　　　　　梁　斌　忽绪庄　张克强

纪检组长　杨国强

双拥办专职副主任　张永创

【社会救助】 严格落实国务院新出台的《社会救助暂行办法》,通过明确镇(街)低保责任主体、开展低收入家庭经济状况核对、建立长期末端公示制度、实施社会救助"一厅式"受理等多项措施,实现了社会救助"应保尽保、按标施保、有进有出、动态管理"的目标。全年全市保障城市低保对象6.3万人,发放低保金1.88亿元;农村低保对象25.55万人,发放低保金3.9亿元。保障农村五保对象6672人,投入资金863万元。全市共有敬老院22所,床位2242张,集中供养1708人,集中供养入住率为76.2%。积极实施医疗救助,市中心医院、市妇幼保健院等4家医院被新确定为市级医疗救助"一站式"结算机构,全市医疗救助定点机构达到100家，全年医疗救助对象13.3万人次，发放医疗救助资金1.3亿元，其中“一站式”救助8024人次，较上年增长35.5%。临时救助困难群众8885户次，发放资金1640万元。开展重特大疾病医疗救助试点工作，对城乡低保对象、在乡老复员军人，符合基本医疗保险报销范围内的自付费用，救助比例由60%提高到65%。

【灾害救助】　进一步搞好全市减灾示范社区创建工作，全市3个社区被评为国家级综合减灾示范社区、6个社区被评为省级综合减灾示范社区。政策性农村住房保险稳步推进，在全市农房保险参保人员中，低保户5.17万户，五保户0.56万户，一般户0.67万户。进一步修订完善了防灾减灾预案，干旱、秋淋等自然灾害造成全市11个县（市、区）324万人受灾，直接经济损失15.2亿元。灾情发生后，及时启动预案，下拨救灾资金4365万元，发放棉衣、棉被、应急灯等救灾物资，有效保障了受灾群众正常生活。采取十项措施积极开展冬春困难群众救助工作，筹集资金2.24亿元帮助解决群众实际困难，确保受灾困难群众安全过冬。

【社会福利】　积极探索社会化养老的新机制、新形式，扎实推进互助幸福屋、农村幸福院等养老服务项目建设，全市养老机构床位达9884张，比2013年增加4995张，是市上任务的2.5倍，每千名老年人拥有养老床位12.6张。全面落实高龄保健补贴标准，全年发放高龄保健补贴2.84亿元。深入开展“敬老文明号”创建活动和“第三届十大孝子暨十大助老楷模”评选表彰工作，在全社会营造了尊老敬老助老的良好氛围。多措并举，规范管理，拓宽彩票销售渠道，全年共销售福利彩票4.6亿元，募集公益金1.6亿元，同比增长20%，超额完成任务。

【社会组织管理】　按照培育发展与监督管理并重的方针，全面落实社会组织直接登记等制度改革，完成了社会组织年度检查，清理规范了党政领导干部在社会组织中兼职等问题，市本级共清理县处级以上领导干部125人。社会组织党建工作步入正轨，社会组织中党组织覆盖率达80%，党的工作覆盖达90%，有10个县市在社会组织中建立了党的工作委员会。政府向社会组织转移职能工作有序开展，第一批转移职能49项，第二批转移职能92项。

【基层政权和社区建设】　召开了全市城市社区规范化建设现场会，全年建成3个县级社区服务平台、1个街道社区服务中心、20个社区服务站、21个社区室外活动广场、80个农村社区服务站点，全面完成了省上下达的目标任务。以社区规范化建设为重点，34个社区实现了“一站式”服务。积极推广“四议两公开”做法，全面开展“村务公开周”活动，出台了《渭南市村务公开民主管理实施细则》，开展了和谐社区和农村社区建设示范单位创建活动，3203个村落实了村务公开的经常化、规范化。圆满完成了2014年度167名社区专职工作人员招聘工作，全面落实了社区工作人员报酬待遇。12月18日，举办了全市村“两委”换届选举工作培训班，第九次村民委员会换届选举工作全面启动。

【双拥工作】　以创建双拥模范城“五连冠”为目标，按照中国特色军民融合深度发展要求，大力开展群众性双拥活动，持续组织开展服务军队现代化和助力陕西东大门建设“百千万”、“双拥在基层”、军嫂创业“十百千”等活动，投入资金5000多万元，支持驻地部队硬件设施建设，推动和完善了双拥工作社会化。全面提高了重点优抚对象抚恤补助标准，全年发放补助金1.5

亿元，实现了按时足额、社会化发放。筹集的3272万元义务兵家庭优待金全部发放到位。接收退役士兵2489人，其中给2101名自主就业退役士兵发放经济补助金4268万元，人均增长3224元。退役士兵教育培训有序开展，2013年冬季退役士兵参训人数1449人，有培训意愿的退役士兵参训率达100%。336名退役士兵安置遗留问题得到妥善解决，安置去向、安置方式得到省民政厅高度评价。军休干部政治、生活待遇全面落实，活动丰富多彩，市军干所被评为“全国军休工作先进单位”。采取领导包联、政策宣传、思想引导、走访慰问等方式，扎实做好了重点优抚对象解难济困工作，有力维护了涉军群体的稳定。

【社会事务管理】 推动做好婚姻登记“文明窗口”优质服务竞赛活动，全市有3A级婚姻登记处3个。在华县增设金堆镇和高塘镇婚姻登记点2处，在6个县市开通网上预约办证服务，方便了适龄青年就近登记，全年共办理结婚登记55133对，离婚登记10351对，没有出现一例违规操作现象。流浪乞讨救助五项机制得到有效落实，全年救助流浪乞讨人员8105人次，其中未成年人610人次，实现了街面无流浪人员目标，市救助站获“国家一级救助管理机构”称号，渭南市被民政部列入未成年人保护试点地区。地名标志设置规范，渭南主城区280块新路牌设置工作全面完成。镇村综合改革扎实推进，撤并镇8个，撤并村990个，完成了省上要求的34%的撤并任务。进一步加大了殡葬改革力度，3个城市公益性公墓、32个农村公益性公墓已经建成并投入使用。

【“千户帮扶”工程】 “千户帮扶”工程是全市民政部门贯彻落实国务院关于农村低保和扶贫开发两项制度衔接的创新之举，2010年实施以来，取得了良好的社会效益。5年间，全市民政系统累计投入帮扶资金1790万元，9166户因灾致贫的困难群众直接受益，其中76%的家庭随着收入的增加已经初步脱贫，并主动退出了低保行列。2014年，千户帮扶工作覆盖全市38个镇(办)，帮扶受灾困难群众1692户，年收益实现人均增长4000元。

【深化改革】 全年共出台《渭南市政府向社会中介组织转移职能工作方案(试行)》《关于全面深化镇村综合改革的实施意见》《渭南市村务公开民主管理实施细则》等各类改革文件16份。全市城乡低保、医疗救助、灾害救助体系进一步完善，渭南市社会救助联席会议制度及时建立。殡葬改革有序推进，文明殡葬渐成时尚。村务公开活动周全面开展，村级民主管理更加规范。城市社区建设快速发展，社区综合服务能力明显提升。社会组织监管有力，政府职能转移进展顺利。社会福利作用进一步凸显，高龄老人生活得到关心，年度各项改革任务圆满完成。

(黄家兴)

外　事

【归口管理】 严格贯彻执行中央八项规定，坚持明确职责、严格审核审批的原则，全市共审核审批因公出国(境)团组和人员16批34人次，其中厅局级2批9人次。

【对外交流】 围绕国家总体外交和地方经济发展，积极拓宽渠道，扩大对外交流和合作。全年共接待重要来访团组13个，重要自组团出访团组3个。一、来访团组：韩国驻西安总领事馆郑润植领事一行3人，在渭南市外办工作人员的陪同下赴华山景区进行实地考察指导指示牌管理工作。泰国驻西安总领事潘孟财一行4人来渭访问,市长奚正平与来访人员进行会谈,商谈加强双方交流合作及在渭举办“泰国风情节”相关事宜。俄罗斯阿穆尔共青城市长米哈廖夫·弗拉基米尔一行5人来渭,在第三届陕西省国际友城项目对接会上,签署了《发展友好城市关系意向书》,并考察卤阳湖通用航空基地以及高新区中联重科产业基地。阿根廷布宜诺斯艾利斯赫尔曼特使一行4人来渭南就足球项目、探戈舞项目的引进,阿根廷肉牛胚胎引进与市体育局、市文化艺术中心、市畜牧局进行了深入交流。韩国龟尾市经济通商局投资通商课长金洪泰一行3人来渭南进行访问,邀请渭南市参加9月份在龟尾市举办的中日韩友城交流大会,并正式签订友城协议;商定暑期渭南市中学生赴韩参加夏令营活动事宜;商谈两市2015年公务员篮球、足球、羽毛球球队交流活动事宜。匈牙利琼格拉达州商会副会长拉斯洛率领的政企代表团一行4人来渭南市,就引进匈牙利音频公司音频专利设备事宜与高新区企业洽谈并达成初步意向。客人一行还参观卤阳湖航空基地、大荔农业产业园、高新区电子企业。韩国庆尚北道行政副知事朱洛荣一行4人在省友协工作人员陪同下赴华山进行调研考察活动。双方就两地的地理、文化、旅游等方面进行了深入交谈,并就渭南文化、旅游赴韩国庆尚北道进行展演、宣传做了初步沟通,朱洛荣表示欢迎并予以支持。外交部经济司组织的“外交官重走丝绸之路代表团”,15名丝绸之路沿线国家驻华使馆外交官及部分国内外媒体记者,进行重走“陕西—甘肃—宁夏”段古丝绸之路活动。由黎巴嫩中国友好合作联合会主席马苏德·达赫尔率领的黎巴嫩地方政府代表团一行10人来渭南进行友好访问。韩国龟尾市青少年代表团来渭进行为期3天的交流访问活动。渭南市高级中学组织上毛高中及本校学生代表赴富平参观陶艺村博物馆,并亲手制作陶艺。瑞泉中学组织两校师生参观了校园、教室、办公室、特色展馆等,并赴华阴市,游览玉泉院、西岳庙等。韩国驻西安总领事馆全哉垣一行3人来渭南市访问,与奚正平市长就进一步加强韩国和渭南的友好交流进行洽谈。全哉垣在师范学院做演讲;赴大荔县考察韩国人牧场,赴华山景区就旅游推广事宜进行洽谈。由匈牙利工商业联合会会长TorokLaszlo率领的中小企业代表团一行9人来渭南市进行友好访问交流,渭南市政府副秘书长张黎明与来访人员就南斯拉夫国家城市与渭南缔结友城事宜和企业间的合作事宜进行座谈。韩国龟尾市市长南洧镇、议会副议长权奇漫一行10人来渭南市进行友好回访,并签署了建立友好城市关系的协议书。二、主要出访团组:副市长刘新兴率团赴韩国昌原市参加第8届东北亚机械联合会,并于4月3日顺访龟尾市,与龟尾市代市长就进一步加强教育、文化、经济交流事项交换了意见,并签署了中华人民共和国陕西渭南与大韩民国庆尚北道龟尾市建立友好合作关系的意向书。应韩国龟尾市政府邀请,市外办组织高级中学和瑞泉中学优秀高中生代表团45人赴韩国龟尾市进行为期5天的家庭寄宿交流活动。高级中学与龟尾市上毛高等学校、瑞泉中学与龟尾市荆谷高等学校签署友好合作协议书,拟定了教育、教学方面的合作交流事项,38名学生参加了家庭住宿交流活动,体验了国外教育模式和生活方式。由市政府秘书长孙建升率领的渭南市政府代表团,赴韩国参加第16届韩中日友好城市交流大会。

【友城建设】 有针对性地寻求和接触有合作前景的城市,分别对韩国龟尾市、俄罗斯阿穆尔共青城市、哈萨克斯坦、吉尔吉斯斯坦、阿根廷5个国家的4个城市进行了精心谋划和安排，特别是与韩国龟尾市签订了建立友好城市协议书，实现了自1999年与匈牙利赛格德市缔结友城以来，15年无新友城的突破。与俄罗斯阿穆尔共青城也签署了友好城市意向书，走完了友城审批的所有国内手续，只等派团签约。与哈萨克斯坦围绕"人民友谊园"项目，积极与省友协、哈萨克斯坦驻陕西代表处联系、对接，正在谋划哈萨克斯坦总统纳扎尔巴耶夫家乡城市卡斯克连市与渭南市的结好事宜，并在农业项目、商贸项目合作的基础上开展友好合作关系。与吉尔吉斯斯坦总统家乡楚河州阿拉梅地区进行对接，农业、商贸业项目合作基础上发展友城关系。借黎巴嫩地方政府团来渭访问契机，与黎巴嫩贝特马利市初步达成结好意向，准备在项目合作基础上进一步发展友城关系。与阿根廷康考迪亚市在发展足球合作、农机、畜牧等基础上进行友城沟通。

【涉外管理】 一、非政府组织管理。召开了全市非政府组织调查摸底情况工作会议，对渭南市的境外非政府组织的政治背景、组织机构、活动范围、活动性质、资金来源等情况重点调查。调查摸底工作开展期间，联合省外办专家组织召开了第二次全市境外非政府组织调查摸底工作会议，汇报了各县（市、区）以及市级各部门的调查并进行了督促和指导，并多次组织专人重点实地调查摸排了华县、临渭区等县区的境外非政府组织，取缔和控制了澳大利亚、中国香港等有渗透倾向的组织。全市共查出18家非政府组织在近3年内曾经或正在渭活动情况。二、外国记者管理。严格把关、积极规范来渭南市参观采访的国外记者。7月份，日本某记者多次联系富平县，试图采访习仲勋陵园，鉴于其在国际上多次发表过针对中国的不友好言论，市外办接到有关方面的通知后，立即赴富平县调查情况并制定了应对方案，处理了该紧急涉外采访。三、国际会议申报。10月份，"中国奶山羊健康养殖与羊奶加工国际研讨会暨中国羊乳之都命名大会"在富平县召开。根据国际会议报批备案制度，市外办主动向富平相关单位提供政策咨询并积极向省外办申报备案，该会议如期顺利举办。

（段　锋）

移民工作

渭南市移民开发局

局　　长　王健康

副 局 长　李　诚　王　安　王庆琪

纪检组长　程晓暾

总工程师　程崇祥

【概况】 2014年，全市移民工作坚持以中省一号文件精神为指导，继续以贯彻落实国家移民后期扶持政策为主线，重点解决移民群众反映强烈的突出问题，在全市范围内开展了特困移民危房改建工作，有力地推进了一批改善移民生产生活条件的项目，实现了移民收入增加，保障了库区和移民安置区的整体稳定。

【直补资金发放】 直补资金发放足额、及时、安全、高效，进一步完善了移民后期扶持直补资金的发放程序和时限，移民后期扶持直补资金的发放更加规范化、合理化。全年度共发放直补资金26182.26万元。扎实细致地做好移民人口年度核查工作，全市第九扶持年度直补人口核减2567人，确定直补人口为436371人。

【项目建设】 2014年共组织实施各类项目1810个，完成国投资金28232万元，其中：基础设施项目1140个，完成国投资金18917万元；生产开发项目413个，完成国投资金4587万元；科技培训项目192个，完成国投资金2212万元。列入全市民生工程的项目126个,完成国投资金2450万元。其中:人畜饮水项目6个,移民后期扶持资金125万元;农田水利项目48个,移民后期扶持资金730万元;生产道路项目72个,移民后期扶持资金1595万元。基础设施项目解决了807个村群众的出行难问题、69个村群众的饮水困难,改善灌溉面积9256.87公顷,移民实用技术培训达178378人。

【项目监管】 2014年,对全市移民系统专项资金电算化软件进行了全面安装和使用,进一步规范了专项资金管理。组织对全市10个移民管理机构"二五"规划期间的资金管理以及项目资料进行了全面内审,并深入项目现场进行实地查验,进一步明确系统内部的管理程序,建立规划、计划、项目、资金四者之间的良性运转机制。

【移民增收】 加大移民产业开发扶持力度,有针对性地进行产业开发扶持,对于有资金、有技术的移民群众,给予项目支持,通过扶持移民村经济合作组织,带动产业发展;对于有技术、没资金的移民群众,进行贴息贷款,以解决启动资金不足的问题;对于没资金、没技术的移民群众,开展技术培训和岗前技能培训,使他们掌握一技之长,可以就近或外出务工,改善生活状况。2014年年底,全市移民人均纯收入达到8325元,比上年度增长了11%。

【扶贫工作】 结合全市移民后期扶持工作的实际情况,将特困移民危房改建作为扶贫解困工作中的一项重点工作,列为2014年渭南市移民工作的重中之重。全市共计入村摸排2544户、9508人,经过"一申请、三审核、两公示"的确认程序确定598户、2077人为改建对象,2014年已完成328户的改建工作,极大地保障了移民群众生命财产安全。这一创新工作在《渭南日报》《陕西日报》等报刊上报道,国家移民局、省移民办来渭调研,并将这一做法在全省予以交流推广。

【移民稳定工作】 在全市范围内开展了走访排查,共填写入户征求意见和建议表130余份。在全市移民管理机构推行领导接访制,设立举报电话,提供政策咨询,接受群众来信来访,排查处置不稳定因素。接待群众来信来访8人次,较上年度信访人次下降了50%,信访结案率达100%,全市移民稳定工作呈现出信访人次逐年减少、信访量逐年下降的良好态势,维稳工作逐渐走上良性运行的轨道。

（党建忠）

信访工作

渭南市信访局

局　　长　武建民

副 局 长　车小林　张联营　田晓丽

纪检组长　石艺军

【目标任务】 2014年,全市共发生进京非访登记93批150人次,人次同比下降78.5%;赴省集体访登记98批2225人次,批次和人次同比分别下降3.2%和5.6%。中省交办信访事项2235件,报结2230件,到期报结率100%。办理群众来信4033件,网上信访件办结率100%。受理群众来电7118件,立案交办1203件,办结率99%。全面完成了年度工作任务和省上下达的各项指标,为构建和谐渭南做出了积极贡献。

【基层基础工作】 建立了县(市、区)、市直部门信访工作责任强度系数考核体系,实行目标责任管理,积极推广"枫桥经验",以市委、市政府名义下发了《关于加强新形势下人民调解工作的意见》,进一步整合了基层信访维稳工作力量，完善了工作机制，实现了县有督查员、镇（办）有承办员、村有调解员、组有信息员，市、县、乡、村四级矛盾纠纷排查化解网络体系更趋完善。坚持常态排查、定期排查和不定期抽查相结合，全年排查矛盾纠纷5800多个，化解率96%。

【领导接访】 坚持领导接访制度，全市2446名党政领导干部共接访群众17672人次，协调处理问题11743件次。加强日常来访接待，建立了《领导干部信访大厅轮流值班接访制度》，大量信访问题化解在初访阶段。

【信访渠道】 注重电话投诉工作，进一步规范了电话受理流程，建立健全了首接全程履责、跟踪回访督办等5项制度，一大批关乎群众生产生活的问题得到及时妥善解决。做好群众信访件的办理，推行了网上信访，做到信件办理可查询、可跟踪、可督办、可评价，提高了信访事项的回复率、化解率和满意率。

【化解积案】 建立了市信访局副处级以上领导包联县（市、区）制度，实行点对点通报、明察暗访和督办提醒等制度。对重大突出信访问题，及时编发《重要信访呈阅》呈市委、市政府主要领导阅批，既推动了信访问题的化解，也为领导决策提供了依据，全年共呈送《重要信访呈阅》16期。严格落实领导包案责任，19名市级领导均包联了重点信访案件。深入开展了“三集中”和信访积案专项治理活动，活动中共排查交办重大矛盾纠纷和信访案件5200多个，已化解4680个，到期化解率100%。

【“三无”创建】 深入开展了创建信访“三无”县（市、区）和“三无”乡（镇）活动。对重点群体、重点人逐个落实了稳控责任，有效遏制了越级上访问题的发生。创新了接劝返工作机制，制定了赴省来市接劝返制度，建立了“进京非访由公安机关牵头劝返并依法处置，信访部门配合；正常访由信访部门牵头处理，公安机关配合；涉法涉诉信访问题，由法院接谈交办”的进京访处置新机制，受到了中央、省的充分肯定。做好了中央、省、市重要节会和敏感时期的信访工作，全年未发生较大规模的赴省进京集体访，无进京非访和赴省集体访滞留及超时接离问题，APCE会议期间实现了进京上访“零”登记，被省上评为全国“两会”信访工作先进集体。

【规范信访秩序】 扎实推行了信访改革，认真贯彻中办国办发〔2013〕26号、27号文件精神，稳步推进诉访分离、网上信访、逐级走访等信访制度改革，制定下发了渭南市《关于进一步规范信访事项受理办理程序引导来访人依法逐级走访的办法》，并及时组织培训宣传，全市信访工作平稳有序。坚持依法规范信访秩序，坚持“一手抓合理诉求的化解，一手抓上访违法行为的依法处置”，在全力解决群众合理合法诉求的同时，对信访违法行为由政法机关坚决依法处置，全年先后依法处置违法上访人员196名，全市信访秩序明显好转。

（范东亮）

接待工作

渭南市接待办公室

主　任　张文新

副主任　刘樊军

【接待任务】 全年共完成接待任务365批，接待来宾10412人次。接待了党和国家领导人3批次，省部级领导85批，地厅级领导209批，商务团组17批，专家、学者、记者、知名人士10批，其他任务38批。

【政务接待】 完成了全国人大常委会副

委员长陈竺(2 次)、全国政协副主席李海峰、中央党研室主任齐彪、人社部副部长胡晓义来渭南检查、调研等有关接待任务;完成了省委书记赵正永,省委常委、省政法委书记安东(3 次),副省长白阿莹、庄长兴、王莉霞,原副省长王寿森,省人大常委会副主任朱静芝、张迈增,省政协副主席冯月菊、梁凤民等多位省部级领导在渭视察调研活动的接待工作。

【重要活动】 完成了中央第七巡视组、中央检查落实群众路线教育实践活动督导组、中央第五巡回督导组、省委换届工作考察组、省委第二批群众路线教育实践活动督导组、省委"八项规定"落实情况督查组、省人大督察组、省政府"三夏"检查组等 25 批中央、省工作组;承办了渭南赴福州党政考察团的外联服务工作;承担市委第四届五次全会、黄河金三角项目推介投资合作会、黄河金三角妇女手工大赛、第十八届西洽会和全国 3D 打印和生物医疗器械产业推进会、渭南市第十二届全运会开幕式等大型活动的部分会务和接待工作;完成了中环嘉业投资有限公司、中国海洋石油局、台湾屏东基层领导考察团、中华海峡两岸交流协会荣誉团长蒋孝严率团来渭考察、韩国龟尾市考察团、中国建筑第七工程局副总经理张跃平等赴渭南合作洽谈工作等。

【创新工作】 召开了创新工作专题会并成立了创新工作领导小组。根据"八项规定"贯彻实施以来的接待工作新形势、新任务,不断优化细化工作流程,不断健全完善接待制度体系,严格贯彻落实"八项规定"及省、市有关文件要求,在全市接待系统开展"规范化建设和厉行节俭"主题活动。积极推广自助餐、例份餐,以提高效率,降低成本。做到了统一规程、统一经费、统一标准,规范和简化了接待礼仪,减少了不必要的开支,使接待工作成为渭南市加强对外联系、聚集人气、扩大招商引资和展示开放形象的重要平台。

(白月艳)

地 方 志

渭南市地方志办公室

主　　任　王答雄
副 主 任　董国库
纪检组长　姜精才

【志书编纂】 提前一年完成《陕西省第二轮三级志书编纂规划》规定的二轮志书编纂任务。7 月 23 日,市政府常务副市长郑光照在陕西省地方志电视电话会议上介绍了加强地方志工作的经验,8 月 30 日,相关材料在西北五省区地方志协作会上进行交流。10 月、11 月《合阳县志》(1991—2005)、《临渭区志》(上、下)分别正式出版发行。《合阳县志》(1991—2005)共 19 编,约 128 万字。《临渭区志》(上、下)系通志,全志分上、下两册。内容编排以自然、人文、社会为序。篇目设置以现代社会分工和科学分类为依据,按行业或类似行业设编,编下设章、节、目,部分目下设子目。志首设分类综合彩图(17 类 126 幅)、序言(2 个)、凡例、目录、总述,志中插随文图照(270 幅)、表格(254 个),志末为大事记(925 条)、附录和索引。全志设 29 编 185 章 836 节。其中,自然地理类 4 篇,经济类 9 篇,政治类 9 篇,军事类 1 篇,文化类 5 篇,人物类 1 篇,共 260 余万字。截至 2014 年年底,渭南全市第二轮修志共出版发行志书 12 部,包括市地方志办公室的《渭南市志》五卷本以及 2011 出版发行的《蒲城县志》和《白水县志》,2012 年出版发行的《韩城市志》《潼关县志》《华县志》,2013 年出版发行的《富平县志》《大荔县志》《澄城县志》,2014年,出版发行《华阴市志》《合阳县志》和《临渭区志》(上、下卷)。市级及各县(市、区)二轮志书在全省率先出版发行。渭南市地方志办公室还代表省志办终审了《西安市阎良区志》《宝鸡市金台区志》,撰写了2万多字的审稿意见。

【年鉴编纂】 渭南年鉴编纂工作进一步规范化。《渭南年鉴》(2014)在资料征集、编辑、初纂、总纂、审稿、校对、出版、印刷等环节都进行了必要的调整和创新,印发《年鉴供稿规范手册》,完善编辑管理制度,实行年鉴稿件编辑责任制,大量增加全书随文图片和表格的数目,"大事记"由3万字精简到0.68万字,"建筑业和房地产业"升格为类目,"果业"升格为分目,大幅增加"调研文摘"容量,补白数字信息量。10月由西安出版社出版,是渭南市连续出版发行的第16期年鉴,在第八届全国年鉴编校质量评比中获条目内容编写二等奖,装帧三等奖。全年共赠阅社会各界1000余本。2014年,渭南市地方志办公室还完成了《陕西年鉴》、关天经济区年鉴(渭南部分)的资料征集、编纂和报送工作。

【县(市、区)年鉴编纂】 各县(市、区)综合年鉴编纂日趋成熟,基本做到了资料当年收集、整理、编辑,多数年鉴当年出版发行。2014年除华阴、富平之外,其他县(市、区)都出版了年鉴。《澄城年鉴》(2014)对年鉴编纂征集资料环节进行了管理创新,实行划片包干制,采取了电话催促、上门催要、指导整理的方式,全县应征集资料114家,实际征集114家,资料征集率100%。11月完成编纂、校对、排版。12月出版发行。向县级领导、部门和乡镇领导及社会各界人士赠送100余本;临渭区志办出台了《临渭区年鉴编纂质量管理办法》和《临渭年鉴》(2014)街镇参考条目和主要数据,制定年鉴质量管理办法,从年鉴组织形式、资料征集、内容选取、编纂体例和编辑、副主编、执行主编、主编职责以及文稿校对、书籍装帧、出版发行、资料移交等方面进行规范;合阳县志办编纂《合阳年鉴》(2013)时,注意突出本地特色,将地方民俗、特色小吃、风味特产穿插在年鉴中,增强了年鉴的可读性。《合阳年鉴》(2013)共40余万字,图片60余张。11月完成文字编纂、图片征集和设置等工作。12月出版发行;《白水年鉴》(2013)坚持走精品路线,文稿先后通改5遍,彩页审核7次。该鉴共编排类目26个,分目162个,条目1134个,插图230余幅,37万字。全面系统地记载了白水2012年经济社会发展变化和各行业取得的新成就,2014年5月出版,共发行380册。《白水年鉴》(2014)在《白水年鉴》(2013)基础上提高编纂效率,3月下旬发文征集资料,5月,127个单位的资料征集工作完成,10月底文稿完成最后一遍校对,11月出版发行;潼关县志办重新聘请专职编辑增强了《潼关年鉴》(2014)编辑力量,该年鉴在第八届全国年鉴编校质量评比中获条目内容编写三等奖。全年各县(市、区)共计赠阅县级年鉴1200余本。

【地情资料丛书、专业志、部门志、村镇志编纂】 9月,市志办终审的《渭南国税志》(1994—2013年)出版发行。该志共11章56节48万字,收录图照49幅,属渭南国税系统第一部志书。临渭区志办编纂的《从渭南走出的开国上将——张宗逊》一书。全书通过4个部分约28万字和68幅彩图以及235幅文中插图,全面展示了张宗逊的一生。10月已交付印刷,11月出版发行。潼关县志办与渭南师范学院教授姚亦登合作编纂的《潼关方言》,初稿完成后,经省社科院方言专家孙立新审校,潼关郭智文再校后，交西安出版社，2014年年底出版发行。《潼关县教育志》（1998—2003）、《潼关县人大志》编纂工作已经启动；合阳县志办组织力量编写地情读物《合阳史话》，截至年底完成了初稿和图片编辑，共计8万余字和30余张照片。审阅《西安合阳会馆志》，提出各类修改意见建议300余条。深入城关镇东街村，了解修编《东街村志》进展情况，解决村级修编村志遇到的技术性难题50余处，该村志15余万字，文中配图50余幅，截至年底完成总纂工作；富平县志办完成《富平民间故事集》的初稿，全书共收集故事60余则，内容涉及自然地理、生产生活、人物轶事等方面，文中配有精美插图及相关知识链接。《富平民间艺术图册》也已收集了部分文字、图片资料；蒲城县志办与相关部门合作编纂完成《桑梓情深》《美丽蒲城》（中学版、小学版上下四册）《蒲城教育志》《温汤史略》《常氏家谱》。刊印《商贸志》《蒲城县公安大事记》（1949.02—2012.12）《孙镇志》《明德村志》（2014）。《蒲电志续》完成资料收集。《蒲白矿务志》完成篇目编写。另外，蒲城的人社、卫生、城建、人防，荆姚镇等部门拟定了部门志编纂计划；澄城县志办指导编纂的《澄城果业志》形成编纂大纲，进入资料征集和图片整理阶段。深入冯原镇安城村、庄头镇郭家村对村志编纂进行指导，对资料收集和分纂过程中存在的问题提出了指导性意见和建议，截至年底上述2部村志完成初稿编写；韩城市志办完成《韩城市教育志》《韩城市煤炭志》的编纂。刊印《探史寻根高家坡》。《晨钟村志》《大前村志》编纂完成前期准备工作；华县志办编写的《美在华州》宣传画册经过近一年的努力，完成样书编纂。

【旧志整理】　全年共整理校注旧志5部，完成校注稿2部，翻印1部。清顺治四年（1647）王永命《白水县志》于10月正式出版；蒲城县志办完成《蒲城县志》（康熙五年蒲城县志和康熙五十三年蒲城县志续）、民国《蒲城县志稿》，两书合计216万字，11月报送中国文史出版社，12月出版发行；潼关县志办聘请渭南师范学院原艺术系主任梁建邦对清康熙《潼关卫志》进行初校，二轮县志主编熊福亮再校，三秦出版社责任编辑何飞燕三审，12月底已送交出版社；临渭区志办聘请修志专家姜继业对清道光何耿绳《重辑渭南县志》进行校注，该部县志是临渭区历史上第7部县志，记载了建县至清代的历史原貌，临渭区志办先后2次到陕西师范大学（长安校区）图书馆查阅资料，就缺失部分和不清晰部分进行复印，12月底完成校注初稿；华县志办完成明《华州志》校注稿，注释文字18万字，《华州志》共24卷，9万字；澄城县志办与省志办、省档案馆协作，完成清顺治《澄城县志》翻印工作。对嘉靖年间《澄城县志》校注稿进行审、校，12月底完成初稿。

【读志用鉴】　2014年市、县两级志办共赠发志书、年鉴、内刊、市情资料丛书34种、11000余本（套），全市地方志系统共接待市内外查询资料人员1000余人次，赠阅各类图书3000余本（套），为全市招商引资、项目建设、涉外联络、农产品地理标志申请及影视拍摄、群众寻根问祖等提供了大量资料。全年共接待包括市招商局、市创建办、市规划局、市农业局、卤阳湖办、市政研室、渭化集团安环部等35家单位300余人次查阅相关信息，赠阅各类书籍1000余册。合阳县志办先后为县级招商引资、项目建设提供史料2次，接待北京大学、西安建筑科技大学等高等院校大学生暑期实践资料查询15人次，接待河南、江西等地寻根问祖人士查询资料6人次,为涉外联络提供县志和地方性史料20套;白水县志办全年为社会各界提供新编《白水县志(1984—2003)》100余本,同洛南、高陵等县地方志办公室交流志书、地情资料50余册,接待各界查询资料来访者320人次;潼关县志办共赠阅一二轮县志80余部,旧志(重刊的旧志全套)35部。接待查阅资料50余人次。同其他县市交换各类志书、年鉴、地情书30余部;华县志办全年共赠阅二轮志书70本,同商州、涿州、运城、韶关等志办交换30本。10月,接待安康镇坪县志办一行9人,就二轮志书编纂、地情网站建设进行座谈;蒲城县志办接待查阅康熙志、民国志、道光《总理局规薄》等历史资料的人员30余人次,为蒲城酥梨、西瓜、土布纺织申请地理标志提供翔实的历史佐证;富平县志办向社会各界赠阅二轮《富平县志》共1000余本,数量居全市县级志办之首。

【地情网站建设】　合阳、华县、白水、潼关、大荔等通过验收的地情网站进一步制定规范标准,栏目设置合理,内容丰富。华县地情网在2014年3月改版后,开设有:县情概况、话说华县、图像华县、文化艺术、民风民俗、名胜古迹、名优特产、村镇风采等20个栏目。华县地情网还进行了40次的资料更新,上传图片100余张,文字2万余;大荔县地情网站进一步增强了地情网站的实用性,新添一级栏目2个,二级栏目5个,增录文字资料3万余字,图片100余张,网站点击率大幅提高;潼关县志办也制定完善了地情网站建设的相关工作制度,新上传了文字信息20余万字,照片100余幅;合阳县地情网站增录《合阳年鉴(2011—2012)》等地情资料50余万字,图片30余张。9月,韩城、蒲城、澄城县志办,华阴市志办先后完成地情网站的域名注册、网页设计、资料录入、硬件配备,通过省志办验收,正式上线运行,渭南全市实现地情网站的全覆盖。澄城县地情网站设有地情资料库、特别导读、大事记、人物、文化艺术、地方志书、历史文献、综合年鉴、民风民俗、产业经济、名胜古迹等20个栏目,成为对外宣传澄城的重要窗口;蒲城县地情网站共设置栏目20个,完成数据20项,约200多万字。其中链接首轮《蒲城县志》138万字,上传综合年鉴2部,蒲城县历代大事记、文件等811篇,蒲城县地图等各类图片300余幅。蒲城县志办还建立地情网站QQ工作群和微信公众平台,同其他县市交流地情网站建设经验,发挥了地情信息服务县域经济社会发展的功能。同时,根据省志办《关于共建百度百科词条和百度陕西数字式方志馆有关工作的通知》,全市市县各级地方志办还编纂上报百度标准词条870余条。

【工作创新、制度建设及业务研究】　2014年,市志办多次参与渭南博物馆布展大纲讨论,提出30多条建议,协助市外宣办为陕西广播电视台“你不知道的陕西”主题活动提供一批介绍渭南情况的题目;华县志办制定撰稿奖励制度,全年在各种媒体发表文章的数量增至40余篇,积极参与华县各项中心工作,编辑《华县大事记》9期,4.5万字,发放800余份,分送至全县100个单位。出版发行《华县志苑》4期,2.8万字,发放750余份。蒲城志办与当地教育局合作,编辑出版中小学地情教材《美丽蒲城》,参与编纂了《温汤史略》《常氏家谱》2部家谱,拓展了地方志工作的领域。蒲城志办还制定了地情网站管理、资料录入、网站安全、人员职责等相关制度,建立了地情网QQ工作群及微信公众平台;白水县志办建立乡镇地情资料员队伍,聘请修志专家对12名地情资料员进行专题培训,就地情资料的概念、搜集的范围、方法和注意问题进行业务指导,编印《白水县地方志法律法规汇编》,完善《白水县地情资料管理员办法(试行)》《白水地情网站管理四项制度》。业务研究文章发表数增加,参与人数扩大。全年在市、县两级政府网、外宣网、地情网,《渭南日报》《陕西地方志》等平台发表各类业务文章80余篇。

【参加省志办三项竞赛活动】 9月,市志办认真组织初赛,共选拔10名同志,分别参加陕西省地方志办公室举办的"修志业务技能大赛""中国梦·方志情"演讲大赛。甄选15幅书画、摄影作品参加"中国梦·方志新风采书画摄影展"。此次系列活动中,渭南全市共5人获得6个奖项。其中合阳县地方志办公室车文军获"修志技能大赛优秀选手"称号,临渭区志办选手获演讲比赛二等奖,征文比赛一等奖,1人获征文比赛优秀奖,市志办调研员刘百宽、白水县志办主任王巍获书法二等奖,渭南市地方志办公室获活动组织奖。临渭区、合阳、白水、华阴组织认真,竞赛成绩突出。

(李伟林)

国家地理标志保护产品——潼关酱笋

潼关酱笋是陕西省潼关县久负盛名的汉族传统名菜,属于陕菜系。此菜创始于17世纪。选料考究,做工精细,外形美观,红褐透亮,色泽鲜润,酥脆鲜嫩,咸中有甜,笋香浓郁,酱香扑鼻,食之开胃,风味独特,耐于长贮,最宜佐餐而闻名遐迩,素有"十里放香"的美誉。

潼关酱笋之所以久负盛名,主要选用当地所产上等莴笋为原料,精心加工而成。潼关莴笋生长期长,头年10月播种,次年6月收获,生长期达8个月之久。所产莴笋挺直坚实,个大皮薄,粗壮肉嫩,青脆可口,上下粗细均匀,叶黄,外皮发白,内皮变硬,为优质莴笋,号称"铁杆青笋",是制作酱笋的理想原料。采用山西潞盐为辅料。这种盐含硝大,食用虽不佳,腌制酱菜却很理想。潼关酱菜1915年荣膺巴拿马万国博览会金奖。

国家质检总局自2011年12月26日起对潼关酱笋实施地理标志保护产品保护。

中国人民政治协商会议渭南市委员会

政协渭南市第四届委员会领导成员

主　　席　张建华

副 主 席　王　健　高洁(女,4 月离任)
　　　　　贺　韧　王民庆　徐月凤(女)
　　　　　张志强　杨文斌

秘 书 长　刘筱萍(女)

常务委员　于海成　王友民　王双喜
　　　　　王红岩　王志斌　王宏强
　　　　　王建军　王涛滢　毛平宇
　　　　　田军华　石立东(女)
　　　　　冯文政　权佩亮　曲志勇
　　　　　朱新宽　刘玉峰　刘英杰
　　　　　杨妍(女)　杨忠定
　　　　　杨培忠　杨敬钟
　　　　　杨翠红(女)　李　明
　　　　　李东平　李永朝　邹通玄
　　　　　宋俭生　张　开　张力民
　　　　　张永丰　张冬茜(女)
　　　　　张宝琪(女)　张振山
　　　　　张晓民　张敏凤(女)
　　　　　张群香(女)　陈学敏
　　　　　柏　峰　姚建龙　姚明德
　　　　　钱怀瑜　海福军　黄玮(女)
　　　　　常　伟　梁梅(女)　雷转运
　　　　　熊琦芬(女)　穆选生

副秘书长　刘清亮　吉　源
　　　　　王杰生　崔艳(女)

政协渭南市第四届常务委员会工作机构及领导成员

提案委员会

主　任　朱新宽

副主任　张来宝(兼)　赵洪冬(兼)
　　　　李永朝(兼)　董义才(兼)

经济委员会

副主任　张建宏(兼)　陈勇刚(兼)
　　　　王志斌(兼)

人口资源环境委员会

主　任　王涛滢

副主任　李克荣　徐长锁(兼)
　　　　张发印(兼)　蔡长友(兼)

科教文卫体委员会

主　任　屈建民

副主任　曲志勇(兼)　李东平(兼)
　　　　王振杰(兼)

社会法制和民族宗教委员会

主　任　杜占稳

副主任　王俊侠(女)　李俊杰(兼)
　　　　王二民(兼)　熊琦芬(女,兼)

文史和学习委员会

主　任　弥元峰

副主任　刘百宽(兼)　李献文(兼)
　　　　杨忠定(兼)

办公室
主　任　刘清亮(兼)
副主任　吉源(兼)　马　宁
综合处
处　长　李吉平

政协工作

【市政协四届五次全委会议】　2014年2月16日至18日,政协渭南市四届五次会议在渭南召开。会议听取并审议了主席张建华作的常务委员会工作报告、副主席王民庆作的提案工作报告,通过了会议各项决议和提案审查报告,重点协商讨论了市政府工作报告、计划报告、财政报告及法院、检察院工作报告,围绕全市发展改革重大问题进行了协商讨论,提出了15个方面280多条意见和建议;30名委员就产业转型升级、建设法治政府、新型城镇化、环保旅游文化教育事业发展等专题作了大会发言。市委、市人大、市政府、市政协、市纪委、军分区领导出席了大会并参加小组讨论,市政协历任老领导出席了开、闭幕式,市委、市人大、市政府秘书长和市直有关部门负责人列席了大会。主席张建华在闭幕大会上作了重要讲话。

【市政协四届常委会议】　2014年四届市政协共召开了5次常委会议,即第二十次至第二十四次常委会议。

四届二十次常委会议。2月15日召开,专题研究了召开四届五次全委会的有关事宜。副主席王健主持会议。会议审议通过了常委会工作报告(草案)、提案工作报告(草案)、召开四届五次会议决定等材料,听取了市纪委关于渭南市党风廉政建设情况的通报和市政府关于提案办理情况的通报。主席张建华就如何召开好四届五次会议提出了具体要求。

四届二十一次常委会议。2月17日召开,主席张建华主持会议,讨论并通过了四届五次会议的有关决议和大会期间提案审查情况的报告。

四届二十二次常委会议。4月16日召开,专题协商讨论了全市农村改革及现代农业发展问题。会议听取并讨论了市政府《关于我市农村改革和现代农业发展情况的通报》、市政协人资环委《关于我市农村土地流转情况的调研报告》、市民盟《关于我市现代农业园区发展情况的调研报告》、市民建《关于我市农民专业合作社发展情况的调研报告》。会议还表决同意高洁辞去市政协副主席职务。副主席王健主持会议,副市长吴蟒成出席会议。

四届二十三次常委会议。7月29日召开,专题协商了渭南市简政放权工作情况。会议听取并讨论了市政府《关于我市简政放权工作情况的通报》、市政协《关于我市简政放权工作情况的调研报告》。副主席王健主持会议,副市长魏稳柱出席会议。

四届二十四次常委会议。11月18日召开,专题协商了渭南市民生事业改革情况。会议传达学习了十八届四中全会精神,听取并协商讨论了市政府《关于我市民生事业改革情况的通报》、市政协社法委《关于平安渭南建设情况的视察报告》、科教文卫体委《关于我市中小学布局调整情况的视察报告》、市九三学社《关于渭南中心城市重点项目建设情况的视察报告》。副主席王健主持会议,常务副市长郑光照出席会议。

【召开市政府市政协领导联席会议】　8月29日,市政府市政协领导第四次联席会议召开。副主席徐月凤通报了关于中心城区建设管理几个重要问题的建议,常务副市长郑光照通报了全市经济运行情况，市政府秘书长孙建升介绍了湭河美食文化街建设情况，主席张建华通报了政协工作情况，市长奚正平作了讲话。副市长王晓军、魏稳柱、吴蟒成、高洁、唐代治，副主席贺韧、王民庆、张志强，秘书长刘筱萍参加了会议。

【调研视察协商】　调研土地流转情况。3月上旬，副主席杨文斌带领人资环委和经济委，组织部分委员，深入华阴、合阳，对土地流转情况进行了调研，并赴杨凌、高陵进行了考察学习。调研报告指出，还存在思想认识不到位、服务机构不健全、配套政策跟不上、保障体系不完善等问题，建议做好基础工作，健全管理机构，培育流转主体，加大扶持力度，完善保障体制。《各界导报》5月31日全文刊发调研报告。

调研中心城市文化建设。4月29日至30日，副主席徐月凤带领科教文卫体委，组织部分委员，对中心城市文化建设情况进行了调研。调研认为，近年来中心城市文化建设取得了长足发展，城市文化品位明显提升，同时，还存在文化建设意识淡薄、城市文化定位不明确、文化建设规划滞后等问题，提出要充分认识文化建设的重要地位、找准城市文化定位、制定文化建设规划、着力打造文化聚集区、不断提升文化服务水平等建议。

协商市博物馆基本陈列大纲问题。5月14日，主席张建华、副主席张志强带领文史学习委，组织部分委员和有关专家学者，就市博物馆基本陈列大纲，与市政府进行协商，提出要雅俗共赏，既有专业水准，又要有平民视角，充分展现渭南优秀的历史文化和光荣的革命传统，使之成为渭南国民教育的重要阵地等建议。

视察协商农田秸秆禁烧及综合利用问题。6月11日，主席张建华带领人资环委，组织部分委员，赴临渭区、华县、华阴，就农田秸秆禁烧及综合利用情况进行了视察，并与市政府、市环保局、市农业局、市畜牧局、市农机局进行了协商。委员们指出，存在部分地方农业机械化程度不高、秸秆综合利用技术推广不足、市场需求量不高等问题，并提出了拓宽秸秆综合利用渠道、出台鼓励秸秆综合利用相关政策、积极开发秸秆工业用途、加大新型农机具推广等建议。副市长高洁、副主席徐月凤参加了视察协商。

调研简政放权问题。6月至7月上旬，主席张建华和各位副主席带领，社法委牵头，各委、处参加，以常委为主体，组成6个调研小组，深入到全市11个县（市、区）及高新区、经开区、卤阳湖开发区、华山景区，就简政放权情况进行了调研。调研认为，渭南市简政放权起步早、推行快、覆盖广、力度大、反响好，同时还存在权限下放不彻底、承接运行困扰多、法规体制因素制约多、市区矛盾比较集中等突出问题，提出了切实加大权限下放力度，着力推动下放权限的良性运行，努力解决中心城市建设管理突出问题，确保“四区”承接权限顺利运行，稳步深化简政放权工作等建议。

调研协商中心城市建设管理问题。7月份，综合处联合临渭区政协，组织部分省、市委员，就中心城市建设管理问题进行了调研。委员们指出，还存在城市管理体制尚待完善、城改工作机制不健全、征地拆迁工作问题多、物业管理权责不统一、公共服务项目建设落实难、相关政策规定落实不到位等问题，并提出了理顺涉城双管部门体制、健全城改工作机制、制定统一征地拆迁标准、强化工商预留地管理、下划物业管理权限、妥善解决被征地农民生活保障问题等建议。

调研协商老城区建设改造问题。9月

15日，主席张建华带领提案委，组织部分省、市委员，就中心城市老城区建设改造问题进行了调研协商。委员们指出，存在资金缺口大、拆迁任务重、协调改造难等问题，提出了准确把握开发定位、加快编制详规、着力破解资金难题、不断完善工作措施等建议。副市长魏稳柱，副主席王民庆、徐月凤参加了调研协商。

调研协商农村环境综合整治情况。9月下旬，副主席王健带领人资环委，组织部分省、市委员和专家学者，赴大荔、蒲城、富平3县18个镇，就农村环境综合整治情况进行了调研，11月9日，与市政府、市农业局等进行了协商。委员们指出，存在思想认识不到位、整体推进不均衡、村镇基础设施规划滞后、长效机制不健全等问题，并提出科学规划统筹安排、加大公共设施建设力度、重视农村文化遗存保护、建立健全长效机制等建议。市长奚正平对报告作了批示，《人民政协报》11月29日进行了大篇幅报道。

视察中心城市重点项目建设。10月16至17日，副主席王民庆带领提案委，会同市九三学社，组织部分省、市委员和九三社员，就中心城市重点项目建设情况进行了视察。委员们指出，存在项目建设环境不够优化、规划落实还不到位、重点设施运营存在困难、基础设施建设滞后等问题，提出了进一步治理优化环境、严格按规划设计施工、重视建成项目的运营管理、重视解决资金缺口等建议。

视察中小学布局调整。10月上旬，副主席徐月凤带领科教文卫体委，与市民进联合，组织部分省、市委员，赴临渭区、蒲城县，对中小学布局调整情况进行了视察。委员们指出，存在中小学布局不尽合理、城区学校大班额现象突出、农村中小学条件较差、师资力量不均衡等问题，提出了预测趋势，注重长远；科学规划，确保均衡；把握重点，有序推进；强化管理，促进规范；提高素质，促进交流等建议。

视察平安渭南建设。9月17至18日，副主席贺轫带领社法委，组织部分委员，赴合阳、澄城县，对创建平安渭南情况进行了视察。委员们指出，存在工作进展不平衡、重城镇轻农村、技防投入不足、民间融资潜藏不稳定风险、治安维稳力量不足等问题，提出了加大投入，夯实责任，严打违法犯罪，全面推进平安建设，积极防范金融风险等建议。

调研协商中心城市供暖问题。10月11日，主席张建华、副主席贺轫带领社法委，组织部分省、市委员和专家，就中心城市供暖问题进行了视察，并和市住建局进行了协商。提出了充分发挥政府主导作用、努力降低供热成本、加强协调确保充足供气、超前规划统筹建设供热管道、加强对中信热电煤改气供热建设项目监管等建议。

调研协商国有资产监管问题。11月10日，主席张建华、副主席张志强带领文史学习委，组织部分省、市委员，就国有资产监管问题进行了调研，并与市国资委进行了协商。针对企业公司制改革还不到位、部分企业移交后运营困难、文化类改制企业企事不分、部分企业资产人员不清、资金缺口大难以走进市场等问题，委员们提出了坚持构建“大国资”体制、实行国资监管“软着陆”、实行不同监管方式分类管理、理顺企业资产和运营模式、加强国资监管力量等建议。副市长程勉贵参加了调研协商。

调研寄宿制学校管理。12月2日，副主席王民庆带领提案委，组织部分委员，赴临渭区，就寄宿制学校建设管理进行了调研，并和市教育局、临渭区政府进行了协商。委员们指出，存在专业师资和管理力量不足、安全管理压力大、经费短缺等问题，提出要规范引导、抓点带面、加大投入、重视解决教师编制问题、增设公益性岗位解决管理力量不足问题等建议。

调研食品安全监督管理。12月10日，主席张建华、副主席徐月凤带领科教文卫体委员会，组织部分省、市委员，赴临渭区，对食品安全监管情况进行了视察，并和市食品药品监督管理委员会、临渭区政府进行了协商。针对存在的检验检测体系建设之后、执法队伍整体素质有待提高等问题，委员们提出了要保持食品药品监管体制机制稳定、加强检验检测能力建设、加强人员培训、创新宣传方式等意见和建议。

调研协商农民工工资拖欠问题。12月16至18日，副主席王民庆带领提案委，组织部分省、市委员，赴蒲城县、白水县、大荔县、临渭区，就农民工工资拖欠问题进行了调研，并和市人社局、总工会进行了协商。委员们指出，存在部门之间协调力度不够、建筑领域管理不规范、农民工法律维权意识比较淡薄等问题，提出了加大法制宣传和法律培训力度、加大部门之间统一协调力度、围绕重点行业领域突出源头抓基础、加大行政执法和仲裁调解力度等建议。

调研工业经济转型升级情况。12月24日，副主席杨文斌带领综合处，组织部分委员，以食品工业、装备制造业、新兴产业发展为重点，就工业经济转型升级进行了调研，并和市工信局进行了协商。委员们认为，工业经济存在产业规模小、工业效益低、结构不合理等问题，提出加大推进产业结构转型升级力度、把发展食品工业作为重大战略产业进行谋划、将创新驱动作为转型升级重要抓手、完善人才引进培养和使用机制、加大市级财政对工业的投入力度、营造企业发展的良好环境等建议。

【民主监督工作】 全年推荐72名委员担任了18个执法部门和司法机关的特邀监督员，为26个部门、单位推荐委员280多人(次)参加各种座谈会、听证会、评议会、民主测评、专项检查、电视问政等活动，有效履行了民主监督职责。同时，在视察过程中，对发现的一些具体问题，及时向有关部门和县(市、区)提出监督意见。

【提案工作】 四届五次会议以来，共收到委员提案378件，审查立案356件。加大提案督办力度，对《关于简化农机购置补贴手续的建议》等16件提案进行了领导领衔督办，对《加强住宅小区消防管理的建议》等5件提案进行了带案视察，对《关于改善中心城市空气质量的建议》等15件提案进行了集中协商督办。在65家承办单位的积极努力下，2014年年底，提案全部办复。评选出32件优秀提案、12个先进承办单位和20名先进个人。在省政协全委会前，组织住渭省政协委员进行调研，形成了18份提案，就渭南市经济社会发展中的一些重大问题寻求中央、省支持。

【社情民意信息工作】 坚持定期发送社情民意信息重点内容，充分发挥县(市、区)政协和民主党派的主渠道作用，积极反映群众的呼声和意愿，全年编报信息75篇，一些重要情况和群众意见受到省、市领导的关注和重视。《建议省上尽快出台大型灌区水价补贴政策》等9篇信息被省委、省政府、省政协办公厅采用，《关于加快西安渭南融合发展的建议》等18篇信息得到省上领导和市委、市政府主要领导的批示。关于"建设渭南市图书馆的建议"，市政府组织相关方面进行了充分协商，修正了原有方案，重新规划了市图书馆。在省政协反映社情民意信息工作评选表彰中，《关于建设诚信陕西的建议》被评为优秀信息,市政协和宋平安连续五年被评为先进集体和先进个人。社情民意信息已成为政协反映各界群众利益诉求的重要渠道。

【联系各党派团体】 不断深化同党派、团体的联系与合作,努力搭建协商议政的平台。安排党派、团体独立或与相关专委会联合开展调研视察8次,在政协全委会和专题协商常委会上大会发言14次,督办党派、团体提案65件,采用社情民意信息6篇,有效发挥了参政党的作用。

【发挥委员主体作用】 在各项调研视察协商活动中,尽可能多地吸收市政协委员参加。坚持给委员订阅政协报刊,在全体委员中持续开展了"树形象、接地气、做贡献"活动,并对姜通等16名先进个人给予通报表扬。全年有460多名(次)委员参加了政协的26次调研视察和协商议政活动。年底,市政协全体领导分别对全体委员进行了集中走访看望,听取了委员对作风建设和市政协工作的意见。

【文史资料工作】 编辑出版了《与华相宜·渭南文化表情》,开展了《四届政协文集》《渭南美食》《习仲勋》《渭南记忆》等文史资料的收集、整理、归类工作,配合省政协,收集《西部大开发》资料、《陕西抗战史》资料,发挥了文史资料"存史、资政、团结、育人"的社会功能。

【宣传工作】 召开了全市政协首次宣传工作培训会,组建了宣传信息员队伍。完善市政协门户网站,开通了委员网上交流平台。将原《渭南政协》改版为《政协工作交流》,着重介绍政协工作的创新做法和新鲜经验。进一步加强了和新闻媒体的联系与合作,在中央、省、市级媒体发表新闻稿件175篇,编发手机简讯78条、《渭南政协》5期、《政协工作交流》3期,人民政协的社会影响力不断提升。

【政协理论研究和实践探索】 通过认真总结和深入调研,制定了加强政治协商、民主监督、委员服务管理三个方面的制度规定。其中市委印发了《关于进一步加强政治协商工作的意见》,规范了政治协商的指导思想、基本原则、协商范围、主要内容、主要形式、协商程序和督办落实机制,成为指导全市政治协商工作的重要文件。在全省率先探索开展了双周专题协商,先后围绕11个专题,与有关部门进行了11次协商,受到市委、市政府的支持和社会各界的关注与肯定。

【指导县级政协】 邀请县级政协主席列席了市政协历次常委会议。市政协领导深入各县(市、区)政协调研,听取意见和建议。各专委会在开展调研视察活动时,坚持邀请所到县市区政协对口专委会参加。11月29日,召开了全市政协秘书长联席会议,就加强政协机关建设进行了交流和探讨,省政协秘书长姚增战应邀就提升新时期政协工作和政协机关工作作了辅导报告,副主席王健出席会议并讲话。

(宋平安)

民　主　党　派

中国国民党革命委员会渭南市委员会

主　委　张海贵
副主委　丁玲莉(女)　惠新宇(兼)
秘书长　邓联合

【概况】　中国国民党革命委员会渭南市委员会(简称民革渭南市委会)辖韩城市、临渭区2个地方委员会,大荔县、华县2个总支委员会,蒲城县、富平县、华阴市、合阳县、渭南市直属城东、城西、高新等7个支部,1个潼关学习小组,共有基层组织32个。截至2014年12月,全市共有党员537名,平均年龄42.31岁,大学本科及以上文化程度200人,中级以上职称144人。党员中有市人大常委会副主任1人,市人大代表2人,县级人大代表2人;有省政协委员2人,市政协委员17人,县级政协副主席3人,县级政协委员51人。

【思想建设】　根据民革中央的要求和民革陕西省委员会的部署,结合中共渭南市委开展的"党的群众路线教育实践活动",市委会作出在全市民革党员中开展"坚持和发展中国特色社会主义道路学习实践活动"的决定。引导民革党员坚定对中国特色社会主义的道路自信、理论自信、制度自信,以饱满的政治热情投身于建设中国特色社会主义的各项事业,动员和组织民革各级组织和党员,更加积极地履行参政党职能、做好本职工作。一是召开动员会,组织学习。5月29日,召开"民革渭南市委会坚持和发展中国特色社会主义学习实践活动"动员大会,民革各级组织、各基层支部主委、副主委以及临渭区委会和市直属支部骨干党员共70余人参加动员大会。渭南市人大常委会副主任、民革渭南市委会主委张海贵出席大会并做重要讲话。中共渭南市委党校教授任晓惠做理论知识辅导。二是重温革命历史,提高党员思想。5月27日,民革渭南市四届二次全委会在富平陶艺村召开,结合坚持和发展中国特色社会主义学习实践活动,会议组织全体委员前往习仲勋陵园怀着崇敬之情拜谒习仲勋雕像,组织大家赴红色革命圣地照金,参观照金革命纪念馆,重温革命历史。

【组织建设】　以四届一次主委办公会议精神为指导,全面加强队伍建设。民革渭南市委会四届一次主委会议,为换届以后更好地开展各项工作,会议讨论通过班子分工、思想建设、组织建设、参政议政、社会服务、社国统一等各项工作安排以及机关管理制度,并对新党员的发展工作提出新的要求。一是根据会议的精神,市委会再一次完善各项规章制度,做到制度上墙。二是多方努力做好潼关县和澄城县成立民革支部的筹备工作。三是成立法律援助中心委员会。按照十八大提出依法治国及民革中央、民革省委会关于开展和发展中国特色社会主义学习实践活动要求,民革渭南市委员会于5月份成立法律援助中心,为社会弱势群体提供法律援助。四是成立社会服务中心委员会。民革渭南市委会于11月成立市委会社会服务工作委员会，更加密切关注社情民意、社会保障体系建设、“三农问题”、新农村建设中的具体困难等，促进服务业的发展。

【建言献策】　以学习贯彻中共十八届三中、四中全会精神为主线，不断加强自身建设，提高履职能力。民革渭南市委紧紧围绕中共渭南市委、市政府的工作重心和渭南经济发展大局，充分发挥民革组织参政议政、政治协商、民主监督职能，以实际行动为构建社会主义和谐社会，为渭南区域经济社会发展贡献力量。一是抓好参政议政队伍、机制和能力建设。市委会注重发挥好人大代表、政协委员和骨干队伍的积极作用，将党员中各方面的专家学者集中起来，形成层次高、专业化强的参政议政人才队伍。注意利用各种学习和会议的机会，对党员进行有关提(议)案撰写能力的培训，使党员参与参政议政的积极性和能力得到提高。在渭南市政协召开的四届五次会上，市委会向市政协递交个人提案16份，集体提案21份。其中《关于规范我市农民专业合作社的建议》《关于适应新交规完善红绿灯设置的建议》《关于尽快解决渭南市城东马家沟垃圾场严重影响附近村民生活问题的建议》获得优秀提案，《关于切实改善城市环境空气质量的建议》《关于食品安全网络的建议》《关于加快现代化园区建设，促进农业持续发展的建议》和《关于对我市保障房安居工程建设方面存在问题的建议》四份提案被列为市长督办提案。二是全面配合省级调研，做好建立屈武文化广场的前期工作。8月26日，市委会配合民革省委会领导，对原全国政协副主席、民革中央主席屈武故居及屈武文化广场建设情况进行调研，渭南市人大常委会副主任、民革渭南市委会主委张海贵陪同。省政协副主席、民革陕西省主委李晓东及邀请到的省策划方面专家邢东等调研组成员在听取汇报后，与市、区、镇相关领导一起实地查看故居建设现状、文化广场建设用地及周边的地形地貌，对相关有利及不利因素做全面的了解，对下一步文化广场的规划、建设、实际困难和存在的问题，进行实地考察和广泛交流。三是成立组织，加强参政议政工作。根据民革章程的有关规定，民革渭南市委员会于11月，成立参政议政委员会，促进和提高民革党员参政议政的积极性，加大调研力度，为中共渭南市委、人大、政府提供决策参考，服务政治协商。四是整合人才资源，进行专题调研。市委会通过集中党员中的专业人才对渭南3D打印产业培育基地和渭南高铁北站分两批进行各为期1周的深入调研，形成高质量的《渭南3D打印产业培育基地公共服务平台建设》和《关于对渭南高铁北站广场存在问题》的2份调研报告。五是市委会主要领导积极参加市委、市政府的各类协商会、座谈会和情况通报会，结合协商会议内容积极安排、组织调研活动。根据市政协年度工作安排，参与市政协社会法制和民族宗教委员会关于平安渭南建设情况的调研，并形成《关于平安渭南建设情况的视察报告》。

【社情民意】　加强民主监督和社情民意反映工作。除机关组织专题调研活动外，还于年初和年末下基层了解掌握基层组织的组织建设、参政议政、社会服务工作开展情况，对各方面工作做得好的予以表扬和推广，对基层工作无力的予以批评，要求拿出工作整改的方案。市委会提出的《关于出租车管理问题的问讯、调查和建议》，对数量控制、价格、管理等引发的矛盾，提出改进方法和建议。对《关于增强对社会化居家养老服务的支持力度》的调查，提出四条切实可行的建议，并撰写有调查实迹、有数量分析、有合理化建议的专题报告。

【社会服务工作】 鼓励党员在做好本职工作的基础上，通过民革组织开展智力扶贫、联系非公经济人士、兴教助学、医疗救助、书画文艺活动等推动地方经济社会发展和民生改善。一是继续开展科技、文化、卫生三下乡、捐资助学等活动，为群众送温暖、办实事、办好事、解民困，社会效果良好。年初，市委会安排党员中的农业专家、法律人士参与市委统战部组织的“三下乡”活动。二是开展好关爱抗战老兵活动。9 月 24 日，民革省委会机关对大荔梁村在中条山战役中牺牲的革命先烈进行调研。经过认真查阅档案寻找线索、走访各个村庄、开多方座谈会等形式多次寻访，找到家乡当年的抗战老兵，并组织慰问活动，送去米、面、油等慰问品。

（赵红武）

中国民主同盟渭南市委员会

主　委　杨文斌

副主委　杨翠苗（女）　王双喜　陈玉振　陶小杰

秘书长　陈晓燕

【概况】 民盟渭南市委下辖 15 个民盟组织，其中有韩城、临渭 2 个地方委员会；蒲城、大荔、华阴 3 个县级基层委员会；富平、华县、白水、合阳、渭南师院等 5 个总支委员会；高新、城区、综合、渭南高级中学、渭南职业技术学院等 5 个直属支部。截至 2014 年年底，全市共有盟员 1332 人。盟员中有省人大代表 1 人；省政协委员 2 人；市人大代表 4 人，市政协委员 24 人（副主席 1 人，常委 4 人）；县级人大代表 11 人（副主任 3 人，常委 3 人），政协委员 98 人（副主席 5 人，常委 12 人）；担任县处级以上领导职务的 18 人（副县长 3 人）。

【学习实践活动】 一是积极落实民盟中央、省和各级统战部门关于开展坚持和发展中国特色社会主义学习实践活动的要求，及时下发了活动实施方案，成立了学习实践活动领导小组。坚持把学习中共十八大、十八届三中、四中全会精神与坚持和发展中国特色社会主义学习实践活动结合起来，把学习中国特色社会主义理论和中共中央的方针政策、多党合作理论、盟史、盟章和民盟优良传统等作为主要学习内容，以领导班子成员和代表人士为重点，以自我教育为主，通过培训会、座谈会、撰写心得体会文章等形式多样的活动，凝聚了同心思想，达成了学习共识，巩固了特色成果，夯实了理论基础。二是市盟班子及机关干部深入基层，开展学习实践活动及基层组织盟务调研，调查了解新时期基层组织存在的问题，引导各基层组织高度重视党盟关系，提高班子综合能力，树立民盟良好形象。三是 7 月召开坚持和发展中国特色社会主义学习实践活动专题培训会，盟市委各委员、15 个基层盟组织班子全体成员、后备干部及新盟员代表 210 人参加会议，并组织市盟全体委员及后备干部代表到潼关杨震纪念馆参观学习。四是全市各基层盟组织积极动员，贯彻落实“学习实践活动”要求，临渭区、华阴、蒲城、华县、富平、合阳等组织先后开展学习体会交流座谈会、学习践行活动动员会、书画展览、接受爱国主义教育等各种形式的专题学习活动。

【参政议政】 一是市盟领导参加中共渭南市委组织的简政放权、深化改革、党风廉政、教育实践活动、社会治安管理等征求意见专题会，通过了解真实情况，坦诚建言，理性分析存在的问题及其原因，提出建设性意见与建议，供市委、市政府在工作中参考。二是在市政协会上做《切实全面做好我市城乡养老机构建设》的大会发言，大会列为第一个发言材料。三是在市政协会上提交集体提案26件，其中《关于治理向渭河河道及相关领域倾倒垃圾的建议》《关于现代农业园区建设健康发展的提案》被评为优秀提案。四是形成的调研报告《关于我市循环经济发展情况的调研报告》获渭南市全市优秀成果二等奖。五是组织了现代农业园区建设情况专题调研，形成的《关于我市现代农业园区建设情况的报告》在市政协常委会上做会议发言。六是根据民盟中央课题调研的统一安排，召开关于农药生产及管理建设专题座谈会。省盟参政议政部、省盟青年工作委员会及来自西北农林科技大学的学者、渭南师范学院、渭南职业技术学院、渭南市农业、林业、科技推广等行业的十多名专家学者应邀出席座谈会，成立调研小组。形成《关于规范我市农药使用及市场管理的建议》调研报告上报盟中央。七是11月召开参政议政暨新盟员工作专题培训会，来自全市基层盟组织的130名新盟员、人大代表、政协委员和班子后备干部参加了培训，为履行参政议政奠定良好基础。

【开展“组织建设年”活动】 一是5月陪同民盟中央副秘书长、组织部部长陈幼平和省盟领导一行，赴韩城进行基层组织建设调研。在专题座谈会上，渭南市盟、韩城市盟、大荔县级基层委员会、韩城城区支部分别就各自基层组织建设基本情况及组织工作经验进行交流。二是结合全盟开展的坚持和发展中国特色社会主义学习实践活动，在全市盟员中开展基层组织建设情况调研问卷活动。三是在认真落实学习践行方案，以基层组织建设年活动为契机，壮大队伍、培养人才、凝聚人心、建立制度、保证方向。全年发展盟员63人，盟员的层次结构进一步优化。市盟机关干部深入基层，走访了解组织现状及存在问题，对全市1300多名盟员的电子档案信息进行核实修正，工作进一步制度化、规范化。五是经过组织推荐和选拔，5名盟员骨干参加省盟2014年盟员骨干培训班。

【宣传工作】 一是盟市委及时下发学习十八届四中全会精神、省委书记赵正永在省级各民主党派和工商联座谈时的讲话精神等文件及贯彻落实民盟中央学习全会通知的实施意见。二是市盟领导分别参加中央、省、市各级各类学习十八届四中全会精神培训会。三是市盟开办“盟员之家”网络窗口，为各组织及盟员及时交流信息动态、各组织活动信息、盟员作品、盟员心声等提供便捷新平台。四是市盟开展建盟纪念和学习践行系列活动，上报省盟征文25篇，书画作品38幅。其中民盟大荔县基层委员会专门举办颂祖国诗词背诵活动和大型书画笔会联谊活动。五是市盟出刊两期《渭南盟讯》,《坚持和发展中国特色社会主义学习实践活动》及建盟纪念征文专刊一期。2014年盟市委被盟中央评为宣传工作先进集体。

【社会服务】 一是“三八”前夕，组织城区女盟员举办“善待自己，快乐生活”为主题的专题座谈会。二是5月组织高考前专题心理辅导。市盟邀请国家二级心理咨询师在蒲城为1300多名高三学生开展考前专题心理辅导。三是“六一”前夕，市盟班子成员到华阴北社管区，为20名贫困儿童送去学习体育用品等节日礼物。四是8月市盟协调的由民盟中央、新东方教育科技集团共同发起的“烛光行动”活动在富平实验中学顺利举行。来自该县城区及周边中学300余名英语教师参加为期4天的培训活动，为该县英语教师搭建了学习平台。五是10月民盟渭南市委“黄丝带”帮教活动启动仪式暨文艺汇演活动在陕西省华山监狱举行，同华山监狱签订帮教工作协议，建立“黄丝带帮教基地”。

【获得荣誉】 盟员医生张健积极组织本科室人员深入偏远山区开展白内障免费普查活动，惠及民众千余人，其撰写的论文获2014年全国眼科参天奖学金、COS继教奖学金；张向玉等11名盟员获中国教师发展基金会重点课题“教学多样化与素质教育”国家教育科研成果奖；盟员教师胡小英的课件获国家科研一等奖；80岁高龄的华县老盟员顾照瑞的回忆文章《看梅兰芳演出》，在全国《中华夕阳红文艺大赛》获个人金奖；盟员张向玉获“陕西省优秀教师”荣誉称号，盟员陈婉侠等7人教研论文获陕西省教育学会奖项；盟员刘文清等5人获全国中小学教学能手称号；盟员徐梁等20人获民盟陕西省委“盟务工作先进个人”；盟员刘雪娜指导编排的舞蹈《欢乐的彝寨》获陕西省春芽杯艺术大赛（舞蹈类）三等奖；盟员陈华在第六届中国优秀特长生陕西展演活动中获优秀园丁奖，获评陕西音乐奖器乐比赛优秀教师；盟员吉锡民等5人被评为“渭南市优秀校长”，盟员张新民等48人获各级“先进教师”称号；盟员孙红艺等9人获渭南市先进教育工作者荣誉称号；盟员秀萍获得第六届步步高全国作文大赛“优秀指导老师”、在渭南市“讲述教师自己的故事”征文活动中获一等奖；盟员华蓉被渭南市委宣传部、市妇女联合会、市精神文明建设办公室授予渭南市“文明家庭”荣誉称号。

（陈晓燕）

中国民主建国会渭南市委员会

主　委　刘巧莲（女）

副主委　冯文政　赵雅丽（女）

秘书长　古卫平

【概况】 2014年年底，民建渭南市委员会下属民建临渭区委员会，韩城市基层委员会，富平县总支部，大荔县总支部，华阴市支部，市直一、二、三支部，共有会员421人，其中男254人，女167人，平均年龄47.8岁，会员中大专及以上学历343人，具有中级及以上职称147人，各级人大代表15人，其中市人大代表7人；各级政协委员73人，其中省政协委员1人（常委），市政协委员17人（常委4人）。

【开展学习实践活动】 根据民建中央、省委会和市委统战部关于“坚持和发展中国特色社会主义主题教育活动”的有关部署和要求，市委会结合自身实际，在全市各级组织及会员中开展“坚持和发展中国特色社会主义学习实践活动”，成立活动领导小组，制订实施方案，提出活动要求。将学习实践活动与自身建设相结合，与履行参政党职能相结合，与推动会务工作相结合，引导会员增强对中国特色社会主义的道路自信、理论自信和制度自信，切实承担起作为中国特色社会主义事业的实践者、维护者、捍卫者的政治责任。各基层组织结合各自实际分别制订实施方案，开展形式多样的学习实践活动。

【骨干会员培训班】 市委会根据学习实践活动安排以及形势的要求，2014年7月17、18日，举办了以“坚定接受中国共产党领导、坚定走中国特色社会主义道路、努力做全面深化改革的支持者和参与者”为主要内容的骨干会员理论培训班，来自全市70多名市委委员、各级专职会务干部和骨干会员参加了培训。培训班上组织学习了中共十八届三中全会精神和习近平总书记的讲话精神，邀请中共渭南党校经济管理教研部主任任晓蕙和民建会员、市委党校教授雷转运分别为大家作了《当前国内经济形势》与《民建与核心价值观》报告；并开展了“我心中的核心价值观”讨论，8名来自各级组织的会员进行了交流发言；培训班期间组织安排了全体学员赴铜川《陕甘边照金革命根据地纪念馆》参观学习，通过听讲解、看实物、参观革命根据地现场进行爱国主义和革命传统教育。民建陕西省委组织部部长宋杨、中共渭南市委统战部副部长沙伟伟应邀参加开班仪式并讲了话。

【参政议政培训班】 11月21日，市委会在市委党校培训中心举办了“学习十八届四中全会精神暨参政议政培训班”，来自全市各级组织班子成员、会员中的人大代表、政协委员及部分骨干会员共90余人参加培训。培训班上，民建陕西省委参政议政部部长杨允平和渭南市委党校教授雷转运分别为学员作《如何做好参政议政》与《学习十八届四中全会精神》辅导报告。学习结束后，学员参观雷转运创办的“雷氏文革博物馆”。

【理论研究和会务宣传】 2014年在省民讯刊登信息47件，在民建中央和省委会网站刊登文章和工作信息74件，民建中央《民讯》2014年3、4期刊登市直三支部邓茜的文章《坚持以人为本，把支部建成会员之家》，2014年《渭南经济》先后刊登市委会《关于我市农民专业合作社发展的对策和建议》和刘巧莲的《关于促进农民持续稳定增收的调研与思考》一文。古卫平、雷转运参加省民建组织的“理论研讨会”并分别作发言。古卫平的《增强党派基层组织在参政议政工作中的组织化程度几点思考》一文获省政协优秀论文三等奖和省委统战部理论研究优秀成果优秀奖，并被省政协优秀论文集、省民建网站、市政协网站等刊载，雷转运承担完成《民建建设与培育和践行社会主义核心价值观路径刍论》和《民建培育和践行社会主义核心价值观方略浅议》理论文章。古卫平的《民建渭南市委参政议政工作成绩喜人》获省委会新闻宣传工作优秀作品奖。2014年市委会编印《渭南民讯》2期，刊登了几十篇各级组织和会员的调研报告、提案、理论研讨文章、学习体会以及会务工作信息等，全面展示渭南市民建各级组织参政议政成果和会员良好的精神风貌。2014年市委会被市政协表彰为“宣传工作先进单位”、被市委统战部评为“统战理论研究工作先进单位”。基本完成了《渭南民建会史》的资料收集工作。

【组织建设】 2014年民建中央召开民建全国市级组织建设研讨会，刘巧莲参加会议。会后市委会及时召开主委会议、全委扩大会议，传达会议精神，组织学习外地民建组织建设的先进经验，并印发主席陈昌智的讲话和副主席马培华的工作报告，随后市委会还制定《民建渭南市委会关于学习民建全国市级组织建设研讨会精神的贯彻意见》，印发省委会《关于开展规范化支部建设的意见》和《关于加强支部建设的意见》，对各级组织开展规范性支部建设提出明确要求。通过推荐和选拔，增补1名市委会委员，使得5个县级组织的主委和3个市直属支部的主委全部成为市委会委员。韩城基层委员会将原有3个小组升格为基层支部，标志着韩城民建组织步入一个新的发展时期。2014年根据组织发展“三为主”方针，经本人申请、组织考察和审核、市委会研究，全年共发展12名新会员。2014年市委会获民建省委会“组织管理信息系统工作”先进单位二等奖。

【经验交流】 7月30日，民建中央副主席、中国宝安集团董事局主席陈政立、民建省委会主委李冬玉一行来渭南调研，召开民建工作座谈会，深入民建会员企业“荣发建材城”考察。副主席陈政立肯定了民建渭南市委会的工作举措和思路，并从组织建设特别是会员发展、社会服务等方面提出了更高的要求。民建陕西省委主委李冬玉对渭南民建市委会在班子建设、制度建设以及社会调研等方面工作给予肯定，并对大家所提出的建议和意见作了解答。2014年10月29—30日，民建中央常委、民建中央组织部部长李世杰一行来渭南调研。围绕落实全国市级组织建设研讨会、全国基层组织建设研讨会情况以及会内监督工作召开民建工作座谈会。2014年11月，民建上海市普陀区委会领导班子成员和部分企业家来渭南进行调研考察，与市委会班子成员进行座谈交流；韩城市基层委员会题为《彰显自身特色认真履行职能》的工作交流材料，市直三支部题为《坚持以人为本，把支部建成会员之家》经验介绍文章，民建临渭区委的《组织会员开展帮扶活动》，大荔总支的《发挥优势做好社会服务工作》，富平总支的《关注社情民意积极撰写提案获表彰》，华阴支部的《组织企业家开展捐资助学活动》、市直一支部的《民建会员积极参与依法治国调研》，市直二支部的《开展保障性住房建设调研活动》等工作信息分别刊登在中央《民讯》、民建中央网站、民建省委网站、渭南市政协网站上。各支部都建立会员QQ群、微信群，搭建起相互交流的平台。春节前夕，市委会领导与临渭区委员会、市直三支部的班子成员共同看望和慰问住城区的部分民建老领导、老会员。临渭区班子成员一行3人代表省委会、市委会赴河南孟津看望慰问97岁高龄的民建会员、原工商业者张天锡，送去慰问金和各级民建组织的关爱和温暖。

【政协提案】 市委会在2014年市政协四届五次全委会召开前夕，先后召开主委会、市委会以及会员中市政协委员、人大代表工作会议，安排部署大会发言和政协提案工作。市委会共提交集体提案44件，立案39件，其中《关于黄河湿地综合性保护开发的建议》《关于县际相邻区域乡村道路建设的建议》被确定为主席督办提案，《关于加强家长学校建设，提高家庭教育效果的建议》《关于黄河湿地综合性保护开发的建议》《关于县际相邻区域乡村道路建设的建议》《关于延长部分公交线路运营时间的建议》《关于我市农民专业合作社发展的对策和建议》被确定为重点提案。提案数和立案数列市级各民主党派、工商联第一。市政协委员王智兵代表市委会做题为《关于我市农民专业合作社发展的对策和建议》的发言。

【社会调研】 2014年，市委会为解决市直支部在开展社会调研时渠道不畅、经费无法保障等问题，改进工作作风、创新工作方式，由主委会成员分别承担有关县（市、区）政府部门的协调工作，由秘书长全程参与负责经费和车辆的保障。市直一支部同蒲城县政府、大荔县总支部配合，先后深入蒲城县五四村、埝城村、绒张村，大荔县新党村、同洲湖景区、畅家村、平罗村、柳池村，通过实地了解、发放调查问卷、听取汇报和召开座谈会等形式，对两县美丽乡村建设工作情况进行实地考察和调研，完成全市的美丽乡村建设的调研工作；市直二支部在韩城市基层委员会的配合和协调下，先后深入韩城市惠丰园、紫云嘉苑等保障房小区及建设工地进行实地调研考察。

市委会赴大荔开展美丽乡村建设调研

市委会赴韩城调研城市建设

同渭南市政府有关部门和蒲城县政府配合，完成渭南市城镇保障性安居工程建设的调研工作。市直三支部在白水县政府和富平县总支部的配合下，深入白水龙泉煤炭有限责任公司、白水杜康酒业有限责任公司、白水红圣发泡网包装有限公司以及陕西金牛乳业有限公司进行实地考察和调研，召开由白水县政府有关部门领导、有关企业负责人和调研组成员参加的座谈会。配合市中小企业局等有关单位完成渭南市中小微企业发展现状的调研。临渭区委围绕养老机构现状，韩城市基层委员会围绕采煤沉陷区群众生活现状、工商登记制度改革实施情况、农村饮水解困等问题，富平县总支部围绕发展农产品电子商务等问题，华阴市支部围绕华山旅游商品现状、食品安全管理、水资源综合利用现状分别组织会员开展调研，形成一批高质量的调研报告，《渭南市美丽乡村建设现状调查》《关于渭南市城镇保障性安居工程建设和管理使用情况的调研报告》《关于我市中小微企业发展现状的调研报告》和《华山旅游商品发展调研报告》等四份调研报告，得到市委书记徐新荣的批示和肯定，并批转有关部门阅研；市政协全委会之后，民建渭南市委会与渭南市政协联合围绕渭南市农民专业合作社发展现状开展联合调研，现场考察蒲城县、华县、临渭区等地的农民合作社，分别召开了座谈会，形成的调研报告在市政协常委会上进行交流和发言。

【骨干会员参政议政】 骨干会员是民建的宝贵财富，也是民建履行参政议政职能的生力军。2014 年在市政协全委会上雷转运的《关注群众冷暖，推进集中供热建设》发言，受到市委、市政府的高度重视，市政府召开常务会专题研究解决供热供水问题，为中央、省、市媒体报道，推进了渭南集中供热的体制改革和建设进程；张冬茜的《切实保护利用湿地，促进渭南生态文明》发言引起了有关方面的关注；纪敏的《关于控制机动车发展，降低我市空气污染的建议》录入市政协大会发言交流材料。古卫平、吴伟、雷转运等 3 名会员在参加省民建专委会委员培训期间，围绕陕西省经济和社会发展中存在的问题，共同形成的《关于园区建设中的问题和建议》《关于村镇规划和建设中的问题和建议》等 3 份报告递交省委会。2014 年，在市、县两级政协会上市民建各级组织和会员共提交提案 160 余件，其中 35 件列为重点提案，得到许多部门及有关方面重视和关注。在县（市、区）政协大会上，华阴支部张秋冠在华阴市政协大会上所作《加快小城镇建设,实现城乡一体化发展》的发言,徐峰挥所作的《加快旅游产业发展》的发言获得好评。韩城市基层委员会孙彦峰在韩城市政协会上作的《调整就业关系,增加就业机遇》的大会发言,对大学生就业提出了意见和建议。大荔县总支程飞锋在大荔县政协会上作《关于推进平安大荔建设的建议》的发言,得到好评。大荔县总支部《关于大荔平安创建工作的建议》《关于我县城乡养老的建议》《关于进一步优化投资环境工作的建议》等6份列为县政协重点提案。韩城市基层委员会集体提案《韩城市象山公园规划建设管理》被列为韩城市政协重点提案;黄秀娟、雷转运被市政协评为"树形象、接地气、做贡献"优秀政协委员。王珺清、马金侠被临渭区政协评为优秀委员活动组组长,李亚利、马金侠被临渭区政协评为优秀委员。卫秀峰、王跃进、孙彦峰被韩城市政协评为"优秀委员",雷亚莉被韩城市政协评为"政协工作先进个人"。

【社会服务】 3月6日,市委会组织从事农业科技的会员参加渭南市第二十二届"科技之春"活动,赴合阳县王村镇北王村和杨家庄乡潘家山村面向农民开展农业技术咨询服务活动,为农户讲授小麦、油菜、棉花等农作物及花椒、核桃、苹果等果树的种植和管理技术,进行了家畜、家禽养殖技术和疾病防治方法咨询,发放各类科普资料5000余份。3月18日,市委会组织会员中的专家学者在临渭区东风广场"科技之春"活动,义务为市民进行科技咨询服务。临渭区委组织会员参与在官道镇启动的"三下乡"服务活动,发放农资、微生物复肥宣传资料200余份,为当地近百名群众进行计生和法律方面的咨询服务。大荔县总支发挥县民建农资、种子、园艺、设施农业等5个农技咨询服务中心优势作用,组织会员中的农业技术人员,深入村镇和田间地头,与农民群众"接地气",送科技、送信息、送服务,帮助农民群众脱贫致富奔小康。先后举办技术培训班20多次,发放各类科技宣传资料2万多份,技术光盘2000多张,接受群众咨询100多次,上门帮助瓜农、果农解决生产难题50余项次,1000多户农户受益;9月26日,经过市委会多方努力,白水县、蒲城县和富平县三家医院各获得一辆"中华思源工程扶贫基金会宝塔公益基金"捐助的救护车。据统计,救护车运行3个月共急救接诊病人和产妇260次,免费急救贫困患者30余人,向境外转诊危重病人15次,并多次参与免费巡诊、送医下乡,义诊病人达8000多人,为提升渭南市贫困县的医疗救助能力贡献了力量。

【开展扶贫帮困活动】 6月20日,民建临渭区委员会在临渭区曙光特教学校参与"心连心、送温暖帮扶活动",4名会员捐款2000元,捐献海尔柜式空调1台。8月26日,民建临渭区委组织民建会员、陕西渭南电器发展公司董事长李渭明、民建会员谢金玲和省人大代表、临渭区政协委员田利军等爱心人士,前往蓝田县三官庙镇里屿湾村,为家庭困难并考上西安科技大学的庞颖送去6000元学费,决定每人每学年给她资助3000元,连续帮扶4年直到她在西安科技大学求学毕业。8月19日,民建华阴市支部组织华阴市几名人大代表、政协委员,为考入华东理工大、山东大学、西安工程大学和青海大学的华阴市4名贫困大学生进行捐资助学活动,现场为贫困学生捐赠上学所需的学费、食宿生活费及路费共计4万余元。10月23日,市直一支部组织会员到临渭区敬老院慰问孤寡老人,开展捐助衣物、奉献爱心活动,为老人们捐赠衣物400余件。市直三支部会员、陕西齐一律师事务所主任王松涛和星期六休闲吧总经理任一军共同发起“律师惠民星期六”公益法律服务，将常年免费为市民、企事业单位提供法律咨询。

思源工程向贫困地区捐助救护车

（褚增权）

中国民主促进会渭南市委员会

主　委　毛平宇

副主委　王学忠　权佩亮

闫爱珍（女）　由景平

秘书长　贾春艳（女）

【概况】　中国民主促进会渭南市委会（简称民进市委）共有会员719名，分布在教育、文化等行业，会员中有中、高级职称352人，占总数的49%。全市有县级委员会2个（民进临渭区委、民进韩城市委员会）和3个县级基层组织（民进蒲城县基层委员会、民进富平总支、民进华县总支）及6个市直属支部（法律支部、文化艺术支部、教育支部、高教支部、高新区支部、科技支部）和1个澄城县小组。会员中担任省政协委员的1名，市人大代表的4名，政协委员的24名，县人大代表的3名，县政协委员的49名。

【学习实践活动】　根据民进中央和民进陕西省委要求，及时召开主委会，研究学习中省的活动方案，出台《民进渭南市委会开展坚持和发展中国特色社会主义学习实践活动方案》。成立领导小组，对全市民进组织学习实践活动做出具体安排，各基层组织也出台了相应的方案，进行各种形式的学习宣传动员活动；举办百余名基层负责人和骨干成员参加的学习实践活动启动仪式和培训会。特邀渭南师院政治系教授郭怀亮，就中共十八届三中全会精神和中国特色社会主义理论体系等内容进行专题辅导。民进各县级组织也先后举办了启动仪式或动员会，有的县级组织专门组织领导班子下基层、征询意见和建议、查找问题和不足、现场指导基层支部开展学习实践活动。市委会还结合《民进陕西省委会关于印发〈深入开展以“中国梦”为主题的坚持和发展中国特色社会主义学习实践活动安排〉的通知》，开展基层支部工作调查活动，发放和填写民进基层组织调查问卷180余份。组织全市会员踊跃参加省民进组织的“同心共筑中国梦”和“民进70年情缘：岁月钩沉”两个主题征文活动，征集到纪念文章、诗歌等30余篇，上报省委会，市委会、蒲城县基层委员会、富平城关支部、蒲城双联支部等组织获民进全省优秀组织奖，19名会员受到表彰。征集书画作品18幅，13幅获民进陕西省委会推荐参加陕西民进开明书画院承办的“我的梦——丝路情”书画展，受到专家的好评。

【调查研究】　市委会领导、机关干部以及市委会参政议政委员会成员深入基层，开展专题调查研究，形成《关于加快发展渭南畜牧业的对策探讨》《关于燃煤电厂对关中雾霾影响的调研报告》《关于我市美丽乡村建设的调研报告》《凸显地域文化特色做强做大少华山旅游产业》等8份调研报告报送市委统战部、民进省委等有关方面。完成《关于加快雾霾治理的调研》《我市新型城镇化研究》等3份立项申报调研课题的立项申报工作，调研成果材料上报民进省委参政议政部；下半年还专门召开参政议政工作会，就全年的7份调研报告进行座谈讨论和点评。其中《关于燃煤电厂对关中雾霾影响的调研报告》和《关于加快发展渭南市畜牧业的对策探讨》被刊登在《市级民主党派及工商联2014年度重点调研成果》上。

【参政议政】 在市政协四届五次会议上，向大会提交大会发言3份，提交组织提案39份，提案质量和数量有了新的提升。主委毛平宇代表民进市委会作的《以秸秆利用产业化提升农业循环经济以疏为主杜绝秸秆焚烧现象》和副主委闫爱珍作的《加强社区建设提高为民服务质量》等3份大会发言，受到好评。民进市委会在本次会议上提交组织提案数量居各党派之首，其中《关于重视学生思想公德教育的建议》《关于加强寄宿制学校管理和建设的建议》等2份提案被列为2014年市政协领导领衔督办提案。市政协还把《关于加强寄宿制学校管理和建设的建议》的提案确定为专题协商提案，组织会市、县负责人和部分政协委员专题实地视察临渭区的寄宿制学校建设和管理情况，并专门召开了协商座谈会；《关于尽快完善渭南市交通违章信息查询网站的提案》《关于建立和扶持渭南市旅游商品市场的建议》等2份提案被列为政协重点提案。《关于充实馆藏内容充分发挥学校图书馆育人作用的建议》《关于农民工参加工伤大病医疗保险的建议》《关于进一步建立和完善食品安全宣传、公众监督平台的建议》等受到市人社局、教育局、文物旅游局、卫生和计划生育局等部门的肯定和采纳。民进界别个人提案达42份，提案量大幅增加，质量明显提高，针对性增强。民进会员向市、县党委、政府等方面反映社情民意信息、提出合理化意见和建议也累计达到150多条(份)。市委会报送各种社情民意信息17篇，省委会采用10篇，中央采用1篇，总分值67分，在全省地市民进组织中，分值最高。

【社会服务活动】 结合市委科技、文化、卫生“三下乡”活动安排，市委会多次赴蒲城、临渭等地参加“科技之春”宣传月活动。市委会秘书长贾春艳、会员律师王静代表市委会在蒲城、临渭为当地群众提供免费的心理咨询和法律咨询服务；市委会领导和机关干部到渭南市胜利聋儿语训学校开展关爱少儿服务活动，捐赠少儿图书和学习生活用品380余件(本)。为学校儿童和家长进行心理健康辅导培训活动，渭南电视台记者对此进行跟踪报道；市委会联合渭南市文物保护协会和渭南市文物旅游局在中心广场举办渭南市庆祝第九个文化遗产日宣传活动，举办渭南田野文物图片展览和群众性太极拳、文艺演出、书法笔会等活动；渭南民进市委和韩城市委会联合组织10多名医卫专家和技术人员组成“践行群众路线送医下乡服务队”，在韩城芝阳镇乔子玄片区举办大型的医卫下乡义诊送药活动。联合民进蒲城双联支部在蒲城开展“心理健康情系万家”进社区活动。结合国家宪法日开展宣传活动，机关干部与民进法律支部联合在市中心广场举行法律咨询服务并发放宪法读本230余本；民进华县总支组织会内卫生、财政、计生、民政等部门会员在当地开展新农合、老弱病残扶助、农村税费新规等宣传和义诊活动，受益群众达1000余人，发放各种资料2600余份。

【组织建设和队伍建设】 一是搞好制度

建设和制度创新。民进渭南市委坚持把制度建设放在基层建设的重要位置，要求各级组织进一步修订完善学习、会议、办公议事等制度，建立健全领导班子和工作人员岗位职责。从而进一步明确职责，落实责任，改进作风，提高效率。二是加强支部横向联动，丰富支部生活内容和形式。在标准化支部建设制度的基础上，逐步把支部活动重点放在学习贯彻基层工作条例，举办支部系列主题活动，开展支部横向联动，创建特色支部。三是开展好创先争优活动，加强对各县级组织各基层支部和会员的考核评比和表彰，激发各级组织、会内干部和会员的积极性和工作热情。出台《开展组织建设年活动方案》和《开展创先争优活动方案》，成立了组织建设年和创先争优活动领导小组。在基层组织中开展基层组织调查问卷活动。市委会继续对各县和基层支部进行目标考核，年初根据工作要点、工作任务、制定年度目标考核责任书，年终进行综合评比。全市共涌现出14个专项工作市级先进集体和5个创先争优活动先进支部及46名专项工作先进个人。民进蒲城县基层委员会获民进全国争先创优活动先进基层组织，孙巩权、王磊获先进个人。四是在原有三个专委会基础上调整和重新组建六个专委会即：理论中心学习组、参政议政委员会、社会服务委员会、老龄会员工作委员会、文体活动委员会和宣传教育工作委员会，使会务工作有了抓手。五是坚持"三为主"原则，严格按照组织发展程序，坚持遵循"三为主"和积极稳妥的原则，严把质量关，按照5%的比例，按组织程序吸纳新会员32名，分别分布在教育、医卫、政府机关、新社会阶层等领域。

（王军平）

中国农工民主党渭南市委员会

主　委　徐月凤（女）

副主委　穆选生　马四虎

秘书长　王格巧（女）

【概况】　中国农工民主党渭南市委员会（简称农工党市委会）辖8个基层组织：临渭区总支、合阳县总支、市直联合支部、市中心医院支部、市妇幼保健院支部、渭南职业技术学院支部、市直退休党员支部、韩城市支部。截至2014年年底，全市共有党员203名（医药卫生界112名、教育界26名、科技界25名、法律界5名、党政机关25名、其他10名）；大专以上学历183名（研究生9名），高级职称61名。党员担任各级人大、政府、政协职务情况为：政协陕西省十一届委员2名；渭南市四届人大代表2名（其中常委会委员1名）、政协渭南市四届委员10名（其中副主席1名、常委1名）；县（区）人大代表2名（其中常委1名）、副县长1名、县（区）政协委员20名（其中副主席1名、常委2名）。

【学习实践活动】　根据中央、省开展此项活动的要求，市委会结合自身实际安排实施。4月，农工党市委会选送党员赴西安参加"中国梦农工情"演讲比赛。全省十地市组织及省直工委选拔推荐的20余位选手参加了比赛。活动以"坚持和发展中国特色社会主义"为主线，参赛选手结合本职工作讲述了加入农工党为什么、自己为圆梦做什么的心路历程，阐述了作为中国特色社会主义事业亲历者、实践者、维护者、捍卫者的历史责任，表达了拥护中国共产党领导、坚持和发展中国特色社会主义的坚定信念。渭南市参赛队员紧扣主题内容,台风得体,得到评委们的肯定,比赛成绩良好。6月,市委会组织党员参加“中国梦农工情”征文活动,共选送征文6篇。农工渭南市委会参与“农工党中央助力渭南系列行动”之“中省两级医卫委联手助力多家医院创建优势重点科室”活动前期工作。活动前期座谈会7月5日在渭南召开,市中心医院、妇幼保健院、中医院、第一医院、第二医院、骨科医院、精神卫生中心及富平县医院8所医院的负责人与农工党陕西省委会组织的6名省级专家、教授就创建优势重点科室进行座谈,各医院结合自身条件、人力资源和特色,分别提出初步意见。市政府副市长王素芳就创建行动进行安排部署。9月21日,在农工党天津市和平区委会、天津市眼科医院的全力支持下,天津市医院和渭南市第二医院建立协作医院揭牌仪式在渭南市二院举行。农工党天津市和平区委员会主委、天津市眼科医院院长汤欣,全国著名眼科教授、主任医师赵堪兴出席揭牌仪式。天津市眼科医院重点将对市二院开展设备援助、人员培训及专家驻院帮扶活动,为渭南贫困患者开展义务手术活动。10月17日,天津市眼科医院专家组一行在院长汤欣带领下,来渭南开展白内障复明爱心帮扶活动。农工党基金会、社会爱心企业为市二院捐赠眼科电动手术床、角膜内皮计数仪、眼用AB超等9台设备,眼力健人工晶体20枚,价值人民币40余万元。当日,天津市眼科医院为21名贫困白内障患者免费成功手术安装人工晶体,市二院眼科医务人员在手术中与专家们交流学习,获益匪浅。

【参政议政】 在市政协四届五次会议召开前夕,组织党员围绕群众关注的热点、难点问题深入调查研究,形成高质量的提案。在市政协四届五次会议期间,提交组织提案17件。其中57号《关于加强住宅小区消防管理的几点建议》《关于在城区限放烟花爆竹的建议》被列为市政协领导领衔督办提案。《关于加快渭南新能源新材料产业发展的建议》《关于加强治理农家乐污染的建议》等5件提案被市政协列为重点提案。李文革代表市委会在市政协四届五次会议上作题为《关于加强城镇化建设的建议》大会发言。临渭区总支《关于我区养老机构建设和工作情况的调研》、合阳支部《关于餐饮业污气排放处理的建议》,受到区县政协及相关部门的高度重视。上半年,提出《关于东风大街与国贸十字及前进路与广场南路十字实行人车分流的建议》。渭南市农工党界别的省、市、县(市、区)各级人大代表、政协委员也分别在地方各级人大、政协会议上提交议案、提案和建议。市委会被农工党陕西省委授予2014年参政议政先进集体称号。

【调查研究工作】 市委会高度重视调查研究工作,结合党派实际,科学选题,借助各方力量与各种平台,开展调查研究,形成调研报告6篇。主委徐月凤带队先后就创建国家公共文化服务体系示范区、中小学布局及中心城市文化建设等开展调研,形成了《关于进一步加大创建国家公共文化服务体系示范区工作力度的建议》《关于我市中小学布局调整情况的视察报告》《关于渭南中心城市文化建设情况的调研报告》《关于加强我市中心城市文化建设的建议》,市委会机关干部发挥主观能动性,开展调研,形成《缓解群众看病难、看病贵问题的调研》《关于加强养老机构建设的调研报告》,送市委及有关部门。

【社会服务工作】 市委会充分发挥农工党医卫人才优势,注重社会服务质量和水平。2月22日,协助农工党中央医务工作委员会、中华眼科学会眼科病理学组副组长北京同仁医院博士生导师李彬等3位专家,在市第二医院开展义诊活动,对200多个眼病患者进行检查、诊疗。在市中心医院进行题为《角膜疾病的临床表现与组织病理学》《前部缺血性视神经病变》《视觉康复》为内容的学术讲座,全市各级医院近300名医护人员接受培训。3月,组织党员参加渭南市2014年科技文化卫生"三下乡"暨第二十二届"科技之春"宣传月活动。聘请有丰富诊疗经验的医生党员分别在合阳县王村镇、渭南市东风广场进行义诊活动。6月5日,在市中心广场市委会副主委马四虎参加市环保局举办的"打响向污染宣战战役,建设生态文明的美好家园"世界环境日宣传活动启动仪式,组织开展"2014(第七届)中国环境与健康宣传周"活动,通过发放宣传册、宣传单、环保袋、义诊咨询等形式,开展以"城市(镇)环境与健康"为主题的环境与健康宣传活动。11月5日,在市东风街广场组织开展"第26届国际科学和平周"活动,市妇幼院内科、产科主任车改云、郭丹及市一院眼科主任张胜利参加义诊活动,4次活动共发放宣传资料1600多份,对1000余人次进行义诊咨询。临渭区总支、合阳支部也开展送医送教下乡活动。2014年农工党市委会被农工党陕西省委评为社会服务先进集体。

【基层医疗卫生工作】 临渭区崇凝中心卫生院是农工党中央定点帮扶单位。7月5日,农工党陕西省委会与陕西步长制药有限公司在临渭区崇凝镇中心卫生院举行"脑心同治走基层"活动。陕西省政协副秘书长、农工党陕西省委会秘书长马鹏程,渭南市副市长王素芳,市政协副主席、农工党市委会主委徐月凤等参加捐赠仪式。由陕西步长制药有限公司向崇凝卫生院捐赠价值6万元的心脑血管预防治疗药物;组织省内16名心脑血管病专家到崇凝卫生院现场义诊,当天就诊的患者近200人,他们当场可以拿到免费的药物;活动现场还聘请市中心医院心血管内科、脑内科的李军荣、焦建雄两名专家对塬区各卫生院、村卫生室的医生共60余人进行培训,主讲心内、心脑血管等中老年常见病的预防和治疗知识。

【组织建设】 市委会全委会议专门研究三届委员会工作机构设置和人员组成,设立参政议政、组织建设和社会服务3个工作委员会,制定完善各委员会的工作规程,强化各委员会班子建设。按照"三个为主"的组织发展方针,按计划、有重点、重比例的做好组织发展工作。全年共发展接收新党员15名(其中医卫届9名)。5月20日,农工党韩城市支部成立大会在韩城市召开,市委会副主委马四虎,中共韩城市委常委、组织部部长陈锋,韩城市政协副主席、统战部部长程印杰,市委会原副主委张育文,韩城市各民主党派、工商联负责人等到会祝贺。会议选举产生农工党韩城市支部第一届领导班子。联合支部9月5日召开党员大会,选举并通过调整张建峰为联合支部主委。

(石小菊)

九三学社渭南市委员会

主　委　张敏凤(女)
副主委　张　力　姚建龙
秘书长　王建军

【概况】 九三学社渭南市委员会辖九三学社临渭区支社委员会、直属综合一支社、直属综合二支社、渭河煤化工集团公司支社、渭南市中心医院支社、渭南师范学院支社、科教园区支社7个基层组织。2014年年底，共有社员126人，其中女社员46人；大学本科以上学历119人，占社员总数的94.4%；高级职称78人，占社员总数的61.9%；中级职称45人，占社员总数的35.7%。九三学社陕西省委第十二届常委1人，委员1人，陕西省第十二届人大代表1人，陕西省政协第十一届政协委员1人；渭南市人大代表1人(其中市人大常委会副主任1人)，渭南市第四届政协委员8人(其中常委4人)，市级特邀监督员4人；区人大代表1人，区政协委员5人(其中常委1人)；地厅级干部1人，县处级干部10人。

【思想建设】 多次组织机关干部和各基层支社学习中共十八大、十八届三中、四中全会精神，结合社中央开展的坚持和发展中国特色社会主义学习实践活动，召开多层次、多形式的座谈会，把社员的思想和认识统一到十八大、十八届三中、四中全会精神上来，坚定社员走中国特色社会主义道路、实现中华民族伟大复兴中国梦的信念。11月24日，组织机关全体人员和部分社员参加中共渭南市委办公室和统战部组织的十八届四中全会精神专题辅导报告会。被市政协表彰为"2014年度宣传工作先进单位"，被市委统战部表彰为"2014年度全市统战宣传工作先进单位"。王志江被市政协评为2014年度宣传工作优秀通讯员。

【建言献策】 在市政协四届五次会议上，做《抓好清洁工程建设美丽乡村》的大会发言。大会共递交提案33件，其中集体提案21件，个人提案12件。内容涉及环境污染、集中供暖、社区养老、非公人才培训、种质资源保护等方面的问题。5个集体提案被市政协列为重点提案，其中，《关于抓好清洁工程建设美丽乡村的建议》《关于渭南城区餐厨废弃物收运处理情况的建议》《关于强化措施大力发展畜牧业的提案》3件提案被表彰为优秀提案。7月2日至3日，配合协调陕西省政协副主席、九三学社省委主委周卫健调研"关中大气灰霾治理研究调研"工作；10月9日至10日，配合协调全国政协常委、提案委员会副主任、九三学社中央副主席赖明调研"大荔模式"工作。10月16日至17日，会同市

全国政协常委、提案办副主任、九三学社中央副主席赖明在大荔县荔民农资连锁公司调研

政协提案委员会对渭南中心城市重点项目建设情况进行专题视察。社市委与市政协提案委员会共同撰写《关于渭南中心城市重点项目建设情况的视察报告》。主委张敏凤、副主委张力、秘书长王建军率队深入县、区调研，形成《新形势下农村宅基地管理探析》《关于对我市创建国家公共文化服务体系示范区情况的调研》《渭南市农业面源污染现状与防治对策》等重要调研成果被九三学社中央表彰为"2014年度议政成果贡献奖二等奖集体"，被九三学社省委评为"2014年度参政议政先进单位"。

【社会服务】 组织社内医卫、农艺、书画专家30余名，分别在经开区龙背镇，临渭区阳郭镇、孝店镇等地开展科技、文化、卫生"三下乡"活动。副主委、市政协常委姚建龙在"树形象接地气做贡献"活动中表现突出，被市政协评为优秀政协委员。

【组织建设】 全年完成参政议政工作委员会、社会服务工作委员会、妇女工作委员

会的换届工作；对市直属综合一支社、市直综合二支社、渭河煤化工集团支社、渭南师范学院支社和中心医院支社进行换届。增补刘秀慧、吴茂喜、孙伍柒为市委会第三届委员；为2013年成立的科教园区支社增补1名副主委，加强支社的组织力量；全年发展新社员10名。被九三学社中央表彰为全国“组织建设先进集体”。

（王志江）

国家地理标志保护产品——富平流曲琼锅糖

琼锅糖是源自陕西省富平县流曲镇的地方特产，具有800年历史。在明、清为宫廷贡品，具有数百年的悠久历史。

琼锅糖选用流曲古镇的优质井水与陕北产精选优质小米蒸馏，与大麦芽浆搅拌发酵淋汁，用铁锅熬成糊状“灶糖”取出冷却，再在蒸汽加热中反复拧条拉扯，使糖色由黄变白如琼，然后与炒熟的白芝麻，再配花生仁、核桃仁、冰糖、白砂糖、果脯、陈皮等分层置于瓷缸内热焖，最后混压成饼、刀切成条、即成香味醇浓的风味物品琼锅糖。因其香酥脆甜、口嚼味美、佐料考究，历来为民间传统的消食润肺、健脾补肾之保健珍品，由于该糖忌热怕潮，只宜冷天小批量生产，故成为传统的年节、冬令稀有天然绿色食补佳品和馈赠亲朋好友的上乘礼物。亦是中外游客选购品尝的地方风味特产之一。

据志书记载：明朝万历年间太子太保孙丕扬曾把琼锅糖作为贡品进献过神宗皇帝朱翊钧。

2010年2月10日富平流曲琼锅糖正式被认定为国家地理标志保护产品。

人　民　团　体

渭南市总工会

主　　　席　王荣举
党组书记
常务副主席　侯雪静(女)
副　主　席　奥建利　孟　平

【工会活动】　举办了“中国梦·劳动美·渭南兴”职工群众书画展,出版《劳动之光》画册,选送精品节目参加省职工文艺调演和书画展,组织开展全市第二届五一劳动奖状(奖章)和金牌工人推荐评选活动,在《陕西日报》《工人日报》《渭南日报》等媒体开设宣传专栏,报道先进集体和个人的先进事迹。在全市重大活动中让劳模走向颁奖台,积极推荐工会系统的渭南标杆人物,做出了《关于在全市工会组织和广大职工中开展向杨京红同志学习的决定》,弘扬劳模精神,引领渭南精神,营造“工人伟大,劳动光荣”的社会风尚。开展了“树渭南精神,做文明职工”演讲和征文比赛、志愿者服务活动等。

【劳动竞赛】　市总工会邀请河南、山西的三门峡、临汾、运城二省三市工会来渭参加第二届黄河金三角投资合作交流大会,签订了工会工作合作与发展备忘录。组织技术蓝领、业务尖子参加了首届秦晋豫“黄河金三角”职工职业技能大赛、省“西安儿医杯”护士技能大赛和“渭南市妇幼健康技能大赛”,取得了骄人的成绩。开展以“十个一”为主要内容的安全文化活动、“安康杯”竞赛、安全承诺签名、“安全生产百日”宣传活动,举办“中国梦·劳动美——我的安全家园”征文和班组安全管理成果展示,在《渭南日报》、华山网和渭南电视台开展了全民安全健康知识竞赛和安全生产知识电视大奖赛,提高职工群众红线责任和安全生产意识。积极参与安全生产、职业卫生监督检查活动和事故处理。举办了渭南市酒店服务业从业骨干培训班,有力提升了全市旅游从业人员的服务技能。

【帮扶工作】　深化“三站一庭”品牌效应,畅通12345、12351职工维权热线,受理解决各类信访213件、劳动纠纷95件。完成市、县两级困难职工援助中心转型升级为职工服务中心工作,全市建立困难职工档案1.52万户,筹集帮扶资金948.9万元,帮扶困难职工17977人,其中“冬送温暖”7166人,发放救助款物514.98万元;“春送岗位”4065人,技能培训5047人;“夏送清凉”慰问职工9500人,发放防暑降温物品103.5万元;“秋送助学”1053人,发放资金181.1万元。建立全市省部级以上劳模和农民劳模工作台账,按时发放“三金一补助”,组织120名省部级以上劳模体检疗养,邀请专家讲授健康知识。职工互助保险完成保费200.5万元,参保人数62580人,为511人次出险人员理赔80.18万元。关爱女职工“三个一”活动扎实有效,举办了3期“渭水之缘”大型相亲会,为1000多名适龄男女青年搭建联姻平台。

【组织建设】　开展基层工会组织规范化

建设年活动,新建工会组织836个,发展会员34810人。深化“六好乡镇工会”、标准化示范乡镇(街道)工会、模范“职工之家”、星级职代会创建活动,赋予“双亮”工作新内容。

【工会维权】 培训工资集体协商指导员1257人,签订工资专项集体合同5104份,覆盖人数336207人,覆盖率91%。与市政府召开了第六次联席会议,就做好农民工工资拖欠问题和在职职工互助保障工作提出建议,优化维护职工合法权益的社会环境。积极参与市政协界别协商,市总工会与市人社局、住建局等部门开展农民工工资支付专项检查督查和视察工作,帮助困难群体追回拖欠工资近千万元,争取工伤赔款100多万元。

（王　榕）

共青团渭南市委员会

书　记　王宏强

副书记　赵　超　张晓锋

【青少年精神文明建设】 扎实开展青少年理想信念教育,在基层团组织中开展“我的中国梦”“学党史、知党情、跟党走”和“延安精神代代传”等主题教育实践活动,共开展活动200余场次;在中小学中开展“迈入青春门、走好成人路”教育活动,全市共开展活动90余场次;弘扬社会主义核心价值观,举办“我的中国梦·奋斗的青春最美丽”市级分享报告会11场次,每个县级团委开展活动5场。开展青年文明号评选活动,共表彰63家市级青年文明号。开展了“青春正能量时代新榜样”第二届渭南青年五四奖章评选活动,表彰评选五四奖章获得者18名,并授予“渭南好人”杨京红、“抱火哥”皇甫江武为五四青年奖章荣誉称号。

【共青团主题活动】 全市共发放青年小额贷款901笔,共计6555万元,扶持青年5282人;开展农村领头雁培训50余场,参与青年3710人次;切实加强青年就业创业见习基地建设,全年见习青年610人;组织“送金融知识下乡”活动38场。组织“践行雷锋精神,做文明渭南人”志愿活动启动仪式,并以“阳光助残”为主题在胜利聋哑学校慰问聋哑儿童;制定《关爱农民工子女志愿服务行动考核细化方案》,全市农民工子女学校172所,已全部结对;农民工子女48169人,已结对45995人,结对率为95%。深化面对面活动,以“推动学校、家庭和社会切实加强未成年人安全自护教育,提高未成年人安全自护的意识和能力”为主题,深入开展调查研究,并向两会提交了议案。以保护母亲河为主题,开展了“治污降霾·青年先行”“携手节能低碳·共建碧水蓝天”等环保宣传活动,引导广大青年积极投身环保公益事业。

【基层组织基础】 积极衔接高校、金融系统挂职工作,接收高校挂职干部6名、金融系统挂职干部5名。落实每个乡镇团委每年不少于2万元工作经费,全市54个镇已落实到位,44个镇已列入财政预算。截至2014年年底,为10个县配备20台乡镇团委团务专用电脑。

【社会组织建设】 为渭南青年社会组织培育中心配备5名专兼职工作人员,加强工作力量。自中心成立以来,共培育和孵化了渭南市青年媒体服务中心、渭南市青少年发展研究会、渭南市大学生创业协会、渭南市少年儿童书画协会、渭南师范学院大学生心理健康协会、聚善力行公益协会等20多家青年社会组织。

【青春驿站服务】 新建2个市级青春驿站,10个县级青春驿站,开设了法律服务、心理疏导、健康讲座等各项公益服务。开展了“知心律师助成长”活动,选派14名青少年成长导师为青春驿站法律顾问。组织开展了“渭南青年卡”、第二届黄河金三角投资合作交流大会“志愿者‘小橙子’在行动”等活动。

【基层团组织建设】 在乡镇(街道)团的委员会规范化建设的基础上,全面开展乡镇(街道)区域化团组织建设,全市10个县共建立乡镇区域化青年共建委员会118个,街道区域化青年共建委员会8个,直属团组织2205个。强力推进两新、农村专业合作社组织团建,新增非公经济团组织131个,全市建立农村专业合作社团工委10个,新增团组织57家。

【少先队工作】 积极落实全市总辅导员配备,团市委及各县均已转发省委7号文件,并争取到总辅导员编制,7个县已完成总辅导员配备。统筹落实少先队活动课程,下发了《关于开展中小学少先队活动课指导意见的通知》,全市776所学校已经落实此项工作。举办全市辅导员培训班,组织全市400多名辅导员开展业务知识培训,截至2014年年底,已有259名少先队大队辅导员享受校级副职待遇,占全市中心校的71%。扎实落实少先队工作经费,全市及8个县已落实工作经费。

【共青团网络建设】 加大运用新媒体工作力度,开展首届“渭南好青年”评选活动、2015中国·渭南青年微电影大赛、“感悟十八大·青春正能量”、“青春共话十八大”等青年原创主题宣传活动,并举办一期网络宣传员骨干培训班。团市委微博发布信息2205条、粉丝量3155人;微信发布信息1296条。渭南青年网微博发布信息6932条,粉丝量11745人;微信发布信息1156条。《渭南青年》杂志共编印8期,其中对少先队工作、青春驿站建设、五四活动、全市选调生等青年关心关注的工作专门编印了专刊。

(马 源)

渭南市妇女联合会

主 席 刘莉(女)

副主席 党放仙(女) 杨银侠(女)

【妇女创业就业】 紧紧抓住国务院正式批复《晋陕豫黄河金三角区域合作规划》的机遇,组织动员河南三门峡和山西运城妇联,召开秦晋豫黄河金三角妇女手工艺品展暨渭南市妇女创业技能大赛,500多名妇女参与大赛,万余名观众参展。组织部分女企业家参加杨凌农高会、河南三门峡市特博会等活动,为她们搭建交流合作和展示展销的平台。实施“信贷助推巾帼创业扶持计划”。开辟新的贷款通道,与邮政储蓄银行授信1个亿,市妇联申请财政支持20万元,专项用于妇女创业贷款贴息工作,截至2014年年底,已贷出735万元,缓解了部分妇女创业中的“贷款难”问题。

【维护妇女儿童合法权益】 加强源头维权力度,在临渭区北塘小学开展“关注女童安全、保护儿童权益”主题宣教活动,参与师生7000余人。深入合阳县开展科技三下乡活动,组织律师和志愿者现场为群众答疑解惑100余人次,发放维权书籍2000余份。及时做好群众日常来信来电来访工作,对接访日遇到的身患小儿麻痹和子宫内膜癌的王梅香,及时争取到轮椅等生活用具,并送至家中,帮助她解了燃眉之急,重拾生活信心。在《渭南日报》开设巾帼风采专栏,集中宣传先进典型事迹,展示新时期女性靓丽风采。围绕妇女、儿童两个《发展规划》,广泛开展形式多样的宣传活动,做好各成员单位沟通衔接及日常数据监测汇总。

【扶贫帮困】 争取省妇联民生项目128万元,“两癌”救助62万元;实施市级3大类7个民生项目;首次将贫困三八红旗手列入救助范围,对未列入中央、省救助范围的贫困“两癌”妇女给予人均3000元救助。为临渭区曙光特殊教育学校的86名残疾儿童争取到广仁寺功德会捐赠的价值3万多元的被褥套装,1万多元的冬天取暖用煤。争取全国妇基会支持,落实1台超早期宫颈癌筛查设备,落户白水县,6000余妇女受益。积极争取“妇幼服务能力建设项目”落户渭南,赴重庆考察导乐分娩关爱服务等项目,争取到4台每台价值130万元的导乐设备,以有效降低孕妇剖宫产率,造福妇女儿童身心健康。“三八”节前夕,在《渭南日报》头版头条刊发“向全市妇女的慰问信”;市级领导慰问看望全国三八红旗手;举办第四届庆“三八”巾帼风采书画展;召开渭南幼儿师范学校(渭南市妇女技能培训基地)首届校园文化艺术节。“六一”前夕,邀请部分爱心女企业家慰问山里的留守儿童,送去100套崭新课桌椅、200余套书籍和2台电脑等价值4万余元礼物,帮助建立亲情聊天室,极大改善了留守儿童的上学环境。组织多家幼儿园举办渭南市庆祝“六一”儿童节文艺汇演,市级四大班子领导及1000多名师生、家长观看演出,并在渭南电视台一套连续播放。

【家庭和谐创建】 开展“中国梦·巾帼情”寻找渭南“最美家庭”活动,利用渭南妇女网、微博、微信等网络宣传阵地,并在《渭南日报》开设专栏,广泛宣传身边的“最美家庭”及感人故事,其中有3户家庭获全国妇联表彰的最美家庭提名奖,1户家庭事迹被《中国妇女报》头版报道。“五一”期间,在华山西岳庙、少华山、洽川等景区及城区繁华路段开展了“一杯绿豆汤、浓浓巾帼情”志愿服务活动,共设服务点10个,参与志愿者300多名,为中外旅客免费发放绿豆汤130多桶,服务游客15000多名。

【妇联组织“坚强阵地”和“温暖之家”建设】 充分利用党建带妇建的平台,在“两新”组织中创建省级妇女之家示范点15个,在村级基层组织中创建省级妇女之家示范点93个,着力把基层妇女组织建设成为开展妇女工作的坚强阵地和妇女群众信赖热爱的温暖之家。创办“东秦女性大讲堂”,首期报告会邀请中华女子学院院长张李玺作《国家机制与社会性别意识主流化》专题报告,400余名各界人士聆听精彩报告。在北京中华女子学院举办“渭南市优秀女干部暨三届执委能力提升培训班”,全市72名女干部参加培训,进一步增强了新当选执委的履职能力。召开渭南市妇女第三次代表大会,来自全市各行各业290名巾帼代表齐聚一堂,讨论确定了未来五年全市妇女工作目标任务,选举产生了市妇联第三届执委会和新一届妇联班子。创新性建立“三联”制度,即妇联党组联执委、执委联代表、代表联群众,努力实现接地气、近民意。

(宜　珂)

渭南市科学技术协会

主　席　王民才

副主席　陶东京　谢金凤(女)

秘书长　雷振民

【科学素质纲要】 召开科学素质纲要领导小组会议,市委办、市政府办对2013年度《科学素质纲要》实施工作优秀单位进行表彰。开展气象日、防灾减灾日、食品安全宣传周等主题宣传，邀请中国自然博物馆协会名誉理事长、联合国教科文组织“卡林加”奖获得者李象益，为渭南市科普工作者作《科普创新和社会担当》专题报告。设立渭南市优秀科普工作者奖，张六三等10人被表彰为渭南市首届“优秀科普工作者”。组织全国农村妇女科学素质网络知识竞赛，在市级媒体开设“科学素质在行动”“消防知识进万家”“渭南人才”“科技前沿”“相约科技”“农家四季”“创新渭南”等栏目开展宣传，推动科学素质纲要深入实施。渭南市实施纲要目标责任管理工作的经验在国家纲要动态上得到宣传。

【科普宣传】　围绕“提高全民科学素质助推陕西东大门建设”主题，在合阳县王村镇举行科技文化卫生“三下乡”暨第二十二届“科技之春”宣传月农村科普示范活动，市、县两级300多名科技工作者为群众开展医疗义诊、科技咨询、食品安全、防震减灾等科普宣传，向合阳县捐赠物资、项目、资金共计3134万元，展出科普展板挂图1000块（张），发放各类图书资料、药品药具35000份（册），义诊群众3000多人。在东风广场举行社区科普活动，市、区两级30多个成员单位为周边社区群众开展科普宣传、展览、咨询、义诊和文艺演出。积极开展全国科普日活动，邀请中国工程院院士、副院长樊代明为临渭区、蒲城县作《干部保健与科学就医——医学整合》《现代管理之我见》报告；举办科普创新培训会，为市、区科普工作者作《加大科普创新力度，提高公民科学素质》报告。全国科普日活动期间，全市共组织各类科普日报告会、培训会、座谈会100余场，展出科普展览30多场次、展板900多块，发放科普宣传资料、图书5万余份（册），参与群众超过6万人（次）。潼关县被中国科协、教育部、科技部、中科院表彰为全国科普日优秀组织单位，华县获优秀网络在线活动奖。

【基层科普行动】　市科协与市财政局联合表彰69个协会、基地、社区和科普带头人，有31个协会、基地、社区、科普带头人受到中国科协、财政部和省科协表彰，获奖补资金350万元；组织富平庄里镇果农协会、蒲城县玉女手织布协会参加第二十一届中国杨凌农业高新科技成果博览会，共展出20多种产品，销售3万多元，达成多项技术推广、引进意向；对中央、省、市基层科普行动计划实施情况进行回访；聘任全市1000名大学生村官兼任所在村、社区科普宣传员，引导群众建立科学的生产和生活方式，提高学科技、用科技的水平。

【科技下乡】　邀请中国农科院农业特派员秋景深博士到蒲城县龙阳镇东王村开展智慧农业培训，邀请农业专家先后为蒲城县翔村镇贝阳村、城关镇椿兴村进行金银花种植、酥梨管理技术培训，在华县瓜坡镇张岩村、柳枝镇王宿村举办核桃栽培技术培训，合阳县王村镇东王村、澄城县庄头镇永内村举办设施农业培训，解决了群众生产管理中遇到的实际困难和问题，全年举办科技下乡25次，直接培训群众3000多名。

【学会和企事业科协工作】　实施学会服务能力提升计划，开展学术金秋活动，市营养学会获全省优秀科技社团，获3万元奖励；组织科技工作者开展城镇规划、科普信息化、果业发展、科技社团、秸秆综合利用等调研论证，形成相关报告，通过《科技工作者建议》，为领导决策提供参考；指导成立市科学思维学会，市老科协成功换届；举办2014“中国科协会员日”座谈会，龙钢集团获2013—2014年度全国“讲比”先进集体，白杨集团科协获全省讲比活动创新团队，秦岭电厂、北人印机两名科技工作者获创新标兵；完成了中国科协科技工作者科研伦理意识调查，被评为全省优秀站点；制定了科协领导联系科技工作者制度，定期走访慰问科技工作者代表，倡导尊重人才的良好风尚。

【青少年科技教育】 邀请中科院科学家、极地专家位梦华来渭南，为渭南职业技术学院近千名师生作“地球两极与人类未来”科普报告；争取省科协项目资金30万元，建成富平县青少年科普馆；举办第29届青少年科技创新大赛，表彰科技创新项目142项，其中1项获全国二等奖，9项获省级奖励；组织华县、大荔、白水、渭南高级中学的优秀学生，赴西安交通大学、北京化工大学参加陕西高校科学营；在临渭区、大荔、华阴、潼关开展第五届雅培家庭科教公益项目，参与师生2000余名；参加陕西省青少年机器人竞赛，蒲城、富平等3支参赛队获奖；开展“防灾减灾科普示范学校”创建活动，富平仲勋中学等9个学校通过市级验收；举办中国流动科技馆潼关、澄城、大荔巡展，组织科普大篷车巡展21次，华阴市、华县被评为全国流动科技馆巡展活动优秀站点。

（王　阳）

渭南市文学艺术界联合会

党组书记　张百献
主　　席　郑俊海
副 主 席　李康美　雷　东　马　丽

【文艺界主题活动】 完成了“山河圣地魅力渭南”有奖诗词征文工作；完成了《渭南诗词大全》编辑校对、出版工作，举行了首发式；组织80余位艺术家举办了纪念《延讲》72周年暨创卫、创模文艺采风活动，社会反响强烈；举办了庆祝建国65周年系列文艺活动；举办了“遵循讲话精神文艺服务人民”系列文艺活动；举办了渭南市文化周活动；澄城县获全国诗词之乡称号。

【文艺惠民】 先后组织200余名艺术家分别赴华阴市华山镇皇甫村、华西镇良坊村、孟塬镇司家村、孟塬镇冯家村、临渭区丰原镇三孝村、临渭区阳郭镇负曲村、合阳县王村镇北王村、白水县林皋镇、大荔县初七学校及富平县等地开展“文艺美丽乡村行”惠民文化活动40余场次。为群众送去春联5万余幅、字画近万幅，演出文艺节目30余场，慰问贫困户50多户。举办了渭南市第五届声乐大赛、首届渭南市小戏小品大赛、渭南中国画院落成暨书画展、“正励和”杯书法大展等，丰富活跃了群众文化生活，受到群众的热烈欢迎。

【文艺创作】 市作协主席李康美的散文集《俯仰之间》获冰心散文奖散文集奖；市评论家协会主席柏峰的《初春的抒情歌手——杨朔散文论》获冰心散文奖散文理论奖；广播剧《迟开的野山菊》获省五个一工程奖；在第四届中国西部书法篆刻展上，市书协王拥军、宋振北、高立军入选并获奖；市舞协组织作品参加中国舞协举办的第258届舞蹈教学成果展示比赛，获少儿组一、二等奖，《溜溜的康定溜溜的情》《我试试》获首届中国西部少儿艺术节特等奖和一等奖；市音协组织作品参加陕西省华夏艺术特长展示活动，获特等奖1个，一等奖1个，三等奖3个；市楹联协会在全国楹联比赛中获得一、二、三等奖11个；市老年书画协会参加全省离退休老干部才艺展景险峰获一等奖。各县（市、区）文联也积极开展了“文化户外大讲堂”、“书法进校园”、书画“五进”等活动。

【文化交流】 先后组织100多位书画艺术家赴韩国、台湾、山西、山东、陕南、陕北、西安等地进行了书画展示、交流6场次；进一步宣传和推介了渭南，提高了渭南对外知名度。

【队伍建设】 完成了市书协、美协、作协、老年书画协会、音协、文艺评论家协会、电视艺术家协会等7个协会换届工作。认真实施市委、市政府下发的《关于加强和改进文艺工作和文联工作的意见》，先后成立了华阴市文联、检察文联、企业摄影家协会，使县级文联增加到7个。

（孙建鹏）

渭南市工商业联合会（总商会）

市工商联

主席 张 开

党组书记、第一副主席 金爱莲（女）

副主席 李 林 姚宏斌 石发玲 刘英杰 张江华 余占仲 王瑞玲（女） 唐满仓 雷民孝 李宏德 王文强 武保荣 邢仲芳 王江宽 任永新 耿建民

秘书长 王喜稀

市总商会

会 长 张 开

副会长 李 林 姚宏斌 杨胜利 李保平 杨武学 刘心亭 尚亚军 兰榜焕 冯朝阳 党康明 杨景荣 申小丰 付建红 王宝印 任永敏 于海成 李昌业 刘国庆 钱怀瑜

秘书长 王喜稀

【概况】 截至2014年年底，全市共建立基层商会109个：其中镇商会81个，占全市建制镇数的56%；行业商会14个，涉及旅游产品、农资、石化、焦炭、出租车、家居、水泥等行业；直属商会3个；异地商会8个，街道商会2个，园区商会1个。全市基层组织中已建立中共党支部10个。共有会员8428个：其中企业会员1305个，资产总额280亿元，非公经济增加值同比增长13.6%，占GDP的比重为47.5%，从业人员20万余人；个人会员6679个（含老会员430个），资产总额122亿元，从业人员20万人，团体会员52个。会员中担任省、市、县级人大代表的172人，其中非公有制经济人士130人；担任省、市、县级政协委员的192人，其中非公有制经济人士145人。2014年市工商联被省工商联授予思想政治工作先进单位。

【教育捐助活动】 深入开展理想信念教育实践活动，增强非公有制经济人士"四信"。组织干部和非公经济人士认真学习《中共中央关于全面深化改革若干重大问题的决定》《中共中央关于全面推进依法治国若干重大问题的决定》。4月初，组织非公经济人士和工商联干部，赴延安、铜川、富平等革命传统教育基地接受革命传统教育。合阳县秦晋矿业开发有限责任公司向蒲城县天寿老年公寓捐赠爱心5万元人民币，帮助改善敬老院基本设施和医疗器械。潼关县天翼旅游公司董事长成建礼，出资80万元捐资助学。大荔城关地区商会开展献爱心活动，为环卫工人免费理发达500多人次。华阴市工商联号召企业资助贫困大学生，锦前程药业、万寿制药等16家会员企业积极响应，共25万余元资助22名贫困大学生。富平县工商联"双节"前后，开展"送温暖、献爱心"活动，共组织30多家非公企业为全县70多家贫困户捐赠钱物10余万元。白水开展助残捐赠活动，20余家企业为残疾人捐款6.3万元。合阳县组织非公有制企业为一线环卫工人和贫困户"献爱心、送温暖"活动，分别慰问274名环卫工人和107户贫困家庭，送去价值7.5万元的米面油；秦晋矿业公司为"三中"体育运动会和官庄小学捐款6万元。举办了非公有制经济人士"做守法之人，办诚信企业"签名活动。分融资、股份制改造和商会建设3个主题开展了考察学习和以商招商的经贸合作交流活动，取得了许多收获。

【招商引资】 举办"民营企业家·商会黄河金三角渭南行"活动。省内60多位知名民营企业家和商会负责人参加了此次活动，现场签约了5个投资合作项目。协调引进聚华小额贷款股份有限公司和聚鑫融资担保有限公司成功落户渭南，引进资金5亿元。华阴市工商联促成了华阴市政府与陕西明丰实业集团有限公司成功签约了两个投资项目。大荔县帮助会员解决融资难问题，先后通过多种形式帮助会员融资6000多万元。

【参政议政】 成立了渭南市工商联企业维权服务中心，其中法律维权服务中心已于9月份启动，市总商会副会长、渭南师范学院法学教授、维权中心主任钱怀瑜就维权业务进行培训，主讲"营利、安全、高效、卓越"为题的企业维权服务。随后深入华阴、潼关等县市举办了针对性较强的法律知识讲座，共进行5场次培训会，参与达300人次。积极反映会员企业的意见和建议。对于提出的关于渭南非公有制经济发展的意见和建议，都以适当的方式做了反映。市工商联从10月中旬开始，针对不同问题前往各县（市、区）开展调研，并分行业召开涉农企业、工业企业、商贸和文化旅游业企业、房地产和建筑业等不同类型座谈会，形成了《民营企业融资调研情况分析》《基层商会建设及作用发挥》《创新体制机制、激发市场活力，促进民营经济快速健康发展》《我市民间投资减速的调研报告》《关于非公企业产品销售现状的调研》《关于我市开展"一镇一业"发展模式的调研》等6篇内容翔实的调研报告。推荐了10名民营企业渭南标杆，大力弘扬非公经济人士的先进典型，提高其地位和作用。市委统战部、市人社局、市工商局、市中小企业局、市工商联共同开展了首届渭南市非公有制经济人士优秀中国特色社会主义事业建设者评选表彰活动，决定授予陕西海燕焦化（集团）有限责任公司总经理王海峰、陕西荣发实业有限公司董事长雷荣等36名非公有制经济人士"优秀中国特色社会主义事业建设者"荣誉称号。12月9日，召开"渭南市首届优秀中国特色社会主义建设者评选表彰大会"。渭南燕兴实业有限公司董事长杨胜利代表受表彰者向全市非公有制经济人士发出倡议，积极支持参与全面深化改革，坚持自主创新，促进转型升级，依法诚信经营，承担社会责任，为构建和谐、文明、富裕的陕西东大门作出更大贡献。

（王喜稀）

渭南市残疾人联合会

理 事 长　任　辉

副理事长　李银兰

【助残扶贫】 全年市、县两级财政共计投入资金1015万元（比上年增长3.3%），涉及残疾人就业、托养、入学、康复、创业、无障碍设施等方面，累计受益残疾人达7900余人（比上年增长31%）。组织开展农村基层党组织助残扶贫工作。对全市3277名残疾人专职委员发放了工作补贴；对

151户贫困残疾人家庭实施了无障碍设施改造工作；开展大型助残活动14场次，共慰问残疾人家庭350多户，发放慰问金和慰问品32万元。全市帮扶残疾人17423户、34948人。其中有3203个基层党组织参加，包联9663户贫困残疾人家庭；有46个残疾人扶贫基地参加，辐射带动920户残疾人家庭增收致富。9月16日，省委组织部、省残联、省扶贫办在华阴召开了全省农村基层党组织助残扶贫工作经验交流会。

【残疾人调查工作】 全市共计核查残疾人258088人，核查率为99.67%；入户调查224338人，数据录入率达到97.14%。全市专项调查数据录入工作已全面结束。

【残疾人文体活动】 先后组织开展了“中国梦之我梦最美”残疾人读书达人演讲比赛、残疾人中国象棋和飞镖锦标赛。在全省协和杯“中国梦之我梦最美”残疾人读书达人演讲比赛上，获得了二等奖1个、三等奖2个、团体获得了三等奖；在全省残疾人中国象棋、飞镖锦标赛上，获得了飞镖站姿组第二名和团体第三名。在韩国仁川举行的亚洲残疾人运动会上，选手李刚获得了铁饼项目铜牌；巩固完善市、县级盲人有声读物图书室6个，征订三刊953份，完成任务数的101%，向省残联报送信息28条，开播电视手语栏目1个；临渭区残联组建了第一支残疾人轮椅健身操和太极拳表演队伍，在全国第24次助残日当天，在中心广场组织102名残疾人表演了轮椅健身操，169名残疾人和社区健身指导员表演了轮椅太极拳；在全省首届残疾人运动幸福季主题活动现场，组织40名残疾人表演轮椅24式太极拳，展现了残疾人自强乐观、团结向上的精神风貌。

【机构建设】 ①康复机构。富平县、蒲城县、澄城县、华阴市、合阳县、潼关县6个县市的康复机构规范化建设已经通过省上检查验收。全市10个县（市、区）康复中心已经全部依托医院建立。在临渭区、潼关县、澄城县、富平县、华县、高新区新建15个社区康复示范站。②托养中心。2014年，富平县残疾人托养服务中心建设已通过省上验收。全市共建成并投入使用的托养中心11个，集中托养各类残疾人660名，居家托养残疾人1900名，完成任务数的115%。③扶贫基地。2014年确定18个农村残疾人扶贫示范基地，安置193名残疾人就业，辐射带动415户残疾人家庭。扶助农村贫困残疾人36000名，完成任务数的120%。④就业培训基地。确定3家安置残疾人就业企业，争取省级资助资金175万元；确定4家残疾人特色工艺品制作企业，争取省级资助资金40万元；确定4家残疾人培训基地，争取省级资助资金60万元；确定3家盲人按摩示范店，争取省级资助资金45万元。

【残疾人康复】 为全市27名贫困听力残疾人分别免费配发助听器1只，电池50块，并提供首次耳膜制作及验配服务费300元；为32名贫困聋儿每人免费配发2个全数字助听器、补助1.2万元康复训练经费；全年输送68名贫困残疾儿童实施人工耳蜗植入手术筛查；为762名低视力患者适配助视器类辅具1749件；为全市330名重度残疾人适配辅助器具，完成任务数的254%；为93名残疾儿童配发儿童类辅助器具138件，对218名残疾儿童实施抢救性康复，完成任务数的139%；为10名就学就业残疾人配发辅具30件；为全市100名贫困肢残患者装配了假肢；为30名肢体残疾患者施行了矫正手术，为120名智力残疾儿童、孤独症儿童、脑瘫儿童进行了康复训练；在全市10个县（市、区）完成了精神残疾人的调查摸底、建档立卡工作，为90名精神残疾人提供住院医疗救助，为700名精神残疾人提供免费服药。

【残疾人教育】 临渭、华县、富平、合阳4所特教学校建成并投入使用，入学残疾儿童700名。完成适龄未入学残疾少年儿童实名调查统计和台账录入772名。开展“春雨行动，扶残助学”活动，资助160名贫困残疾儿童少年入学。开展“彩票公益金助学”项目，资助30名贫困残疾大中专学生和35名贫困残疾人家庭大、中专学生入学深造。

【残疾人就业】 征收残疾人就业保障金580万元。开展了以“就业帮扶、真情相助”为主题的就业援助月专项活动，共走访残疾人家庭152户，帮助38名残疾登记失业人员实现就业，帮助470名残疾人享受专项扶持政策。召开了首届残疾人职业技能选拔赛，在全省第五届残疾人职业技能竞赛上，获得一等奖2个、二等奖2个、三等奖2个。举办促进残疾人就业再就业招聘洽谈会，签订用工协议94人，达成用工意向113人；累计登记就业人数963名，累计登记失业人数91人；开展实名制录入工作，录入就业信息人数为92191人，录入率95%，全年培训城镇和农村残疾人2654名，完成任务数的118%；城镇新安排残疾人就业863名，完成任务数的127%。

【残疾人扶贫工作】 对208户农村残疾人危房进行了改造；完成省上下达渭南市的康复扶贫贴息贷款750万元；对10个残疾人扶贫基地给予资助，确定上报了8个残疾人扶贫基地为2015年省资助实体。

【残疾人托养】 开展了残疾人托养服务机构等级评定，确定了2个甲级、4个乙级、4个丙级残疾人托养服务机构，全面提升了残疾人托养水平。

【残疾人业务培训】 对全市190名县、镇残联理事长在市委党校集中进行了培训，督促县级残联开展残疾人工作者培训工作，全年共计办培训班38次，培训残疾人工作者3489名。

【残疾人信访维权】 全市各级残联共接待残疾人来访881人次，处理来电、来信诉求1074次，为残疾人提供法律援助20起，无集体访、越级上访现象；建立市级残疾人法律救助工作站1个，向省上上报了15起侵犯残疾人合法权益的典型案件。

（郭建龙）

渭南市归国华侨联合会

党组书记　王全民
主　　席　刘建军
副 主 席　马筱丽（女）
　　　　　张志俊（兼）　陈建军（兼）
秘 书 长　马筱丽（女，兼）
侨办主任　王全民（兼）
侨办副主任　刘建军　马筱丽（女，兼）

【招商引资】 西洽会期间邀请福建港（侨）商赴渭南考察，组织召开了渭南优势项目推介会。推介会上，县市项目单位重点介绍了渭南矿产及现代农业项目。会后，应香港环球制帽有限公司董事长颜纯炯要求，围绕渭南矿产资源及尾矿库情况进行了专项调研，并形成了《陕西省渭南市矿产资源及开发利用情况》调研报告，为推动该公司在渭南的矿产投资做了一些前期准备工作。围绕渭南城区建设，联系省侨商陕西裕都置业公司总经理王宝鑫多次到临渭区商谈广场南路片区旧城改造项目。

【为侨服务】 为2名华侨子女1名归侨子女认定了身份，按有关规定为华侨子女办理高考加分相关手续；精心组织渭南市法律顾问委员会换届工作。邀请渭南法律界有知名度、热心侨界事业的7名律师，成立了第二届法顾委，并开展涉侨法律法规宣传教育活动。利用传统节日及时慰问困难归侨和侨界困难群众，共向23名困侨发放困难补助金82800元，慰问困难归侨侨眷10户。为蒙古归侨马仲娥联系教授专家，进行上门会诊。组织法顾委律师为加拿大华侨蔡连治房产租赁纠纷提供全程法律服务。

【公益事业】　争取香港应善良基金会为渭南师范学院30名贫困生每人资助1万元，为韩城嵬东镇槐西坡村争取到30万元建成深水机井1口。争取浙江新华爱心基金会资金60万元，在蒲城县尧山中学、大荔县大荔中学分别设立1个“珍珠班”，共救助80名农村特困特优学生完成高中学业。争取到魏基成“天籁列车”慈善机构为渭南捐赠1100部爱心助听器，捐赠物品已发放到患者手中。

【联络联谊】　加强秦晋豫黄河金三角产业承接示范区区域协作，与山西省临汾、运城及河南三门峡三市侨联联系，结为友好合作对子。加强与先进地市侨联联系，先后与新疆昌吉回族自治州、宁夏银川市、石嘴山市，江西南昌青山湖区四地市区结为友好地市。在福建港(侨)商赴渭南考察期间，聘请了4名海外顾问，充分发挥侨联组织拓展海外联谊的作用。

【文化交流】　为第二届世界华侨华人美术书法展征集书画作品14幅。组织渭南市中小学生参加第十五、十六届华人学生作文大赛。为第十六届世界华人学生作文大赛征稿1027篇，经初审后向大会组委会推荐作品537篇，27篇学生作文获奖，市侨联获优秀组织奖。加强侨务宣传平台建设。努力提高《渭南侨讯》质量，及时报送渭南侨务工作信息和侨界动态，全年被中央、省侨联网站、《陕西侨园》《渭南日报》《陕西外事》多家媒体采用信息30余篇。积极配合省侨办搞好“中华寻根之旅”夏令营——陕西汉唐文化行活动，与来自美国、丹麦、西班牙等6个国家的100多名华裔青少年、家长开展了联谊活动，积极宣传推介渭南。

【参政议政】　充分发挥侨联在人民政协组织中的界别作用，市政协四届五次会议期间，向大会提交了《关于推进城乡统筹发展》和《关于完善我市困难归侨救助保障体系的建议》提案，被列为正式提案。

【走访调研】　深入各县(市、区)开展“大调研、大走访”活动。采取召开座谈会、走访侨界群众、走访侨资企业等形式，全面了解近年来渭南各地侨务工作开展情况，海外人员工作生活情况，困难侨眷家庭生活情况，侨资企业生产经营情况。先后召开座谈会11次，走访侨界群众家庭和侨资企业34户，形成了《关于渭南市侨资企业情况》的调研报告。

(张县宁)

军　事

渭南军分区

司　令　员　黄玉生（大校）
政治委员　于会溪（大校）
参　谋　长　符　常（大校，12月退休）
政治部主任　李　永（大校）
后勤部部长　朱亚辉（中校）

【战备训练】　按照兰州军区司令员刘粤军提出的“八种能力”要求，先后组织召开常委会、党委扩大会，就如何提高军事能力素质进行学习讨论。针对机关干部军事技能水平较低、指挥化平台操作不熟练的实际，每月进行一次集中辅导、每周安排半天网上练习，6月份集中12天时间，聘请边防学院和47集团军教导大队教员辅导授课，分两期对全区87名干部进行军事技能培训，现役干部的军事素质得到提高；组织开展指挥所和应急拉动演练，接受省军区实装拉动，年底接受省军区军事考核。第2季度，分2批对全区161名专武干部进行军事技能集训，分别组织临渭、合阳县民兵应急分队进行应急维稳和森林防火演练，依托临渭区人武部带民兵应急连组织召开战备演练观摩会，规范人武部组织战备拉动的基本程序。7月，澄城县、潼关县、蒲城县人武部接受省军区军事训练抽考，潼关人武部受到省军区通报表扬。贯彻落实军区“库车集训”精神，对照分区实际，修订完善非战争军事行动预案和支援边境自卫作战两大类38种预案；针对渭南市内河流众多、防汛任务重的实际，修订完善《渭南市驻军和民兵预备役部队防汛抢险预案》。落实“三分四定”要求，投入80余万元，充实本级战备物资器材，为全区民兵应急分队统一购置服装、标志和指挥帐篷，为抗洪防凌分队购置专业装备器材，各人武部筹措资金150余万元，购买民兵携运行装具、补充应急维稳和应急救援物资器材。“清明节”和“六四”等敏感时期，临渭区、富平县人武部出动民兵应急分队125人，参加地方维稳工作。8月6日，韩城市人武部出动民兵应急分队和普通民兵共500人，参加抗洪抢险、疏通道路，民兵应急分队的应急维稳和抢险救灾能力得到检验。分区先后投入103万元建成了作战室，完成了一体化指挥平台建设。投入80万元购置了应急指挥通信设备；组织人武部对照省军区提出的14要素建设要求，查弱项补短板，一项一项抓落实。2014年，全区11个武装部共投入经费588万元。分区机关营区基础训练场正在建设之中。

省军区拉动军分区机关演练

【部队正规化管理】　坚持“五抓”思路、落实“五严”要求，坚决纠治军人意识淡化、条令意识弱化、免疫能力退化等非军事化倾向。注重抓好人员管理这个重点。集中开展“学条令、训队列、整秩序”活动，制定《军分区营院管理规定》和《勤务队教育管理规定》；坚持机关每天出早操、每日早交班、周一大交班，“四个秩序”逐步正规。制定《关于加强军分区系统职工管理规定》，职工队伍管理混乱、作风散漫、纪律松弛的现象明显改观。突出武器安全这个要害，对照兰州军区提出的9个问题，对库存武器弹药进行全面清理清查。落实省军区民兵武器统管要求，将富平、华阴、大荔、合阳、蒲城、白水6个人武部的武器弹药收分区统管。投入130万元对武器库安防系统进行升级改造，为武器库和人武部制作枪柜和弹药柜，为统管武器制作木箱，武器管理更加安全规范。4月底，销毁民兵报废引信和发射药17711枚(筒)。9月28日，将131.79吨民兵报废弹药安全调运至富平502库。高度重视保密工作。组织人员对机关周围的无线网络进行清理，为办公电脑安装水印和保密管理系统，确保网络运行安全。严格落实集中文印管理规定，完善发文、收文和文件销毁手续，文件管理进一步规范，确保安全稳定这一底线；严格落实安全形势分析和季度讲评制度，及时组织传达学习上级关于安全工作的通报、指示和要求，经常组织安全教育和检查，把握安全工作主动权。

【后勤综合保障】　始终把严格落实制度、自觉规范管理、提高保障效益作为着力点和出发点，不断提高后勤综合保障能力。注重自身战备训练，组织消防演练和野战给养单元操作培训，有效保障各级拉动任务。注重财务规范化建设与管理，组织全区财务人员进行业务培训，制定下发2项《规定》，对12个团级单位年度财务管理情况进行审计考评。完成全军“两项普查”工作，开展房地产专项整治、多购多占住房清退和领导干部超面积办公用房整改。改善官兵生活条件，拆除营区危旧房屋，整修办公楼卫生间、勤务队宿舍和战备库室，对机关营区供电设施、道路进行改造。强化军车运行秩序整治，严格军车号牌管理，完成年度审验工作。为全区134名现役军人请领发放被装，适体率达到90%以上。拓展医疗保障新模式，定期组织人员进行体格检查，针对季节特点播种疫苗、发放常备预防药品。制定下发加强职工队伍教育管理的意见，补发职工第二批绩效工资88.8万元，完成8名退休职工移交工作。坚持资金向打赢倾斜、经费向打赢保障，全年战斗力建设投入达分区总投入的60%以上。

【参支参建】　把落实“九件实事”作为强军优属的重要抓手。坚持深入走访、全面核实，为13000余名本地籍现役官兵建立电子档案，为9000余名现役官兵家庭挂了“光荣军属”牌，为100多名立功受奖官兵家中送立功喜报。1月初，出台《关于进一步加强全市国防教育工作的意见》；先后两次组织渭南市500余名处以上领导干部，参加由西安政治学院教授李广义做的国防教育报告会和国防大学教授金一南做的国家安全形势报告会。指导11个县(市、区)人武部建设“国防教育一条街”，8个单位已经完成建设任务，其余3个单位正在建设当中。利用第14个“全民国防教育日”，在渭南市中心广场开展“国防科普展”活动，受众1000余人；在开展“一部一校”、扶贫帮困、植树造林的同时，拿出6万元资助10名瑞泉中学高考录取的贫困学生，各团级单位拿出7万元资助驻地考上大学的贫困学生25名。

渭南军分区捐助瑞泉中学2014年高考录取贫困生

【征兵工作】 根据国务院、中央军委决定，从2013年起8月1日开始征兵，9月1日批准入伍，9月5日起运新兵，9月30日征兵结束。按照征兵准备、宣传报名、体检政审、定兵起运、总结表彰5个阶段，认真筹划部署，严密组织实施，狠抓廉洁征兵，完成兵员征集任务。

（刘思勇　米耀峰　朱元磊　许洪昌　李小龙　丛超　党昕）

中国人民武装警察部队渭南市支队

支　队　长　毛成辉（上校，4月离任）
　　　　　　张晓明（上校，4月任职）
第一政治委员　王勤智（兼）
政 治 委 员　黄　成（上校）
副 支 队 长　高中原（中校，3月离任）
　　　　　　黄自正（中校，3月任职）
　　　　　　张凤鸣（中校，3月离任）
　　　　　　谌能仁（中校，3月任）
　　　　　　李　肖（中校）
副政治委员　于胜勇（中校，3月离任）
　　　　　　胡志强（中校，3月任）
　　　　　　陈川峰（中校，7月任）
参　谋　长　黄自正（中校，3月离任）
　　　　　　彭　勇（中校，3月任）
政治处主任　王胜金（中校）
后勤处处长　王升平（少校，3月离任）
　　　　　　付　锐（少校，3月任）

【概况】 中国人民武装警察部队渭南市支队（简称渭南支队）组建于1983年1月。支队机关驻渭南市民主南路8号。2005年6月，武警部队编制体制调整，完成陕西总队第一支队1个中队、第三支队2个支队7个中队转隶接收任务，支队由三类支队升格为二类支队。支队主要担负看押、看守、守卫3类勤务和处置区域突发性事件任务。1人作为全军先进典型集中宣传报道，1人参加上海政院辅导授课，参加总队“四会”政治教员比武获团体第一，蒲城县中队指导员王发红荣膺武警部队“优秀政治教员”。

【履行职责使命】 认真落实党委“议中心”制度，加强对中心工作领导。着力提高正规化执勤水平，努力完善执勤设施，稳妥推进AB门建设，开展执勤“六查”活动，硬隐患全部治理归零，完成多个中队“三化”改造和AB门建设任务。完成蒲城清山搜查爆炸物、大荔抓捕持枪毒贩、国庆黄金周华山景区执勤、渭南市十二届运动会安保，以及武装押解、公捕公判、设卡堵截等临时勤务75起。全面做好反恐处突维稳和抢险救灾准备，精心组织武装联勤巡逻。大抓实战化训练，加强力量体系、武器装备和信息化建设。

【基层全面建设】 坚持在夯实组织基础上持续用力，持续抓好考察帮建、当兵蹲队活动，提高基层自主抓建能力。坚持在提升素质能力上持续用力，深入开展岗位练兵和党员承诺活动，编印下发经常性基础性工作规范，抓好经常性学习培训，落实干部住班、代职活动，研究解决重难点问题，增强基层干部队伍素质能力。坚持在培树先进典型上持续用力，广泛开展向成武县中队学习活动，组织优秀基层干部作事迹报告，营造比学赶超浓厚氛围。

【正规化建设】 深入学习贯彻条令条例，有序推进新编制落实，加强机关和基层正规化建设，在蒲城中队抓了正规化建设试点，扎实开展“十查”教育整顿，规范化管理水平大幅提升。大力加强士官队伍建设，1人获武警部队优秀士官人才奖。深入开展安全教育和群众性创安活动，加强安全预防，扎实做好密切内部关系工作，持续加强风气建设，组织安全隐患“拉网式”排查，扎实开展核心涉密人员政治考核，及时清退不合格兵员，全支队连续12年无行政责任亡人事故。

【现代后勤建设】 紧贴任务加强应急保障能力建设，严格经费物资管理，开展资源节约活动，压减接待和行政开支，对工程建设和经费管理使用进行自查自纠，提高综合保障效益。修订完善各类战备方案和应急预案，开展人装结合训练、演练，加强后勤队伍建设，提高保障能力。加强设施建设，完成机关迁建征地报批手续。

（王军政）

渭南市公安消防支队

支　队　长　张文江（上校）
政治委员　彭其山（上校）
副政治委员　张骏（中校）
参　谋　长　熊向军（中校）
政治处主任　倪太平（中校）
后勤处处长　陈继珍（中校）
防火处处长　张国华（中校）

【规范执法】 把提高监督执法人员业务素质作为执法规范化的基础，召开5次执法例会，查偏纠错、以会代训，对监督执法工作实施动态化管理。通过案卷交叉互查、技术服务组上门指导、网上岗位练兵、规范使用执法记录仪等方式，查找执法薄弱环节，提高执法质量。推广修订完善的《二十四项执法工作制度》，一键触摸式“消防业务信息查询平台”，《九种二十二类执法示范卷》等经验做法。

【业务技能演练】 举办基层指挥员、通信员、供水员、接警员、攻坚班组培训班。深化训练模式改革，召开实战化训练推进会，制作视频并下发中队。坚持练为战，严格标准端正训风演风，累计开展实装演练1221次。成功举办第八届全市消防部队业务技能竞赛。专题下发《渭南市2014年度企事业专职消防队执勤训练方案》《企事业专职消防队今冬明春执勤训练工作实施方案》。组织首届企事业专职消防队业务技能比武，打造灭火救援“第二方阵”。组织典型灾害事故案例战评学习研讨10余次，完成总队组织的地震应急救援跨区域实战拉动演练，参演官兵快速的反应能力、规范的处置程序、有序的救援工作得到提高。

【安全隐患排查】 组织开展“三大”战役和“两大”专项行动，成立技术服务组和交叉互查组，探索形成“一二百千”工作新模式，全方位、立体式对全市所有单位、场所和村、社区等进行消防安全隐患排查，全面消除各类火灾隐患。截至12月底，全市共检查单位10540家，发现火灾隐患11956处，整改火灾隐患11830处，临时查封94处，行政处罚241起，“三停”104家，行政拘留6人，罚款220.65万元，市、县两级政府对18家重大火灾隐患单位进行挂牌督办。

【消防宣传】 坚持用好新兴媒体，抓牢传统媒体，加强平面媒体，开展立体式、全覆盖消防宣传。开办《渭南电视台·东秦

119》专栏、《渭南日报·119视窗》专版，开通官方微博、微信、企信通短信发送平台，开展消防宣传“五进”行动22次，28场“找火灾隐患、保家庭平安”主题宣传。开展“走基层、进万家”大型消防文艺巡演，以人民群众喜闻乐见的歌舞、小品、相声、快板、迷胡剧等多种形式，宣传消防法律法规，普及消防安全知识。

渭南市119全民消防宣传月启动仪式

【综合保障能力】 将综合保障能力建设作为“谋发展、办实事、管长远”的重要举措。先后投入500余万元购置消防车4辆，器材装备1369件（套），车辆器材装备得到提升。全市基层单位和支队机关克服营房修建久远、建设资料缺失等难题，多方协调，完成部队土地房屋及住宅产权办理工作。

【信息化建设】 把信息化建设作为“前置工程”抓紧抓实，先后完成执勤中队“大集中”接警、指挥中心建设及视频监控系统升级等任务，举办全市执勤中队接警员培训班。推广大荔大队交互式一体化平台系统，实现无纸化办公，提升部队信息化管理水平。投入60余万元完成350兆无线对讲系统、卫星便携站、3G图传等建设任务。

（薛建林）

人民防空

渭南市人民防空办公室

主　任　赵洪冬

副主任　李怀玉　王高榜　石　莹

【工程建设】 朝阳广场人防工程正式投入使用，该工程是全市首例采取招商引资方式建设，面积16000平方米，投资额超过9000万元，被华润万家超市租赁后，于2014年1月6日，正式营业投入使用，年营业额达1.3亿元，上缴税收700余万元，提供就业岗位超过400个。报建审批环节中，增加保函内容：与建设单位签订《修建人防工程协议》，由商业银行将市人防办作为受益人，出具《履约保函》，为《协议》

工程验收

进行担保，确保人防工程建设质量。截至年底，全市人防核准主城区7家建设单位申请人防工程建设行政许可，批准建设人防结建工程面积41507平方米（均经过省人防设计院施工图技术性审查），为历年已建成的结建式人防工程面积总和。韩城市政府大院人防工程、太史大街和黄河大街人防工程开工，桢州公园单建式人防工程经省人防办立项。富平县公共服务应急避难广场单建人防工程主体竣工。大荔县信合大厦人防“结建”工程项目已完成土建工程，年底竣工。蒲城县中央公馆Ⅰ期工程竣工，Ⅱ期工程年底竣工，公园天下人防工程正在建设中。

【行政执法】　全年查处违反人防法规案件91起，其中市级20起，县市71起。完善人防易地建设审委会等制度，规范人防执法自由裁量权的使用，每个"结建"项目的审查结果都必须通过会议研究、集体决定。收取人防工程易地建设费1839.68万元，其中市级1017万元，向陕西省人防办上解10%。在原审委会成员的基础上增加工程科工作人员。实行"受理清单"制度，明确告知报建单位申请许可项目时所提供的材料清单，避免报建单位少跑路，跑错路。实行报建单位"承诺"制，要求报建单位填报"承诺书"。实行个人"包案"制，报建项目谁受理谁负责。实行责任项目研讨制，对每一个报建项目，主管领导、分管领导和执法人员"集体会诊"，反复研究、讨论，力图提交易地建设审委会的意见力争基本成熟。执法手段由以案件查处为主逐渐变为以项目审查为主，执法状况由过去的"人防办找建设单位补办手续"变为"建设单位找人防办主动办手续"。

【指挥通信建设】　市人防基本指挥所项目进入建设选址阶段。全市新增警报器8台，其中，韩城市3台、蒲城县3台、华阴市2台。9月18日上午9时，渭南市城区和9个县(市)的城区上空同时响起防空警报。建成临渭区丰原镇东芦人防疏散基地，建立应急指挥室，提高了战时疏散安置和远程疏散的能力。白水、华县、蒲城相继安装了短波电台，使县市电台建设实现零的突破。5月下旬，参加全省"秦援—2014"机动指挥车跨区域支援性演练，完成十多个演练科目任务。5月12日，机动指挥车赴富平县参加应急宣传活动。人防机动指挥通信车在活动现场的亮相，展示全市人防先进的防空和应急救援指挥通信技术。

陕西省"秦援—2014"机动指挥车跨区域支援性演练

【人防宣传教育】　全市126篇报道被中央、省、市、县新闻媒体采用，5篇报道被《中国人民防空》采用，4篇报道被中国人民防空网采用。其中《中国人民防空》第8期用2页的篇幅刊登《陕西渭南：招商引资工程》，图文并茂地报道渭南市朝阳广场人防工程建设全过程；10月17日，白水县人防办承办的"陕西人防"微信公众平台正式开通，受到社会各界、广大民众的普遍关注，得到陕西省人防办和国家人防办肯定。截至年底，平台累计社会关注度15万人次，编辑发布文字信息100万字，上传图片万幅，漫画100幅。白水县防空防灾教育培训基地被省人防办确定为陕西省防空防灾教育培训基地。该基地先后组织渭南铁路自立中学、白水中学、林皋中学等学校的新生进行军训活动，提高学生对人防的认识，提高学生的人防技能。

法　　治

政府法治

滑南市人民政府法制办公室
主　任　安延会
副主任　刘永宏

【依法行政工作】　一是统筹安排年度依法行政工作，制定了《2014 年度渭南市依法行政工作计划》，从努力加强法治政府建设、强化规范性文件管理、规范行政执法行为、化解行政争议等方面，对全年的政府法治和依法行政工作进行了安排部署。各县市（区）人民政府、市政府各部门对本区域、本系统年度依法行政工作作了安排。二是采取多种措施，提高领导干部依法行政能力，组织开展了政府领导法治讲座，给市政府领导印发了法治学习资料。三是全力推进依法行政示范创建工作，市政府领导带队对创建情况进行了督查，进一步将创建任务分解到各部门，明确任务，落实责任；对第二批省级依法行政示范县和依法行政示范乡镇创建进行了调研。11 月份，经过省验收组考评验收，市政府达到了省级依法行政示范市标准，澄城县政府通过了第二批省级依法行政示范县验收。对大荔县政府、蒲城县党睦镇政府、潼关县潼峪镇政府依法行政示范工作情况进行了评估。各县市分不同级别在本区域也开展了示范单位创建，通过这一系列工作的开展，夯实了依法行政工作的基础。

【规范性文件监督管理】　一是坚持严把规范性文件审查关口。全市各级法制机构共审查各类规范性文件 100 件，市法制办共审查市政府出台的规范性文件 39 件，提出修改意见 136 条。二是强化规范性文件备案关口。全年各县（市、区）共报备规范性文件 44 件，市直部门备案 4 件，审查率 100%。三是积极向省政府备案规范性文件，接受省政府的审查。共向省政府报备规范性文件 12 件，均未发现文件存在违法内容。

【推进职能转变】　一是亮晒权力清单，为发展释放活力。经过一年多的努力，形成了市级单位行政审批事项目录，取消审批事项 43 项，下放 98 项，保留 271 项。分 19 批在市级新闻媒体公布各单位权力清单，逐部门公开行政审批事项办理规程和单位负责人承诺等 10 项内容。二是着手规范中介组织活动，厘清政府与市场、与中介组织关系。与市编办、工商局、民政局等单位，开展了与行政审批有关的中介组织清理整顿规范活动，形成了《关于部门关联中介服务组织的调研报告》，初步摸清了当前全市中介组织提供服务中政府权力参与情况。三是清理行政收费，减轻社会负担。依据行政审批事项清理结果，组织开展法制的轨道上运行。

（刘云仓）

公　　安

渭南市公安局
党委书记、局长　王勤智

党委副书记 徐印祖
副 局 长 申军明 张 鑫
张金龙
纪检书记 张润民
副 局 长 王存孝 高中仓
沈 军
政治部主任 杜少平

【维护稳定】 始终将维稳置于核心位置，突出情报信息研判、重点部位防控和重点人员管控，全市未发生一起影响社会稳定的案(事)件。一是全力构建综合情报网络。依托大情报系统，构建起由情报支队牵头，国保、治安、刑侦、反恐、网安等部门共同参与的综合情报网络，特别在各个敏感节点和重大节会期间，及时启动信息收集汇总、综合研判、指挥处置机制，先后获取各类深层次、预警性、行动性情报信息473条，提前化解了20余起大的群体性事件，有效提高了应对复杂社会局势的预知、预警能力。二是全面深化反恐斗争。完善了反恐应急处置流程和预案体系，制定了涵盖全市各领域、涉及23个部门的反恐防范工作标准，对全市168个重点目标逐个落实反恐保卫措施，做到无盲点、无纰漏；扎实做好危爆物品管控、有关人员排查工作，对120名涉稳重点人员全部列管稳控，做到不漏管、不失控；强化网络安全监管，先后向部、省上报各类有害信息13181条，及时引导社会舆论；突出抓好应急处突专业力量建设，组建了30人的猎豹突击队，11个县市局均成立了不少于10人的特警中队，全部配备了防暴车辆、武器警械等装备，全市共设立备勤点14个、巡区60个、巡段580个，常态化开展动中备勤、武装备勤、巡逻防控等勤务，并成功举行了防暴反恐处突演练、高速公路突发事件应急处置等演练活动6次，全市应急处突规范化建设显著加快。三是强力推进公安信访案件化解。将信访问题导入法治渠道，共化解信访矛盾纠纷87起，中央、省、市交办的117起重点信访事项全部办结，依法处理违法上访88起59人，重大政治活动和敏感期公安信访工作平稳有序。全市涉警信访案件连续6年下降，当年新发信访案件16起，与上年同比下降11.1%，受到省信访联席办表彰。四是全力做好安保维稳工作。面对清明、“五一”“六四”“七五”、国庆、十八届四中全会、APEC会议等重大安保维稳任务，均紧急启动了二级戒备应急响应，全市5000多名民警放弃休假、坚守岗位、执勤保卫，实现了安保工作零失误的目标。

【严打整治】 以“2014秦剑行动”为主线，坚持主动进攻，保持高压态势，着力提升广大群众安全感。一是打击效能全面提升。始终聚焦影响公众安全感的严重暴力犯罪、黑恶势力犯罪、“两抢一盗”等多发性侵财犯罪，以打开路、重拳出击。全市共立各类刑事案件13495件，与上年同比下降12.5%，八类刑事案件中放火、伤害、强奸、抢劫、抢夺发案分别下降56.3%、24.9%、18.4%、33.7%、18.2%，11个县(市、区)中有10个实现发案下降；全年共破获各类刑事案件13541件，其中破现案7960件，抓获处理违法犯罪人员4426名，摧毁犯罪团伙299个，抓获网上逃犯1679名。大要案件攻坚能力不断增强，成功侦破了蒲城“一·五”客车爆炸案、华阴“三一二”特大杀人案等一批有重大社会影响的案件。命案侦防持续加力，全市新发命案55件，破获53件，破案率达到96.36%，命案发案连续8年下降，下降幅度达54.16%。打击经济犯罪攻势凌厉，共破获非法集资、合同诈骗、银行卡犯罪等经济案件199件，抓获犯罪嫌疑人547人，涉案价值30亿余元，挽回经济损失1亿元。经侦支队被公安部授予打击假烟犯罪“特殊贡献奖”。二是打击涉毒犯罪战果丰硕。市政府常务会专题研究禁毒工作,下发了《关于进一步加强和改进禁毒工作的意见》,市禁毒委连续3次专题部署禁毒工作,持续开展了“大收戒、保民安、破小案、暖民心”专项行动,先后破获涉毒案件333件,其中部级目标案件2件、省级目标案件2件,缴获毒品15.39公斤,管控吸毒人员6900人,强制戒毒1550人,有效遏制了毒情蔓延态势,全市因涉毒引发的各类侵财犯罪显著下降。三是重点整治卓有成效。直击群众反映最强烈的治安突出问题,排查确定了31个社会治安混乱地区,采取挂牌督办、滚动排查、集中整治相结合的办法,打防管建、重点治乱,共整治治安乱点127个,查处聚众赌博案件101件,捣毁卖淫窝点31个,有效扭转了一些地区、行业治安混乱的局面;强力推进缉枪治爆行动,收缴并集中销毁了非法枪支528支、管制刀具1008把、子弹36476发,对烟花爆竹主产区蒲城、富平开展了拉网式排查整治,成功侦破了公安部督办的“一·二〇”魏军龙非法买卖爆炸物案和“四〇一”万建军非法买卖爆炸物案;集中整治村组、社区基层干部违法违纪行为,破获职务侵占、非法转让土地等案件76件,抓获犯罪嫌疑人83名;全力保障餐桌安全,设立了食品药品犯罪侦查支队,实施专业化、精准化打击,共取缔“四黑”窝点46家,破获危害食品药品安全案件17件,打击处理犯罪嫌疑人31人。

【警务改革】 坚持以派出所警务规范化、社区民警专职化、信息管控动态化为重点,全面推行警力下沉、警务前移,不断加强基层基础建设,切实增强公安事业长远发展的实力。一是治安防控体系更加完善。将治安防控体系建设提升为党政工程,纳入全市目标责任考核之中,制定了立体化治安防控体系建设三年规划,在完善八张防控网络、五项机制的基础上,积极搭建应急指挥、实战应用两个智能平台,构建街面巡防、社区警务、治安复杂场所、视频监控、治安卡口五大数据系统,全面构筑治安防控新格局。截至年底,全市共安装公共视频监控点1590个,建成176个省、市、县三级治安卡口和28个公安检查站,安装小探头15.2万个,配备街面巡逻警力2131人,全天候、常态化开展网格化巡逻,牢牢掌控动态治安局势。二是基层基础更加牢固。紧抓派出所这一平安建设的根基,集中开展了“转作风、强基础、抓规范、促服务”活动,从规范外观标志、内务管理、服务群众、执法执勤等方面入手,积极探索推进警务实战化,进一步优化了警力配置、改进了勤务模式、提升了实战能力。全面推行社区民警专职化,全市202个社区已配备社区民警195名、专职辅警211名,全部落实了办公场地、电脑装备、工资经费,社区民警每周至少两天深入社区开展人口管理、矛盾排查、安全防范、服务群众等工作,进一步推动了警务阵地前移。全面推进基础工作信息化,打破警种、部门间情报信息壁垒,共采集社会信息24类6.1亿条,促进了信息化与基础工作的有机融合,提升了情报主导、准确预警、精确打击、主动防控水平,受到公安部23局的肯定。此外,强制戒毒所、女子看守所、警犬基地建设正在进行选址征地、资金筹集和规划设计,即将开工建设,基层基础建设实现了新突破。三是城市公共管理更加有序。围绕公安机关在中心城市管理中承担的十项职责,综合运用增设护栏、改造信号灯、优化车位、警力疏导等措施,集中攻坚长期困扰城市管理的交通秩序、通行环境、基础设施等难题,全面推行城市道路精细化管理,有效改善了城市交通环境。集中开展酒驾、涉牌涉证等交通违法专项整治行动,未发生一起群死群伤交通事故。突出火灾隐患排查整治,积极构筑社会消防安全“防火墙”工程,全市消防安全形势平稳,未发生一起重大火灾事故。

【服务民生】 坚持把群众满意作为衡量公安工作的最高标准,主动回应群众的期待和要求,全面创新公安行政管理,积极融入到全市经济社会发展大局中来。一是持续深化简政放权。按照“放权到位、责权统一”的原则,再次将金融安全和出入境管理方面7项审批事项下放至县级公安机关,截至年底,原有的77项行政审批事项已下放了61项,全部建立了明晰的权力清单公布于众,让权力在阳光下运行,主动接受群众监督;对保留的16项审批事项逐一公开法律依据、办理流程、办结时限、收费标准和承办机构,减少运转环节,方便群众办事。同时,由纪委、督察、法制等部门组成检查组,对下放、取消和保留的审批事项进行全程跟踪监督,刚性问责问效,规范权力运行,真正实现了高效、快捷、便民。据不完全统计,简政放权以来,共为群众节约各类办事成本约1亿元。此项工作走在了全国前列,新华社、央视经济频道等十余家媒体作了专题报道。二是创新拓展网上服务平台。积极推进警务微信和网上办事大厅建设,全市网上派出所建设任务已完成93%,治安、交警、消防、出入境等部门下放的业务全部在网上公布,相关的办事流程、审批表格及在线预约办理功能已初步实现,极大地提升了服务效率。同时,借助公安门户网站、公安微信、微博,搭建起警民互动新平台,进一步完善信息公安、服务群众等机制,实时与群众在线互动交流,共受理网民诉求事项346件,反馈率为100%,新浪、腾讯的警务微博发布分别达到6724条、4281条,位居全省公安政务微博发布前列。三是全面提升服务效能。紧跟经济社会发展需要,及时出台了市公安局推动落实便民利民7类60项措施,全方位改进服务、提升效能。交警支队推出了免检车辆注册“绿色通道”、停车收费管理、“一站式”处理违法业务等6项便民新举措,出入境管理处推出了14条便民利民措施,普通护照、港澳台通行证的办理时限缩短了5个工作日,最大限度地服务社会、方便群众。特别注重窗口单位建设,常态化开展户籍室、车管所、派出所等窗口单位纪律作风整顿活动,开展了“最亮窗口”创建活动,制定了窗口单位规范服务提醒单,将户政、交警、消防、出入境等窗口单位办事流程标准化,广泛推行“一窗式”受理、“一站式”服务、预约服务、延时服务、上门服务等便民措施,窗口单位的形象面貌发生了明显变化。在上半年全市服务窗口满意度测评中,公安机关排名上升了22位。四是创新人口管理服务。加快推进城镇化步伐,积极推动有条件农村居民进城落户,当年已有41857户119964个农村居民进城落户。进一步深化户籍制度改革,全面推行居住证制度,共制发居住证59493张,实现了“实有人口、实有房屋”全覆盖管理。深入开展户口清理整顿工作,共清理违法违规办理户口6560个。五是主动优化发展环境。适时开展了投资环境专项治理,集中打击封门堵路、强揽工程、扰工阻工和影响企业正常生产经营的违法犯罪行为,共化解处理各类阻工事件135起,查处治安、刑事案件40余件,行政拘留11人、刑事拘留1人,为项目建设扫清了障碍。

【公安法治】 以深化执法规范化建设为载体,全面推进执法行为标准化、执法管理系统化、执法流程信息化,不断提升运用法治思维和法治方式维护社会稳定的能力。进一步完善了执法制度,研究制定了执法办案区使用管理规定、现场执法记录工作规范和民警执法手册等规范性文件，细化了工作规范、工作流程，为规范民警执法行为提供了具体的操作标准，确保执法活动始终在法治轨道内规范运行。高标准推进执法场所规范化改造，全部完成了20个县市局、151个派出所和13个交警大队的改造任务，严格执行“四个一律”规定，保证了执法安全，年内全市未发生一起执法安全事故。强制推进执法办案系统深度应用，全市所有案件一律实行网上办理、网上审核、网上考评，实现了全程控制、实时监督，并将网上办案情况纳入民警执法质量考评之中，从程序上解决了执法不规范问题。组织全市500余名科所队长、法制员、法制民警及基层民警开展了两期执法办案系统应用培训，确保人人熟练运用、规范操作。开展了为期3个月的“网上办案信息录入百日会战”专项行动，共录入接处警信息104252条、刑事立案20946件、行政受案19635件，案件的证据上传率达到98.65%，位列全省第三。加强执法监督管理，全市基层派出所和治安、交巡警、刑侦、经侦、禁毒、网安等办案单位全部配备了专职法制员，严格落实案件“五级审核把关”制度以及重大、复杂案件集体审议制度，健全了执法质量考评“八个一”监督机制，有效防止了权力滥用。坚持日常考评、阶段考评与年度考评相结合的模式，先后于5月、9月和11月分3批次对全市所有执法办案单位进行了专项督查，突出对如实立案、110接处警录入、网上受立案、证据上传、网上办案等重点环节的考评，当场反馈问题，督促限期整改，解决了长期存在的虚假立案统计、乱执法、乱罚款等问题，执法办案质量和工作效率有了显著提升，进一步推动了法治公安建设步伐。

（陈加富）

检　察

渭南市人民检察院

检 察 长　刘伟发

副检察长　王二民　贾俊海　梁百炼　雷　鸣　王万兴

【全面深化改革】　全市检察机关紧紧围绕改革发展大局，立足检察职能，主动作为，为实现新常态下的新发展提供有力司法保障。一是用心营造法治化发展环境。先后推出新的服务举措21项，为打造渭南发展新优势发挥积极作用。开展检察官联系重大项目活动，组织130多名检察人员深入到关系国计民生的34个大项目，加强对招投标、资金拨付、质量验收等关键环节的监督，提供法律咨询140余次，制定廉政风险防控措施20多项，切实保障项目建设安全顺利。坚决遏制经济领域犯罪活动，促进规范市场经济秩序。共批捕制假售假、传销、合同诈骗等扰乱市场经济秩序犯罪嫌疑人83人，起诉133人。突出查办经济发展重点领域的职务犯罪，共查办项目决策、规划审批、工程建设以及农村土地改革、支农惠农资金管理使用等领域职务犯罪案件136件214人。扎实推进行政执法和刑事司法衔接工作，着力促进依法行政，依托“两法衔接”机制，监督行政执法机关移送案件11件11人，监督立案5件5人。二是切实维护人民群众合法权益。自觉践行执法为民宗旨，依法做好涉农检察工作，热情为群众排忧解难。以民生检察服务热线为平台，以“走千访万”活动为载体，以群众诉求信息化办理为保障，构建服务民生的常态化工作格局。积极深化检察室等服务群众平台建设，立足基层“小检务”，解决群众“大问题”，倾力打造“老百姓家门口的检察院”。全面推行网络受理，开通检察门户网站、检察微博、民生微信，把“脚板走访”与“网络对话”结合起来，让数据多跑路、让群众少跑腿，更加方便快捷地办理群众诉求。扎实开展“一村一干警”活动，用脚步丈量民情，用跑步办实民事。共深入农户走访群众2000余人次，发放“检民连心卡”和检察宣传资料3000余份，化解各类矛盾纠纷137件，为2个帮扶村协调争取资金60万元。三是扎实推进平安渭南建设。深入开展打黑除恶专项行动，依法严厉打击严重暴力犯罪、黑恶势力犯罪、多发性侵财犯罪和毒品犯罪。2014年，共批捕犯罪嫌疑人1131人、起诉1228人。坚持把化解矛盾贯穿办案始终，认真落实宽严相济刑事政策，对347名犯罪情节轻微的初犯、偶犯等作了不捕不诉决定；推行刑事和解、检调对接、公开听证、检察宣告等制度，坚持阳光执法解疑释惑、化解矛盾，促成和解案件95件；重视保护涉罪未成年人合法权益，对56名涉罪未成年人依法作了宽缓处理，使17人重返校园，有5人考入大学。积极适应涉法涉诉信访工作改革后群众信访大量进入检察环节的新形势，着力用法治方式解决涉法涉诉信访案件入口不顺、程序空转、出口不畅等难题，建立来信、来访、电话、网络“四位一体”的信访渠道，建立了信访事项的审查甄别、诉访对接等制度，及时将相关信访案件导入司法程序，方便群众表达诉求，共妥善处理各类群众来信来访314件，热线受理群众诉求240件，接听电话答复率达到100%。完善涉检信访案件化解工作机制。积极开展带案下访、巡访、联合接访及检察长接待工作，全年检察长共接待群众来访692人，处理集体访、告急访等重大信访案件18件，一批信访积案息诉罢访。加强检察为民服务中心规范化建设，方便快捷解决群众诉求，大荔、澄城县检察院被高检院授予全国检察机关“文明接待室”称号，市检察院和临渭区检察院被省检察院授予全省检察机关“文明接待室”称号。完善立体化社会治安防控体系，加强对治安重点地区和突出问题的治理整顿，广泛开展普法宣传教育，促进提升社会治理法治化水平。

【查办、预防职务犯罪】 深入贯彻中央、省、市关于反腐败斗争的决策部署，坚持“老虎”“苍蝇”一起打，惩治、预防两手抓，为全面深化改革营造风清气正的社会环境。一是突出重点，不断加大办案力度。以开展查办职务犯罪“聚力反腐行动”为载体，坚持以零容忍的态度查办职务犯罪，始终保持惩治腐败高压态势，共立案侦查各类职务犯罪案件176件214人，同比分别上升7.1%和8.1%；立查大案65件，同比上升3.2%。其中，查办贪污贿赂等职务犯罪案件109件164人，同比分别上升5.8%和8.6%；查办渎职侵权等职务犯罪案件27件50人，同比分别上升12.5%和6.4%；通过办案，为国家和集体挽回经济损失647.1万元。二是依法办案，注重社会效果。牢固树立人权意识、程序意识和证据意识，坚持严格执法、文明办案，推进职务犯罪侦查法治化。积极推进职务犯罪侦查信息化和装备现代化建设，加强有针对性的督查指导和专项培训，着力提高干警依法规范开展侦查工作的能力。严格规范侦查取证活动，落实讯问全程同步录音录像等制度，支持和保障律师依法执业，坚决排除非法证据，切实做到不枉不纵、客观公正。探索职务犯罪案件全程动态质量控制机制，除正在侦查的案件以外，依法起诉职务犯罪嫌疑人167人，已做有罪判决129人，案件起诉率、有罪判决率、实刑判决率均位居全省前列。三是加强职务犯罪预防。坚持党委领导下的预防职务犯罪联席会议制度，健全完善社会化预防工作机制。以预防调查为抓手，深入开展“五进”预防职务犯罪活动，先后深入机关、企业、乡村、学校、社区等举行宣讲活动101次，1.04万名干部群众受到教育。拓宽行贿犯罪档案查询系统的应用领域，受理查询10216次，建议取消6个单位的市场准入资格。开展惠民政策落实、行政执法等领域职务犯罪专项预防，进行犯罪分析和研判42次、预防调查60次，有针对性地发出检察建议37份。出版发行了《中国报道——2014聚焦渭南预防》季刊，开通了渭南职务犯罪预防网络平台，组织全市检察机关拍摄了6部预防职务犯罪专题微电影，其中市检察院拍摄的《残月》和华阴市检察院拍摄的《心之莲》、大荔县检察院拍摄的《检魂》分别获全国检察机关首届预防职务犯罪专题微电影评选活动一等奖和优秀奖，进一步提升了职务犯罪预防工作的影响力。

【强化法律监督】 坚持敢于监督、依法监督，充分发挥法律监督职能，努力让人民群众在每一个司法案件中感受到公平正义。一是加强刑事诉讼监督。坚持惩治犯罪与保障人权并重、实体公正与程序公正并重，对侦查机关应当立案而未立案的监督立案81件，纠正漏捕86人，纠正漏诉83人，对侦查活动中的违法行为提出书面纠正意见300件次，有效防止了有案不立、有罪不究、以罚代刑等问题的发生。对审查认为确有错误的刑事裁判案件，提出抗诉9件，纠正刑事审判活动违法41件次。严格落实行政执法与刑事司法衔接、羁押必要性审查、简易程序出庭、庭前会议等制度，确保监督效果，促进司法公正。二是加强民事行政诉讼监督。共受理不服法院裁判的民事、经济和行政申诉案件218件，对审查认为确有错误的民事行政裁判案件，提出抗诉3件，发出再审检察建议16份，对审判程序进行监督9件，对执行活动进行监督77件。建立行政检察与行政执法监督衔接机制，发出督促行政机关履行职责检察建议5件。对做出不立案、不抗诉和终止审查决定的案件，依法做好释法说理、息诉服判工作，维护司法权威。三是强化刑罚执行监督。逐案审查办理执行机关提请的减刑、假释、暂予监外执行案件57件，提出纠正143人，已纠正143人；对监管活动中的违法情形，提出书面纠正432次，纠正432次。对社会高度关注的“有权人”“有钱人”更容易获得减刑、假释、监外执行的问题，扎实开展减刑、假释、暂予监外执行专项检察活动，重点清理涉黑犯罪、职务犯罪、金融类犯罪“三类罪犯”30人，发出检察建议57份，其中收监执行5人。着力推进高标准规范化检察室建设，临渭区检察院驻区看守所检察室被最高人民检察院评定为一级规范化检察室。

【检察队伍建设】 始终把队伍建设作为强基固本的重要任务来抓，坚持“五个过硬”，努力建设信念坚定、执法为民、敢于担当、清正廉洁的高素质检察队伍。一是突出抓好思想政治建设。认真学习中国特色社会主义理论体系，学习领会习近平总书记系列重要讲话精神，加强社会主义核心价值观、社会主义法治理念、检察职业道德教育，积极开展“规范司法行为”专项整治工作，大力开展“强作风、抓规范、贴民心、促公正”专项活动，坚定理想信念，补足精神之“钙”，永葆忠于党、忠于国家、忠于人民、忠于法律的政治本色。扎实推进党的群众路线教育实践活动，强化学习教育，广泛听取意见，把查摆整改作为重中之重，对查摆出的18条意见建议全面整改落实。贯彻整风精神，召开了高质量的民主生活会和组织生活会,自我批评直面问题,相互批评真刀真枪,增进了在党性原则基础上的团结。二是全面强化队伍素能建设。围绕提升强化法律监督、化解矛盾纠纷、做好群众工作等能力,切实加强教育培训、岗位练兵和实战锻炼。制定下发了年度教育培训计划,进一步加大教育培训和岗位练兵力度。先后组织37人参加了高检院培训,组织176人参加省检察院的业务培训;组织320人参加了国家检察官学院陕西分院和市委党校培训,有效地提升了干警基本技能和业务素质。市检察院《试论检察处分权的确立及配置》一文作为全省检察机关唯一调研成果入选第十五届全国检察理论研究年会;《新形势下加强检察机关党支部书记队伍建设的思考》作为西北五省唯一一家在全国检察机关党的建设理研讨会上进行了大会发言交流。三是强化党风廉政建设。落实“两个责任”促进廉洁从检。坚持严字当头、正气打底,坚决落实党风廉政建设的主体责任和监督责任,不断深化自身反腐倡廉建设。两级检察院党组自觉把党风廉政建设与业务工作、队伍建设同部署同落实同检查,制定落实“两个责任”实施细则,明确责任标准,细化责任内容,严格履责要求。强化对领导干部的监督,严格落实基层院检察长每季度向市检察院党组述职述廉述效制度。强化检察机关日常监督管理,开展检风检纪专项督察23次。加大正风肃纪力度,以零容忍的态度对待自身违纪违法问题,做到发现一起、查处一起、铁面追责。全市检察机关未发生干警违法违纪问题。四是着力加强基层检察院建设。认真落实市检察院领导班子成员联系基层制度,改进对基层检察工作的考核办法和对下指导方式,切实帮助基层减轻工作负担、解决实际问题。市检察院领导班子成员先后4次带队赴各基层检察院开展集中调研,深入总结基层工作经验,帮助基层解决了9个执法办案和队伍建设中的实际困难。

【接受监督】 牢固树立监督者更要主动接受监督的意识,强化内外部监督制约,保障检察权依法正确行使。一是自觉接受人大监督。认真落实市人大及其常委会的决议和要求,坚持主动向人大常委会报告工作,积极配合人大开展集中视察、专题调研和执法检查。加强与全国、省、市人大代表的经常性联系,通过邀请代表视察、调研、座谈和走访代表等多种方式,深入听取意见建议,认真办理交办事项,全部及时落实并答复。市检察院向代表、委员通报重要情况和重大活动4次,征求意见1900余人次,邀请代表视察工作2次,利用手机短信平台共向代表发检察资信11.5万条。二是自觉接受民主监督和社会监督。健全与各民主党派、工商联和无党派人士联系机制,聘任7名特约检察员并向其赠送《检察日报》。充分发挥特约检察员参与检察决策、监督执法办案等作用。主动听取律师意见,自觉接受律师的监督制约,促进自身公正执法。认真核查涉检舆情反映的问题,及时回应社会关切。三是强化对自身执法的监督。认真落实内部执法监督办法,严格执行职务犯罪案件撤案或不起诉报上一级院批准等制度。全面推行统一业务应用系统,所办案件从受案到结案全部在网上流转,法律文书拟制、审批均在网络系统内进行,将执法规范“软约束”变成网络运行“硬要求”。全面推行人民监督员制度,市检察院共选任人民监督员64人,对5件检察机关拟撤销案件、拟不起诉等“七种情形”案件实施监督,对人民监督员的意见,检察机关均依法予以采纳。积极构建开放、动态、透明、便民的阳光检务机制,推动检务公开由职能职责公开向以执法办案信息公开为主转变。依托检察院案件信息公开系统，按照能公开的案件信息全部在互联网公开的原则，共公开案件信息468件，进一步拓展了人民群众对检察机关执法办案的监督渠道。

（肖世翔）

审　判

渭南市中级人民法院

党组书记、院长　张振伯

副　院　长　丁亚民　张小刚
田永华　傅桥舟
吕升学　周　稷

【概况】　2014年，市中院紧紧围绕"公正司法、司法为民"工作主题，认真贯彻落实十八大、十八届三中、四中全会和习总书记系列重要讲话精神，全面履行宪法法律赋予的职责，努力让人民群众在每一个司法案件中感受到公平正义，各项工作取得了新成效，为平安渭南、法治渭南建设提供了有力的司法保障。全市法院办理各类案件26259件，其中审判执行案件22113件、减刑假释案件2337件、诉前调解案件1809件。市中院办理各类案件3936件。

【刑事审判】　全市法院审结刑事案件1815件，判处罪犯2504人，其中市中院审结268件。依法严惩危害公共安全、侵犯公民人身权利的严重暴力犯罪，审结故意杀人、故意伤害、绑架、强奸等案件624件，判处841人。严厉打击抢劫、抢夺、盗窃等多发性侵财犯罪，审结"两抢一盗"案件631件，判处996人。依法惩治职务犯罪及各类严重经济犯罪，审结贪污、贿赂、渎职等案件82件，判处111人；审结集资诈骗、非法吸收公众存款、生产销售假冒伪劣商品等案件45件，判处81人。加大轻微刑事案件和解及刑事附带民事案件调解力度，刑事附带民事案件调解率为58.3%。

【民事审判】　全市法院审结民商事案件16928件，其中市中院审结1173件。依法保障民生权益，审结就业、医疗、住房、社会保障及婚姻家庭等案件9125件。高度重视"三农"案件，审结农产品买卖、农民工追索劳动报酬、农村土地承包、农村集体经济组织收益分配等案件631件。加大违约失信行为制裁力度，审结各类合同纠纷案件5591件。坚持"调解优先、调判结合"原则，全市法院一审民商事案件调撤率达72.51%，高出全省法院平均水平5.51%。进一步加强诉讼与非诉讼相衔接的矛盾纠纷解决机制建设，强化诉前调解，全市法院诉前成功调解案件1809件。

【行政审判】　慎重审理行政诉讼案件，切实保护行政相对人合法权益，全市法院审结行政案件274件，其中市中院审结62件。稳妥执行非诉执行案件，执结非诉行政案件54件，促进支持行政机关依法行政。加大涉及土地征收、城建拆迁、社会保障等领域的群体性行政案件协调处理力度，促使实质性解决行政争议，一审行政案件和解撤诉率为58%。积极参与社会管理综合治理，提出司法建议40余件，帮助有关部门完善社会治理措施。

【执行工作】　全市法院执结案件3098件，其中市中院执结96件。加大反规避执行力度，通过媒体曝光200多个失信被执行人，决定罚款217.7万元，司法拘留113人，追究拒不执行判决、裁定刑事责任10人，促使被执行人履行裁判义务。积极组建执行指挥中心，完善执行威慑联动机制，初步形成了上下一体、内外联动、规范高效的执行工作格局，全市法院全部实现无执行积案创建目标。

【涉诉信访】　坚持开展矛盾纠纷大排查

大化解、法院携卷下访和对困难当事人回访等活动，法院领导每天接访，法官干警定期下访，及时处理群众反映的突出问题，来信来访较上年分别下降18%和13%。继续深化“访转诉”机制，认真落实立案提示、判前释法、判后答疑等制度，狠抓案件质量，努力提高服判息诉率。对突出的涉诉信访问题，严格落实“五定一包”责任，集中力量化解，上级交办的117件涉诉信访案件全部化解。领导包案、全力化解的作法最高法院通过信息向全国法院转发。

【审判管理】 修订完善审判质效评估体系，取消结案率等不合理的考核指标，把法定审限内结案率作为考核重点，加强审判流程管理，严格超审限责任追究，全市法院法定审限内结案率为99.91%，均衡结案度较上年提高0.11，收结案呈现良性循环的发展态势。深入开展庭审评查和优秀裁判文书评查活动，共评查庭审2136次、裁判文书12006件、案件19800余件。严格执行院长包抓基层法院、庭长包抓基层法庭和带案指导、发改案件与基层法院交换意见、案件归档前评查等制度，每月考核，每季点评，半年动态分析，全年总结评比，案件发改率、标的到位率和实际执行率较上年有较大改善，重点案件的评查得分居全省前列。

【司法为民】 继续加强立案信访大厅建设，完善便民设施，发挥服务群众的各项职能，积极打造热情周到、耐心细致、高效便捷的“一站式”服务平台。深化“一村(社区)一法官”工作，法院工作室就地解决纠纷4000余件。扎实开展审判工作“进农村、进社区、进学校、进企业、进军营”活动，采用“五进”方式审理案件13037件。积极开展法院开放日活动征询旁听庭审公民意见建议等活动，向7563名旁听庭审的代表、委员和群众征询了2967件案件裁判的意见和建议。认真落实诉讼费缓减免政策，市中院为确有困难的当事人依法缓减免交诉讼费30件112万余元。

【司法改革】 试行主审法官办案责任制和合议庭负责制，先后推选12名政治素质高、审判经验丰富的法官为主审法官分别组成合议庭，赋予相应权力，落实办案责任。建立重大疑难复杂案件主管院长、审委会委员旁听制度，提前介入，了解案情，掌握设争，为克服判、审分离做了有益尝试。推进行政首长出庭应诉制度，行政诉讼案件“一把手”不能出庭应诉的，必须说明情况，并委托相关负责人出庭，并定期向市人大报告行政首长出庭情况，向市政府报送行政案件司法审查情况，促进依法行政。进一步加强少年审判工作，创新人性化办案、社会化关护和立体化防控机制。广泛实行人民陪审员制度，11个基层法院全部完成人民陪审员“倍增计划”，人民陪审员达624名。深入推进审判流程公开、裁判文书公开、执行信息公开三大平台建设，全市法院网上公开裁判文书22816件，通过官方微博发布案件信息1567条，微博直播典型案件庭审224件，与渭南电视台联合制作《与法同行》节目47期。

（古争奇）

司法行政

渭南市司法局

党组书记、局长　李俊杰

副　局　长　王冬梅(女)　王进宏　薛宏志　何会民

纪 检 组 长　杨京荣

【概况】 2014年，全市司法行政系统以平安渭南、法治渭南建设为统揽，坚持“勇创新、敢担当、争一流”工作理念，以群众路线教育实践活动为抓手，扎实推进司法行政惠民“五大行动”，市司法局先后11次在省市会议上介绍工作经验，分别获目标责任制年度考核优秀单位、政风行风建设先进集体和“人民满意的窗口单位”等14项荣誉。

【基层司法行政】 深化“千所万人抓化解，力促三秦大和谐行动”。落实政法干警“一线工作日”，深化“三官一律”进社区工作机制，构建“大调解”工作格局。印发了《关于加强新形势下人民调解工作的意见》和《关于加强和改进矛盾纠纷排查调处工作的意见》，开展司法所规范化建设“回头望”大检查活动，实施司法所法务前沿建设工程。全年调解矛盾纠纷21902件，调处成功20810件，调解成功率达95.5%以上，制止群体性上访588人次，防止民转刑案件362件。加强专业性人民调解组织建设，实现人民调解组织在医患纠纷、道路交通、诉前调解、规模园区景区的全覆盖。6月26日，全省医疗纠纷人民调解工作现场会在渭南召开，临渭区医患纠纷调处中心经验在全省推广，全国人大、中宣部分别进行调研视察并充分肯定。成立了“渭南市区医患纠纷调处中心”。12月2日，举办了全市首届“十佳人民调解员”电视颁奖典礼。扎实推进“特殊人群帮扶雨露行动”，坚持每季度召开公检法联席会议，统筹解决重大问题。印发《县级社区矫正管理教育帮扶中心建设意见》《县级社区矫正中心建设标准》等6个规范性文件。强化刑满释放人员信息化管理，在全省率先成立“新航驿站”（市社区矫正管理教育帮扶中心），全国人大、省人大分别进行了调研指导并给予充分肯定。指导临渭、大荔、澄城建成了社区矫正管理教育中心（基地）。全年累计接收社区服刑人员3231人，解矫1278人，在册1953人，无脱管漏管，再犯率0.2%以下，低于全国平均水平；累计接收刑满释放人员6204人，重点对象帮教率100%。

4月16日，全国人大立法调研组一行在渭南市调研社区矫正立法

【普法与依法治市工作】 扎实开展“法治渭南建设推进行动”。推进“六五”普法，落实机关“板块式”普法责任。抓好重点对象普法教育，在全省“六五”普法中期检查中被评为先进城市。深化《法治渭南》栏目，定期播放法治公益广告、以案说法、普法短剧。依托市朝阳公园，建成市级“法治文化主题公园”和“法治大讲堂”。各级共建成法治文化广场12个，法治文化街130多条，打造法治文化品牌。12月4日，集中开展以“弘扬宪法精神，建设法治中国”为主题的“国家宪法日”暨全国法制宣传日系列宣传教育活动。

12月4日，市委书记徐新荣（左二）在中心广场视察法治宣传活动开展情况，局长李俊杰（右二）陪同

【律师、公证、法律援助、司法鉴定工作】 深化“法律服务惠民行动”。加大公共法律服务体系建设力度，出台《渭南市公共法律服务体系建设实施意见》，12月23日，市政府在澄城县召开了全市公共法律服务体系建设推进会议。深化律师担任人大代表、政协委员法律顾问工作机制，完善五个专项法律服务团运行机制，开展“千名律师连千所、法律服务到前沿”活动，指导临渭、潼关、澄城探索政府法律顾问制度建设，10月下旬，省司法厅在渭南市召开了推进会。全市律师共办理各类法律事务15936件，办理减免费案件2530件；担任法律顾问790家，为代表委员提供法律服务901件，为政府机关提供法律服务1257件，为重点项目提供法律服务1324件，为企业提供法律服务12870件，参加公益社会活动288次。深化“百处万件”公证法律援助活动，为困难群众、重点项目、中小企业提供减免费公证法律服务。全年共办理公证22500件，办理公证法律援助案件1390件，减免公证费用35.2万元。在全省率先建立刑事案件法律援助机构与公检法机关协调联动机制，开展规范化服务窗口创建，实现应援优援；市法援中心被评为“全省十佳法律援助单位”和“陕西省规范化法律援助服务窗口”。全年办理法律援助案件3512件，接听“12348”专线电话和为群众咨询2.1万人次，为受援人挽回经济损失9000余万元，节省代理（辩护）费1200万元。扎实开展“诚信规范、执业为民”专项整治活动，强化行业监管，办理司法鉴定案件1269件，提供减免费援助189件。

【司法考试工作】 圆满完成了2014年度国家司法考试工作，加大保密设施建设力度，配置了专门的检测设备和防范措施，整个考试无泄密、无组织差错、无违纪事件发生。全市共有421人参考，通过103人（A证23人，B证1人，C证79人），合格率为24%。

（杨贵军）

农业与农村经济

农　业

渭南市农业局
局　　长　张金荣
党委副书记　苏新会
副 局 长　范继省　张力民
　　　　　　刘德学　张宏义

【概况】 2014年,全市农业部门以增加农民收入为目标,坚持稳中求进、稳粮增收、改革创新、重点突破,在农村改革上求实效,在发展现代农业园区上下功夫,促进全市农业和农村经济平稳快速增长。粮食生产取得好收成,面积、产量均居全省首位,瓜果菜面积、产量、产值实现三增长,现代农业园区再上新台阶,新型农业经营体系不断壮大。农业增加值实现217亿元,同比增长5%;农民人均纯收入8534元,增长12.8%。

【粮食生产】 全市粮食生产面积51.39万公顷,总产206万吨。其中,夏粮29.29万公顷,总产104万吨,同比增长7.2%;秋粮22.1万公顷,总产102万吨,同比减少10.7%。落实以"一喷三防"为主的小麦中后期田间管理措施,抓住关键技术、重要时间节点组织群众统防统治,取得防治小麦吸浆虫攻坚战的胜利。粮食生产克服冬春连旱、高温伏旱以及强秋淋等不利天气影响,取得较好收成。

【瓜果蔬菜业】 全市新增水果面积1.09万公顷,总面积20.16万公顷,水果总产330万吨,同比增长7.8%。新增设施蔬菜3735.2公顷,累计面积6.74万公顷。全市蔬菜总面积12.05万公顷,产量450万吨。

【现代农业园区】 全年流转土地新增5776.22公顷,累计流转6.83万公顷,增幅9.2%,占承包土地总面积的13.58%。新增省级园区12个,市级园区10个;全市现代农业园区发展到346个(其中省级40个、市级115个),园区总面积达到4.69万公顷,产值实现86亿元。

【休闲农业】 全市规模化休闲农家、休闲农庄、休闲农业示范园已发展到56家,从业人数1.2万人,接待游客730万人次,营业收入9亿元,带动人均增收1.5万元。

【农业项目】 全年共申报部、省农业专项10多类100多个,申报资金总额3.7亿元,到位3亿余元。第二十一届杨凌农高会、第十二届中国国际农产品交易会、黄河金三角现代农业产业推介暨优势项目对接会签约合同21个,涉及金额66.07亿元。

【新型经营主体】 新增市级龙头企业33家,总数378家(其中国家级4家、省级88家、市级286家),龙头企业销售收入140多亿元。新增农民专业合作社731个,合作社总数5999个(国家级示范社18个、省级示范社70个、市级重点示范社71个),入社成员27.17万户,注册资金111.78亿元,带动农户38.84万户。

【农业科技教育、信息服务】 全市2014年认定新型职业农民275人,其中省级认定高级职业农民9人,市级认定中级职业农民94人，县级认定初级职业农民172人。按照果蔬栽培、植保、蔬菜、农机化、农村能源、土肥、畜牧、兽医等十余个专业门类，全市集中培训新型职业农民2000人。进行基层农技员知识更新培训1300人次，农村实用人才培训1.5万人次，农业实用技术培训25万人次。开展"12316"固定农技服务热线和"农技宝"移动综合信息服务平台前期筹备工作，全年累计发布信息2226条，其中100多条被中央、省、市有关媒体和网站采用。

【农产品质量安全】 市、县农产品质量安全监管体制基本健全，检验检测综合执法监管范围、工作力度加大，农业部门从种养环节到进入市场和加工企业前的监管责任得到落实。全年共监测果蔬菜农产品5433批次，合格率99%。先后四次明察暗访到11个县（市、区）369乡镇（次）1417家农药经营门店、24个农产品生产基地，发现违法经营门店199个，立案并结案199起。

【农业事业单位改革】 撤销市果蔬安全无公害监测站，其职能、人员整体划入市农产品质量安全检验检测中心；撤销市农村能源办公室、市农村科技进步办公室，将其职能、人员移交到市农技推广中心；将市农村经营管理局更名为市农村经营管理站。9月底机构、领导干部、人员已全部到位。

【土地确权】 全市农村土地承包经营权确权登记颁证工作已在8个县整体推进，在临渭、高新区、大荔、华阴市三分之一镇全面开展，涉及116个镇、2139个村、12490个组、645917万户、44.54万公顷承包地。全市信息张榜公示已完成85%以上，华县、富平、临渭区、高新区已全面完成农户承包地信息公示。在信息公示的基础上，各县（市、区）按照省上的统一制式生成表册、编码排序，依托渭南农经信息网建立的农村土地承包管理工作平台，按照农户承包地信息进行数据录入，建立农村土地承包经营权登记簿。

【美丽乡村建设】 2014年4月22日在大荔县召开改善村庄人居环境、推进美丽乡村建设现场会，下发《全面提升村庄人居环境质量推进美丽乡村建设的实施意见》。现场会后，全市以治理垃圾、污水为重点，以保障农村居民住房安全、饮水安全、出行安全为突破口，在全市11个县（市、区）447个村开展村庄人居环境整治。108个美丽乡村示范村初步实现净化、硬化、亮化、绿化、美化、产业优化的"六化"标准，339个重点村垃圾污水基本得到整治，群众对村容村貌的改善比较满意，参与改善环境建设美丽家园积极性主动性不断增强。市政府采取以奖代补方式对大荔县、白水县、潼关县分别奖励300万、60万、40万元，推进美丽乡村建设。

（李诗颖）

果　业

渭南市果业管理局

局　　长　郭雷保

副 局 长　李军民

【概况】 2014年，全市新增水果面积1.09万公顷，水果总面积发展到20.16万公顷，总产量330万吨，分别完成全市目标任务的117%、101%和100%。其中，苹果面积13.11万公顷，产量215万吨；葡萄面积2.19万公顷，产量38万吨；梨2.02万公顷，产量34万吨；鲜食枣11.11万公顷，产量11万吨。全市通过有机认证果园4002公顷，绿色水果认证面积6.67万公顷。果业成为渭南市增加农民收入的支柱产业，带动农村发展的主导产业。渭南市水果加工能力28万吨,年设计生产能力26万吨,成为全国最大的浓缩苹果汁生产基地。市级以上果品龙头企业54家,其中国家级龙头企业2家,省级龙头企业11家,各类果品营销企业和经济组织695个。冷库、气调库储藏能力58万吨,成为全省最大的果品机械储藏基地。2014年全市果业产值125亿元。

【果业项目】 2014年市级财政首次设立市级果业发展专项资金1000万元,市果业局、财政局组织专家对上报的项目进行严格评审打分,经市政府审批,共下达市级果业项目7类80项。争取省级果业发展项目资金1550万元;争取2014年中央财政现代农业生产发展苹果、猕猴桃产业项目资金共计6200万元。浙江海亮集团拟投资1个亿在澄城县王庄镇建立100.05公顷有机苹果基地,2014年已经完成投资2000万元,完成土地流转、打井、挖坑等准备工作;陕西天成生态农业有限公司计划投资3000万元在白水县杜康镇建设矮砧苹果示范基地66.7公顷;全省确定唯一一家中哈人民苹果友谊园,由海升公司在富平淡村建设66.7公顷,相关配套计划总投资1亿多元,2014年省上扶持资金300万元、市上配套资金500万元已经全部到位。

【果业品牌】 全市着力打造"白水苹果""蒲城酥梨""大荔冬枣""临渭葡萄""洽川红提"五大水果区域公用品牌,全面提高果品公用品牌知名度和影响力。五大品牌已全面完成注册登记工作。"白水苹果"公用品牌箱贴、果贴标志已在17家企业正式启用。五大水果区域公用品牌已获得国家工商总局注册登记,完成标准综合体的指定。"蒲城酥梨"已取得国家地理标志证明商标,"蒲城酥梨""大荔冬枣"正申请陕西省著名商标。白水、临渭、蒲城、大荔等县分别在连霍、渭蒲高速公路上设立水果区域公用品牌宣传广告牌,宣传渭南水果区域公用品牌。

【果品促销】 围绕五大水果区域公用品牌,组织有关果业企业、合作社在国内主要销区市场开展多种形式促销活动,同时努力开拓国际市场。2014年8月5日,市政府办印发《关于做好2014年果品促销暨区域公用品牌推介工作的通知》(渭政办发〔2014〕120号),全面安排部署2014年果品促销工作,以市场拓品牌,以品牌促销售。8月13日,渭南市果业局和大荔县政府在广东省江南果品市场举行"大荔冬枣"品牌宣传推介会。9月2至4日,渭南市果业局和临渭区政府在重庆市举行"临渭葡萄"品鉴推介会,填补重庆葡萄市场空缺,9月1至4日,市果业局组织6家企业参加在乌鲁木齐举办的第四届亚欧博览会,展示大荔冬枣、白水苹果、蒲城酥梨等6个水果品种,为渭南水果通过霍尔果斯出口中亚国家提供了通道。9月16日至17日,在第四届中国—东盟优质水果推介活动中,市果业局与合阳、蒲城两县政府分别举办专场推介会,合阳相关企业在南宁海吉星市场、柳州果品市场等地进行产销对接,蒲城酥梨在南宁设立直营店。9月22日,市果业局和白水县政府在北京新发地农产品批发市场举办"白水苹果"专场推介活动,以"白水苹果送北京健康千万首都人"为主题,举办"中国有机苹果第一县"誉名授牌仪式、白水有机苹果展、2014北京·白水苹果发展论坛3个苹果品牌营销活动,9月28日至29日,组织7个水果主产县(市、区)80余人参加第七届中国·陕西(洛川)国际苹果博览会,参展展位18个,参展企业、专业合作社35家,共展出苹果、梨、冬枣、葡萄等果品6大类42个样品,签约总量4.2万吨,金额2.8亿元。白水县红粉佳人有限公司的红富士、嘎啦苹果分别获博览会金奖。10 月 22 日至 11 月 3 日，市果业局组织白水、蒲城、合阳和临渭部分果业龙头企业参加在成都市举办的第十五届中国西部国际博览会，11 月 20 日至 22 日，市果业局在上海举办上海亚果会蒲城酥梨宣传推介活动，上海亚果会组委会授予蒲城酥梨“2014 年度最受上海市场欢迎的十大果蔬品牌”铜牌和荣誉证书，并举行了蒲城酥梨上海果品形象店授牌仪式。12 月 12 日至 15 日组团参加农业部杭州果品推介活动。7 月 31 日，“粉红佳人”国际苹果品牌在中国首家授权富平使用，这标志着富平极晚熟苹果“粉红女士”发展迈上一个新的台阶。全市 6 个苹果主产县在西安及以上各大城市共设立形象店 18 家。

【果业宣传】 2014 年 5 月 1 日《陕西省果业条例》正式颁布实施，市果业局印发《渭南果业发展法规政策汇编》，在市区主干道设立大型户外宣传广告牌，在渭南电视台、《渭南日报》、渭南政府网站进行宣传。市果业局联系中央七套《每日农经》栏目拍摄了白水苹果专题节目，于 11 月 17 日播出，取得良好的宣传效果。市果业局制作了五大水果区域公用品牌公益广告，于果品销售季节在渭南电视台持续播放一个多月。

（郝　静）

农业综合开发与扶贫开发

渭南市农业综合开发办公室

主　任　万双社

副主任　安奋强　苗振兴　郭智强

【概况】 2014 年，全市农业综合开发共完成投资 1.57 亿元，重点实施中低产田改造、高标准农田建设、产业化经营和财政贴息等四大类项目，初步形成田成方、渠成网，农业基本建设发展有保障；路相通、树成行，相关建设项目配套有依托。通过实施农业综合开发，新增节水灌溉面积 6369.85 公顷，增加农田防护林面积 6536.6公顷，扩大良种种植面积 1934.3 公顷；新增粮食生产能力 1257.38 万公斤，棉花 23.54 万公斤，油料 28 万公斤，蔬菜 75 万公斤，项目区农民人均增收 450 元左右。全年共投入各类扶贫资金 7.2 亿元，通过实施各类扶贫项目，帮助 18.6 万贫困人口实现脱贫目标。至 12 月底，全市剩余贫困人口 84.7 万人，贫困发生率 19.99%。

【土地治理】 2014 年，农业综合开发土地治理共完成投资 12789 万元，其中财政资金 11991 万元，群众自筹资金 798 万元。建设高标准农田示范工程 4002 公顷，改造中低产田 2734.7 公顷。新建改造排灌站 9 座，衬砌渠道 389 公里，埋设暗管 130 公里，新建渠系建筑物 3366 座，新打修复机电井 194 眼；改良土壤 6736.7 公顷，新修机耕路 161.7 公里，营造防护林 653.66 公顷；技术培训 3.8 万人次，示范推广580.29 公顷。

【多种经营项目】 农业综合开发产业化经营补助项目完成投资 2896 万元，建设产业化项目 13 个；农业综合开发产业化经营财政贴息项目完成贴息 1581 万元，扶持项目 24 个。

【精准扶贫】 以瞄准贫困人口，一村一策、一户一法，开展规范化、精细化管理为核心的精准扶贫全面开展。精准识别、精准施策、精准监管贯穿于年度扶贫开发全过程，融合于项目实施各阶段。先后开展三轮贫困人口精准识别行动，按照规定的程序和要求，核实贫困人口，并全部录入扶贫信息系统，逐户明确帮扶措施。安排实施的扶贫开发项目工程，精准到户率 76%。

【扶贫移民搬迁七年行动计划】 全年计划启动3658户、14140人的搬迁工程，建设48个移民搬迁新型安置社区(村)。搬迁社区主体工程已基本完成。按照移民搬迁首年看开工率，次年看完工率，第三年看入住率的要求，基本做到两年任务一年完成。同时，建设一批有特色、有特点、具有不同建设理念和风格的新型社区(村)。

【整村推进重点村建设】 全年完成中央、省财政资金投入6500万元，整合涉农资金1000万元，按照"强基础、兴产业、增收入、变面貌"的思路，在208个项目村实施建设任务，建成一大批基础设施，发展一批特色产业，在促进贫困村道路硬化、美化、亮化，改善贫困群众基本生产生活条件，增加贫困群众收入方面发挥作用。

【产业扶贫模式创新】 按照"一村一策，一户一法"精准扶贫方略，探索出以"参股建园""参股融资"为核心内容，建设扶贫产业园这样一种产业扶贫新模式。这种新的扶贫模式，能够有效提升贫困群众组织化水平，增强造血功能，缓解制约贫困户发展的资金投入、技术管理、市场风险等方面的压力。扶贫产业园已建成133.4公顷，取得一定的经济效益和社会效益，其示范和辐射带动作用也逐步显现。9月份在渭南市召开全省扶贫部门产业精准扶贫模式创新现场会，对渭南的精准扶贫工作给予充分肯定。国务院扶贫办主办的《扶贫开发》杂志，刊载渭南市《创新精准扶贫模式，开辟渭南扶贫新路》的经验材料。

【产业扶贫工程】 争取产业化财政补助资金3556.5万元，扶贫贴息贷款3亿元，重点实施小额信贷、企业项目贷款、互助资金、贫困户生产发展和产业化扶贫等五类产业扶贫项目，覆盖贫困人口3万多人，扶持各类专业合作社22个，龙头企业14个。

【扶贫素质提升工程】 投入中央、省财政资金6726.8万元，因户制宜，因人施策，重点实施雨露计划、高技能人才培训、实用技术培训、大学生资助、贫困地区脱贫致富带头人培训等能力提升工程。全年累计受训贫困人口161930人次，资助贫困大学生13703人。尤其在脱贫致富带头人培训中，既注重培训他们带领贫困群众脱贫致富的本领，还高度重视廉洁教育，由市纪委、市检察院等部门的专业人员讲解党风廉政和预防职务犯罪等法律法规，敲响依法依规行事的警钟，帮助他们致富有本领，做事不走样。

【社会扶贫】 社会扶贫形式以干部驻村联户帮扶为重点。全市共组建驻村工作队715个，其中省级72个，市级108个，县级535个，结对帮扶715个贫困村。6月底所有工作队全部入驻帮扶村，市级派驻的108个工作队，安排驻村队员252人，落实帮扶资金含物资折值2367万元，实施帮扶项目256个。5个中央单位帮扶白水、富平等5个县，共落实帮扶资金287万元，实施帮扶项目18个。

【行业扶贫工程】 行业扶贫工程以贫困村基础设施建设为重点。加大协调、整合力度，构建专项、行业、社会"三位一体"大扶贫工作格局，借助行业部门力量，加快贫困地区发展步伐。2014年行业部门共为全市贫困村和贫困户投入扶持资金近5亿元。

(苏　波)

林　　业

渭南市林业局

局　长　韦宪鹏

副局长　王智峰　王升卯　张纪文

【造林绿化】 全市高标准实施天然林保

护、退耕还林、"三北"防护林五期等国家重点林业工程,完成造林29426.67公顷,其中人工造林20026.67公顷、封山育林8733.33公顷、飞播造林666.67公顷。9月,国家新一轮退耕还林实施工作开始,在25度以上非基本农田坡耕地、严重沙化地和重要水源地15—25度坡耕地实施新一轮退耕还林还草。临渭、潼关、大荔、澄城、合阳和白水6县(区)落实退耕还林营造林建设任务1333.33公顷。

【秦东大地园林化】 市委、市政府召开会议安排部署秦东大地园林化和春季造林工作,组织开展秦东大地园林化春季造林观摩活动。市政府与各县(市、区)政府签订目标责任书。全市以实施秦东大地园林化"3511"工程为重点,精心组织,全年新增绿地面积49466.67公顷。按照市政府印发的《关于实施西潼西禹高速公路林带补植补造工作的通知》(渭政办发〔2014〕35号),重点对西潼、西禹高速公路、310国道、108国道、202省道、沿黄公路和大荔大朝路、蒲城五陵路、富平富淡路、白水白云路等路段进行补植补造和绿化,完成道路绿化2365公里。完成赤水河、石堤河、罗纹河、方山河等渭河南山支流的堤顶绿化任务,绿化面积1966.67公顷。重点实施南塬城区段、华阴凤凰岭、合阳大峪河流域、澄城茨沟、白水桥沟、大荔沙苑等荒山、荒沟、荒坡、荒沙治理,开展石灰窑整治区植被恢复,完成造林6793.33公顷。开展绿色家园示范村建设,全年建成园林化示范镇25个、绿色家园示范村184个。

【全民义务植树】 全市组织开展多层次、全方位的植树活动。组织市级五大班子及机关干部在临渭区三张镇西洛村、市级部门赴包联村进行义务植树;组织辖区适龄健康公民,以营建"军民共建林""三八林""记者林"等方式参与国土绿化。清明节前,全市统一时间、统一行动,开展了植树缅怀、文明祭祖活动,动员组织群众对主要交通沿线、景区可视范围内坟地植绿遮蔽,设立48个便民发放点,免费发放柏树苗木154.6万株。全市直接参加义务植树活动的人数281万人次,植树1106万株。

【林业产业】 全市以创建产业园、科技园、示范基地的形式,优化品种、集中连片、规模发展,新建核桃、柿子、红枣、花椒干杂果经济林11560公顷。通过政策扶持,项目支撑,培育壮大典型示范户,推进基地建设,丰富经营种类,加快花卉产业、林下经济发展。全年完成育苗2613.33公顷,发展林下种植4466.67公顷、林下养殖3333.33公顷,建成油用牡丹基地800公顷。注重培育壮大林业合作组织,发挥引领示范作用,开展省级示范社推选活动,绿源农庄等8家林业合作社被推荐评为省级农民合作示范社。全市全年实现林业产业产值36亿元。

【集体林权改革】 指导建立健全县级林权服务机构,加强对林农的服务,完善集体林权查询、登记、流转、抵押、森林保险等服务平台。统一印制林权流转合同、抵押贷款他项权证,指导县乡村完善有关台账。落实中央、省政策性森林保险,全市328606.67公顷公益林投保入险。

【森林防火】 不断强化森林火灾科学预防和安全扑救机制建设,从源头上提升各级火灾应急处置综合能力,先后召开森林防火工作电视电话会议2次,发布森林防火公告,滚动播放森林防火公益宣传标语。强化野外火患排查和春节、清明等重点时段火源管理,加大督查巡查力度,组织开展森林防火工作专项督查2次。全年没有发生重特大森林火灾事件,没有发生人员伤亡事故,是近几年来森林火灾发生率最低的年份。

【森林资源保护】 强化林业生态红线意识,加强林木资源管护,严格审核把关各类征占用林地建设项目,审核上报涉及国计民生征占用林地项目2起。开展严厉打击非法采石、开矿、乱建别墅等毁林占地专项行动,严格林木采伐和运输管理,查处违法用地项目16起,破坏林木资源案件36起。开展松材线虫病防控和油松毛虫、杨树天牛等主要病虫害监测防治,完成有害生物防治22260公顷。通过生态补水、退耕退养还湿、人工造林等措施开展湿地恢复6666.67公顷。完成黄河湿地保护区范围调整,并正式启动晋升国家级自然保护区申报工作,设立合阳、大荔、潼关3个县级湿地保护管理机构。新增白水林皋湖、富平石川河2个国家级试点湿地公园,全市国家级湿地公园试点总数已达到5个。

【林业依法行政】 深化简政放权工作,下放和取消21项市级林业行政审批事项,对保留的13项进行全面公示。组织开展林业普法和执法培训,增强依法治林意识和执法能力。开展林业执法质量考评活动,抽查考评案卷78卷,查摆改正存在问题。

【林业科技】 开展一类森林资源清查、营造林技术、病虫害防治、经济林作务等业务培训,实施"十百千"科技示范工程,普及应用抗旱造林技术和经济林丰产栽培、实用育苗新技术,示范推广面积7033.33公顷。开展渭北沟壑区困难地造林示范工程,创新和推广造林适用技术。科学开展森林经营抚育11466.67公顷,优化林分结构,提高森林质量。

【林业宣传】 市林业局与渭南电视台联合,采播反映造林绿化、资源管护和林业基层人物风采等专题片16期。在《中国绿色时报》《陕西日报》《美丽陕西》刊载"放大干杂果经济林的富民效应""青山绿水映富平""黄河湿地自然保护区发展纪实"等报道。举办"华山风骨·渭水襟怀"古树名木摄影展,开展世界森林日、湿地日宣传活动。

(党国刚)

农业机械

渭南市农业机械管理局

局　长 张力民

副局长 李宏才　吴跃峰(4月离任)

张忠孝　同青军

【农业机械】 2014年,全市农机总动力525万千瓦,农机经营总收入25亿元,主要农作物耕种收综合机械化水平87%,其中小麦机械化水平94%,玉米机械化水平81%。完成机耕面积48.29万公顷,机播面积49.36万公顷,机收面积47.82万公顷,其中玉米机收面积17.88万公顷。

【农机具购置补贴】 全市共落实农机购置补贴资金1.75亿元,补贴各类农机具5.53万台,其中动力机械15732台,收获机械2545台,种植施肥机械2965台,田间管理机械4872台,畜牧养殖机械295台,排灌机械7654台,补贴收益农户(合作组织)2.35万户。

【农机新技术】 实施保护性耕作示范项目和秸秆机械化综合利用项目。推广免少耕播种、机械深松、小麦秸秆还田、秸秆捡拾打捆、玉米硬茬播种等实用技术。全市新增保护性耕作面积1.23万公顷,推广实施保护性耕作8.8万公顷。建设秸秆机械化综合利用万亩示范田10个,千亩示范田2个,对比试验田12个,秸秆机械还田面积50.89万公顷,秸秆机械化综合利用率85.3%,重点区和禁烧区已超过95%。杜绝了秸秆焚烧现象,保护了大气环境。

秸秆机械还田

组织临渭区、合阳县、澄城县、大荔县、潼关县、华县等6县(区)实施果园、畜牧、设施农业机械化生产示范项目,组织临渭区、富平、大荔、蒲城等4县(区)开展小麦、玉米一年两作、蔬菜、肉鸡养殖全程机械化模式创建,带动全市农业机械化从关键环节到全程,再到全面机械化,推动全市现代农业发展;实施百库工程,提升全市果蔬储藏能力,共落实果库资金2720万元,建设果蔬储藏库34个。

【机械化农业生产】 组织“三夏”“三秋”机械化生产。“三夏”“三秋”期间组织全市农机部门实行24小时值班,开展作业信息、技术和送修、送油、送配件等服务,确保农业生产的顺利进行。先后投入16万台、13万台农业机械,适时完成农忙时节的抢收抢种工作,保证小麦、玉米等主要粮食作

玉米机收

物耕种收管机械化生产的顺利进行。先后编送“三夏”农机快讯15期(每天一期),“三秋”农机快讯10期(三天一期)。2014年,全市机耕作业面积48.29万公顷,机播面积49.36万公顷,机收面积47.82万公顷,其中玉米机收面积17.88万公顷。

【农机跨区作业】 落实联合收割机免交公路通行费惠农政策,发放跨区《作业证》6000个。成立跨区机收接待服务站25个,负责机手接待、机具调度、作业安排、维修供应以及后勤服务。开展跨区机收跟踪服务,由市农机局2名副局长带队,组织渭南电视台、《渭南日报》、农机合作社、经销企业为跨区作业机手提供信息、技术、农机安全互助保险及矛盾纠纷处理等跟踪服务。成立3个农机事故处理分队,跨越9个省、区,为参加跨区作业的机手进行事故勘查,提供理赔服务,共补偿机手农机事故损失160多万元。全市参加跨区作业的联合收割机和拖拉机近6000台,历时6个月,到达四川、湖北、河南、甘肃、青海等省进行跨区作业,收入突破5亿元。

【新型农机经营主体培育】 开展“农机教育培训大行动”,全年共培训各类农机人员2.74万人,培训农机管理人员954人,农机技术人员4588人,农机监理员386人,农机驾驶操作员20940人,阳光工程劳动力就业1000人,职业农民800人。通过“以奖代补”、秸秆综合利用项目扶持新建农机合作社;通过农机具库棚建设项目支持原有合作社基础设施建设,壮大其经营规模。全市新增农机合作社25个,新入社社员700名,入社机械400台套,合作社总数111个。新建大荔渭北农机维修中心1个,续建渭南福康维修中心1个,全市共有农机4S店8家,区域性维修中心3个,维修厂点633个,年维修保养拖拉机78981台,收割机10740台,其他机械120466台。

各类新型农机经营主体为农民提供农机作业、维修、供应、中介、租赁、果蔬储藏等社会化服务,全年农机经营总收入突破25亿元。

【农机安全生产】 组织农机监理人员进村入户,免费为农业机械挂牌、检验,共落实农机免费管理资金240万元。组织开展"打非治违"专项行动,重点纠正查处无证驾驶、无牌行驶及未按规定参加检验而投入生产等农机违法行为。开展以农机合作社、农机销售市场、农机库棚为检查重点的隐患排查治理活动。开展农机具质量监督调查,规范生产、销售企业售后服务行为,保障农机手合法权益。全市共受理农机质量投诉案件56起,处理56起,结案率100%。注册登记农业机械16868台,检验农业机械6.1万台,核发农机驾驶证1843套。农机登记率82.1%,年检率81%,持证率44.1%。共发生一般农机事故126起(其中安全生产事故15起),受伤12人,死亡3人,直接经济损失27.08万元。4月,蒲城县获部级"平安农机"示范县称号。

(杨晓娟)

水　利

渭南市水务局

局　长　石正福(11月离任)
刘振强(11月任职)

副书记　石军武

副局长　张民安　王同春(11月离任)
史向民　程崇祥(11月任职)

【概况】 全年全市水利投资23.06亿元。解决33.5万人的饮水安全问题。发展节水灌溉面积1.1万公顷。新修改造基本农田2401.2公顷。治理水土流失面积560.8平方公里。完成抗旱灌溉面积81.24万公顷次。水资源费征收入库2916.8万元。征收煤炭石油天然气资源开采水土流失补偿费3007万元。水产品产量3.98万吨。

【渭河综合整治工程】 55公里堤顶道路全面完成建设任务,20公里完成基础处理,罗敷河、柳叶河、罗纹河应急滞洪区已经蓄水运行,赤水河、遇河、列斜沟入渭口交通桥开工建设,170公里干流光纤通信工程建成并投入使用,城区段河滩生态修复核心区主体及绿化工程完成建设任务。

渭河滩中盛开的花海

【节水型社会建设】 落实用水总量控制制度,严格取水许可,全面推行用水定额管理,对各取水户取水量进行核定、审核,实行节约奖励超额处罚,万元工业增加值用水量降幅达到2%,超额完成省上下达降幅1%的目标任务。实行水资源统一开发利用和节约保护,优化水资源调配,强化重点饮用水源监测保护,满足渭南城区及全市经济社会发展的用水需求,保障城乡居民饮用水质安全。

【重点水利项目】 省政府在渭南市召开全省重大水利工程暨冬春农田基建现场会,推广渭南市重大项目建设管理规范、小型农田水利项目整体效益显著的经验。大型灌区续建配套节水改造和大泵改造项目衬砌改造干支渠200公里,更新改造大型水泵机电设备98台套,完成9座泵站改造任务。中小河流治理项目治理河道37.5公里，加固堤防9.8公里，新修护岸11.3公里，疏浚河道2.6公里，全面完成澄城大峪河、富平顺阳河等8个防洪工程建设任务，华阴罗敷河等3个项目完成竣工技术验收。病险水库治理项目进展顺利，合阳安坪等19座小二型水库完成治理建设任务，韩城英山等16座重点小型水库完成竣工验收。黄河雨林上延续建、黄河华原加高、潼关黄河口控导工程6月底完成年度建设任务，有效遏制了黄河堤防重点险工险段塌岸态势。经过4年建设，全市防御山洪灾害非工程措施项目全面完成建设任务。在全省率先实现市防汛指挥部与全市11个县（市、区）防汛指挥部和138个镇（办）防汛视频会商。

【抗旱防汛】　2014年全市遭遇60年来最严重的冬春连旱和长时段夏季伏旱，给农业生产和群众生活带来很大困难。面对严重干旱，市防汛抗旱指挥部启动抗旱应急响应。各级水管单位加强抗旱服务，狠抓水费廉政建设，维护用水秩序，科学制定用水方案，挖掘水源潜力，开动一切抗旱设施，全力以赴保农业增产、农民增收。全年完成抗旱灌溉面积81.25万公顷（东雷二期抽黄斗口引水量首次突破2亿立方米，创开灌35年来最高），减少粮食损失43.5万吨，挽回经济损失13.1亿元，为群众送水5170吨，解决9万群众的临时饮水困难。

各级水利防汛部门开展防汛责任制落实、河道管理秩序专项整治、防汛预案修订、物料储备、基层防汛队伍建设、人员培训、通讯报警设备维修等汛前准备工作，加强防汛值班，密切关注雨情、水情变化，有效应对了强秋淋和局地暴雨灾害，实现全年安全度汛目标。

【民生水利工程】　提前一年完成"十二五"农村饮水安全工程建设规划任务。全年完成饮水工程投资1.81亿元，建成工程120处，解决33.5万人的饮水安全问题。提高农业生产水利设施抗旱能力。全年完成农田水利建设投入4.9亿元，新打改造机井427眼、新建改造抽水站48座、新建衬砌渠道652公里、维修改造渠系建筑物4000座，发展节水灌溉面积1.1万公顷，恢复改善灌溉面积1.67万公顷，新修改造基本农田2479公顷。加大水保生态工程建设。全年完成投资2.58亿元，比上年增加7000万元，治理水土流失面积560.8平方公里。

【水利行业管理】　开展河道执法和水保监督专项活动，加强水产品市场监管，维护水利发展秩序。加强重点饮用水源的水质监测，确保城乡群众生活用水水质安全。严格执行水利项目基本建设程序，强化施工管理、资金管理和质量监督，开展水利工程建设领域突出问题专项整治活动，确保工程安全、资金安全和人员安全。层层落实安全生产责任制，完善安全制度和措施，全年未发生人身伤亡和较大安全生产责任事故。推进水利改革，完成国家级试点县小型水利工程管理体制和农业灌溉水价改革任务。争取国家大型灌区和县级国有灌区水利工程维修养护费4564万元，落实抽黄灌区电费省级财政补贴3242万元，降低灌区运行成本，减轻群众用水负担。加强管理协调，争取政策扶持，新成立组建110个乡镇水管站，完成水利工程管理体制和农灌水价试点县改革任务，将大型灌区电费补贴纳入省级财政预算。解决农灌水价严重倒挂问题，配合省财政厅、水利厅、物价局完成市直灌区调研报告和用水成本核定工作，为全省农灌水价改革提供依据。推进行政审批权下放工作，减少水行政审批事项13项，并在《渭南日报》进行了公示。对接上级业务部门下放的11项涉水审批事项。

（华红安）

畜牧兽医

渭南市畜牧兽医局

局　长　范继省

副局长　李　强　康义长

【概况】 2014年围绕现代畜牧业园区建设、畜牧业招商引资、创新畜牧业融资方式、畜禽污染治理等十大重点，加强政策扶持引导，加快体制机制创新，全力推动陕西现代畜牧业示范区建设。全年规划建设现代畜牧园区10个，新建规模养殖场362个，年底存栏生猪、牛（其中奶牛）、羊、家禽分别为350万头、45（14）万头、170万只、2350万只，同比增长11%、5（3）%、13%、7%；肉、蛋、奶产量分别为51万吨、21万吨、55万吨，同比增长12%、5%、10%；畜牧业产值120亿元，增长20%。

【现代畜牧业示范区】 市政府办公室出台《关于创建星级畜牧园区的实施意见》（渭政办发〔2014〕109号）《关于金融支持陕西现代畜牧业示范区建设的意见》（渭政办发〔2014〕108号）《关于将肉牛肉羊产业纳入陕西现代畜牧业示范区建设的通知》（渭政办发〔2014〕110号）等，全力加快示范区建设。把示范区建设列入全市重点建设项目，纳入各县（市、区）专项观摩和年度目标责任考核内容，加大考核权重，组织召开示范区建设专项观摩会，建立市、县两级领导包联制度、人大定期视察制度，全面抓好示范区建设任务的落实。

在财政投入方面，安排市级畜牧业发展专项资金3000万元，核心区、重点县专项扶持资金不少于800万元，其余县（市、区）不少于500万元，并整合各级农业综合开发、扶贫、移民开发等涉农项目资金重点向示范区建设倾斜。在宣传推介方面，拓宽信息渠道、创新宣传载体，制作渭南畜牧业宣传片、宣传画册，全面展示示范区建设的区位、资源优势等，在《渭南日报》、渭南电视台新闻节目开设“陕西现代畜牧业示范区建设”专栏，全方位、多角度、立体式宣传示范区工作，全年专题报道500余篇。各县发展亮点纷呈：富平县被中国轻工联合会、中国乳制品工业协会授予“中国羊乳之都”称号；合阳县打造西部最大奶牛核心基地；白水县“畜果结合”模式促产业循环发展。

【畜牧园区建设】 把园区建设作为示范区建设的重点来抓，高起点、高标准、高水平规划建设一批现代畜牧园区，使之成为主导产业集聚的功能区、先进科技转化的核心区、生态畜牧业的样板区、体制机制创新的实验区。全年规划建设园区10个，其中石羊永丰百万只肉鸡、大荔县万头奶牛、潼关安大六万套肉鸭3个园区已建成投产，富平十万只奶山羊、华阴龙兴5万只肉羊等5个园区已全面开建。

【项目建设】 省农业厅安排专项项目资金5000万元，市、县安排1亿多元，示范带动各类社会资本投入20多亿元，建设十万只奶山羊产业园区、百万只肉鸡、肉鸭产业园区、万头奶牛产业园区、万头生猪产业园区、千头以上奶牛场、千只以上奶山羊养殖场等重点项目92个。

【招商引资】 围绕产业链的构建和完善，以国内大型畜牧业龙头企业为重点，完善畜牧百强企业信息档案，健全招商引资信息库，建立定期联系制度，组织重点县、核心区通过举办项目推介会、赴外开展专题招商等活动，加大招商引资力度。引进重庆农业投资集团大荔县万头奶牛养殖基地建设、安康阳晨集团白水县百万头生猪产业体系建设等畜牧业项目27个，总投资35.5亿元。

【防疫监管】 落实重大动物疫病防控工作责任制和责任追究制度，完善旬报月会商制度，组织开展动物防疫规范化县镇创建活动，建立健全动物防疫体系，强化动物防疫工作。全市重大动物疫病的应免密度均达到90%以上，免疫抗体监测合格率70%以上，无重大动物疫情发生。加大对饲料、兽药等投入品生产、经营、使用全过程监管力度。严格饲料、兽药生产企业资质审核。创建15家标准化示范生猪定点屠宰企业。组织开展以违规生产、经营和使用投入品为重点专项整治行动。

【畜牧机制创新】 创新融资模式，拓宽融资渠道，着力破解畜牧业发展融资难题。富平县财政出资300万元、金牛乳业公司出资700万元建立富平县奶山羊产业发展基金，为养殖户提供信贷支持。合阳县财政出资1000万元建立奶牛产业发展基金，为122户奶牛养殖户担保贷款1346万元。加快"智慧畜牧"项目建设，加大信息技术应用力度，建设了市级和4个县级畜牧电子平台，接入标准化规模养殖场户100户，实现远程视频监控、远程技术培训和远程诊疗服务等功能。开发"智慧畜牧"网站，搭建网上超市，实现养殖企业、服务机构、畜产品加工运输各环节在网络上的互联互动。

（万　淼）

陕西黄河治理

陕西黄河河务局

局　长　刘培中

副局长　杨忠理　田建文

黄保强　马　斌

【防凌防汛】 确保2013—2014年度防凌安全。凌汛前，组织召开防凌会议，修订完善防凌预案，落实防凌责任，做好各项防凌准备。凌汛期，启动防凌工作机制，加强防凌值班，迅速无误处理防凌信息；加强巡查防范，战胜了牛毛湾工程险情，确保防凌安全。

安全度汛。召开防汛工作会议，签订防汛责任书，健全河道工程巡坝查险、防汛值班、洪水跟踪监测、揭河底冲刷监测等责任制，做到任务明确，责任到人。细化完善防洪预案，组织编制《渭南市2014年重大险灾抢堵指挥调度应急预案》，为防汛指挥决策提供技术支撑和法律依据。6月28日至7月8日，按照黄河防总的统一部署，开展防御大洪水演习。根据模拟的汛情变化，进行分析会商，启动应急预案，对防洪部署、料物筹备、查险、报险、抢险等环节进行实战演练。实施完成桥南工程0号坝、雨林下延工程10—13号坝、七里村护岸17—19号坝等7处工程抢险修复项目，恢复水毁工程防洪能力。2014年，榆林下延续建、华原、牛毛湾、雨林下延、七里村等工程相继发生根石、坦石、土坝基坍塌等各类险情19坝次。陕西河务局及时审批抢险动用料物、上报险情和抢险进度，确保了抢险顺利进行和安全度汛。

编制陕西黄河禹门口至潼关河段防汛形势图和工程治理图。该图系统地反映两岸行政区域、支流、河势、防洪工程、防汛路、旅游景点、河务部门、各级洪水淹没范围等基本信息，具有较强的实用性，为防洪抢险指挥决策提供技术支持。

推进陕西工情分中心建设。陕西工情分中心是国家防汛抗旱指挥系统二期工程主要建设内容。11月6日，在渭南召开了陕西工情分中心建设推进会。

【冲刷降低潼关高程试验和调水调沙】 3

月19—28日、6月30日至7月9日，黄河防总分别组织开展利用并优化桃汛洪水过程冲刷降低潼关高程试验和黄河汛前调水调沙。黄河龙门站最大流量分别为1940、1780立方米每秒。陕西河务局分析预估洪水漫滩及工程出险情况，优化完善实施方案，利用手机短信每日发布水情等信息，收集编报工作动态，及时传递处理有关信息和指令，督促做好洪水跟踪监测和工程巡坝查险工作，保证工程和人员安全，上报桃汛试验和调水调沙技术工作总结。

【水利工程】 完成禹潼河段近期治理工程年度建设任务。开展禹潼河段近期治理工程施工组织和管理工作，潼河口、华原护岸加高加固工程、榆林控导上下延工程、黄渭分离控导下延工程主体工程全部完成。全年累计完成土方工程量81.5万立方米，石方工程量32.2万立方米，完成投资5000万元。计划于2015年开工建设的太里控导上延工程也提前开展前期工作。

陕西黄河河务局防汛物资仓库建设项目立项工作有序推进。先后办理城乡规划、环评、用地预审、项目选址等前置手续，完成固定资产投资项目节能登记。11月水利部批复陕西黄河河务局防汛物资仓库建设项目建议书（水规计〔2014〕383号），12月黄委批复初步设计（黄规计〔2014〕492号）。

黄河禹潼河段“十三五”治理工程前期工作。委托黄河勘测规划设计有限公司开始编制《可研报告》，12月，水规总院对《黄河禹潼河段“十三五”治理工程可行性研究阶段勘测设计任务书》进行审查。水利部已对该项目研究阶段勘测任务书作出批复。

【水利工程管理】 开展工程质量管理年活动，集中进行工程质量隐患排查，对重点险工险段进行除险加固，并开展植树种草、根石探测、日常养护等工作。华原、雨林下延、七里村三处工程通过黄委示范工程复验，太里管护基地申报成为黄委示范工程。编制完成《陕西河务局2015年度黄河水利工程维修养护实施方案汇编》，为做好2015年维修养护工作，持续改善工程面貌奠定基础。

【水政水资源管理】 实施河道管理。对黄韩侯铁路、龙门镇绕城公路、大西高铁等河道内建设项目加强监督管理，并对蒙西铁路龙门大桥等项目进行初审。加大水事违法案件的查处力度。全年共开展河道巡查20次，查处各类违法违规行为17起。强化大北干流管理，两次召开大北干流管理座谈会，密切与沿黄地区各级水务部门的联系。开展大北干流巡查，走访调研沿黄各市社会经济和河道管理情况。开展省际水事纠纷排查，针对水事纠纷敏感地区，提出处理意见和建议。实施最严格的水资源管理制度，加强对沿黄各取水口的管理。召开北干流水资源管理座谈会，开展水资源专项检查活动，严格查处各类违规取水、无证取水行为，确保水资源管理与调度的有序进行。

【陈小江到陕西河务局调研】 11月6日，由黄委主任陈小江带队到陕西河务局开展调研工作。一行人先后到韩城南谢工区、合阳榆林上延工程调研，并在陕西河务局机关召开座谈会。

（袁小哲）

工业和电力供应

工业经济概述

渭南市工业和信息化局
党　委　书　记　刘忠生
党委副书记、局长　刘永奇
党委副书记、纪检书记　贾世明
副　局　长　党荣昌　武　强
　　　　　　孟宪宗　吴百忍
总工程师　范月丽

【综述】　2014年，渭南市积极应对整体经济下行压力加大，工业经济运行开局不力，增速趋缓的复杂局面，围绕工业发展稳中有为，提质增效的发展战略，按照“在发展中促转变，在转变中谋发展”思路，以扩增量、优存量、调结构、转方式为抓手，坚持将稳产促销与转型升级相结合，努力变下行压力为经济结构调整动力，推进工业发展由资源消耗型向创新驱动型转变，引领全市工业经济平稳健康发展。全市规模以上企业累计完成工业总产值1883.48亿元，同比增长8.14%；完成工业增加值638亿元，增长12.3%。从规模以上工业总产值增速来看，一季度增速为3.07%，上半年增速为7.22%，三季度末增速8.05%，四季度增速8.14%。从增加值增速来看，一季度增速11.0%，上半年增速12.6%，三季度增速12.7%，四季度增速12.3%，持续高于全省平均增速。

【行业结构】　“八大行业”呈现全面增长态势，医药制造业同比增长14.32%，食品行业增长17.55%，建材行业增长17.46%，装备制造业增长17.28%，增速相对较快。占全市规模以上企业总产值36.23%的有色冶金工业同比增长8.03%，增速低于全市平均增速1.1个百分点。占全市规模以上企业总产值31.47%的能源工业仅增长3.31%，仅拉动全市工业增长1.09个百分点。装备制造工业和食品工业、化学工业增长趋势明显且与全市工业增长趋势吻合度高。非金属矿物制品业、纺织服装工业、医药制造业全年呈上升趋势，但受多种因素影响，增长波动较大，对全市工业增长拉动作用有限。与2013年，2014年能源工业占比下降2个百分点，有色冶金行业比重下降1个百分点，食品工业、化学工业分别上升1个百分点，能源工业的比重由2013年的33%下降到31%，非能源工业由2013年的67%提高到2014年的69%，非能源工业的比重有所提高。

西安重装渭南光电

【县市区经济】　全市大多数县(市、区)保持增长态势，10个县(市、区)持续增长，其中大荔县同比增长20%以上；富平县、高新区、华阴市和经开区呈两位数增长；蒲城、华县与全市工业增速的差距收窄；白水县、合阳县、临渭区同比下降。韩城市、富平县对全市工业存量贡献明显,拉动增长作用明显。华县、蒲城县存量贡献较大,增量贡献不高。临渭区、潼关县、澄城县呈现持平或下降趋势。其中韩城市、华县、蒲城县、富平县、高新区、华阴市6个工业总产值突破百亿元。陕西韩城黑猫焦化成功上市。

【重点企业】 全市规模以上工业企业共414户,较上年工业总产值同比增长的企业274户,同比持平的企业2户,下降的企业121户,停产企业17户。分别占全部规模以上工业企业的66%、1%、29%和4%。从重点监测企业运行情况看,全市重点监测的前50户工业企业中,同比增长的企业36户,占72.0%,其中增速10%以上的企业24户,占监测企业总数的48.00%;下降的企业14户,占28.00%,主要集中在能源行业,其中9户企业同比下降10%以上。占全市工业总产值5.87%的龙钢集团、金钼集团两大公司同比分别增长8.49%和3.07%。

【主要工业产品】 全市规模以上工业产品共计110余种,重点监测的30种主要工业产品中,13种增长,17种下降。重点工业产品中钢材、钼精矿同比小幅增长,原煤、洗煤、水泥、焦炭、生铁同比下降,其中原煤产量同比下降7.61%,洗煤产量下降5.09%,水泥下降3.07%,焦炭产量下降2.45%,生铁产量下降2.10%。

【工业投资】 2014年工业固定资产投资完成448.15亿元,同比增长7.9%,占全市固定投资比重为27.22%。34个市级重点工业项目均完成年度投资计划。陕西石羊肉制品加工、龙钢450立方米高炉系统技改、陕西神光氟化工系列产品二期等工业重点跟踪服务项目均完成年度建设任务。澄城卷烟厂易地技术改造、富平热电联产项目均按照项目进度抓紧实施。韩城龙门煤化28万吨合成氨及48万吨尿素、蒲城70万吨聚烯烃、阳山庄钢铁炉料、富平生态水泥等项目已进入试产阶段。

【责任细化落实】 年初,对照省、市下达的主要工作任务,突出重点指标、重点项目和重点工作,及时分解落实工业经济各项指标,将有关指标任务下达各县(市、区),签订目标任务责任书,并按照季度通报各县(市)考核指标完成情况。统筹做好全市工业经济重点任务进展情况督促检查工作,全力保障工业经济发展。同时,将工作任务全面分解,确定13项工作任务,分解为81项,按照任务内容、责任领导、责任科室、完成时限、协办科室等项目,将责任夯实到涉及的科室和每名干部。落实领导包联工作制度,由8名领导带队,加强县(市、区)和企业实地调研力度,对企业提出的融资、土地、市场开拓、项目环评、要素保障等方面问题,落实对接。

【综合协调】 健全工业经济运行月度季度分析制度、重点企业旬报月报制度等,分层次、多角度、全方位深度挖掘工业经济运行情况,全面把握好工业运行态势,提出有针对性的措施,坚持每月编报月度规模以上工业经济运行情况分析和下步工作措施的送阅件。逐月、逐季度先后9次召开工业经济运行分析会、工业稳增长促进会,加强工业经济运行综合协调工作。

【规模以上企业培育】 对2013年新增的73户规上企业进行奖励,同时对产值在300万元至2000万元之间的企业进行重点培育扶持,帮助搞好生产经营和产值统计,促其尽快纳入统计范畴。由稳增长专项资金列支,先后两次对全年工业稳增长工作有突出贡献的59户企业进行表彰奖励。

【对企服务】 对全市工业经济中占比较大的陕煤集团、有色集团驻渭企业高度关注,进行密切跟踪监测和调研,对两大集团在渭企业进行全面梳理汇总，市委、市政府领导先后三次与陕煤集团进行沟通协商，对企业提出的7个方面的12个问题，逐一落实，限期解决。确保重点行业、重点企业正常运行。

【重点项目跟踪服务】 全面落实重点工业项目包抓责任制，对尚未开工或建设进度缓慢的项目，衔接协调各有关方面，为项目和企业在融资、用电用气、征地建设、行政审批、生产生活条件改善和历史遗留问题处理等方面做好服务工作，特别是对蒲城70万吨聚烯烃、陕煤煤层气综合利用、中金千吨精炼、澄城卷烟厂技改、陕焦化甲醇综合利用、青岛啤酒厂扩能搬迁、陕化20万吨乙二醇等重大项目做好环境保障。

【技术创新】 企业技术中心创建工作持续开展，全年申报省级企业技术中心7户，国家级企业技术中心1户，2户省级企业技术中心通过省工信厅等六部门认定，全市省级企业技术中心达到19户（其中1家为国家级技术中心），储备具有成为市级企业技术中心基础的企业50户。组织拓日新能等企业申报的20个重点新产品项目获省工信厅批准，可享受有关优惠政策，预计年销售收入可达6.8亿元，利润1.1亿元，税金0.8亿元。对储备的60户技改项目进一步审核筛选，确定市级财政支持企业转型升级及改造贴息项目42个，共计资金485万元。为长石电子有限公司等3户企业申报技术创新示范企业，为秦东化工有限公司等8户企业申报技术创新项目，预计创新项目实施后可实现销售收入3.2亿元，税金1693万元，利润2270万元。

【节能降耗】 指导各县（市、区）工业主管部门及企业开展国家强制性单位产品能耗限额标准达标及自查，对白水、澄城、富平生产陶瓷、铁合金、焦炭的重点耗能企业开展现场抽查。针对华阴新西北特种钢铁有限公司污染问题，深入企业了解情况，对存在问题，研究解决办法，化解矛盾。与陕西省民爆办合作多次深入企业检查，杜绝民爆生产安全隐患发生。2014年全市淘汰水泥落后产能49万吨，铁合金落后产能4万吨，炼铁落后产能82万吨，炼钢落后产能50万吨。淘汰水泥落后生产线4条，钢铁落后设备7套。拆除的生产线设备全部予以废毁，11月11日至13日通过陕西省联合考核检查组验收。及时将2013年淘汰落后产能奖励资金609万元下解到县（市、区）财政，并指导各县（市、区）工业主管部门，加强资金的监管，做好沟通衔接，将资金足额拨付到企业，防止挤占挪用。制定关于2013年关闭小企业补助资金分派方案，将补助资金下达到各县（市、区）及企业。审议并上报全市2014年关闭小企业申报补助资金计划，共上报申请补助资金企业18户。按照渭南市"治污降霾·保卫蓝天"五年行动计划，开展土法石灰窑取缔工作，指导合阳、澄城县工信部门，取缔土法石灰窑93个，淘汰落后产能58万吨。督促陕焦、陕化、尧柏、渭河煤化、富平水泥、实丰水泥6个重点企业完成重污染天气应急预案。

龙钢高炉群

【中小企业发展】 贯彻落实中央、省支持中小微企业发展的各项政策措施，强化中小企业在经济增长中的地位和作用，营造良好的非公经济发展环境,完善中小企业服务体系,各项经济指标得到较快发展。1—12月,全市中小企业实现营业收入2388.98亿元,实现增加值791.22亿元,上交税金57.86亿元。全市纳入目标责任制考核的13个开发区工业园区实现营业收入1555.41亿元。初步拟定《渭南市关于加快非公有制经济发展的意见》《渭南市开发区工业园区发展等级评定管理办法》及相应的评定标准和细则。渭南市中小企业服务中心被确定为国家级中小企业公共服务示范平台,市中小企业协会等5家服务平台被确定为省级中小企业公共服务示范平台。开展"千户融资重点企业"和"百户上市后备培育中小企业"融资需求调研,共上报200户企业争取省级支持,组织召开小微企业银企对接会,现场争取到邮储银行渭南分行对全市12户小微企业授信贷款9000万元。引导企业建设创新研发机构,组织申报省级中小企业创新研发中心20户,全市被省级认定的中小企业创新研发中心有34个。推荐上报13个完善中小企业服务体系环境项目、5个完善中小企业融资环境项目列入2014年国家中小企业发展专项资金项目。推荐市级中小企业窗口服务平台、陕西关中民俗工业产业集群窗口服务平台两个项目列入2014年工业转型升级中小企业公共服务平台专项资金项目。举办中小企业大讲堂活动44期,其中讲座38期,研讨会、银企、证企、服务等对接活动6期,培训企业300户,培训人员3250人次。在全省率先与西安交大落实校地合作,由市级人才专项资金实施补助,开展企业职业经理人培训认证活动,着力提升企业现代化管理水平。

职业经理人培训

【招商引资】 引进渭南市经开区创业孵化基地建设项目,年内完成投资1.2亿元,超额完成招商引资任务。该项目由西安大今融实业有限公司投资建设,主要建设内容有:标准厂房、物流库房、研发楼、展示中心、职工公寓、运动场、餐饮中心、超市、娱乐会所及其他辅助用房,总投资8.1亿元。2014年,孵化基地建成标准厂房6栋,公租房已完工,建成服务平台3000平方米,建成孵化基地内3条道路近千米,正在建设3栋标准厂房,采暖及天然气工程正在加紧施工。先后组织企业参加中国西安食品博览会、第49届全国工艺品交易会、中国西部旅游商品博览会等全国级展销会,充分展示渭南工业产品的形象与实力,签订大量的销售合同和合作意向。召开全市工业企业产销对接暨推介会,共促成100多个企业签订产销合同,合同总金额20多亿元。在韩城召开煤电产销协调会,推进地产煤与域内燃煤发电企业的产销对接,稳定煤炭生产销售。组织产业招商活动,探索"以商引商"的合作模式,10月29日在渭南市举办黄河金三角工业产业及园区特色产业推介会,11月1日,在郑州举办承接产业转移项目推介会,签约项目总额达到235亿元。渭南电视台在新闻综合频道《渭南新闻》栏目,开设"走企业、看生产"版块,以记者走基层的形式,走进企业,采访企业生产经营情况,宣传报道企业在科技创新、产品结构升级、品牌建设、拓展销售市场等方面的成功经验,以及企业面临的困境和亟待解决的问题;在《华商报》开办了“健康食品,美味渭南”专栏,强势宣传全市优秀食品企业和产品。同时,利用市政府网站《在线访谈》栏目,举办工业经济主题的系列访谈节目,通过互联网对全市范围内的工业企业进行网上推广宣传。

（苏　鑫）

煤炭工业

渭南市煤炭局

局长、党组书记　张发印

副　局　长　贺双田　李　明　薛晓军

【基本情况】　全市有韩城、澄城、合阳、蒲城、白水5个产煤县(市)。2014年,全市各类煤矿共生产原煤2798万吨,其中省属国有煤矿产量1971万吨,地方煤矿产量827万吨。地方煤矿产量同比减少58万吨,下降7%,地方煤矿销量816万吨,同比减少93万吨,下降10%,地方煤矿共发生事故8起,死亡10人,失踪2人,百万吨死亡率0.39。

【安全生产】　年初,市煤炭局与各产煤县(市)煤炭局签订安全生产目标责任书,分解下达年度煤矿安全控制指标和工作任务,坚持每季度定期召开全市煤矿安全生产工作例会,通报安全生产工作完成情况和存在问题,安排布置下季度重点工作,逐级落实政府的安全监管责任和煤矿企业的安全生产主体责任,确保各项工作措施落到实处。出台《全市煤矿开展“保护矿工生命,矿长守规尽责”主题实践活动实施方案》,逐矿签订落实《七条规定》的承诺书,制作了举报箱,公布了举报电话,对矿长履职和兑现承诺情况进行抽查考核;先后6次组织领导与全市煤矿矿长、法人、实际控制人以及安全管理人员进行面对面谈心对话活动,组织开展送安全下基层、播放典型事故安全警示教育片、举办安全知识答题、安全题材文艺汇演、事故应急演练等一系列活动。

【打非治违】　按照中央、省关于集中开展“六打六治”专项行动的通知精神,成立煤炭行业“六打六治”专项行动工作领导小组,制订工作方案,落实目标责任;开展煤矿打非治违工作。按照“四不两直”要求,进行4次专项打非治违检查,对6处非法组织生产、建设的煤矿下达了停产停工指令,按照相关规定给予处理;按照年初制定的监管计划适时进行安全检查督查。围绕“一通三防”、瓦斯治理、防治水、防灭火、机电运输管理、顶板管理、“六大系统”建设、质量标准化和兼职救护队建设等,突出重点地区、重点矿井、重点时段,组织开展专项检查、交叉检查、联合督查等13次,检查矿井532矿次,排查各类安全隐患1446条,督促整改安全隐患1443条,整改率99.8%,其中省、市挂牌督办重大安全隐患13条,整改13条,整改率100%。对每次检查的安全隐患建立登记台账,实行编号登记、限期整改、复查销号。

【安全质量标准化建设】　制定标准化建设目标任务,下发煤矿安全过程控制精细化管理实施方案,对安全质量标准化建设工作提出具体要求,各县(市)煤炭局进一步充实人员,完善措施,加强指导,动态管理,组织煤矿企业主要负责人到陕煤集团红柳林煤矿、王村煤矿参观学习,有效地推进安全质量标准化建设工作。全市16处生产和联合试运转矿井中,安全质量标准化达一级标准2处,二级标准5处,三级标准6处(其余3处煤矿因停产未考核)。

【遏制煤矿超能力生产】　按照中央、省关于遏制煤矿超能力生产规范企业生产行为的通知精神，及时组织各县（市）召开专题会议安排部署工作，要求各县（市）煤炭局立即组织调查摸底；各生产煤矿年度原煤产量不得超过登记公布的生产能力，月度原煤产量不得超过月均计划的110%，无月度计划的，月产量不得超过登记公布生产能力的1/12，9—12月份煤炭产量要比上年同期减少12%。将《煤矿按照登记公布生产能力组织生产的承诺书》《煤矿生产能力情况》《煤矿生产能力汇总表》上报省煤管局。对13处矿井下发停产、停建通知，确保遏制、规范煤矿企业超能力生产行为取得实效。

【资源整合和淘汰落后产能】 第一轮资源整合矿井已建成3处，形成产能96万吨/年；项目已建成，即将进入联合试运转4处；第二轮资源整合矿井已开工建设4处。全年淘汰落后产能矿井8处（其中通过机械化改造淘汰3处、通过资源整合淘汰3处、通过核定生产能力淘汰2处），增加产能306万吨。全年关闭矿井6处，通过省煤管局的验收。

【煤炭瓦斯监测监控】 上半年，按规定给市煤炭瓦斯监测监控中心配齐8名监控人员，建立健全监控中心各项规章制度，对8名人员进行岗前培训，5月份开始试运行。截至12月底，除澄城县因端口问题正在调试、合阳县煤炭局因办公场所搬迁外，其余3个县（市）都能与市煤炭瓦斯监测监控中心联网。

【安全保障能力】 全面开展煤矿隐蔽致灾因素普查，28处矿井完成普查报告，划定警戒线和禁采线。全年组织培训煤矿企业主要负责人67人次，安全管理人员533人，特种作业人员11期共计917人次，新工培训8251人次。选派15名安全监管人员到陕西能源学院进行为期1个月的业务学习。15处矿井配备救护装备，675名兼职救护队员进行为期45天培训，进一步完善矿井重大事故应急救援预案。

（王永红）

中小企业发展

渭南市中小企业促进局

局　长　刘忠生

副局长　吴百忍

【概况】 2014年，全市非公有制经济占全市生产总值比重达47.6%。营业收入完成2412.02亿元，同比增长20.07%；上缴税金59.13亿元，增长11.79%；实现利润128.97亿元，增长15.15%。支付劳动者报酬157.87亿元，增长11.07%。

【园区经济】 全市入园企业累计达1004户，已投产企业808户，入园企业实现营业收入1590亿元，园区在全市工业产值中占比达62.38%以上；入园企业上缴税金52亿元，吸纳社会就业人员17.1万人，累计建成标准厂房面积16.1万平方米。在全省重点建设县域工业集中区统计监测考核年度评比中，白水县苹果科技产业园进入前十名，获省政府以奖代补奖励资金100万元。

【平台建设】 渭南市中小企业服务中心2014年年底被工信部确定为国家级中小企业公共服务示范平台，成为渭南市唯一一家被认定为国家级示范平台的机构。《陕西日报》12月2日第二版、《渭南日报》12月8日第一版均进行报道。各县中小企业服务平台积极搭建，蒲城县窗口平台已实现业务的全面开展，自建的电子商务网络平台已实现网上交易和同城配送；华县实现窗口平台的全面运营和业务开展；合阳完成窗口平台的装修及硬件的购置，全面入驻；澄城县窗口网络平台正在建设之中。全市40%的县(市、区)建成县级中小企业服务平台。截至年底,全市已有7个平台被陕西省中小企业局认定为省级公共服务示范平台。

【人才培训】 开展渭南市中小企业大讲堂活动,全年共举办活动44期,讲座38期,研讨会、银企、政企、服务等对接活动6期,培训企业300户,培训人员超过3250人次。在办好大讲堂的同时,利用学员的学习笔记和心得体会,大力挖掘附加价值,召开小范围的全国企业决策与科学思维学术研讨会,创办3期《企业之声——科学思维专刊》期刊。与西安交通大学管理学院共同开展中小企业职业经理人培训认证活动,截至12月底共80余人参加培训。承办渭南市百名企业人才职业经理人培训班,组织开展企建教育“千企万人培训”工作,50家企业进行学习培训。

渭南市中小企业大讲堂

【融资担保】 召开小微企业银企对接会,为全市中小企业发展搭建银企合作平台。小微企业银企对接会通过政银企三方合作,构建政银企之间交流合作平台,实现社会资源与金融资源的有效对接;探索融资新经验,推广合阳县中小企业局的“助保贷”业务。华县也借鉴合阳经验,“助保贷”业务也在开展当中。开展了中小企业信用担保机构自查自纠活动,使各类融资担保公司运转更规范。

全市小微企业银企对接会

【科技创新】 在4家符合条件的中小企业建立专家工作站,组建8家中小企业创新研发中心。全市被省级认定的中小企业创新研发中心有42个。组织企业积极参加科技合作和科研成果对接,先后参加工信部第八届技展会、农业部中国农产品加工贸易洽谈会,企业的科技创新能力和科技成果转化能力进一步提高。根据陕西省中小企业局安排,围绕培育“专精特新”中小企业,提出相关意见,补充和完善《陕西省培育“专精特新”中小企业试行办法》,并安排落实中央、省有关促进中小企业“专精特新”发展的指导意见,下发“专精特新”发展相关文件。

(靳 雯)

电力供应

国网渭南供电公司

总 经 理 朱罡(12月任职)

党委书记 纪晓军

副 局 长 郭大皿 张争朝
王文策 陈 冰

纪委书记 张宝平

【概况】 国网渭南供电公司成立于1972年4月,是陕西省电力公司下辖的国家大一型供电企业,担负着渭南11个县(市)

区(直供韩城、蒲城、华阴、潼关及渭南城郊区)的供用电管理工作,内设13个职能部门、7个业务支撑及实施机构、4个县(市)供电分公司(电力局),共有员工2545人,固定资产原值47.94亿元,2014年售电量109.46亿千瓦时。公司成立43年来,先后30余次获全国文明单位、全国五一劳动奖状、中央企业先进基层党组织等国家和省部级表彰奖励。公司管辖35—110千伏变电站86座、容量395.19万千伏安,35—110千伏线路211条、长度2662.789公里,形成以750千伏为支撑的330千伏环网、用电负荷中心区110千伏双回路的环网供电格局。承担着秦岭、韩城、蒲城3个百万级火电厂的电力输送任务,是西电东送的重要枢纽。辖区北部煤矿、冶金、化工等重要高危客户密集,同时承担着航天测控、国家授时中心和华山旅游区的电力供应任务,保电责任重大。

【电网】 境内有750千伏变电站(信义变)1座,主变2台,总容量2100兆伏安;330千伏变电站7座,主变15台,总容量3600兆伏安;110千伏变电站56座,主变108台,总容量3607兆伏安;管辖35千伏变电站30座,主变59台,总容量344.9兆伏安。

【电力供应】 推动“三集五大”体系深度磨合,强化经营管控,各项工作平稳推进,顺利完成春灌抗旱、防汛抢险、迎峰度夏度冬、航天发射等重大活动保电任务。售电量完成109.46亿千瓦时,同比增长5.96%;平均售电单价完成523.52元/兆瓦时,同比增加7.11元/兆瓦时;线损率完成5.35%,同比降低0.2个百分点;城市综合电压合格率完成99.99%,同比提高0.03个百分点;城市供电可靠率完成99.961%,同比持平;农网综合电压合格率完成98.72%,同比提高0.05个百分点;农网供电可靠率完成99.971%,同比持平。

【电网建设】 协调推进各级电网建设,落实330千伏富平变站址,调整110千伏中心变建设计划,投产110千伏寺前智能变等5项工程,全年投产线路108公里、变电容量16.85万千伏安,110千伏官池变、南蔡变等3项工程被国网公司授予“优质工程”称号。加大配电网投资力度,配电网标准化建设管理水平稳步提升,2013年农网升级改造项目通过竣工验收,2014年项目全面开工建设。《农村智能配电网营配调管理模式优化关键技术研究与示范工程建设》项目获陕西省科学技术一等奖。

【企业管理】 主动服务省、市重点项目建设,简化接电报装手续,全年报装1.46万户,容量119.43万千伏安。加快智能用电项目建设,完成智能电表、台区用电信息集中器、用电采集器的安装任务;开展供电服务提升工程,加强95598投诉分析和改进提升;加强行风建设,开展明察暗访活动,优质服务水平不断提升,连续9年获全市政风行风测评第一;开展输变配电精益化管理提升活动,获省供电公司2014年度配电运检精益化管理劳动竞赛优胜单位。

地方电力

陕西省地方电力(集团)有限公司渭南供电分公司

总 经 理 周培华
党委书记 毛淑莲
副总经理 关李民 姚晓峰
纪委书记 刘红芳

【概况】 渭南供电分公司是陕西省地方电力(集团)有限公司设在渭南市的供电运营分支机构,按行政区专供的经销模式,承担法定营业区富平、白水、澄城、合阳、大荔、华县6个县域、77个乡镇、1761个行政村、307万人民群众的生产生活供电服务任务，供电客户人口占全市总人口的58%，供电营业面积占全市国土面积的56.23%。公司下设6个县级供电分公司、138个供电营业场所；管辖110千伏变电站10座、线路11条，35千伏变电站41座、线路62条，主网线路总长度859.98千米，总容量960.6兆伏安，管理10千伏及以下配电线路302条、长度7123.20千米；拥有各类供电客户77.68万户，其中居民客户68.3万户、一般工商业客户5.49万户、大工业客户528户、农业生产客户1.78万户、农业排灌客户2.1万户。

【经营管理】 实施新营销系统上线运行和营业一级化核算工作。完成计量中心、呼叫中心改造和专线客户上划管理，市地电公司真正成为经营的实体；建立市场信息月通报制度，实现营销对生产、基建的反向监督，客户用电满意度提高；完成594台综合变集抄和75台10千伏馈路远程智能开关安装；推进居民住宅小区配套费收取工作，收取配套建设费360万元；推广客户信息服务卡，使60万居民客户家中使用预购电费模式。

【电网建设】 完成2015—2020年渭南电网发展规划，取得接入原则性复函4项、接入批复4项，4项110千伏、2项35千伏输变站工程入网运行，提升富平、华县工农业园区、旅游区的供电能力，实现澄城、合阳县城的“手拉手”环网供电；开工建设富平长春三期、大荔许庄110千伏输变电工程，确保富平盛钢、大荔LNG等重点项目的用电需求。全年共计完成电网建设投资2.25亿元，新开工135项，竣工投运128项，新增35—110千伏线路63.028千米、主变容量139.7兆伏安，建设改造10千伏及以下线路339千米，安装配变37760千伏安/207台。

澄城110千伏雷家洼输变电工程顺利建成投运

【生产运行】 以日常维护和春秋检查为抓手，开展主网线路带电测试、清扫及变电检修预试工作，严格缺陷四级控制和闭环管理，落实技改和大修项目计划，提高设备的供电能力和健康水平；以变电站日负荷监盘数据为依据，优化电网运行方式，制定保电预案、线路故障应急方案和停限电序位，保障电网的安全运行；以平均停电小时数为管控手段，进行“先算后停”，优化停电检修计划，落实过渡方案，有效减少停电损失；重视经济运行管理，加大电容器、主变有载调压装置的配合使用，提高电压质量，实现降损节能目标。全年供电可靠率完成99.83%、综合电压合格率完成98.63%。

【安全管理】 落实部门、岗位安全生产责任制，整改安全管理薄弱环节，补充、修订安全制度23项，安全生产基础得到夯实；以安规考试、作业演练和事故通报学习为抓手，加大安全培训力度，增强职工的安全防控能力和遵规守则意识；创新应用电子管理系统，实现两票的网上和微信签发，强化痕迹管理；持续开展安全生产大检查活动，消除事故隐患11项，完成安全资金投入755万元，实现安全运行365天既定目标。

富平分公司主网“体检”战役全面告捷

【企业管理】 注重人才的选拔培养,举办业务培训39期、2300余人次,完成职称评审125人、技能等级考核137人,人才当量值达到0.859;实施用工统筹软件化管理,实现用工数量只做减法不做加法的目标;完成各级领导及站所长职务以上管理人员的个人信息报备工作,规范了干部队伍;完善管理制度及配套实施细则,加强宣传落实和监督考核,提高制度的执行力;开展管理创新工作,获得中电联管理创新成果二等奖和经典案例三等奖,获得省电力行协QC成果二等奖1项、三等奖2项、优秀奖1项;配合集团公司开展信息化试点改造工作,完成市地电公司本部和6县分公司信息机房建设及办公网络改造。

【企业文化】 大力开展标准化党支部创建和特色党建活动,建成标准化党支部3个,获得先进基层党组织荣誉4项。继续推进基层“文明单位”“青年文明号”创建工作,5个站所获得属地“文明单位”称号,11个站所获得省、市、县“青年文明号”命名;加快星级职代会创建工作,建成三星级职代会3个、四星级职代会3个;组织劳动竞赛和技术比武活动,合阳分公司获全国“安康杯”竞赛优胜班组,富平分公司获得全省“工人先锋号”荣誉。

渭南供电分公司“立足岗位做表率为民务实比奉献”演讲比赛

信息产业 信息化

信息化综述

渭南市信息化工作办公室

主　任　刘永奇(11 月离任)
　　　　　赵林斌(12 月任职)

副主任　董发全　邵战强

【概况】　2014 年,是渭南市信息化工作持续发力、稳步发展的一年。围绕渭南市智慧城市建设工作,共建共享信息资源及跨部门、跨业务应用系统,深化市级综合服务平台各项体系,推动各项系统的全面应用。基于云计算的电子政务综合服务平台部署的政务、民生、社会等领域应用系统推广落地;作为国家智慧城市试点积极推广项目,完成渭南智慧城市 5 年规划的修改完善工作,经省工信厅研究被确定为专项试点城市。渭南市政府网站在 2014 年度全国绩效评估中跃居第 30 名;17 个单位加入全市政府网站群;12345 政府服务热线运行成效显著;网上信访开通运行。成功举办渭南市第一届安全网站评选活动。工业、财政、农业、商务、旅游等社会各行业信息化水平日益提高,为民服务方式更加便捷;各县(市、区)信息化蓬勃发展。全市信息化建设在稳步推进与逐步提升中健康发展。

【信息安全】　按照全省信息化建设对信息安全的要求,建立《渭南市网络与信息安全风险管理与控制体系》,通过周期性的信息安全风险评估、敏感时期和重点业务系统的定期和不定期的安全测评、针对安全风险邀请专业机构开展有计划的培训,先后指导华县、潼关、大荔、蒲城和市发改委等部门及时进行网站安全漏洞修复,与省安全评测中心合作,监测全市政府网站不安全事件 28 次;推动视频资源共享,通过打造城市运行可视化平台,实现公安、电信、公交车载、华山景区视频资源的接入、整合和分发,完成市、县审计、物价系统由业务专网向电子政务外网迁移。

12 月 30 日,渭南市第一届安全网站评选结果发布暨经验交流会。

政务信息化

【政务信息化概况】　2014 年,渭南市成为基于云计算的电子政务公共平台国家顶层设计试点市。4 月 22 日,对电子政务公共平台顶层设计成果进行初评。借助“12345”业务应用的推广以及涉税信息报送系统的建设需要,建成涵盖市级 95 个委办局的电子政务外网城域网。基于市级电子政务公共平台和县级电子政务统一平台大力推进政务、民生、社会管理等领域的各类应用系统在县市区范围内推广落地，各县（市、区）均开展承接省、市、县应用2项（审计、物价）；本地应用有通用办公、政务信息、自助建站、市民邮箱、工程建设领域专项治理等5项以上。

【市住建局办公内网】 城市供热，城区煤改气7个热源点建设及近40公里管线埋设工作完成，集中供热面积达240万平方米；新水厂建设完成规划和选址，进入设计和方案准备阶段；细化2014年度智慧城市建设项目包装任务，加快对细化包装28个子项目书的阶段任务，完成80%以上，已开始融资对接；第二污水处理厂动工。智慧照明确定“合同能源管理模式”，在部分路段做改造实验，明确市区总体改造任务31条主干道，总约5421盏灯，改造50%，湭河景观亮化完工。

【空间地理数据库】 空间地理数据库完成市现有空间地理数据的搜集整理，确定航拍范围及1:500和1:1000大比例尺成图范围；5月中旬，组织市财政局、市监察局及相关信息化专家对华管委、市工信局、市规划局等部门申报的智慧华山信息系统（二期）、无线城市、地理空间数据库建设等11个项目试点方案进行评审，11个项目有不同进展，半数项目试点完成。5月下旬对2013年度批复的智慧质监、智慧公交、中小企业信息化管理服务系统试点项目进行验收和推广方案评审，并对2013年度实施推广的农产品质量追溯系统、智慧畜牧、智慧民政项目的推广情况进行检查；人口、法人数据库深化应用。在工商局导入企业法人数据11021户，加快人口、法人数据库的应用。完成渭南智慧城市5年规划的修改完善工作，2014年7月20日获省工信厅评审通过。编制陕西省智慧城市申报方案和申报书报送省工信厅，10月中旬经省工信厅研究被确定为专项试点城市，已与省教育厅、省食药监局对接确定试点的内容和目标。

【市政府门户网站第7次改版】 新版网站从“政务、投资、人文、工业、三农、旅游、专题”7个子站全方位向公众介绍渭南市各种资源。对公众关注度高的财政资金、保障性住房、食品药品安全、环境保护、安全生产等9大领域政府信息以专题的形式进行展示。建设身份证办理、户口办理、生育服务证、保障性住房、房屋产权登记、公积金贷款、机动车驾驶证等10个重点办事服务。网民浏览相关专题，就能对各事项的办事流程、收费标准、所需材料、办理地点等信息掌握清楚。对市政府各部门的1300多项办事服务事项重新进行梳理。对15个民生服务专题进行维护，通过政策法规、办事服务事项、常见问题、互动交流以及场景式服务5个层次来展现，提升为民服务的可用性、完整性、实用性；“市长信箱”收到网友信件1899件，回复1534件，回复率80%。“咨询投诉建议信箱”收到网友信件1136件，回复971件，回复率85%。举办“强化协调服务促进工业发展”主题系列访谈节目，对全市范围内的企业进行网上宣传，开展在线访谈节目6期。截至2月底，“渭南发布”微博腾讯平台拥有听众28030人，发布信息7360余条；新浪平台拥有听众68170余人，发布信息4850余条；微信拥有听众3580余人，发布信息2230余条。第三季度，“渭南发布”在政府外宣微博影响力排名中位列第7。腾讯微博于12月被评为政务微博传播力奖。2014年全国地市级政府网站绩效评估中，渭南市政府网站名次为第30名。规定网站群的三种建站模式：虚拟空间、服务器托管、子站建设。其中，虚拟主机对政府部门采取免费服务的方式，服务器托管单位是市监察局；虚拟主机单位有市畜牧局、市文旅局、市政法委、渭南城投、大荔妇幼院、渭南医疗网。子站建设单位有市信访局(及各县市区信访局子站)、市司法局、市农机局、市科技局、市国资委、市工信局、市规划局、市编办、市安监局、卤阳湖管委会。市"12345"政府服务热线中心,按照"集中受理、分级负责、归口管理、限时办结"的工作原则,共导入109家成员单位7大类6000多条信息,涉及市民生活、工作所需的各个方面。热线服务范围实现市级相关部门全覆盖,并在临渭区开展县、镇级服务试点。共接听群众来电79781次,接通率达94.8%,办结率91.2%,群众满意率82.5%。渭南市网上信访信息系统建立,更加方便渭南市境内有信访诉求的法人组织和公民个人信访,信访人可以不再采取走访或写信投诉,可通过手机、互联网,登录陕西省网上信访公众服务平台、渭南市人民政府网站、渭南市信访局网站等网上信访投诉信箱,向渭南市网上信访信息系统投诉信访事项,信访人可依据查询码在互联网上查询跟踪投诉事项办理情况。信访人投诉时留有手机电话号码,可即时接收到系统发送的信访投诉事项查询码及投诉件实时流转、办理结果等告知短信,可依据查询码通过手机或电脑对信访事项办理情况进行查询和满意度评价。

6月19日,市信息办召开全市政府网站建设工作会议。

信息产业

【经济信息化】 创建省级示范试点典型,确立10家市级两化融合示范企业,在政策帮助、资金扶持和重大事项协调等方面给予倾斜。确定3个两化融合示范试点项目,对其中技术含量高、示范作用明显、综合效益高的优秀项目进行重点扶持;完成"陕西省两化深度融合试验区申报书"和"渭南市两化深度融合试验区建设实施方案"。搭建渭南市各类培训网络管理平台,有效地提高全市培训资源使用效率,加强和规范培训补贴资金的管理、使用和监督,确保培训补贴资金使用规范、安全、高效。全面启动全市财政业务应用支撑大平台建设工作,提出渭南市财政应用支撑平台建设贯彻意见,对工作进行具体安排;开展"12316"固定农技服务热线和"农技宝"移动综合信息服务平台前期筹备工作,市级平台正在搭建中。申报陕西省2015年农业信息网络体系建设项目,项目已报至省工信厅。完成全市涉农电子商务调研工作,提出促进涉农电子商务发展的意见。蒲城、富平、白水、澄城涉农电子商务粗具规模,根据电子商务行业发展需要,编制《渭南市电子商务发展规划(2015—2020)》,同时结合渭南市电子商务发展规划要求,提出《加快电子商务发展的实施意见》。

【社会信息化】 以智慧城市建设为依托,突出改善民生,改进社会管理,推进社会各领域信息化建设发展。11个县(市、区)公安局全部建设视频管理平台,市公安局视频平台进行优化、整合,提升全市监控图像、卡口数据的查询速度。全市道路卡口任务47个,完成建设66个,接入全市平台

60 个。在全市增加 12 个无线基站建设,提高 350M 无线终端的覆盖范围,在渭南城区开通全省各地市中第一家 PDT 数字通信基站试点,在全市建设 13 个无线车载图像传输基站。城市交通围绕智慧城市建设,在城区东风大街、朝阳大街等主要街道 44 个公交站点建设具有智能查询功能的电子站牌;推进渭南城市智能“一卡通”建设,10 月底,渭南市公交总公司公交 IC 卡系统取得住房和城乡建设部 IC 卡服务中心城市一卡通管理密钥,接入全国城市“一卡通”互联互通,预计 2015 年将实现与全国 50 个联网城市的互联互通。市人社系统根据社保卡“一卡多用,全国通用”的建设目标,以社保卡综合应用试点示范工作为契机,整合社保各险种业务数据,建立全市统一的持卡人员基础信息库,通过社保卡记录个人基本信息和人力资源社会保障关键业务信息。全市 2014 年度教育信息化建设共计投入 2043.5 万元,873 所学校接入互联网,194 所学校实现校园 WiFi 全覆盖,203 所学校建有校园网(局域网)。全市有 103 所学校整体完成“班班通”建设,全市学校共有计算机 19136 台,建有微机室 314 个。全市共有 703 所学校的 8665 位教师参加网上“晒课”,共计“晒课”8764 节。共有 154 所学校建有校园网站。1 所学校建有在线报名系统,214 所学校建有教务管理系统,16 所学校建有教学管理系统,7 所学校建有“一卡通”系统,443 所学校建有校园安全监控系统。15 所学校建有免费 OA 办公平台,21 所学校建有家校互通平台,4 所学校建有校本研修平台,3 所学校建有教育质量管理平台,22 所学校建有校园电视台,312 所学校建有校园广播站,5 所学校建有自动录播教室,建成“渭南市基础教育资源公共服务平台”。渭南市文旅局进行门户网站改版。改版后,网站包含渭南旅游形象网(渭南风)、渭南旅游政务网(渭南貌)、渭南旅游商务网(渭南情)、渭南市博物馆网(渭南韵)四大集群网站,是集渭南形象展示、旅游资源推广、旅游电子商务、数据分析统计、决策系统支持等功能为一体的综合智慧服务平台。渭南大华山智慧旅游平台发布,为游客提供全方位的线上旅游咨询、预订及营销服务,同时也为政府和景区提供智慧旅游、智慧景区系统项目的规划、建设及管理服务。

2 月 28 日,市委常委、常务副市长郑光照带领市监察局、市人社局、市科技局负责人到 12345 政府服务呼叫中心视察工作。

【信息产业】 截至年底,渭南城市 8M 以上宽带覆盖率达到 90%,农村 4M 以上宽带覆盖率达 95% 行政村,IPTV 覆盖率达 90%。固定电话用户 67.31 万户,移动电话 64.38 万户,宽带接入用户 44.9 万户。中国移动宽带客户数达到 10 万户,中国联通宽带净增出账用户 4616 户,广电网络个人宽带净增 22485 户;截至年底,全市完成 564 个 4G 基站站点配套建设,首期 4G 网络将覆盖全区 11 个县(市、区)的城市区域和 2 个 5A 级景区(华山移动基站建设项目和合阳县洽川景区)。

【3D 打印产业化】 围绕 3D 打印产业发展创新技术链、完善资本链、健全服务链、

培育产业链四大环节,全方位实施3D打印"6+1"发展战略,即一流的协同创新研究体系、多元化的投融资支持体系、满足各种业态空间承载体系、有吸引力的政策和人文关怀体系、多层次的创新人才支撑体系、全方位协同共建六大体系,打造国家级3D打印创新智造示范基地。制定6条支持保障措施:提供1亿元3D打印产业专项资金,支持3D打印领域高层次人才创业、关键技术研发、创新体系建设、科技成果转化和产业培育引导;对从事3D打印领域的高层次人才,享受荣誉市民待遇,个人所得税全额奖励,对率先入区的3D打印研发团队和创业者,免费提供配套公寓、医疗服务等生活保障,协调解决配偶就业、子女入学等具体事项;专家、学者和企业家带成果、带项目入区创业的,三年内研发、办公、生产等场地实行零租金扶持,需要征地建厂的企业,建设用地优惠供给,提供高标准配套,推行"一门受理、全程代办、限时送达"的服务承诺,严格实施"开放式运作、封闭式管理"的模式,第十八届西洽会暨首届丝博会期间,专题召开渭南3D打印产业培育基地推介会,成功签订山东营口巨成仿真机器人、珠海正邦3D打印材料、上海遨为3D打印云制造、西安昭泰文化创意等一批3D打印产业项目。

（唐润芝）

电信事业

中国电信股份有限公司渭南分公司

党委书记、总经理　齐　飞

副　总　经　理　陈平乐　刘山林　刘　晓　王勇华

【概况】　全年收入完成同比增幅3.48%;累计收入份额达到24.39%,较年初提升0.6PP,提升幅度列全省第二;增量收入份额达到48.31%,全省第三;移动过网份额提升0.38%;新兴业务占收比23.9%,较年初提升1.4PP,流量收入增长52.8%,占收比达到15.81%;宽带市场份额达到68.9%,较年初提升0.1PP;净增份额70.1%,较年初提升12.8PP;全年上缴税金达到2600万元。实现"集团双领先杰出本地网"三连贯,连续4年获评政风行风测评先进单位;在2014年目标责任考核中取得良好名次。获评2014年中国通信行业"用户满意企业"。

【经营发展】　设立151个OBU,对应经营类OBU设置95个装维划小单元。以增量为主线,高认高配。建立"增量收入+准利润"的业绩考核和激励体系,鼓励多收多奖、多省多奖。以优先、公开、竞标、择优的原则选拔CEO,吸引人才、培养人才、锻炼人才,同时科学评估、动态调整。县公司实施架构优化、分域经营,市公司成立电视宽带部。34个城市支局、61个农村支局营维合一,实现宽带即销即装。对划小单元量收、IT、报账实施一点支撑。农村支局收入同比增长7.64%,支局长年收入增长28.97%,自营厅新增套餐价值提升3.8%,店长年薪提升57.6%,渠道经理人均增收4500元,装维材料月节约4.2万元;能耗费较考核指标下降52.9万元。3位划小单元CEO走上中层管理岗位,淘汰7名支局长。

实施基于"渠道视图"的分类分级管理,佣金支付和资源配置差异化。打造专业销售队伍,分渠道、逢节日统一组织上下联动炒店运营。打造标准化、专业化门店运营规范、尝试O2O运营,组织门店开展社交营销公众号注册,延长销售时间,扩大销售半径;投入建设资金1000万元、运营成本300万元、渠道经理激励50余万元。

实行佣金集中支付,一点核算、一点报账、直接兑现到各代理商。建立58人的专业渠道队伍,建成市、县8个直供中心,缩短终端供应链条。通过IT支撑群、业务支撑群等新媒体手段,提升渠道支撑能力。优化渠道售后服务,对店面形象提升、主动售后、服务能力提升等方面给予激励。社会渠道售卡占比提升6.62%,有效网点逐月增长,网点规模已经超联通、赶移动。

通过强化体验、套餐适配、应用辅导,A区用户占比较年初提升14.6%,流量收入拉动收入增长4.81%(全省4.58%);加快非流量区用户迁转,激励集中核算,按月兑现、直接到人。累计成功迁转10.3万户,流量产品月度净增量超5000户;利用微信、易信等新媒体扩大定向、闲时流量包等特色产品传播,3G户均流量达到257M,较年初提升70M。

建立客服、政企、校园、大众四个存量保有专、兼职团队,纵向指导存量保有工作,将清单、目标按月落实到经营单元,通过预警、派单、督办、后三名对接、多轮培训等加强存量管控。落实宽带流失预警模型到网格,落实渠道协同保有,匹配续约激励,调动渠道积极性;以存费赠费与套餐适配相结合抓续约/续用,以余额不足外呼提醒、流量包营销、乐享4G迁转抓预存。以翼支付应用填充提升用户价值与黏性。年底,拍照用户保有率71%,排名全省第三,收入保有率76.29%,排名全省第二。

引入全国、省级跨域连锁,新增合作门店7个,新增本地连锁20家,实现市、县、镇渠道三级穿透。与VIVO、OPPO、Lenovo、TCL等厂商专营店合作,渗透103家,自有渠道、TOP门店建设厂家品牌专区32个。开放卖场进驻58家,商圈门店覆盖率达到62%。实现华润、联手等8个大型商超进驻。建设自建他营全网通卖场23个,他建他营全网通卖场50个。以“翼支付”为抓手,加强民生应用合作,与中石油全区开展合作网点70个,实现县城以上基本覆盖。签约17家商超共31个店面。国电电费代缴业务上线。翼支付交易额累计1.9亿元,活跃用户到达1.08万户,居九市第一。拓展交费易用户1600余户,交易额超过5000万元,为分公司节省收费酬金近40万元。添益宝沉淀资金1350余万元,居九市第一。引进合作商10家,引资667万,新建驻地网小区62个,覆盖用户2.23万户。村组民资引入确定项目25个,引资50.65万元,新增端口3377个。

中国电信渭南分公司与农业局签约

【网络建设】 推进“宽带中国”战略,加快网络能力建设,满足建设“智慧城市”信息化基础设施需求。城市区域加快FTTH建设与发展,20M以上宽带覆盖率达90%。农村区域加快光进铜退,农村4M以上覆盖率达95%。投资2.2亿元,启动光纤到户项目255项,覆盖用户10.1万户,累计宽带端口能力达到90万个,截至年底,电信互联网出口带宽达750G;作为陕西省唯一的地级市,再次入选中国电信集团“智慧城市”建设20个综合试点城市之列。推进“光网宽带·智慧渭南”重点项目建设,召开全市项目推进、部署大会。投资3亿元,实现宽带端口能力突破120万线,4G/LTE站点达1600个,城市家庭接入带宽达50M，农村家庭接入带宽达12M。届时，将以光纤化宽带网络为依托，形成有线光纤宽带和无线移动网络天地结合、立体覆盖、高速优质的信息网络平台。在3G网络覆盖99%以上行政村的基础上，继续投资3000余万元重点针对全市业务密集区域及重点镇深度优化网络覆盖，在省电信用户满意度调查中，渭南分公司3G用户满意度列同业第一。快速启动4G试验网络建设，全市新建新增4G基站564处，3G/4G/LTE无线网络基站达1350个。

"智慧城市 走进渭南"巡展活动

【企业管理】 建立了建、维、优一体化专业队伍，常态化开展网优补盲，客户满意度全省领先。落实五项服务承诺，对高值客户实行宽带装机"120"工程，加快设备改造与线路整治，提升网络接入能力和完好率，客户满意度稳居行业第一。实施客调全市集中、装维一点支撑、装维服务标准化操作，末梢用户装维效率和响应速度大幅提高。建成各类社会渠道网点3123处，其中农村3S便民服务店达到2400个，实现一镇两厅、三厅格局，为电信用户提供方便快捷的缴费、查询、业务办理服务。推进新媒体客服，天翼客服、易信、微信等覆盖用户超6万，7×24小时提供自助服务。通过"三一五"电信客户座谈会、做客"环境热线"节目、电信服务进社区、聘请17位人大代表、政协委员、媒体、用户代表等作为社会监督员等多形式与用户面对面征询意见和建议。投资300余万元，打造全省首家"12345政府服务热线"，设置30个客服坐席，将87家成员单位的特服号统一接入12345。每月接通市民热线1.5万次，办结率87%，群众满意率84%。

（王晓军）

中国联合通信有限公司渭南分公司

总经理 杨 帆
党委书记 白智乾
副总经理 赵雷平 丁新贤 林 壬

【概况】 2014年，渭南联通贯彻落实国家"宽带中国"战略和信息化发展要求，创新经营体制机制，聚焦渠道能力提升，推进网格竞标承包，重点业务经营趋势持续向好，专业化运营能力不断提升，全年主营业务收入累计完成5.24亿元，同比增长7.8%。移动用户超过70万户，宽带用户超过7万户。

年度工作会议及职工代表大会

【智慧城市建设】 充分发挥联通3/4G技术优势，加大信息化项目的投资力度，全年向省公司上报项目资金620余万元，开展"智慧畜牧""智慧质监""智能农机"等行业应用项目，完成渭南市畜牧局智慧畜牧综合平台建设，以及富平、大荔、合阳、澄城县四个试点县 100 家养殖户网络接入。

【宽带社会化合作】 探索推进光纤宽带网的发展，实施“宽带提速和光进铜退”工作，对普通住宅和老旧小区的宽带接入全面改造，通过 BOT（公众宽带驻地网合作共建）模式解决镇区域项目的投资、建设、经营与维护工作。洽谈合作代理 172 家，引进合作资金 1400 余万元，在全市 10 个县市 62 个镇开展宽带 BOT 社会化合作，建成项目 241 个，建设端口 3.7 万线，解决在自建项目不足条件下的“广接入、薄覆盖”及用户发展问题。市、县城区宽带覆盖率达 90%，镇政府所在地宽带覆盖率达 70% 以上。

【通信网络】 适应通信行业技术快速发展的要求，围绕“改善客户感知，提高服务质量”，加大网络投资力度，开展 3G/4G 网络建设，强化镇覆盖，完善交通干线覆盖，加强市区和县城深度覆盖。全年完成投资 2.41 亿元，累计开通 3G 基站 438 个，同比增加 37%，达 1605 个。新建双 4G（TDD + FDD）基站 487 个，4G 室内覆盖楼宇 22 栋，实现县城以上区域的双 4G 覆盖。

联通渭南分公司首届金点子大赛

【客户服务】 开展服务攻坚活动，聚焦客户关注问题，明确移动网络、宽带装维、窗口服务、赠费管理等 8 项重点攻坚项目，制定 50 多项具体措施，全年投诉率较上年同期降低 31.6%；开展巾帼文明示范岗的评选活动，加大一线人员服务补救的权限，使用户问题能得到及时的处理，通过一系列的措施，营业窗口用户满意率提前达到联通省公司考核要求，窗口用户满意率达 90%。

渭南联通 ipone6 发布系列活动

【践行社会责任】 帮扶华阴市瓮岔村 5000 元，为村民健身广场进行基础建设，对村道进行硬化处理。对韩城市西庄镇柳枝村帮扶 1 万元，对村容村貌基础设施进行更新改造。向韩城市“北林”绿化工程一期投资 2.7 万元绿化造林 0.33 公顷 550 棵树；受联通省公司委托，安排专人驻点帮扶富平县城关镇新庄村，投入资金 80 余万元，架设通信光缆 7.4 公里，建设移动基站 1 座，硬化村道路 6.2 公里，建设垃圾台 6 座，种植核桃树 20 公顷，先后引进多家企业入驻新庄村，解决劳动力 500 多人，人均收入同比增加 1000 多元。

中国移动通信集团陕西有限公司渭南分公司

党委书记、总经理 张西华
副 总 经 理 狄文远 张伟明
纪委书记、工会主席 方 曦

【概况】 2014 年，中国移动渭南分公司面对企业内外部环境的新变化，以持续深化企业发展转型为指导，聚焦“战略转型、改革创新、廉洁健康”3 篇文章，紧抓 4G 契机，不断推动语音经营向流量经营转型，推进移动互联网发展、全业务发展和四网协同发展，优化业务发展模式，提升精细管理，移动信息服务更加可靠便捷，公司综合实力和服务水平进一步提升。

【经营发展】 2014 年渭南移动 4G 客户数超过 30 万户，重点镇 4G 网络全覆盖。发布 4G 手机终端近千款，4G 资费最高降幅 71%。投入 2000 万元用于渠道建设及渠道改造，建立 4G 加盟店、体验店 220 多家；在已有 4G“和”品牌产品体系基础上，对产品架构进行完善和优化，继承原产品体系的高、中、低三档分布，优化流量型、语音型产品的产品特质，创新高流量和区域型产品，优化后的产品体系完整性得到提升，产品间的区隔更加明显，产品的适用性更加广泛；各项经营目标全面完成，纳税 4439.22 万元，获陕西省 2014 年第三产业及科技新兴业态重点纳税企业称号。

【客户服务】 坚持“客户为先，客户为重”的服务理念，以客户服务为导向，过程与结果并重，通过持续有效的投诉监控，建立投诉预警分析与投诉处理流程，投诉总量同比下降 22%；开展“三一五”“五一七”总经理接待日活动，搭建客户诉求的直通平台。多家营业厅“社会维权站”的设立为客户维权提供了可靠保证。

【网络建设维护】 全年网络建设总投资 5.47 亿元，网络规模不断扩大。GSM 基站覆盖不断增加，实现 GSM 网络全区连续覆盖；TD 基站新增提速，实现 TD 网络城市及县城连续覆盖，以及重要镇热点有效覆盖。LTE 基站实现倍数级增长，截至年底实现 LTE 网络全市覆盖，与 GSM 网络规模持平。客户网络满意度列全省第一。

【移动多彩业务】 助力渭南“智慧城市”建设，规模拓展“3 + 1 + 1”项重点业务，推进行业信息化拓展；专线、宽带收入稳步提升，实装率、续费率、活跃度均为全省第一；推广手机上网、手机支付、MM 应用超市、手机视频、手机阅读等流量业务，助力数字化生活形态，推进了渭南“智慧城市”建设进程。

【加强精细管理】 坚持以价值和效益为导向，以标杆学习为榜样，开展精细化管理提升活动，全年完成管理提升课题 12 项；树立正确的业绩观，强化风险管理意识，科学配置相关资源，持续深化人力资源改革，坚持以人为本，按照“三有三重”的选人用人标准，有效激发队伍活力；多途径落实员工关爱，开展丰富有益的文化活动，建成员工“小小家”21 家，将员工关爱常态化、成长关爱规范化、困难帮扶及时化。

【践行社会责任】 抓好生产经营工作的同时，秉承“正德厚生臻于至善”的企业核心价值观，履行社会责任获评渭南市“群众满意十佳单位”，获“全国精神文明单位”称号；参与教育慈善事业，连续第九年开展“爱心 100”助学行动，累计募捐款超过 180 万元，共资助 450 余名贫困大学生走入校园；以帮扶助困为重点，设立特困派遣员工帮扶基金，累计共帮助困难派遣员工 40 余人，其中帮扶特困派遣员工 4 人；因地制宜开展包村帮扶工作，先后帮扶百部包村扶贫千元增收计划村华县金堆镇东坪村、富平薛镇王马村、白水城关张坡村；开展各类社会公益活动，其中“共建亲子林”活动，参与人数累计达到上千人，种植树木千余棵；服务社会安全稳定，全年出动应急车辆 18 台次，人员 30 余人次，完成重要假日习仲勋陵园、华山、洽川、司马迁祠、少华山等旅游景区以及渭南市运动会、韩城锣鼓节等大型集会通信保障任务。

陕西广电网络传媒集团渭南分公司

总 经 理 冯会明
党委书记 田智民
副总经理 李录建
工会主席、纪委书记 杜大力

【概况】 渭南分公司下设10个支公司。包括客户服务部、市场部、数据公司、资讯中心、无线业务部、工程技术部、运行维护部、信息化部、保卫稽查部、经营财务审计部、物资采购部、人力资源部、综合管理部13个职能部门,职能部门按照经营、支撑、管理三大体系设置。全年基础网立项30余个,总投资900余万元;双向网立项11个,总投资1000余万元。实现经营收入16433万元,其中,视频业务收入10139万元,数据业务收入2907万元,付费节目收入1649万元,无线业务收入571万元,网络资源收入178万元,多元化收入989万元。用户发展指标中,数字电视用户净增9582户,续费率为87.49%。高清互动新增28774户,个人宽带净增17409户。渭南分公司数字电视主终端累计达45万余户,高清互动用户7.4万户,个人宽带在线5.9万户。渭南分公司在当年全网客服技能竞赛中获集体"冠军单位"和个人"服务标兵"荣誉;在全网维护技能大赛中,获个人第一的成绩。

【企业经营】 截至12月底,离网用户激活10529户;在价格差异化实施区域续费率提升在5个百分点以上,在实施镇村组便民服务营销网点区域的续费率保持在85%以上,在实行站区承包区域用户规模得到巩固。个人宽带用户净增17409户,净增36%。其中渭南分公司本级(渭南城区)于11月份提前完成超"万户"目标,在线用户10376户,净增4000余户,净增63%;富平、华县、蒲城等支公司用户净增均超过40%,澄城、合阳、白水、大荔、潼关等支公司净增用户达20%以上。实施了渭南交警执法记录仪、公安警务室、驾校考场等重点数据专网专线项目。

【网络建设】 按照农村数字化整转工作时间安排,保障全市有线电视用户年内实现数字化传输任务,逐步关停模拟信号。临渭、富平等支公司已关停辖区内模拟信号传输,其他支公司也根据实际按计划逐步实施关停。截至12月底,全市14个双向接入网建设项目覆盖用户23.65万户,用户网改进度70.6%;一体机上线率达93%。全年完成IPQAM的安装调试、高清互动平台二期扩容、OTN网络建设等重点运维项目;完成华阴、白水的机房搬迁;完成全市27个镇机房的改造工程,镇机房二期改造项目启动。每天对BOSS系统操作使用情况进行抽查,严格控制回退率;定期对用户资料录入情况进行检查,发现操作问题及时纠正;每天对OA系统进行监视,对即将超期阅办公文及时提醒。结合渭南已有网络实际,制定中、长期网络建设总体规划,对各城区新建路段及小区进行现场勘察,绘制新建区域分布图,对网络未覆盖区域科学合理规划主干线缆路由、光缆芯数及光交分布位置。

【市场环境治理】 建立市场环境治理的长效机制,多次开展专项整治行动。市文广、公安、国安、工商等7家执法单位发布"关于开展卫星电视地面接收设施治理活动的通告"。2014年,全市共集中开展大型环境治理专项行动3次,联合执法行动共出动执法人员400余人次,检查经营场所160余家,立案90余起,查处违法经营商137家,收缴违法卫星地面接收设施

6500余套,累计查处IPTV设备终端481台。11月初,白水电视台视通公司利用无线发射装备违规传输电视节目,对白水辖区有线电视用户收视造成同频干扰,影响20个频道的正常传输,影响用户达两万余户。根据《广播电视管理条例》相关规定对白水电视台视通公司进行立案查处,依法叫停其违规行为,及时维护辖区内有线电视用户利益。

【无线业务】　加大无线业务宣传力度,多种代理模式并行,采取更加灵活的价格策略,调整业务返还比例,划分重点发展区域,协助基层增加业务代理人员,多措并举促进无线业务的快速发展。6月,经技术人员多次勘测,完成澄城刘家洼无线小功率发射台站建设。同时,对各台站覆盖信号进行勘测,标注可实施用户安装的镇村组;9月下旬,在富平承办全省全网无线业务发展现场会议。会上,渭南分公司作为全网典型交流发展经验;10月初,完成利用有线高频前端同网传输无线信号工作,降低了无线传输覆盖条件性。截至12月底,渭南分公司无线业务用户规模较上年扩大一倍,经营收入较上年全年增长了50%。富平、大荔支公司利用无线业务代理人员的营销能力,深挖农村有线用户资源,加大对代理人员的激励,促进无线代理人员代理全业务(即数字电视、个人宽带、付费节目、无线业务等)的积极性。增加了市场营销的产品种类,满足不同用户群体对产品的选择,宣传了有线和无线业务。拓宽了无线代理人员的收入渠道,为公司业务发展开拓了新的营销力量和渠道。

(肖　丽)

国家地理标志保护产品——富平柿饼

富平合儿饼形似圆月,肉红透明无籽,凝霜后,白里透红、皮脆柔软、清甜芳香,脐脐相对两个一盒而得名。柿饼质地透明,清甜爽口,营养丰富,具有润肺、补血、健胃、止咳等药理功能。是陕西省名贵的小吃之一。

富平柿饼所在地作为世界闻名的柿子优生区,富平建有优质柿子基地6667公顷。在日本吉野市全球唯一的柿子博物馆里就有“世界上柿子的主产国为中国,柿子的优生区在富平”的记载。2001年,富平县被国家林业局命名为“中国名特优经济林之乡——中国柿乡”。

2008年富平柿饼成为国家地理标志保护产品。

潼关县财政局

财政局办公大楼

党的群众路线实践教育活动展板

机关干部在杨震廉政教育基地接受现场教育

篮球友谊赛

机关图书室

潼关县矿业生产经营秩

班子成员在矿山整顿工作现场

主任 冯登荣

潼关县矿业生产经营秩序整顿指挥部办公室（简称县矿业整顿办），编制88人，内设政务科、党办、综合科、站务科、财务科、收费科、纪检监察科、资源科、总务科、监控中心和巡查队，下辖西峪检查站、东桐峪检查站、善车峪检查站、玉石峪检查站、太峪检查站、麻峪检查站、蒿岔峪检查站、西潼峪检查站和640检查室。2014年，整顿办在县委、县政府和县整顿指挥部的正确领导下，认真践行群众路线教育实践活动，以巩固矿业秩序整顿成果，深化黄金产业科学发展为目的，大力推进“黄金立县”战略，加大矿业秩序整治力度，加强内部管

向县领导汇报矿山监控中心升级改造项目

主任冯登荣在640检查室检查指导工作

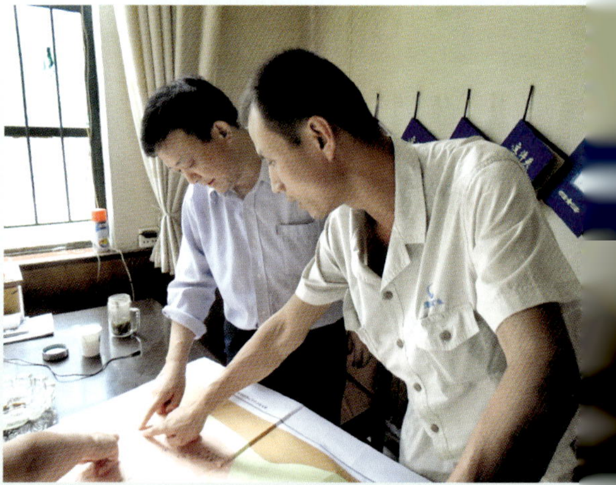

主任冯登荣在企业现场研究解决生产中的问题

序整顿指挥部办公室

每月坚持召开站长专题会

廉政教育常抓不懈

里，加大资源整合，规范检查站运行程序，全面加强党的建设、党风廉政建设和精神文明建设，圆满完成了上级下达的各项工作任务。2014年完成固定资产投资5430万元，完成任务的181%；招商引资1.303亿元，完成任务的217%。在全县仅有22个坑口正常生产、金价大幅下跌的情况下，全年完成调矿量1.36万吨，再创历史新高。省档案局授予“档案工作目标管理AA级单位”荣誉称号，获得了县税政贡献奖、年度目标责任考核优秀单位。获得了“规范执法、优质服务”创评等四个第一名，以及2014年度夏季秸秆禁烧工作先进包村单位等荣誉。

组织机关干部在党的群众路线教育实践活动中认真学习

主要领导在县人大视察工作会上汇报发言

干部职工在包联的马涧村植树

潼关县公安局

局长 李启平

上级领导视察工作

潼关县公安局位于县城东方红大街东段南侧8号，共有公安民警271人。内设指挥中心、警务保障室、工监察室、纪检督察室等4个机关科室，国保、刑侦、治安、法制、经侦、禁毒、巡警、交警、看守等9个属所队，城关、太要、桐峪、港口、安乐、岭北、字营等7个派出所。主要担负着维护国家安全和社会序、保护公民合法权益、保护公共财产、制止和惩违法犯罪活动的重要任务。

多年来，潼关县公安局始终牢记使命，忠诚职，以“推进平安潼关建设、让群众更加满意”为任，深化立体化社会治安防控体系建设，坚持奋战维护社会稳定、打击违法犯罪的第一线，完满完成党委政府及人民群众赋予的各项急、难、险、重务。先后被评为全县社会管理综合治理暨平安建设作先进集体、全县宣传思想文化工作先进单位、全公安队伍建设优秀组织单位。2014年县局党委被评全县优秀基层党委。公安队伍形象满意度和群众满度连续三年持续上升，赢得了社会各界和人民群众广泛赞誉和好评。

五一巡逻

法律法规宣传

收到群众感谢信

潼关县环境保护局

局领导班子成员参加创建文明行业动员会

局长 姚建荣

潼关县环境保护局于1996年12月成立，于2003年1月1日机构“上划”，实行垂直管理，既是市环保局派出机构，同时又是县政府的组成部门。局内设4个职能股（室），即：办公室、污染防治股、环评生态股、法规监测股，下设两个副科级事业单位，即：环境监察大队、环境监测站。自成立以来，全县环保工作在渭南市政府目标考评中连年获得一、二等奖；多年被县委、县政府授予黄金生产工作、矿产资源管理、矿业秩序整顿先进单位；2004年被评为省级秦岭北麓生态环境专项整治先进县；2006年获全省环保系统“最佳单位”称号，被市政府评为环保工作先进单位，被市环保局评为环保目标任务完成先进单位，被市文明委评为市级文明单位，被县委、县政府评为目标任务考核先进单位、县文明单位、“创佳评差”竞赛活动优胜单位、先进双重管理单位、先进基层党组织、项目建设前期工作先进单位。

局长姚建荣带队取缔三小

业务培训学习新环保法

副县长雷晓萍（右一）陪同市环保局副局长袁广荣（左二）视察污水处理厂

潼关县黄金工业管理局

局长雷涛进矿山检查安全生产工作

中金中深部探矿坑口

洪吉公司尾矿处理设备压滤机

升级改造后的首饰城

潼关县黄金工业管理局机关内设综合办公
人劳科、财务科、生产经营服务指导科、物料
管理科、职工安置善后托管中心、地质勘探公
黄金化验中心等13个科室。局长雷涛，党委书
甲奇，副局长李美英（女）、梁宏、梁根祥、
忠，纪检书记焦解元，工会主席贾涛，党支部
记刘学锋（女）。局下设东桐峪站、善车峪站、
峪站、麻峪站、蒿岔峪站、西峪站、西桐峪站
检查站所。下辖中金矿业、中金冶炼、潼金公
兴地公司、兴隆公司、广鹏公司、地质六队、
公司、洪吉公司、鑫源公司、金星公司、金
司、天和骏业黄金精炼公司等13家黄金企
2014年生产黄金18.85吨，实现总产值54.72亿
分别增长10.42%和8.79%。引导中金矿业等5家
企业的地探增储数据，共有探矿脉线38处。地
矿累计投资2.4亿元，实现地质掘进55.4千米，
探增储1.4吨。投资1.3亿元的天和苑黄金精炼
已建设完成。潼金公司投资6亿元的3000吨选
设工程全面启动，投资1800万元金银首饰城升
造工程全面完工，年销售额8亿元以上，实现
1000多万元，成立首饰城综合管理办公室与首
验检测中心。洪吉公司尾矿制砖项目建成投产，
到了矿产资源的“吃干榨净”目标。中金公司
金公司依法依规整合矿山资源，将县域内的矿
合到29个，潼金公司先后完成了对小口金矿、
金公司、德兴公司、祥顺公司、潼鑫公司等五
金企业的整合，安置职工1192名，已完成整合
权13.29平方公里、探矿权38.54平方公里。对
内200吨/日以下的选厂，集中进行了整顿，共
非法废弃坑口和封堵坑口800余个，取缔捣毁
三小722处，取缔关闭非法选矿厂18家。

潼关县物价局

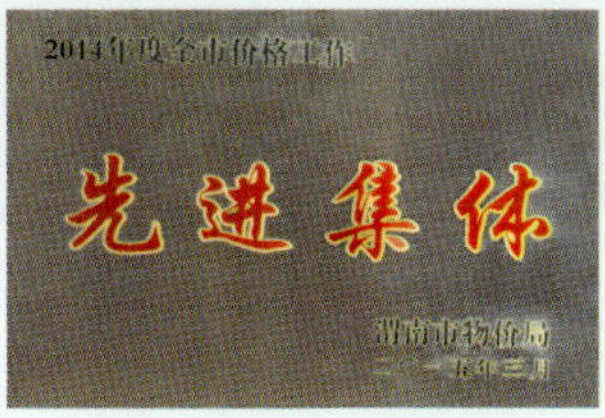

概况　局长李方胜，副局长雷亚锋、张勇男(女)，工会主席张竹娟（女）。局内设办公室、收费管理股、价格管理股、价格监测股、监察室，下属单位3个：潼关县物价检查所（含价格举报中心）、潼关县价格认证中心、潼关县价格调节基金领导小组办公室。有干部职工59人。

收费管理　严格贯彻执行收费政策，及时变更收费项目和标准，认真组织实施收费证年审和收费统计工作，每年开展一次收费员培训和收费公示专项检查，编制了《潼关县行政事业性收费目录清单》并上网公布，不断加强收费管理。

价格管理　积极贯彻落实价格改革政策，凡是要求将定价权交给市场的，不打折扣、不搞变通，坚决贯彻执行。凡是上级下放定价权的，主动作为，确保接得住、落得实。按照政策和授权，依法依规审慎开展定调价工作。在社会调查、成本监审、多方征求意见的基础上，开展了保障性住房基准价格和租金标准、公立医院医疗服务价格、城区供水价格、公路客运票价等政府定调价工作。

价格监测　坚持“周监测、月分析、季研判”，持续做好69种重要商品的价格监测和预警工作。依据监测数据进行统计分析，绘制商品价格变动曲线图，加强价格走势研判，提出有价值的市场信息，引导市场预期，为政府决策和价格监管提供可靠参考。

价费执法　以涉农、涉企、民生价费和市场价格秩序为重点，统筹安排、精心组织价费专项检查，依法查处纠正各类价费违法违规行为，切实做好“清费、治乱、减负”工作，有力维护了市场正常的价格秩序。

价格举报　建成了省级标准化价格举报中心，坚持24小时开通12358举报电话和网上举报平台，做到及时受理、限时办结、按时回复，切实维护了企业和群众的价格权益。

价格服务　积极开展价格认证和涉案涉诉价格鉴定等价格服务工作。“走村入户，问计于民”、上门宣传价费政策、入企进行价格指导。在县人民之家开设物价窗口，接待群众来访，受理相关业务、现场解答咨询。针对政府关注、群众关心的热点价费问题开展专项调研，破解价费难题，及时回应社会反映。不断拓展价格服务领域，服务县域经济发展和群众生产生活。

诚信建设　开展明码标价示范店、示范街创建和价格诚信创建活动，上门发放价格法规政策等宣传资料，并免费发放标价签10余万张，促进了诚信创建活动的有效开展，已挂牌命名了一批价格诚信单位和明码标价示范店，营造了守法诚信经营的市场氛围。

基金征收　依据《价格法》《陕西省价格条例》《潼关县价格调节基金征收使用管理办法》，加强宣传动员，完善工作机制，主动上门，和谐征收，扎实有效地推进价格调节基金征收工作。累计征收价格调节基金1.5亿余元，并运用价调基金扶持农副产品生产和流通，不断增强政府宏观调控能力。

机关建设　健全规章制度，严格工作纪律；举办道德讲堂，加强思想教育；坚持“每周一课”学习制度，不断提升业务水平；推行目标责任制考核，细化内部管理，有力推动了各项工作的开展。先后获得全省物价系统政风行风建设先进单位、全省收费统计工作优秀单位、全市物价系统价格工作先进集体、市依法行政工作先进单位、市级精神文明单位、全市物价系统成本监审、价格监测、价调基金工作先进单位、县目标责任制考核优秀单位等多项荣誉。

潼关县食品药品监督管理局

开展执法检查

食品安全进校园

潼关县食品药品监督管理局内设办公室、财务室、局食安办、食品生产加工监管股、食品流通监管股、餐饮服务监管股、药械保化监管股、法规信息股8个股室，下设城关、太要、秦东3个食品药品监督管理所。2014年，创建了三个省级标准化监管所，建立健全了县、镇、村三级监管网络，聘请了144名农村食品安全协管员，启动了城乡家宴监管，加大经营户培训力度，开展示范店建设，提升日常监管水平，开展专项整治十余次，立案查办行政案件66起，全县食品药品安全形势稳中向好。先后被授予全省食品安全风险大排查专项行动先进集体、全市药械整治先进单位、全市文明餐桌示范单位、全市食品安全目标责任考核先进单位、全市食品药品七大品牌专项整治先进单位等荣誉称号。

潼关县市容环卫局

局长 郭上位

县上领导检查工作。左起：局长郭上位，副县长燕德民，县人大常委会副主任郭启峰。

潼关县市容环卫局成立于2004年2月20日，正科级事业单位，隶属城建局。设局长1名，副局长2名，纪检组长1名，工会主席1名，下设办公室、财务股、潼关县城市园林处、创卫办、项目办、车管股、市容监察大队、环卫大队。主要职责是宣传贯彻执行党和国家有关市容工作的方针政策及法律法规；负责城区环卫工作的监督管理及配套环卫基础设施建设、加强城市市容环境卫生科学知识的宣传；负责城区公共场所、街道清扫保洁工作；负责城区绿化工程的规划、实施、管护等工作。共拥有垃圾无害化填埋场1座，垃圾场库容85.6万立方米；垃圾渗滤液处理厂1座，日处理渗滤液30吨；垃圾收集点28个。垃圾收集：有挂桶垃圾压缩车1台，无挂桶垃圾压缩车1台，吊臂式垃圾车3台，招手停垃圾收集车辆6台，扫地车2台，洒水2台，环卫巡查车1辆，市容巡查车1辆，面包车3辆。2012年3月获得县文明单位。2013年11月上旬潼关县创建国家级卫生县城工作通过国家级验收。2014年12月获得市级卫生先进单位。

潼关县教育局

市人大视察潼关县学前教育

学校图书馆

潼关县教育局位于潼关县城育贤路西段，内设办公室、人事股、计财股、基教股、电教股、成职教股、督导股、安稳股、教宣股、审计股、关工委、读书办、教育志办和监察室14个股室。共辖局直单位6个，各级各类学校46所，其中普通高中1所、职业中学1所、九年一贯制学校2所，初中3所、小学14所，教学点6个，幼儿园19所，有在校学生19784人，教职工1975人。

近年来，在上级主管部门的精心指导下，全县教育工作以深化改革为动力，以强化管理为保障，以提高教育质量为中心，大力改善办学条件，加强教师队伍建设，推进素质教育发展，各项工作均取得显著成效。先后获“陕西省学前教育三年行动计划先进县”“渭南市教育督导工作先进集体”“渭南市高中教学质量管理先进单位”“渭南市义务教育均衡发展暨双高双普县”等荣誉称号，教育工作目标责任考核取得全市第一名的优异成绩。

华县工业园区管理委员会

20000T钼铁项目原辅料仓

生物医药企业一角

华县工业园区管理委员会2006年12月28日经华县机构编制委员会研究决定设立。正科级，属政府直属机构事业编制10名，共有干部职工15人，全额拨款。内设综合办公室、规划建设部、企业服务部。

华县工业园区成立于2006年12月，位于县城以南，东至柳枝，西到瓜坡，规划面积50平方公里，入驻企业49户。园区形成瓜坡精细化工产业区、杏林高科技产业区、莲花寺钼炉料加工区、柳枝建材加工区、金堆城钼业基地“四区一基地”布局结构。钼、生物医药、精细化工、建材、装备制造、现代服务业“六大产业”已具一定规模。2014年，园区基础设施建设投资4200万元，完成固定资产投资69.5亿元，项目建设到位资金1.06亿元，实现工业总产值43.8亿元。

华县工业园区先后获得省上重点扶持的20家县域工业园区之一、省级重点县域工业园区和省级新型工业钼产业化示范基地荣誉称号；被陕西省人民政府评为县域工业集中区发展先进单位；2014年华县招商引资考核二等奖。

华 县

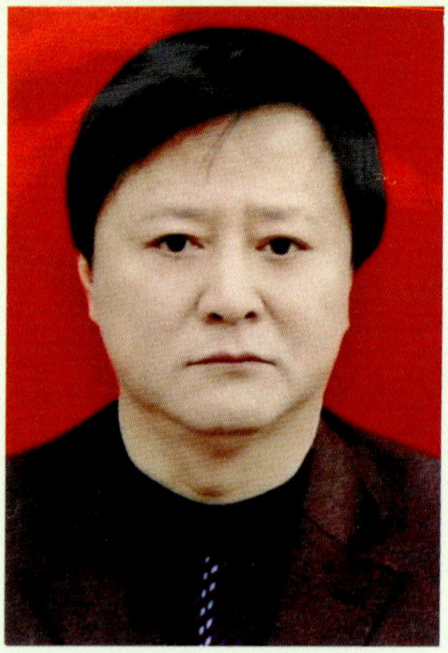

县委书记 杨森明

县长 朱福俊

华县南依秦岭，北临渭河， 2015年镇村综合改革后，辖9个镇，1个街道办事处，121个村委会，28个社区（14个新型农村社区、14个城市社区），总面积1139平方公里，人口36万，是一个山、塬、川、滩兼有，“六山一水三分田”的半山区县。

华县历史悠久，是古郑国的发祥地。古郑国的郑桓公、唐汾阳王郭子仪、近代教育先驱杨松轩、古生物学家杨钟健、外交家潘自力等先贤人杰辈出。境内有老官台、元君庙、泉护村等数十处文化遗址，是渭华起义的策源地。

华县交通便利，四通八达。陇海铁路、西潼高速公路、老西潼公路、310省道以及郑西高速铁路横贯东西，华金、华洛公路和渭蒲高速沟通南北，农村公路、巷道路建设走在全省前列。

华县矿产资源丰富，已探明的金属矿产12种，非金属矿产16种。其中，钼资源储量居“世界第三、亚洲第一”，获“中国钼业之都”称号。花岗岩储量10亿余立方米，“华山白”被评为中国名牌石材。

华县蔬菜种植历史悠久。明《华州初志》就有“华则涉渭，无地不宜蔬，凡蔬之类，无一不备”的记载。先后获“国家级无公害蔬菜基地县”“全国果菜标准化建设十强县”等称号。

华县文化底蕴深厚，华县皮影被誉为“国宝”“活化石”“中华一绝”和“世界电影鼻祖”，被列入国家首批非物质文化遗产名录，被国家文化部命名为“中国皮影艺术之乡”和“国家文化产业示范基地”。

华县旅游资源得天独厚，境内的少华山以水丰林茂、奇石林立、山势平缓而著称，是关中东部唯一的国家级森林公园和AAAA级景区，渭华起义纪念馆为全国红色旅游经典景区，桥峪景区正在开发，全县年接待游客达120余万人次。

近年来，华县紧紧围绕建设“四县建设”目标，大力实施“一体两翼三区”发展战略，经济社会发展稳步健康发展。2014年，全县生产总值完成115.75亿元，增长9.2%；全社会固定资产投资完成152.75亿元，增长16.8%；地方财政收入完成3.43亿元，财政支出15.12亿元，支出较上年增加6500余万元；农民人均纯收入、城镇居民人均可支配收入达到8438元和2.73万元，分别增长12.7%和10.5%，经济运行总体平稳，社会大局保持稳定。

华县财政局

召开专题民主生活会

省委政法委副书记、综治办主任王永明检查指导“六五”普法工作

新《预算法》培训

惠民政策宣传

华县财政局内设21个股室，下设9个局属单位；辖10个财政所。局内各股所、局属各单位、局辖财政所共有在编人数265人。2014年，全县地方财政收入完成34300万元，较年初预算超收3300万元，超了10.65个百分点，与上年收入持平。财政支出完成151161万元，增长4.43%。部门预算、国库集中支付、国有资产管理、政府非税收入收缴、惠民“一卡通”、基层财政管理等各项工作深入推进。财政局紧紧围绕“三个倡导”基本内容，以创建省级文明单位标兵为载体，不断丰富培育和践行社会主义核心价值观的内涵；以常态化、系列化的“财政文化大讲堂”和“志愿服务”为突破口，实现“培育”和“践行知行合一；党支部、各协会和志愿者服务队有机统一，形成即各自相对独立，但又协调统一的力量，形成凝心聚力共筑精神家园的良好格局。先后获人民满意基层单位、财政总决算先进单位、青年文明号单位、省级卫生先进单位、市级园林单位、目标责任考核优秀单位、行政执法标兵单位等荣誉。

局领导班子讲党课

华县公安局

华县公安局召开纪律作风整顿会

华县公安局是属渭南市公安局和华县人民政府双重管辖的正科级建制单位，共有民警338人，授衔民警240人。下设基层单位26个，其中执法勤务机构23个：指挥中心、治安管理大队、刑事侦查大队、交通管理大队、经济犯罪侦查大队、国内安全保卫大队、巡特警大队、禁毒大队、法制大队、看守所、13个派出所，综合管理机构3个：政工监督室、纪检监察室、警务保障室。

1月28日，省委常委、省政法委书记安东（前排右二）年前慰问华县公安局民警。

公安民警销毁一游艺场所的赌博游戏机

11月27日，省公安厅厅长杜航伟（左三）深入华县检查指导公安工作。

公安民警向群众宣传平安建设

华县国土资源局

局长 李锋

领导班子集体照

华县国土资源局内设办公室、地籍股、管理股、监察股、国有资产管理股、财务股5个股室，下设土地统征办公室、土地执法监察大队、国有土地资产管理所、土地收购储备中心、土地招标拍卖交易管理所、土地开发整理中心、矿产资源管理办公室、地质灾害防治站、土地估价所、土地勘测规划队10个下属单位以及金堆、杏林、莲花寺、高塘、城关、赤水、大明、下庙、柳枝9个基层国土所。近年来，在坚持“尽职尽责保护国土资源、主动有效保障科学发展、节约集约利用国土资源、尽心尽力维护群众权益”的工作原则，从严管理，切实保护耕地，全力搞好服务，建立了一支“政治强，作风硬，业务精，廉洁高效”的行政执法队伍，圆满完成各项工作任务，为华县的经济腾飞和构建和谐社会做出了贡献。被陕西省爱卫会评为省级卫生先进单位，被渭南市局评为全市地质灾害防治工作先进单位，被县委、县政府评为项目建设先进单位、招商引资、创国卫工作先进单位，被县委评为“双联双争”主题党建活动先进单位。

人大视察工作

高标准农田整治

拆除违法占地

华县信访局

局机关党的群众路线教育实践活动动员会

全县信访工作点评会

2014年，全局认真贯彻落实中省市信访工作会议精神，以开展党的群众路线教育实践活动为契机，紧紧围绕全县工作大局，以全面提升信访工作效能和公信力，全力维护群众合法权益为目标；以创新群众工作方法解决信访问题为重点；以“抓三强、攻三案、提三率”为抓手，夯实信访工作责任，强化目标考核管理，为创建平安华县、维护社会稳定，做出了积极贡献。全年共接待上访群众3930人次，查办中、省、市信访案件15件，网上信访109件，县级领导批示案件280件。在全市考核中名列前茅，受到省市各级领导和广大群众的普遍赞扬。

县级领导检查法制宣传活动

问题得到解决的上访老户送锦旗
（左边为局长江正）

公民代表走进信访局

华县华州街道办事处

省委组织部领导来街道办指导党建工作

华州街道办事处位于华县县城及城郊原华州乡地区。辖区内地势南高北低，地形平坦，其范围南到华县子仪大街，北至咎家行政村，东至县河务局，西至石堤河东堤，是华县的政治、经济、文化、交通中心，是全县的商贸中心、城市窗口、城郊农业生产基地。总面积20.23平方公里，其中耕地面积912.78公顷，总人口52021人，其中，农业人口4244户14847人，非农人口37174人。辖5个居民社区，8个村民委员会69个村民小组。

省人大督导社区警务室建设

县委书记杨森明检查城区创卫工作

市委党的群众路线教育实践活动第六督导组组长王民庆来社区指导工作

县委书记杨森明下乡慰问

文化拥军

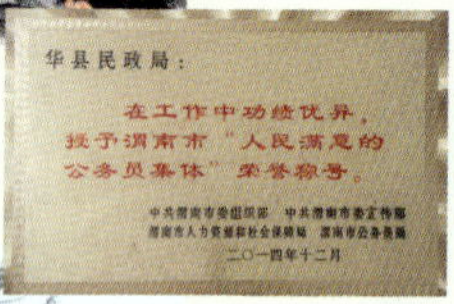

华县民政局

局长 侯太安

华县民政局有工作人员83名，其中公务员 名。内设办公室、规划财务股、基层政权和社区设股、社会福利和慈善事业促进股、社会事务股优抚股、救灾股、社会救助股；代管华县老龄工委员会办公室、华县双拥工作领导小组办公室；属单位有：华县基层民主政治建设领导小组办室、华县军队离退休干部休养所、华县防灾减灾心、华县民政局婚姻登记处、渭华起义烈士纪念管理处、华县地名区划办公室、华县社会福利有募捐办公室、华县救助管理站、郭子仪研究会。

“930烈士纪念日”民政局工作人员合影

领导班子成员

华县统计局

局长 聂卫东

2014年，华县统计局在编人员63人，其中行政编制 12人，事业编制51人。内设9个股室：办公室、综合股、工业能源股、投资股、贸易股、社会科技股、法检登记股、文化站和监察室。下属农村社会经济调查队、城市社会经济调查队和普查办公室。

《统计法》宣传

华县经济发展局

比迪欧10万吨1,4丁二醇项目

华县经济发展局是综合研究拟订全县国民经济和社会发展目标、政策，指导全县经济体制改革的县政府组成部门，主管全县国民经济和社会事业发展中长期规划、年度计划和项目建设。县经发局管理县物价局、粮食局，局机关下属县重点建设项目领导小组办公室、县贫困地区经济开发办公室。机关和直属事业单位在岗38人。局内设办公室、产业股、投资股、社会股、综合股、代赈股、稽查股、项目管理股、环资股、医改股、创卫办、财务股12个股室。

比迪欧年产4.6万吨聚四氢呋喃项目

隆发城市广场项目

华县新华书店有限责任公司

书记 安万朝

经理 熊小峰

华县新华书店成立于1949年7月1日，是县内唯一的国有图书发行企业，现隶属陕西新华发行集团管理。书店占地面积19034平方米，建筑面积1160平方米，其中营业面积360平方米；内设办公室、市场运营部、资产财务部、储运部，下辖流动服务部、综合经营部和中心、高塘两个门市部；共有员工30人，其中共产党员16人，具有中高级出版物发行员资质29人。近年来，先后获市“文明单位标兵”，市“模范职工之家”，市“诚信单位”，省“诚信单位”等称号。

大荔县财政局

县长王青峰参加指导大荔县财政局领导班子专题民主生活会

局长张红林陪同省综改办主任樊晓民调研许庄镇柳池村美丽乡村建设

大荔县财政局内设19个股室，下属14个二级单位，18个基层财政所。2014年，全县财政工作坚持抓收入保增长，争资金保重点，调结构惠民生，强管理重节约，推改革促发展，各项工作取得了显著成绩，为全县经济社会持续快速发展提供了坚实的财力保障。地方财政收入19174万元，财政支出262388万元，共争取上级各类资金24.3亿元，其中均衡性转移支付增量6953万元，居全省第一，在全国县级财政资金绩效评价中名列88位，获得中省奖励1520万元。全年投入民生的资金总量达到21.3亿元，占到财政支出的81.18%。财政预决算如期公开，部门“三公”经费下降5.63%，新的出差、培训、会议经费管理办法出台，全年节约资金1亿元以上。连年被评为全县目标责任考核优秀单位、反腐败源头治理先进单位，全年共获省市县各类表彰30余项。

特邀省财政厅预算处高级经济师宋旭专题辅导讲授新《预算法》

举办全县财政系统践行群众路线“服务群众，情系财政”主题演讲比赛

成功举办全县会计知识大赛

大荔县公安局

坚持热情服务，便民利民。

公安局领导班子运筹帷幄，身先垂范，开拓创新，钢班子带出铁队伍。

大荔县公安局共有民警478人，内设指挥中心(办公室)、政工监督室、纪检监察室、法制大队、警务保障室、国内安全保卫大队、治安管理大队、刑事侦查大队、经济犯罪侦察大队、禁毒大队、交通管理大队、巡特警大队12个机构；辖东关、西关、冯村、许庄、双泉、两宜、高明、范家、安仁、朝邑、赵渡、韦林、苏村、官池、石槽、羌白、下寨17个派出所和大荔县看守所。肩负着维护全县社会稳定、治安管理、打击犯罪、服务群众的重要职责。近年来，县局在年度目标责任考核及“爱民杯”竞赛活动中夺取全省优秀，局长吴新利被评为全省优秀公安局长，下寨派出所和交管、法制大队分别获全国、全省公安规范化执法先进，看守所在全省“五化建设”中被树立为示范单位，王宏仓、边建宏和王小江、杨景奇分别被评为“全省优秀公安民警”和“全省优秀政法干警”。

副省长、省公安厅厅长杜航伟（右二）在大荔看守所视察工作

坚持政治建警、从严治警、装备强警，打造文明威武之师。

公安局长吴新利（右一）和县政法委副书记吴红延（右二）在街头向群众宣传“平安创建”

大荔县创建工作指挥部办公室

美丽大荔标志

大荔县创建工作指挥部办公室成立于2014年5月，设主任1名、副主任2名，内设综合组、文建组、美建组、园模组、宣教组、督察组6个组室。大荔县以巩固提升国家卫生县城，创建省级文明县城、省级生态园林县城、省级环保模范县城、省级卫生镇村为核心的“一巩四创”工作，高点起步、快速推进、创新创先、富有实效。按照“融入融合、联动联创”思路，坚持不懈巩国卫，城市面貌新提升；创文明，市民素质新提升；建园林，生态环境新提升；促环保，和谐人居新提升；抓卫生，城乡一体新提升。年内，在深化全省文明城市创建工作推进会上作了经验交流，2个单位获省级文明单位称号，13镇、26村获省级卫生镇村，8个单位获省级卫生单位。

主任办公会

美丽大荔

创建第一总指挥、县委书记孙云峰调研指导创建工作

高铁站宣传牌

创建总指挥、县长王青峰指导创建活动

丰富多彩的创建宣传活动

大荔县物价局

认证中心人员对事故车辆进行现场勘验

国家发改委价格监测中心副主任丁志俊（左）来大荔调研

大荔县物价局下设办公室、价格股、办证股、农产品成本调查队、基金办、检查所（下设安仁分所、羌白分所、许庄分所、朝邑分所、市场一股、市场二股、市场三股、市场四股、综合股）、认证中心。2014年全局共有干部职工82人。

大荔县物价局职责范围是贯彻执行中、省物价工作方针、政策及法律、法规；对价格活动进行监督检查，并对价格违法行为实施行政处罚；制定县政府定价或政府指导价、定调价方案；开展政府定价成本监审组织听证会；监督执行省以上人民政府制定的收费项目和标准，负责全县行政、事业《收费许可证》和《收费员证》的管理和发放；负责全县价格鉴证和认证工作；开展价格监测、采价、农产品成本调查价格信息收集、分析预测市场价格等工作。

2014年大荔县物价局被国家发改委评为全国农产品成本调查工作优秀集体；大荔县物价局被省物价局评为全省物价系统政风行风建设优秀集体；大荔县物价局被市物价局评为价格工作先进集体和政风行风建设优秀单位；大荔县物价检查所被渭南市人民政府评为2014年度行政执法先进单位。

向群众宣传价格法律法规

市县物价局领导检查春节市场商品供应价格

农产品成本调查队人员开展市场监测

大荔县水务局

盛景同州湖

县上领导陪同上级领导在景区调研

局长马政运作备汛工作汇报

大荔县安全生产监督管理局

局长　赵新明

班子成员研究安排工作

2014年，全局上下坚守安全生产红线意识，严格落实政府部门监管责任和企业主体责任，积极推进“三化”建设，着力抓住道路交通、消防、危化品、建筑施工等重点行业领域，扎实开展宣传培训、隐患查治、打非治违、标准化建设、应急救援等活动，进一步健全完善考核考评、责任追究、联合执法、督查督办等工作机制，切实加强源头管理和过程控制，强化指导协调和督促落实，确保了全县六年多来无较大及以上事故发生，危化品、非煤矿山、烟花爆竹、特种设备、教育等行业实现了“零事故”，火灾事故无人员伤亡，道路交通事故死亡人数持续下降，全县安全生产持续稳定好转。年度安全生产工作在全市排名第二，被县委、县政府评为投资环境建设先进单位。

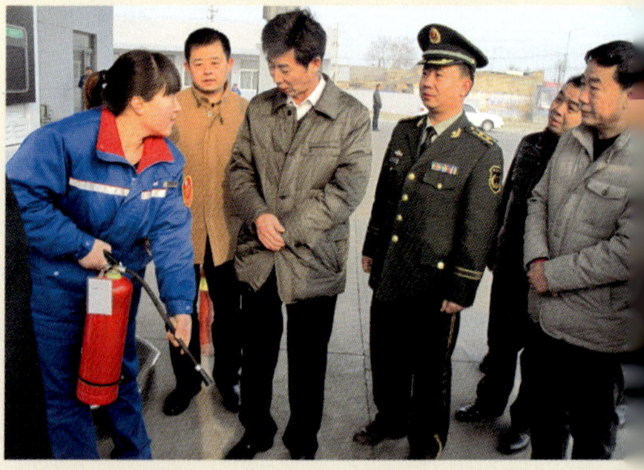

县委书记孙云峰检查安全生产工作

大荔县城关镇

镇党委书记肖卫斌现场指导畅家村进村路改造工程

省市县领导调研群众路线教育活动开展情况

大荔县城关镇地处县城，是大荔县政治、经济、文化的中心，下辖13个行政村，166个村民小组，23个社区居委会，92个居民小区，总户数32114户，总人口12.3万人，辖区面积81平方公里。主导产业东部以发展蔬菜、时令水果、养殖为主；中部城区以发展商贸、餐饮、服务业为主；西部以发展中小企业为主。

近年来，城关镇依托区域优势，进一步解放思想，更新观念，大胆进取，使全镇经济建设和社会各项事业得到了持续、健康、全面、协调发展。2014年，以建设“富裕城关、文明城关、美丽城关”为目标，立足镇情，狠抓落实，使全镇经济社会发展呈现良好态势，全镇非公经济增加值实现14.2亿元，增长12%，固定资产投资增长20%，招商引资增长15%，农民人均纯收入增长10%，新增就业人员达2000人以上，转移劳动力1.5万人。新增私营企业120家，新增个体工商户300余户，被市政府评为生态镇，被县委评为“先进党委”，被县委、县政府评为目标责任考核良好等次、工业建设先进单位、党风廉政建设先进单位、安全生产综合考评先进单位。

县委孙云峰书记调研乡镇机构改革

镇长靳建军下乡检查指导美丽乡村工作

县委副书记、县长王青峰慰问老党员

大荔县官池镇

党委书记 杨宇宙

传统农产品花生

2014年，官池镇党委、政府努力推动党的建设、美丽乡村建设、工业建设、城镇建设、新农村建设、社会事业和平安建设等工作，较好的完成了县上下达的目标任务。全镇在大力发展红枣、黄花菜、花生三大传统优势产业的基础上，积极调整产业结构，积极推广新党村的鲜食水果玉米133.33公顷，新增葡萄面积18公顷，为农民增收540万元。探索引进新疆和田枣200余棵，部分已挂果，初见成效。拓宽外出务工渠道，加大务工人员培训和输出，外出务工增收1880万元。利用工程在建机遇，积极组建工程机械队、钻井队等，促使第三产业迅猛发展，增收6000万元。全镇通过农业、畜牧业、第三产业和外出务工增收，实现农民人均纯收入10200元，比上年净增20%。被市委授予市级文明单位，被住建部确定为全国重点镇，获“省级卫生镇”“平安乡镇”称号，西阳村获“省级卫生村”称号，新党村创建为市级生态村。

县委书记孙云峰陪同市委常委、组织部长王爱民（右三）在官池镇调研

庄严宣誓 重温入党誓词

镇领导调研畜牧业养殖情况

蒲城县文物旅游局

领导班子研究工作

局长 刘振龙

蒲城是陕西历史文化名城，境内名胜古迹荟萃，文物
游资源丰富，素有“中国酥梨之乡”“中国报时城”
“焰火之乡”之美誉。全县已查明的文物点556处，国家
重点文物保护单位9处，省级文物保护单位22处，县级
物保护单位12处。馆藏文物5200余件（组）。其中，著
的有七馆（县博物馆、杨虎城纪念馆、王鼎纪念馆、林
徐纪念馆、清代考院博物馆、勿幕图书馆、李仪祉纪念
），五陵（桥、泰、景、光、惠陵），四塔（唐塔、宋
、金代双塔），三碑（苏孝慈墓志铭、云麾将军碑、高
士神道碑），二山（张家山风景区、尧山风景区），一
一峡谷（卤阳湖国家湿地公园、龙首黑峡谷风景区）。
年来，蒲城县委、县政府举全县之力发展文化旅游产
，确立了以创建国家公共文化服务体系示范县和省级旅
示范县为目标，以“游将相故里、咥蒲城美食”为主
，以县城（历史文化街区）为中心，以两陵（桥、泰
）为重点的发展思路，抢抓大华山旅游目的地建设机
，建立“政府主导、社会参与、市场运作、融合发展”
文化旅游发展新机制，有效整合旅游资源，加快旅游产
开发，强力推进旅游业市场化改革，构建县域精品环线
游线路，旅游业整体知名度和影响力得到进一步提升，
游产业功能逐步凸现。2014年旅游人数301万人
次），旅游综合收入实现18亿元，全县旅行社9家，星
饭店6个，规模以上宾馆饭店140余家，出租车500余
，大型购物商城6家，发展农家乐百余户，开通了桥陵
、泰陵路、五陵路以及龙首景区专线等4条旅游专线，
游从业人员达万余人。

龙首黑峡谷风景区

杨虎城纪念馆

唐 桥陵

国家授时中心

蒲城县财政局

财政部农业司卢贵敏调研"一卡通"改革

局班子全体成员

蒲城县财政局共有干部职工316人，局机关内设办公室、财务报帐股、综合股、预算股、国库股、工资股、教科文股、税收法规股、人事教育股、党务办（监察室）、经济建设股、农业股（惠农中心）、农业综合开发股、社保股、债务办、信息中心、企业股、后勤股、行政政法股、工会办、采购监督管理股21个职能股（室）；下辖财税监督检查局、国有资产监督管理局、投资管理中心、支农资金整合办、农村综合改革工作领导小组办公室、非税收入管理局、会计管理局、会计核算中心、资金所、煤炭大队、投资评审中心、办证大厅12个事业单位。 近年来，蒲城县财政局以"远抓财源培植，近挖增收潜力"为主线，紧紧围绕经济建设这个中心，不断深化财政改革，培植支柱财源，开辟新兴财源，使财政收入持续稳定增长；优化支出结构，确保重点项目建设，特别是民生支出需求，促进全县经济持续健康发展和社会和谐稳定。先后多次获中省市的表彰奖励。2011年2013年分别被市政府表彰为财政收入争先进位先进和组织收入工作三等奖、二等奖；2012年、2013年2014年三次被陕西省财政厅评为"年度宣传发行工先进单位"；连续多年责任目标考核优秀等次。

省财政厅副厅长康仲涛调研惠民"一卡通"改革

省纪委监察局视察办证大厅

市财政局局长张养民检查税费征收

蒲城县教育局

青少年活动中心艺术节剪影

领导班子成员研究教育工作

蒲城县教育局内设11个职能股室，下辖7个综合单位，共有中小学幼儿园351所，在校学生104643人，在职教职工7124人。2014年，县教育局围绕既定目标，通过转作风、调思路、理体制、促改革、强根基等一系列举措，圆满完成了各项目标任务，被县委、县政府评为年度目标责任考核先进单位，被市教育局评为年度目标责任考核优秀等次。双高双普按照“全面启动、分批实施、逐校定位、示范引领、重点突破”工作思路扎实推进，26所标准化学校和21所九项示范校通过市级验收；学前教育公办幼儿园数量、在园幼儿人数持续提高，学前三年入园率达到98.97%；义务教育免试就近入学、教师校长交流轮岗、大学区等改革举措落实有力，优质教育资源覆盖面不断扩大，小学、初中入学率均达到100%，小学无辍学，初中辍学率控制在1.8%以下；高中阶段教育资源优化整合步伐加快，初中毕业生升学率达到98.2%；规范办学等专项治理工作成效明显，有力推动了全县教育事业均衡、持续、健康发展。

市教育局局长党福奎来蒲指导工作

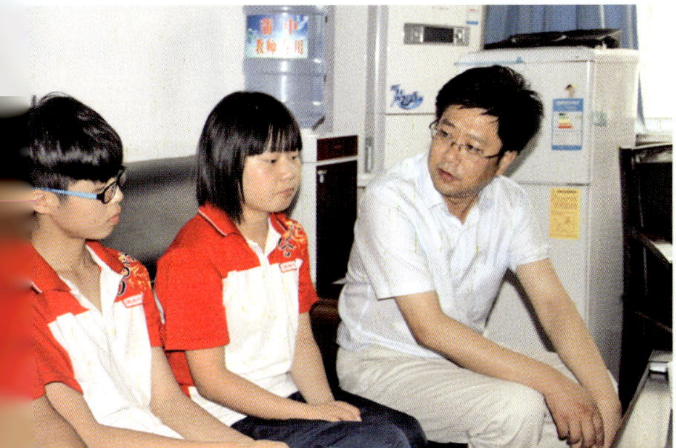

局长庞建军询问学生学习生活情况

蒲城县委书记陈振江（中）在局长庞建军（前右一）陪同下视察尧山中学

蒲城县食品药品监督管理局

2014年3月，省政协主席马中平、渭南市市委书记徐新荣、渭南市政协主席张建华，在县委书记陈振江的陪同下到蒲城县食品药品监督管理局调研工作。

局领导班子研究工作

蒲城县食品药品监督管理局成立于2001年1月，属县政府工作部门。局机关内设党政综合办公室、食品监督管理股、药械保化监督管理股、法制股、办证大厅、计划财务股、监察室、蒲城县食品药品安全教育培训中心、蒲城县食品药品安全投诉举报中心9个股室。下设基层所10个，分别是城东所、城西所、城南所、孙镇所、兴镇所、罕井所、党睦所、桥陵所、荆姚所、洛滨所。下属单位3个：食品稽查大队、药品稽查大队、食品药品检验检测中心。共有干部职工16名。县食药局被市文明委授予2014年度“市级文明单位”，被渭南市食品药品监督管理委员会评为2014年度食品药品监管综合考核“先进单位”，被县委县政府评为2014年度目标责任综合考核“先进单位”，被县委县政府评为2014年度目标责任考核创新工作“先进单位”和2014年度作风建设工作“先进单位”；城西所、兴镇所被陕西省食品药品监督管理局授予“2014年度全省食品安全风险大排查专项行动先进单位”称号。

县委书记陈振江视察蒲城县食品药品监督管理局工作

县长李军政深入餐饮服务企业视察蒲城县食品药品监督管理局工作

执法人员向群众宣传食品药品安全知识

蒲城县住房和城乡建设局

东环路中段

局党委书记党文艺讲党课

蒲城县住房和城乡建设局负责全县城乡规划、建设、管理、园林绿化、地产管理、建筑业管理、城市燃气管理等事务。局机关内设职能股（室）14个，下设局属单位18个，共有干部职工559人，其中中共党员218人。2014年，县局坚持以深入贯彻十八届三、四中全会精神为指导，以党的群众路线教育实践活动为契机，以五城联创工作为重点，以加快推进新型城镇化建设为抓手，高起点规划、高标准建设、高水平管理，不断加大项目推进力度和建设速度，城市承载功能不断完善，城市品位不断提升。全年共实施保障房、基础设施建设等项目15项，总投资23亿元，完成年度投资13亿元。先后获得省、市、县“陕西省公厕建设”“渭南市保障房建设”“招投标管理”“安全生产”“作风建设”先进单位等荣誉称号。

蒲城县住建局局长齐增强介绍保障房建设情况

北环路转盘

召开住建系统作风整顿会

蒲城县农业局

2014年高产创建新产品展示

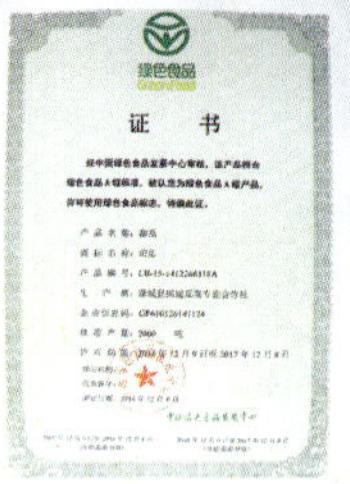

2015年2月，蒲城酥
获得国家农产品地理标志
记证书，产品年种植面
8000公顷，产量40万吨。

蒲城县农业局有编制21人，内设党政综合办公室、计划项目股、政策法规股、农业发展股、农业产业化股、科技教育股、农产品质量安全监管办公室。下辖正科级事业单位5个，蒲城县农业机械化管理局、蒲城县设施农业服务局、蒲城县果业管理局、蒲城县畜牧兽医局、蒲城县农村基金会清欠管理办公室。副科级事业单位6个，蒲城县农业技术推广中心，蒲城县种子管理站、蒲城县农村经济管理指导站、蒲城县植保植检站、陕西省农业广播电视学校蒲城县分校、蒲城县农业信息中心、蒲城县农产品质量安全检测中心。正股级事业单位1个，陕西省农业广播电视学校蒲城县分校。

2014年小麦病虫害统防统治

2014年3月，蒲城县委、县政府出台了《关于加快发展现代农业的决定》，编制了《蒲城县现代农业发展规划》（2014—2020）和《蒲城酥梨区域公用品牌战略规划》，蒲城传统农业向现代农业、农业大县向农业强县加速转变，以工业化的理念发展农业，调结构、壮规模、创品牌、扬特色，不断提升农业质量效益，增加农民收入，推进现代农业跨越发展。蒲城有农产品地理标志产品个，农产品省级著名商标15个，无公害农产品基地认定8万公顷，绿色酥梨基地6666.67公顷；国家级农民专业合作社示范社5家，全国农民合作社加工示范社1家，省级强社12家，创建省、市、县级现代农业示范园区52个；创立国家级“一村一品”示范镇1个，省级“一村一品”示范村61个，国家级龙头企业1家，省、市级龙头企业家，家庭农场428家，登记备案合作社1043个，入社会员4.9万人，带动农户4.6万户。2014年农业生产总值5亿元，农民人均纯收入8950元，比2013年高出了1020元。

花炮企业转型丰仓圆奶牛场

桥陵镇梁家村奶山羊养殖示范基地

犇犇奶牛养殖公司犇犇庄园巴氏鲜奶、酸奶经营门店

蒲城县陈庄镇

党委书记 魏树槐

镇长 杨春宁

陈庄镇位于蒲城县城南十公里处，北靠紫金塬，南邻西韩线，渭清路、京昆高速穿境而过，交通十分便利，是蒲城县城的南大门。全镇辖9个行政村，46个自然村，98个村民小组，人口29897人，总面积59.2平方公里，其中耕地面积3800公顷。镇区规划面积4.6平方公里，城镇常住人口1.02万人。驻镇单位10家，驻镇企业41家，其中有勇奔果业有限公司、延长石油压裂管道公司、瑞联、陕西大运石化蒲城油库等。镇区经济活跃，功能完善，共有工商户212户，有信合、邮政储蓄银行等金融单位2家，大型购物超市2家，初级中学1所，中心小学1所，文化娱乐场所2处。同时，镇域内还分布着工业园、航空产业园，是一个处于农业向工业转型的乡镇，更是广大客商投资的热土。2014年末，全镇生产总值完成46亿元，全社会固定资产投资完成4.7亿元，招商引资到位资金1.12亿元，农村居民人均纯收入达到9230元。陈庄镇先后被国家七部委列为国家级重点镇，被市委、市政府评为全市“文明村镇”，被县委、县政府表彰为“年度目标责任综合考核先进单位”“党风廉政建设先进单位”和“美丽乡村建设先进单位”等称号。

领导班子研究重点工作

县级领导观摩产业

美丽乡村建设

富平县财政局

团结务实的领导班子

教育实践活动中县长王建平为财政干部讲党课

2014年，富平县财政局紧紧聚焦“财政管理规范年”主题，积极践行党的群众路线教育实践活动，抓收入、争资金、促发展、惠民生、细管理、转作风，为建设富裕和谐美丽新富平提供了坚实地财力保障。全年累计组织地方财政收入4.04亿元，增长11.27%。财政支出完成30.8亿元，增长9.47%。投入民生25.02亿元，占财政支出的81.23%。2014年1月被省委、省政府授予“省级文明单位标兵”荣誉称号。群众路线教育实践活动被定为市级示范点。惠民资金管理支付中心和峪岭财政所双双获“市级青年文明号”。

财政部调研组来富平调研司法体制改革

国务院综改办人员来富平检查村级公益事业“一事一议”

举办新预算法知识讲座

惠民补贴一卡通宣传文艺演出

富平县移民开发局

局领导班子参加第二批党的群众路线教育实践活动民主生活会

陕西省发改委在蓝莓基地考察项目

富平县移民开发局内设办公室、财务股、规划股、建管股、后扶股5个股室，共有干部职工24人。2014年富平移民工作以落实水库移民后期扶持政策，改善移民居住和移民村基础设施条件为重点，大力调整移民村产业结构，努力培植新的农业产业增长点，圆满完成了全年各项工作任务。全年分四次为移民及时发放直补金376.8万元；实施移民项目111个，完成国投资金1124万元；西北首家引进并成功试种蓝莓5.33公顷；完成特困移民危房改造17户。富平县移民开发局被县委、县政府评为“争资引项工作先进单位”，被市移民局评为“特困移民危房改造工作先进单位”。

市委常委、县委书记郭志英视察、指导移民工作

移民局为移民新建房屋

市移民局局长王健康指导工作

富平县经济发展局

省发改委主任方玮峰（左前排右二）同干部职工座谈

局领导深入北部山区座谈了解当地经济发展情况

富平县经济发展局是全县经济综合管理部门，主承担县域国民经济和社会发展中长期规划和年度计划制、项目报批、重大项目管理、节能降碳、争资引项等要工作。近年来，秉承“项目带动、工业强县、围绕心、服务大局”的理念，高度重视规划编制工作，注重查研究，严抓项目管理，创新管理机制，做好项目储备准确捕捉中省投资信息，为推动全县经济健康快速发展出了积极努力。连续多年被市县评为重点项目建设先进体、全县责任目标综合考核和招商引资先进单位等，局王和礼被评为2014年度全省发改系统先进个人。

局长王和礼（中）和省市发改委领导陪同著名经济学家厉以宁(右一）在富调研

践行群众路线，将党的好政策送到群众家门口。

参加“科技三下乡”活动现场

富平县国家税务局

局长 张平

局领导班子研究工作

市国税局党组书记、局长陈文正（左三）到县局视察工作

县局举办机关开放日，向纳税人报告活动。

富平县国家税务局于1994年9月成立，是富平县主管国家税收工作的职能部门。主要负责富平县境内增值税、企业所得税、消费税、储蓄存款利息个人所得税和车辆购置税的征收管理工作，管理服务纳税人4078户，其中一般纳税人378户。

内设机构9个：办公室、政策法规科、税源管理科、计划财务科、纳税服务科、征收管理科、人事教育科、监察室、办税服务厅；直属机构1个：稽查局；派出机构6个：庄里税务分局、城区税务分局、城郊税务分局、流曲税务分局、美原税务分局、刘集税务分局；事业单位1个：信息中心。共有干部职工127人。

近年来，富平县国家税务局牢记“为国聚财，为民收税”的神圣使命，以组织收入为中心，以科学管理、优化服务为主线，以绩效考核、作风建设、干部管理为工作重点，强基础、转作风、提效能、促发展，各项工作取得长足进步。连续三年获全县目标责任考核优胜单位。被中共陕西省委、陕西省人民政府授予“文明单位“称号。2011年被评为全省国税系统先进基层党组织，2007年至2013年连续七年在全县执法单位行风测评中名列第一。2012年被评为全市国税系统绩效考核先进单位。2013年获全市国税系统绩效考核最佳进步奖，全县优质服务窗口单位第一名。

富平县农业局

副省长祝列克（左二）来富平视察三夏工作

省农业厅厅长白宜勤（右四）来富平视察工作

县职业农民培育学院挂牌仪式

市农业局局长张金荣（左二）
来富平检查园区建设工作

富平县农业局是县政府综合工作部门之一，承担着贯彻执行各级有关农业和农村工作的方针、政策和法律法规，拟定全县农业和农村经济中长期发展规划，指导全县粮食生产，引导农业产业结构调整，构建新型的农业经营体系，推动全县现代农业发展的主要工作任务。富平县是中国奶山羊之乡、中国柿子之乡、全国粮食生产先进县、全国食品安全示范县、全国特色农业十佳县、中国羊乳之都，是农业部认定的第二批国家现代农业示范区和农业改革与建设试点示范区之一，是陕西省乃至西北地区重要的农产品生产基地县。粮食、瓜菜、柿果、奶山羊是骨干主导产业。2014年，富平县农业局立足资源优势，以国家现代农业改革与建设试点示范区为引领，围绕“经营什么”“谁来经营”“如何经营”全面构建新型的农业经营体系，加快培育新型经营主体，创新推进土地流转，完善社会化服务体系和农业科技服务体系建设，建立新型的产销衔接模式，推进市场体系建设，扩大订单生产范围和规模，大力实施品牌战略，支持发展电子商务，全县现代农业经济发展速度较快，可持续发展能力进一步增强。全县农民人均纯收入8476元，较上年增长12.8%，粮食总产9.55亿斤，建成畜禽规模化养殖场区400个，奶山羊、奶牛、生猪、家禽存栏分别达50万只、2.5万头、30万只、375万只，肉、蛋、奶总产分别2.95万吨、3.2万吨、22万吨；设施瓜菜面积7200公顷，瓜菜产值9.8亿元；特色果品面积1.73万公顷；核桃、柿子、花椒等经济林种植规模1.33万公顷。2014年示范区建设水平监测考评中，增速名列全国第十七位。

省“一喷三防”现场会在富平召开

富平县林业局

富平南塬绿化

富平县林业局为县政府组成部门，承担着全县造林绿化的设计规划、林业工程监督指导、森林资源保护、打击破坏林业生态的违法犯罪工作。内设办公室、总支办、监察室、财务后勤股、营林业务股、项目办、绿化办、防火办、林政资源管理股、林改股、产业股11个股室。下设林业工作站、林木病虫害防治检疫站、金粟林场、园林化办公室、森林公安派出所、森林资源管护大队、柿子研究所、国有苗圃8个事业单位。全系统共有干部职工128人，其中专业技术人员22人。2014年，被授予“渭南市文明单位”称号；2015年4月，国家发改委等11部委确定富平县为生态保护与建设示范县。

为农民义务嫁接核桃

温泉河湿地公园一隅

富淡二级路景观绿化

底张公路宽幅林带建设

富平北部沿山植被恢复

富平县交通运输局

标准化养护的县乡公路

党的群众路线教育实践活动动员大会

2014年，富平县交通运输局突出公路建设中心，全局上下努力克服任务重、资金短、征迁难、时间紧等种种不利因素，团结一心，苦干实干，全年争取政策性资金1.89亿元，新修改建公路105公里，完成交通基础设施固定资产投资4.8亿元，是近年来建设项目最多、新改建公路里程最长的一年。底张二级公路21公里建成通车，绿化、路灯等配套齐全，成为一道靓丽的风景线。曹村干河至大王公路、姚村至张王、富北公路等基本建成，S106富平过境公路、薛镇王马至到贤段等重点项目顺利开工建设，富耀红色旅游公路项目正在申报，公路养护、运输管理稳步推进，风清气正、文明服务蔚然成风。县委、县政府目标责任考评获优秀档次，重点项目建设、资金争取、党风廉政及职工互助等方面亮点纷呈，受到市县表彰奖励。

宫里土坝

底张二级公路

全县干部职工运动会

白水县交通运输局

局领导班子研究工作

局长 李晓建

白水县交通运输局机关内设办公室、综合规划股、安全监督执法股、财务股、运输管理股、交战办等6个股室。局属单位有道路运输管理所、农村公路管理站、县乡公路养护队、出租车客运管理办公室、地方海事所、货运服务中心、独宜公路超限检测站7个事业单位和威远运业有限责任公司、通达路桥公司2个交通企业。2014年，全县交通运输工作以党的群众路线教育实践活动为主线，弘扬“大爱在心、为民开路”的交通精神，改革创新谋发展，真抓实干创佳绩，全年完成交通总投资3.12亿元，超额完成年度目标任务。白水县交通运输局获市局目标责任考核优秀单位，全市交通系统文明执法窗口单位，县目标责任综合考核优秀单位，县委县政府重点项目先进集体，农村工作先进集体，县安全生产先进单位，政风行风建设先进单位，县委群众路线教育活动先进单位。

省政协副主席梁凤民（右二）视察高速路建设

养护到位的农村公路

副市长吴蟒成（右四）视察高速路建设

白水县人口和计划生育局

党员义工进社区开展活动

医务人员进社区为老年人健康检查

县纪检委书记郭世英与局长刘俊宏调研计生家庭创业工作

登记前来接受孕前健康检查的群众

入户慰问计生失独家庭

一对一结对帮扶困难计生家庭户

白水县住房和城乡建设局

领导班子成员在研究工作

局长 白强

白水县住房和城乡建设局机关内设党政综合办公室、财务综合办公室、城乡规划管理站、城乡建设综合办公室、建筑业管理综合办公室、房地产管理综合办公室、纪检监察综合管理办公室6办1站管理机构。下辖10个局属单位，其中保障性住房管理中心、园林绿化站、供热筹建处3个为全额事业单位，市政处、监察大队、质监站3个差补事业单位，房管所、路灯站、设计室等3个自收自支单位和房地产开发公司1个企业单位。全系统共有干部职工258人。

近年来，按照县城“东扩北进，四纵七横”的发展框架和“拉大城市框架，完善城市功能，提升城市品位，改善人居环境”的发展思路，以建设生态宜居城市为目标，积极推进城乡一体化建设，实施以城带乡战略，提升县城的集聚、辐射和带动功能。高标准建设了粟邑路、东风路等10条文明示范街。同时，完善城市功能，改善人居环境，实施了苹果广场、仓颉公园等重点建设项目。新增城市绿地面积20万平方米，县城城区面积达到10平方公里，城镇化率提高到43%。

自2006年以来连续6年被评为县级先进单位，连续6年被市住建局评为建设系统先进单位，2008年被市政府评为“市级文明单位”，2009年被省政府评为“关中地区城镇建设工作先进单位”。2010年被省政府评为“2010年度保障性安居工程建设先进单位”。2011年受到市委、市政府的表彰及省委、省政府奖励。

省市领导视察项目建设工作

市人大常委会领导在白水调研

局领导成员检查工程进展情况

白水县医院

院长 王宏杰

白水县医院是一所集医疗、预防、保健、科研、教学康复和急救为一体的全民综合性二级医院，是陕西省多家省级医院的医疗协作单位和医疗院校实习教学培训基地之一，是白水县城镇居民、职工医疗保险、商业保险、农村合作医疗、农村产妇孕娩、公安创伤定点医院，是白水县体检中心、急救中心和白水县残疾人等级鉴定中心，是全国心肌梗塞临床实验医院之一。

白水县医院创建于1954年，位于白水县自强路37号，共有在职职工547人，业务人员400人，行政管理人员147人，其中：主任医师2人，副主任医师22人，主治医师42人；占地面积1.67公顷，建筑面积11105.30平方米，设科室39个，开设病床250张；设16个临床科室、8个医技科室；设立15个行政、职能科室；拥有双排螺旋CT机、C型臂、彩超、直接数字化摄影系统、电子胃镜、全自动生化分析仪、全自动血球分析仪等先进的大型医疗设备。

医院的誓言是：患者至上、优质高效、恪尽职守、团结进取。医院的院训是：严谨敬业、仁爱笃信、求实创新、奉献真情，医院坚持以病人为中心，用优良的医疗技术，优质的医疗服务，优美的医疗环境，赢得广大群众的信赖和上级组织的好评，获白水县“卫生先进单位”“创佳评差最佳单位”“模范职工之家”“先进党总支”等称号。

院领导班子研究工作

县委书记叶珺视察科室

县长张全才视察住院楼工程

创建国家卫生县城广场

交 通 邮 政

公路交通

滑南市交通运输局

党委书记、局长 陈春明
党委副书记 张明亮(8月去世)
副局长 权景西 王自茂
王普辉 张晓平
唐 娴
纪委书记 张伟民

【概况】 市交通运输局是依据法律法规负责辖区内国省干线公路建设、养护、管理及道路运输管理的政府组成部门,同时负有对农村公路、水路运输和出租汽车客运的行业监管职责。下属事业单位8个,其中正处级单位2个(渭南市公路管理局、渭南市道路运输管理处),副处级单位2个(渭南市客运管理处、渭南市地方公路管理处),科级单位4个(渭南市海事局、渭南市交通工程质量监督站、公路工程建设处、治理车辆超限超载和收费公路管理办公室),全系统在职干部职工2200余人。

截至2014年底,全市公路总里程达到1.8万公里,其中高速公路3条324公里,普通国道8条690公里,普通省道1100公里,农村公路1.6万公里,建制村通村公路100%得到铺装,公路密度137.7公里/百平方公里,居全省前列。2014年度完成客运量9169万人次、客运周转量351325万人公里,货运量13133万吨、货运周转量3573985万吨公里,客运量仅次于西安,货运量仅次于西安、榆林。全市共有水路运输企业16家,渡口27处,各类船舶400艘。全市174条市际客运班车线路、145条县际班线全部实现公司化经营。镇通班车率达到100%,行政村通班车率达到98%。

【项目建设】 以公路建设为重点,带动全市重点项目建设积极推进。一是高速公路方面,韦罗高速实现路基基本贯通;渭玉高速完成投资11.5亿元,路基和控制性工程石鼓山隧道基本贯通;连霍高速西出入口改造项目主体完成。二是干线公路方面,G108渭南至汉村一级公路建成通车;S201卤阳湖至翔村、S202澄城至韦庄、G108韩城龙门至金城3个项目除个别路段受城市征地拆迁影响外,其余路段已基本建成;S201蒲城境剩余段公路、G108合阳过境公路等项目进展较快;禹门口黄河大桥完成前期手续,沿黄公路渭洛河大桥及引线工程已开工建设。三是农村公路方面,全年完成投资4.1亿元,完成县乡公路294公里,通村公路完善工程558.8公里。

【养管护理】 加强规划编制和政策研究,完成了国道网线位调查和省道网规划调整工作。积极协调稳妥处理西潼、渭蒲两条高速遗留问题,全面完成了2014年干线公路大中修、农村公路养护工程任务。干线公路深入开展养护示范工程和路域环境综合治理活动,出台了全市《干线公路路域环境综合治理工作实施意见》,国道108渭南至大荔段公路两侧全面绿化、过村镇路段人行道铺设马路砖,大荔境内还利用竹子筑建路宅分离篱笆墙，成为全市路域环境整治的一个新亮点。干线公路实现年末优良路率 90.02%、养护质量指数(MQI)89.10。农村公路积极开展“好路杯”竞赛活动，县、镇、村道技术状况指数(MQI)分别达 74.27、72.3、60.74。干线公路和农村公路超限超载率分别为 0.35%、0.12%，路政事案查处率、结案率均在 98% 以上。加强公路收费管理，全年通行费收入 2874 万元，通行费上解率达到 100%，路况水平和通行能力大幅提升。

【交通运输】 2014 年度完成客运量 9169 万人次、客运周转量 351325 万人公里，同比增长 4.83%、4.93%；货运量 13133 万吨、货运周转量 3573985 万吨公里，同比增长 13.03%、13.8%。投资 597 万元的罕井四级客运站已建成营运；投资 8000 余万元的白水、华县两个二级客运站主体基本完工；投资 6000 万元的蒲城一级客运站已完成投资 4430 万元；潼关二级客运站初步设计评审会已召开，待省交通运输厅批复后即可开工建设。完成潼关码头，华县、大荔两处渡口改造任务。在大荔探索农村物流服务站点与等级货运站、四五级客运站联建模式。全市 174 条市际线路、145 条县际班线全部实现公司化经营。镇通班车率达到 100%，行政村通班车率达到 98%，运输保障能力进一步增强。

【行业管理】 加强行政执法队伍建设，组织全市 142 名治超人员进行业务培训。针对城区客运市场秩序混乱问题，由市交通运输局牵头，开展了两次为期 140 天的集中整治活动，共查扣违法车辆 434 辆、查处违法违规行为 308 起、教育纠违 2172 起，市区主要街道客运秩序明显改观。进一步健全完善源头治超和动态执法联动机制，积极开展乱收费乱罚款乱摊派“百日整治活动”，“公路三乱”现象得到有效遏制，运输市场更加规范有序。

【深化改革】 加快职能转变，深入推进简政放权工作，将原来保留的行政许可事项精简整合为 17 项，公开了 7 项收费项目清单。市路政、运政、海事、城市客运等行政许可事项已归并集中，并进驻市行政服务中心大厅，方便群众办理业务。积极推进政企分离，完成了公交公司、渭运集团、宏业公司和配件公司四家企业的划转移交工作。

【安全生产】 坚持红线意识和底线思维，深入开展平安交通建设，组织开展“打非治违”“隐患排查”“两客一危”及安全生产大检查大整顿活动，强化危货运输和客运车辆 GPS 和 GPRS 动态监管，完成全市 61 家客运和危货运输企业安全生产标准化达标工作，组织城市客运和道路运输企业开展了应急综合演练 2 次。全年共发现一般安全隐患 98 处，下发整改通知书 67 份，整改率达 100%，未发生安全生产责任事故。

【行业文明建设】 在《渭南日报》、渭南电视台开辟了“百姓交通”栏目，全面加强和推动行业宣传工作。全年在各类报刊、网站发表稿件 300 余篇，专题报道 50 余篇次。先后组织开展了“渭南标杆”“党员义工服务”“党员红袖章进社区”等文明创建活动。2014 年，市交通运输局被交通运输部评为城市客运交通线路及站点专项调查“优秀集体”，创建厅级文明路 100 公里、厅级治超站 1 个，创建文明示范路 200 公里、养护示范镇 10 个。

（郭　锐）

城市公共交通

渭南市公共交通总公司

经　理　王红亮

副经理 马正利 杨立新 殷永宏 梁高弟 王耀武

【生产指标完成】 全年完成生产运营收入5958.6万元,运送乘客5626.3万人次,完成运营里程2296.6万公里;三项指标较上年平均增长6%。

【线路规范调整】 按照"抽密、填疏、补空"的发展思路,先后对公交316路、9路、19路三条公交线路进行了优化调整,对公交1路、8路、7路进行了延伸,加开了高铁站的晚班公交6路趟次。

【运营车辆更新】 全年投资586万元购置28辆公交车,分别对公交8路和19路两条线路进行了更新。另外,在省内率先运用融资租赁模式,引进纯电动公交车24辆,对公交2路运营车辆进行了全部更新。

【信息化智能化建设】 围绕智慧城市建设,在城区的东风大街、朝阳大街等主要街道的44个公交站点,建立了具有智能查询功能的电子站牌。同时,大力推进智能"一卡通"建设,全年完成新发行公交IC卡16000余张,使1000万人次的持卡乘客享受到了乘车优惠,并顺利接入了全国城市"一卡通"互联互通。

【惠及民生】 市公交公司严格按有关要求对残疾人、现役军人、革命伤残军人、65周岁以上老年人、中小学生、离休干部等群体实行了优惠或优待乘车,连续9年参加了"爱心送考"活动,全年共计返还乘客遗失包裹4个,收到表扬信16封、锦旗8面,先后受到省、市各级媒体表扬表彰10余次。同时,充分调研和积极采纳社会各界意见建议,在公交1路、10路、11路、2路四条空调公交线路上实行了季节票价。给全体职工人均月增资200元;组织1080名职工进行了健康体检;开展了给困难职工献爱心捐款活动,共计收到捐款10306元,对10名困难职工进行了帮扶;为全体职工办理了工伤保险,给符合条件的聘用职工缴纳了养老保险,完成了聘用职工医疗保险的摸底登记工作,并计划于2015年1月份开始申报缴纳。

（赵欢乐）

邮政管理

渭南市邮政管理局

党组书记、局长 唐丰收

副局长、纪检组长 晁春娟

【基础管理】 2014全年历时100余天,先后派出444人次,顺利完成对全市一区两市八县的11家邮政企业、211个快递企业独立门店网点的现场调查和数据采集工作,摸清全市邮政行业基本情况,为后续工作打好坚实基础。渭南市共聘用有社会监督员7名,全年共检查网点200个,提交反馈报告200份,走访消费者306人,提出建议和意见13个,反馈问题85个。

【邮政普遍服务】 积极推进市空白乡镇邮政网点补建工作。"十二五"规划全市计划补建57个,到2014年底已竣工49个,竣工率85.96%;接收43个,接收率达75.44%;运营42个,运营率达73.68%。顺利完成2014年国家邮政局确定的运营率"保六争八"补建目标。

【"快递下乡"项目】 引导快递企业加快农村网络布局,全市镇快递网点覆盖率达到80%以上,其中华阴市、富平县和大荔县镇快递网点覆盖率为100%,位居全省前列。镇网点服务农村、拉动农特产品销售和增加农村就业的作用开始显现。渭南市的"快递下乡"工作经验在全国邮政管理工作会议上交流。

【快递物流园区】 年初,引入渭南市大德物流有限公司投资建设渭南市快递物流产业园。园区交通便利,位置优越,占地1.67公顷,建设标准化厂房8000平方米。11月1日,已正式投入运营。有渭南申通、圆通、全峰和天天快递等企业入驻。

【快递业务员培养】 12月6日,首次在渭南举行快递业务员全国职业技能鉴定考试。全市共有98人报名参加本次考试,通过率96.9%,为渭南市邮政业的稳定发展提供了人力资源保障。

【企业安全监管】 向辖区内邮政企业和快递企业下发《关于建立健全企业安全管理机制的通知》,制定了《渭南市寄递渠道反恐怖事件应急预案》。组织市区快递企业负责人在快递物流园进行消防演练,深入开展专项整治活动,对全市142家邮政、快递企业网点收寄验视制度执行情况进行专项检查,积极推动寄递企业采取加盖"收寄验视章"管理措施。积极做好邮政业"扫黄打非"工作。

【邮政普遍服务监督】 2014年共实地核查预撤销网点3个,实际撤销网点2个。坚持监督检查情况定期通报和定期报告制度,每季度向省邮政局报告普遍服务有关工作情况,并向市邮政企业下发邮政普遍服务季度通报4份,确保邮政普遍服务网点撤销始终坚持总量控制原则。

【机要通信专项检查】 重点加强了对邮政企业人员管理、网点基础安全设置、作业要求及服务环节的监督检查,共监督检查5个机要网点,下发5份责令改正通知书。

【重大题材纪特邮票发行监管】 全年共进行26次纪特邮票监督检查,共出动53人次,询问集邮群众83人次。对发现的主要问题,已责令邮政企业整改,不断推进纪特邮票发行工作规范化。

【快递企业许可备案】 完成全市16家快递企业经营许可年度报告工作,开展快递企业分支机构及末端网点登记备案工作。32家企业上报了《渭南市快递企业分支机构及网点登记表》,登记网点252个。

【邮政用品用具生产企业年检】 对渭南辖区内5家邮政用品用具生产企业开展2013年度年检工作,其中有1家依法不再参加2013年度年检,并上交信封生产监制证,退出邮政用具用品生产市场。

【消费者合法权益】 从2014年1月份开始,通过电话、公众留言、局长信箱、市政府"12345"热线等渠道,接受群众有效申诉12件,100%答复,并100%圆满解决群众的诉求。

邮政事业

陕西省邮政公司渭南市分公司

总 经 理　王理生

副总经理　张海峰　刘增良　路向东

【概况】 2014年,渭南邮政分公司坚持"务实高效、优化整合、创新拓展、转型升级"16字工作方针,积极应对政策和市场变化,深化企业改革,加快转型发展,进一步改善服务质量,夯实发展基础。全年完成业务收入3.12亿元,同比增收1364万元,较上年同期增幅4.589%。有效收入累计实现2.27亿元,同比净增2630万元。

【经营发展】 渭南邮政通过加大对过程的管控,进一步完善经营、营销、质量等全方位的KPI考评体系。创新推进措施,通过选树标杆、推广经验、帮扶后进、强化分析通报等,较好的推动了经营工作整体发展步伐。开展了"六进六访"和"三千工程",共揽收项目资金10.25亿元。便民驿站建设、分销渠道建设、金融代发工资、个性化邮品定制、商函广告、报刊校园市场开发及速递协议客户开发等7个项目提前完成全年计划。分销渠道建设、商函广告及速递协议客户开发三个项目居全省第一。校园报刊新增流转额 168.6 万元,实现了全年任务半年完成。临渭区局开发的联通公司高考礼包实现业务收入 23.3 万元。开发中烟渭南分公司个性化 EMS 封 2.4 万枚,实现收入 4.8 万元。蒲城局开发了县招办毕业生档案寄递项目,并为陕西信合制作了 EMS 个性化封套,实现收入 4.5 万元。涉足新媒体平台营销。在全省率先建成了集邮微信平台,策划了“邮票上的渭南”系列主题活动,扩大媒体效应,宣传业务和产品。推行“珍邮”品鉴会、集邮“五进”等活动。积极探索电子商务分销模式,率先在淘宝网开通“渭南名优特产店”。高校、景区主题邮局相继实现开发。

【企业管理】 渭南邮政坚持以效益为中心,狠抓客户经理、网点负责人、一线窗口三支队伍建设,不断增强业务创新转型发展后劲。加强培训,强化考核,提升信息化处理能力,经营管控重点突出。以经营质量、经营效能、经营效益为先导,加强经营成效考核,引导业务转型和创新发展。建成了全省唯一的集中监控中心,细化了全市安全队伍的管理,开展了“安全防范百日竞赛”“平安单位”“运钞车辆专项整治”等活动。更换了 3 辆运钞车,增配了 10 个业务库保险柜,为全市穿墙式 ATM 全部安装了防护舱,全市年度累计受理 11185 平台及其他渠道客户投诉、查询 6761 件,客户表扬 143 件,有理由投诉 7 件,全部得到整改落实。完成市邮政局大楼防水等 14 处装饰、改造工程审计。

国家地理标志保护产品——蒲城花炮

蒲城县被誉为“中国花炮之乡”,是闻名全国的“焰火之乡”和陕西省三大传统花炮产区之一,也是西北五省区最大的花炮产销基地。蒲城花炮从业人员 3 万余人,可生产千余品种。蒲城焰火曾作为中国人民的友好使者,赴法国巴黎、日本等国施放。得到“焰火放异彩,海外灿光华”的赞誉。也曾先后七次赴京为国庆大典施放焰火、为深圳“荔枝节”、西藏和平解放四十周年大庆及国内多项重大活动锦上添花,在国内外享有一定的声誉。

2010 年 9 月 9 日,国家质检总局批准对蒲城花炮实施地理产品保护。

商贸流通和服务业

商品流通

渭南市商务局

局　　长　杨公平

副 局 长　王进民　蔺云海　司宏哲
王　娟　李争良

副 书 记　王恒奎

纪委书记　张　鹏

【市场监测】 2014年全市社会消费品零售额完成418.6亿元,同比增长14%,增速列全省第三;全市新增限上贸易企业96户。2014年全市新增备案进出口企业24户。据西安海关统计,全市进出口总值实现2.3亿美元,同比下降5.3%。2014年全市利用外资1216万美元,与全年6000万美元目标任务差距较大。截至12月底,全市合同利用外资存量仅有600万美元。

【物流、商业规划编制】 全市现代物流发展规划和渭南中心城市商业网点规划初稿已经完成。11月14日召开了物流发展规划专家评审会。

【肉菜追溯体系】 渭南市被商务部列为肉菜追溯体系建设试点城市。渭南市实施方案经陕西省商务厅审核同意后,实施项目通过公开竞标确定项目实施企业。8月4日项目正式开工建设,项目涉及的12个农贸市场和4个屠宰厂强弱电线路改造、指挥中心大厅装修改造及设备安装、数据中心设备安装调试、185个节点单位信息采集已全面完成。该项目建成后,将实现肉菜商品来源可追溯、去向可查证、责任可追究的质量安全追溯链条。

【蔬菜进社区】 确定渭南田源农业开发有限公司和红盛祥商贸有限责任公司为蔬菜进社区工程实施企业。已建成2个配送中心、30个生鲜超市、15个便民蔬菜销售点,日销售生鲜瓜果蔬菜40余吨,与130余家生鲜蔬菜生产合作社建立了购销关系。7月24日全省蔬菜进社区经验交流会在渭南市召开,渭南商务局做了经验介绍。

【农产品流通网络体系】 渭南市被列入农产品流通网络建设试点市。全市申报“西果东送”项目15个,农产品流通网络建设项目4个。

【口岸建设】 海关业务用房建设已完成,出入境检验检疫局实验用房在进行室内装修,货物监管场所处在建设中。口岸三位一体工程建设,既能加快全市货物进出口通关速度,降低外贸进出口企业经营成本,也将极大提高全市外向型经济水平。

【企业改制】 市直商务系统共有21户企业,参与改制人员4050人。已完成18户改制任务,安置职工2300余人。剩余百货、医药、盛源3户企业分别进驻了工作组,在进行资产处置等相关工作。

【湭河老街美食文化城】 从6月下旬开始,组织实施湭河老街美食文化城相关工作。湭河老街美食文化城于9月28日正式对外营业。美食城汇聚了各县名优特色美食,展示各个地方民间风情,具有丰富的美食文化内涵,成为渭南一道靓丽的风景。

营业以来累计消费50万人次,提供就业岗位近千个。

【加油站监管】 截至12月底,全市共有加油站(点)487座,年审合格加油站(点)464座,年审合格率95.3%,需整改加油站13座,拟注销加油站10座。中石油、中石化、延长壳牌三大油均在渭南市布设加油站,三大油共设加油站171座,占全市加油站总数的36.5%。2014年全市成品油零售企业销售各种成品油67.01万吨,同比下降2.66%,其中汽油29.58万吨,同比增长8.35%,柴油37.43万吨,同比下降9.94%。

【二手车监管】 渭南市有符合二手车行业发展规划,通过审核批准备案的二手车市场3家,分别是渭南市旧机动车交易市场、渭南市天旭旧机动车交易市场有限公司、渭南市阳光二手车交易市场。3家二手车市场2014年交易量17734辆,交易额32346.88万元,上交税金47.429万元。

(高建文　张勇)

粮油商业

渭南市粮食局

局　长　李建民

副局长　陈成功　王社斌

【粮食宏观调控】 建立市级原粮储备3000万公斤,县级原粮储备3600万公斤。建立市县两级应急成品粮油储备面粉507万公斤、大米76.5万公斤、食用油350.5万公斤,市级应急成品粮油建立到位。市县两级原粮及应急成品粮油管理的规章制度健全,储备费用落实到位,所储备的粮食品种、数量均按照计划落实实施。对全市13户粮食应急加工企业的加工能力和21户应急供应企业的供应能力进行了审核统计,落实粮食应急供应网点95个,确保紧急情况拉得出调得动。“双节”期间,落实春供粮油备货,并就军粮供应工作做了具体安排,确保双节期间市场供应及价格稳定。

【粮食购销】 全市全年收购粮食7亿公斤,销售粮食7.45亿公斤,超额完成了省粮食局和全市的年度目标任务。全年没有发生向农民“打白条”现象,也没有出现收购空白点和扎堆收购等现象。

【粮食流通统计与调查】 在及时准确上报全年度粮食流通统计月报、季报、夏秋粮收购进度五日报等各类报表的基础上,在统计数据的分析研判、综合利用等方面有了新的发展,发挥统计监督和统计信息服务职能。执行粮食流通统计制度,调整统计口径,精简统计指标,优化统计报表,提高统计效率,构建统一、精简、准确、管用的粮食流通统计体系,调整中、省、市、县四级监测点,健全粮油价格监测网络,提高价格监测水平。

【粮安工程】 “粮安工程”包括粮油仓储设施建设、放心粮油全覆盖工程及农户科学储粮工程。市储备库迁建项目和富平、华县、合阳县级中心粮库已全部完工并投入使用;大荔、潼关、华县、临渭区危仓老库改造项目获得中、省补助826.5万元。市粮食局完成3个配送中心、48个示范店、48个经销点的申报、认定和评审工作。组织实施2014年4200套农户科学储粮工程计划,配合农户科学储粮工程,推广节粮减损新设施、新技术,通过爱粮节粮科技宣传周活动宣传教育,减少粮食浪费。

【国有粮企提质增效】 省粮食局与省发改委等五部门《关于加快推进我省国有粮食企业改革的意见》(陕粮财发〔2014〕133号)下发后,渭南市粮食局在对全市国有粮食企业调查摸底的基础上,出台了加快推进渭南市国有粮食企业改革的指导意见。成立粮食企业改革领导机构。在临渭区开展试点的基础上,进一步深化“一县一企、一企多点”试点工作。完善全市国有粮食企业提质增效考核奖励机制,分析企业经营状况,鼓励企业主动融入市场,拓展经营范围,提高利润增长点。全市国有粮食企业全年实现盈利411万元,连续多年在全省盈利排名前三。

【依法管粮】 开展粮食库存普查,确保库存粮食数量真实、质量完好、管理规范、储存安全。组织开展双节粮油市场供应、粮食经营企业执行最高库存量标准、夏粮收购、库存检查等一系列专项检查444次,出动人员2341人次,检查各类企业2131个次,查处案件60例。渭南市的粮食库存检查工作得到国家粮食局联合检查组的一致好评,粮食监督检查工作在全省考评中排名第一。渭南市粮食局依法行政工作被省粮食局评为先进单位,被市委依法治市工作领导小组评为全市“六五”普法中期先进单位。

(蔺 娜)

供销合作商业

渭南市供销合作社

主 任 郑树新

副书记 王 萍

副主任 吴 伟 李顺良

【概况】 渭南市供销合作社下辖临渭、大荔、澄城、合阳、蒲城、白水、富平、华县、华阴、潼关10个县(市、区)供销联社,直属6家专业公司,1所供销干部学校。2014年,全市供销系统完成商品购进41.77亿元,同比增长28.52%;完成商品销售41.99亿元,同比增长26.48%;汇总实现利润1344万元,同比增长60%。

【新网工程】 全年规范、新建连锁配送中心9家,经营网点461个。一是农业生产资料现代经营服务网络日趋完善。开展放心农资下乡活动和推广“大荔模式”,新建农资连锁配送中心3家,新建、规范农资经营网点259个,销售各种化肥86万吨,占全市总量的70%左右。部分网点已延伸至西安、铜川、咸阳、延安和山西运城等地,经营网点累计达到3300多个。二是日用消费品现代经营网络有新发展。全年新建日用消费品配送中心3家,规范经营网点57家,经营网点累计达到689个。三是农副产品购销网络有新突破。新建农副产品购销中心3家。渭南市供销社与环西安等6家市社签订了“一县一品,百县百品”合作意向,各实体店之间相互供货、代购代销,为合作联营开辟新途径;供销的白水苹果、羽佳蜂蜜、蒲城酥梨、富平柿饼、合阳小米、韩城花椒等在西安隆顺和超市畅销,受到青睐和好评;新建的渭南农特产品直销店在西安市西七路正式营业,白水、合阳、韩城、蒲城、大荔、富平等6个县社在西安雨润设立的农特产品直销店春节前投入运营,集中展销渭南市名优农特产品。供销系统32家企业、农民专业合作社参加了全国农产品产销合作论坛暨丝绸之路供销合作社“一县一品”展销会,共签订合作意向3份,交易金额700余万元。市供销社与陕西农林卫视联系,在陕西农林卫视举办专题节目4期,推介了白水苹果、蒲城酥梨、合阳小米、澄城土织布等特色农副产品。农副产品购销总量比2013年翻了一番多。四是再生资源回收利用网络平稳推进。全市新建、规范再生资源网点62个。渭南市鸿泽再生资源集散市场项目,占地3.73公顷,项目总投资9800万元,完成投资3000万元,主体工程已完成。渭南市益利再生资源集散市场项目，征地 6.19 公顷，项目总投资 1.7 亿元，完成投资 3800 万元，已建成 2 个分拣中心。五是烟花爆竹安全经营网络规范有序。全年规范烟花爆竹经营网点 83 个，全市规范化烟花爆竹经营网点 1185 个。全市 11 家县(市、区)烟花爆竹经营公司库房标准化升级改造全部完成，总投资 1673 万元。推行“四统一”连锁经营，配送率达到 85% 以上。区域内销售烟花爆竹 6060 万元，区域外销售烟花爆竹 1.61 亿元。澄城县庆乐烟花爆竹公司获“全省安全文化建设示范单位”称号，成为供销系统中烟花爆竹经营单位的明星企业。

【合作经济组织】 开展创建农民专业合作社示范社活动。全年共创建各级示范社 21 个。其中创建国家级 2 个、全国总社级 2 个，省级 6 个、省社级 1 个，市级 10 个。合阳县社成立了富通农民专业合作社联合社，共吸收了 10 个专业合作社和企业加入，业务范围涉及小米、苹果、葡萄、红薯、蔬菜、土织布等，其中“好家米”“雨阳富硒”苹果、“北雷红”红薯等产品享誉省内外。韩城市社成立华夏农牧农民专业合作社联合社，由 9 家专业社组成，主要从事农业、林业、果业种植及畜牧业养殖等。全市供销系统已成立了 3 个专业社联合社，走在全省的前列。合阳雨阳富硒小米专业合作社、富平洋阳柿饼专业合作社等专业社开展电子商务，实现网上销售，效果良好。蒲城县社发展村级服务站，出台《蒲城县村级服务站管理办法》，统一管理、统一挂牌、统一标准，全年共规范发展 100 家。

【基层社升级改造】 基层社升级改造完成 10 家，总计投资 1000 多万元。临渭区官底供销社、蒲城县党睦、苏坊供销社、富平县流曲、王寮供销社，改造总面积 10000 平方米以上。基层社由传统的一家一店的模式向规模化的超市模式转变。

【项目建设】 全年实施中、省、市“新网工程”项目 12 个。其中，国家“新网工程”项目 4 个，获得专项资金 550 万元；省级“新网工程”项目 1 个，获得专项资金 40 万元；市级安排“新网工程”项目 7 个，落实专项资金 100 万元。申报国家农业综合开发供销合作总社新型合作示范项目 3 个，获得扶持资金 385.5 万元。

【招商引资】 市生产资料公司通过贵阳市商业银行引资 3000 万元，和贵州瓮福集团达成保兑仓业务。稼丰公司投资建设的陕西渭南陆路物流港项目占地 9.14 公顷，投资 1.6 亿元，修建铁路专用线 1 条，与渭南海关物流仓储进行对接，已被列为市政府重点项目。该项目已建成 2800 平方米办公楼、5100 平方米的监管仓库等基础设施。澄城县国绿果农公司与陕西供销企业集团合作，由陕西供销企业集团为其注资 1750 万元，资金已到位。蒲城县联社招商引资 1900 多万元，建成恒通贸易大厦。临渭区联社招商引资 8000 万元，推进明大广场——润典新城项目建设。

（卫　鹏）

烟草专卖

渭南市烟草专卖局
(陕西省烟草公司渭南分公司)

局　长　杨　斐
副局长　陈善贵
副书记　王春林
副经理　王林生

【烟草机关】 渭南市烟草专卖局、陕西省烟草公司渭南分公司组建上划于 1986 年。下辖直属分局、韩城、合阳、澄城、富平、蒲城、潼关、白水、华县、华阴、大荔 11 个县级烟草专卖局(分公司)。市烟草局机关内设14个科室和4个中心,截至2014年底共有从业人员891人,其中聘用员工82人。

【卷烟经营】 全年累计销售卷烟20.01万箱,完成任务的100.05%,单箱均价21984元,同比提高1800.1元,同比增长8.92%,实现销售收入43.99亿元,同比增长9.86%。销售三类以上卷烟11.4万箱,占总销量的56.94%,同比增长13.72%。全年累计实现税利71035万元,同比增长13.17%。上缴各类税费46841万元,同比增长57.91%。

【烟草行业现代物流建设】 现代物流建设取得进展。投资4204.72万元完成物流库房改造和分拣设备更新技改项目。经过改制实现物流非法人实体化运作,全市终端配送已由原来运行的“1+4+2”模式调整为“1+1”新模式(即一个直配区和合阳中转站),终端配送车辆由原有55台减少至40台,干线车辆由原有8台减少至2台,物流从业人员由205人降至164人,送货线路由原有263条优化至199条,车辆满载率由原来的65%提升至80%以上,直配范围由原来的29%提升至78%。

【烟草专卖打假】 持续完善烟草“大专卖”格局,发挥市场监管联合协作机制作用,市场净化率保持在98%以上。全市共查获涉烟案件1613起,其中5万元以上案件30起,国标网络案件3起,省标网络案件2起,累计刑事拘留7人,批捕6人,判刑20人。大荔“五二〇”假烟网络案件涉案案值超过千万元。共查获真烟案件1576起,查获真烟867.6万支。在“三一五”集中销毁假冒卷烟1548万支。推行烟草专卖APCD工作法(即“进行分析、制定计划、实施检查、分类处理”的工作模式)。召开全市烟草系统依法行政暨专卖执法“一点通”推广现场会。

(柳淏文)

盐业经营管理

渭南市盐务管理局

局　长　吴培育

副局长　高志刚　高存章　王进民

【盐业经营】 发挥市场在资源配置中的作用,加强盐业市场供应保障属地化主体责任,通过网络PS物流管理系统,实时调控盐业市场供给。落实食盐购调计划,保障食盐市场供给。把落实食盐计划,保障食盐供应,作为巩固食盐专营的载体平台,全面推行“区域管理、分类推进、立足市场、服务增效”的经营方法,“定线、定点、定时、送货到店、服务上门”的配送服务覆盖全市8700个营销网点。截至12月底,共购进各类盐品3.19万吨,同比增长7.49%。其中食用盐购进2.46万吨,同比增长19.08%;工业盐购进0.73万吨。期末销售盐品2.73万吨,各类盐品库存1万吨。

做好以海藻碘盐为主体的新盐品上市推广。截至12月底,全市共购进新品海藻碘盐9899吨,销售9870吨,同比增长229.88%,企业盈利能力有效提升。

完善盐业规章制度,提升业务经营效益。出台《盐品购销业务奖励暂行办法》《盐品业务事故处理管理暂行办法》《盐品货款结算若干规定(暂行)》等制度,促进盐品运销计划落实。全市盐业经营销售、市场监管、货款回笼等逐步转好,行业发展质量和效益明显提升。

【盐业管理】 加大盐政执法监管力度,保障盐业市场安全。在全市范围组织开展了“元旦、春节”食盐安全专项整顿活动,“中秋、国庆”双节食盐市场整顿活动;在“三一五”“五一五”组织开展碘盐科普知识宣传，倡导科学用盐理念。市盐务局先后调查零售商店240家，走访村用户226户，了解食盐的市场占有覆盖情况和私盐的侵销危害情况。

截至12月底，全市食用盐碘覆盖率为99.85%，碘盐合格率99.27%，合格碘盐食用率99.12%，食盐“三率”连年达到省、市95%以上的要求；全市批发企业食用盐检测率和合格率均为100%。多年来从未发生食盐质量安全事故，实现盐政执法“零投诉”“零复议”。

贸易促进

渭南市国际贸易促进委员会
（中国国际商会渭南商会）
会　长　王　谦
副会长　龚红梅

【概况】　全年共组织举办经贸活动10场次，组团参加国内外经贸活动20次，参与企业380家，引进项目合同总资金210亿元，实际到位资金8.24亿元，促进进出口贸易5000万美元。

【参加经贸活动】　共组织企业参与各类经贸活动20次，企业参与数300家，达成项目合同合作意向50余个。

5月22日—26日，组织郝氏家纺、培华一村一品公司、天然居有限公司等60余家企业参加第十八届东西部贸易合作洽谈会暨丝绸之路国际博览会，其间参与了黄河金三角投资优势说明会、中亚地区投资贸易推介会等12个专场经贸活动，会议促成与哈萨克斯坦东干协会达成了战略合作意向、与乌兹别克斯坦客商就医疗器具、苹果苗等产品采购达成贸易意向、与江苏东珠公司签订居易公园项目建设协议等意向合作8个。

9月18日—19日，组团参加第三届西部跨国采购洽谈会，共组织合阳果醋、白水苹果、临渭葡萄、蒲城酱菜和果蔬、富平羊奶粉等优势企业近80家参会参展，促成白水县宏达果业建筑有限公司与哈萨克斯坦一体化基金会达成投资1000万美金合资建设水果蔬菜气调库项目；蒲城天子果蔬有限公司与德国KG食品贸易公司签订500万美元的脱水蔬菜采购合同；陕西蒲城永信食品有限公司与北京祥泰出口贸易公司签署900万人民币的长期代理出口供货合同，总金额1.5亿元，并达成意向合作10个。

10月份的黄河金三角投资合作交流会，邀请闽台等地客商60余人，组织举办富平投资合作洽谈会，富平县近30家重点企业参加。会议促成渭南市人民政府与陕西裕华太阳能发电有限公司签订投资200亿元人民币的渭南市富平光伏发电示范园区项目合作意向书；渭南市人民政府与安徽盛运环保（集团）股份有限公司签订投资3.8亿元人民币的渭南市生活垃圾资源化项目合作框架协议书。初步达成富平县与漳州联合开发培植花卉、农产品深加工投资等4个合作意向。

【国际贸易促进活动】　3月31日—4月3日，组织大东印刷包装机械有限公司、陕西荣发实业（集团）有限公司、渭南方圆机械设备有限责任公司相关负责人参加在韩国昌原市举办的第8次东北亚机械产业城市联合市长会议和技术交流展。会议签署渭南与各会员城市加强合作备忘录。渭南大东印刷包装机械有限公司进行了技术推广并签订产品销售合作协议。渭南方圆机械设备有限责任公司签署韩国零部件采购等有关合作协议。

6月14日，邀请哈萨克斯坦东干协会

主席达乌洛夫胡赛伊(安胡赛)一行11人来渭考察,并组织举办渭南—哈萨克斯坦投资合作恳谈会。临渭区、蒲城县、富平县、白水县、澄城县、合阳县招商、贸促部门负责人和合阳华企苹果酒厂、蒲城天子果蔬、陕富面粉等相关企业代表60余人参加会议。会上,渭南市贸促会与哈萨克斯坦东干协会签订合作协议书;合阳华企苹果酒厂与哈萨克斯坦东干协会签订贸易合作备忘录。

【富平县国际贸易投资洽谈会】　在“西洽会”期间,开创性地举办了富平县国际贸易投资洽谈会。利用国家贸促会、省贸促会的平台邀请法国、德国、韩国、乌兹别克斯坦等8个国家的35名外商,国内的80家对富平有投资意愿的企业,与富平20家企业开展了项目对接、洽谈,达成多方面的合作意向:与乌兹别克斯坦客商就医疗器具、苹果苗等产品采购达成贸易意向;与江苏东珠公司签订居易公园项目建设协议;深圳客商对富平影院改造项目提出合作意向,并作了实地考察;与中日韩经济文化交流协会达成在韩国设立渭南特色产品经销合作意向;与镇江市发改委达成援助渭南市贫困学生资助意向,并在11月10日组织召开镇江市对口扶助渭南特困生座谈会,达成了镇江对渭南市从2014年到2016年每年援助40名优秀特困高中生的扶助计划,每年资助金额8万元。

(郭　瑞)

对外经济贸易

【进出口总额】　全市拥有进出口自营权的企业(含三资企业)共234家。2014年全市有进出口业绩的企业66户,实现进出口总值2.3亿美元,同比下降5.33%。其中出口1.94亿美元,同比下降4.13%;进口3670万美元,同比下降11.22%。按人民币计,进出口总值141684万元,同比下降5.88%。其中出口119111万元,同比下降4.6%;进口22573万元,同比下降12.11%。

【外贸主要特点】　一般贸易和加工贸易仍为渭南市进出口主要贸易方式,其中一般贸易进出口88410万元,下降6.52%,占全年进出口总值的62%;加工贸易进出口总值53051万元,占全年进出口总值的37%。出口国别在96个国家和地区中,进出口总值1000万元以上有18个国家和地区(文莱、香港、印度、印尼、日本、马来西亚、菲律宾、新加坡、韩国、阿联酋、越南、英国、德国、荷兰、巴西、加拿大、美国、澳大利亚),实现进出口额126893万元,占全市进出口总值的90%。渭南市主要出口商品为机电产品、农产品、化学品及轻工产品。其中机电产品进出口79780万元,占全市进出口总值56.31%;农产品进出口17539万元,占全市进出口总值12.38%;化学品进出口7444万元,占全市进出口总值5.25%,轻工及其他产品进出口36921万元,占全市进出口总值26.06%。

【外资利用】　2014年,全市批准1家外资企业进行增资,合同增资金额825万美元,批准3家外资企业进行变更,批准1家外资企业由市域外行政区域整体迁移来渭南市。指导2家企业完成提前终止的法律程序工作。2014年全市实现直接利用外资1216万美元。

【外派劳务】　2014年,全市外派劳务人数为271人,境外派遣国别主要为新加坡、日本。对外经济合作(外派劳务)在摸索中前行。华县外派劳务服务平台是经华县人民政府批准成立,中、省、市商务部门备案的政府公共服务机构,是渭南市建立的面向有外派劳务资质企业提供劳务人员的唯一平台，为外派企业和有意愿出国务工的劳务人员免费提供对接服务，发布外派企业招工的准确信息，监督外派企业与劳务人员依法签署合同，为劳务人员提供纠纷调解和司法援助。

（郭丽娟　安坤仓）

国家地理标志保护产品——韩城大红袍花椒

韩城大红袍花椒以“穗大粒多、皮厚肉丰、色泽鲜艳、香味浓郁、麻味适中”而久负“中华名椒”之盛誉。孤植又可作防护刺篱。其果皮可作为调味料，并可提取芳香油，又可入药，种子可食用，又可加工制作肥皂。花椒除各种肉类的腥气；促进唾液分泌，增加食欲；使血管扩张，从而起到降低血压的作用。一般人群均能食用，孕妇，阴虚火旺者忌食。韩城大红袍花椒1994年荣获全国林业名特优新产品博览会“优良产品”奖，1998年荣获中国农学会“高产优质高效农产品”认证书。韩城市2000年被国家林业局首批命名为“中国名特优经济林花椒之乡”。

历史悠久的韩城花椒，距今已有600多年的栽培历史。据明万历35年(1607年)《韩城县志》记土产中就有“境内所饶者，惟麻焉、木棉焉、椒焉、柿焉、核桃焉”的描述。清康熙42年(1703年)《韩城县续志》也有“西北山椒，迤逦溪涧，各原野村墅俱树之，种不一，有大红袍……远发江淮”的描述。改革开放以来，韩城历届市委、市政府把发展花椒优势产业作为兴韩富民的战略任务来抓，历经20多年的不懈努力，建成了纵贯全市中部浅山台塬区的百里3500万株花椒基地，花椒产量突破1500万公斤，年收入突破3亿元。全市10个镇已成为花椒专业化生产镇，195个行政村成为花椒生产专业村；全市拥有栽植超过千株的花椒种植大户2万户。1996年申报的“韩城大红袍花椒基地建设”于1998年被国家质量技术监督局列入第二批全国高产优质高效农业标准化示范区计划项目。2000年申报的“韩城市花椒产业化开发建设”于2003年被国家计委列入国家山区经济产业化示范项目。韩城已成为全国规模最大、产量最高、效益最好的花椒生产基地县(市)。

2004年，韩城大红袍花椒获得国家地理标志产品保护。

旅 游 业

渭南市文物旅游局

书 记 成江海(2月离任)
霍文军(2月任职)

局 长 李东平(2月离任)
霍文军(2月任职)

副局长 张 泽 习黎光
刘 煜 郭向东

旅 游

【旅游收入】 2014年,全市共接待国内外游客3202万人次,同比增长10.41%,旅游综合收入252.08亿元,同比增长18.9%。完成全年旅游接待人数3200万人次,旅游综合收入252亿元的目标任务。

【旅游项目建设】 2014年市级旅游建设项目7个,包括华山旅游综合开发、华山太华湖统筹城乡生态旅游度假示范区一期、史记韩城·风追司马文化景区、少华山国家森林公园旅游开发、潼关古城景区建设、富平陶艺文化旅游产业开发以及合阳黄河湾温泉湖公园建设项目,总投资179.5亿元,2014年投入资金18.23亿元。全年共申报旅游项目44个,共申请落实中、省旅游专项资金3.2亿元。

【大华山旅游目的地】 一是全市加大基础设施建设,整合旅游资源。蒲城县、合阳县、韩城市新建的游客咨询服务中心投入使用;总投资10亿元的潼关古城景区建设全面开工;洽川启动创建5A级景区工作,打造"全域旅游、全景合阳";渭南老街美食城建成运营;国道108渭南至大荔段一级公路改建工程、投资5亿元的大荔同州湖洛河城区段综合治理工程已全面完工并投入使用;加快沿黄旅游公路建设,力争2016年底全线建成通车。二是加强区域合作,打造精品线路。10月下旬,举办渭南市第二届黄河金三角合作交流大会暨旅游合作论坛,签署《黄河金三角旅游合作协议》。三是落实地接社奖励办法。制定下发《关于印发渭南市奖励扶持旅行社办法》,通过政府招标采购,确定陕西华山旅行社、华山青旅旅游有限公司、渭南新闻旅行社、合阳山川旅行社4家地接社签订了地接协议,从7月1日至2015年6月30日,对于年度内地接游客人数达7000人,同时满足"二日游"及以上(渭南市境内住一夜、游览2个以上收费旅游景区)的旅行社,一次性给予30万元奖励。

【智慧旅游平台】 新改版的"渭南旅游形象网"和华山智慧旅游平台"且游网"(www.7x7u.com)先后成功上线,为游客提供旅游咨询、线路介绍、特色美食、预订及营销服务。渭南智慧旅游平台包含旅游形象网(渭南风)、旅游政务网(渭南貌)、电子商务网(渭南情)、渭南博物馆网(渭南韵)四大网站,集渭南形象展示、资源推广、电子商务、数据分析统计、决策系统支持等功能。渭南微信公众平台"渭你而来"(weinierlai)定期向微信用户推送旅游信息,提供人性化的旅游宣传。渭南手机旅游通为旅行者和旅行商家提供电子商务系统及信息查询,发布旅游景点、风味美食、休闲娱乐等图片文字信息,供旅游者随时随地查阅、掌握各景区的风光景象、民俗文化及相关服务的动态信息。

【旅游公共服务体系】 旅游标识系统不断完善。投资800万元设立完善全市旅游标识系统。完成高速公路23块旅游标识标牌的设置,新增的2块已在施工当中;国道、省道及主要干道设立的39块标牌已在建设;10个高速服务区导览图以及宣传资料的准备工作已经完成,高速集团下达批复意见后实施。开展全市旅游资源普查,围绕"吃住行游购娱"六大元素实地普查统计全市旅游资源发展现状。根据普查结果,委托专业团队规划设计全市旅游线路。召开"渭南旅游线路意见征求讨论会",线路已在修订完善中。

【旅游普查活动】 开展全市旅游资源普查。7月16日,全市旅游资源普查工作启动。普查团队共56人,分为6个小组,由各县(市、区)旅游局、华山景区、渭南师范学院共同组成,分别负责渭南11个县(市、区)及卤阳湖、华山景区。经过为期11天的普查工作,实地普查统计各县(市、区)旅游资源发展现状,形成了普查报告,为下一步整合资源,形成旅游线路打下基础。此次普查活动在新浪陕西开设"渭你而来"普查专栏,登录网址,就可以了解普查动态以及渭南旅游信息。

组织开展旅游住宿单位普查工作。普查工作从4月份开始至12月份结束。通过普查,摸清了全市旅游接待能力,为旅游统计工作打好了坚实基础。普查显示,全市有旅游住宿单位1267家,房间数36706间,床位数70505张。

【旅游市场开发】 举办"5·19秦岭与黄河对话"和中央媒体"再访黄河金三角"渭南行大型宣传活动。编印《渭南市自驾游手册》《渭南乡村旅游服务指南》。组织华山、洽川、陶艺村等重点旅游景区,先后在成都、重庆、福州、北京举办旅游推介活动,免费赠送景区门票7000套,总价值252万元,发放资料10万余份。与华商网、新浪网合作,利用《人民日报》《陕西日报》《中国旅游报》《华商报》《三秦都市报》《陕西旅游》《西北旅游》《旅伴》等报刊杂志宣传惠民政策及精品线路,累计宣传覆盖100万余人次。配合中央电视台中文国际频道大型系列特别节目《远方的家》"江河行拍摄组"完成渭南段的拍摄,节目共4集,每集长度45分钟。

【旅游行业管理】 做好A级景区申报创建,新增3A级景区5家:大荔县丰图义仓、蒲城巴厘岛温泉、杨虎城纪念馆、林则徐纪念馆和渭北葡萄产业园。召开景区服务质量提升、旅游统计培训会;制定下发《渭南市星级酒店管理办法》,举办全市星级饭店和旅责险交流培训班。开展旅游市场秩序专项整治活动,营造舒适、安全的旅游环境。强化导游管理,组织了2014年度全市持证导游人员的年审培训、考核工作。全年共检查涉旅单位129家次。全年共接到游客投诉18起,处理18起,游客满意率100%。

【国家旅游局检查组来渭南市检查旅游安全工作】 6月21日,由国家旅游局副局长吴文学带队,公安部、安监总局、食监总局等相关部门组成的检查组,对渭南市旅游安全工作进行了实地检查。省旅游局局长杨忠武,市长奚正平,市委常委、副市长程勉贵等参加检查。

检查组在西岳庙观摩了旅游消防安全应急演练,检查了瓮峪进山公路、华山太华索道安全管理工作。检查组在肯定渭南市旅游安全工作的同时,要求各级各部门要进一步强化安全是旅游的生命线的理念,把责任和措施落实到每个岗位、每个环节、每个职工，做好森林消防、道路运输、索道运营、食品卫生安全工作，全力确保旅游安全。

（姚　霓）

华山旅游

华山景区管委会

书　记　卢发兴

主　任　霍文军

副书记　马建平

副主任　舒　峰　吕建明

【景区经营】　景区全年共接待购票登山游客219.05万人次，较上年增长8%，实现门票收入3.01亿元，较上年增长13%。景区三家企业经营总收入4.2亿元，利润总额1.2亿元。华山景区获得国家5A级旅游景区网络媒体形象排名第一、中国最佳旅游景区等称号。

【体制改革】　华山管委会将企业国有资产监管职能交市国资委承担，将华管委原承担的生产经营职能交给华旅集团，完成了各项资产、资料移交工作。华管委内设机构调整为8个处室，下属单位调整为两个副处级事业单位，即西岳庙文物管理处和行政综合执法大队。组织编制了《中共华山风景名胜区工作规则》《华管委工作规则》《机关各处室工作制度》等17项制度。

【项目建设】　2个市级重点项目分别为集灵酒店和清新温泉，总投资4.3亿元，2014年计划投资1.7亿元，完成投资9200万元。集灵酒店项目因中海集团撤资，未完成年度计划；清新温泉项目已完成地质勘探、园林景观设计，温泉井钻探及成井，井深1888米，井口水温55℃，出水量为每小时50吨，已在进行人工湖开挖、场地周边绿化和酒店主体基础的施工。3个市级重点前期项目分别为太华温泉、太华旅游服务中心、黄甫峪进山公路二期工程，总投资额5.39亿元，项目已完成投资1.90亿元。还实施了310国道两侧绿化提升工程、华山景区污水改造工程、宝莲灯至华山峪段动力及通讯电缆沟管工程和杜峪检票站工程等。根据华山体制调整的要求，华管委移交项目给华山旅游集团公司。

【综合管理】　根据景区管理体制调整实际，修改并完善《华山景区2014年国庆度节工作责任管理方案》《华山景区2014年国庆节突发事件应急协调处置方案》，协调景区各责任主体做好春节、清明、五一、端午、国庆等假日旅游接待和安全管理工作，期间无一例安全责任事故和游客投诉事件发生。华管委组织华山旅游集团公司、西岳庙文管处、道教协会、工商分局、公安分局、三特索道公司、太华索道公司等单位，定期研究、协调解决景区治安稳定、安全生产、资源保护、市场秩序、票务管理、环境卫生等方面的问题，形成华山景区联席会议制度。加强景区维稳防恐工作，华管委与各责任单位签订《2014—2015年安全目标责任书》，并组织开展了西岳庙消防演练、东西索道故障应急救援演练、景区突发事件救护演练等。加强景区防汛、防地质灾害工作，组织召开“华山景区2014年防汛防地质灾害工作动员会”，华管委与华山旅游集团公司等单位层层签订了《防汛防地质灾害目标责任书》，景区全年未发生重大灾害责任事故。华管委配合省国土资源厅对新疆煤制气运输管道穿越华山地质公园项目进行了评审研判，会同中国地质调查局西安地质调查中心、长安大学对华山花岗岩地质成因进行了专题研究。华山景区物价和票务价格监管工作纳入全省价格检查网络体系之中。先后对景区的旅游市场进行8次重点检查，共出动检查人员60多人次，检查经营户200多户次，没收、更换各类不合规定的标价牌72块，自制标价签800多张，使景区明码标价和公示牌的普及率及标价准确率达到100%。

"十一"黄金周华山西峰游客

【宣传促销】 举办了"秦岭与黄河对话"大型主题文化活动、"保护华山松"秦岭生态安全公益行动、"陕西省旅游行业向华山卫士——好司机杨京红同志学习"动员会等文化公益活动。举办了秦晋豫黄河金三角首届"华山杯"乒乓球赛、中国健身名山登山赛等体育活动。劳动节、国庆节期间配合央视"新闻直播间"栏目对华山景区度节工作进行了全面报道，与中央人民广播电台"直播中国"栏目共同举办《华山风骨·渭水襟怀——城市新跨越之魅力渭南》大型现场直播活动。举办了华山文化丛书《华山百赋集》《华山楹联集》首发仪式，利用丛书开展文化交流和宣传活动，扩大华山文化的影响力。

华山北峰，"秦岭与黄河对话活动现场"

（惠太山）

城乡建设　环境保护

城乡规划

渭南市城乡规划管理局
局　　长　李曙升
副 局 长　雷振林　姚明德
纪检组长　王淑民
总工程师　代晓宏

【调查研究】　针对城镇化发展过程中出现的一些重要问题进行专题研究。从产业发展、城市交通、住房保障、公共空间建设、地理信息系统建立和应用、美丽乡村建设等6个方面,深入各县(市、区),开展了以县城发展边界为主题的规划建设调研活动;与省规划厅规划研究机构联合开展了县城详细规划调研;组织部分市级领导和相关部门赴外地参观学习。通过分析城镇化过程中存在的主要问题,有针对性地提出了改进措施和建议。

【城乡规划编制】　主城区规划编制:一是完成《渭南市经济技术开发区分区规划》,将有力促进经开区实现生态田园新区的建设目标。二是完成《渭河南岸滨水东区控制性详细规划》和《渭河南岸滨水西区控制性详细规划》,规划将有利于加快渭河南岸滨水区建设步伐,提升中心城市对外形象和城市品位。三是完成《渭南北站北广场地标概念规划》,确定了地标性建筑和地标性构筑物两个方案,从建筑形式、高度、风格及与周边环境关系提出了控制要求。四是组织完成了主城区地名规划,解决了市区地名不规范,采词混乱的问题,以提升全市的文化软实力。五是修改完善了城市综合交通体系规划,提交规委会审议。六是组织完成了中心广场区域、东风大街东段的交通改善规划,提出了改善交通拥堵问题的具体方案。七是编制了中心区排水防涝规划。八是完成了前进路公交专用道实施规划。九是对环卫设施专项规划以及渭南市区生活垃圾分类投放工作实施方案(草案)提出修改意见。十是制定了主城区新建项目雨水收集利用规划指导意见。

加强对县域城镇化的指导:一是积极推进市级重点示范镇和新型农村社区建设。完成了12个市级重点示范镇总规修编、新区详规编制和12个新型农村社区规划编制。二是提出全市美丽乡村规划编制任务,以大荔县朝邑镇、富平县留古镇、华县柳枝镇、合阳县坊镇等4个省级整镇推进试点为引领,编制了4个镇的中心村建设规划、所在县的县域村庄布局规划,启动了其他7个县(市、区)村庄规划修编工作。三是继续加大全市城乡规划编制工作力度。完成了华阴市、韩城市总体规划修编,审批了华阴市、大荔县城乡一体化建设规划和澄城县总体规划。全市新一轮县(市)总体规划全面完成。122个建制镇,84个完成了新一轮镇总规修编。四是做好试点工作摸索经验。在富平县开展了“多规合一”国家级编制试点和城市开发边界划定省级试点两项工作。

【规划管理服务】　在规划管理过程中重

视解决民生问题，针对交通拥堵、停车难和幼儿园、小学、公厕不足等问题，制定并印发了《关于进一步加强居住小区公共服务配套设施规划管理工作的通知》，在建设项目审批过程中，严格按照技术规范，审查把关公共设施的位置及规模，并要求与主体工程同步设计、同步施工、同时验收、同时交付使用，同时制定并印发了《渭南市建筑工程竣工规划核实工作细则（试行）》，规划核实工作进一步规范化。通过理顺规划管理体制和将规划审批权限下放到规划分局，减少审批环节，提高工作效率，积极为临渭区和经开区项目建设服务。在市区全年办理建设项目选址意见书18件，建设用地规划许可证33件，出具规划设计条件书20件，工程规划许可证35件，临建批复8件，办理市政工程项目36件，审批建设项目10件，出具市政工程规划设计条件书16件。基础设施建设、重点项目建设、城中村改造、棚户区改造步伐进一步加快。坚持城市规划管理公示制度，对经过审批的8个建设项目进行了公示。监督建设项目放线10项、23栋27.43万平方米，组织在建建设项目验线7项、17栋27.67万平方米，有效保证了市区在建建设项目的正常建设和城市规划的顺利实施。按照《陕西省住房和城乡建设厅关于开展全省建筑工程规划专项稽查的通知》，对全市建筑工程规划进行专项稽查，并对稽查情况进行了通报。受理省住建厅稽查处转请办理举报件6起，市政府转办等群众举报件4起，做到了件件有回复。全年受理业务咨询、查询类事项400余项，累计咨询人数达1000余人次。办理人大建议、政协提案共16份，代表、委员对答复意见满意率达到100%。开展了基础地理信息数据采集整理工作，组织完成了渭南市现有基础地理信息数据的收集、渭南市规划区231.31平方公里的1:1000航空摄影及93.49平方公里的1:500航空摄影。

（赵宝平）

城乡建设

渭南市住房和城乡建设局

党委书记、局长　简录民

副　局　长　王纪安

姜大进（12月离任）

王磊（12月任职）

王耀利（12月离任）

原晓军（12月任职）

魏日意　吴民娃

总　工　程　师　吴发荣

党　委　副　书　记　赵铁涛

纪　委　书　记　李建国

【道路建设】　2014年，住建局以“打通断头路、建设立体交通、完善慢行系统”为重点，共实施民生街中段、五马路、西南京路、西华街等7项道路建设项目，全面打通了民生街、五马路、西南京路、西华街、三贤路中段、六泉路等6条“断头路”。尤其是咬定目标、倒排工期，啃下了民生街改造这块“硬骨头”，使久拖八年的民生街改造工程于10月底全段通车。同时西南京街、西华街、三贤路中段、六泉路等项目进展顺利，主城区西北片区通行不畅的问题基本得到解决，城市路网布局趋于完善，交通拥堵问题得到有效缓解。在城市道路慢行系统上，对胜利大街、人民街、解放路、仓程路等区域的2.4万平方米城市人行道，投资432万元进行了标准化铺装和升级改造。

【绿化亮化】　在巩固已有绿化成果的同时，2014年工作重心调整到提升绿化档次、增加实用价值上，把过去单纯实施绿化调整为绿化与园林景观建设并重，让全体市民共享城市建设的成果。全年共栽植苗木27万余株,播种草坪18000平方米,栽植草坪6000平方米,清理垃圾1200立方米。并在华山大街、仓程路南段安装绿化护栏7000米。投资950万元,完成了东部生态公园管理房、公厕、休憩平台、园路铺装、人工湖以及三个区域的绿化等工程建设任务。着力解决公园存在的乱烧烤、乱停车、卫生差的问题。增设街头绿地垃圾箱、休闲座椅124处。分季节在城市主要部位摆放各类花卉130余万盆,美化了城市环境。在城市照明项目建设上,依据国家最新出台的相关政策,和民间资金积极洽谈、对接,采用能源合同管理模式,投资1040万元,对城区5241盏高压钠灯全部进行了LED节能改造,用每年节约下来的电费分期支付投资商的建设费用。高标准建设的湭河景观亮化,在南北小桥、廊桥、河堤两岸、亲水平台、观景台以及河道护栏亮化改建后,与渭南老街楼体亮化交相辉映,形成了渭南中心城市的一道亮丽的风景。

【城镇化建设】 全年共开工建设136个城建项目,完成投资156.5亿元。其中,合阳县率先推行县城精细化管理,富平的温泉河治理,大荔县的同州湖治理,韩城市的"五纵五横道路"建设,蒲城县的集中供热项目等,均为渭南市县城建设创造了经验、增添了亮点。成功实现了省级园林县城、省级卫生城市的全覆盖。华县瓜坡、富平庄里、韩城芝川、蒲城孙镇、潼关秦东镇5个省级重点示范镇和大荔朝邑、白水林皋2个旅游文化名镇,共实施63个项目,完成投资15.29亿元,占计划投资12亿元的127%。在全省重点示范镇排名中,庄里镇、瓜坡镇分别位居全省第二、第八,林皋镇在旅游文化名镇考核排名全省第八。12个市级重点示范镇开工基础设施和公共服务设施项目81个,完成投资5.25亿元。12个市级新型农村社区共开工建设55个子项目,完成投资1.57亿元,占年度计划1.5亿元的104%。

【城市公用事业】 2014年,市住建局把供热、供水、供气工程作为工作的重中之重,全力保障城市供给的生命线。5月27日市政府召开专题会议确定供热改建方案后,6月初就启动了总投资1.2亿元、130万平方米原供热区域煤改气工程。并动员全系统力量,实行单位包联、工期倒排日夜施工机制,克服连续阴雨天气、资金短缺、协调难度大等一系列困难,在工期短、任务重的情况下全部按期完成。按时保障了原供热区域130万平方米和新增面积110万平方米,共计240万平方米的集中供热任务。北水厂建设一期投资5.1亿元,建设规模为日供水10万吨。全年完成投资3080万元,加压泵站5.33公顷土地已征用到位,厂区22公顷用地清表完成,已完成项目节能、环境影响、社会稳定、工程可研评审等报告和审批,开始构筑围墙、建设临时用房等工作。加快"气化渭南"建设步伐,总投资7800万元,建设城区天然气供应环形管网,以满足中心城市未来20年的发展需要。北环线及城区供热配套管网开工建设,已完成投资2670万元。

城市管理

渭南市城市管理综合行政执法局

局　长　王纪安

副局长　杨民仓　赵德茂　王百林

【市容市貌管控】 以城市精细化管理为突破口,紧紧围绕市民关注的热点、难点问题,大力加强城区市容市貌监管。一是加强对出店、占道经营的规范整治,每月组织各执法单位定期开展2次市容市貌综合整治活动，对各类违规经营行为进行清理取缔，全面规范市容秩序。共清理取缔出店经营、占道作业4058处，取缔流动摊贩4762处。二是同城区8304户门店签订了目标责任书，督促落实门前“四包”责任制，补办责任制牌138块，纠违356次。三是从5月份开始，开展了为期6个月的夜市出店、占道经营和露天烧烤专项整治活动，共取缔违规夜市68处，暂扣炉具52台，有效改善了城区夜市经营秩序。四是按照规范统一的标准，加大违规户外广告和门牌匾的查处力度，不断提升城市空间环境秩序。共取缔一店多牌137块，拆除违规设置大型户外广告牌25块。四是坚持开展城管执法“黎明行动”，及时清理沿街乱张贴的野广告。充分利用新购置的4台野广告清洗车，安排专人，不间断开展野广告清理工作。全年累计清理乱贴乱画野广告123476处。五是三个分局自筹资金70万元，先后对新310沿线、渭清路绿化带两边等117处无主建筑渣土进行了清运平整，并扎设28处隔离墩和3100米的隔离网，栽立6处禁倒标志，使垃圾围城问题得到根本解决。共设置渣土车辆检查点185处(次)、纠正渣土违规处置行为1690次。六是采取入户宣传、引导服务、从严管理等措施，使城区主要干道晾晒农作物的问题得到明显改观。七是坚持每月及节日前开展一次“大洁城”活动，按照创卫“十净”要求，全员出动，自备工具，对城区主干道两侧的乱堆放、乱张贴、乱吊挂等“八乱”现象进行全面清理，对人行道、下水道口、灯杆等进行清洗。

【城区乱搭乱建整治】　先后召开了2次整治城区乱搭乱建新闻发布会，共曝光问题24处，面积6495平方米。同时，加强日巡查、日督办、月考评，对城市主干道两侧、拆迁改造区域和可耕地等重点部位进行严密监控，对乱搭乱建做到发现一起、制止一起、拆除一起。先后出动人员1560余人次，大型机械26台次，分别对东湖森林公园、槐衙村四组、渭清路西侧等92处乱搭乱建进行了强制拆除，拆除面积14600余平方米，有效遏制了乱搭乱建之风。

【违法建设】　建立了住建、规划、执法三部门执法联席会议制度，每月召开一次，相互沟通情况，及时解决执法中存在的问题。先后两次对城区105个在建工地进行了全面排查，共发现问题52处，已立案查处19处。分别对城区26个城改项目、12个开发项目及经开区15个在建项目进行了专项复核。对城区22处违规售楼部进行了查封，有力维护了房地产市场开发秩序。

【噪声污染整治】　出台了渭南市《加强建筑施工噪声和社会生活噪声污染防治工作实施意见》，明确部门职责，对广场舞、打木猴、甩鞭子等新生社会生活噪声及建筑工地施工噪声防治予以明确规定。同时，结合电视百姓问政群众代表现场反映突出的噪声问题，加强夜间管理，使噪声投诉较上年同期明显下降。

【扬尘治理】　一是建立《扬尘污染防治应急预案》，成立领导机构，落实工作责任，提高重污染天气防范、应对能力。二是出台渭南市综合行政执法局《关于落实<市政府关于做好大气污染防治工作的意见>的实施办法》。明确了主要任务、管理标准、具体要求和保障措施，确保扬尘治理工作扎实推进。三是全面摸底排查。对城区所有建筑工地出入口硬化、冲洗设备设置等情况逐一进行统计，建立信息台账。四是加强宣传引导。向各餐饮单位及烧烤摊点发放《致餐饮行业的一封信》，规范引导各经营户文明经营。五是实行清管分离。各执法单位同专业清洁公司签订渣土抛撒外包清理协议,及时清理抛撒的路面,夜间出现抛撒,于次日早7时前清洗完毕,白天出现的抛撒现象,在抛撒行为发生后1小时内清理完毕。六是严格进行查处。通过媒体向社会公布了渭南4处建筑垃圾处置场所和建筑垃圾处置的相关规定,在易发生建筑垃圾乱倒的渭河大街和渭清路十字、沙王桥西侧、310国道中段、仓程路高架桥南侧等路段设置了6处建筑垃圾固定监控点和14处不定期检查点,通过24小时不间断巡查,遏制建筑垃圾乱倒行为。

【督办整改】 把加强督办、整改作为提升城管执法效能的重要手段,采取全面督查、跟踪检查、重点抽查等措施,加大督办整改力度,有效地促进城市管理工作良性运转。全年共下发各类督办496件,已整改441件,整改率达到89%;印发城市精细化管理周通报27期,月执法检查通报11期,综合排名11次。特别是针对11月14日至17日市政府明察暗访发现的问题,迅速召开了市容市貌专项整治会议,对涉及的186项问题逐一进行了任务分解,并要求各责任单位建立整改台账,夯实工作责任,明确时间节点,采取有效措施,认真进行整改落实。186项问题,已全部整改到位。

【群众举报】 本着群众利益无小事的宗旨,积极发扬"便民、快速、高效、务实"工作作风,建立投诉举报工作流程,认真受理群众投诉举报。全年共接待、接听、受理12345政府热线、市民投诉、群众上访等各类投诉举报问题452件,已整改420件,整改率达到93%。

【创新工作】 一是在城区14个重点部位实行专人值守,较好地解决了市容管理反弹的难题。二是在信达广场等7个部位设立了城管服务岗亭,加强对八小时之外的市容管理。三是堵疏结合,以疏为主,先后设立了人民街十字等4处钟点市场和40处便民瓜果季节性销售点,规范了老城旧货交易市场,有效化解了"市容"和"繁荣"的问题;清明节、寒衣节期间,设立便民祭祀点,引导市民文明祭祀;在城郊结合部发放印有市场分布图的告知书,引导流动摊点入市经营。四是坚持中心广场月讲评制度雷打不动,通过公开讲评、公开曝光、公开排名,让群众监督,提高执法效能。

住房公积金管理

渭南市住房公积金管理中心
党组书记、主任 郭俊宏
副　主　任 刘建军　屈宏印
纪 检 组 长 石禄祥

【概况】 2014年,全市缴存公积金职工总人数287994人,覆盖率94%。当年归集住房公积金13.94亿元,与上年同期相比增长1.58亿元,增幅为12%;为职工提取住房公积金8.47亿元,与上年同期相比增长3.35亿元,增幅为65%;为2272户职工家庭发放住房公积金个人住房贷款4.43亿元,累计为13973户职工家庭发放公积金贷款20.21亿元,无项目贷款和逾期贷款发生;为公积金缴存职工结息10983万元。对金钼集团等大型企业、系统、行业的联络员进行住房公积金的缴存、支取及贷款业务办理知识培训10余次共计500余人。住房公积金制度为全市干部职工改善住房条件,特别是解决中低收入职工家庭住房困难发挥了积极作用。

【住房公积金覆盖率】 通过宣传启动、政策带动、服务互动、执法促动等多种途径,努力推进公积金扩面工作,提高公积金覆盖率。一是抓好公积金缴存单位巩固率,杜绝公积金断缴现象,将公积金巩固率量化分解至各管理部,层层落实责任,对已断缴公积金的单位进行了全面排查,有针对性的进行催建催缴,在断缴单位陆续恢复公积金缴存的基础上,没有产生新的断缴现象,保障了公积金制度的健康发展。二是加大宣传力度,中心主要负责人和班子成员多次做客《环境热线》栏目,现场回答听众咨询,解释公积金政策;在《渭南日报》专题宣传3次;在多种杂志和网络宣传报道480余篇;街头散发宣传资料1600余份;编撰印发《住房公积金贷款相关法律法规汇编》《公积金贷款指南》《致公积金贷款职工的一封信》《公积金缴存提取便民服务卡》等宣传手册。广泛深入宣传住房公积金政策和业务知识,促进了公积金归集工作。三是在全市开展非公单位住房公积金建立情况摸底调查,以规模型非公有制单位为重点,扎实开展政策宣传、催建催缴和行政执法,大型非公单位基本建立了住房公积金制度。四是县级财政供养人员住房公积金缴存基数不断规范,缴存比例逐年提高。临渭、韩城、高新、华县、潼关、富平、华阴等县市区达到市本级财政奉陪比例;高新、澄城、大荔等区县按照政策规定将财政供养人员津贴补贴和绩效工资纳入公积金缴存基数。通过以上工作,保障了公积金归集和新增公积金缴存人数目标任务的按期完成。五是在煤炭、机械、钢铁、化工等行业大型单位经济效益持续下滑的不利形势下,经过积极协调和共同努力,依然超额完成了归集8.5亿元的目标任务。

【住房公积金使用率】　在国家房地产宏观调控的背景下,市中心在公积金贷款方面围绕“坚持政策、简化程序、提升效能、扩大投放、提高使用率”扎实开展工作。一是分批对业务经办人员及联络员进行(缴存、支取及贷款)业务知识培训,进一步提升服务缴存职工的能力和水平。二是根据便民利民的原则,简化了贷款程序,缩短了贷款办理时限,得到了职工的广泛好评。三是加大公积金贷款专属区建设,深入开发商楼盘和贷款职工集中的单位,为贷款职工提供“一条龙服务”。四是完善贷款制度,使公积金贷款惠及更多职工。先后出台并实施了《异地购房使用住房公积金贷款暂行办法》《关于调整住房公积金贷款有关规定的通知》,将住房公积金贷款最高额度由30万元提高到45万元;将贷款期限延长至借款人法定退休后5年;将贷款条件降低为正常缴存住房公积金6个月以上,促进公积金贷款投放,进一步提高公积金使用率,更好的支持广大职工使用住房公积金贷款改善住房条件。市中心的个贷率在全省的同行业评比中始终处于上升趋势,受到省监管处的通报表扬。

【住房公积金提取】　公积金提取紧紧围绕“严格政策、公平公正、优质服务”的工作要求,严格落实《提取责任追究办法》,从体制机制、服务环境、服务态度和服务质量上进行规范化管理。一是全面实施公积金提取由县(市、区)管理部现场受理、即时审核、及时报送、及时支付,让职工在最短时间收到所提取的个人住房公积金。二是严格执行提取政策,坚持公平公正,杜绝人情提取和骗提公积金现象。坚持全市一个政策标准,一个服务规范,采取职能科室对提取资料的真实性抽查和每月对提取资料的合规性全面检查相结合的方式,加强对公积金提取政策、限时办结制度落实情况的监督检查,得到了广大职工的拥护和认可。三是进一步完善窗口服务设施,提升服务质量,实施规范服务、微笑服务和延时服务,以优质高效服务感动群众,最大程度让群众满意。全市11个县(市、区)设立群众意见箱,并在显著位置公开了市纪委、考核办、市中心的24小时监督电话,广泛听取办理住房公积金相关事项职工的意见和建议。全年为38845名职工提取住房公积金8.47亿元，无一笔差错，无一例职工投诉。

【内控机制建设】 坚持实施精细化管理，规范各项制度、办法和程序，不断完善内控机制。一是细化明确每个岗位职责标准并在市政府网站公布，接受社会公众监督；二是实施不相容岗位分离制度，形成管理层和操作层交叉验证、相互制衡的机制；三是全面实行“台账式管理”，做到每项工作有据可查；四是实施“三级一平行”对账制度，确保账账相符、账表相符、账实相符，杜绝差错；五是针对业务平台前移可能造成的管理漏洞和资金风险，制定了《住房公积金后台监管实施办法》，加强后台监管，变集中管理、突击管理为日常管理，实现后台实时监管，通过后台监管杜绝各类问题发生，保障公积金安全完整制；六是出台《住房公积金个人贷款贷后管理办法（试行）》，有效防范和控制贷款风险，促进贷款业务持续良性发展；七是全面实施县市区住房公积金业务和市中心住房公积金数据库联网，使住房公积金业务服务平台前移，实现县市区管理部直接进行公积金上账、下账业务，通过中心后台复核指令通过后，直接并入中心数据库，逐步实现住房公积金缴存、支取、贷款等业务网上审批、网上办理，方便群众办事，提高工作效能。

【信息化建设】 在实行住房公积金提取机制票据、网上银行支付操作、公积金财务会计核算系统和公积金管理系统对接的基础上，升级改造了住房公积金网站和信息数据库；完善了网站和电子信息系统的各项管理制度和工作流程；建立了程序科学、功能齐全的住房公积金电子管理系统，实现住房公积金即时汇缴上账、提取和贷款业务网上传输数据、网上审批。截至2014年底，中心网站浏览100万人次，网络在线解答职工咨询380人次。

【文明服务】 着力加强和改进住房公积金文明服务工作，制定了《渭南市住房公积金服务指南》《住房公积金文明服务规范》，聘请礼仪专家对全体干部职工进行了礼仪培训；严格执行“十个不准”要求，加强对执行情况的监督检查，确保文明服务制度落实。在所有服务场所醒目位置悬挂住房公积金业务办理指南、办事须知，并配备等候座椅、茶几、饮水机、签字笔、书写台和意见箱等服务设施。对住房公积金业务集中、办理批次多的服务项目或到服务网点办理业务确有困难的职工，积极开展预约和上门服务；实施大型单位住房公积金专管员制度，突出重点单位做好文明服务。落实首问负责制、服务承诺制、限时办结制、一次告知制、责任追究制、政务公开制等效能建设制度，进一步缩短公积金贷款、提取和上账时限。

环境保护

渭南市环境保护局

党委书记、局长 张　永
党委副书记 李德成
副局长 罗文虎　王建忠
袁广荣
纪委书记 周家斌
总工程师 毛平宇

【污染减排】 2014年二氧化硫、氮氧化物、化学需氧量、氨氮分别削减2.5万吨、2.3万吨、0.37万吨、0.07万吨以上，均超额完成省上下达的年度削减任务。一是突出抓火电、水泥等行业大气污染物减排工作。蒲城发电厂1—6号机组、秦岭电厂7号机组脱硝工程全部建成投运。尧柏水泥蒲城分公司、富平水泥、实丰水泥等四条水泥生产线脱硝工程稳定投入运行。渭化1、2号煤粉炉脱硫脱硝工程已建成。二是大力推进集中式污水处理厂建设工作。经开区、华阴市、华县污水处理厂等二期扩建工程已进水调试。建成合阳坊镇、蒲城罕井镇、澄城冯原镇、寺前镇污水处理厂。通过加强已有城市污水处理厂运行管理和新增管网建设工作，全年全市新增生活污水处理量500万吨以上。三是狠抓农业及其他污染减排工作。全市共列规模化畜禽养殖污染防治减排项目30家，已全部建成。四是强化结构减排工作。关停淘汰大荔远东、合阳独惠等3条33万吨立窑水泥生产线，关停拆除陕西陕化复肥厂15万吨硫酸生产线及3台工业锅炉，淘汰拆除大荔金盾纺织有限公司工业锅炉。

【重点区域整治】 严惩环境违法行为，有效监管城乡环境安全。对辖区内所有放射源和射线装置应用单位进行了辐射安全检查，对废弃闲置放射源全部进行了有效处置；建立了固体废物申报登记制度，完善了医疗废物监督检查管理体系，开展了严厉打击非法处置、倾倒、排放危险废物保障环境安全专项执法检查和危险废物规范化管理考核达标专项行动，确保了固体废物和危险废物有效得到处置和利用，处置率达到100%；在全市组织开展了渭河排污口专项核查、环境信访案件后督察、建设项目执法年活动、城区扬尘污染专项整治、大气污染防治专项检查、全市环境保护大检查、工业园区检查、秸秆禁烧巡查等十余项环保执法专项检查共计6968场次，立案查处违法案件268起，下发限期改正通知书317份，罚款到账735.05万元。接上级督办案件365起，全部办结；12369和政府12345热线共受理投诉694件，全部办结。

【大气污染防治】 市政府先后印发了《渭南市"治污降霾·保卫蓝天"行动计划(2014—2017年)实施方案》《渭南市重污染天气应急预案》，制定了《2014年度大气污染治理目标任务考核细则》。确定建立季度大气污染防治工作防控联席会议制度，实行大气污染治理重点工作市政府领导包联负责制，进一步完善大气污染治理工作机制。市政府召开了大气污染防治工作专项会议，明确了职能职责，着手建立县、镇(街道)、村(社区)大气污染防治"三级网格"，提出了空气质量自动化运行的意见。列入《陕西省"治污降霾·保卫蓝天"2014年工作方案》的19个重点工业大气污染治理工程项目建成投运。完成加油站油气回收治理231座，中心城市建成区治理改造任务基本完成。渭南市中心城市60%的区域和各县市区实行"黄标车""无标车"交通禁、限行管理措施，积极实施油品升级换代，自10月1日起，全市各加油站全面供应"国五"车用汽油、柴油。划定了高污染燃料禁燃区，对禁燃区内的燃烧物质做出了明确规定，全市完成拆除改造燃煤锅炉299台，共计925.89蒸吨。印发了《2014年中心城市扬尘污染整治工作实施方案》，坚持每周对重点工地进行督办检查，定期进行通报。在4个工地试点安装视频监控设施，全程监控建筑扬尘防治情况。建立空气质量预报会商机制，利用手机短信、网站、电视台《天气预报》栏目，定期发布空气质量预报和环保公益广告，宣传环保法律法规，引导社会各界科学理性应对重污染天气，积极参与大气污染防治工作。全年市区二级以上天数达到220天。

【渭河污染治理】 渭河治污三年行动自2012年启动以来，累计完成118个项目，完成投资18亿元，渭河水质持续改善，渭河出境断面水质化学需氧量稳定达到省考

Ⅳ类水质标准，氨氮逐年下降，较实施三年行动前下降幅度达63%，提前达到省考Ⅳ类水质标准。一是进一步严格市对县水污染补偿考核标准，对重点项目进展缓慢的六县一部门进行了约谈，每月明察暗访形成送阅件，报送四大班子领导，每季度将项目进展在《渭南日报》进行公示，强化季度讲评和现场督查督办措施，积极推进渭河变清三年行动工作。二是多方筹措资金，加大水污染治理力度。争取省级渭河污染防治专项资金1000万元，市级资金500万元，支持重点污水处理工程建设，对渭河干支流水质影响较大、能够按期建成的污水处理厂给予奖励。三是争取国家资金解决重金属污染治理问题。近两年争取到中省专项资金5530万元，完成了6个重点项目，包括场地恢复治理工程、工业废水回收利用治理工程及重金属污染土壤农田恢复治理工程。实现减排重金属铅3.7162吨，汞0.08379吨，镉5.37吨，治理荒沟4公顷，恢复耕地10.47公顷。

【农村环保】　在临渭、合阳、富平3县区8镇81村项目区内，建设11处人工湿地和7处生活、建筑垃圾填埋场及垃圾中转站，使农村生活污水和生活垃圾得到有效治理，受益人口达到143618人；市政府夏、秋季分别召开了秸秆禁烧和综合利用电视电话会议，落实了各部门职责，严格进行了责任追究，夏收期间无一焚烧火点发生，秋收焚烧火点相比上年同期减少71%，环保部卫星通报的焚烧火点减少96%，秸秆综合利用率达到95%以上；2014年申请并通过市级初步验收的生态镇18个、生态村76个。合阳县洽川等4镇5村已被省政府命名为省级生态镇、村；督促24家矿产资源开发企业编制了生态环境治理方案，并通过审核，成为环境保护监管的依据和企业生态环境治理的技术规范，为生态治理难点找到了突破口。

【建设项目管理】　严格依据相关法律规定，坚持“六个不批”和“三个严格”的原则，抓好建设项目审批。对涉及基础设施、资源综合利用、环保节能、节水及重点流域区域污染治理项目继续畅通“绿色通道”。对省、市级重点项目，及时与项目负责人进行电话联系或上门服务，采取事前指导和事中服务的办法，积极督促和服务重点项目尽快完善环评审批手续。以五年来（中、省）市环保部门环评审批的项目为重点，开展了“三同时”执行率专项集中整治。重点解决了建设项目长期处于试运行、不能及时通过竣工环保验收的问题，共验收项目30个。对全市所有涉及环境监理的项目签订环境监理合同，批复环境监理实施方案和报告共11个。

【环保服务】　市环保局全年取消和下放行政审批事项4项，向社会中介组织转移职能3项；对于行政审批、惠民政策和服务项目的15个事项，全部在《渭南日报》、环保局网站进行公示，制作了行政审批、服务项目、惠民政策办理明白卡和办公示意图，在办公大楼前厅摆放，方便群众办事；改进工作方式，缩短审批时间，把环境影响评价书、评价表、登记表的时间由国家规定的60天、30天、15天缩短到30天、15天、7天，提高了工作效率和政务管理水平。

（王同德）

建筑业和房地产业

建　筑　业

【建筑市场概况】 2014年,全市建筑业施工企业共有265家,其中,施工总承包企业136家(一级7家,二级63家,三级66家),专业承包企业80家,劳务分包企业49家;另外,勘察设计企业21家,工程监理、招标代理、造价咨询企业15家,全市建筑业从业人数8.2万人。

【工程建设】 全年全市房屋建筑工程在建项目428个,总建筑面积2234.69万平方米。其中,中心城市主城区房屋建筑工程在建项目116个,建筑面积448.8万平方米。

【建筑市场管理】 一是以开展工程质量治理两年行动为主线,通过“打非治违”和“隐患排查治理”活动,检查在建项目43个、106万平方米,全市建筑施工质量和安全生产形式稳定良好。二是加强施工现场管理,推进“文明工地”创建。2014年,省、市文明工地备案37个,其中省级验收3个、市级验收26个。三是加大扬尘治理工作力度,将扬尘治理与工程质量安全一并纳入日常监督。全市147个房屋工程在建项目中,扬尘治理措施达标130个,达标率为88.4%。四是进一步加强工程招投标监管,严肃查处转包、违法分包、挂靠等违法行为。全市工程招标率、公开招标率以及进有形市场交易率均达到了100%,新建工程建筑节能标准的设计率达到100%,建筑节能措施执行率达到98%以上,完成市本级征收劳保统筹费5781万元,全市完成劳保统筹费征收1.07亿元。

房地产业

【房地产市场概况】 房地产基本情况:2014年全市注册成立的房地产开发企业283家,其中二级开发企业34家,三级开发企业65家,四级和暂定企业184家。房地产企业注册资本达到15亿元,企业净资产18.5亿元,市城区企业143家(二级27家,三级34家,四级61家,暂定21家),占全市房地产开发企业总数的50%。中心城区共有住房1760万平方米,人均住房面积为38.5平方米,同比增长1.8%。

【房地产管理】 2014年,受国家宏观政策影响,行业整体出现下滑。全市房地产开发完成投资78亿元,商品房预售面积338万平方米。其中,中心城市房地产开发完成投资33.8亿元,商品房销售面积132.6万平方米,新建商品房销售均价3659元,房价稳中有降,同比上年3800元的均价下降2.4%。针对市场现状,一方面不断加强监管力度,建立城建执法联席会议制度,严肃查处“无证施工”“无证销售”等违规行为,并在《渭南日报》、渭南电视台发布公益提醒广告,规范市场行为,维护购房者权益。另一方面引导开发企业做好小区基础配套,提高商品房品质,增加住宅的性价比和附加值,以住宅质量、基础配套以及小区环境赢得市场。同时组织人员对市场运行情况进行了深入调研,为决策提供依据。

【保障性住房管理】 积极落实省政府保障性安居工程部署,创新思维,超前工作,提前足额完成了省政府下达目标任务,同时探索实践了一系列制度创新成果,受到了省住建厅的肯定和表扬。一是"和谐社区、幸福家园"创建活动取得实效。坚持"居民自治、管理有序、服务完善、治安良好、环境优美、文明祥和"的创建标准,合阳、澄城、富平、蒲城4个县市率先试点,取得经验后迅速在全市推广。已有9个县(市、区)的10个小区基本建成。省住建厅对渭南市的做法进行了通报表扬和经验推广。中央电视台、《陕西日报》、陕西电视台等新闻媒体,也分别对渭南市创建活动进行了宣传报道。二是便民服务大厅工作模式得到推广。针对部分群众在保障房申请上,存在对受理机关不清楚、对受理政策不清楚、对受理程序不清楚的问题,选取合阳县为试点,探索并实践"一站式"住房保障便民服务大厅模式。11个县(市、区)和高新、经开2个管委会,均建立了住房保障便民服务大厅。这一做法和模式,得到了省住建厅的肯定,并要求在全省范围倡导和推广。三是利用社会房源解决拆迁安置的思路得到实践。针对房地产市场低迷、商品房库存严重的实际,通过深入调研,积极探索,提出在棚户区改造中,以货币安置以及购买社会房源解决拆迁安置,取得良好效果。临渭区已利用近千套市场房源解决了拆迁户的安置,潼关等县市也在棚改工作中逐步实践。

国家地理标志保护产品——蒲城酥梨

蒲城县土质肥沃、水源丰富、光照强、温差大,得天独厚的自然条件为蒲城县成为酥梨的最佳生态区奠定了天然基础。蒲城酥梨以形美、果大、皮薄、色亮、质脆、含糖量高、郁香爽口、耐存储等特点深受消费者的青睐,被农业部评为"中华名果",蒲城县也成为了"中国酥梨之乡"。蒲城酥梨不仅销往国内20多个省市区,进入港、澳、台市场,还远销东南亚、俄罗斯、澳大利亚、美国等30多个国家和地区。

2012年12月,蒲城酥梨被国家质检总局正式批准为地理标志保护产品。

财政 税务

财 政

渭南市财政局
局 长 张养民
副局长 辛香娥(女) 刘天顺
刘会军 王水平

【财政收支】 面对财政增收十分困难的形势,各级财税部门始终把推进税收征管改革、强化税收保障作为组织收入工作的重点,创新机制,强化措施,不断加大组织收入力度。市县同步推进税收协助,整合利用各种征管资源,加强涉税信息比对应用,堵塞收入漏洞,形成了社会多部门综合治税的新格局。深化国地税联合办税,重点推进国地税在纳税申报、委托代征和税源管理等方面合作,实现联合办税全覆盖。在餐饮、住宿等行业实施网络在线发票摇奖,充分调动了消费者索取发票的积极性。坚持早部署、严考核,抓主体税种,抓薄弱环节,抓重点县市,有针对性地开展税务稽查和专项检查,不断挖掘增收潜力,顺利完成了财政收入预期目标。2014 年,全市地方财政收入完成 67.5 亿元,同口径增长 15.01%。

【项目支持】 坚持资金政策“双轮驱动”,全力支持稳增长调结构。安排资金 2.02 亿元,通过贴息、奖励和设立创投基金等方式,加大对增材制造(3D 打印)、科技创新、循环经济和企业技术改造等投入,有力地促进了工业增长和转型升级。创新资金投入方式,在 6 户企业开展股权投资试点,建立了财政资金循环使用机制。筹措资金 1.12 亿元,支持节能减排、重点流域污染防治和农村环境综合整治等,改善了城乡居民生活环境。扩大“营改增”试点,落实小微企业税收优惠和贴息政策,累计减免税收 2.5 亿元,撬动银行贷款 1.89 亿元,促进了中小企业发展。投入资金 3 亿多元,支持引黄入渭、中心城市供水供热等基础设施建设。经过积极争取,主城区集中供热项目成为西北五省唯一被财政部确定的 PPP 示范项目。继续实施财政资金存放商业银行考核激励办法,充分调动了商业银行支持全市经济发展的积极性。拨付政策性农业保险保费补贴 5582 万元,为农民提供农业生产风险保障 50 亿元,有效降低了农业风险,促进了农业发展和农民增收。

【民生政策】 2014 年,全市财政支出 293.3 亿元,较上年增长 6.33%。其中用于民生方面支出 242.9 亿元,占全市财政支出的 82.8%,各项“提标扩面”政策较好落实。社会保障和就业方面,建立了“农村八大员”等 15 个群体待遇政策调整机制,完善社会救助和保障标准与物价上涨挂钩联动机制,全面实施临时救助制度,提高城乡居民养老保险基础养老金水平,各类社会保障对象基本生活得到有效保障。加大就业扶持力度,将高校毕业生享受社会保险补贴范围扩大到小微企业,大学生就业见习补贴标准提高到 1000 元。医疗卫生方面,县级公立医院综合改革财政补偿政策较好落实，城乡居民基本医疗保险补助标准由年人均300元提高到350元，基本公共卫生服务补助标准由年人均30元提高到35元，促进城乡医疗服务均等化。教育方面，进一步完善农村义务教育经费保障机制，支持190所薄弱中小学建设，改善了教育基础设施条件。提高了学前一年、特殊教育、高中生均经费标准，分别达到1150元、4000元和600元。实现了学生营养改善计划、生均经费补助和贫困生资助“三个全覆盖”。文化方面，支持创建国家公共文化服务体系示范区和市博物馆、体育中心、文化艺术中心建设，推进政府购买公共文化演出服务，受到了广大群众普遍欢迎。住房保障方面，争取各类低息贷款16.4亿元，累计投入达到28.23亿元，保障性住房投入力度明显加大。惠民政策落实方面，探索建立了政策宣传一本清、补贴发放一卡通、群众投诉一拨灵、基础信息一比明的“四个一”惠民政策落实促进机制，民生政策落实碎片化问题得到较好解决。在全国首创实施了惠民补贴“一卡通”担保贷款业务，累计发放担保贷款11.3亿元，惠及全市5万多户城乡居民，成为破解群众融资难题的“金钥匙”。开展了“一卡通”文化惠民巡演等系列宣传活动，提高了群众对补贴政策的知晓率。

【财政改革】 深化专项资金管理改革，加大清理整合力度，市级专项资金项目清理减少了三分之一，集中财力办大事、保重点。积极开展市县支出绩效评价工作，财政资金使用效益进一步提高。全面推进财政信息公开，市县政府和部门预决算以及“三公经费”全部向社会公开。全市所有预算单位全面实施了国库集中支付和公务卡改革，制定出台了市级机关会议费、差旅费等6项公务支出管理办法，健全和细化了党政机关厉行节约反对浪费制度体系，全市“三公经费”支出下降21.7%，会议费下降43.5%。理顺了经开区财政分配关系，各县市区建立完善了县对重点镇财政管理体制。对全市政府性存量债务逐笔进行了清理甄别，为将政府性债务纳入预算管理、存量债务债券置换等奠定了基础。不断深化非税收入收缴管理改革，执收单位上线率达到93.3%。在全国率先探索建立会计服务监管新机制，在全省率先推行各类培训服务实施政府采购工作。深入推进简政放权，将原有的11项审批事项压缩为6项。重新修订了政府采购目录和限额标准，梳理汇编了财政业务清单及流程，自觉接受社会监督。

【队伍建设】 市财政局深入开展了“三排查一问责”“我的群众观”沙龙辩论赛、教育实践活动主题书画摄影展，党员义工活动、庆“三八”环保健步行义务劳动、“文明交通我先行”、关爱留守儿童庆“六一”等系列活动。顺利通过全国文明单位三年复检验收，被省委省政府记集体一等功，连续两年获全市目标责任考核第一名，先后获陕西省五四红旗团委，全省预算绩效管理工作先进单位等35项荣誉称号。

国家税务

渭南市国家税务局

党组书记、局长 于连升(10月离职)
陈文正(10月任职)
副局长 王卫平 安京学
刘晓辉 郑韩生
纪检组长 周学超
总经济师 李海军

【组织收入】 2014年，市国税局共组织税收收入494394万元，16个征收单位中11个单位实现收入增长；剔除韩城不可控因素,全市税收同比增长8.34%,增收2.73亿元。

分税种情况。国内增值税累计入库352187万元,同比下降15.91%,减收66643万元;消费税累计完成41883万元,同比增长2.75%,增收1119万元;企业所得税累计入库50357万元,同比增长24.38%,增收9870万元;储蓄利息个人所得税累计入库22万元,同比下降42.11%,减收16万元;车辆购置税累计完成49995万元,同比下降8.58%,减收4692万元。

分级次情况。中央级收入累计完成372779万元,较上年同期下降13.27%,减收57055万元;省级收入累计完成32656万元,较上年同期增长25.69%,增收6675万元;市县级收入累计完成88959万元,同比下降10.09%,减收9982万元,占全市市县级收入计划13.3亿元的66.89%,其中市本级收入完成15128万元,同比增长58.31%,增收5572万元,占全市市本级收入计划1.8亿元的84.04%。

开展农产品收购加工等6个行业的税收集中治理活动,补缴税款、加收滞纳金和罚款1736万元;开展消费税征收管理清查、清理整顿工作,查补税款6.4万元;开展房地产及建筑安装业等7类税收专项检查,开展出租公司、货运公司"营改增"纳税情况集中整治活动,加大打击税收违法犯罪行为的力度,检查各类纳税人436户,查补入库9255万元,为地方经济社会快速发展提供了有力的财力保障。

【纳税服务】　以全国税务系统开展"便民办税春风行动"为引领,创新载体开展"便民办税花开东府"系列活动。推进《全国县级税务机关纳税服务规范》落实,全面提升纳税服务工作的专业化、集约化水平,最大限度方便纳税人,最大限度规范税务人。制定《便民办税二十条措施》,推行"免填单"系统,实行"一窗通办、同城通办、同县通办",明确岗责流程,减少流转环节,单笔业务办理时间缩短了2/3,纳税人报送资料减少39%,办税环节压缩62%,办税时限缩减56%,即办事项增加50%以上。推行车购税自助办税系统,开通网上税务局,推广自助办税服务系统和自助办税终端,在全国率先实现了POS机刷卡实时缴税国税全税种覆盖。重点督办纳税人反映的热点、难点问题,专项督办税收执法权、行政管理权等涉税诉求,共整改反馈需求意见65条,制定相应措施43条,维护了纳税人合法权益。加强国地税合作,联合开展第六次纳税信用等级评定管理工作,出台了《关于进一步完善国地税联合协作实施意见》《渭南市国税局关于代征地方税费的实施意见》,完善了国地税联席会议制度和信息交换制度,推动实现8家地税单位进驻国税大厅,促进了国地税联合办税不断深化。

【税收征管】　围绕打造征管模式升级版,积极转变征管方式,大力推进征管改革,不断提高税收管理质效。加强户籍管理,在取消税务登记审批确认的同时,加强后续管理,利用风险管理系统开展检查,调整定额26户,注销纳税人253户,认定非正常户223户,有效堵塞了管理漏洞。严格税种管理,继续做好"营改增"试点工作,接收铁路运输和邮政业、电信业"营改增"试点纳税人39户,组织入库税款2362万元。开展了所得税税源清查、汇算清缴复查工作,企业所得税盈利面达到55%,零负申报面下降至19%。推进税收一体化管理,在税务登记户籍管理、煤炭行业管理、医药及医疗器材经销行业管理、股权转让所得税管理、营改增交通运输业管理、二手车增值税管理等方面,市国税局与公安、交警、工商、人社、卫生、煤炭、电力等12个部门开展税收协助和一体化管理，相互交换涉税信息。加强税收风险管理，开展能源、商业企业税收专项风险管理工作，查补税款、加收滞纳金和罚款1300万元；开展大企业税收风险现场审计，查补税款1236万元；开展混凝土生产企业风险评估，补缴税款1169万元；开展全市医药零售业税收风险应对工作，查实补缴税款200万元；开展财务报表异常数据风险应对工作，补缴税款43.6万元。

【税法建设】 以营造服务经济健康发展的良好税收法治环境为目标，积极构建依法治税长效机制。转变职能、简政放权，制定了《渭南市国家税务局税务行政审批管理制度（试行）》，建立并公布了《渭南市国家税务局市本级税务行政审批事项目录》，包含审批事项19项，其中市国税局审批7项，层报总局审批5项，层报总局或省局审批1项。全年共取消进户执法项目25个，取消简并涉税文书报表26个。加强重大税务案件审理，市县两级稽查部门全年共查结案件111起，重案审理21起，改变调查部门拟处理意见1起，确保了税法及各项税收政策的贯彻落实。加强税收执法管理信息系统日常监控，防范执法风险，共监控业务总量176268户次，其中申辩调整后正确业务176263户次，执法正确率100%。强化税收执法督察，完成督察项目18个，发现、确认和纠正296个违规执法问题，整改入库税款24万元。落实税收优惠政策，开展增值税优惠政策年审工作，为31户纳税人办理即征即退税款1.3亿元，为2031户小微企业落实所得税优惠政策，减免税额240.55万元，受惠面达到98.41%。开展行政诉讼工作，全力应对法兰西水泥股权转让案，经一审二审，最终胜诉结案。

（白　杰）

地方税务

渭南市地方税务局

党组书记、局长　李晓丁

副　局　长　郑高良

张小锋（3月免职）

车西平

总 经 济 师　王智平

纪 检 组 长　韩忠保

【组织收入】 2014年，市地税局先后制定的22项抓收入措施，每月坚持召开收入税源分析会议，严格落实督导包联工作制度，实现了税费收入预期目标。全系统累计征收各项税费收入63.28亿元。税收收入44.66亿元。剔除“营改增”因素，同口径增长3.13%。剔除韩城市，税收收入38.09亿元，同比增长1.43%，增收5366万元。市县级完成34.57亿元，占市政府年初下达计划33亿元的104.76%。市本级完成5.36亿元，同比增长0.75%，增收0.03亿元。

社保费和各项基金199819万元，同比下降26.89%，减收73509万元。其中社会保险费累计完成172113万元：养老保险费收入160940万元，完成计划148000万元的108.74%，超收12940万元；失业保险费收入6943万元，工伤保险费收入4218万元，生育保险费收入12万元。各项基金累计完成27706万元：地方教育附加11256万元，水利建设基金11518万元，文化事业建设费4.8万元，散装水泥专项资金190万元，工会经费1074万元，残疾人就业保障金654万元，水土流失补偿费3009万元。

【税收征管】 全面落实省地税局《征管改革方案》，出台了渭南市地税局征管改革方案和实施意见,指导韩城局、合阳局开展了征管改革试点工作。以大企业管理为征管改革的突破口,健全管理制度,科学划分税源,明晰管理职责,积极开展对龙钢、金钼集团及其核心企业的全流程税收风险管理试点,排查税收风险点258个。信息管税步伐加快,网上办税、财税库银横向联网、个体批量扣税及POS机查询缴税终端等应用系统广泛应用。电子缴税应用率达到了81.06%,网上办税应用率达到了90%。在电子缴税(费)示范区创建活动中华阴局各项指标位于全市前列。开发应用社保费费源监控、征管状况分析预警、社保费缴费人自助查询、网络在线发票摇奖、第三方涉税数据交换平台等系统,在全省率先按月实施发票摇奖活动。积极开展数据管理和应用分析工作,确定15项指标对征管各环节进行比对、分析、查询和应用,对税收风险点进行分析预警,数据管税取得初步成效。市政府出台了《渭南市税收保障管理暂行办法》和《渭南市税收协助工作实施意见》,在工商、国土、住建等部门建立了税收审核验证前置工作机制,印发了《关于加强税收保障管理的通知》,建立与金融机构的协税护税保障机制和诚信惩戒机制,地方税收保障体系日趋完善。

【涉税风险管理】 规范应用日常管理平台,开展了纳税人信息清查和税源普查,有效解决了税收管理风险较高的领域和环节中存在的问题。推广了企业核定征收系统,做好个体工商户评定税工作,试点了无纸化申报工作,征管基础更加夯实。开展欠税清查活动,全市共清理欠税1.48亿元。坚持每月对征管质量、征管状况分单位通报在全省、全市的排名状况,全市鉴定差错率由年初的7%降低到0,未申报催报率及未缴纳税款催缴率稳定在100%,财务报表采集率由年初的83%提升至97%,公共户入库税款降低到1.5%以下,基础信息巡查任务完成率达99%。开展纳税评估,推送日常评估任务6890户,以建筑业、房地产业、服务业三个行业为重点下发4批次646户专业纳税评估任务,评估税款3.56亿元,纳税评估任务完成率稳定在100%,纳税评估贡献率稳定在7.98%,纳税评估补税户率保持在52.3%左右,专业纳税评估自主评估户率达88%。加强重点行业管理,分3批次对保险、建筑、房地产业、金融、烟草、电力行业纳税人召开风险排查指引会议,分税种、分环节发布重点行业税收风险疑点,纳税人的税法遵从度不断提高。对城区17户房地产企业、3户小额贷款担保公司进行了专项检查,入库税款5000余万元。以全市重点行业、重点税种、征管环节风险点为重点,对年纳税额30万元以上的重点企业、重点建设项目、重点行业高风险纳税人、欠缴税款数额较大的纳税人,四季度集中组织开展了税费专项检查工作,查补各项收入18280万元。发挥税务稽查职能,对38户企事业单位进行了专项检查,查补并入库税款2353.6万元;开展重点税源企业培训辅导,自查税款726.3万元;开展发票专项治理,查处违法企业50户,发现违规使用发票183份,处罚5.2万元。全市稽查机构累计组织检查和自查213户,查补入库税款9616万元。

【税费种管理】 加强了工商税管理,整顿和规范建筑业税收秩序,全市建筑行业营业税实现9.8亿元,同比增长11.36%;深入推进存量房评估系统应用工作,存量房共交易2434套,按评估价格征回税款2269.11万元;积极贯彻《渭南市税收协助工作实施意见》,严格"先税后证",房地产税收累计征收13.63亿元,同比增长9.74%,增收1.21亿元;对全市509个房地产业项目开展营业税、土地增值税、城镇土地使用税涉税数据联动调查工作，富平局对4个房地产项目进行了土地增值税清算，查补税款156万元；制定出台了《渭南市房屋出租管理办法》，开展了车船税“先税后检”推广工作；落实煤炭资源税改革的从价计征政策，测算确定了全市精煤折算率。加强所得税管理，精心组织企业所得税汇算清缴工作，通过系统汇缴申报企业1002户，实际应纳企业所得税10416万元，预缴所得税5893万元，应补所得税4523万元。认真开展年所得12万元以上个人自行纳税申报工作，受理自行申报2069人，申报税款6537万元。开展了个人所得税专项检查，自查税款935.8万元，入户检查税款848.9万元。加强社保费基金管理，坚持税费同征共管，以费源监控预警系统为手段，加强重点费源监控与收入分析，对缴费人异常数据进行了推送；开展全市社保费账户呆账资金清理，清理上划呆账资金1577万元；积极探索缴费评估工作，形成缴费评估报告132份；提升资金管理水平，搭建了资金管理平台；试行社保费财税库银横联缴费两率考核指标，提高了社保费财税库银应用范围。

【纳税服务】 认真落实《全国县级税务机关纳税服务规范》，深入开展“便民办税春风行动”。渭南城区3个办税厅全部进驻市政府行政服务中心，全市12个单位建立了房地产一体化管理机制，分别进驻房地产交易大厅、政务大厅和办证大厅，设立一体化窗口27个，7个单位开发了税费一体化管理软件。大力推行以网上申报纳税方式为主的征缴体系，全面推行自助办税（费）方式，积极推广“全职能”窗口服务，对15项涉税事项实施“免填单”服务，为纳税人提供了高效、便捷的服务通道。加强对纳税人的政策宣传和咨询辅导，在《渭南日报》开设专栏持续宣传税收法规政策，注重发挥办税服务厅的咨询辅导功能，针对大型企业提供个性化服务，广泛开展税法进校园、进社区等多种形式的税法宣传活动，提醒纳税人依法准确申报，降低征纳成本。大力推进国地税联合协作，召开了联合办税推进会，制定了《关于进一步完善国地税联合协作的通知》等4项制度，将国地税联合办税模式向纵深推进。

【队伍建设】 按照“建一流班子、带一流队伍，建设‘五型’地税机关”的目标，认真落实《领导班子和领导干部监督管理办法》，大荔县局被确定为“基层优秀领导班子”。严格干部队伍管理，完成了韩城局建制升格及干部调整工作，按省地税局要求完成了系统机构编制人员实名制信息采集及公务员信息系统数据更新维护工作。全力抓好全员业务轮训，制定了《渭南市地税系统人才培养激励暂行办法》，对取得“三师”资格以及获得更高学历的干部职工进行奖励。强化绩效管理与目标责任考核，完成了总局2.0版绩效管理模块导入工作，实现了市、县、所三级绩效管理信息系统上线。开展了“全省最美地税人暨渭南地税从税30周年先进人物”宣讲活动，市地税局机关成功申请通过全国文明单位复查验收，推动了全系统精神文明建设的蓬勃开展。

（王新彦　师志刚）

金融　保险

金融管理

滑南市金融工作办公室
主　任　师东明
副主任　于宗宝　黄晓明(挂职)
　　　　张军田(挂职,11月离任)
　　　　吴斌(挂职,12月任职)

【社会融资】　2014年,全市新增融资规模为196.39亿元,完成全年180亿元目标任务的109.1%。域内外信贷新增112.93亿元,其中市域内银行新增85.38亿元、小贷公司新增9.34亿元、市域外机构新增18.21亿元(省国开行10.42亿元),银行业表外融资新增68.43亿元。积极引导市域内银行机构创新金融产品,充分发挥融资主渠道作用,重点做好市重点项目、民生项目、中小微企业及三农金融服务,全市银行机构存款余额为1664.57亿元,较年初增加142.10亿元,增速9.34%,贷款余额为811.40亿元,较年初增加85.38亿元,较上年同期少增18.1亿,增速11.76%,存贷比为48.75%,新增存贷比为60%。

【企业直接融资】　2014年,加强市级投融资平台多渠道融资工作,共直接融资29亿元,其中:高新区威楠公司发行了城投类债券6亿元,浦发银行指导市城投公司成功通过银行间市场交易商协会渠道注册债务融资工具融资15亿元,建行以资产收益权产品为质押,为市城投公司提供8亿元融资,优化了投融资平台公司的负债结构。陕西黑猫股份有限公司在上海证券交易所成功挂牌上市交易,首次公开发行股票(IPO)融资7.38亿元,全市企业上市融资实现突破。

【金融招商工作】　坚持内引外联与扩张发展并重,大力引进各类金融机构。2014年共引进落户银行业金融机构及金融服务企业5家,引进资金超过6亿元,其中商业银行2家(交通银行、西安银行)、村镇银行2家(蒲城中银富登村镇银行、合阳惠民村镇银行)、市级小额贷款公司1家(聚华小额贷款公司4亿元)。

【新型金融服务机构】　积极引导民间资本进入金融服务领域设立小额贷款公司和融资性担保公司。2014年,全市新设立小额贷款公司6家,新增注册资本7.8亿元,行业发展到33家,注册资本总规模26.02亿元,较上年增加了52%。全市新设立融资性担保公司3家,行业发展至15家,注册资本达到13亿元,全年累计担保贷款15亿元。指导市小贷行业协会创办《渭南小贷》内部刊物,开展业务培训,在全省率先试点了小贷公司监管上线系统,并通过开展对小贷公司进行信用评级、合规性检查,对融资性担保公司进行年审等工作,加强了监管。完成了渭南市中小企业信用担保中心企业化改制,组建了规范化的现代公司法人主体(渭南市政信融资担保公司),公司资本增加到1.17亿元,其中民营资本参股1000万元,占总股本的8.55%。

【保险业保障器作用】　2014年,全市共有市级保险公司39家,其中产险公司20家,寿险公司19家，保险业保费总收入50.14亿元，其中，财产险保费收入12.62亿元，人身险保费收入37.52亿元。产寿险赔款总支出共计7.98亿元，其中财产险赔款7.02亿元，人身险赔款0.96亿元，保险密度为895.36元/人，保险深度为3.5%，保险行业服务的提升为促进渭南经济的稳定协调发展作出了积极贡献。

【棚户区改造】 市金融办充分发挥协调服务职能，主动作为，配合市住建局及国开行陕西省分行、省保障房公司对棚改项目进行了筛选汇总上报，确保了全市24个项目41亿元的信贷计划纳入全省一期棚户区360亿元融资计划的总盘子。全市一期第一批11个项目获授信23.73亿元，信贷资金按项目进度正常投放之中。

【金融改革创新】 一是认真践行普惠金融理念，创新金融支持小微、三农的服务模式。支持农信社、邮储银行等机构开展“财政惠民一卡通担保贷款”“富平农业订单质押贷款”等产品与服务创新，以金融支持三农发展，践行普惠金融理念的积极探索被《陕西日报》《金融时报》、中央电视台等多家媒体宣传报道。二是农信社改革实现突破。完成了韩城农信社股权改制，改制为农商行已获银监会批准筹建，计划2015年一季度正式挂牌。三是全市首家韩城民间借贷登记服务中心设立，投资登记652笔，金额1.09亿元，融资需求登记113笔，成功实现融资供需直接对接650笔1.089亿元。

【金融生态环境】 一是调研搜集全市金融重大事件信息，特别是在处置个别县市政府及企业单位潜在信用及金融风险方面，召开协调会，维护金融秩序，消除和降低了一些不良事件对渭南市的影响。二是市金融办与西安交通大学金融发展研究所合作，形成了《渭南市金融生态环境评价（2013年度）》报告。全市良好的信用环境和金融法治环境逐渐形成，银政企关系不断优化，金融机构盈利不断增加，全市金融运行平稳。三是认真落实中省关于清理规范非融资性担保公司、影子银行监管、非法集资风险排查系列文件精神，精心制订了工作方案，积极有序地在全市范围内开展涉众类经济金融清理规范、风险排查及整顿处置工作。同时举行了防范和打击非法集资宣传月启动仪式，通过在银行机构营业网点、投资公司等金融业营业场所设立统一的打击非法集资“警示宣传板”等有效方式进行了广泛宣传，在全市营造了防范和打击非法集资行为的良好氛围。

（刘 云）

中国人民银行渭南市中心支行

行 长 康 峰

副行长 庞晓飞 权 虎 常晓光

【概况】 2014年12月末，全市金融机构各项存款余额1664.57亿元，较年初增加142.18亿元，增长9.34%。各项贷款（不含小额贷款公司）余额811.40亿元，较年初增加85.38亿元，增长11.76%。全市累计现金净投放10.41亿元，较上年同期少投放25.23亿元。保险业保费收入50.14亿元，理赔7.98亿元。证券市值22.03亿元。

【货币政策执行】 一是开展稳健货币政策分类指导，提升货币政策执行绩效。结合地方经济发展实际，编制了《货币信贷政策操作指引》，分类调控国有商业银行和地方法人金融机构，实现信贷政策精准调控。制定了金融支持创业促就业、加快扶贫开发等6个指导意见，畅通了货币政策传导渠道。开展"农业企业 + 农户 + 金融"供应链金融服务、小微企业金融服务等竞赛活动,提升了金融机构对三农、小微企业和民营经济的信贷服务质量。全面实施农村新型经营主体主办银行制度,督促4家涉农主办银行领养新型农业经营主体43户,金融支持实体经济发展实力有效增强。二是强化金融服务民生理念,构建民生金融创新长效机制。组织召开民生金融主办银行暨名牌产品创建工作动员会,建立民生金融名牌产品培育库,收纳民生金融产品29个,新增市级民生金融督导点15个,民生金融政策执行范围扩大到辖区全部金融机构,形成了民生金融发展的长效机制。构建的民生金融创新示范县评价指标体系得到分行认可,被作为全省示范县考核的主要依据,指导蒲城支行创建分行级民生金融创新示范县,蒲城县"犇犇"模式被《金融时报》宣传报道。不断扩大"订单 + 金融"试点范围,富平县订单农业融资模式被《金融时报》专题报道。三是用好货币政策工具,保持金融市场合理流动性。灵活运用再贷款、再贴现等货币政策工具,引导货币信贷总量与社会融资规模合理适度增长。对三家农村信用联社支农再贷款管理使用情况进行了现场检查,对支农再贷款需求及使用条件进行了摸底调查,累计发放支农再贷款6.83亿元,重点保障农村信用社、村镇银行等法人机构的流动性,为区域经济稳中有进、稳中有为创造了良好货币金融环境。首次按照名录制办理各类再贴现2500万元,累计办理再贴现13.16亿元,支持了中小企业发展。加强对地方法人机构存款准备金管理,确保了存款准备金政策执行到位。

【金融稳定】　一是稳步推进利率市场化改革。对中小银行利率市场化适应性进行调查,强化利率市场化过程中金融机构适应能力的监测。完成了7家参与合格审慎评估机构初评工作,指导法人机构进一步提高利率市场化自主定价能力。制定《渭南市法人金融机构流动性风险处置预案》,进一步强化利率市场化背景下法人机构流动性管理评估预警。二是继续深化风险监测评估。督促银行、证券、保险等机构按季报送监测数据,扩大风险监测覆盖范围,构建涵盖银证保等机构在内的风险监测体系。关注交叉性金融工具发展状况,证券期货监管合作工作稳步推进。加强对产能过剩行业、房地产、影子银行、民间融资等重点领域的风险监测分析,做好金融机构稳健性现场评估,金融风险监测评估能力不断提高。三是强化对金融机构管理。对交通银行渭南分行、农银人保渭南支公司等4家机构进行重大事项报告管理。完成渭南市金融机构2013年综合评价,金融管理与服务工作制度化、常态化。组织开展综合执法检查,现金收付业务、同业业务等执法检查,进一步规范了金融机构从业行为。加强沟通协调,建立了金融消费权益保护纠纷诉调对接机制,切实维护金融消费合法权益。

【金融管理与服务】　组织开展统计业务竞赛活动,对辖内县支行、法人机构和25家小额贷款公司现场检查,金融统计数据质量提升年活动扎实开展。编制的渭南市社会融资规模表,为政府决策提供了科学依据。以丝绸之路经济带建设为主题,组织开展了"农村金融"等主题调研活动,《金融支持新型农业经营主体发展》《现代农村物流金融问题的探索与思考》等20余篇理论文章在《金融时报》《中国经贸》等刊物上发表。

【支付结算】　畅通支付结算渠道。ACS系统成功上线运行,业务成功率达到99.54%。累计办理手机支付业务9333

笔、金额1.26亿元,有效满足了农村地区金融服务需求。作为试点单位,完成中央银行会计核算数据集中系统综合前置子系统运行工作。金融IC卡在公交领域应用的发卡准备工作全面完成,实现了金融IC卡在华山旅游景区自主售票服务,金融IC卡推广应用工作取得实质性进展。构建覆盖全面的刷卡无障碍网络,银行卡推广应用示范县(乡、镇)创建活动扎实推进。

【货币发行】 积极开展辖区发行库标准化管理示范库建设,完成辖区管库员上岗资格考核,规范化、标准化、精细化水平全面提升。举办"反假货币知识进校园"宣传活动,召开农村反假货币工作示范站观摩现场会,建立反假货币工作示范站81个,反假货币网络进一步巩固。积极推动冠字号码查询工作,继续为银行涉假币纠纷的举证和责任认定提供技术支持,涉假币投诉机制逐步健全。召开人民币收付业务客户座谈会,了解用现大户现金服务需求,疏通了人民币流通渠道,人民币现金服务水平不断提高。继续完善金融机构小面额现金备付制度、主办网点和主办银行制度,满足了社会对小面额人民币的需要。

【国库管理】 构建高效能国库体系。推行"一套业务、一个流程、一个标准"管理模式,加强国库会计标准化建设,获省国库会计标准化A级库。以横联示范区创建活动为契机,成功实现国税POS机具横联刷卡缴税,重点解决了黄河矿业公司、龙钢集团等大型企业横联纳税难题。国库前置综合系统上线运行,提高了集中支付业务处理效率。截至2014年12月末,辖区"三方协议"累计20181户,税款入库累计64亿元,横联业务实现业务种类和业务量的双提升。对富平、蒲城等6家县支库进行国库业务实地检查,有效防范了国库资金风险。加强对商业银行代理国库行为的非现场监管和现场检查工作,国库监督效能不断提升。

【征信管理】 扎实开展小微企业信用增值计划和"百村千户"信用助农工程,帮助小微企业及农户获得各类贷款4.38亿元。召开小额贷款公司和融资性担保公司两类机构评级工作动员会,对符合条件的25家两类机构进行了评级。完成6家工业园区400家企业的登记注册工作,发生融资租赁交易18笔。做好个人查询本人信用报告收费推广及互联网个人信用信息服务平台开通工作,征信系统服务管理功能不断完善。对辖内11家信用联社网点开展征信业务执法检查,规范了征信系统运行环境。全年办理机构信用代码4179户,完成个人信用报告查询29806笔,两大征信系统平稳运行。

【反洗钱监管】 按照法人监管的要求,积极开展现场检查和非现场监管工作。对辖内市县两级139家金融机构2013年的反洗钱工作情况进行了综合评价,对处于预警区间的17家市级金融机构的负责人、反洗钱牵头部门负责人集中进行约见谈话,"三位一体"的反洗钱风险预警机制不断健全。成功举办了"渭南市2014年反洗钱宣传活动启动仪式",开展了"渭南市农村信用社2014年反洗钱知识竞赛"活动,通过广泛宣传,辖区金融机构反洗钱共识进一步形成。

【外汇管理】 建立货物贸易信息共享机制,服务贸易外汇监测系统上线运行,深化货物贸易、服务贸易外汇管理改革。对中行渭南分行、工行渭南分行国际收支统计申报、结售汇统计和外汇政策执行情况进行了现场核查,对蒲城格瑞污水处理公司资本金结汇、华富科技资本金结汇和韩城添工冶金服务贸易大额付汇线索进行现场检查,对72家进入重点企业监测库的企业进行了非现场核查。在全市开展“贸易投资便利化推进年”活动,全面落实有关直接投资便利化的各项措施,外汇管理服务于实体经济的作用得到进一步发挥。截至2014年12月末,渭南市跨境收入15451.05万美元,跨境支出6786.83万美元,实现国际收支顺差8664.22万美元。

（袁学文）

银行业监管

中国银行业监督管理委员会渭南监管分局
党委书记、局长　李　鹏
副　局　长　党宏明　刘　卫
纪委书记　田　琪

【融资平台贷款风险】　坚持“三个并重”原则,持续强化融资平台贷款风险防控。通过化解到期、控制总量、优化结构、隔离风险、明晰职责等工作,平台贷款风险得到有效缓释。截至2014年末,全市共有平台10户,全口径平台贷款余额17.41亿元,总规模较年初减少1.30亿元,风险整体可控。

【信用风险】　督导各银行业机构加强不良贷款余额和比例的“双控”管理。截至2014年末,全市银行业机构不良贷款余额27.21亿元,较年初下降6.45亿元;不良贷款率3.35%,较年初下降1.28个百分点,不良贷款实现“双降”。

【服务实体经济】　2014年,全市银行业机构突出金融服务的重点、难点和热点,通过强化金融服务和信贷支持,有效支持了全市经济稳健发展。截至2014年末,全市银行业机构各项存款余额1664.57亿元,较年初增加142.18亿元,同比增长9.35%;各项贷款余额811.40亿元,较年初增加85.38亿元,同比增长11.76%。

【重点领域信贷支持】　引导全市银行业机构持续加大对新兴产业、先进制造业、劳动密集型产业的支持力度,加大对全市重点骨干企业和技改升级项目的支持力度,加大对基础设施建设和工业园区发展的支持力度,为推动地方经济转型发展提供强有力的信贷支持。2014年,全市银行业机构新增贷款较多的前五大行业为批零业、住房按揭贷款、房地产业、采矿业、建筑业,五者合计新增贷款64.32亿元,在同期新增各项贷款中占比75.23%。

【薄弱环节金融服务】　督促机构实施“一行一品”战略,落实小微企业差异化监管政策,开展小微企业金融服务宣传月活动等措施,引导银行业机构从服务收费、网点建设、信贷管理、特色化经营等方面进一步提升小微企业金融服务水平。截至2014年末,全市银行业机构小微企业贷款(含个人经营性贷款)余额348.04亿元,较年初增加51.52亿元,增幅17.37%。指导辖内银行业机构完善小额信贷长效机制,推动“三大工程”向纵深发展,加快金融产品和服务创新步伐,进一步增强涉农金融服务的可获得性,拓宽涉农经济领域的信贷投放渠道。截至2014年末,全市银行业机构涉农贷款余额452.95亿元,较年初增加25亿元,增长5.84%。

【金融服务体系】　强化服务性监管,促进外地银行业机构落户渭南,2014年末全市银行业机构达到16家,金融服务体系进一步完善。开展向中银协“文明规范服务示范单位”学习活动,提升了机构网点的标准化、人性化服务水平。开展系列宣传活动普及金融知识,辖内银行业机构积极参加“3.15金融消费者权益日”活动和“金融知识进万家”宣传服务月活动,推进了金融知识宣传的系统化、持续化和深入化,树立了银行业良好形象。

【银行业机构】　在法人治理体系改革上,

将农合机构作为改革重点,2014 年 10 月,韩城农商行已正式获得银监会批准筹建。在行业治理体系改革上,2014 年 9 月,市银行业协会挂牌成立。在业务治理体系改革上,对于理财业务要求各银行分支机构在总行事业部制管理的基础上,严格落实“三不规定”,切实规范销售行为。对于同业业务,稳步推进农合机构专营部门改革要求,严格落实银行分支机构同业业务的禁止性规定。

中国农业发展银行渭南市分行

党委书记、行长 惠同毅
副 行 长 袁伟 黄鹏 王晓智

【信贷支农】 至 2014 年末,各项贷款余额 60.97 亿元,各项存款余额 6.85 亿元,全年累计发放各类贷款 16.07 亿元,其中:发放粮食储备及收购贷款 4.06 亿元,支持收购小麦 1.55 亿公斤;发放粮油调控贷款 1.81 亿元,支持调入玉米 8050 万公斤;发放 2014 棉花年度收购贷款 750 万元,支持收购棉花 686 吨。全年发放渭河治理贷款 4.9 亿元,发放卤阳湖土地整治贷款 0.84 亿元,发放产业化龙头企业流动资金贷款 2 亿元。近几年累计上报并得到审批的各县市项目 6 个、金额 30.96 亿元,其中以支持县域城镇建设的卤阳湖 1.86 亿元、渭南城投公司 5 亿元发放到位,以支持合阳城市供水的合阳城投公司 1000 万元发放到位,以支持当地新农村建设的大荔城投公司 2 亿元发放到位、卤阳湖 3 亿元已发放 2.85 亿元,以支持渭河治理的渭南水投公司 19 亿元已发放 13.3 亿元。

【风险管控】 一是不良贷款清降取得明显突破。通过开展不良贷款批量转让试点,完成 16 户企业 7.8 亿元不良贷款的打包处置工作,同时采取现金清收、以资抵债、减免息、呆账核销等方式促全市不良贷款“双降”。全行累计清收处置不良贷款(含附营业务)12.3 亿元,较年初净降 5.3 亿元。全市 25 户企业和华县、华阴、合阳、白水 4 个支行实现不良贷款清零。二是防控贷款风险取得初步成效。全省贷款最大的国家级龙头企业陕西八鱼油脂公司出现贷款风险后,市分行两次组成调查组对企业生产经营情况进行核实,对贷款风险进行全面调查评估,对全部 4.37 亿元贷款通盘考虑制定风险化解方案,经过与企业数十轮谈判,最终达成一致意见,即:用第三方润泽房产公司有效资产抵偿八鱼公司债务,抵偿过程中,根据抵债资产分批建成时间以及分行贷款分步进入不良时间,确定分批抵入资产及抵债金额。在多次向省行领导及相关处室汇报沟通,并向总行分管领导汇报后,八鱼以资抵债方案顺利通过总、省行批复,第一步 1.22 亿元不良贷款已抵债结束。此外,陕西金紫阳农业科技集团有限公司在分行贷款 0.78 亿元,2013 年 4 月分行发现企业经营亏空 3.99 亿元问题后,积极应对,加强对企业的信贷监管服务,提前控制风险敞口,该企业在分行贷款余额 1656 万元,大荔支行已聘请专职律师全力维护债权。

【业务经营】 2014 年一季度全市出现有史以来连续亏损,10 个机构 9 个亏损。对此,市农发行党委想尽一切办法坚决扭转经营持续下滑态势。一是市农发行积极和市财政局反复沟通,并和市财政局主管领导多次到省财政厅做工作,最终从省财政争取回二轮政策性粮食财务挂账利息 3000 万元。二是多次到蒲城、富平、华阴、潼关等市县约见地方党政主要领导，协调地方财挂利息补贴事宜，累计从县财政收回欠息2101万元。在各级领导和有关部门的支持帮助下，截至年末共清收二、三轮财挂利息5101万元，完成省行下达必保任务的65.4%，同比多收1327万元；全市实现利润3538万元，完成省行下达必保任务的28.9%，其中营业室及华县、华阴、大荔、韩城、富平等6个支行实现盈利，年末华阴支行扭亏增盈，蒲城、合阳、白水支行减亏1205万元。

【基础管理】 全市共对93户企业60.8亿元贷款进行了风险排查，分类排队保证支持类18户、重点支持类9户、一般支持类31户、限制支持类3户、退出类32户；制度落实检查发现问题贷款143笔32.12亿元，其中已整改124笔22.26亿元；无法整改14笔1.66亿元，对此逐户进行了情况说明并编写成案例存档，在办贷管贷过程中引以为戒，避免此类问题再次发生。标准化办贷工作扎实推进，贷款讲评实行常态化管理。同时，会计基础工作不断加强，统一了县支行14种手工登记簿，对支行坐班主任进行了异地交流，开展了晨会工作展评，严格网银账户管理，组织了会计内控检查，认真落实问题整改；内部监督信息系统全面应用，内控评价工作有序开展。

（王　博）

中国工商银行股份有限公司渭南分行

行　长　仪彦龙

副行长　李晓峰　田渭宏

【概况】 全年共实现净利润34221万元，实现中间业务收入14331万元。各项存款较年初净增84952万元，各项贷款较年初净增121106万元。同时，网点标准化改革、首批网点无线WIFI覆盖工作、报警监控联网综合管理平台建设等取得初步成效，队伍建设、服务水平、内控案防、企业文化等方面建设取得了长足发展，影响力和知名度不断提升，整体发展水平迈上了新台阶，先后被中国工商银行股份有限公司总行、陕西省人社厅等授予“五一劳动奖状”、陕西省“劳动关系和谐企业”等多项荣誉称号。

【农村市场】 结合渭南市委、市政府经济发展战略和省工行“强基固本狠抓落实”的工作主线，明确将优化农村支付环境、服务“三农”发展、推进农村普惠金融作为全行工作重点之一。制定印发了《农村市场拓展指导意见》，选取临渭区渭北葡萄产业园、南塬核桃基地作为突破口进行试点探索，在人流量较大的超市或村委会设立“富农卡特约服务站点”，以POS远程终端为主渠道，采取“银行+代理人（POS）+农户”的服务模式，以福农卡为切入点，抢抓农作物收获的有利时机，实现转账结算、消费结算以及小额取现等基本金融需求，至年末，成功搭建12家“工银商友俱乐部小额支付点”，有效延伸了服务半径，改善了农村金融生态环境。

【个人业务】 组建了渭南分行私人银行服务中心，通过组织开展旺季营销、高端客户风俗文化游、境外移民与投资政策解读会、“品味艺术之美彰显精致人生”珠宝玉器鉴赏会、“红叶寄秋思工行伴您行”少华山秋色采风、冬季养生保健讲座等活动，加强中高端客户维护，促进储蓄存款稳定增长。至年末，储蓄存款较年初净增87705万元。加大个贷市场精细化分类营销和业务创新力度，个人贷款净增了34541万元。通过批量发卡、柜面发卡、社保卡发卡以及银医一卡通项目的实施，带动个人客户规模增长，个人客户净增14.72万户。强化互联网金融产品推广以及移动银行体验区建设，至年末，新增工银E支付账户5.78万户，个人网银7.84万户，手机银行7.77万户，签约融E购电商平台客户2户。网点柜面业务可分流率下降至29.9%，客户满意率98.91%。

【法人业务】 立足渭南区域经济特点，加强地方重点建设项目对接支持，创新开展贸易融资，重点支持先进制造业、文化旅游业、基础设施和新能源项目建设，至年末，公司贷款净增13131万元，同时依托核心客户投放国内保理融资3.04亿元，累计办理国际结算业务12089万美元，实现跨境人民币业务量5016万元。发挥“网贷通”产品优势，引入融资性担保公司和信达财险公司解决企业抵押物不足的难题，结合渭北县域特色果业资源优势，创新推出“果蔬通”业务，全力扶持地方小微企业做大做强，至年末，小微企业客户融资余额7.63亿元。加快票据业务发展，新增票据贴现7.33亿元。以传统财政、公积金领域为重点，实施民生社保、教育、医疗板块突破，以扩户、挖户、稳户为抓手，加强产品支持，实施新型客户维护关系。至年末，新开对公结算账户1900余户，对公存款余额98.56亿元。加强代理保险、贵金属、第三方托管等结算产品推广，累计代理销售各类保险11354万元，销售品牌贵金属25.97千克，新增个人第三方存管1700余户，有效满足了客户多元化理财需求。

（温　诚）

中国农业银行股份有限公司渭南分行

行　长　邓海峰

副行长　陈建民　杜　英　张建锁

【概况】 人民币各项存款达到287.9亿元，较年初增加3.2亿元，存量份额33.1%，居“四行”首位。各项贷款97.9亿元，净增4.6亿元，增量占比19%，“四行”排名第三。实现净利润4.9亿元，居同业首位。

【服务三农】 一是强化“强农”金融服务，大力支持农业现代化和新型城镇化。加大农业产业化龙头企业，以及医院、学校、民生工程等领域信贷支持力度，全年累计投放涉农贷款21.3亿元。二是优化“惠农”金融服务，不断扩大普惠金融服务覆盖面。建成惠农服务站点4437个、农村手机支付点23个，行政村覆盖率达到87%，使农民足不出村就可享受便捷高效的金融服务。积极代理国电电费等业务，已有3万多农户通过分行“惠农”服务点缴纳电费，解决了农村电费收缴难的问题。三是深化“富农”金融服务，着力缓解农民贷款难问题。积极发展农户贷款业务，全辖区推广“大荔模式”，创新贷款担保方式，大力支持特色农业、设施农业、家庭农场、专业合作社等农业主体发展，全年累计投放农户贷款3.2亿元。四是高度重视县域资产业务发展，围绕城镇化建设、新型农村经营主体、农村土地流转、农户贷款业务，确定从富平、蒲城、大荔、临渭区支行开始试点，并从分行机关选派3名年轻干部充实到富平镇网点交流锻炼，双线推进城镇化及农户贷款业务，持续做强做大县域资产业务。

【支持地方经济发展】 提出“抓两头，优中间”的信贷策略（既加大核心客户和个人贷款投放力度，调整优化中小企业客户贷款结构）。年末，个人贷款较年初增加4.4亿元，占全行贷款增量的95.7%，个人信贷业务获总行2012—2013年度先进集体。9月份邀城区26家信贷企业代表座谈，充分了解企业生产经营、市场前景及融资需求情况，针对企业需求积极对接农行金融产品，有效巩固银企双方合作关系。不断加强信贷投放力度，创新发展模式，多渠道满足企业融资需求和城乡居民创业致富，全年累计投放各类贷款67.5亿元。紧扣全市经济发展重点，主动对接稳增长惠民生项目，加大实体经济支持力度，先后向市重点企业投放贷款33.6亿元，并促成省农行与华山旅游集团签署30亿元银企合作协议。加快公司业务投行化发展，坚持以转型发展和产品创新弥补信贷规模不足，优化丰富企业授信品种结构，多途径满足客户融资需求，积极争取上级行政策支持，多渠道满足企业融资需求，先后为重点企业办理融资租赁、信用证等新业务共计13.9亿元。

【存款工作】　一方面，把个人存款作为长期性基础工作重点抓、持续抓，继续加强网点现场管理，落实支行行长、主管行长、网点主任大堂现场管理要求，聘请第三方公司在8个网点实施360项目导入，对全辖主管行长、网点主任、大堂经理进行营销技能培训，并组织开展网点营销PK赛，有效促进个人存款的稳定增长。先后投资3.69亿元对64个网点进行装修改造，建成自助银行8个，布放自助设备370台。运用科技手段满足新兴客户群体需求，持续推进电子银行功能创新，对38个标杆网点安装WIFI网络，客户体验进一步优化升级。电子银行业务收入同比多收256万元，实现信用卡业务收入2828.4万元，信用卡业务获总行2012—2013年度先进集体。另一方面，创新思路，逐行创建专职对公客户经理队伍，着力促进对公存款有效增长。同时主动适应存款形势变化，加大日均存款考核力度，及时将考核办法变化和偏离度政策传导到支行，结合年度任务和3%的偏离度约束，精确计算各支行每周、每月、每季日均增量目标，指导支行抓好日均存款营销。

【风险管理】　稳步推进信贷“三升三降”工程和“三化三无”支行创建，完成7家支行风险管理部增设工作，深入开展重点领域信用风险专项治理，不断提升信贷资产质量，全行到期贷款综合现金收回率99.91%，高于省农行计划0.61个百分点；潜在风险客户退出3263.9万元，提前超额完成年度退出计划。高度重视维稳安保工作，经过省综治办、公安厅检查验收，获省级“平安示范单位”称号，4家支行同时获省级“平安单位”称号。全年未发生各类经济案件和重大违规问题。

【人文关怀】　为网点一线员工每天增加津贴5—10元，在市区及韩城部分网点推行周末错时上班，通过公开竞聘分流委托资产处置经营部三分之二员工到支行工作，进一步缓解一线员工压力。组织员工体检，开展健康知识讲座，开展健步走活动，向困难员工和劳模发放救助金和慰问金51.7万元，投资1460万元用于10个支行本部、3个城区网点及15个乡镇网点“职工之家、五小”建设，切实改善员工工作生活环境。举办践行社会主义核心价值观及农行企业文化演讲比赛，深化员工点赞意识，参加省农行竞赛活动，获二等奖和三等奖，有效在全行营造了爱行如家、干事创业的良好氛围。

（郝静　马林生）

中国银行股份有限公司渭南分行

行　　长　张权宏

副 行 长　董义军　常继敏

聂 聪 张学军

纪委书记 聂聪(兼)

【基本情况】 中国银行股份有限公司渭南分行成立于1982年6月。分行本部内设行长办公室、财管与运营部、个人金融部、公司业务部、风险内控部、监察部、党务工作部、营业部、凭证中心9个部室，下辖1个单列县行、3个县(市)支行、9个城区支行，营业网点22个。

【负债业务】 至年末，人民币一般性存款余额111.1亿元，较上年新增4.3亿元，四大行市场份额12.76%，较上年上升0.29个百分点，居四大行第二位，其中：储蓄存款余额54.9亿元，较上年新增4.2亿元，四大行市场份额10.45%，较上年上升0.12个百分点，居四大行第二位；企业存款余额56.2亿元，较上年新增1095万元，四大行市场份额16.27%，较上年上升0.92个百分点，居四大行第二位。人民币一般性存款日均余额105.2亿元，较上年新增5.9亿元。外币一般性存款余额1968万美元，较上年新增589万美元。

【授信业务】 全年人民币各项贷款余额31.5亿元，较上年新增3.2亿元，其中：公司贷款余额19.6亿元，较上年下降1.3亿元；零售贷款余额4.1亿元，较上年新增7712万元；票据贴现余额7.7亿元，较上年新增3.7亿元，贴现交易量72亿元，较上年增加29亿元，增幅达67%，票据贴现量稳居省辖第一。成功收回公路局不良贷款2982万元，但受大荔金紫阳突发事件影响，不良贷款余额8541万元，较上年上升4589万元，不良率2.79%，较上年上升1.37个百分点。

【中间业务】 全年实现中间业务收入3565万元，完成省中行考核计划的86%。成功叙做首笔跨境人民币业务，实现了人民币国际信用证、一户通、账户金钥匙、“汇利保”、联名账户、“区间宝”、中银e社区等产品和业务的零突破。新增手机取款代理点14户，代理点数量与取款金额均居省辖首位。叙做金堆内保外贷业务1.45亿美元、6350万加元，实现中收1141万元。实现国际结算量12167万美元，市场份额70%，较上年末提高8.4%；大额卡分期交易量3289万元，居九地市第一位，完成省中行任务的110%；商户交易量9.6亿元，贵金属销售634万元，代理寿险收入86万元。

【渠道建设】 完成了所有分理处升格工作，网点服务功能进一步加强。为各网点安装了WIFI，华阴柳枝部队自助银行、西岳路自助银行顺利投入运营，启动了华阴罗夫支行、大荔北大街支行装修改造工程，网点的综合服务能力得到提高。不断加大产品下沉力度，10家机构实现了中小企业贷款投放，4家机构实现个人住房贷款突破。顺利推广员工业绩计量系统，实现客户分配到人、业绩统计到人、积分计算到人、激励兑现到人，并结合业绩计量系统的推广实际，举办营销管理技巧培训，培养和锻炼了各级营销人员主动营销客户的意识和能力。完成了全行71名派遣制员工转换为合同制工作，增强了员工的归属感和工作积极性。

【企业文化建设】 坚持“一月一活动”的原则，先后组织拔河比赛、棋牌乐、庆三八、关爱老员工、瑜伽培训、健康知识讲座、秋季趣味运动会、写作与摄影培训等活动，丰富了员工的业余文化生活。投资建设韩城、华阴、大荔三个县行职工小家，配备运动和健身器材，为县行员工提供了健身娱乐的环境，增强了员工的凝聚力。举办“标准化服务比赛”，开展“文明优质服务百日劳动竞赛”活动，提高了全行服务能力。开展以“追寻红色记忆，传承革命精神”为主题的迎七一党日活动,加强基层党支部建设,增强了党员的凝聚力和战斗力。通过以上努力,在全行形成了健康生活、快乐工作的良好局面,获中国文化管理协会企业文化管理专业委员会颁发的“2014 年中国企业文化建设优秀单位”称号。

【担当社会责任】 2014 年,加大对地方经济建设的支持力度,尤其是对中小企业授信和住房贷款的支持,先后向金鑫农产品、鸿腾商业、三立矿业等小企业投放贷款 2.58亿元,余额 2.35 亿元,较上年新增 6610 万元,增幅达 39%,小企业授信存量客户 28 户,较上年新增 6 户,增幅达 26%。投放住房贷款 7600 万元,余额2.78 亿元,较上年新增 5237 万元,增幅达 23%;投放住房公积金委托贷款 4268 万元,余额 1.04 亿元,较上年新增 3475 万元,增幅达 50%。通过组织开展“加强关键环节管控、突出基层内控落实”活动和“内控综合知识竞赛”,进一步增强了广大员工的案防能力,全辖堵截诈骗案件 12 起,为客户避免经济损失 32 万元。组织青年员工植树,赴扶贫村进行扶贫慰问,开展“金融消费者权益日”“小微企业金融服务宣传月”“人民币反假知识进校园”“防范和打击社会非法集资”等宣传活动,普及金融知识,保护金融消费者权益,履行了社会责任。

中国建设银行股份有限公司渭南分行

行　长　吕　凯

副行长　张亚平　张智军　郝向阳

【概况】 截至 2014 年末,建行渭南分行共有支行 22 个,城区支行 11 个,县域支行 11 个,共有营业网点 36 个,渭南城区网点 14 个,县域网点 22 个,潼关、白水无网点,开通运行自助设备 171 台,在岗员工共计 719 人。全行各项存款余额 219.85 亿元,其中企业存款 93.48 亿元,个人存款 126.36亿元。各项贷款余额 112.17 亿元,其中公司类贷款 84.66 亿元,个人类贷款 27.52 亿元。全年实现利润 4.27 亿元,实现中间业务收入 10571 万元。

【负债业务】 一是强化责任意识。做到任务早落实,计划早安排,人人有压力,人人有动力,充分调动了各层级的积极性,形成了行与行、网点与网点之间你追我赶的局面。二是紧盯企业存款增长不放松。将大中型客户作为对公存款的重点工作,紧盯高标准农田资金,进账 5.36 亿元,资金承接率达 75%;全力做好保障房资金的营销,共营销私募债资金 5 亿元、中省补助 1.1 亿元;清洁能源、渭玉高速等 6 户重点项目新增均在亿元以上,对全行企存增长起到决定性作用。三是积极推动个人存款阶段性营销工作。加强个人存款业务情况通报,按旬通报各支行、网点个人存款计划完成情况,对月度个人存款完成率低于全行平均水平的支行、网点,分行领导带队进行上门指导,重点帮扶;鼓励网点早增多增存款,按照网点各月、度不同新增额实行差别化激励;通过分行网站以贺信、光荣榜、营销快讯等形式全方位、多角度对存款进行通报,营造竞赛氛围。截至 2014 年年末,一般性存款(含保本理财)日均新增 18 亿元。其中,个人存款日均新增 17.2 亿元;对公存款时点较年初最低点提升 11.4 亿元,日均存款扭负转正,全行一般性存款时点、日均双双完成省行下达的收口计划。

【资产业务】 一是积极实施“三大一高”发展战略,依托区域内资源禀赋型企业,加大煤炭、电力、装备制造、基础设施建设等重点行业的存量贷款的维护力度，积极拓展培植中型客户，推动了全行大中型客户信贷业务的快速发展。二是加快产品创新运用。向渭南市城市建设投资开发有限责任公司发行8亿元资产收益权产品；为渭南中交一公局工程投资有限公司授信18000万元，用于“连霍高速渭南西出入口连接线改造工程项目”施工，实现了在BT项目上的新突破；通过引入外部金融机构信达租赁公司向龙门煤化累计投放租赁贷款8.49亿元。截至2014年末，全行各类贷款新增4.64亿元，其中个人贷款新增5.02亿元，占全部贷款总量的24.53%，较上年末提升3.6个百分点；大中型客户贷款新增7316万元；小企业贷款全年投放7.2亿元，压缩煤贸2.05亿元。全行不良额和不良率实现双降。

【服务管理】 一是外聘第三方专业咨询公司持续对分行网点服务质量进行监督，每季度对全辖网点服务质量进行分析通报，并跟踪后续整改，通过“神秘人检查视频”专栏对网点服务情况进行展示，鞭策后进表扬先进，促进网点改进服务质量。二是制定《2014年个银网点服务质量管理考核办法》，内容涵盖神秘人检查、客户等候时间、客户投诉及负面舆情等内容，将服务质量纳入网点、营运主管、支行行长绩效考核，确保全行服务质量稳定提升。三是通过开展“个人网上银行、手机银行交易有礼”“建行微信狂欢季、缤纷豪礼乐翻天”等活动，推进了分行电子银行业务的发展。全年个人网银活跃客户新增12.2万户，手机银行活跃客户新增户6.9万户，个人短信客户新增7.6万户，微信银行客户新增1.9万户。四是加强渠道建设。在加大自助设备投放、优化存量设备结构的同时，加快空白县域自助银行建设速度。全行共开通运行自助设备171台，新增自助银行11个，计划完成率363%，其中附行式5个，离行式6个，优化自助设备13台。

（党海刚）

交通银行股份有限公司渭南分行

行　长　李瑜忠

副行长　牛　佳　李保团

【交通银行】 交通银行始建于1908年，是中国近代以来延续历史最悠久最古老的银行，也是近代中国的发钞行之一，现为中国五大银行之一。分别于2005年、2007年先后在香港、上海上市，是第一家在境外上市的国有控股大型商业银行。交通银行资产总额为人民币5.96万亿元，同比增长13.04%；2013年全年实现营业收入1644.35亿元，同比增长11.60%，实现归属于母公司股东净利润622.95亿元，同比增长6.73%。《财富》最新世界500强排行第243位，较上年提升83位；英国《银行家杂志》（The Banker）于2月发布了“2014年全球银行品牌价值排行榜”，交通银行位列第36位，较上年上升了4位。

【陕西省分行】 交通银行陕西省分行成立于1989年，在省内共有营业网点57个，其中西安市区49个，下辖咸阳、榆林、延安三家省辖分行和宝鸡一家异地支行，共有8个营业网点。交通银行陕西省分行各项业务发展较快，存款增长一直在交行系统内名列前茅。

【支持渭南建设】 交行省分行贯彻落实省委、省政府的决策部署，采取信贷投放和创新性融资相结合的方式，全力支持渭南市的陕西“东大门”建设。截至2013年5月末，共向在渭南的陕化煤化、比迪欧化工、龙门钢铁、黑猫炭黑、渭河洁能、太华索道等9家企业授信额度76亿元,授信余额60亿元,其中贷款余额54亿元;截至2014年1月,合同(融资)项目金额54亿,贷款(融资)项目金额47亿。省分行通过信托融资的方式向渭南市城投融资10亿元,首批5亿元即将投放。

(凌 鑫)

陕西省农村信用社联合社渭南办事处

主 任 赵小成(7月调离)
副主任 段小宁(7月主持工作)
赵升社(7月任职)

【概况】 渭南市农村信用社共有11个县(市、区)联社,11个营业部,85个分社,13个储蓄所,242个基层信用社,是全市唯一网点和服务全覆盖的金融机构。职工4214人。2014年末,各项存款余额410.38亿元,较年初净增65亿元,同比多增1.08亿元,存款余额、占比和当年新增均居全市同业首位。各项贷款余额237.52亿元,较年初净增34.02亿元,存贷比为57.88%。其中:涉农贷款余额194.16亿元,较年初净增19.47亿元,新增涉农贷款占比达58.02%。全市农信社实现财务总收入27.6亿元,账面利润4亿元,利润增幅18.3%,创历史最高水平。

【深化改革】 一是加快农商行改制。首批申报改制为农商行的韩城联社10月20日获银监会筹建批复。二是消化历史挂亏。当年消化历史挂亏1.34亿元,计提贷款损失准备0.32亿元。全市统算拨备覆盖率达到169%,资本充足率达到8.86%,较年初提高1.29个百分点。至年末,共有9家联社消化历年挂亏。三是加快"两证"办结,明晰自有产权。对全市288个(家)网点督促各联社完善产权手续,办理126家,办结率43.75%,"双无"网点数量减少至42家。

【支农支小】 一是优化服务贷款营销。开展以"进村入户、走社区、访企业"为主题的"春雨行动",组织各联社客户经理深入全市3000余个行政村(社区),走访农户70余万户,小微企业8200余家,及时掌握民情民意,了解服务与资金需求。累计投放90亿元支持春耕生产和三夏工作。二是改进服务搭建通道。推行"阳光信贷",实行贷款政策、品种、条件、办贷时限、客户经理信息、服务承诺和监督电话"七公开",同时在企贷、个贷和农贷"三大贷款中心"设立信贷服务大厅,实行一厅式办公,客户"一条龙"便将贷款办结。三是开展银担合作。积极与6家融资性担保公司合作,发放贷款3.1亿元,解决了1592户小微企业的融资难题,为小微企业发展输入新鲜血液。

【信贷创新】 全市农村信用社立足当地产业特点,因势利导,积极开展产品创新,陆续开发了商品房抵押贷款、财政供养人员担保贷款、"惠民一卡通"担保贷款、黄金质押贷款、多户联保贷款、移民补贴贷款、农机补贴资金贷款、行会联保贷款等等,贷款品种实现了多元化,信贷服务的广度和深度得到了进一步延伸。临渭区联社推出的"农机购置补贴资金贷款"产品,得到了省联社的认同,已在全省推广实施。蒲城、大荔等联社试点推广的"惠民一卡通"担保贷款,得到财政部、省财政厅的充分肯定,该产品被市纪检委、财政局、陕西省农村信用社联合社渭南办事处、邮储银行联合发文在全市金融机构推广实施。作为渭南市农村信用社一项创新项目,"惠民一卡通"担保贷款被市考核办评为年度创新项目一等奖。白水联社推出的“果园抵押贷款”、大荔联社推出的“农业设施抵押贷款”以及蒲城联社推出的“行会联保贷款”和韩城联社推出的“金商贷”个人商铺抵押贷款等7个信贷新产品，累计发放贷款4.05亿元，惠及群众1.9万户。

【优化信用环境】 全市农村信用社以着力构建农村金融生态环境为目标，积极开展信用户、信用村(组)、信用镇的创建活动，建立信用档案、完善信息资料，开展信用等级评定和授信工作，夯实信贷服务基础。至12月底，全市信用社共建立农户、个体工商户、小微企业等各类客户经济档案108万户，评定信用户48万户，评定信用村732个，创建信用镇25个，并以富秦家乐卡为载体，为评选的4.6万户优秀信用户授信26.6亿元。同时积极开展信用工程进商户、进市场、进企业、进园区“四个走进”活动，向评定的3万余户信用商户发放贷款18.4亿元，向1600家中小企业发放贷款15.6亿元，改善了地方信用环境，提升了支农服务水平。

【普惠金融】 全市农村信用社充分履行社会职责，大力推进普惠金融，构建了安全快捷高效的农村结算环境。一是科学布设自助设备。设立助农取款服务点2181个，布放POS机4214台，安装ATM机324台，形成了“每家商户都有POS机，每个村镇都有助农服务点，每个网点都有ATM机”的服务格局，有效改善了农村支付结算环境。二是加大支农惠农力度。累计发行财政惠民卡119万张，发卡量列全省第一，在全省率先实现“一卡通”全覆盖。发放创业促就业贷款3603笔、2.47亿元，社会贡献度达到70%以上。在全省率先推广“惠民一卡通”担保贷款，累计发放贷款10.7亿元，受益农户5.05万户，受到了财政部农业司领导的肯定和好评。三是广泛开展金融知识普及宣传活动。全市农村信用社累计开展“送金融知识下乡”活动267场次，活动受众约6.34万人次，发放宣传资料32万份。蒲城联社开展“文化惠民、送戏下乡”活动，累计为群众送戏下乡30场次，印发金融知识宣传资料6万余份。

(权 斌)

长安银行股份有限公司渭南分行

行　　长 高富春(10月离任)
李景生(10月任职)
纪委书记 姚小龙
副 行 长 关　康　郭元卉
朱红卫　徐云苍

【主要业务指标】 截至12月末，各项存款余额730908万元，较年初增加79177万元，增长12.15%。其中：储蓄存款余额(不含个人保本理财)318683万元，占比43.60%，较年初增加21426万元，增长7.21%；各项贷款余额332798万元，较年初增加33643万元，增长11.36%。全年实现经营收入64116万元，较上年同期多收入13285万元。2014年被市委市政府评为“渭南市纳税骨干企业”。

【支持民生重点项目建设】 渭南分行始终坚持“服务中小企业，服务城乡居民”的市场定位，大力支持实体经济发展。一是加大对基础设施信贷支持。支持项目有渭南市交通局108国道渭南至大荔段一级路项目2亿元；澄城县城市建设投资有限公司1000万元；渭南市高新区威楠高科(集团)有限公司6000万元；北京鸿基世业“盛世华府”项目贷款0.3亿元，结构性融资1亿元(渭南市委市政府综合楼项目)；

富平县东部开发建设有限公司1.5亿元（富—阎路改扩建工程）；渭南市黄河水务公司“引黄入渭”工程项目3亿元；渭南市中心区集中供热煤改气工程项目1.5亿元。二是积极服务民生领域及公益项目。支持韩城市人民医院迁建项目2.9亿元；渭南市天然气公司授信4000万元；陕西中农集团渭北农机3000万元；渭南市第二人民医院0.5亿元。三是加大重点项目及税源企业信贷服务。分行支持的地方重点建设项目和重点税源企业贷款余额占分行总量的四成，全市重点监测的龙头企业中，有近1/4与分行建立了信贷业务合作。主要有：大唐二电1.7亿元，黄河矿业2亿元，龙门化工1.6亿元，海燕焦化2.4亿元，韩城三立矿业0.8亿元，韩城中汇煤化0.5亿元，陕西思源煤炭0.7亿元，绿通园艺0.9亿元，大运石化0.7亿元，渭南国贸1.2亿元，陕西信达1.3亿元，陕化煤化工1.5亿元。

【县域机构筹建】 渭南分行拟在华县、华阴、白水、合阳、蒲城、大荔新设6家支行，城区新设三家支行。筹建工作已全面启动，按计划于2015年末全部开业，届时将有效弥补渭南分行区域网点不均衡的短板，更加有效的支持地方经济发展。

【小微企业金融发展】 一是优化信贷业务流程，实行中小企业信贷业务办理时效制，提高审批效率，满足中小企业“短、频、急”的金融服务需求。二是积极推进与专业担保机构业务合作。已与辖内四家担保机构建立了业务合作关系，与辖内30家小贷公司完成了业务对接，授信金额近亿元。三是充分发挥小微企业专营支行特色优势，主动进行沟通、交流，2014年组织两场政银企对接活动，与多家企业达成合作意向，为深化开展业务合作储备客户奠定基础。四是推动小贷系统建设，完成了对渭南辖内市、区、县金融办及小贷公司小贷监测系统操作培训工作，并以业务培训为契机，加强小贷公司业务合作。五是创新小微企业特色金融产品，拓展小微服务的广度和深度。针对小微企业资金周转快，抵质押物少的特点，在积极拓展“长安贷”品牌基础上，相继推出了专业担保贷款、联保贷款、煤保贷、经营性物业抵押贷款、快速贷、有价证券质押贷款、知识产权质押贷款、应收账款质押贷款、仓单质押贷款、市场贷、科技型中小企业风险共担贷款、助保金贷款、就业贷等十余种新型产品。努力为中小企业客户量身打造信贷产品和金融服务方案，支持小微企业发展。

（李小鹏）

上海浦东发展银行渭南分行

行　长　孙峥嵘

副行长　孙　延　严红莉（女）

【资产业务】 截至2014年末，全行各类表内外信贷产品308049万元，其中表内贷款155544万元，包括公司贷款112220万元，个人贷款43324万元；各类表外信贷产品152505万元，其中承兑汇票152398万元。负债业务方面，截至2014年末，全行一般性存款余额218311万元，其中对公存款173637万元；个人储蓄存款44674万元；个人金融资产余额102543万元。

【支持地方经济】 2014年，浦发银行渭南分行紧紧抓住国家对政府平台公司的政策变化，快速、高效的为渭南城投公司成功注册12亿元私募债和3亿元资产支持票据，并于9月底和10月初成功发行8亿元融资债。筹建设立了高新区小微支行、金水路社区银行两个示范性便民服务网点，并于2014年7月31日正式对外营业。小微支行植根于社区,通过细致贴心的服务、受到了周边居民的一致好评。2014年4月被市政府授予“支持地方社会经济发展”先进单位;在2014年度全市目标责任考核中被中共渭南市委、渭南市人民政府授予“优秀单位”称号,2014年8月行长孙峥嵘被渭南市委、渭南市人民政府授予“渭南市有突出贡献优秀人才”荣誉称号。

中国人民财产保险股份有限公司渭南市分公司

党委书记、总经理　汪　强
副　总　经　理　李旭博　王习习
　　范石青　屈小虎

【业务概况】　认真贯彻总、省公司全年工作会议精神,紧紧围绕“基层建设年”的各项工作要求,对标市场,强化考核,上下一心,通力合作,业务发展持续保持着良好的发展势头。全年累计实现保费收入44493.7万元,同比净增4455.1万元,增幅11.13%,创下了近四年来业务发展最好的成绩;实现利润1695.3万元,保费利润率3.81%,经营效益良好;市场份额35.25%,遏制住了前几年持续下滑的局面。

【渠道建设】　一是创新管理手段,先后出台《车险续保率、保足保全率考核办法》《重点客户业务竞回和丢失考核办法》《渭南分公司车险理赔资源整合管理办法》等,利用差异化的承保政策,灵活应对市场变化,在继续巩固4S店、大荔市场车险专管专营成果的同时,围绕续保率、转保率、保足保全率狠抓车险业务发展。同时,针对车商、车队不同渠道,采取一司一策、一队一策、一事一策,以积极的承保政策促进车险业务发展。二是明确发展重点,把握政策机遇。借助政府保障民生工程的工作要求,将教职工责任保险、农村住房保险、“一元民生”保险等一系列改善民生的政策性保险作为重点工作,强力推进。为全市1505所学校学生及教职工提供校园风险保障,收取保费760万元。8个县投保农村房屋保险,收取保费48.9万元。华阴、韩城、合阳3个县投保“一元民生”保险,收取保费113万元,得到了市委、市政府主要领导的高度称赞。三是依靠政府,全力推动政策性农险业务的落地。成立各支公司“三农保险业务部”,专职负责辖内农业保险业务的发展及“三农”站点的建设和人员管理,加强与县(市、区)政府部门的互动,强化对网点人员及业务人员的培训,按照“四到户,两公开”要求,完善承保方案,细化和调整查勘定损流程,定期对农险业务承保、理赔等方面工作进行日常性的检查、监督,确保政策性业务的合规性。全年收取农险保费3203.9万元,同比净增805.3万元,增速33.57%,农险规模有所增加。四是做好重大财产险项目的跟踪落实,着力关注跟踪境内标志性工程、工业园区建设等大项目,韩城龙门煤化、华富新能源、蒲城尧柏水泥、澄合矿、陕焦、陕化、金钼及渭化重工等大宗业务如期续保,续保率达到90%以上,稳步推进财产险业务发展。

【组织建设】　一是完善公司机构设置,推进区域市场竞争能力建设,先后完成了电商业务部、车商业务部、银保经纪业务部3个内设机构,全年共收取保费2952万元。二是充分发挥现有支公司下设的6个办事处职能,成立大荔营销服务部,单独下达考核指标,发挥网点作用,网点产能得到提高。三是对大荔区域、4S店实行专管专营,净化市场,降低内耗,有效扼制同业各家主体间不正当的竞争;稳步推进与各4S

店及协作修理厂之间的资源互换,制定送修资源配置计划,区域市场竞争力得到进一步提高。全年车商保费收入1981.6万元,达到了预期目的。

(李益民)

中国人寿保险股份有限公司渭南分公司

总 经 理 李 彬

副总经理 何增栓 刘永成 校向玲

【业务发展】 分业经营以来,渭南国寿累计为全市300万人次提供了高达千亿元的保险保障;为80余万名客户给付满期金20亿元;赔付金额5.6亿元,理赔案件达35.4万件;提供各类就业岗位3000余个,有效缓解了社会就业压力。2014年实现总保费11.28亿元,同比增长11.27%;市场份额达31.02%,行业竞争具备领先优势。个险渠道创新销售模式,实现快速发展。在全国百强百优排名中,标保百强排名全国第19位,同比增幅百优排名全国第8位。银保渠道强化期交转型,坚持规模与效益并重,首年期交达3614.7万元,市场份额48.71%,居行业首位。团险渠道抢抓"新国十条"出台的有利契机,实现团险保费5388万元,完成比率位居全省第一。

【客户服务】 客户服务系统升级,业务流程不断优化,技术创新大力推进,国寿e家、e宝账、e门店等新系统,便利客户,风险管控平稳有效。持续推进产品销售创新,为业务发展提供有力支持。全年共计为客户给付各类保险金4.07亿元,其中,给付满期保单3.2万件,金额3.51亿元;处理赔案11532件,赔付金额5557万元。客户评价满意度达到97.35%,较2013年提升3.1%,国寿服务成为当地百姓第一联想。

【民生举措】 2014年8月,《国务院关于加快发展现代保险服务业的若干意见》正式颁布,"新国十条"传递出政府对保险行业更加清晰的功能界定与责任赋予,以顶层设计的形式明确了保险在经济社会中的地位。12月,省政府办公厅配套下发《关于加快现代保险服务业的实施意见》。作为渭南寿险行业龙头企业,渭南国寿深化政企合作,以点拓面、多点开花,全年公司农村小额系列保险为全市15万农村居民提供了高达2.6亿元的风险保障;为7.8万个独生子女家庭提供了风险保障,为2096户计生家庭进行了理赔,赔付意外伤亡及医疗费90.2万元;为全市大中小学校42.62万名学生办理了学平险,保障额度398亿元;为华山、少华山等景区63.2万名游客办理了旅游险,风险保障达758.4亿元。政策性业务的有效开展受到了全国各级媒体的高度关注,《中国保险报》《陕西日报》《渭南日报》、渭南电视台、搜狐网、渭南新闻网等主流媒体纷纷报道了公司的系列民生举措。

【人才队伍建设】 渭南国寿总经理李彬到任之初,凝聚班子核心智慧,提出"员工受群众尊敬、队伍受社会尊敬、公司受行业尊敬,让上级单位、地方政府和监管部门放心"的"三尊敬三放心"品牌建设目标,以大文化凝聚大力量,全面打造"发展一流、服务至上、群众社会满意"的行业旗舰。通过多途径招聘选拔年轻化、高学历人才,实施科学的培育体系,将理论培训与市场实践进行"零距离"对接,以培养企业适用型人才。2014年,通过校园招聘招募19名大学毕业生进入员工队伍,其中硕士研究生学历2名,并招募专职组训31人,平均年龄24岁,人才梯队呈现"高学历、年轻化、知识化、专业化"特点。在管理干部的选拔和培养上，遵循“理论水平高、实践经验足、宏观战略强”的“三位一体”培养模式。对257个员工岗位，制定一飞引众飞的“雁阵式”培训计划，使管理团队形成“在不断训练中提升，在提升中不断精简，在精简中不断补充，在补充中又不断优化”的培养流程。销售队伍建设以“强体固本、夯实基础”为核心，紧抓机遇，持续壮大队伍规模。个险、银保、团险三大渠道销售人力达到3500人。人员素质的提升上，不断强化教育训练，与市场对接、与客户需求对接、与公司持续发展对接，确保了销售队伍的专业化经营。遵循“机制引才、制度用才、培训育才、环境留才”的人才强司战略，坚持“以人为本”的用人理念。教育培训工作始终围绕业务发展和队伍建设，侧重于销售一线和实战训练，2014年共计开展培训119期，参训7620人次，覆盖率达到98.72%。确保了系统各层级人员综合素质的提升，为发展建设和客户服务工作提供了有效的保障。

（吴鹏飞）

中国太平洋人寿保险公司渭南分公司

【业务经营】 2014年保费收入34333万元，同比增长3.3%；其中续期保费收入25314.8万元，同比增长1.9%；个险新保保费收入6874.8万元，同比增长31%；银保保费收入1533.6万元，同比增长-45.5%；团险保费收入609万元，同比增长44.4%。总体保费规模排名第四，个险新保排名第三。

【客户赔付】 2014年末渭南中支拥有个人客户127997名，法人客户460名。全年共发生赔付案件1625起，赔付金额1371万元。

【获得荣誉】 渭南中支员工张维2003年获省级“单一产品销售冠军”称号，9月获省级“业务室状元”称号。2004年获省级“推动状元”称号，2009年获得省级“优秀中支个险部经理”称号，2010—2013年获得中支及省级公司“先进个人”称号，2014年被推荐为“全国保险系统先进工作者和劳动模范”，成为太保陕分获全国金融系统殊荣第一人，并被评为陕西省金融巾帼建功标兵。

【党建活动】 渭南中支共有党员36名，定期组织全体党员学习党的章程，坚定信念，运用实际工作中。渭南中支党委组织全辖党员在“七一”来临之际，赴富平习仲勋陵园进行了一次主题为“追寻党的足迹加强作风建设”的“红色之旅”远足活动。因渭南中支党委在党政方针、公司经营、创新求变等方面表现突出，于2014年被总公司评为“先进党组织”。

中国大地财产保险股份有限公司渭南中心支公司

总 经 理 雷 宏

副总经理 程喜峰 何文群

【业务发展】 全年实现保费收入10236万元，比上年同期净增371.34万元，在全省大地保险系统内排名第二，贡献度为14.06%。市场份额为8.11%，居渭南20家财险第三。承保利润较上年有大幅度增长。2013年精算满期赔付率61.75%，综合成本率92.96%，表结利润632.67万元。2014年在承保规模迅速增长的情况下，保单精算满期赔付率61.62%，较上年下降了0.13个百分点，综合成本率92.47%，较上年下降了0.49个百分点，表结利润达到741.33万元，比上年净增108.66万元。

【宣传工作】 一是积极组织陕西省渭南市迎新年越野赛活动，并作为协办单位之一，为此次活动提供参赛服装及号码牌，树立公司形象，展示公司实力。二是在《渭南保险动态》《分公司短讯》《渭南年鉴》《临渭年鉴》等刊物上介绍宣传公司发展情况，信息宣传人员获分公司年度宣传个人三等奖。另外，举行了渭南中支十周年庆典活动，以“亲临红色圣地，重温峥嵘岁月”为主线组织全体员工前往圣地延安接受革命精神再教育。并回顾了渭南中支十年的发展创业之路，使全员深刻的认识到老一辈们自力更生、艰苦奋斗的创业精神，对渭南中支二次创业发挥巨大的精神动力作用。三是购置了多样宣传礼品在客户投保和慰问客户时发放，覆盖面达90%以上。

【客户服务】 始终把客户服务放在重要位置，渭南中支最高的追求就是使客户满意，贴近客户，为客户服务更加真切，一线服务更加到位。聘请总公司讲师团专业讲师，为全体员工开展流量业务培训工作，提高员工自身专业知识，为日后“两险业务”的展业奠定了坚实的基础。制订了《渭南中支非销售员工考核管理办法》《渭南中支考勤管理办法》及《渭南中心支公司2014年客服岗位职责及考核办法》。通过提升服务岗位员工的服务意识，提高了客户的满意度，提升公司整体服务水平。

【业务措施】 每季度组织开展各种业务竞赛活动。综合业务部、华县、富平、韩城综合业务部第一团队获总公司2014上半年续保提升销售团队奖励；综合业务部、车商渠道部获总公司“二次创业.决胜2014”业务竞赛第一阶段奖励；渭南中支获分公司三季度学平险达成奖及家用车优质车型达成奖，蒲城、大荔、澄城支公司获分公司学平险增长奖。认真扎实地抓好续保工作，积极安排续保管理岗人员提前将续保清单下发各部门，指导业务员提前与客户沟通联系，如有问题，即汇总上报总公司呼叫中心，实施双管齐下，确保续保率。强力推进4S店进驻工作，拓宽车商业务渠道，加大家用车业务承保力度。

【荣誉称号】 渭南中支获分公司2013年度先进单位称号，雷宏、程心红、张军卫、许连绒获分公司2013年度先进工作者称号；韩城、白水支公司获优秀四级机构称号；申延玲获分公司“客户服务明星”称号，王峰军进入全国百强查勘员行列。白水支公司、综合业务部获分公司激活式卡单业务集体奖，杨彦平、杨红全、王磊、王会玲、许连绒、马爱平获分公司激活式卡单业务个人奖；程心红、申延玲、张峰获分公司“十年·大地”服务明星荣誉称号，翟福全、杨红全、陈相林、闫晓红、张宁哲、刘宝红获分公司“十年·大地”销售明星荣誉称号。

（程心红）

经济管理与监督

发展与改革

渭南市发展和改革委员会

主　任　褚锦锋
副主任　王　斌　王志斌
张寅虎　张王俊

【国民经济】 全市按照“稳中求进、好中求快、改革创新、提质增效”总体要求，抓项目扩投资，转方式调结构，惠民生促和谐，优生态促改革，经济社会在新常态下保持总体平稳发展。全市生产总值（GDP）完成1460.9亿元，增长10.5%，高出全省平均增速0.8个百分点；总量进入全省前五，占到全省的8.3%。粮食生产稳定，总产206万吨，果菜、奶畜标准化提高，现代农业示范园建设加快，农业和农村经济稳步增长，完成农业增加值207.2亿元，增长4.9%。规模以上工业产能有序释放，工业增加值638.4亿元，增长12.3%。产服进一步融合，第三产业实现增加值459.3亿元，在GDP中占比提高了1.5个百分点，全年增长9.7%，增速居全省第一。全年完成固定资产投资1646.3亿元，增长21.2%；全社会固定资产投资完成1765.6亿元，增长20.3%。在扩大消费、价格调控政策引导下，市场物价涨幅稳定在1.7%，全社会消费品零售总额418.6亿元，增长14%。外贸进出口总额2.3亿美元，其中出口额1.9亿美元。财政收入稳中有增，地方财政收入完成67.5亿元，占年度预算的101.1%，同口径增长15%。全市金融机构存款余额1664.6亿元，贷款余额811.4亿元，较年初分别增长9.3%和11.8%，存贷比为48.8%，较2013年同期提升1.1个百分点，资金运行效率提升。城镇居民人均可支配收入26725元，增长10.6%；农民人均纯收入8534元，增长12.8%（增速居全省第2位），分别高于全省均速1.6和1个百分点。城乡收入差距进一步缩小，收入比为3.13∶1，较上年缩小0.06。城镇新增就业7.2万人，登记失业率控制在3.3%以内。

【项目建设】 把项目建设作为经济增长的重要抓手，采取市级领导包抓督办、市县联报联审、建立审批台账、项目集中审批等措施，促进项目开工和要素保障，全力推进重点项目建设，固定资产投资实现快速增长。全市280个重点项目完成投资1263.7亿元，完成年度计划的105.3%。其中5个省考项目完成投资56.4亿元，完成年度计划的118.1%，投资进度居全省前三位。蒲城70万吨聚烯烃、国道108渭南至汉村段升级改造等33个项目建成投用，40个前期项目提前开工建设。围绕中、省政策投资导向和东大门建设、西渭融合、晋陕豫黄河金三角区域合作规划实施，先后策划西安—渭南城际轨道交通、西安—河津城际铁路、渭南机场等重大项目20个，市级重大策划项目库初步建成，全年共策划基础设施、产业、社会民生等各类项目208个，估算投资2296.96亿元。举办第二届黄河金三角投资合作交流会，共签约项目

19 个，总投资 586 亿元；第十八届西洽会暨丝博会签约项目 252 个，合同引资 993 亿元；名企进渭签约项目 11 个，总投资 124.5 亿元。全年签约招商引资项目 335 个，到位资金 570 亿元，增长 12.9%。争取落实中、省资金 21.22 亿元。渭南和富平热电联产项目相继获批，沃特玛 10GW 新能源电池生产线、富瑞特装新能源汽车发动机再制造基地、比亚迪电动出租车推广等一批重大项目加快推进。

【产业调整】　培育发展新兴战略产业，加快产业结构调整和升级转型，促进经济提质增效。充分发挥新兴产业经济政策和资源优势，研究提出了《全市高新技术产业指导目录》，重点支持新兴产业和国家高新技术产业基地、3D 增材制造培育基地、物联网试点项目建设。设立了 2.5 亿元 3D 打印创投基金，3D 打印技术在生物医疗器械产业化上得到推广应用；完成申报 TD－LTE 产业化、海泰 AMOLED 产业化等 5 个国家产业项目并列入国家专项工程实施方案，总投资 16.1 亿元；新能源产业步伐加快，沃特玛 3GW 电动汽车电池生产线项目落户渭南市，大荔中节能光伏项目、潼关农业大棚光伏项目基本建成，潼关风电项目已纳入国家规划。加快传统产业转型，制定了《渭南市石灰石产业发展规划》和《渭南市石灰石产业管理暂行办法》；支持富平、蒲城新型建材等替代产业发展；加大资源综合利用，综合利用废弃资源 176 万吨，淘汰落后产能 185 万吨。能源化工产业链向高端化迈进，蒲城 70 万吨聚烯烃、陕化 1,4－丁二醇建成投产，秦岭 8 号机组得到核准，新增电力装机容量 66 万千瓦。促进服务业上档升级，信达商业街加快建设，万达城市综合体主体完工；电子商务企业蓬勃发展，酒河老街美食城一期建成运营；渭南市被确定为全国农产品现代流通网络建设试点市。加强粮食新增产能规划建设，实施退耕还林、重点水利和农业基础设施工程，着力推进规模化养殖和现代畜牧示范区、农业示范基地建设，农业产业结构不断优化，农业生产和保障能力不断提升。

【节能降耗】　加快实施重点节能工程，大力发展节能、资源综合利用和环保产业。围绕全市节能降耗和煤炭消费消减量目标任务，制定全市 2014 年煤炭消减计划实施方案，逐县（市、区）和重点用能企业分解落实。严格执行固定资产投资项目审查制度，完成节能评估审查项目 5 个，对 20 个项目进行了节能登记备案，节约标准煤 10 万余吨。加强重点用能企业节能管理和技术改造，加大节能项目策划包装，争取节能技改和循环经济项目资金 25 个，争取中、省节能专项资金 4468 万元；举办重点用能企业节能减碳技术与管理推介会。加快低碳城市创建工作，出台《低碳社区试点实施方案编制指南》和《低碳社区评价办法》，开展中心城市餐厨废弃物资源化利用和无害化处理城市试点，推进碳排放交易试点和低碳社区试点。潼关、华县 22 座无主尾矿库工业污染治理项目启动实施，合阳工业集中区等 4 个园区列入省级低碳示范园区，恒昌依园林等 3 个小区低碳社区试点已在开展。指导企业做好资源综合利用认定工作，尧柏水泥、泰山石膏等 9 户企业顺利通过省上认定，综合利用废弃资源约 176 万吨，综合利用产值达 9 亿元，为企业减免税额 6451 万元。持续开展治污降霾、节能降耗和压煤减排，万元 GDP 能耗和二氧化碳排放量分别下降 4.3% 和 4%，燃煤削减 323 万吨，均超额完成预定目标。

【社会事业】　按照将新增财力 80% 用于民生的要求，围绕中、省民生投向，制定全市2014年民生工程实施方案,将目标任务逐县(市、区)和市级部门分解落实,推进民生十大工程实施,完成投资130亿元。市体育中心、文化艺术中心和市民综合服务中心建成投用。在全省率先启动镇政府办公采暖设施建设,106个镇实现供暖。编制出台促进农村居民收入倍增规划,多措并举促进农民增收。围绕农业生态、农田水利、退耕还林、渭河综合治理等重点项目建设,实施生态建设、秦岭保护工程,完成巩固退耕还林成果基本口粮田项目的投资编报工作,申请中央投资4000万元,计划在全市9个县(市)建设基本口粮田5336公顷。编报争取三北防护林、天然林资源保护工程20个,申请中央投资3718万元,计划在全市10个县(市、区)实施人工造林6756.71公顷、封山育林6469.9公顷。渭河综合治理项目累计完成投资2亿元;抽黄供水工程完成投资1.5亿元。实施秦岭北麓、渭北旱塬扶贫移民搬迁计划,落实中、省资金1.01亿元。全年财政民生支出242.9亿元,占财政支出的82.8%。基本建成各类保障房5.47万套。城乡居民养老参保277万人。实现脱贫18.6万人。

【体制改革】 加强对全市改革工作的总体指导,研究制定《渭南市2014年经济体制和生态文明体制改革工作实施方案》,稳步推进7个重点领域15个方面52项重大改革。深入推进简政放权,不断激发市场活力,累计下放、取消、转移经济社会管理权限1171项,公布市级部门权力清单291项。推动混合所有制经济发展,推动基础设施、能源化工、文化产业等5大领域项目向社会资本放开。加大服务业支持力度,制定《渭南市加快服务业发展扶持奖励办法》。率先在全省启动公车改革。县级公立医院综合改革试点稳步实施,全市9个县(市)被确定为第二批全国县级公立医院综合改革试点县,"分级诊疗、双向转诊"制度有序推行,城乡居民大病保险全面启动。县市区事业单位清理规范工作基本完成,食品药品监管体制改革成果进一步巩固,政府购买服务工作初见成效。加快"扩权强镇"步伐,稳步推进重点镇建设工作。西渭融合发展进一步加强,晋陕豫黄河金三角区域合作规划获国务院批准。加快参与"一带一路"建设,启动中哈(哈萨克斯坦)人民苹果友谊园合作共建。与韩国龟尾市缔结为友好城市,与福州市签订《战略合作框架协议》,开展深度对接合作。渭南海关和出入境检验检疫局正式开关开检。

国有资产管理

渭南市国有资产监督管理委员会

主　任　杨社盈

副书记　吕秀存

副主任　王建璋　李同政　柴社强

【概况】 截至12月底,市国资委监管企业资产总额128亿元,完成目标任务的142.2%;负债总额88.8亿元,所有者权益39.2亿元;实现营业收入7.4亿元,完成目标任务的105.7%;利润总额1.5亿元,完成目标任务的136.4%;招商引资到位资金1.5亿元,完成目标任务的150%。

【国资监管体制】 市级国有企业基本完成移交工作。市国资委直接监管企业12户、委托管理企业11户,基本实现市属国有经营性资产的集中统一监管,为构建"大国资"体制奠定基础。

【组建集团公司】 市城投、华旅、产投集团公司完成组建。城投集团下辖17户子公司,华旅集团下辖14户子公司,产投集团下辖3户子公司、7户参股公司。黄河水务公司组建完成并投入运营，融资工作基本顺利，抽黄供水工程各标段建设顺利推进。

【实施年薪制】 选择在华旅集团公司、产投集团公司、政信融资担保公司等3户企业，启动实施年薪制薪酬改革试点。按照合理激励兼顾公平，最高不突破30万元的标准，通过近一年的实践，已经有华管委等有关党政机关的干部自愿放弃“铁饭碗”，申请到企业去干事创业。市城投集团已向国资委明确提出2015年实行年薪制。

【混合所有制经济】 在原担保中心基础上进行改制，新组建混合所有制性质的政信融资担保公司（注册资本1.17亿元，引进元盛房产投入1000万元参股）。出台《关于推进市属国有企业发展混合所有制经济的意见》，指导各企业根据功能分类，结合实际分类推进混合所有制。出台《关于对市属国有企业实施分类管理的意见》，根据市属国有企业实际，实行直接监管和委托监管。按照企业身处的不同行业，对其功能目标、产权结构、公司治理、改革重点进行分析研判，在监管上不搞一刀切，根据不同国有企业的功能、特点，根据监管企业不同的功能定位，探索不同的监管途径。国务院国资委网站对渭南发展混合所有制经济，实施分类管理的做法予以发布，供各地借鉴学习。

【业绩考核】 将监管企业按竞争类、公共服务类和功能类三种类型进行划分，根据企业发展定位、行业特点、业务类型和经营管理中的“短板”，采取“一企一策”原则，对监管企业分类设置了差异化考核指标。例如对城投公司，设置土地储备、土地出让、融资金额、中心城区市政府安排的基础设施建设等考核指标；对华旅集团，设置利润总额、营业收入、净资产收益率、安全责任、发展规划、年度投资等考核指标；对产投集团，设置资产总额、利润总额、股权管理、内部管理等考核指标；对公交公司设置安全运行、车辆更新、出行保障、公交卡发放、边远路段的布点延伸等考核指标。5月，市国资委与13户企业签订2014年度经营业绩目标责任书，以契约的形式明确权利、义务和责任，年终进行考核，按考核结果进行奖惩，奖优罚劣。

【企业领导人员管理】 下发《渭南市市属国有企业领导人员管理办法》，为企业领导人员管理确立规范。为市城投公司、华旅集团、产投集团、担保公司、黄河水务公司、奥体公司等企业衔接确定董事会、经理层、监事会人员，确保公司正常运转。首次采取社会公开招聘的方式，为市产投集团公开招聘一名总经理。为国有企业领导人员的社会化选聘积累了经验。制定下发《关于加强市属国有企业人事管理工作的通知》，进一步扩大企业用工自主权。

【监督监事会】 举办监事会监督、财务知识等二期业务培训班。下发《关于加强监事会工作的意见》，支持保障监事会工作开展。华旅集团监事会组织对集团所属各经营单位进行人财物全面审计，将审计意见分类归纳提供给董事会参考，董事会借鉴并采纳监事会的意见，在整改的同时分别制定人财物管理制度，促进企业的整体规范运作。市国资委召开交流座谈会，由华旅集团监事会主席将工作方法成效进行讲解，提供给各企业监事会学习借鉴。

（闫静波）

统　　计

渭南市统计局

局　长　王志斌（11月调离）
　　　　　闫华锋（11月任职）
副局长　尹折桂（女）

王娟(女,11 月调离)

【专业统计】　规范专业统计,组织实施各项常规统计调查,深化企业"一套表"联网直报,促进全市统计业务标准化和规范化建设。加强数据评估,制定《渭南市统计局专业统计数据评估办法》,用统一标准和口径对各县(市、区)数据进行审核、核算,重点核查支撑专业数据的相关基础数据的真实性,使统计数据指令性评估更加规范科学。对重点数据加大督查力度,开展"四上"企业(规模以上工业企业、资质等级建筑业企业、限额以上批零住餐企业、限额以上服务业企业)和第三次经济普查数据督查工作,保证全市第三次经济普查数据质量以及上报企业数据的真实性和信息的准确性。

【统计基础建设】　加强统计名录库建设,利用工商、税务、编办等部门行政登记资料和企业年定报数据,完成名录库年度、季度更新维护,做到名录库及时动态维护。坚持月度和年度实地核查相结合,组织开展全市"四上"企业核查工作。市统计局共组织专业人员分 6 批次对全市新增入库"四上"企业进行实地核查,已有 114 户企业通过国家统计局审核入库,12 月底全市共有 1168 户"四上"企业上报了"一套表"年报及定期报表,直报率、验收通过率均为100%。加强全市"一套表"联网直报系统建设,软件功能有新扩展,为深化"一套表"改革提供技术保障。市县统计部门联网直报风险防控系统和安全备份系统建设稳步实施,专业统计工作数据处理平台建设更趋成熟,为提高业务统计工作效率奠定基础。

【统计违法查处】　坚持依法统计,加大统计违法违纪案件的查处力度。全市共检查单位 236 家。其中有违法行为的单位 94 家。立案 84 件,结案 82 件,罚款金额10.1 万元。

【经济普查】　第三次全国经济普查是一次重大的国情国力调查,对于渭南市来说,是一次全面摸清全市经济底子的机遇。市统计局从元月 1 日开始,组织全市 7000 多名普查指导员、PDA 操作员、普查员开展第三次经济普查入户登记工作,历时 3 个多月完成第三次经济普查登记工作。全市经济普查数据于 5 月 25 日上报省统计局。为保障统计质量,市统计局对各县(市、区)经济普查工作进行了三轮督查;开展了省、市经济普查事后的质量抽查工作,摸清了全市第二、第三产业的家底。

【统计方法制度改革】　城乡住户调查一体化改革成效显著。下发《关于开展城乡住户调查一体化改革工作的通知》(渭政办发〔2014〕5 号)《分市县住户收支与生活状况调查实施细则的通知》(渭统发〔2014〕2 号)文件,落实各项调查工作责任。召开全市城乡居民收入调查工作座谈会,为全市开展好城乡一体化工作创造有利的条件和氛围。按照城乡住户调查一体化改革实施方案,调查工作由统计局和国家调查队共同承担调查任务,市统计局与国家调查队加强协作,经过多次摸底调查、筛选,确定了能代表全市居民收入的调查户。在全市开展了城乡住户一体化调查工作,并上报了全市一季度问卷调查数据和二、三季度城乡居民收入调查数据。

完善和规范全市国民经济核算方法,根据第三次经济普查资料,探索完善 2013 年及以前年度全市与分县 GDP 总量数据衔接办法。开展城乡划分和人口抽样调查等基础工作,为提高城镇化统计工作水平奠定基础。完成 2013 年全市及各县(市、区)单位 GDP 能耗核算工作;统计部门参与到全市及各县(市、区)能耗总量和单位GDP 能耗降低率方案的制定;开展修订

2013年及以前年度全市和各县(市、区)能源消费总量衔接准备工作。

【统计服务】 加强统计监测预警,提升统计优质服务水平。每月5日将最新主要数据直报市委市政府主要领导,每月15号、每季度25号将综合统计月报报送市级各大班子和相关部门,为党委政府及时决策提供依据。坚持月度分析通报,市统计局定期召开局务会议,针对全市经济运行中的重点、难点和焦点问题、进行分析研判,并提出有针对性的措施建议。2014年市统计局共撰写统计报告59期。2014年市统计局共撰写统计信息300余篇,国家和省统计网采用160余篇。发布了《2013年渭南市统计公报》,编印了《渭南经济要情——2013》统计资料。开通了统计官方微博。践行首问负责制,为社会公众提供统计信息咨询服务。及时向社会各界通报2013年渭南市在全省县域经济考核情况。渭南三县(市)获4项奖,韩城保持十强县,合阳、潼关两县获争先进位奖,合阳获工业增长前十名奖。

(刘春侠)

审　计

渭南市审计局
(陕西省审计厅渭南审计处)

局　　长 王俊杰(12月离任)
王建军(12月任职)
处长、副局长 马德民
副 局 长 王忠义　朱福秦　胡振江
纪检组长 袁崇义

【概况】 2014年共审计692个单位,审计查出违规资金230833万元,管理不规范金额222856万元,损失浪费金额96万元。提交审计报告和信息872篇,促进增收节支和挽回损失5667万元,核减投资额8259万元。提交审计专题、综合性报告和信息256篇,被批转、批示和采用123篇,促进建立健全制度93项。发布审计结果公告291篇。移送处理事项11件。

【财政审计】 完成对市财政局、地税局等31个预算执行单位的审计。完成澄城、大荔2012年度财政决算审计。探索统筹调配人员、统一编组、扁平化管理的新型组织方式。成立12个审计组,集中对市财政、地税部门和31个预算执行单位进行审计,审计范围延伸到党群口和高新区、经开区、卤阳湖管委会。将24个实行报账制核算部门和单位,以及近年来未曾接受审计、不经常审计的部门和单位的预算执行情况纳入审计范围,消除了财政预算执行审计工作的"空白点",扩大了审计覆盖面。

【行业和专项资金审计】 全市统一开展了稳增长、促改革、调结构、惠民生、防风险政策落实情况、城镇保障性安居工程跟踪审计,大气污染防治雾霾治理、政府性楼堂馆所建设和办公用房清理情况、市级预算执行单位"三公经费"及会议费审计调查等6个行业和专项资金审计。全市大气污染防治雾霾治理审计综合报告被市政府转发。

【经济责任审计】 全市共完成党政领导干部和企业领导人员经济责任审计项目66个,审计经济责任人68名,审计查出违规金额6934万元,管理不规范金额7561万元。结合预算执行审计,开展了华县党政主要领导同步审计,市卫生局局长、东雷抽黄工程管理局原局长、华管委主任经济责任审计。对2013年审计的6名县处级党政主要领导干部进行了审计后谈话。出台了《渭南市党政主要领导干部和国有企业领导人员经济责任审计实施办法》。

【重点建设项目审计】 全市统一开展了

EPC\BT\BOT(工程总承包、建设—移交、建设—经营—转让)等建设模式项目、2011年至2013年投资项目、奢华浪费建设等审计调查。开展市中心医院、文化艺术中心建设项目跟踪审计,完成了乐天大街东段改造工程、渭河城区右岸堤防加宽工程、渭蒲高速引道建设项目竣工结算审计,核减工程造价910.64万元。

【企业审计】 以保障国有资产安全、增值,促进国有企业完善内控制度、提高企业经济效益为目标,开展审计工作。共审计国有企业2户,查出违规资金983万元。

【内部审计】 全市有内审机构134个(专职机构45个),内审人员323人(专职人员118人)。全年完成审计项目546个,促进增收节支1221万元,提出建议被采纳476条。

【整改督查】 加大审计整改督查力度。由市人大牵头,按照《关于对审计查出问题整改监督的暂行办法》,组织审计、财政有关专家对存在问题相对突出项目审计结论整改情况进行了跟踪督查。市经济责任领导小组对2013年6名领导干部任期经济责任审计整改落实情况逐单位逐人进行了督查。

(马笃祥)

质量技术监督

渭南市质量技术监督局

局　长　王万林

副局长　王正科　杨占利

　　　　　李永基　陈松林

【宏观质量管理】 成立渭南市质量强市工作推进委员会,统筹协调全市宏观质量管理工作。市政府常务会议研究质量工作2次,召开质强委联席会议3次。市政府出台《贯彻实施质量发展纲要2014年行动计划》,协调质强委各成员单位,做好迎接省对市质量工作考核的各项准备工作。制定《渭南市质量工作考核办法》,启动市对县质量工作考核。

【名牌战略】 渭南印机获批创建省知名品牌示范区,全省仅5家。争创省名牌产品9个,累计64个,位居全省前列。培育市质量管理奖3个,市名牌产品15个。富平墨玉获国家地理标志保护产品,累计10个,居全省第一。培育渭南市质量管理奖3个,培育渭南市名牌产品16个。品牌企业的示范引领作用初步显现,对带动同行业其他中小企业实施技术改造升级和管理创新,增强质量竞争力起到促进作用。

新增陕西省名牌产品名单

序号	企业名称	产品名称	注册商标
1	金堆城钼业股份有限公司	钼板坯	JDC
2	蒲城兴文麦草工艺专业合作社	麦秆画工艺品	贺兴文
3	渭南市雅典家具有限公司	软体家具(沙发)	典雅
4	陕西合欢面粉有限公司	特制一等粉	合欢
5	陕西美邦农药有限公司	80%甲基硫菌灵可湿性粉剂	甲托
6	陕西拓日新能源科技有限公司	光伏超白玻璃	TOPRAY-SOLAR
7	陕西实丰水泥股份有限公司	通用硅酸盐水泥	尧柏水泥
8	陕西富平陶艺村有限责任公司	旅游管理服务业	陶艺村
9	渭南市博思特家政服务有限公司	居民服务业	博思特

【标准计量】 7家企业采用国际标准和国外先进标准,12家企业完成标准化良好行为确认,其中4A级1家(全省仅4家);制

(修)定省级地方标准13项,其中家政服务为全省首个,市级11项;累计建成国家农业标准化示范区28家、省级15家,其中蒲城酥梨为全省唯一一家国家优秀农业标准化建设示范单位;大荔农村交通物流被确定为全省唯一一家公共服务和社会管理国家标准化试点单位;中心城区办理组织机构代码证3035个,协助52家企业办理商品条码350个。

对9类61385台(件)重点管理计量器具摸清底数,建立明细档案;审查重点用能企业能源计量24家,培训企业计量人员和审核员53人。对全市54家实验室、安检线实施分类监管,加大对强制性认证产品和有机认证产品的监督检查力度。

【特种设备安全监察】 加强监察机构、检验机构动态监管系统建设,录入5760台设备基础数据;健全完善动态监管系统与检验机构系统平台,电梯远程监控系统试点项目通过市信息办验收。6月份在陕化开展压力容器泄漏应急救援演练,临渭、高新、经开、华阴等县质监局也结合实际,开展电梯、大型游乐设施应急救援演练,提升应急救援能力。开展重要时段专项检查,在中、省、市两会期间、节假日对人员聚集场所的商场、医院、车站、学校、宾馆、气体充装单位等重点场所的电梯、大型游乐设施等特种设备安全进行重点检查,确保重大活动和节日设备安全运行。重点开展电梯、压力管道、游乐设施、涉氨企业等特种设备安全专项整治,共检查各类企业831家(次),各类特种设备3431台(件),消除各类安全隐患101处。

【技术机构】 渭南市第一个国家级质检中心钼产品检验检测中心开工建设,填补国内空白。质检所围绕产品质量监督抽查、产品质量安全扩项327个参数(其中工业品类155个),共有食品91个产品766个参数,工业品173个产品391个参数,全年检验各类产品2163批次,同比增长5.5%。计量所围绕计量惠民、渭南市产业特点和强检计量两年扩项7个,达114个检定项目、119个校准项目、2项授权,全年检定仪器设备42943台件,同比增长4%。特检所围绕特种设备安全投入300多万元购置设备扩项,全所全年报检特种设备定检率100%,共检4608台件,同比增长24%。纤检所协同省纤检局、西安纤检所开展棉花入(出)库检验,共检7万余吨。各技术机构检验检测能力基本满足渭南经济社会发展需要。

【监督稽查】 率先在全国开展市级产品质量监督抽查工作,配合省质监局对涂料、木工板、肥料、黑色冶金、水泥等产品开展监督抽查,共抽检175批次,合格率84%。市质检所对水泥、农药、化肥、电线电缆等22个种类524批次产品进行市级监督抽查,合格率88%。市纤检所对纤维及其制品48家单位的133批次产品进行市级监督抽查,全部检出,合格率86.5%。对抽检的不合格产品,移交各相关县质监局进行处理,并帮助其生产企业整改。开展质量安全风险排查,全市质监部门共出动执法人员1200人次,排查企业300余家,消除风险隐患18处。2014年全市未发生区域性、行业性质量安全事故。

开展"阳光纤维进校园、坚决杜绝黑心棉""查农资、保生产""查建材、保建设"等8次以农资、建材、汽配、酒类、特种设备、烟花爆竹、预拌混凝土、校服及土布等产品为重点的专项整治,以"双打"和"利剑行动"为抓手,加大执法打假力度,全年共查处各类违法案件38件,挽回经济损失200多万元。

(陈文涛)

食品药品监督管理

渭南市食品药品监督管理委员会
主　任　王建军
副主任　孙正平　高仲义　许志合
　　　　王耀锋

【食药监管体制改革】　建立市县镇三级食品药品监管新机制，厘清市县镇三级食品药品监管部门职责重点，加强简政放权力度，深化食品药品审批制度改革，完善县级政府食品药品安全考核评价指标和督察制度，基本形成“市级管决策、县镇管执行和过程”的监督管理格局。

【食药标准化基层监管所创建】　全市共100个镇办基层所，其中58个已通过省上标准化基层所验收，还有16个基层所的验收申请已上报省食安办等待验收。《陕西日报》《中国医药报》对渭南市基层所建设情况进行了专题报道。

【食品安全】　加大对食品生产、经营、餐饮各环节的巡查力度和频次。在大中型餐饮单位、学校食堂推行“五常”(常组织、常整顿、常清洁、常规范、常自律)“六T”(天天处理、天天整合、天天清扫、天天规范、天天检查、天天改进)、色标管理等先进的管理模式。在《渭南日报》和渭南电视台发布野菜食用预警和毒蘑菇等食品安全预警。15家药店开展药店销售婴幼儿配方乳粉试点工作。822家保健食品经营企业换发流通许可证。完成20余次重大活动食品安全保障工作。开展食品安全宣传，发放张贴30000余份食品安全知识读本、50000余份“光盘行动”“厉行节约”公益宣传海报。开展“食品安全风险大排查”专项行动、农村食品市场“四打击四规范”专项整治行动，制定食品流通摊贩管理办法等规范性文件，开展豆芽、猪肉、桶装水等重点产品专项整治，严查违法添加孔雀石绿、喹诺酮、硝基呋喃等行为。全年共抽检17个食品种类和1个食品相关产品338批次，合格样品323批次，样品合格率为95.56%。未发生Ⅲ级以上食品安全事故。食药委联合水务、畜牧兽医部门开展水产品质量安全专项整治活动，与畜牧兽医、公安部门联合开展生鲜肉质量安全专项整治活动。全年抽验蔬菜、水果、蛋、豆芽、水产品和肉品的检验合格率为100%，畜肉产品合格率为95.83%。

【药品市场监管】　10家药品生产企业通过新版GMP(药品生产质量管理规范)认证，14家药品批发企业、381家药品零售企业通过新版GSP(药品经营质量管理规范)认证。全市镇卫生院“三统一”药品配送率96.2%，村卫生室配送率96.01%，累计配送量13.77亿元。向工商行政管理部门移交违法药品医疗器械广告308件，在全省率先开展药物滥用监测工作，《中国医药报》《渭南日报》等多家媒体进行报道。率先建成市级药械安全风险预警平台，在全省乃至西部地区都走在前列。计生药械监管工作被省食药局评为先进单位。全年药品监督抽检814批次，合格784批次，合格率96.3%；完成医疗器械监督抽验44批次，合格率100%。

【食药专项整治】　围绕非法添加、制假售假、违规生产经营等问题，开展了“亮剑”“希望”“春雷”“清凉”“扫雷”“绿剑”“温暖”等七大品牌专项整治活动，以及食用明胶、水产品、白酒和桶装水、农村食品“四打击四规范”、药品委托生产、处方药、含麻黄碱类复方制剂销售、医疗器械“五整治”等一系列专项整治。建立行刑衔接机制，市食药委与市公安局联合下发《渭南市食品药品行政执法与刑事犯罪案件衔接工作制度》,出台行政处罚案件审核管理规定和重大案件审理委员会工作制度。2014年全市各类监督检查共出动41690人次,受理各类食品药品违法案件3775起,立案处罚1713起,案件总值148.8万元,罚没入库金额381.31万元,捣毁窝点1个,移交司法机关2起,取缔无证经营37家。案件查办率98%以上,结案率90%以上,涉嫌犯罪案件向司法机关移送率100%。

【食药法治建设】 市政府出台了《食品小作坊生产加工管理办法》《食品流通摊贩监督管理办法》《农村自办家宴食品安全监督管理办法》《渭南市豆芽生产加工技术规范》等10项规范性文件。市食药委承担或协助国家食品药品监管总局、省人大、省食药局完成《食品安全法》《药品管理法》《陕西省食品小作坊小餐饮和食品摊贩管理条例》《食用农产品市场准入指导意见》《陕西省农村集体聚餐食品安全管理办法》等6项法律、地方性法规的起草修订工作。

(高卫安)

物价管理

渭南市物价局

局　长　王红岩

副局长　郝智敏　程金民

【价格调控】 强化价格监测,优化价格监测网点布局,加强价格监测点预警建设。全年上点采价90次,采集上报监测数据22440条,其中向国家发改委价格监测中心上报监测报表132篇次,向省监测分局上报监测报表192篇次。围绕社会关注、百姓关心的价格热点问题开展监测分析。全年共撰写监测周报40篇,分析月报12篇,季度分析报告4篇,将热点价格信息通过渭南价格信息网定期对外公布。市级征收天然气价调节资金461.37万元。全年CPI指数为1.7%,完成政府确定的价格调控目标。

【价格改革】 道路客运价格改革顺利实施,在10月初完成客运价格改革工作,以渭交发〔2014〕340号文件印发各县(市、区)交通运输局、物价局,各相关客运企业执行。水价改革有序推行,2014年市物价局进行了居民用水水量和实际价格负担,居民实际月均用水量和已实行一户一表的居民实际数量两项调研工作,并起草《渭南市实施城镇供水价格改革意见》。先后调整了大荔、潼关、华阴等9个县(市、区)的自来水价格。简化水价分类,适当调整非居民生活用水和特种行业用水价格,提高水资源费和污水处理费标准。医改任务稳步推进,调整医疗技术服务价格及医务人员技术劳务价值的收费标准。综合考虑渭南市经济发展水平、群众承受能力和基本医疗保障承受能力等因素,合理确定了全市医药费用总量控制水平。完成气价和电价改革前期基础工作,一是分别在5月和12月对全市居民用气有关情况做了调研,以书面报告《渭南市物价局关于调研核实居民用气情况的报告》和表格的形式将情况上报省物价局,为下一步开展阶梯气价改革提供了必要的支撑数据。二是经市政府同意,市物价局于2月份批准了渭南市供电设施配套费标准,为全市新建住宅建设完成用电"一户一表"创造了有利条件。先后批复了渭南市西四路惠园小区、站北路百合园小区、临渭区惠民家园及民生苑、临渭区青青家园二期及莲居城小区公共租赁住房月租金标准,全面落实了廉租房和公租房并轨运行的改革要求。

【价格监管】 全面完成2014年度收费证年审工作任务,市级共审验行政事业收费证74个,经营性服务价格(收费)证158个,审验率100%。做好清费治乱工作,在《渭南日报》、政府网站、渭南价格信息网及时向社会公布了全市行政事业性收费项目和标准,春秋两季开学前及时在《渭南日报》上公布了各级各类学校收费标准。根据中、省转变职能、简政放权要求,下放部分旅游景区(点)门票价格管理权限,以渭价发〔2014〕154号文件印发各县(市、区)执行。畅通价格投诉渠道,2014年在全省率先完成"12358"举报中心地方设施配套建设工作。通过"12358"和"12345"投诉热线,及时受理群众投诉。市物价局获得2014年度"12345"政府热线办理"优秀单位"称号。2014年共受理举报投诉案件380起。经调查处理,退还50.15万元,罚款7.02万元,没收2.61万元,经济制裁总额59.78万元。开展教育收费、涉企(城建、环保、交通、消防)收费、交警系统、银行系统收费和灌区水价五项专项检查工作,截至12月底,全市共查处各类价格违法案件1120件,查处价格违法金额246.54万元,退还用户49.13万元,没收违法所得金额128.34万元,罚款金额137.51万元,上缴财政265.86万元。

【价格服务】 成本调查和监审工作有效开展,重点对澄城、合阳等8个县自来水价格、公办幼儿园学前教育培养、澄城县城隍庙神楼旅游景点门票定价等成本进行监审。全市共完成成本监审项目66起,涉及范围包括经济适用房成本、城市集中供热成本、公租房租金成本、出租车运营成本、自来水成本、教育培养费成本、住宿费成本等。成本监审总额7.01亿元,共核减不合理费用1.44亿元,核减比例为20.51%,促进了政府价格决策的科学化和合理化。着力做好价格认证工作,在2014年度办理案件中,无一起复议案件,准确率100%。全市共受理各类委托案件5362起,案值25452.02万元,其中涉案财物价格鉴定业务1732件,鉴定金额21422.79万元,交通事故车物损失价格鉴定业务3612件,鉴定金额3593.89万元。其他评估认证业务18件,评估认证金额453.35万元。同时开展涉纪、涉税价格鉴定工作。

【价格宣传】 利用渭南广播电台"环境热线"、渭南电视台"向人民报告"等栏目,并在渭南政府网、渭南价格信息网宣传价格政策。全年共接待华商报社、渭南日报社、渭南电视台等新闻媒体采访11次;在渭南价格信息网公布政策性文件21份;向群众解释水、电、气、物业、教育、医疗收费等相关价格政策咨询113次。特别是对群众最关心的冬季取暖问题,市物价局采取电视采访、记者问答、报纸宣传等多种形式让群众及时了解取暖政策,为群众排忧解难。

(王鹏越)

工商行政管理

渭南市工商行政管理局

局　长　陈双牛

副局长　杨田生　李双平　王　健　梁百进

【工商登记制度改革】 元月1日,全市工商登记制度改革在全省率先启动,从企业名称、经营场所等六个方面实现突破,实行渭南城区企业集中登记,简化办事程序,缩短登记时限,提升服务效能。全年全市新发展各类企业6005户,较上年增长98%,全市市场主体总量195695户。营业执照当日办结率50%以上,免除各种费用1000余万元。出台《关于深化工商登记制度改革加强后续监管的实施意见》和《渭南市查处无证无照经营实施办法》,印发全市执行。

【商标品牌战略】 2014年全市申请注册商标1501件,同比增长162%,注册商标累计7026件。“八鱼”“JDC”商标被认定为中国驰名商标。渭南市中国驰名商标数量达到6件,省级著名商标191件,市级著名商标227件。

【非公经济党建】 开展非公企业组织建设年活动,实现非公经济组织党的建设和工作双覆盖。全市93个工商所均建立非公党建指导站,共有1039名非公党建指导员进入4370户没有党员的非公企业开展工作。全年新组建非公经济党组织432个,党员5562名,培养入党积极分子34名。举办非公党建指导员和非公党组织书记培训班53次,培训党员2685人次。

【违法案件查办】 抽检农资211批次,没收劣质化肥5吨、假农药6箱、劣质农膜30吨。行政约谈市直媒体12次,立案查处广告违法案件15起。清理无照经营户1000余户,取缔无照经营户291户,立案查处231户。全市工商系统共查处各类违法违章案件1492件,其中万元以上案件111件。

【打击传销】 开展打击传销集中专项执法活动4次,出动执法人员1680人次,检查出租屋540户,取缔传销窝点11处,教育遣散传销人员125名。无传销社区、村组覆盖率95%以上。

【重点市场监管】 加强汽车市场监管,行政约谈26家汽车4S店负责人,重点整治在汽车销售中搭售装潢、保险等违规行为。汽车4S店“四项自律制度”和八项承诺上墙公示率95%以上。加强网络交易监管,网上删选建档5833户涉网企业,删选建档拥有独立网站企业350户。重点整治餐饮行业“霸王条款”,行政约谈餐饮业问题商户800余户,整顿规范1061户,立案查处餐饮业“霸王条款”违法行为12起,餐饮行业拒绝霸王条款向消费者承诺公示率80%。

【创新维权机制】 全面推行“企业自治、行业自律、部门监管、社会监督”四位一体的消费维权模式。指导企业建立公开承诺、先行赔付等各项自治制度,制作消费维权公示牌,向消费者公开承诺,接受群众监督。在城区共建立消费维权站252个,全市达到3533个,解决消费纠纷和消费者投诉和申诉举报823起,办结率98.2%。基本实现解决小纠纷不出“柜组”,大纠纷不出“店门”,一般消费纠纷30分钟内解决,大的消费纠纷24小时内解决。约谈行业协会,发挥协会对企业行为的自我管制和重要调控作用,规范行业经营行为。按照“谁许可、谁监管,谁主管、谁负责”的原则,进一步厘清了食药、安监、金融等涉及行政许可的职能部门审批后的监管任务,强化部门间的协同监管,形成监管合力。充分利用媒体和申诉举报等社会监督渠道,及时发布消费提示警示,有效规范了市场主体经营行为。

(奚灵芳)

安全生产

渭南市安全生产监督管理局

局　长　姬智武

副局长　董新安　李进会　王培兴

【安全事故】 全市发生各类生产安全事故980起,占省控制指标1060起事故的92.45%,同比下降1.51%;死亡203人,占省控制指标211人的96.21%,同比下降8.97%;受伤441人,同比下降2%;经济损失1789万元,同比下降0.46%。其中,生产经营性生产安全事故607起,同比下降4.86%;死亡79人,占省指标的66.95%,同比上升11.27%;受伤71人,同比下降12.35%;经济损失1578万元,同比下降0.34%。

道路交通各类事故450起,同比上升2.04%;死亡154人,同比下降10.98%;受伤441人,同比下降2%;经济损失257万元,同比下降4.86%。其中,生产经营性77起,同比下降8.33%;死亡30人,同比上升42.86%;受伤71人,同比下降12.35%;经济损失53.8万元,同比下降16.05%。

火灾事故367起,同比下降2.39%;死亡3人,同比增加2人;经济损失654万元,同比下降22.98%。农机事故126起,同比下降14.86%;死亡3人,同比增加1人。

工矿商贸企业发生事故35起,同比上升16.67%;死亡41人,同比下降12.77%。其中,煤矿事故10起,同比增加4起;死亡12人,同比增加6人。建筑施工发生事故5起,同比减少2起;死亡6人,同比减少4人。危险化学品企业事故2起,同比增加2起;死亡2人,同比增加2人。金属非金属矿山企业发生事故9起,同比增加5起;死亡9人,同比减少4人。工矿商贸其他企业事故9起,同比减少1起;死亡12人,同比增加2人。烟花爆竹企业未发生死亡事故。

全年发生较大事故2起,死亡7人。

煤炭百万吨死亡率0.4(12/3000)、亿元GDP死亡率0.14(203/1450)、万车死亡率1.86(154/83)、工矿商贸10万从业人员死亡率2.8(41/146),安全生产相对指标得到改善。

【落实安全生产责任】 在全市建立县(市)委书记对区域安全生产工作负总责,党委常委会和政府常务会定期听取安全生产工作汇报机制,及时研究解决安全生产重大问题,落实"党政同责"。市委常委会3次研究安全生产工作、市政府8次召开常务会议和专题会议,听取安全生产工作情况汇报;市安委会6次召开扩大会议,安排部署全市工作。下发《关于加强安全生产工作的实施意见》,全面加强和改进安全生产工作。3次召开讲评会议,对县(市、区)安全生产工作情况进行讲评和考核。完善市级党政领导包联县(市、区)安全生产工作和县(市、区)党政领导包联煤矿、重点非煤矿山企业工作措施,建立市、县两级党委副书记或纪委书记联系安全生产工作制度;调整了市安委会组成,加强综合协调工作。逐步落实县级政府常委副职分管安全生产工作,其他副职抓好分管行业和领域,落实"一岗双责"。落实管行业必须管安全、管业务必须管安全、管生产必须管安全工作制度,将20个重点安委会成员单位和6个中、省驻渭单位安全生产工作纳入年度考核内容,督促行业部门落实监管责任。召开全市安全生产工作会议,分解工作任务,逐级签订安全生产责任书,完善责任体系。采取月通报、季讲评的办法,检查任务落实情况。

【安全生产大检查】 组织七次全市性大检查活动,检查生产经营单位5540家,排查安全隐患13627处,整改12336处,整改率97.8%。检查督查行动全部采取"四不两直"明察暗访方式,各检查组全部采用多媒体形式汇报检查情况,真实反映检查工作和企业隐患;严格落实"四严双查"检查工作制度,邀请专家同步参与检查,建立专家查隐患、促整改工作机制,提高检查质量和效果。先后四次挂牌督办市级重点隐患218项,期限内隐患已经完成整改。

【"打非治违"专项行动】 把打非工作重点放在蒲城、富平的花炮生产,潼关县的金矿生产,华阴、华县的非法采石和韩城、白水的非法煤炭生产等,对这些地区落实县级监管责任和市级行业管理部门责任,五次组成明察暗访组,对烟花爆竹、罗敷河地区采石、白水煤炭生产和潼关地下矿山非法生产情况进行检查,向有关县提出工作意见,督促整改,并向潼关、蒲城、富平、韩城和白水县派出督导组,督查工作开展。全年全市查处纠正各种违法违规行为5273起,责令停产停业整顿577起。

【安全文化建设】 在全市重点组织学习习近平总书记、李克强总理关于安全生产工作的重要指示精神,在《渭南日报》开设"县市区长谈安全"专栏,强化各级领导红线意识。组织开展"安全生产月"活动、安全社区创建、安全生产应知应会竞赛和安全生产知识电视大奖赛,提高全民安全意识。推进以企业"三项岗位"人员、农民工和班组长为重点的安全生产培训工作,培训各类人员7800余人,列全省第一。在全市集中开展安全生产宣传咨询日和万人签名活动,发放安全生产宣传资料和倡议书。新的《安全生产法》颁布后,组织"送法到企业、讲法到基层"活动,向全市所有企业免费发放新法读本,组织宣讲组到县(市、区)讲法。

【重点行业安全隐患攻坚】 制定煤矿、非煤矿山、烟花爆竹和危险化学品等重点行业整治攻坚工作方案。3次召开攻坚工作情况汇报会和专题会议,检查攻坚任务落实情况。在煤炭行业重点落实煤矿安全"十必须、十禁止"和"双七条"规定。在非煤矿山行业推进整顿关闭攻坚战,关闭42家企业,落实关闭补助资金2211万元;组织专家对7座无主尾矿库逐一勘察,治理整顿采石企业非法违法生产问题,推进潼关金矿区"六大系统"建设,落实矿山企业安全生产主体责任和施工承包企业现场管理责任。推进烟花爆竹生产企业整顿关闭和管理提升工程,提出"强化管理、疏堵结合、逐步退出"的工作思路,已经关闭和转产生产企业44家、生产点105个,落实奖励补助资金3269万元。通过整顿关闭,生产企业安全管理水平明显提高,21个企业达到三级标准化水平,非法违法生产得到有效遏制。对32家危险化学品生产企业进行现状调查和安全评估,制定化工园区(集中区)企业安全管理和卫生防护工作意见,规范危险化学品生产企业安全管理和周边区域监管,对危险化学品道路运输安全管理提出新规定。攻坚工作的开展取得明显效果,非煤矿山行业连续30个月没有发生较大以上事故,危险化学品行业事故发生率处于较低水平;烟花爆竹行业首次实现"零死亡"。

【"三化""三基"建设】 "三化"指安全生产政府监管网格化、企业管理精细化、行业直管专业化。"三基"指全面加强基层建设、努力夯实基础工作、着力提升基本能力。把"三化"建设的三个方面细化为"二十一化工程";在推进政府监管网格化方面,重点落实"一个网、两本账";在推进企业管理精细化方面,重点编制"一个手册、抓六项工作";在推进行业直管专业化方面,重点抓"一个文件,四项职责"。确定华县、澄城县为试点县,并在每个县(市、区)确定3个镇、3个行业部门和3个企业进行试点,召开"三化"建设推进会和现场会,推进工作开展。全市三级监管网络体系全部建成,登记企业基础台账3752家,事故隐患台账1007家,监管责任台账578家;全市173个乡镇(街道办)全部建立安监站,落实市县两级安全生产专项费用1256万元,安监人员岗位津贴全部落实到位。

【简政放权】 下放许可、审查9项,取消1项。组成督查组对下放权限的落实情况进行督查,确保工作有序衔接。对保留的审批权限,制定严格的工作程序和办结时限,由原来每月研究一次许可事项改为随时研究、随时办理,许可时间压缩了20%以上,审批事项无一差错。推行网上许可受理,在与企业不见面的情况下即可完成审批。坚持24小时服务问询和举报受理制度,及时处理群众和企业反映的问题。

(吴庭梁)

国土资源管理

渭南市国土资源管理局

局　长　庞建军

副局长　杨建仓　吴　峰　薛建军　丁志健

【耕地保护】　全年实施耕地占补平衡项目219个,实现新增耕地2734.7公顷,超出任务867.1公顷。实施高标准基本农田建设项目147宗,建成4.44万公顷,超出年度任务2.1万公顷。推进永久基本农田划定工作,全面完成年度任务。截至12月底,全市基本农田保护面积54.25万公顷,耕地保有量56.24万公顷。出台《渭南市开展城镇低效用地再开发利用试点工作暂行办法》,全年盘活利用存量用地1534.1公顷,达到任务目标的2倍多;全市单位GDP建设用地消耗较上年下降10.72%,超出目标任务3个百分点。

【建设用地保障】　在省政府下达621.11公顷计划之外,共争取奖励计划36.69公顷、农转用计划33.95公顷、追加计划200.1公顷、灾后重建186.76公顷,各类试点专项计划665.87公顷。全市年度计划1800.9公顷,是省政府下达计划的近3倍,在全省各市中居西安、榆林之后列第三。全年审查上报用地63宗、1800.9公顷,获批59宗、1734.2公顷,供应土地254宗、1347.34公顷。

【矿产资源管理】　聘请资质单位对煤、金等34种重要矿种涉及的99家矿山企业和47家探矿权开展动态监测,并建立矿山依法开采台账,查处超层越界、越界勘查、以采代探等违法矿山21家。完成117家采矿权年检,采矿权年检率100%,抽查率超过30%。落实月巡查、季度监测及定期交换图纸制度,建立安全隐患整改台账并逐一督促落实到位。组织开展砂石土矿采矿权清理整顿,共注销采矿许可证126家,完善开发利用方案85家、环评手续36家、价款评估147家。按照"三撤离、两清理"的标准,完成"二华"石材开采专项清理整治工作,对位于禁采区的13家石材企业和8家石碴企业彻底予以关闭。

【地籍地政管理】　稳妥推进城乡建设用地增减挂钩、工矿废弃地复垦利用、城镇低效用地再开发、"空心村"综合治理、农村集体建设用地流转5项改革试点。其中,增减挂钩使用周转指标800.4公顷,完成富平县庄里镇、蒲城县孙镇、合阳县坊镇3个项目区拆旧复垦,新编制上报试点项目区9个,争取指标356.18公顷;工矿废弃地复垦完成11个项目区复垦,使用周转指标534.58公顷,争取2015年试点项目4个、指标250.33公顷。加快农村集体土地确权登记发证,在富平、华阴等县(市)开展新型农村社区土地登记发证、城镇村地籍调查和农村土地房屋一体化调查3项试点,全市宅基地发证率80.1%,集体建设用地使用权发证率80%。渭南市国土资源局被人社部和国土资源部评为第二次全国土地调查先进集体。国土资源部法律中心和省国土资源厅正式在渭南市国土资源局挂牌成立渭南市国土资源政策法律实验基地。

【地质灾害防治】　编制发布年度地质灾害防治方案和应急预案,建立健全地质灾害监测点552个,组织应急演练25次,参加人数4000余人,发布地质灾害气象预报预警335次，实现全年地质灾害“零伤亡”。加快地质环境治理项目实施，历年获批的24个项目中，7个中央补助项目进展顺利，其中澄城县袁家河村、华阴市罗敷镇大敷峪、华阴市华山黄埔峪、白水采煤沉陷区、潼关金矿区（一期）等5个项目已经完工并通过验收；17个省级补助项目中7个已经完工，9个正在组织施工，1个项目正在勘查设计。坚持“凡建设、必评估”的原则，对所有建设项目按权属进行地质灾害危险性评估，市国土资源局先后对渭南市抽黄供水工程、罗敷—大荔和卤阳湖—白水天然气输气管线、中广核潼关分散式风电场、富平县焦村紫御台商城、合阳150MWP光伏发电5个项目进行2级评估审查备案。

【土地矿产资源执法监察】　全年立案查处土地违法案件191宗，拆除违法建筑2.92万平方米，没收2.63万平方米，收缴罚款677万元，复耕土地50.76公顷，给予党政纪处分38人，追究刑事责任6人；拆除、关闭取缔违法开采点8宗、责令退回开采范围3宗，收缴罚款40万元。2014年度土地卫片执法违法占用耕地的比例为7.6%。全年土地矿产违法案件立案、结案率均为100%。受理群众信访问题146件，接待群众317人次，全年群众来访较上年下降35%。

（田　涛）

招商引资

渭南市对外经济技术合作局

局　长　李　玲

副局长　闫忠民（11月离任）　吉渭强　李智民　赵育红　孟渭川　郭向阳

【到位资金】　沃特玛、昌盛日电、卓达集团等一批重大项目签约。全年全市签订招商引资项目合同335个，合同引资1080亿元。共有在建项目583个，总到位资金571.35亿元，同比增长15.55%。投资25亿元的万达商业地产、投资20亿元的澄城卷烟厂扩能技改、高新区3D打印产业园等一批投资5亿元以上重点项目稳步推进，成为全市项目建设的新亮点。

【办会招商】　在组织参加第十八届西洽会暨丝博会、第四届陕粤港澳经济合作活动周期间，举办金融产业项目对接会、投资环境说明会等活动6场次。西洽会签约合同项目252个，合同引资1030亿元，位居全省第三。突出金三角独特优势，采取开门办会、市场运作的方式，举办第二届黄河金三角投资合作交流大会，吸引国际国内12个地区参会参展。会议期间召开区域合作恳谈会、现代农业优势项目对接会、旅游精品线路和招商项目说明会等专题活动5项，三省四市同台展示、同场推介、同邀客商。大会签约项目56个，总投资939亿元。

招商引资项目集中签约仪式

【招商活动】　市级领导带队，在长三角、海峡西岸、成渝等地区开展叩门招商，引进濠吉食品等一批产业类项目。参加海交会、特博会、南博会等国内综合展会8场次，宣传推介渭南，对接项目信息。瞄准发达地区和重点客户开展精准招商，在福州、北京等目标区域举办产业投资优势说明会，与比亚迪、重庆农业集团等企业达成投资意向。赴西安开展全员招商活动，搜集三环以内拟搬迁企业项目信息200余条。邀请接待华润新能源、富士康、江苏陕西商会等180余批次客商来渭考察，在风力发电、农用车制造等方面达成意向。市政府驻外办事处发挥条件便利，在驻地渭南商会组建、项目推介和信息对接上开展工作。白水聘请招商顾问、华县统筹利用困难企业资源平台、蒲城、大荔等县由县级领导带队定向招商。

【招商规划】 研究编制全市招商引资规划，确定装备制造、精细化工、新能源新材料等7个重点产业的招商方向和目标区域。策划包装大华山旅游景区建设、大化工生产基地、现代化农业生产基地等4个投资过百亿元的区域产业性招商项目。以规划为引领，华阴市围绕华山旅游在繁荣商贸服务业，华县在壮大精细化工产业规模，高新区在完善3D产业链条，韩城市在转型发展新能源，澄城县在对接三星配套上均引进新项目。

【项目服务】 市对外经济合作局联合市委作风办对全市重点招商项目进行监督检查，在新闻媒体开设《直击招商》栏目，关注投资环境，推进项目建设。华阴市成立签约项目指挥部，一线推进签约项目落地建设。澄城县规范招商引资项目办理流程，定期召开招商引资联席会议，富平县推行"倒排工期、节点推进"的方式，加快招商项目落地建设进度。

（段　峰）

白水苹果

白水是陕西省乃至全国的果业大县，被誉为"中国苹果之乡"。白水苹果栽植总面积达到36667公顷，其中挂果面积30000公顷，全县苹果基地通过国家绿色食品认证24000公顷，有机食品认证4000公顷，良好农业规范认证733公顷，果品优果率连续多年稳定在85%以上，是全省最大的绿色食品苹果生产基地。近两年，鼓励支持涉果企业、果业专业合作社实施土地流转，全县发展3.33公顷以上家庭农场式栽植户237户，6.67公顷以上连片经营户26户，苹果经营模式创新取得了新成效。

白水苹果栽培至今已有四百余年历史。改革开放以来，白水苹果在市场上异军突起，以"个大、色艳、香甜、细脆、耐储藏、无污染"的突出特色而享誉中外，成为果品市场上的名牌产品，被消费者称赞为"黄土高原上的明珠"，白水苹果被评为中国驰名商标。白水苹果有红富士、新红星、秦冠、美国8号、新世纪、嘎啦等众多品种。白水已发展为陕西著名的优质苹果生产基地和销售中心。

教育　科技　文化

教　　育

渭南市教育局
党组书记、局长　党福奎
副　局　长　陈继刚　姚培实
　　　　　　　柴新宏
纪 检 组 长　杨立鹏
渭南市人民政府教育督导室
主　任　王建国
副主任　颜伯勤　佀青义

【概况】　全市共有各级各类学校2420所,其中普通本科高校1所,专科高职院校2所,成人高校1所,普通高中62所,职业高中41所,初中267所,小学937所,幼儿园1102所,特殊教育学校7所。全市各类学校在校学生743872人,其中普通高中在校学生128495人、职业高中在校学生22593人、初中在校学生138866人、小学在校生272133人、幼儿园在园幼儿181284人、特殊教育学校在校学生501人。全市各级各类学校专任教师56761人,其中普通高中9070人、职业高中1710人、初中15903人、小学20588人、幼儿园9382人,特殊教育108人。

【学前教育】　全市学前三年毛入园率达到98.38%,超出省定目标8.38个百分点。新建改扩建31所公办幼儿园。组织制定并启动实施全市第二期学前教育三年行动计划,计划3年新建改扩建公办幼儿园213所。制定印发《幼儿园评估分类认定管理办法》《民办幼儿园年检管理办法》,整顿无证民办幼儿园,全市排查出97所无证园。

【义务教育】　落实划片招生和免试就近入学政策,城区大班额明显下降,秋季开学,临渭城区小学、初中起始年级班额分别不超过50人、55人,其余年级班额不超过65人。启动实施全面薄改项目和县城以上学校建设项目,209所学校实现标准化,创建九类示范学校323所。自查和抽查结果表明,小学未发现辍学现象,初中辍学率为0.29%,达到省政府辍学率控制在1.8%以内的要求。新建渭南初级中学9月1日开学。

【普通高中】　瀵山中学、白水中学创建成省级示范高中,蒲城县桥山中学、临渭区陇海中学创建成省级标准化高中。经开区新建渭南中学开学使用。2014年高考,全市“一批本科”线以上初录比2013年增加111人,文、理两科类各批次初录总人数继续处于全省前列。

【职业教育、成人和民办教育】　市政府印发中等职业教育整合实施意见,提出“1155”布局规划。市人大常委会对各县市区政府落实民办教育惠民政策情况进行专项检查。市教育局召开民办教育改革发展工作座谈会,组织52名省、市教学能手到民办学校交流开展“名师民校行”活动。

【教育改革】　实施“大学区”制改革,全市义务段共建立大学区128个,涉及中小学校1300所,有效促进教育资源均衡。国家教育体制改革领导小组办公室发简报《陕西渭南探索大学区制，促进区域教育均衡发展》(〔2014〕第33期，精选刊第63期)，省委书记赵正永在简报上做了批示。实施教师校长交流轮岗，省委改革办发简报《渭南多措并举激活教师校长交流轮岗工作》(第68期，总第68期)。

【“双高双普”创建】 合阳县通过国家义务教育发展基本均衡县评估认定，韩城市通过省级“双高双普”及义务教育均衡发展市验收，华阴市、白水县、潼关县先后通过市级评估验收。

6月，合阳县通过国家义务教育均衡发展合格县验收。图为国家验收组成员深入坊镇西青小学实地检查。

【教师队伍建设】 举办第30个教师节晚会，评选表彰5类245名各类优秀教师，出版7册562篇《我的育人故事》。组建省级教学能手工作站178个，集中培训教师907人，远程培训教师14000人，66场“送教下乡”专题报告5000多名教师受益。录制13集“阳光体操”教师风采展示片在渭南电视台播放，成立渭南教职工艺术团。

【校长队伍建设】 实施“提升千名校长，建设教育强市”战略，培训223名初中校长，启动为期两年40名“精英校长”培训计划。

【营养改善计划试点】 营养改善计划实施学校1063所，惠及学生34.4万名，补助资金近2.8亿元。61857名幼儿享受学前一年免保教费政策，12333名家庭经济困难幼儿享受生活补助费。

【学生资助】 高中贫困学生国家助学资助学生81797人，约占全市高中在校生63.66%。24617名中职学生享受了“免费入学”政策，中职助学金4270名学生受益。4511名大中专院校和中职学校家庭经济困难学生获得每月30元生活补助。

【表彰奖励】 渭南初级中学石克礼、临渭区南塘小学郗莉(女)获全国模范教师，受到习近平总书记等中央领导亲切接见。

9月9日，习近平总书记在表彰会前同全国模范教师、临渭区南塘小学校长郗莉亲切握手。

(李 涛)

渭南师范学院

党委书记 张金安
院　　长 丁德科
副 书 记 赵伏友
副 院 长 王君龙 程书强 李海龙
纪委书记 任 健

【学院概况】 渭南师范学院位于陕西省渭南市临渭区，是一所以教师教育为主要特色的多科性普通本科高等院校。学校共有朝阳小区、西岳校区、汉马校区三个校区，总占地66.67公顷。学校先后获“全国艺术教育先进单位”“全国语言文字工作先进单位”“全国语言文字规范化示范校”“陕西省最佳单位”“陕西省先进集体”“省级文明校园”“省级园林式单位”等称号。

【历史沿革】 学校肇始于1923年中国共产党陕西党团组织创始人之一、著名教育家王尚德创立的赤水职业学校，及之后“抗大式”的赤水农业职业学校。学校先后经历了原渭南师范学院、陕西师范大学渭南专修科、渭南师范专科学校三个时期。2000年，经教育部批准，渭南师范专科学校与1983年创立的渭南教育学院合并为本科层次的渭南师范学院。

【办学条件】 校园建筑面积65万平方米。现代化教学科研仪器设备价值1.5亿元，馆藏图书189万册，电子图书38万册，中外文数据库17个，《渭南师范学院学报》是全国高校优秀社科期刊，“司马迁与《史记》研究”是教育部高校哲学社会科学学报名栏建设栏目，数字资源实现学科全覆盖。学校通过建设综合实训大楼，将进一步提高办学条件。

【学科建设】 学科涵盖经济学、法学、教育学、文学、历史学、理学、工学、管理学、艺术学、农学等10个门类，59个本科专业。有中国语言文学、基础数学、产业经济学等省级重点(特色)学科，有马克思主义、教育学、英语语言文学、音乐与舞蹈学、美术学、戏剧与影视学、化学、生物学、物理学等特色学科。具有学士学位授予权，并与其他院校合作培养硕士、博士研究生。

【师资队伍】 学院共有教职工1300余人，教授、研究员等高级职称教师109人，副教授303人，博士学历教师139人。主干学科教师中硕士、博士分别占教师总数的66.90%和23.97%。聘请著名工程与技术科学基础学科专家、中国工程院院士李焯芬教授任名誉院长，聘请的院士有工程与技术科学基础学科专家李焯芬、气象学家秦大河、材料化学专家邢球痕，英籍华人经济学家姚树洁教授，史记学家张大可教授、国防经济学家果增明教授等。有国家和省部级科技进步奖和科学技术奖获得者、国家和省部级有突出贡献专家、享受政府特殊津贴专家、享受“三秦人才”津贴专家、“渭华学者”专家、博士生导师、省级“三五”人才和省级教学名师。

【人才培养】 下设12个二级学院，面向全国招生，在校学生17000余人。本科教学工程成绩突出，建设有国家级专业综合改革试点项目，国家级教师教育精品资源共享课程，国家级特色专业和省级特色专业，省级精品资源共享课程，省级精品课程、双语教学示范课程，省级人才培养模式创新实验区、实验教学示范中心和教学团队，省级大学生校外实践教学基地。设立“大学生创新创业计划项目”，并设有“大学生创业创新校长奖”等。坚持实施“青年马克思主义者”培养工程，建有“刘志丹习仲勋关中东部早期革命活动纪念馆”“科学馆”“河洛文化展览馆”等校内爱国主义教育基地，不断提高人才培养质量。

【科学研究】 科研实力显著提高，特色不断凸显。建有陕西省院士专家工作站，建设有“陕西省多河流湿地生态环境重点实验室”“陕西省X射线检测与应用研究开发中心”“陕西省军民融合产业发展研究院”等3个省级科研平台。科研机构27个。科研立项数目与经费显著增长，各类科研立项300余项，科研经费600余万元。承担国家自然科学基金项目4项、国家社科基金项目3项，省部级项目101项、各类厅局级项目293项。科研成果逐年递增，获省部级以上科研奖励4项。在保持基础理论研究优势的同时，特色研究、前沿研究、高技术应用研究的优势开始形成。

【国际交流】 积极拓展对外交流合作业务，先后与美国、英国、澳大利亚、新西兰、韩国、俄罗斯、白俄罗斯和中国台湾等国家和地区的高等教育机构签署教育合作交流协议，开展学生互派、教师出访、英语培训、合作科研等交流合作项目，对外合作交流格局已经形成。与西安韩国中小企业支援中心签署合作备忘录，支援中心将为学生在韩资企业就业提供帮助和支持。与澳大利亚巴拉瑞特大学（联邦大学）、英国南安普顿索伦特大学、美国俄亥俄州立大学、白俄罗斯国立师范大学、韩国顺天乡大学、同德女子大学、培材大学、大邱韩医大学、台湾朝阳科技大学、昆山科技大学和首府大学等10所大学签署合作协议。学院共有港澳台高校交换生和韩国、泰国等国家留学生60余人。

【社会服务】 重视服务社会建设，建设有陕西省马克思主义大众化普及基地、陕西省人文社会科学重点研究基地秦东历史文化研究中心、中国史记研究院、西部军民融合技术产业发展研究院、陕西省县域知识产权发展研究中心、陕西省X射线检测与应用研究开发中心、陕西省低碳醇催化工程中心、陕西省多河流域生态环境重点实验室、陕西省大秦岭文化艺术研究中心、陕西省地方戏剧研究中心、陕西省中国钢琴与中国文化研究中心、陕西省西部民间音乐舞蹈研究中心等11个省级科学研究平台和14个产学研平台。与中国史记研究院、中国史记研究展览馆、中国史记研究网、司马迁与史记研究特色电子文库等，形成面向全国的基础性、引领性和服务性的“史记学”研究阵地。

【人才培养】 截至2014年，学校为国家培养输送了7万余名合格人才。有开国上将张宗逊、两次领导解放渭南的权秉华等革命先辈；有国务委员、中央军委委员、国防部长常万全上将和国家工商总局原副局长韩新民等中高级干部；山东大学教授仵从巨、中国人民大学教授杨保军等；全国“五一”劳动奖章获得者吴海洋、中国教育年度人物邓健、全国模范教师郗莉、陕西省师德标兵田江寿等优秀中小学教师；有无锡日联科技有限公司董事长刘骏、西安鼎立高压电器制造有限公司董事长赵渭鹏等。

【发展目标】 落实立德树人的根本任务，以人才培养质量为核心；提升科研创新和转化能力，传承和弘扬渭华照金精神；着力内涵发展，培育特色优势，服务基层社会；提高办学层次，构建现代大学治理体系，努力建设“特色鲜明的地方师范大学”。

（发展规划处）

陕西铁路工程职业技术学院

陕西铁路工程职业技术学院

党委书记	王　晖
院长、党委副书记	王长友
党委副书记	车绪武
党委副书记、纪委书记	杨云峰
副院长	王　闯　焦胜军　李林军

【学院概况】 陕西铁路工程职业技术学院创办于1973年，前身是铁道部渭南铁路工程学校，为中国西北地区唯一一所公办铁路工程类高等职业技术学院。学院占地面积70公顷。有全日制在校学生1.3万余人，开设专业33个，设有八系四部。学院是教育部高职高专院校人才培养工作水平评估优秀院校、陕西省首批示范性高职院校立项建设单位、国家骨干高职院校。先后荣获“全国精神文明建设工作先进单

位”“首届全国高职院校就业星级示范校”“全国职业院校就业竞争力示范校”“全国职业院校魅力校园”“全国高职高专院校科研工作先进单位”“首批国家级示范职业技能鉴定所(站)”“全国高校校园文化成果三等奖”“陕西省创先争优先进基层党组织”“陕西省文明校园”“陕西省平安校园”“陕西省依法治校示范校”等称号。

【国家骨干高职院校验收】 2010年11月30日,学院被确定为“国家示范性高等职业院校建设计划”骨干高职院校立项建设单位,建设时间三年。三年来,学院依托铁路行业,依靠地方政府,创新形成了“五位一体、四级对接”的校企合作运行体制机制;以专业建设为核心,建设了4个具有鲜明特色、适应铁路和地方发展需要的示范专业,建成了具有真实或仿真模拟的土建类专业测绘综合实训基地和工程项目施工仿真综合教学平台,全面完成了建设方案,项目建设成效得到了评审专家的一致好评和业界同行的普遍赞誉。2014年7月11日,教育部、财政部联合发文,学院以“良好”等级顺利通过验收。

【党建工作】 深入学习贯彻党的十八大、十八届三中、四中全会精神和习近平总书记系列重要讲话精神,坚持制度化、经常化的党委中心组学习活动,坚持领导班子院情通报会、领导带班值周、接待日、参加双重组织生活会、“六个一”联系制度和听课制度。积极开展群众路线教育实践活动整改落实,对师生提出的意见和建议,逐条分析和研究,制定措施,限期整改。完成机构调整和干部换届工作,新选拔处级干部8名、科级干部16名;完成14个党总支、58个党支部换届工作。加强党员培养工作,培训入党积极分子1498名,发展党员490名;对全院14名党总支书记和58名党支部书记进行了党建知识培训,举办了青年教师党员延安政治培训班。

【教育教学工作】 制定了学院《中期专业建设与发展规划》,新增专业3个,其中,中央财政重点支持建设专业5个,省级重点专业7个;深化课程教学改革,31门课程、75个教学班开展项目化教学,92门课程、344个班级开展课程考核方式改革,1门课程转型升级为国家级精品资源共享课程,2个项目获得职业教育国家级教学成果奖二等奖;加强实践教学体系建设,新建校内实训基地2个,改扩建8个,高速铁路隧道实训基地二期建设和高铁电气化接触网实训基地建设完成并投入教学使用;学院与中国中铁一局集团桥梁工程有限公司共建“校中厂”“试验检测中心”和“物资经营中心”。

【教师队伍建设】 2014年引进高级工程师2人,招聘专业教师25人;积极组织专题培训、师德报告会,开展教师培训492人次,组织教师下现场锻炼131人次;大力推进双师结构教师队伍建设,22名教师被确定为双师型教师,双师素质教师比例达91.8%。学院获得“全国职业教育先进个人”称号1人,1名教师被评为全国优秀教师,3名教师被评为全国职业教育轨道交通行业名师,1名教师被评为陕西省教学名师,2名教师在陕西省青年教师教学比赛中获三等奖,2人受到全省高教系统“七一”表彰,2人入选渭南市“百人科技人才计划”。

【科学研究】 全年立项省级以上课题8个,学院科研立项61项;完成陕西省科技厅项目和陕西省教育厅科研专项申报项目7项;横向科研合作和科技服务平台建设取得重大进展,成立了“高性能混凝土研究中心”“BIM技术应用研究中心”和“装饰工作室”等科技服务平台,“国家级企业技术研发基地”和“陕西省重点科技创新团队研发基地”落地学院，获得企业科研经费支持208万元。全院教师共发表各类论文232篇，其中SCI收录7篇、EI收录4篇，CSCD收录15篇，中文核心期刊34篇，主编教材和讲义37部，论文质量进一步提高。

【素质教育与校园文化建设】 深入开展“党建进公寓”“青春榜样”评选、学习窦铁成先进事迹等活动；做好助学济困工作，全年共发放“奖、贷、助、补、减”资金2021万元，安排勤工助学岗位272个，评选出校友爱心奖学金21人；选拔测量实践能力较强的学生组建“精测班”“铁成班”；选派学生积极参加国家级、省级各类技能竞赛，共获得国家级奖项24项，省级奖项18项。社会主义核心价值观教育主阵地“窦铁成事迹展览馆”“铁路发展史馆”建成并投入使用；校园文化建设成果《弘扬铁成精神铸就青春梦想——“铁成精神进校园”活动纪实》获2014年陕西省高校校园文化建设优秀成果一等奖，实现省级一等奖“六连冠”。

【招生与就业】 2014年，在全国25个省、市、自治区共录取新生4050人，其中自主招生录取1124人，录取计划完成率100%。录取分数较往年有较大提升，二本分数线以上80人，理工类最高分492分，三本线以上1507人，占录取人数的69.45%；文史类最高分519分，最低分高出三本线53分，生源质量进一步提高。积极拓宽就业市场，不断加强对学生就业指导和教育，就业率连创新高，就业质量不断提高。2014届毕业生3878人，一次性就业3844人，就业率99.12%；学生就业岗位对口率94.8%，毕业生初次就业薪资平均超过2500元，学生满意度超过95%，用人单位满意度达98.8%。

【校企合作与技术服务】 依托铁路建筑职教集团和校企合作办学理事会，切实贯彻“四级对接”的校企合作运行机制。学院与西安铁路局、中铁航空港集团一公司等企业合作共建了铁道信号实训工区和接触网实训工区，与中铁一局桥梁有限公司等企业合作共建了试验检测中心、BIM技术应用研究中心；为中铁十四局集团一公司、西安铁路局等多家企业开设订单班12个，订单培养学生546人。为中国中铁、中国铁建下属企业员工进行培训，开展土建专业基本技能培训1932人次。面向企业开展BIM技术应用研究、技术咨询、技术开发等技术服务工作，承接BIM技术应用研究及咨询服务项目8项，技术服务总额达408万元。

（孟　森）

渭南职业技术学院

渭南职业技术学院

党委书记	雷民康
党委副书记、院长	李　明
党委副书记、纪检书记	李玉民
党委副书记、工会主席	周忠民
副院长	杨兰仓　刘新淼　林　宏
总会计师	杨宇清

【学院概况】 渭南职业技术学院是一所具有百年办学历史的公办全日制高等职业院校。学院位于渭南国家级高新技术产业开发区，占地面积59万平方米，建筑面积32万平方米。在校生近万名；教职工910人（其中正高级职称50人，副高级职称257人，博士35人，硕士188人）；教学用计算机1079台；馆藏图书83万册；各类职业技能鉴定站和各种等级考试考点5个；继续教育学习中心4个；市农产品食品检

验检测和研究中心1个;附属医院1个;校内实验实训室91个,校外实习基地132个;省级科普教育基地1个(中药标本馆);省级示范实训基地2个(中药、畜牧兽医实训基地)。

【学院荣誉】 学院为国家级"节约型公共机构示范单位"、省级"文明校园"、市级"文明单位"、全省教育系统"精神文明建设先进单位"、陕西省"教育信息化试点单位""阳光体育运动合格学校"。2014年,省政府批准学院办学为万人规模。公共艺术教育工作通过省教育厅评估,授予渭南市"卫生示范学校";附属医院治未病中心被国家中医药管理局确定为建设试点单位;护理学院获得"陕西省师德先进集体"荣誉;学院通过全国文明单位创建验收,并获得"全国文明单位"称号。全国人大常委会副委员长、农工党中央主席陈竺视察学院后亲笔题词:"弘扬祖国医学文化,促进中医事业发展"。

【专业建设】 学院下设11个教学单位。三年制大专开设护理、中药、助产、中医学、针灸推拿、初等教育、英语教育、学前教育、畜牧兽医、宠物养护与疫病防治、园艺技术、食品生物技术、食品营养与检测、营销与策划、旅游管理、财务管理、电子商务、会计、汽车检测与维修技术、汽车技术服务与营销、计算机应用技术、建筑工程技术、建筑工程管理、建筑电气工程技术、工程测量与监理、工程造价等26个专业;五年制大专开设护理、中药、助产、学前教育、畜牧兽医、建筑工程技术、汽车检测与维修技术等7个专业;中职教育开设畜牧兽医1个专业。其中,中药、护理、畜牧兽医、中医学、学前教育为省级重点专业。2014年,畜牧兽医专业批准为省高等职业院校"专业综合改革试点"项目,新增生物制药技术、安全技术管理2个三年制高职专业。

【科学研究】 学院成立有两级学术委员会、科学技术协会、教师发展中心,自办刊物《渭南职业技术学院学报》。2014年,教育部科研项目1项、省"十二五"教育科学规划项目4项、市重大项目1项、市科技计划项目3项立项,22项院级科研项目结题,219项科研成果获奖(其中省、市级12项)。举办学术报告50余场,国内外交流10余起。

【校园文化】 学院扎实开展党的群众路线教育实践活动,充分发挥示范引领、文化育人功能,不断提高精神文明建设和校园文化建设水平。2014年,刊发《渭南职业技术学院校友通讯》4期;编印校史5卷本;成功举办第五届校园文化艺术节、第四届科技月活动、2014年春季田径运动会、"我的中国梦——奋斗的青春最美丽"主题分享活动、渭南书画摄影家进校园座谈会、渭南市第三届大学生"十佳歌手"暨"校园达人"大赛决赛等大型活动。全年有26名教师、16名学生参加十余项国家级、省级竞赛,共获得团体奖2个,个人一等奖1个、二等奖4个、三等奖19个、优秀奖6个。

【社会服务】 学院为渭南职业教育集团龙头单位,全省成人继续教育社区教育培训基地、渭南市中等职业学校师资培训基地、渭南市全科医生培训中心、渭南市骨干人才培训基地。2014年,举办"幼师国培"——陕西省公(民)办幼儿园园长高级研修班6期,渭南市药品零售企业从业药师培训3期,渭南市新录用公务员培训1次,渭南市小学及幼儿园教师资格教育基础理论知识培训1次,渭南市蔬菜专业技术人员培训1次,宠物实验室诊断技术培训会1次;成立校企合作工作指导委员会、校企合作处,加强与企业的联系。

【招生就业】 学院面向全国13个省(市、

自治区）招生，设有学生资助中心、就业指导中心，与江苏雨润集团、北京大学第三医院、陕西省人民医院、西京医院、中海亲颐现代养老服务中心、中江之旅酒店管理公司等全国各地用人单位建立了广泛联系，拥有相对稳定的实习就业基地。2014 年，学院招生 3053 人，毕业 1659 人，毕业生年底综合就业率为 97.8%。

（张民锋）

渭南技师学院

渭南技师学院

党委书记　姚双年

党委副书记、院长　曲志勇

党委副书记　李东旺

副院长　杨　平　雷力斌

工会主席　胡忠民

【概况】　渭南技师学院隶属渭南市人民政府，有着 38 年的办学历史。开设数控技术、机械加工、机电设备安装与维修等专业。先后获全国职业教育先进单位、国家技能人才培育工作突出贡献单位、国家高技能人才培训基地、省级示范性中职学校、省中职学校共青团工作示范学校、省级文明校园、省级平安校园等荣誉。是国家中等职业教育改革发展示范学校建设单位。学院注重内涵建设，强化技能培养，突出职教特色。通过大赛引领、项目推动、校企合作、师资建设四大抓手，推动学院发展。

【教学改革】　2012 年，学院被教育部、人社部、财政部联合确立为全国中等职业教育发展改革示范校建设单位，2014 年是示范校建设的验收之年。通过近两年的建设，共完成了数控、机电、电子三个重点专业建设和数字化校园、校园文化两个特色项目的全部任务。在建设过程中，学院先后深入 70 余家企业和学校开展调研，制定了数控、机电、电子三个重点专业人才培养方案，构建起 52 门课程的教学标准，配套开发 26 门适合职院学生特点的校本教材和教学资源包，新建 2 号实训基地，组建 35 个理实一体化教学实训室。8 月顺利通过国家示范校省级专家组的评估和验收。

【人才培养】　学院以国家示范校为发展契机，加强人才培养，强化师资队伍建设。先后引进 26 名研究生充实教育一线，邀请 28 名专家、学者、技术骨干为客座教授，选派 60 余人次赴意大利、新加坡、德国等国家学习，获取前沿专业知识，安排 80 余人次到企业参加实践，加强“双师型”队伍建设。同时，在中青年教师中开展了“师德师风”“教学设计”“教案评比”“互听互评”等一系列师资培训建设活动。师生在 2014 全省职业技能大赛中取得 10 个一等奖、5 个二等奖、15 个三等奖的好成绩。4 名学生的创意设计作品在团中央、教育部组织的 2014 年“挑战杯”全国职业学校创新创效创业大赛中获得二等奖和优秀奖的好成绩。在第六届全国数控技能大赛陕西赛区比赛中，学院获最佳组织单位，6 名师生获得陕西省技术能手称号，3 名学生代表陕西省参加全国比赛并获得好成绩。

【素质教育】　学院制定下发《深入开展“争做文明渭南人”主题实践活动实施方案》《巩固提升省级文明城市工作实施方案》《创建国家公共文化服务体系示范区实施方案》等文件。利用专栏、橱窗、墙报、校园广播等宣传阵地，向广大师生宣传创卫知识、卫生常识、创建文明城市知识、环境保护知识等内容。开展“我为创建做贡献”手抄报展、“文明在校园，榜样在身边”主题征文、校园歌手大赛、全民健身挑战日等活动。组织 1000 余名学生参与渭南市第十二届运动会开幕式表演，被授予

"突出贡献单位",组织学院青年志愿者服务队,开展植绿护绿、义务捡拾垃圾、交通安全劝导等志愿服务活动。

【校企合作】 学院连续4年承办陕西省数控技能大赛,承办了第六届全国数控技能大赛陕西赛区选拔赛、陕西科技大学中职师资"专业带头人专业建设"国培计划、渭南市2014年中职学校教学设计大赛、市人社局农民工培训等各类培训,承担社会考试万余人。举办校企合作洽谈会,与福建奔驰、中联重科、西部重工、陕煤集团、西飞铝业、陕西重汽、延长壳牌、中冶陕压等企业强强联手,开展"订单式"培养,促进当地就业,服务区域经济发展。

科学技术

渭南市科学技术局

局　　长　张向民

副 局 长　李立新　周宝元　段作鹏

纪检组长　马　娟

【概述】 全市共有科技机构21家,其中市属科学研究与技术开发机构4家,科学信息与文献机构1家,县属研究与开发机构16家。科技机构共有从业人员971人,从事科技活动人员783人。机构承担各类课题21项,课题经费内部支出1085万元;其中R&D课题6项,R&D经费内部支出50.5万元;发表科技论文14篇。

【科技创新大会】 8月26日,全市召开科技创新大会,印发了《中共渭南市委渭南市人民政府关于建设创新型渭南的若干意见》和《渭南市人民政府关于印发创新型渭南建设工作方案的通知》两个文件,确定了创新型渭南建设的奋斗目标和重点任务,明确了相关单位和部门责任。"科技创新引领、创新主体培育、产业转型升级、园区基地创新发展、创新型市县建设"等五大科技统筹创新工程全面启动实施。省科技厅厅长李明远、市委书记徐新荣、市长奚正平等市上领导出席。会议表彰了23项2013年度渭南市科学技术奖,韩城市和蒲城县2家知识产权强县,陕西北人印刷机械有限责任公司等10家专利优势企业,陕西省科学技术厅厅长李明远为陕西增材制造(3D打印)协同创新研究院、渭南市人民政府市长奚正平为渭南市科技资源统筹中心分别进行了授牌。

【科技计划】 制定了《渭南市科技发展项目绩效评价办法》(渭科发〔2014〕48号)《渭南市科技发展项目资金管理暂行办法》(渭财发〔2014〕84号),进一步规范了市级科技计划项目管理。2014年共安排市级科技计划项目131项,资金4420万元,重点支持了3D打印科技企业孵化器建设及相关技术的研发。争取部省各类科技计划项目61项,资金2470万元。韩城市为陕西省第一批创新型县市试点。

【增材制造(3D打印)】 9月25日,全国"增材制造与生物医疗器械产业化推进会"在渭南召开,全国人大常委会副委员长陈竺出席,工业和信息化部党组副书记、副部长苏波出席会议。3D打印科技企业孵化器建成投入使用,陕西增材制造研究院有限责任公司、陕西路通精密科技有限公司、渭南鼎信创新智造科技有限公司、陕西神州德信医学成像有限公司等科技型企业入驻。

【科技和金融结合】 8月6日,国家发改委和财政部正式批复国内第一支总规模达2.5亿元的3D打印创投基金—陕西省3D打印创业投资基金,该基金主要用于3D打印全产业链应用行业,由中时鼎诚投资有限公司负责基金的使用管理。9月17日,中国证监会发审会上陕西黑猫焦化获批发行,11 月 5 日陕西黑猫(601015)首次公开发行 1.2 亿股股票在上交所上市流通。12 月 3 日,全省科技金融结合培训会在渭南召开,全省 10 市科技局代表、渭南各县市区科技局负责人及相关企业 100 余人参会,省科技厅副厅长林黎明出席。

【高新技术企业】 2014 年度新认定和复审高新技术企业 10 家,其中新增 4 家,分别是渭南大东印刷包装机械有限公司、陕西纽兰德实业有限公司、渭南正奇印刷包装机械有限公司和陕西省蒲城美尔果农化有限责任公司。截至 2014 年底全市高新技术企业累计达到 28 家。组织全市 27 家企业和 2 个创新团队参加首届"长安银行杯"全省科技创新创业大赛暨第三届中国创新创业大赛,陕西绿盾生物制品有限责任公司、陕西渭南神州德信医学成像技术有限公司、澄城县澄石种猪有限公司 3 家企业成功晋级全省先进制造和生物医药决赛行列。

【工程技术研究中心】 渭南市工程技术研究中心认定工作持续推进,批准组建第二批工程技术研究中心 11 家,累计批准组建工程技术研究中心 27 家,首批 8 家工程技术研究中心已通过验收。陕西省包装印刷机械工程技术研究中心在 2014 年度省级工程技术研究中心评估中获得良好成绩。

【科技资源统筹中心】 4 月 2 日,市编委批复组建渭南市科技资源统筹中心,中心内设综合服务部、园区建设部、科技金融服务部、技术交易中心和科技信息与资源共享部 5 个部门。该中心可为社会提供资源共享、产权交易、投资融资、成果转化、技术咨询等一体化科技服务。12 月 25 日,渭南市科技资源统筹中心在高新区科技企业孵化器正式启动运营。

【大荔模式】 积极推进标准化、品牌化服务,加大"田生金"生产标准和"香荔乡情"产品标准的推广力度,强化农副产品质量安全可追溯体系建设。制定了渭南首个以地方标准发布实施的农技服务规范——大荔模式农技服务建设规范。设计制作了以"渭南市大荔模式的实践与探索"为主题的宣传片和宣传画册。全市共建设镇配送中心 130 个,大荔模式实现全市镇全覆盖。10 月 10 日,全国政协常委、提案委副主任、九三学社中央副主席赖明带领由农业部、科技部、发改委、食药委十余名专家组成的调研组来渭调研大荔模式。

【农业科技】 全年建设省级千人千社示范县 3 个,市级百人百社行动示范县 2 个,涉及参与合作社(涉农企业)110 个。澄城、韩城农业科技园区被省科技厅命名为首批省级农业科技园区。渭南创业基地和渭南创业培训基地分别被科技部和省科技厅确定为第一批国家级和省级科技特派员创业基地和创业培训基地。设施蔬菜创业基地被省科技厅命名为第一批省级科技特派员创业基地,柿子产业科技特派员创业链被省科技厅认定为省级科技特派员创业链。56 名科技特派员被省科技厅认定为首批省级科技特派员,31 家法人科技特派员被认定为首批省级法人科技特派员。开展了边远贫困地区、民族地区和革命老区等"三区人才"选派培养有关工作,下派专家 75 名,受培人员 10 名。

【校地合作】 邀请西安交大、轻工业西安机械设计研究院等高校院所专家和东大门智库专家深入渭南市企业,开展技术难题指导和科技调研服务。积极帮助陕西蓝智机器人、韩城华龙等多家企业对接专家,引进技术。协助卤阳湖管委会,深入长安大学、西安理工大学寻求技术支撑和项目策划建议,推动卤阳湖湿地恢复治理工作。促成陕西工业技术研究院科技成果推广基地落户卤阳湖;西北农林科技大学"蒲城酥梨研发示范中心”落户蒲城县，借助中国农业科学院奶山羊研究办公室主任曹斌云和西北农林科技大学合作平台，促成西北农林科技大学、富平县人民政府、陕西省乳品工业协会等单位开展合作，于10月18日至20日在富平县召开了“中国奶山羊健康养殖与羊奶加工国际研讨会暨中国羊乳之都命名大会”。

【百名科技人才】 积极实施市委“三个百人计划”，在渭南市工业、农业、医疗卫生、基础研究与基础教育等领域，评选首批54名百名科技人才，开展了百名科技人才需求调研。组织科技人才分赴蒲城、大荔工业园区进行考察调研活动，在市级科技计划项目中，启动设立重点创新团队计划，支持优秀青年科技人才承担项目。

【科技成果】 2月份，组织人员深入县市分片区召开了5场次技术合同认定登记的工作培训会，全年登记科技成果42项。全年登记各类技术合同72项，合同成交总额11495万元。推荐15个项目参评2014年省科学技术奖，5项科技成果获2014年度陕西省科学技术奖。由富平县植保植检站完成的“关中东部小麦吸浆虫综合防控技术研究与示范推广”、陕煤韩城矿业有限公司和中国矿业大学共同完成的“高瓦斯突出煤层群瓦斯灾害治理关键技术研究”获省科学技术二等奖。陕西合阳风动工具有限责任公司完成的低功耗低噪音齿轮式FQW25－35/CK矿用风动潜水泵的研制、陕西科学院渭南科技示范基地完成的陕西科学院渭南科技示范基地建设等22项科技成果获2014年度渭南市科学技术奖。

【知识产权】 2014年渭南市共申请专利1882件，其中，发明378件，实用新型644件，外观设计860件。2014年，专利授权量684件，其中，发明125件，实用新型358件，外观设计201件。全市40家科技企业的专利产值达49亿元。开展知识产权执法维权“护航”专项行动8次，检查超市、药店等单位23家，查出假冒专利商品54件。

【科技宣传】 利用“三一五”“四二六”“一二·四”、科技之春宣传月“科技、文化、卫生”三下乡活动、专利执法等活动开展科技宣传，并发放宣传资料，接受群众现场咨询。在《渭南日报》、渭南电视台开展了向人民报告工作。在渭南电视台开设了“相约科技”栏目，全年播出节目28期；渭南人民广播电台开设“创新渭南”栏目，年播出节目24期。全年在市科技信息网发布科技信息1017条；在市政府信息网站发布科技信息98条；在省科技厅网站发布信息72条，名列全省各市前列。

（王　彬）

文化广电新闻出版事业

渭南市文化广电新闻出版局

党委书记、局长　陈虎成
党委副书记　奚兴寿
纪委书记　魏国强
副局长　王　淳　雎泾治　唐雷鸣　李　军　李　光

【创建国家公共文化服务体系示范区】 创建国家公共文化服务体系示范区工作稳步推进。一是规划管理科学有序。制定了创建国家公共文化服务体系示范区《建设规划》《实施方案》和《考核方案》等规范性文件，为创建工作有序开展提供了时间表、路线图和任务书。建立了创建示范区领导小组联席会议制度、季测评制度、联络员制度、督察制度、制度设计成果资源共享制度、宣传信息评分制度、专项资金管理制度等一系列创建过程管理制度，形成了“党委政府统一领导、相关部门协同推进、社会各方广泛参与”的工作格局，对创建工作实行系统化、规范化、科学化的管理。二是创建宣传广泛深入。建立了“文化渭南”微信公众号、“渭南公共文化网”专题网站和“文化渭南”专题页面，常态宣传渭南创建工作动态，同时，户外广告、电子大屏、横幅标语等社会宣传随处可见，形成了“政府主导、媒体跟进、社会补充”立体式宣传创建工作的良好态势。国家公共文化网、《中国文化报》《陕西日报》《华商报》等中、省媒体，及时播发全市创建动态消息60余条。

【文化基础设施建设】　文化设施提档升级。渭南市文化艺术中心建成并投入使用，渭南文豪国际中心主体封顶，渭南市电影传媒大厦有序推进，渭南市图书馆已完成四项审批。韩城市文化艺术中心（国家二级馆）、合阳县文化中心和文化产业大厦、临渭区文化中心和图书馆改造工程正在实施。文化惠民工程惠及城乡。建成37个镇级“户户通”标准化服务站，完成广播电视“户户通”56997套。潼关县政府购买有线电视服务项目，在全省首创了“企业搭台演出、政府花钱买单、群众居家享受”的“信息惠民”工程新模式，全县90%以上自然村的村民，免费看到了数字电视。全市农村公益数字电影放映35877场次，超额完成35328场的年度目标任务，实现每个行政村每月演1场电影的目标，观影人数达到356万人次。全市市、县、镇、村四级公共文化设施实现100%免费开放。

【群众文化活动】　“一元剧场”演出1568场次、“四进”零距工程演出1079场次，“青春之梦”系列文化活动展演210余场次，精心组织了“四进零距·百姓之声”文艺精品展演月、庆祝建国65周年暨“一元剧场”精品剧目展演月和市民文化周等活动；在渭南大剧院上演了“一路风情嘉年华”“渭南·泰国风情文化节”、第七届陕西省艺术节开幕式、《月上贺兰》等10场大规模、高品位的文艺演出活动，让高雅艺术走进渭南，雅俗共赏，可口可乐。组织实施了文化部“春雨工程”，让渭南文化走进甘肃白银、走进宁夏银川，实现了区域文化互鉴共荣，提升了渭南文化的对外影响力。

【艺术精品创作】　2014年，创作了电视剧《白居易》、阿宫腔《云嫂》和秦腔现代戏《万盛园》《那年那月》《乡下女人》5部优秀剧本；秦腔现代戏《家园》参加了第七届陕西省艺术节开幕式演出；新创排《天国的百合花》《洽川人家》《金果梦》3部大型秦腔现代戏，《天国的百合花》《洽川人家》获第七届陕西省艺术节“优秀剧目奖”，《金果梦》获“剧目奖”，《天国的百合花》在中国第七届西北五省区秦腔艺术节汇演中获“优秀剧目奖”。复排《忠报国》《周仁回府》《窦娥冤》等20余部传统剧目，其中《忠报国》参加了文化部“春雨工程”，走进甘肃白银、宁夏银川交流演出，提升了渭南文化的对外影响力。渭南电视台拍摄的《百集非遗文化精品电视系列片》，全面呈现全市96个省级以上非物质文化遗产项目的艺术水平；秦腔现代戏《洽川人家》和广播剧《永远的老腔》《迟开的野山菊》获陕西省第十三届精神文明建设“五个一工程”优秀作品奖。

【非物质文化遗产保护】　仓颉传说、司马迁祭祀、富平石刻等3个非物质文化遗产项目入选第四批国家级非物质文化遗产代表性项目名录；王文琪等14人入选第四批省级非遗项目代表性传承人名录，韩文学等88人入选第三批市级非遗项目代表性传承人名录；蒲城县走马戏曲艺演唱团等7个单位入选陕西省第二批非遗项目传承单位。组织开展了全国第九个“文化遗产日”渭南非物质文化遗产系列宣传活动，广泛宣传《陕西省非物质文化遗产条例》。完成了《渭南市非物质文化遗产名录图典》《阿宫腔曲牌》的编辑出版；制作完成经典剧目《白玉钿》《天仙配》华县皮影戏。

【文化产业】 争取省级财政专项资金330万元，引导扶持6个文化产业重点项目。命名表彰富平古石刻保护研究中心等5个市级文化产业示范基地。组团参加第七届中国西部文化产业博览会，成功签约3个项目，引进资金3亿元，并获“优秀组织奖”和“最佳展示奖”两项大奖。

【广播电视宣传】 一是主题报道有声有色。以宣传好市委、市政府中心工作为着力点，唱响主旋律，传递正能量。先后策划开设《渭南标杆》《践行群众路线好榜样》《创建文明城市我支持我参与》《省两会传真》《聚焦西洽会》等30多个专栏，对《渭南市首届“最美渭南人”颁奖典礼》《渭南市第三届十大孝子十大助老楷模表彰颁奖大会》《渭南市第十二届运动会开幕式》《市人大常委会专题询问评议》等重大活动进行了现场直播。二是舆论监督持续发力。大型电视问政直播节目《百姓问政》完成直播23期，700多名观众走进演播室，接到场外观众热线300余条，短片曝光问题及观众提问150条，网络意见建议200余条，问题回复率100%，解决率达90%以上；《渭南新闻》对于全市的重大活动等都配发评论员文章或记者短评；《东秦百姓》紧紧围绕普通百姓关心的热点、难点、焦点问题进行报道，全年播出监督报道300余条，问题解决率达到70%以上；《环境热线》重点推出了《争做文明渭南人》《践行群众路线，建设美丽乡村》《渭南表情》等主题报道，直播节目389期，接听群众热线1365条，通过采访、督办、连线等方式为群众解决实际问题1343条。三是对外宣传成绩突出。渭南电视台和渭南人民广播电台被中央台采用稿件27件，省台采用586件，中、省获奖稿件34件，分别名列全省各市第二、第三名。

【文化市场管理】 一是“扫黄打非”成绩显著。以“清源”“秋风”“净网”“剑网”专项行动为重点，以查办案件为突破口，扎实开展“扫黄打非”工作，成功侦破了全国挂牌督办的渭南“八一五”新闻敲诈勒索案，抓获涉案嫌疑人8人，涉案金额达8.74万元。二是文化市场综合执法常态监督。以“平安文化市场建设”为目标，强化综合执法，全面推行“文化市场技术监管与服务平台”应用，综合运用行政、法律和技术手段，积极开展文化市场专项整治活动。2014年，全市共出动检查人员2900人次，检查各类经营场所1400余次，取缔黑网吧12家、黑游戏厅13家、游商地摊22家，关闭游戏娱乐场所8家，停业整顿游戏厅6家、歌厅19家，有效纠正文化市场违规经营行为，保障文化市场有序健康运行。

【文化体制改革】 一是科学编制文化建设规划。在渭南市“十二五”总体规划的基础上，编制了《渭南市中心城市文化事业文化产业建设规划》，已经市规划委员会评审批复。二是制定文化体制改革相关政策。完成了《关于进一步深化文化体制改革的意见》《市文广局深化文化体制改革实施方案》和《关于加快推进文化与旅游科技金融融合发展的意见》等文件，为全市文化发展提供了科学的政策支撑。三是完成国有文化企业移交任务。按照统一安排，将9家文化企业移交市国资委管理。

【渭南嘉和美术馆】 渭南嘉和美术馆新馆位于三贤路市文化艺术中心。前身为嘉和画廊，2006年成立并开放，2013年更名为渭南嘉和美术馆。建筑面积2000平方米，内设大型展厅、创作室、交流室、公共教育部、收藏品研究部等多个区域，其中展厅面积1300平方米，可同时展出百余幅作品。渭南嘉和美术馆作为渭南第一家大型民营公益美术馆，积极致力于文化艺术交流活动，弘扬传统文化，推动当代艺术创新发展，为渭南市创建国家公共文化服务体系示范区发挥了重要作用，该馆是渭南市文化产业示范基地、“西安美术学院美术教育系创作基地”“西安美术馆学院教育系学生实习基地”“西安美术学院美术教育系美术教育工作者培训基地”“黄土画派写生基地”，多次被评为“公共文化服务工作先进单位”“创建工作先进单位”“文化产业工作先进单位”。自开馆以来，多次举办全市大型艺术展览、外省市联合展览、巡展活动，2014年全年累计举办展览25次，接纳观展人数3万余人。

（唐 冲）

文物博物

渭南市文物旅游局

书　　记 成江海（2月退二线）
霍文军（2月任职）

局　　长 李东平（2月离任）
霍文军（2月任职）

副 局 长 张　泽　习黎光
刘　煜　郭向东

纪检组长 郭雅文

【概述】 全市有不可移动文物点3697处，古遗址1207处，古墓葬739处，古建筑1371处，石窟寺及石刻26处，近现代重要史迹及代表性建筑353处，其他1处。国家重点文物保护单位52处（59点），省级文物保护单位120处，县级文物保护单位488处。馆藏文物4万余件（组），其中一级文物75件（组），二级文物189件（组）。

渭南市文物旅游局内设办公室、规划建设科、文物科、博物馆科、行业管理科、执法与安全科、监察室7个科室，行政编制32人，实有工作人员36名（含工勤人员3名），局属下设渭南市文物保护考古研究所，有工作人员11人；渭南市文物旅游稽查支队，有工作人员8人。

【文物保护维修工程】 2014年文物保护维修工程开工14项，已竣工9项，总投资2633万元，完成投资2341万元。一是做好重点文物保护单位的抢救性维修和环境整治工程。主要包括华阴市关帝庙二期工程、大荔县丰图义仓边坡加固工程、蒲城唐泰陵南门华表修复工程、北门石刻扶正工程、南庙油漆保护工程、唐惠陵保护工程、高力士墓道保护工程等。二是做好文物保护单位维修项目的审核工作。对全市36个符合申报国家资金的项目，完善了申报资料，申报资金10222万元。组织各县市区按照省文物局要求，申报省级文物保护专项资金项目，上报26项，申报资金10710.79万元。

【传统村落保护】 对全市传统村落中的省级以上文保单位情况进行调查，及时将调查结果上报省文物局。同时，为合阳县坊镇灵泉村、富平县城关镇莲湖村、澄城县尧头镇尧头村3个村设定保护项目5大类121项，上报中央补助资金20601万元。

【文物保护管理规划】 统筹安排省级以上文保单位保护管理规划的编制工作。按照省文物局专题培训会的要求，对第一批36处文保单位保护管理规划制定工作进行了安排。各县市区先后与西北大学、渭南市城乡建设规划设计院签订了工作合同。第一批规划制定已经完成，通过了初审。同时，对全市剩余的100处省级以上文保单位的保护管理情况做了初步调查，并上报省文物局，为下一步工作开展奠定了基础。

【考古勘探和发掘】　一是加强基本建设用地的文物保护监管。市政府下发了《关于加强基本建设中的文物保护工作的通知》，对全市基本建设用地中的文物保护进行了职责和程序方面的规范。加强对基本建设用地区域的文物保护事项的审查，督促工程建设单位制定文物保护措施，实施文物调查和考古勘探及发掘工作。先后参与了澄合矿务局、蒲白矿务局 2×350w 低热值发电厂建设工程可研报告审查和澄城烟厂建设用地的审查工作，实地勘察了蒲城抽黄蓄水用地等提出了对牵涉文物保护点的保护意见。二是积极协调抢救性考古发掘工作及时开展。配合省考古研究院对富平县唐章陵进行考古调查、对宁西铁路建设工程涉及的华县东阳古墓群进行考古发掘，配合陕西省文物勘探公司对富平煤层气综合利用项目进行考古调查，协调省考古研究院对华阴市桃下村唐墓进行了清理。

【文物保护基础工作】　一是第六批省保、第七批国保单位的“四有”工作得到进一步完善。2014 年省政府公布了第六批省级文物保护单位，渭南市有 43 处名列其中。全市完成记录档案 27 份，对保护范围和建设控制地带再次予以勘定，并设立了部分界桩，白水、华阴、蒲城三县市更换了标志碑。二是对全市名人墓葬的道路标识牌情况进行调查。全市共有名人墓葬 29 处，仅有 5 处有标识牌。其中国家级文保单位 1 处，省级 8 处，县市级 12 处，文保点 8 处。三是申报 23 个行政村为第三批中国传统村落。四是对渭南城区不可移动文物点进行了实地调查，已完成 177 处文物点的室外调查，正在进行资料整理工作。五是按照省文物局安排，对全市具有一定历史文化艺术的“老院子”进行全面调查。六是配合陕西省第一次地理国情普查领导小组，完成了全市文物资源的资料统计上报工作。七是对渭南市区域内遗存的抗日战争中的碉堡情况进行了调查。抗战碉堡主要分布在潼关、大荔和合阳三县市，共 16 个，对比较典型的、保存状况较好的碉堡已采取必要措施进行重点保护。八是对全市文博单位历史地图资料管理情况进行调查，针对存在的问题提出了改进措施。

【第一次全国可移动文物普查】　第一次全国可移动文物普查从 2012 年开始，计划 2015 年 6 月全面结束，历时 4 年。全市共有 50 多名业务人员参与这次普查工作。文物信息认定、数据采集、报表填写与汇总工作已经完成，并已上报省文物局。经过统计，全市共有 79 家国有单位收藏有文物，其中系统内 23 家，系统外 56 家，共登记文物 45900 件（组、册、套），其中系统内 26229 件（组、册、套），系统外 19671 件（组、册、套）。

【市博物馆建设】　一是加快工程建设进度。渭南市博物馆是集文物收藏、研究、展示、学术交流和休闲娱乐为一体的综合博物馆。截至 2014 年底，市博物馆建设项目已经累计完成建安投资 2.26 亿元，占总投资的 58%，正在进行室内精装修、室外广场、石材幕墙、玻璃幕墙、空调设备、电梯设备、配电设备、屋顶花园施工等工作。二是陈列展览工作。已经完成了基本陈列大纲的编撰，并经 2014 年 5 月 15 日市政协专题协商会、2014 年 5 月 30 日专家评审会获得通过。2014 年 8 月 21 日举办了博物馆基本陈列概念性形式设计方案评审会，博物馆展陈以《与华相宜——渭南故事》为主题，展示渭南“特色资源、人文历史、丰厚文化”。邀请省内外知名专家评审，选出苏州金螳螂、北京尚清、广东集美 3 个优胜方案。书画展部分，图纸复核审查已经完毕，正在施工。三是文物借展及复制工作。按照展陈设计需要，8月份市委、市政府召开了借调文物协调会，下发了《关于做好市博物馆借调文物藏品工作的通知》（渭政办发〔2014〕130号）。同时，积极同省文物局、省考古研究院、西安碑林博物馆、秦始皇兵马俑博物馆、陕西历史博物馆等文博单位协商，希望借调、复制一些重要典型文物，替换、充实到基本陈列中。

【文物安全】　一是年初市政府与各县市区政府签订了2014年度文物旅游安全责任书，细化责任，确保了全市无重大文物旅游安全事故。二是制定《打击文物犯罪"猎鹰行动"实施方案》，全年共破获20起文物盗掘、倒卖案件，抓获犯罪嫌疑人57人，收缴涉案文物107件组。三是加强夜间巡查，通过市警犬基地民警联合巡查和县市区执法人员在省级以上文化遗址、各基本建设工地重点巡查蹲守等方式，共进行了106次日常巡查，发现8处隐患，现场纠正整改6起、限期整改2起。四是认真受理群众、游客投诉。全年共受理3起投诉，已全部结案。五是加强区域联合执法。11月29日，市文旅局与山西运城、河南三门峡三省市公安文物联合在三门峡召开了晋陕豫黄河金三角区域公安文物联合执法联席会议。六是全年共处理文物行政违法案件5件，其中4件已办结，1件正在查处之中，无行政复议与行政诉讼案件。共处理旅游诉讼纠纷二起，结案率100%。

【文博宣传】　一是组织编印了《青少年文物法知识问答》3万册，将向全市中小学校赠送发放。二是利用国际博物馆日、中国旅游日、世界文化遗产日等节庆日，在市中心广场、朝阳公园、政府门前广场集中宣传推广文化遗产知识、文物安全消防知识。三是制定"六五"文物旅游普法教育规划。把"六五"普法教育作为文物旅游系统"创优争先""建设学习型党组织"的重要措施，列入各单位的年度目标责任管理之中。

（姚　霓）

报纸宣传

渭南日报社

社长、总编辑　陈永久

纪 检 组 长　常彩云

副 总 编 辑　魏来顺　张　博　王文锋

副　社　长　石　军

【正面宣传】　一是扎实做好正面宣传和典型报道。在围绕全市工作大局的宣传上，重策划、重效果，先后策划实施了深化改革、简政放权、渭南精神、民生工程、3D打印、项目建设、晋陕豫黄河金三角区域合作等十多项重大专题宣传，开设了"标杆在身边""向人民报告""简政放权，转变职能""深化改革在秦东""投资企业谈发展说变化"等20多个栏目，拿出52个整版宣传全市简政放权工作审批权限和流程。在典型报道中，推出了最美村官雷洋洲、最美司机杨京红、传递爱心的"雷爸爸"等先进典型标杆人物。二是持续做好社会民生报道。策划实施了"记者跑基层""民生工程暖民心""关注渭南供暖""关注渭南养老"等民生专题专栏，采写社会民生稿件1185篇（幅）。其中，《方山里的原始人》得到市委主要领导的关注和赞扬。策划实施的《城市"病"了——我们怎么办》大型系列调查，为市委、市政府中心城市建设规划决策提供了科学翔实的依据。三是办好《渭南内参》。全年共刊发11期，刊登稿件52篇。群众所反映的问题得到及时处理与解决，为全市党政机关主要领导决策提供了大量有价值的深度报道和政策性、前瞻性较强的稿件。其中9篇稿件得到市委主要领导批示落实。四是不断提升报纸评论水平。配强编采队伍积极围绕中心工作采写了《打造高素质干部队伍》《践行渭南精神，擦亮渭南名牌》《加快晋陕豫黄河金三角区域合作步伐》等16个系列，172篇评论员文章，配合全市中心工作和重点工作，极大地提高了报纸质量和水平。五是高标准完成国卫巩固及创建文明城市、创模、创建国家公共文化服务体系示范区工作任务。在《渭南日报》重要版面开设"争做文明渭南人""创建环保模范城市，建设美好新家园""巩固创卫成果，创建文明城市""创建国家公共文化服务体系示范区"等13个专栏，刊发新闻稿件1535篇（幅）；在渭南新闻网开设"创文明城市，建美好家园""加强未成年人思想道德建设""创建国家公共文化服务体系示范区"专题网页，先后刊发稿件1256篇（幅）。在《渭南日报·周视渭南》开设"科普知识""文明礼仪""健康教育"专版150期。先后在报眼、中缝等位置刊登公益广告275期，697篇（幅）；渭南新闻网刊登公益广告602篇（幅）；利用阅报栏刊发公益广告26期。六是围绕宣传展示渭南主题，超额完成中、省媒体上稿任务。编辑记者在完成本报采编出版任务的同时，积极向中、省媒体投稿。2014年度，在中央级媒体上稿10篇，在省级媒体上稿98篇，全年超额完成82篇。七是渭南日报数字报和渭南新闻网站功能得到充分发挥，新媒体事业起步平稳。渭南新闻网按照"真实、共享、互动"的宗旨，网站首页以整洁简练、庄重大方、内容丰富的页面风格赢得了读者；强化政务信息，突出本地特色，精选境外新闻，丰富服务资讯，增强开放互动，更好地发挥了本地综合门户的作用。先后策划实施了"群众路线教育""网络媒体看渭南""爱传百城""交通在线""廉政专栏""文明渭南人""全民健身挑战日"等多个网络专题，对扩大渭南对外宣传作出了积极贡献。年底，通讯员QQ群，网络问政平台等相继与读者见面。积极探索新媒体发展路径，新媒体移动终端投入使用，线下活动精彩纷呈。

【报纸改革】　一是采编创新有新突破。在"秦川探峪"大型公益采访活动中，抽调5名业务骨干，专门成立"秦川探峪"采访队，年内完成秦岭潼关和华阴10条峪道采访报道任务，刊发相关报道79篇（幅），很好的实现了党报媒体引领舆论，弘扬主旋律的责任与担当。二是栏目制作水平和知名度不断提高。加大了对《群众评说》栏目的策划，针对城区物业乱收费等群众普遍关心的热点问题，《群众评说》栏目都进行了报道，正确引导舆论导向，为市委、市政府决策提供了有力地参考，受到了读者的普遍好评。《民声通道》栏目与"12345"政府热线联办，加大调查督办力度，全年共接收反映问题1125条，来访问题办结率高达98%。《话说渭南》读者覆盖面和骨干通讯员队伍已经发展到全国各地，深得渭南籍人士喜爱。全年刊登稿件100篇、图片65幅，弘扬了渭南文化，彰显了渭南精神。三是子媒周刊更加丰富。《周视渭南》影响力不断扩大，渭南日报微博微信平台开通上线，《教育周刊》《法制周刊》《财经周刊》《健康周刊》《影像金三角》创刊运行，取得了不菲的业绩。

【报社经营】　报纸发行任务全面完成，报纸印刷质量明显提高，报社经营工作实现目标。在全面完成年度报纸发行任务的基础上，注重做好报纸的发行投递和阅报栏建设，制定出台了《党报阅报栏管理暂行办法》，全年更换新式阅报栏109个，对尚未设立阅报栏的华阴、潼关、合阳已完成选点工作。报纸印刷质量在全年省报协质量评比中,名列前茅。在经营工作面临前所未有的压力之下,经营部门和经营人员不畏困难,奋勇开拓,以活动策划带动市场,提升品牌影响力。先后成功策划了"第七届飞扬时代大型车展""好味道评选""广场舞大赛"等多项有影响的大型活动,为全年经营目标任务完成做出了贡献。

【队伍建设】 一是加强制度建设。改过去3人评报加轮值为5人,提升了评报制度的公平公正;完善了好稿奖励制度,调动了采编人员创先争优的积极性;修订出台了《报社车辆管理办法》《报社财务管理补充规定》和《报社差旅费报销管理办法》等十多项规章制度,使制度管人管事常态机制更加完善。二是创新干部教育模式。为实现"创建学习型报社,打造研究型队伍,培养专家型人才,塑造名人化团队"的目标,选派50名编采经营骨干赴北京大学参加传统媒体改革转型与融合发展高级研修班学习;组织74名技术岗位人员参加市上的继续教育培训;外请互联网专家对网站和新媒体人员进行业务培训;外派1人赴清华大学脱产学习;组织报社编辑记者40余人走进高新区采访,体验3D打印魅力,传递渭南发展强音。三是复刊30周年纪念活动富有成效。在《渭南日报》复刊30周年,本着回顾总结、节俭务实原则,策划出版了大型纪实画册《印迹》和书籍《改革之光照亮党报品牌》,成功举办了新老员工与热心读者联谊会。市委、市政府主要领导先后到报社座谈调研祝贺,并帮助解决实际问题。5个渭南报业改革发展先进集体,16名渭南报业改革发展功勋人物,30名渭南报业改革发展突出贡献者受到市委表彰。

【报社荣誉】 2014年度,荣获"中国十大地市党报""中国报业融合发展奖""中国地市报管理创新十强""中国地市党报品牌公信力10强"等全国性荣誉4项。先后有25件作品获陕西省新闻奖和中国地市报新闻奖,其中,《"民情日记"赢民心》获陕西省新闻类一等奖;《野奇特新处,诗画黄河口》获中国地市报新闻奖摄影类一等奖。

(张红军)

体育 卫生 计划生育

体　　育

渭南市体育局

局　长　张晓民

副局长　温　宏

【概况】 2014年,全市体育系统坚持以党的十八大精神为指引,以推动全民健身为统揽,强力推进群众体育、竞技体育、体育设施、体育产业、体育文化统筹发展。市体育中心建成投用,青少年体校建成开学,体育惠民工程遍及城乡,体育设施和组织网络逐步完善;省十五运会取得双进位历史最好成绩,竞技体育综合实力不断提升;全民健身挑战日、市第十二届运动会等重大活动精彩纷呈,全民健身活动深入人心、蓬勃开展。

【群众体育】 坚持以"让老百姓快乐健身"为出发点和落脚点,创新活动组织方式,全民健身开创新篇章。以"美丽渭河动起来"为主题,组织参加了全国"全民健身挑战日"首站活动,参与活动和互动人数达到40万人,创造了渭南群众活动规模历史之最,《人民日报》、新华社、中央电视台等百余家媒体进行了宣传报道。先后组织举办了第九届中学生篮球运动会、"红牛杯"羽林争霸赛城市羽毛球赛、迎新年越野赛、8月8日"全民健身日"展演等赛事活动。通过在渭南电视台开办《我运动、我快乐》栏目、渭南人民广播电台播放工间操、《渭南日报》开设《体育在线》专栏等灵活多样的形式,开展体育健身宣传。通过全民健身日活动,开展体育科普宣传、免费体质检测、健身咨询等服务,发放资料1万余份、全民健身知识调查问卷40万份。开展奥运冠军进校园、下基层等活动,充分扩大"明星"效应宣传,营造了全民参与的良好氛围。

【竞技体育】 坚持以备战省运会为中心,精心组织,科学训练,竞技体育综合实力进一步提高。在陕西省第十五届运动会上,渭南市代表团获金牌104枚、团体总分8948分,实现了金牌破百、全省排名提升两个位次的目标,取得了近20年来参加省运会最好成绩。渭南市运动员在国际国内大赛取得优异成绩:武柳希获仁川亚运会女子10米气步枪团体金牌,伍迪获全国艺术体操冠军赛集体全能亚军,姚舜宇获全国举重锦标赛105公斤级季军,吴化欣获全国青少年举重赛女子53公斤级亚军。渭南市第十二届运动会,参与人员及观众达5万多人,充分展示了渭南深厚的文化底蕴和广大市民的良好精神风貌。先后举办了"博奥杯"乒乓球锦标赛、渭南市足球联赛、青少年校园足球联赛总决赛等市级年度重点赛事,承办了四省九市协作区射击比赛、省青少年羽毛球锦标赛、省武术段位赛、2014年NBL季前赛和常规赛等重大赛事。

【体育基础设施】 坚持统筹规划、整合资金、集中投放、示范带动的方针,以市体育中心工程为龙头,城乡体育基础设施建设取得显著成绩。市体育中心体育场、球类馆、游泳馆、综合训练馆、射击馆全面建成，从根本上改变了中心城市体育设施落后面貌。县级体育场馆建设取得新成果，富平县投资2480万元的体育场改造工程全面竣工投入使用，免费向群众开放；澄城县投资1700万元的体育馆建成投用，投资800万元的田径场改造工程正在实施之中；合阳县投资1.6亿元的“一馆两中心”（体育馆、全民健身活动中心和青少年活动中心）主体工程封顶；白水县整合资源，建成首个室内乒羽中心并向社会开放。各类体育惠民工程覆盖城乡，全市累计完成各类体育惠民工程1677个，村级达到45%、镇级达到70%、社区达到80%，提前一年完成了“十二五”目标任务。2014年实施体育惠民工程464个，其中农民体育健身工程403个、镇体育健身工程11个、社区健身器材配送工程50个。在体育中心、东部生态公园、渭河北大堤等处建成户外多功能运动场和全民健身路径，对渭南城区所有健身站点的损坏器材进行了检修更换。充分利用城区企事业单位、学校公共体育设施，向社会免费开放。

【体育队伍】 人才队伍建设进一步加强，先后组织举办游泳救生员、幼儿体操教练员、校园足球业务干部、定点学校校长、教练员培训班，承办了陕西省武术散打、武术套路教练员、裁判员培训班，参训人员430余人。2014年9月，位于市体育中心园区内的市青少年体校全面建成投用，为培养更多的体育后备人才奠定了坚实的基础。坚持把社会体育指导员作为推动全民科学健身的主要支撑，市县联动，统筹谋划，为基层派专家、送教材，全年新增社会体育指导员3595名，全市社会体育指导员总数达到7697名，实现中心城区千人2名、县城千人1名、行政村每村1名的目标。面向市直机关广大干部职工开展免费健身技能培训活动，达到了全市社会体育指导员全覆盖。大力支持各类体育社团组织建设，指导其完善制度、加强管理，成立了市乒乓球协会，加强市老体协人员配备。全市建立各类体育协会81个、体育健身俱乐部21个，中心城市健身活动站点由19个发展到85个。中心城市实现“10—15分钟健身圈”，基层体育组织网络覆盖到行政村和社区。

【体育产业】 市体育中心建成后，在保障各项体育赛事的同时，服务全市发展大局，经济、社会效益初步显现，承接了黄河金三角妇女手工艺品展览会、第二届黄河金三角投资合作交流大会等重大活动。同时向社会免费、低收费开放，在全民健身日、春节期间举行全民健身展演活动，寒暑假举办学生游泳、篮球等培训，让更多的群众享受到体育发展成果。通过举办各类体育赛事，既为群众提供了多样化的体育产品和体育服务，又带动了健身休闲、培训服务、体育用品销售等体育消费的增长，体育产业在全市经济发展总量中的份额逐步扩大，全市体育消费额达到40亿元，占社会消费总额的9%。切实加强体育彩票管理，加大体彩公益宣传，完成体彩销售额2.58亿元。

卫生与计划生育

渭南市卫生和计划生育局

局　　长	金敏学（3月任职）
党委书记、副局长	张拴劳（2月任职）
党委副书记	张西源（11月任职）
副局长	李晓平（12月任职）
	张荣岗（12月任职）
纪委书记	杨民生（11月任职）
副局长	郝国庆（12月任职）

李西京(12 月任职)
易新松(12 月任职)
徐萌新(12 月任职)

【医药卫生体制改革】 县级公立医院改革稳步推进,公益性质进一步强化。在渭南市妇幼保健院法人治理结构试点的基础上,在部分县级公立医院开展了公立医院法人治理工作,采取公开选拔、社会招聘等方式遴选院长,实行院长任期制和目标责任制管理,围绕医院管理的重点领域和重点环节,健全完善核心制度,优化医院运行流程,规范医院决策程序。全面开展分级诊疗,制订了《渭南市医疗机构双向转诊实施方案(试行)》;积极实施对口支援项目,在实施市县、县镇对口支援工程的基础上,借助农工党中央的支持和优势,使渭南市中心医院和重庆医科大学附属第一医院建立了协作共建关系。启动实施了"中省两级农工党联手助力渭南医疗机构创建优势重点学科活动",渭南市 8 家重点医疗机构与国内、省内知名医学院校结成对口指导和定点帮扶关系。合理调整医疗服务价格。各县(市、区)在认真调研和测算的基础上,召开政府常务会、价格听证会,相继调整了医疗服务价格,进一步理顺医疗服务价格比价关系,引导医疗机构通过提供优质医疗服务获得合理补偿。

【药品"三统一"管理工作】 全市 36 个县级公立医院、187 个镇卫生院和 3221 所村卫生室严格执行药品"三统一"政策,零差率销售。各县(市、区)药品集中采购和结算管理中心,严格监管,及时结付,基本实现了药品网上采购、网上结算、网上监管,药品配送率、配备率、使用率、回款率均达到省上规定的标准和要求。

【新农合制度保障】 2014 年全市参合率达到了 99.09%,超过了市上下达的 95% 以上的目标,参合人数达到了 3959149 人。10 个县(市、区)的参合率均巩固在 95% 以上,比 2013 年增加了 5.06 万人,提高了 0.38 个百分点。截至 10 月份全市累计补助参合患者 498.81 万人次,补助总金额 12.86 亿元,其中住院患者 44.14 万人次,住院补助总额 11.45 亿元,人均补助 2592.71 元,总受益率 126%,住院受益率 11.2%,实际补偿比 53.96%。

【基本公共卫生服务】 组织实施了 11 类 43 项基本公共卫生和重大公共卫生免费服务项目,4.6 万名农村孕产妇享受免费住院分娩,6 万名农村妇女得到免费"宫颈癌""乳腺癌"筛查,截至 10 月份,10.71 万名糖尿病、41.43 万名高血压病患者及 1.79万名重型精神病患者得到规范管理,2.6 万名孕产妇和 18.4 万名儿童享受到免费全程健康管理。卫生监督执法广度深度不断扩展,健康教育普及率、健康知识知晓率稳步提升。基层医疗卫生服务重心实现了由治疗为主向预防为主的重大转变,城乡居民健康水平和幸福指数明显提高。

【传染病防治工作】 国家免疫规划疫苗接种率达到 99% 以上,无甲类传染病报告,无重大传染病暴发流行,传染病报告率和报告及时率达到 100%。

【医疗管理和医疗服务】 继续深入开展优质护理服务示范工程、抗菌药物临床应用专项整治活动和"癌痛规范化治疗示范病房"创建工作,市中心医院通过了省级验收。全面实施临床路径管理,全市二级以上医院将儿童先心病等 20 种重大疾病纳入临床路径管理。确定市中心医院等 4 家医疗机构为市级医疗救治一站式结算服务定点机构。全力推进血液管理工作,加强临床合理安全用血工作。积极开展"平安医院"创建工作,下发了《关于开展维护医疗秩序打击涉医违法犯罪专项行动方案及加强医院安全防范系统建设指导意见》

等系列文件，在全市二级以上医疗机构推行警务室建设。全面推进医疗纠纷人民调解工作，全市11个县(市、区)全部成立医疗纠纷调解组织。临渭区医疗纠纷调解中心创造了医疗纠纷人民调解工作新的思路和方法，受到中、省、市领导的高度赞扬。中央电视台4套《中国新闻》栏目对此进行了专题报道，《光明日报》和《陕西日报》《三秦都市报》《华商报》等多家中、省主流媒体也相继进行了报道。

【中医药优势和作用】 全市85%以上的镇卫生院、社区卫生服务中心开设中医科和中药房，配备中医诊疗设备，运用多种中医方法和手段开展常见病、多发病的中医药服务；全市60%以上的村卫生室、社区卫生服务站能够运用中药饮片或中医非药物疗法开展常见病、多发病基本医疗和预防保健服务。充分发挥中医药“治未病”优势，在每年传统季节的传染病防控中，综合运用中药汤剂、中药香囊等传统中药预防手足口病和甲流等传染病，针对青少年和婴幼儿为流行性感冒易感人群的特点，组织中医药专家拟定防治建议方案，通过公共卫生防控体系加以实施。4月份，全国人大常委会副委员长陈竺来渭南视察时，对渭南市中医药工作给予了高度评价和充分肯定，要求认真总结经验，创造可复制的中医药发展“渭南模式”，在更大层面发挥示范引领作用。

【基层医疗卫生】 投资1.5亿元的3个县级医院，1个农村急救体系，1个儿童医疗服务体系，1个重大疾病防控机构，15个镇卫生院建设项目进展顺利。围绕“软实力建设”，积极实施“人才强卫”战略，倾力破解人才“不够用”“不适用”和“没用好”的矛盾和问题，为市直医疗卫生单位选招高层次人才41人，充实了医技人才队伍。组织实施《渭南市2014年县及县以下医疗机构定向招聘医学类本科毕业生》工作，为全市县及县以下医疗机构招聘医学类本科毕业生155名，有效缓解了基层群众看病就医问题。

【低生育水平保持稳定】 2014统计年度末，全市总人口为5605434人，出生人口53562人，出生率为9.57‰，自然增长率为5.12‰，出生人口性别比为106，保持在正常范围，人口计划全面完成。

【单独两孩政策】 按照省上统一部署和要求，认真做好政策解读，明确适用范围、审批程序、单独家庭认定标准、政策的衔接等，指导各县市区扎实稳妥有序实施。据统计，单独二孩政策实施以来，全市共受理单独两孩申报680例，办结667例。

【流动人口服务管理】 积极构建流动人口计划生育区域“一盘棋”，全市签订省内外区域协作书共1323份，县、镇二级流动人口服务管理信息系统应用率均达到100%，流动人口交换平台反馈信息1.85万条，信息反馈率为98%。编写了《渭南欢迎您——流动人口服务手册》，内容涉及计划生育等相关法规政策、技术服务、健康知识、办证程序、服务机构、联系电话、安全常识、人文知识及各类公共服务热线等，免费发给基层，受到群众好评。

【民生工程扎实推进】 精心组织实施第四周期农村“母亲健康”工程和国家免费孕前优生健康检查，母亲健康工程检查49.8万人次，检查率51.2%；免费孕前健康检查8.8万人次，检查率93.1%，全面完成了省市下达的目标任务。全面落实各项计划生育奖励扶助政策，全市共有61.3万人，享受扶助资金6176万元。加大对计生家庭创业的扶持力度，全市各级共投入各类创业资金200余万元，建立创业示范点24个，树立创业示范户1000个，户均预计增收4000—5000元，计生家庭的发展能力不断增强。

【人口信息化】 全面推行基层人口计生服务“一证通”制度,全员人口信息录入136.2万人,服务育龄群众128.8万人次,服务群众覆盖面不断扩大。结合智慧城市建设,在华县先行试点,建立了全面、高效、便捷的人口信息资源共享平台,为各级党委政府科学决策、部门之间信息资源共享、服务社会和服务群众搭建了高效便捷的平台。

【调查研究】 在全市卫生计生系统大兴调查研究之风,围绕计划生育转型期工作任务和重点难点工作,深入基层开展调查研究。《渭南人口发展对基础教育的影响和对策建议》《渭南市人口老龄化趋势及养老模式设计》等调研报告经过收集和评审,评选出一等奖8个,二等奖11个,三等奖13个,并将调研成果汇编成册,指导基层实践,提升工作水平。

【地方病防治】 按照省上计划,对全市3000户家庭进行了碘盐监测,实现了监测无盲区,有效监测率达到100%。结合“五一五”碘缺乏病宣传日,组织市盐务局、市疾病预防控制中心、临渭区卫生局及有关部门在临渭区丰原镇开展下乡宣传活动,通过悬挂横幅、摆放宣传展板、发放宣传资料、发放碘盐、义诊、接受咨询、手机短信温馨提示等形式进行碘缺乏病防治宣传。并组织全市媒体通过渭南4套东秦医线、渭南新闻、政府网站等媒体、栏目对碘缺乏病宣传活动及碘缺乏病防治知识进行了相关报道。进一步提高了广大群众对碘缺乏病危害的认识,增强了群众对碘缺乏病的防治和科学食用碘盐的意识。在一般地区和高碘地区小学生甲状腺肿大抽查工作中全市随机对50个镇2137名8—10岁学生进行甲状腺触诊检查、B超检查,甲状腺肿大率1.4%,加权甲状腺肿大率1.36%,均低于碘缺乏病消除标准。富平县刘集镇为陕西省高碘检测点,在刘集及周边3镇共抽查909名8—10岁在校学生,甲状腺肿大率2.64%。

【政风行风】 在全市开展了以“弘扬救死扶伤精神,开展爱岗敬业服务”为主题的卫生系统“十佳”系列评选活动,让老百姓评选自己心目中的“好医生”和“好护士”;利用省、市多家媒体,开展了“走基层、看医改成效”系列宣传报道活动,展示医改取得的重大成效,宣传和树立先进典型人物,用身边活生生的事例和人物引导社会舆论,凝聚推动卫生计生事业发展正能量。在渭南电视台公共频道开办《卫生与健康》栏目,通过群众喜闻乐见的方式,获取专业、权威、实用的健康保健知识,提升群众自身防病养生的能力。切实加强卫生计生系统行风建设,印发了全市医疗卫生系统落实加强医疗卫生行风建设“九不准”实施方案,并在全市二级以上医疗机构开展医患双方签署不收和不送“红包”协议书工作。严格贯彻落实中央八项规定和中、省、市纪委全会精神,深入开展领导干部廉洁自律教育,不断改进领导机关工作作风。扎实做好党风廉政建设责任制工作,坚持“一岗双责”要求,签订了党风廉政建设和行风建设工作责任书,把党风廉政和行风建设工作贯穿卫生计生工作的全过程。不断推进政(院)务公开,深入开展岗位廉政教育和实行医德考评制度,医疗单位行业风气不断改善。加强对中、省市卫生计生工作重大决策落实情况的监督检查,确保各项决策得到落实,确保全市卫生计生系统政令畅通。积极推进惩防体系建设,评定风险等级,制定防控措施,逐步构建管权、管事、管人的新机制。同时,按照属地管理、分级负责和谁主管、谁负责的原则,下大力抓好信访稳定工作,努力将矛盾化解在基层,集中精力解决社会关注的、群众关心的卫生计生热点问题。

爱国卫生运动

渭南市爱国卫生运动委员会办公室
主任 徐公社

【爱国卫生月活动】 4月是国务院开展的第26个爱国卫生月。市爱卫办高度重视,精心组织,及早下发通知进行部署,要求全市各县(市、区)和有关部门开展以“远离病媒侵害,你我同享健康”为主题爱国卫生月活动。4月1日,在《渭南日报》刊登了副市长王素芳爱卫月活动动员讲话。4月3日刊登了答记者专访,就群众关心的爱国卫生工作进行了解答。各县市区各有关单位广泛参与,充分利用组织义诊、发放宣传页、制做宣传板块、电视、网站等多种形式集中开展爱卫月宣传活动。全面开展了以“加强城乡环境卫生综合整治”和“春季病媒生物防治”为重点的爱卫月活动。

【创建卫生县城工作】 华阴市政府向国家爱卫办申报了创建国家卫生城市报告。市爱卫办多次组织省、市有关专家对华阴市的创建国家卫生城市工作进行技术指导,指出了存在的问题并要求限期整改。通过市爱卫办和华阴市的共同努力,华阴市在9月下旬顺利通过了国家创卫技术评估。华县、澄城县计划在2014—2016年周期内申报国家卫生县城。根据两县的实际,组织有关专家对两县存在的问题进行了暗访,把存在的问题整理成暗访报告发给华县和澄城县,督促两县按照国家卫生县城的标准进行整改。华县、澄城县根据指出的问题,召开创建国家卫生县城推进会,使华县、澄城县的创建工作稳步推进,有望在2014—2016年周期内创建成国家卫生县城。

【创建复审工作】 5月23日—27日,组成专家组,对获得“省级卫生县城”命名满两年的富平县、白水县、澄城县巩固“省级卫生县城”工作进行了市级复审,专家组原则通过了白水县、澄城县省卫市级复查评审,富平县因群众对环境卫生状况满意度调查满意率不达标,进行限期整改,“省卫”复审。从9月初开始,市爱卫办组织对全市申报的150多个省市级卫生单位镇村进行了考核验收,并于11月17日在《渭南日报》上进行了公示。2014年通过验收的省级卫生单位16个,卫生镇11个,卫生村20个;市级卫生先进单位15个,市级卫生镇村50个。

【病媒生物防治】 一是年初下发了《渭南市2014年病媒生物防治工作实施方案》,明确年度工作任务、责任分工,并要求各县市区有计划、有安排,配合市上统一部署,做好病媒生物防治工作。二是顺利地通过了“渭南市国卫复审病媒生物防治省级单项考核鉴定”。9月初,组织召开了“渭南市巩固国卫病媒生物防治考核鉴定工作暨培训会”,制定下发了《渭南市巩固国卫迎接病媒工作省级单项考核鉴定实施方案》,成立了以市政府常务副市长为组长,市政府副秘书长、市卫生计生局局长、市爱卫办、创卫办主任等为副组长,10多个主要职能部门为成员的病媒生物防治组织领导机构,分解了工作任务,副市长郑光照与21个部门签订了目标责任书。邀请省病媒生物防治专家对三区以及20多个主要职能部门主管领导和具体负责人进行了技术知识专题培训,参训人数达200余人。印制了病媒生物防治宣传折页5万份,宣传病媒知识。组织了病媒生物防治工作督导检查。从9月3日起,市爱卫办组织三个督导检查组对三区及责任部门依照标准进行了督查,对检查中发现的问题,现场下发督办单,要求主管病媒工作人员确认并签字,限定整改时限,并将督查结果在《渭南日报》上刊登,对问题进行曝光。积极与省上联系沟通,确定考核鉴定的各项工作程序。制定了迎检方案,印制了工作手册,明确迎检工作分组、人员、车辆、迎检点位等工作。9 月 24 日—26 日省爱卫办对渭南市病媒生物防治工作进行了考核验收,组织召开了“渭南市国卫复审病媒生物防治省级考核鉴定汇报反馈会”。

9 月 2 日,组织召开“迎国卫复审暨病媒生物防治培训工作会议”,常务副市长郑光照(中)在病媒生物防治培训工作会上讲话。

【农村改厕】 2014 年,省上下达渭南市改厕项目任务 8000 座,要求在 2015 年 6 月底全面完成。市爱卫办于 6 月、7 月集中组织对各项目县进行了检查和考核,通过查阅相关资料,现场进村入户逐户检查,共完成 7500 余户,项目完成率为 93.75%。

【控烟工作】 市爱卫办根据人员工作变动,调整了控烟健康教育领导小组。制定了 2014 度控烟工作计划,完善了控烟工作制度;下发了《渭南市爱卫办关于开展控烟健康教育工作的通知》(渭爱卫办发〔2014〕5 号)文件,明确工作任务。狠抓宣传教育,增强市民认识吸烟对人们身体健康的危害。利用 4 月爱卫月活动和 5 月 31 日(世界第 27 个戒烟日)活动,市卫计局、市爱卫办、三区联合组织了控烟宣传活动,先后近 6000 名群众参与,组织医务人员以发宣传单、咨询方式宣传吸烟的危害及如何戒烟,先后发放宣传单 2 万余份,咨询人员 3000 多名。同时,根据渭南市创建国家卫生城市工作指挥部关于印发《国家卫生城市复审省级暗访调研反馈问题整改任务》(渭创卫发〔2014〕3 号)、渭南市爱卫办关于印发《开展控烟健康教育工作任务》(渭爱卫办发〔2014〕5 号)的通知要求,下发了《关于对控烟健康教育工作进行检查督查的通知》(渭爱卫办发〔2014〕38 号),临渭区、高新区、经开区爱卫办按照属地管理原则对辖区内所有单位、公共场所、工作场所和无烟单位、无烟医院、无烟学校、无烟车间、无烟商场的创建活动开展情况进行全面检查。市爱卫办、市健康教育所进行了督导抽查。

文明城市创建

渭南市创建办

主　任　周新强

副主任　王建中　李军强

　　　　张晓敏　张红川

【概况】 市创建办是市委、市政府设立的长临机构,主要职责是领导、组织全市的国家卫生城市及省级文明城市巩固提升工作,协调解决创建工作中出现的困难和问题,检查、督查、考核创建工作各责任单位完成目标任务情况,组织自测自评,向中、省主管部门提出检查验收申请。市创建办内设人秘科、业务科、考核指导科、综合信息科、宣传科、督查科、巡查科、资料管理科 8 个科室,共有干部职工 42 人。

【组织协调】 按照“机构不撤,队伍不散,领导加强，经费保障”的要求，进一步完善“党委统一领导，党政齐抓共管，创建办组织协调，有关部门各负其责，全社会共同参与”的领导体制和创建工作长效机制。市委、市政府成立由市委书记任第一总指挥，市长任总指挥，市委副书记任常务副总指挥，四大班子有关领导任副总指挥，市直30多个部门和三区（临渭区、渭南高新技术产业开发区、渭南经济技术开发区）主要负责人为成员的创建工作指挥部，指挥部下设办公室，负责创建工作的组织实施。三区和各有关单位也成立了相应机构，负责创建工作的组织落实，形成纵向到底、横向到边的创建工作网络。

【任务下达】 针对巩固提升省级文明城市和国家卫生城市创建成果双重任务，制定下发了《渭南市2014年巩固提升省级文明城市工作任务》《渭南市迎接国家卫生城市复审工作实施方案》《渭南市迎接国家卫生城市复审工作任务》等文件，市创建办和三区及133个责任单位签订目标责任书，明确工作任务、工作要求和完成时限。

【督察巡查】 督察工作坚持督大事、难事，重点督办领导批示件、媒体曝光、市民投诉以及各类检查发现的问题，及时下发督办单，采取督办通报、跟踪问效、召开现场会、媒体曝光等有效手段，推动创建任务的落实。巡查工作注重动态监管，全领域，日常化。重点巡查市区街巷、公共场所、各类市场及小区环境，着重解决早晚及节假日市容环境卫生反弹问题。市区两级统一实行定期巡查工作制度，坚持领导带队双休日、夜间巡查督察，及时处置市容环境卫生反弹问题，解决一些长期困扰市容环境卫生的难题和顽疾。全年共下发《告知书》40份、《督办单》19份、《整改通知书》1份，极大地促进了城区环境面貌的维护和改善。

【考核考评】 结合专项和综合整治，考核工作注重专项、阶段、实地考核，加大了平时考核的权重，考核检查以小分队为主，不打招呼，突出考核的实际效果，考核结果在市级媒体上实名通报，并与年终考核挂钩。先后四次组织对三区及133个市直部门、中、省驻渭单位巩固国卫及省文工作情况进行了检查考核。

【舆论宣传】 制定下发了《渭南市2014年创建宣传教育工作实施方案》，持续开展创文新闻宣传、社会宣传和市民教育工作。协调市级主流媒体加大了动态报道、系列报道、典型报道的力度，开设创建专题专栏15个。常年利用市区各大电子屏、出租车及街巷两旁商户门头LED屏、公交车车体及车载电视开展创建知识的宣传。媒体刊发刊播相关稿件2600（条）篇，监督曝光类200余条（篇），在主要位置和重要时段刊播公益广告8000条（次），刊发创建述评文章和专题报道8篇。开展不同层面的“争做文明渭南人”签名活动、演讲比赛等，参与人数达到2万人次。编发《渭南市民文明素质教育宣传手册》10万册，市区设置大型户外创建宣传牌80多处，健康长廊100多处，宣传栏500余块，标语800多条，并利用市区各类电子屏和手机固话短信彩铃宣传创建工作。

【综合信息】 加强信息工作，及时上报创建重大信息。高质量完成了各类会议材料26篇。在市政府网站开办创建专栏，及时上传各类创建信息。全年共编发《创建动态》17期，传达上级精神，指导创建工作，反映创建活动，普及创建知识。编写《创建工作大事记》12期，记录创建工作历程。受理热线电话及网站留言46起，书记批阅件3件，对反映的问题和批阅件进行了及时办理和回复。

【城市管理】 结合渭南市实际，推行了城市精细化管理。成立了渭南市城市精细化管理领导小组，制定下发了《渭南市城市精细化管理工作实施方案》《实施细则》及《考核办法》等文件，明确工作标准，明晰工作职责，夯实工作责任，突出工作重点，着力解决城市管理作业不精、管理不细、水平不高等19个方面的问题，有效遏制了乱搭乱建、乱停乱放、乱贴乱挂、乱写乱画等"八乱"现象。

【市县联创】 市县联创是渭南市创建工作的一大亮点。在抓好中心城市创建工作的同时，不断加大对市县联创工作的考核指导，推动市县联创工作再上新台阶。全市10个县（市）实现省级卫生县城全覆盖，蒲城、大荔、合阳、潼关、华阴已成功创建国家卫生县城。富平、华县、澄城、白水、韩城正在创建国家卫生县城。合阳取得省级文明县城荣誉称号。

王牌试飞员牺牲　群众献花诗人颂诗悼念英雄

2014年12月22日下午15时许，一架飞机在经过渭南城区渭河北渭南经济技术开发区众多厂房上空时发生险情，在快飞过经开区西侧时发生爆炸，着火后，翻滚着呈抛物线状下坠。两名飞行员不幸牺牲。一位网友发在"空军论坛"的帖子整合了整个事发过程中网友们拍摄的图片，分析认为：在两名试飞员驾驶严重故障的飞机穿越渭南经开区时，完全可以弃机跳伞，但是军人的使命感促使他们未选择在密集的厂房上空弃机，如弹射的话，很容易就给飞机一个低头力矩，飞机会一头栽到工业区里。而当飞机在即将穿过开发区时，因前方就是村落及公路，试飞员此时应该是想尽力控制飞机偏离前面人员密集区，也许就是这次操作，导致飞机开始严重解体并起火坠落，两名试飞员也牺牲在事发现场。

渭南飞机失事，引发社会各界关注。25日，在国防部举行的例行记者会上，国防部新闻发言人杨宇军证实："12月22日，国防工业部门一架飞机在试飞时意外坠毁，两名飞行员不幸牺牲"。后经披露，两位不幸牺牲的王牌试飞员名为卢志永、温智平。

飞机失事后，渭南群众纷纷自发悼念牺牲的两名飞行员。28日是两名遇难飞行员遇难的"头七"，渭南市民自发前往两名飞行员遇难现场悼念。悼念人群中有村民、干部、学生、企业老板和普通市民，也有七十多岁的老人和五六岁的孩子。据不完全统计，前去悼念的有五六千人次。网友们也都发出了追思的微文："为伟大的飞行员默哀！""两位飞行员用生命诠释了'人民子弟兵'的含义。"……

28日凌晨，来自《解放军报》法人微博"@军报记者"转发了作者为东风的诗人，写给两位试飞英雄的长诗《英雄你从未远去……》（全诗附后）：你怎么睡在这里，我亲爱的兄弟！身下的土地如此冰凉，冬至的风啊，向你阵阵吹袭。你怎么睡在这里，我亲爱的兄弟！你怎么会忘记，家中盼归的妇孺，还有案板上，擀好的饺子皮…跟我回家吧，我亲爱的兄弟！倘有来世，你还会选择，在蓝天上搏击！……这篇发自凌晨的微文，受到网友的更大关注，人们纷纷表达了对卢志永、温智平两位试飞英雄的崇敬和哀思。

社 会 生 活

气象服务

渭南市气象局

局　　长　陈高峰

副 局 长　张忠平(4 月 18 日离职)

白作金

陈社益(4 月 18 日任职)

纪检组长　陈社益(4 月 18 日离任)

田中伟(8 月 5 日任职)

【荣誉称号】 2014 年,渭南市气象局大力推进"1256"重点工作,服务全市经济社会发展业务支撑能力有效提升,气象防灾减灾工作成效显著。至年底,华山气象站获"全国工人先锋号""渭南标杆"荣誉称号、市气象科普教育基地被中国科协评为"优秀全国科普教育基地"、市气象台获"陕西省三八红旗集体"荣誉称号、市气象服务中心获团省委"青年文明号"称号。

【年内气候特点及影响】 2014 年,全市气候湿润且较温暖,年平均气温 12.1℃ ~15.4℃,全市气温较常年同期偏高 0.3℃(大荔)~1.5℃(临渭),其中 2 月和 8 月平均气温明显偏低,7 月、10 月和 11 月平均气温明显偏高,其他月份气温均是正常或略偏高的水平。全年降水量 541.5 毫米~791.7 毫米,全市都较常年同期偏多,除临渭、白水正常略偏多外,其他各县较常年同期偏多 1 成~4 成,其中韩城偏多 44.1%;汛期(5 月—9 月)降水量 400.4 毫米~693.9 毫米,除白水正常略偏多外,其他县(市、区)降水量较常年同期偏多 1 成~7 成,其中韩城偏多最为明显达 66.7%。全年光照不充足,总日照时数 1593.2 小时~2301.7 小时,除韩城、白水和蒲城接近常年同期略偏少外,其他县(市、区)比常年同期偏少 1 成~2 成,特别是合阳偏少 24.3%。

【气象服务】 一是重大天气服务。9 月 7 日—18 日,全市出现强秋淋天气,致使 11 个县(市、区)17.97 万人受灾。市气象局提前预报并发布《重要天气报告》。期间通过传真、网络、电视、电话等方式向市委、市政府和公众服务,有效减少了灾害损失。此外,积极有效应对了初春、夏季干旱及秋冬雾霾等灾害性天气。全年发布各类预警信息 148 期,决策气象服务产品 50 期,召开气象新闻发布会或通报会 5 次,向各级政府和社会公众播报各类气象信息受众达数亿人次。二是农业气象服务。全市新建 37 个农业气象观测站、3 个农业小气候站,建成农业气象服务平台、现代特色农业气象服务平台。全面开展"直通式"气象服务,发布各类为农服务材料 167 期,制作农气服务电视节目 78 期。完成农作物和农业气象灾害风险区划 59 份。全市气象信息员 4139 名,建成镇气象工作站 151 个,村级气象服务站 2576 个;气象大喇叭 850 台。蒲城、富平、大荔县建设全国新农村建设气象工作示范县,建成了酥梨、设施蔬菜基地、万亩高产粮基地气象服务示范镇。三是人工防雹增雨。截至 11 月 30 日,开展人工增雨作业 18 次,影响面积 1.3 万平方公里;组织实施防雹作业14日次,36县次参与作业。最大程度发挥了人工影响天气作业作用。四是环境气象服务工作。按照市长奚正平批示要求,全力实施环境气象预报服务工作。建立了环境气象业务共享网络平台,实现了信息共享。建立了本地的空气污染气象条件等级预报和空气质量预报业务流程及会商机制。5月起,向市政府有关领导、气象环保有关人员发布空气质量预报产品。五是扩大气象预警信息发布覆盖面。全市建成预警信息发布电子显示屏278块,预警大喇叭810套;开通了气象微博和微信;全国气象科普教育基地累计接待学生、社会团体、公众参观1万余人。印制发放了气象灾害应急手册,防灾减灾明白卡、防灾减灾知识读本和乡村雷电灾害防御手册,气象信息覆盖面进一步提高。

(徐丽娜)

地震测报

渭南市地震局

党组书记、局长 李东平

副 局 长 尹卫东 高战田

【概况】 2014年,全市防震减灾工作坚持"预防为主,防御与救助相结合"的方针,紧紧围绕防震减灾3+1体系建设,全面落实中省防震减灾工作会议精神,圆满完成了各项防震减灾目标任务,获全省防震减灾工作考核优秀单位,受到省政府通报表彰。

【防震减灾】 一是在市政府第6次常务会议上专题研究防震减灾工作;召开全市防震减灾工作领导小组会议、全市地震工作会议和地震系统务虚会议,传达中、省会议精神,总结工作、交流经验、谋划未来,并与各县(市、区)政府签订了目标任务书,防震减灾工作纳入市县目标责任考核;二是市、县两级均将防震减灾工作经费纳入了本级财政预算,投入逐年增加。三是加强督促检查。开展县级政府和市级有关部门、驻渭企事业单位的年中督查和年末检查、考评工作。

【监测预报】 一是做好震情跟踪。科学制定年度震情跟踪工作方案,严格落实震情跟踪措施,明确跟踪重点,强化异常落实,全力以赴做好震情监视。二是加强监测预报。发挥信息节点的资源共享作用,充分借鉴邻区监测资料。加强"三网一员"建设,推动"一县一个前兆台"建设,推进群测群防工作。强化年度会商的综合研究、月会商的震情研判和震情跟踪工作。全年市级共召开月会商13次,参加省局会商13次,参加联防区会商1次,编发震情简报13期,落实异常7次,撰写异常落实报告7份。三是加强对地震台站的建设和跟踪管理,开展定期检查、不定期抽查,确保观测资料及时、准确、连续、可靠。四是完善信息服务。进一步规范震情信息发布,拓展地震速报服务广度和深度。

【震灾预防】 一是将抗震设防要求管理纳入法制化、规范化轨道。在市行政服务中心设立地震行政服务窗口,把所有的地震行政审批服务事项纳入市行政服务中心。加大对地震系统执法人员行政执法技能培训和市县抗震设防执法巡查和监管。截至年底,市级开展执法检查130余次,执法检查项目38家;全市登记备案160家,备案率达100%。切实加强农村建设工程抗震设防指导,开展大学生村官指导农村防震减灾和农村建筑工匠技能培训。二是抓好安全隐患排查。认真开展地震应急检查,开展城镇、社区及农村危旧房屋、中小学校舍、医院安全隐患排查工作。三是推进示范创建。推进农村民居地震安全工程，积极创建防震减灾科普示范学校、示范社区、示范企业，开展防震减灾示范区县创建。

农村建筑工匠培训

【防震减灾宣传】　充分利用“科技之春”、五一二防灾减灾周、“七二八”唐山地震纪念日等有利时机做好常规宣传，同时利用各种媒体宣传平台，大力开展防震减灾常规宣传和强化宣传。一是市地震局联合市应急、民政、消防、渭南人民广播电台等14家单位推出了“增强防灾意识珍爱精彩人生”大型户外直播活动，动员了社会群众积极参与，调动了新闻媒体的主动性，宣传效果显著；开展平安中国防灾宣导千城大行动——电影《飞跃地心》公益放映专场活动。二是在出租汽车车载广告、渭南电视台游飞字幕播放刊登“铭记唐山汶川地震教训，保障人民生命财产安全”“加强抗震设防管理，提高震害防御水平”等防震减灾标语。三是按照“六进”要求，对全市各界全方位、各层次社会民众进行地震科普宣传教育，截至年底，全市开展防震减灾科普讲座70余场次。四是积极推进信息公开与网络建设，在中国地震局网、省地震局内外网、市政府网、渭南防震减灾信息网上发布防震减灾动态信息。五是采用请进来走出去的方式，利用群众路线教育实践活动开展“市民进机关”活动，开展防震减灾工作意见征询和防震减灾科普宣教活动，根据征询意见结合实际拟定可行的宣传方案，并积极付诸实施。

渭南市防震减灾日暨纪念汶川地震六周年宣传活动

【应急救援工作】　一是加强应急戒备。落实“属地为主、分级负责、协同配合”的抗震救灾新要求，修订优化应急预案，提高预案可操作性。完善各级抗震救灾工作制度，加强指挥协调、部门联动、信息共享、社会动员等。开展地震应急专项检查，落实各项戒备措施，督促做好隐患排查、抗震加固、物资储备等工作。二是做好预案管理和演练。加强地震应急预案体系建设，强化预案落实，组织开展各类预案演练活动。三是强化队伍建设。加强地震应急专业队伍、现场工作队、志愿者队伍建设，强化培训和演练，提高应急救援能力。

（刘　婷）

民族宗教

渭南市民族宗教事务局

党组书记、局长　熊绮芬（女）

副　局　长　褚鹏程　魏书萌

纪检组长　路新民

【概况】　2014年，渭南市民宗局被省民委（宗教局）评为全省民族宗教信息工作先进集体，再次获全市目标责任考核优秀等次，局长熊绮芬被省政府表彰为全省第七次民族团结进步模范个人。她撰写的理论文章《宗教事务执法的实践与思考》被《中国宗教》采用，文章中提出的“在执法中坚持刚性执法与柔性教育并举、刚性执法与柔性服务并重、刚性执法与柔性关怀并行和刚性执法与执法水平并进”的工作理念作为创新工作经验推广全国。

【民族团结进步创建】 以加强宣传教育引导为抓手，以“民族团结宣传教育月”和“宗教政策法规学习月”活动为载体，深入开展了民族团结创建“六进”（进社区、进场所、进企业、进机关、进校园、进军营）活动、流动少数民族群众“六送”（送政策、送健康、送安全、送法律、送药品、送技能）服务，提升创建了28个民族团结进步示范社区，并组织召开了全市民族团结进步创建工作推进会，进一步增强了民族宗教界人士爱国爱教意识，促进了民族和睦、宗教和顺、社会和谐。

【少数民族发展资金项目】 2014年争取到少数民族发展资金项目5个，建设资金141万元，创历史新高。截至年底，累计争取到中、省少数民族发展资金项目53个，资金851万元，整合各类资金2000余万元，修建农村道路85公里，人畜饮水工程4座，渠系5条、便民桥2座、电网配套工程1个，项目惠及11个县（市、区）的47个村组，进一步改善了少数民族集中居住区的生产生活条件。

【民族传统体育运动会】 在陕西省第六届少数民族传统体育运动会上，渭南市体育健儿发扬顽强拼搏、勇夺第一的精神，取得了3金7银10铜的骄人成绩，实现了在历届全省少数民族传统体育运动会上奖牌数量的历史性突破，获得了“优秀组织奖”“体育道德风尚奖”“表演奖”的全部奖项，实现了赛事和精神文明双丰收。

【和谐寺观教堂创建】 积极开展了创建和谐寺观教堂活动，促进了宗教活动场所的规范化建设。首创制定了《关于加强宗教教职人员年审备案管理的意见》，对全市394名宗教教职人员进行了年度审验。认真贯彻落实国家宗教管理局等中央10部门《关于处理涉及佛教寺院、道教宫观有关问题的处理意见》，有效规范了佛道教场所管理。

【治理乱建庙宇专项工作】 扎实推进治理乱建庙宇专项工作，深入11个县市区31个镇（办）57个村进行了全面督查，按照“一边摸底、一边规范、一边治理”的办法，分类施策，综合治理，遏制了私设乱建现象，并结合渭南实际制定了《民间信仰活动场所登记管理办法》，为进一步依法整治、坚决遏制乱建现象奠定了坚实基础。

【基督教私设聚会点治理】 在全省率先完成了基督教私设聚会点治理工作，摸排出的109处私设聚会点进行了分类集中整治，其中设立开放固定活动点5处，分类整合“以堂带点”39处，依法取缔家庭祷告点60处，整改限制活动5处。

（梁　森）

关心下一代工作

渭南市关心下一代工作委员会

主　　任　郭勇格

常务副主任　梁星浩

【学习和践行社会主义核心价值观】 年初，市关工委和市教育关工委编写了《宣讲提纲》《核心价值观75题问答》。7月，举办“全市青少年学习和践行社会主义核心价值观知识竞赛”。全市共动员“五老”1396名，宣讲2372场，受教育青少年

344304 名。市关工委本着落小、落细、落实的原则，通过调研，围绕爱国、敬业、诚信、友善分别提出贴近青少年实际的“五要”要求，便与践行，收效良好。

市关工委主办的全市青少年学习和践行社会主义核心价值观知识竞赛

【农家书屋建设】 2010 年以来，市关工委动员、带领全市各级关工委和广大“五老”，在协助文广新局、新华书店完成以 1500 册藏书为标志的全市农家书屋全覆盖之后，又在市文明办、文广局、新华书店大力支持下，奋斗 5 年，建成藏书 3000 册以上农家书屋 2370 个，占全市书屋 3083 个的 76.9%。万册以上书屋 79 个。涌现出华阴、潼关、韩城、白水、合阳、富平 6 个书屋建设先进县和一批全国、省、市级示范书屋和优秀书屋管理员。一是依靠党政领导支持。5 年来，市委常委会每年听取市关工委工作汇报，肯定书屋建设。市委、市政府发出 76 号文件，要求在全市“推广潼关经验，加快农家书屋建设”。二是市关工委积极与文广局、新华书店配合。努力做到在位不越位，帮忙不添乱，遇到问题、困难，主动登门沟通，从而赢得他们的支持。富平、白水、华县、高新区等县（区）关工委，先后争取资金数百万元，使书量有了突破性的增加。三是带领广大“五老”主动作为。5 年来，各级关工委带领广大“五老”，围绕书屋“八有”标准，积极发挥作用。以增书量为重点建好书屋。采取的方法主要是村上买、村校合、部门社会捐、企业赠、网发帖、多方助等。共筹措资金 1456.76 万元，购捐书籍 3256293 册。四是坚持建管用“三结合”。当书屋建设打开局面的时候，市关工委适时召开办好书屋经验交流会。当书屋建设进入快车道的时候，又及时制订《渭南市农家书屋管理细则》，印发全市书屋遵照执行。全市共有书屋管理员 2404 名，培训 27325 人次，47.2% 有了工作补贴。当书屋大部分已经建起的时候，市关工委举办了“农家书屋圆了我的小康梦”演讲赛，来自全市 12 名选手，通过自己学科技、增收入的感人事迹，展示了新型农民的风采。五是发扬求真务实作风。市和县、镇关工委 5 年来，抓点带面，共抓典型 96 个。市关工委先后 7 次到 11 个县（市、区）调研指导面上书屋建设，到 86 个书屋解剖麻雀，总结经验。在书屋验收上，要求按“八有”条件逐个验收。对于上报的万册、5000 册书屋，要求实名上报。市关工委调研时抽查看点，力戒浮夸。

【“五好”基层关工委创建活动】 2014 年，各县（市、区）关工委采取有力措施，明确要求，狠抓落实，运用典型，带动全局。各级关工委都能对照标准，抓班子、抓队伍、抓制度、抓创新、抓活动、抓效果。市关工委及各县（市、区）关工委都出台了各自创建“五好”关工委的长效机制，初步实现新常态。全市累计命名挂牌和申报验收的关教先进村（社区）895 个，比上年增加 45 个，验收命名挂牌的“五好”关工委累计 478 个，比上年增加 152 个。

【为青少年成长办实事】 一是关爱留守儿童工作在坚持中创新。全市 24088“五老”结对帮扶留守儿童 28036 名。二是“五老”网吧监督工作实现常态化。市关工委联合文广局等对在网吧监督工作中做出优异成绩的70名优秀网吧监督员及3家绿色文明网吧进行表彰并在《渭南日报》刊登。一年来,全市660名“五老”网吧监督员,累计监督网吧55216次,劝离进入网吧的未成年人4582人次,帮助教育134名网吧业主纠正错误,有效地遏制了未成年进入网吧现象。三是“蛋奶工程”义务教育监督有序运行。全市1486名“五老”监督员,对925所实施“蛋奶工程”学校的监督工作,实现了“两个全覆盖”,保证了34万名中小学生中,没有发生不安全问题。四是助学帮困力度不断加大。一年来,各级关工委主动作为,整合社会资源,共筹集资金479.56万元,衣物、学习用品21680件,资助贫困学生12171名,并介绍劳务输出农村青年110782名。市关工委连续8年每逢“六一”儿童节慰问市儿童福利院的孤残儿童。

【自身建设】 一是市关工委建立关教理论研究室以来,组织撰写论文15篇,其中7篇入选省关工委编写的论文集,1篇入选《全国关心下一代工作理论文集》。二是市关工委上报省关工委两个“品牌”:“市、县、镇、村四级联动,开展创建关教先进村活动”“一年一个主题,有针对性地开展未成年人思想道德教育活动”,其中一个品牌选送中关工委。三是市关工委办公室在职人员参加市委老干局安排的群众路线教育活动,经过学习教育、整改剖析、建章立制三个阶段,全面完成群众路线教育活动的各项任务。四是编印《渭南市关心下一代工作》6期,在《渭南日报》刊登《托起明天的太阳》4期。2014年再次获全国关心下一代宣传报道和《中国火炬》征订标兵单位称号。

(杨秦锋)

大荔带把肘子

大荔带把肘子是陕西大荔经典的汉族名菜,属于秦菜系蒸菜类。《中国菜谱》秦菜部分把其列为第一名菜。作酒菜、饭菜均可。以香味突出,色、香、味、形俱佳著称。色泽枣红,如把柄,故称“带把肘子”。它的用料别致,不同于其它肘菜。肘子带骨带蹄,成菜如丘,造形别致、丰满,堪称“盘中一王”。大荔带把肘子为明朝弘治年间同州城里厨师李玉山创制。

人 物

先进模范人物

陕西铁路工程职业技术学院党委书记王晖

王晖 男，中共党员，教授职称，1982年参加工作，任陕西铁路工程职业技术学院党委书记，兼任中国物流行业职业教育教学指导委员会委员、中国职业技术学会轨道专业委员会副主任、陕西省高职高专学会副理事长、陕西省职业教育协会常务理事。曾任西安理工大学理学院院长、人事处长、高等技术学院院长，西安仪表工业学校校长等职。先后获得陕西省首届工科数学教师讲课比赛一等奖、陕西省优秀教学成果一、二等奖、第五届霍英东基金会高等院校教师教学奖、陕西省职业教育先进个人、陕西省职业教育杰出校长等多项奖励及荣誉。

王晖从事教育教学及管理工作31年，从事职业教育16年。在16年的职业教育奋斗历程中，在西北职教热土上，他默默耕耘，孜孜开拓，用自己的勤奋和执著谱写了辉煌篇章。他爱岗敬业，争做职教工作典范，把曾经观念落后、办学条件差的学校转变为国家级重点中专；他创新理念，引领学校特色发展，科学确定了“质量立校、人才兴校、专业强校、特色名校”的办学方针，执著坚持围绕“铁路”办专业，90%以上的毕业生就业于铁路行业，形成了鲜明的办学特色，赢得社会各界的广泛赞誉和好评；他改革进取，探索职业教育新路，构建了基于工学结合、企业深度参与的“两段三结合”人才培养模式，创新提出了“学院对集团公司，系部对分公司，教研室对项目部，教师对技术人员”四级对接的校企合作立体运行机制；他追求卓越，打造陕西职教名片，把一所面积狭小、在校生不足4000人的高职小字辈，打造成两校区运营、规模突破万人、人才培养水平评估优秀、跻身全国100所国家骨干高职院校行列的优秀职业院校。2014年4月25日，教育部、国家发展和改革委员会、财政部、人力资源和社会保障部、农业部、国务院扶贫办六部门联合公布了《关于表彰全国职业教育先进单位和先进个人的决定》（教职成〔2014〕3号），陕西铁路工程职业技术学院党委书记王晖被授予“全国职业教育先进个人”称号。

张福荣 女，中共党员，教授职称，陕西铁路工程职业技术学院测绘工程系主任、党总支书记。怀着对教育事业的热爱和追求，1994年大学一毕业，张福荣就踏上了教育工作这片热土，一干就是20年。作为一名教师，她深深懂得选择这行本身就意味着奉献与牺牲，但她无怨无悔。她始终以高度的责任感和强烈的事业心，恪尽职守，潜心教书，静心育人，出色完成了各项工作。作为陕西铁路工程职业技术学院工程测量技术专业的带头人，张福荣带领她的年轻教师团队近年来在测绘工程教学方面潜心钻研，创新发展，逐步探索出一条特别适合快速提升职业技术院校大学生动手能力的教学新路子。她主导的《高职铁道工程技术专业测量课程教学改革与实践》获陕西省高等教育教学成果一等奖；主讲的《线桥隧施工测量》被评为省级精品课程；开发的7门课程被学院评为精品资源共享课。她领导的测绘教学团队被评为省级教学团队；中央财政支持的工程测量技术专业顺利通过国家验收；毕业生综合素质获得用人企业的高度认可，连年供不应求。2012和2013年，她率领学生两次代表陕西省参加全国职业院校技能大赛测绘测量竞赛，连续捧回了四个单项一等奖和一个二等奖、一个三等奖。由于业绩突出，她已先后获得陕西省“五一巾帼标兵”、陕西省教学名师等荣誉称号，多次被学院评为优秀教师、优秀共产党员、师德先进个人、优秀班主任，连续多年年度考核优秀。她还负责并参与国家级高速铁道技术、工程测量技术专业教学资源库建设等工作，被陕西省教育厅聘为职业院校技能大赛中职组评委、陕西省职业技能鉴定指导中心聘为工程测量专家。

张福荣(左一)指导学生测绘实习

2014年8月29日，教育部下发《关于表彰全国优秀教师和全国优秀教育工作者的决定》(教人〔2014〕3号)，对1798名全国优秀教师、200名全国优秀教育工作者进行了通报表彰。陕西铁路工程职业技术学院测绘工程系主任张福荣被授予“全国优秀教师”荣誉称号。

梁星浩　2001年，梁星浩从渭南市人大常委会副主任岗位上退休后，到渭南市关心下一代工作委员会工作，任常务副主任。13年来，他牢记党的根本宗旨，秉承艰苦奋斗的作风，心系下一代，不求名和利，争做党和人民满意的公仆，先后获全省未成年人思想道德建设先进个人，全省离退休干部先进个人，全省、全国关心下一代先进工作者，渭南市第三届十大道德楷模称号。他的先进事迹主要有以下几个方面。

一、信念坚定、严谨勤勉的学习态度。他对党忠诚、勤奋学习、积极进取，从上世纪60年代初写第一份入党申请，到正式加入中国共产党11年间，他坚持不懈，从不气馁，先后递交入党申请书10多份，终于在1971年10月成为中国共产党员。几十年来，他人生路上不停步，在纪念建党92周年时，他写了一篇《坚定信仰永跟党走》，重申了一名老党员永远对党、对共产主义理想的忠诚。参加工作43年来，30多次被评为先进个人、优秀共产党员。他是一位学习型的党员干部，能坚持学政治，永保清醒头脑，学理论，提高自身素质。他勤奋刻苦，每天坚持读书看报，做笔记搞剪贴。他认真学习中国特色社会主义理论和习近平同志系列讲话。在市关工委工作13年间，记学习笔记近20万字，写各类学习调研材料10余篇。他十分注意联系实际，总结关工委工作经验，创新工作思路。他提出的“看大局是方向、抓基层是重心、重调研是动力、创品牌是方法、建阵地是载体、办实事是着力点”工作思路，得到省关工委的肯定。“适在自学，学在不躁；事在人为，为在不懈”，这既是他自勉的格言，也是对他好学上进的写照。

二、以身作则、主动作为的工作激情。他退休后，满腔热情地投身关心下一代工作，具有强烈的事业心、责任感。他立足长远、着手当前，精心安排指导全市的关心下一代工作，亲自写工作安排，精心修改总结报告，组织领导班子和办公室人员，坚持每年两次深入各县（市、区）和基层村（社区、学校）进行调研，13 年来共深入 283 个乡村、社区、学校。他边看边听边问，掌握第一手材料，每年都形成一批好的调研报告和典型材料，在面上推广。他主动作为，勤于思考，围绕未成年人思想道德教育和建设社会主义新农村，坚持 13 年，打造出在全省以至全国有较大影响的“一年一个主题，有针对性地开展未成年人思想道德教育”和“市县镇村联动，开展创建关教先进村”两个品牌。2014 年初，他按照习近平总书记加强对青少年进行社会主义核心价值观教育的指示，提出在全市开展争当爱国、敬业、诚信、友善小公民活动。先后编辑《社会主义核心价值观 75 题问答》，编写开展活动宣讲提纲，组织 1396 名宣讲员，宣讲 2372 场，受教育青少年 344304 名。市上还举行了核心价值观知识问答竞赛。近 9 年来，围绕品牌抓“图书室，科技学校和家长学校，演唱队、秧歌队、体育队”等阵地建设，先后召开了 5 次现场会。每次现场会前他都深入农村搞调研，掌握具体情况，撰写经验材料和工作报告，提高了现场会的质量，有力地指导了面上工作发展。截至年底，已创建关教先进村 850 个、五好关工委 326 个、图书室 3085 个、科技学校 2635 个、家长学校 2014 个、“三队”6887 个、爱国主义教育基地 358 个，成为关心下一代工作的好载体、好平台。2010 年，他主动争取市委主要领导支持，市委常委会决定，为每个县关工委增加经费 10 万元，基本解决了全市关工委工作的“瓶颈”问题。多年来，他积极配合县关工委，争取组织部门的支持，为 7 名在职年轻干部解决了职务晋升问题。一位老领导说：“正是像梁主任他们这样的工作激情，点燃了秦东大地关心下一代工作的熊熊火炬”。在他的带领下，市关工委先后分别两次获全国、全省关心下一代工作先进集体称号，两次被省委、省政府授予未成年人思想道德建设先进单位。2009 年 9 月，中关工委在渭南市召开带现场会性质的宣传工作会议。全国人大原副委员长、中关工委主任顾秀莲出席并讲话。

三、民本情怀、积极奉献的道德情操。他从来不忘自己是农民的儿子，始终情系群众，用他的话说，就是“说实话、干实事、出实绩，争做党和人民满意的公仆”。特别是近 5 年来，他急党政所急，想青少年所需，尽关工委所能，带领全市各级关工委和“五老”24872 人，关爱留守儿童 39334 名；组织“五老”1580 名，担任监督员，监督 879 所学校“蛋奶工程”，保证 29 万学生食用安全；组织“五老”650 名，担任网吧监督员，对 415 个网吧进行监督。他个人先后默默无闻资助贫寒生 2 人，每学期每人 200 元，坚持了 3 年。面对两个单亲家庭的孩子，他主动和市慈善协会联系，为他们争取资金 3000 元。面对患白血病生命垂危的一名小学生，他积极组织市关工委全体同志捐款，同时给市委写了《送阅件》，使她得到资助，病情好转，恢复上学。面对市福利院的残疾儿童，他和市关工委同志坚持 7 年，每年“六一”儿童节带着礼品看望他们。华县遭水灾后，他带头捐款 1000 元，又以关工委名义给受灾小学捐款 10000 元和 4500 本图书。2012 年他积极和临渭区杜桥办联系光运房地产公司捐款20万元，资助即将入学的贫困大学生37名。去年他参加合阳县召开的捐资助学现场会，当即捐款1000元。在渭南市委老干部系统开展党的群众路线教育实践活动中，他作为一名退休干部，始终关注此项活动，并应邀给局系统全体党员干部做了一场《当公仆做好人》的专题报告会，以自己的人生工作经历诠释了一名老党员老干部心系党，心系人民，在任何困难面前始终保持一名共产党员的本色的精神。受到局系统领导和同志的好评，并被树立为全市老干部系统全体党员干部身边的典型人物、学习榜样。

四、严于律己、忠孝两全的人生追求。他担任过不少重要职务，但心中时刻牢记自己是一名人民公仆，牢记全心全意为人民服务是根本宗旨。他的为官历程，也是他自觉自愿当公仆、坚持不懈当公仆、奋发有为当公仆、清正廉洁当公仆的历程。他常怀"政者正也，子率以正，孰敢不正"的古训和敬畏之心，树立正确的权力观、金钱观。用权，他奉行天理国法人情；金钱，他奉行不义之财不可取。他长期担任领导职务，但孝亲敬老的本色不改。2009年，年逾九旬的母亲不慎跌倒骨折后，卧床不起，生活不能自理。他看在眼里，急在心里，召集弟弟妹妹制定了"三家管护，一家保障，每班十天，轮流陪护"的责任制，做到不嫌不弃，精心护理。在他护理母亲的220天里，人不离老人左右，常和母亲聊天、拉家常，消除老人寂寞感、孤独感，温暖老人心。他用行动带好头。老伴做饭、洗衣、拆洗被褥；他陪护、看病、打扫卫生、清洗尿布。为了不使老人生褥疮，他坚持及时更换尿布，平均每天洗十四五块尿布。每年寒冬，他手肿裂子多，但从不叫苦。在他和弟妹们的共同努力下，医生断言只能活三四个月的母亲，高高兴兴地活了近两年。镇上领导称赞他是"全镇的大孝子"，并获全市第三届十大道德楷模（孝亲敬老）称号。2014年9月梁星浩被中组部授予全国离退休干部先进个人称号。

郗莉 女，1976年11月生，中共党员。1994年8月参加工作，现任渭南市临渭区南塘小学校长，小学高级教师。

郗莉作为全国获奖教师代表参加表彰大会

自参加工作以来，郗莉始终坚守在教学一线，以自己的勤奋敬业、恪尽职守、勇于创新，成效突出赢得了大家的广泛认可。她先后被评为全国模范教师、全国优秀班主任，陕西省学科带头人、陕西省教学能手、陕西省优秀班主任、陕西省优秀少队辅导员、陕西省教学新秀、陕西省中小学课堂教学改革先进个人、陕西省骨干教师，渭南市教学能手、渭南市十佳少队辅导员、渭南市优秀教研员、渭南市"三三"人才、渭南市三八红旗手，临渭区优秀教师、临渭区拔尖人才等荣誉称号。2011年12月被陕西省教育厅聘为"陕西省教学能手创新教学大课堂示范课"授课教师、先后前往宝鸡市、榆林市、安康市送教；2012—2014年被聘为陕西省"名师大篷车"专家组成员，先后前往西安、榆林、安康、商洛、宝鸡等地送教；2012—2015连续四年被聘为陕西省教学能手评委。曾两次在国家级语文研讨活动中进行示范教学，录像课被制作成光盘在全省发行。2014年教师节作为全国获奖教师代表受到习近平、李克强等党和国家领导人的亲切接见。学校也在她的引领下，教育教学工作取得一项又一项的荣誉。

在潜心钻研课堂教学的同时，郗莉特别注重总结教学中的点滴体会，撰写的《朴实中彰显智慧》等8篇研究论文分别在《小学语文教学》《2011年陕西省中小学教学能手优秀教学设计集》上发表；《细节，使语文课绽放美丽》等十多篇论文在省、市评比中获奖；辅导的教师和学生中，有40多人次在省、市论文及作文比赛中获奖。还承担了省《新课标优化高效一课三练》教辅的编写并出版发行。

除此之外，她主持参与了全国教育科学规划2010年度教育部重点课题“创设和谐家庭教育环境对子女健康成长的影响实践研究”、陕西省基础教育教学研究2012年度微型课题“提高学生习作修改能力的策略研究”、陕西省2012—2013年度中小学教师队伍建设重大招标课题“陕西省中小学校本研修评价机制研究”等课题的研究，并在教育教学实践研究过程中得到专家学者的一致好评。

作为校本教研和教师在岗培训的组织者，作为陕西省首批学科带头人培养对象，郗莉始终将“关注课堂教学与教师的成长需要”作为自己追求的目标。在追求梦想的路上，她用自己的实践，不断丰富、促进学校的教学研究。经过了4年的研磨，南塘小学最终形成了“双轨四步”生本课堂教学思路。“双轨”是指课内和课外两条线。“四步”是指学生由浅入深要经历的四个轮次的学习过程。生本理念、生本课程、生本课堂的探索与实践得到省专家的肯定，并在全省骨干教师培训会上进行交流。

“人似朗月，心如梧桐”是曾经《渭南日报》在三八妇女节特刊“渭南最美女性”中对郗莉访谈报道的描述。在访谈中，郗莉说她最喜欢的一种树是梧桐，“凤凰鸣矣，于彼高冈。梧桐生矣，于彼朝阳”，作为北方最平凡的一种树，梧桐能在任何地方茁壮成长，即使遇到暴风骤雨，也屹然挺立。梧桐，正是象征着郗莉心中对坚强、勇敢、不屈不挠的品性的向往。其实，在学生、同事的眼中，郗莉也正如一株梧桐，带领着大家在爱心和慧心中收获更多的快乐与幸福。

县(市、区)概况

临渭区

区委书记	杨炳拓(2月离任) 杨林(11月任职)
副书记	杨林(11月离任) 郭柱国(11月任职) 王进文
常委	杨炳拓(2月离任) 杨林 郭柱国(11月任职) 王进文 陈根许 崔希文 王小奇 张纪平 王东亮 党发顺 柴芳侠 吕拥军
区纪检委书记	张纪平
区人大常委会主任	安申生
副主任	陈广义 弋经建 姜雪芳 王耀生
区长	杨林(11月离任)
代区长	郭柱国(11月任职)
副区长	陈根许 王小奇 徐 俊 杨美玲 王永宏 段洪涛 党根朝 郭兴林(10月离任)
区长助理	秦迪(11月离任)
区政协主席	王锁牢
副主席	张 萍 冯建平 李 由 权佩亮 屈忠敏(1月任职)

【经济概况】 围绕"打造经济强区、构建和谐临渭"总目标,突出抓好中心城市管理、城市改造与服务业、现代农业三大重点,做优城区、做强园区、做大景区,加快推进服务业现代化、新型城镇化、农业产业化和城乡一体化进程,促进全区经济社会又好又快发展。全区生产总值完成224.92亿元,同比增长11.3%。其中,第一产业实现增加值33.61亿元,同比增长4.9%;第二产业实现增加值90.11亿元,同比增长13.8%;第三产业实现增加值101.20亿元,同比增长10.8%。万元生产总值能耗降至0.7983吨标煤。临渭区在市委、市政府组织的年度目标责任考核中获评优秀等次。

【农业】 按照塬区沟坡浅山台阶地发展核桃杂果,塬面发展苹果、猕猴桃、香菇,渭河两岸、湭河川道发展时令蔬菜,渭北东部地带发展酥梨、棚瓜、蔬菜,渭北西部地带发展优质粮棉、冬枣、葡萄、奶牛养殖的产业布局,实施粮食增产增收、果业提质增效、畜牧业倍增和设施蔬菜建设等6大农民增收工程,建成以官路、官底镇为重点的渭北各镇蔬菜生产区。初步形成葡萄、核桃、猕猴桃、香菇、冬枣、奶牛、生猪、奶山羊、肉鸽、笼养鸡10大特色产业基地。年末,全区建成国家级"一村一品"示范镇1个(官路镇),省级"一镇一业"示范镇8个。建成"一村一品"示范村160个。其中,国家级2个(下邽镇见庄村和官道镇武赵村),省级59个。全年培养新型职业农民 301 名,发展认定家庭农场 137 个。全区市级以上农业产业化龙头企业发展到 39 家,其中省级 13 家。农民专业合作社 783 个。其中,国家级 5 个,省级 8 个,市级 2 个。拥有社员 3 万多户。

全区农林牧副渔服务业总产值完成 58.23 亿元,同比增长 4.8%。其中,农业产值 40.29 亿元,增长 5.2%;畜牧业产值 15.08 亿元,增长 3%;林业产值 6402 万元,增长 6.8%;渔业产值 1200 万元,增长 9.5%;农业服务业产值 2.1 亿元,增长 9.6%。

全年农作物播种面积 9.51 万公顷,较上年减少173.33公顷,同比下降 19.05%。粮食作物以小麦、玉米为主。全年粮食作物播种面积6.72万公顷,较上年减少 1.71 万公顷,下降 20.34%;粮食总产 27.54 万吨,下降3.69%。其中,夏粮面积 4.33 万公顷,较上年减少 173.33 公顷,同比下降 0.39%;夏粮总产 16.88 万吨,增加 1.20 万吨,同比增长 7.73%。秋粮面积 2.39 万公顷,减少 0.16 万公顷,同比下降 6.4%;秋粮总产 10.65 万吨,减少 2.24 万吨,下降17.36%。蔬菜面积 1.64 万公顷,较上年减少 0.35 万公顷,下降1.17%;产量52.75万吨,减少0.46万吨,下降0.86%。棉花面积 0.54 万公顷,较上年减少 140 公顷,下降 1.17%;产量 6863 吨,减少 993 吨,下降 12.64%。油料面积 0.26 万公顷,较上年减少 86.67 公顷,下降 3.23%;产量 4775 吨,减少 460 吨,下降 8.79%。瓜类面积 0.35 万公顷,较上年减少 0.12 万公顷,下降 25.6%;产量 29.01 万吨,减少 2.62 万吨,下降8.28%。水果面积1.94 万公顷,较上年增加 506.67 公顷,同比增长 2.68%;水果总产 21.77 万吨,减少 3.15万吨,下降12.79%。其中,苹果面积 0.21 万公顷,较上年减少 273.33 公顷,下降 11.61%;产量 5.81 万吨,减少1.04万吨,下降15.21%。酥梨面积 0.25 万公顷,较上年减少 286.67 公顷,下降 10.12%;产量 6.75 万吨,减少 0.71 万吨,下降 9.55%。

畜牧业以猪、羊、牛、兔、鸡为主。畜牧业产值占农业总产值比重的 25.9%。全年新增规模养殖场 43 个。新确立的 3 个畜牧园区建设进展顺利,其中渭南吉源禽业科技有限公司年产 400 万只育成鸡园区完成投资 500 万元,建设 8 栋标准化育成鸡舍,存栏青年鸡 12 万只;陕西上元生态畜牧发展有限公司 5 万头生猪标准化园区完成投资 1600 万元,建成猪舍 16 栋,存栏种猪 1300 头,育肥猪 5000 头;渭南市神牛牧业有限公司 1000 头奶牛养殖园区,完成投资 800 万元,建成牛舍 8 栋,存栏奶牛 660 头。申报陕西现代畜牧业示范区项目 12 个。其中,生猪建设项目 6 个,奶山羊项目 3 个,肉牛项目 1 个,生猪技术服务项目 1 个,畜禽示范项目 1 个,宝迪集团渭南现代农业园区 10 万头原种猪养殖项目 1 个;申请省级财政资金 900 万元,其他资金 3.07 亿元,合计 3.17 亿元。全年肉类总产量 3.15 万吨,较上年增加 652 吨,增幅 2.12%。禽蛋产量 2.93 万吨,较上年减少 583 吨,减幅 1.95%。奶类产量 11.55 万吨,较上年增加 247 吨,增幅 0.21%。年末生猪存栏 26.53 万头,较上年减少 0.56 万头,减幅 2.06%;其中能繁母猪 3.2 万头,减少 524 头,减幅1.61%。渔业以水库、池塘养鱼为主。全年水产品产量 500 吨。

农机跨区作业是临渭区农机化工作的一大亮点。年末,全区拥有农机总动力 77.14 万千瓦,拖拉机 9260 台,其中大中型拖拉机 5005 台。拥有拖拉机配套农机具 22730 台套;其中播种机 5868 台,旋耕机5018台,机引犁3113台,秸秆粉碎还田机1310台。拥有联合收割机4342台,其中玉米联合收割机964台。“三夏”“三秋”期间,全区投入7.3万多台(套)农机具。全年完成机耕面积9.36万公顷,机播面积9.45万公顷,机收面积8.2万公顷,机械化秸秆还田面积7.83万公顷,其中3560多台联合收割机参加川、鄂、鲁、豫、晋、新、甘、宁等跨区作业,跨区作业面积0.56万公顷。乡村农机从业人员3.39万人,农机经营总收入5.13亿元,经营纯收入2.98亿元。其中,跨区作业经营收入2.14亿元,带动劳务输出1.18万人次,促进农民增收9880万元。

【工业】 推进小微企业创业园建设,开建天然气场站、园区服务中心;光武大道、建业路建成使用,水站供电完成设备安装,南区电网接电,小微企业创业园水、电、路等基础设施配套到位,小微企业创业园粗具雏形。年末,园区进驻环保型企业20户,合同引资9亿元。其中,在建企业11户,累计完成投资3.5亿元;建成投产企业5户。按照“大小并举、内外并重”原则,支持规模企业提速增效,扶持中小微企业加速发展。全年登记各类企业1331户,新增规模以上工业企业7户。年末,全区规模以上工业企业发展到39户。其中,央属企业1户、省属企业1户、市属企业2户、区属企业35户。全区规模以上工业企业累计完成总产值74.98亿元,同比下降0.48%;总产值增加2497万元,增速较上年下降14.57个百分点。实现销售产值74.38亿元,同比增长1.23%,产销率为99.18%。从隶属关系看,中央、省、市属企业完成工业总产值57.52亿元,同比增长7.35%;临渭区属企业完成总产值17.46亿元,同比下降19.79%。

【建筑业】 全区拥有房地产企业38个,同比增长11.8%;房地产开发投资完成33.92亿元,同比增长9.33%。商品房施工面积422.55万平方米,同比增长0.9%;商品房竣工面积10.21万平方米,同比增长17.5%;商品房销售面积106.04万平方米,同比增长0.52%;商品房销售额36.84亿元,同比增长2.79%.

【固定资产投资】 全区全社会固定资产投资完成245.06亿元,同比增长31.1%。其中,固定资产投资完成217.3亿元,同比增长23.44%;跨区域项目投资完成22.5亿元,是上年的3.17倍。农村私人建房投资完成5.26亿元,同比下降4.16%。分产业看,第一产业完成9.44亿元,是上年的1.53倍;第二产业完成18.41亿元,同比增长10.45%,其中工业投资完成5.64亿元;第二产业完成189.45亿元,同比增长21.73%,其中项目投资完成183.38亿元,同比增长21.73%。固定资产投资在全市一季度和三季度考核中获红牌表彰。

【商贸】 电子商务、物流配送、连锁经营等新型商业业态发展迅速。拥有稼丰渭南物流园、渭北农副产品物流仓储配送中心、下邽渭北葡萄保鲜物流中心、渭南商贸物流园等企业50多个,建成渭南燕兴(汽车、摩托车经销)、恒基商业中心、国贸商厦、祥和建材家居城、光明大酒店、威尼斯影城、上岛咖啡、乐天聚生态酒店、渭北葡萄产业园生态酒庄、信达中心商务区、仓程路商业街、华润万家购物中心、桃园·美莎国际酒店、必捷滑雪场和老街美食文化城等消费娱乐中心200多个。全年新培育限上商贸流通企业18户,新增个体工商户3326户,建成镇级超市1个。年末,全区拥有限上商贸流通企业82个,同比下降2.4%。其中,批发零售企业56个,增长1.8%;住宿餐饮企业26个,下降10.3%。全区拥有限上商贸流通个体经营户16个,同比增长45.5%。其中,批发零售个体经营户5个,增长25%;住宿餐饮个体经营户9个,增长28.6%。全区累计实现社会消费品零售总额82.35亿元,增长14%。全区有外资企业3户,外贸进出口企业6户。主要生产、经营的产品有金属镁、富马酸、罐头等5类10余种。全区外贸进出口总额累计完成4360万美元,超额1.4%完成市对区下达的任务,同比增长0.95%。

【财政金融】 全区财政总收入完成13亿元,同比增长9.36%。其中,上划中央4.56亿元,上划省上1.9亿元,上划市上2.96亿元。地方财政收入完成3.57亿元,同比增长10.4%。其中,税收收入3.05亿元,同比增长13.43%。全区财政支出累计32.6亿元,同比增长1.12%。

年末,中国人民银行、中国银行、农业银行、工商银行、建设银行、农业发展银行、邮政储蓄银行、长安银行、陕西省农村信用合作社联合社、中信银行、上海浦发银行、交通银行、西安银行13家银行或金融机构在境内开设分行或办事机构。全区金融机构各类贷款余额214.06亿元,较年初增加17.62亿元,同比增长10.31%;金融机构各类存款余额486.07亿元,较年初增加28.78亿元,增长6.7%;城乡居民储蓄存款余额253.82亿元,较年初增加22.77亿元,增长10.21%。辖区拥有各类(财、寿)保险公司30多个。拥有证券公司6家7个营业部,证券市值22.03亿元,同比增长44.55%。

【文化】 以创建国家公共服务示范区为目标,完善现代公共文化服务设施和服务网络,免费向社会开放公共文化服务设施,提升城市文化品位,开阔市民文化视野。投资1500多万元,开工建设区文化中心项目;投资50多万元,对区图书馆、文化馆进行提升改造;总投资270万元的阳郭镇综合文体中心完成主体工程建设。创办临渭区文艺类刊物《三贤文苑》,全年发行4期6000册,刊载文章280多篇。区图书馆全年365天无节假日全天候免费开放,周开馆68小时。持证读者5000余人,全年接待读者6万多人次,流通量8万册次;区文化馆每天免费对外开放8小时,周开馆42小时,全年接待活动群众2600余人次。全年组织开展“送戏下乡文化惠民”演出、非遗项目展演、“信达激情广场群众欢乐舞台”、首届秧歌大赛、第二届锣鼓和广场舞大赛、“四进”零距工程服务、欢乐周末大家唱夏季纳凉晚会等群众性文化系列活动130多场次。年末,全区有艺术表演团体5个,从业人员300多人,文化馆1个,艺术表演场馆1个。有公共图书馆1个,建筑面积1500平方米,馆藏电子图书1万册、纸质图书10.3万册件,期刊杂志209余种、地方文献3500余册、编目图书2万多册,收藏古籍432种2400余册,视听资料5000碟片,阅览座位200个,共享服务车1辆。农家书屋431个、社区图书室32个、镇文化站(文体中心)17个、文化信息共享点6个,社区文化共享基层服务点23个。有经营性文化事业单位4个,电影放映队28个,全年放映农村公益电影6144场,科教影片50多场。有博物馆1个,建筑面积1500平方米。年内出土、接收、收缴文物46件,馆藏文物增加到3140多件,其中,珍贵文物73件。

【教育】 投资1475万元,完成北塘小学综合楼建筑面积7803平方米;投资1743万元,完成南京路初中综合楼、公寓楼餐厅建筑面积8297平方米;投资597万元,完成韩马小学教学楼建筑面积2688平方米;投资785万元,完成负张小学教学楼建筑面积4043平方米;投资819万元,完成西张小学综合楼及室外工程建筑面积1300

平方米。投资1400万元建设32所学校食堂5260平方米,年末小伙房项目完工。投资735万元,改建幼儿园6所,附设幼儿园2所,改建面积1.12万平方米。投资1300万元,完成爱国主义教育活动基地——渭南市示范性综合实践基地项目第一期工程并投入使用,建筑面积1700多平方米。在城区推行大学区制,通过“合并式”“合作式”形式,在城区组建11个教育发展共同体,其中,高中2个、初中3个、小学6个。年末,境内有省属普通本科高校1所(渭南师范学院),教职工1240多人,其中专任教师900多人;全日制在校学生1.7万多人。省属高等职业技术学院1所(陕西铁路工程职业技术学院),拥有博士、硕士研究生230多人,教授、副教授100多人;在校学生1.3多万人。公办全日制高等职业技术学院1所(渭南职业技术学院),教职工900多人,其中专任教师560多人;在校学生7000多人。中等职业教育学校16所,教职工1130多人,在校学生9000多人。普通高中10所(民办2所,公办8所),其中,省级示范高中2所,省级标准化高中5所;教职工1570多人,在校学生26140多人。初中35所,教职工2030多人,在校学生27748人。小学150所(民办8所),教职工2400多人;在校学生43350多人。幼儿园194所(民办155所),教职工2605人,在园幼儿24365人。学龄儿童入学率100%,初中毕业入升学率100%,普通高中入学率97.5%。全区高考报名9520人,比上年减少193人。一本上线1230人,比上年减少165人;二本上线2502人,比上年减少303人;三本上线5004人,比上年减少588人;600分上线人数171人,比上年增加58人。全市文理科状元均为临渭区考生,其中瑞泉中学考生蔺旭东以700分(居全省第21位)摘取桂冠。

【科技】 ①全年组织申报中、省、市各级各类科技计划项目21个,获得立项支持17个。其中,国家级1项,省级6项,市级10项,共争取资金370万元。②全区大荔模式镇级配送中心店发展到16个(含经开区2个)、村级连锁店发展到29家,镇配送中心覆盖率100%,村技术服务覆盖率85%。③全年开展核桃管理技术培训会10场次,受训1000余人;开展葡萄技术培训会2场次,受训2000人。④全年申请专利78件,授权46件,完成技术交易额558万元。

【医疗卫生】 年末,全区拥有医疗卫生机构672个,共设置床位2041张,拥有卫生技术人员3628人,每万人拥有卫生技术人员65人。新型农村合作医疗参合农民63.9万人,参合率99.22%;共筹集基金2.75亿元,其中中、省、市区配套资金应到位2.24亿元,到位率100%。在全区50家医疗卫生机构推行电子监管与基本药物配送三统一(统一采购、统一价格、统一配送)管理模式,采购药品7812万元,其中区级医疗机构采购5266万元。投资400万元建成临渭区公共卫生信息平台。11种疫苗纳入免疫规划,接种覆盖率保持在95%以上,适龄儿童建卡率99.57%,建证率100%。建立居民健康档案82.3万份、建档率90%、电子录入71万份。

【体育】 ①全年实施镇级农民体育健身工程11个,镇级群众健身广场发展到14个,实现全覆盖;实施城市社区健身工程24个,社区群众健身广场发展到54个,实现全覆盖;实施村级农民健身工程54个,村级农民健身工程发展到156个,占村总数的33%。②建立以体育中心为核心,以学校、俱乐部为两翼的竞技体育培训新机制。年内挂牌培训基地9个、训练项目7

个,巩固教练47人、队员396人,为省市输送体育苗子142名,位居全市之首。③巩固提高原有4个协会,新发展冬泳、西张小学协会2个、俱乐部2个。④全年培训社会体育指导员500人,全区社会体育指导员发展到1000人,各个街镇、村社区站点实现全覆盖。⑤城市学校体育设施免费向社会开放。⑥承办全国体育总会发起,省体育局、省水利厅主办的以"美丽渭河动起来"全民健身挑战日为主题的"五二四"全国性大型群众性体育活动取得成功,渭南市以参与人数39.52万人(其中临渭区10多万人)、关注人数3.04万人战胜咸阳市获优胜杯,并刷新此项活动开展以来参加人数最多的全国纪录。⑦10月,组织全区245名运动员参加市第十二届运动会的7大项195小项的比赛,取得金牌174枚、总分4933分,名列全市金牌、总分双第一。⑧6月16日,临渭籍射击运动员武柳希在斯洛文尼亚站举办的射击世界杯女子10米气步枪决赛中,以207.6环的成绩夺取亚军;9月22日,武柳希和队友在仁川亚运会女子10米气步枪决赛中,获团体金牌。

【社会保障】　临渭区城市居民最低生活保障标准每人每月370元,同时对城市低保家庭中8类特殊困难人员实施分类施保。全年累计为5468户次13359人次城市低保对象发放低保金和取暖补贴等各种补助金3801万元。农村低保年保障标准为每人2025元。低保对象划分为极困、特困、贫困3个保障类别,每人每月分别为185元、155元、100元,均比上年提高20元。全年累计为12061户次32865人次发放低保金和取暖补贴等各种补助金4783.89万元。农村五保供养对象1048人,集中供养标准为每人每年供养金5200元;分散供养标准为每人每年4700元。全年发放五保供养金497万元、门诊补助金37.7万元,并按标准全额为其代缴2015年参合基金10.5万元。同时将基本医疗救助对象的救助比例由50%提高到65%,将政府认定贫困对象的救助比例由40%提高到50%。全年为4189人发放医疗救助金2529.6万元,为1104户困难群众发放临时救助金336.82万元。开展城乡医疗救助定点医院"一站式"即时结算服务,1575名困难群众享受"一站式"救助281.6万元。全年为特重大疾病贫困患者1084人发放救助金1123.71万元,其中94人享受年2万元的最高救助标准。全区参加互助保险单位74家5931人,投保52.9万元,理赔涉险职工249人次,赔付金额23万多元。临渭区职工互助保障工作连续三年居全市第一,受到省总工会表彰。

全年申报发放企业军转干部生活困难补助资金241.8万元,为生活困难企业军转干部申请并发放个案救助金3000元;安置军转干部3名、军转干部随调家属2名;申报发放自主择业军转干部冬季取暖费3.84万元。全年接收安置2012年冬季退役士兵及2013年转业士官105名。为7100名各类重点优抚对象发放抚恤补助金2600万元,为912户义务兵家属发放优待金1680万元,为343名2013年冬季退役士兵发放自主就业一次性补助金658万元。全年为55名孤儿发放生活费52万元。

全区拥有敬老院11家,其中,公办敬老院3家、民办养老机构8家。全区敬老院拥有床位966张,入院老人635人。全区参保缴费26.7万人,收缴保费3212.66万元;为8.2万名参加城镇职工养老保险人员发放养老金6995.2万元,为2539名参加农村养老保险人员发放养老金15.68万元。城镇职工基本医疗保险参保3.8万人,征缴医保基金5293万元。参保职工住院6763人次,基金支付4773万元。城镇居民医疗保险参保登记18.9万人,实际参保缴费8.6万人。城镇居民住院4466人次,报销费用1775.71万元。失业保险参保单位291家,参保20934人,征收失业保险基金372万元,为585人发放失业保险金616万元。工伤保险参保19750人,新扩面13家单位673人,征缴基金211万元;享受工伤保险待遇58人次,支出103.3万元。生育保险参保10843人,其中女性4480人。新扩面13家单位406人,征缴基金186万元;享受生育保险待遇347人次,支出58.1万元。

【招商引资和项目建设】 全年参加第十八届西洽会暨首届丝博会、第四届陕粤港澳经济合作活动周、第二十一届中国杨凌农高会、第三届中国西部跨国采购洽谈会、第二届黄河金三角投资合作交流大会等大型会展活动。全年新签约项目17个,总投资99亿元;在建招商引资项目44个,其中新建项目24个,到位资金19.26亿元;续建项目20个,到位资金13.43亿元,累计到位资金32.69亿元,超额5.45%完成任务。建立区级领导包联、部门领导包抓、纪检监察部门包督重点项目的工作机制。全区66个重点项目62个开工建设,完成投资95亿元,占年度计划的100%。新洲华盛城市商业综合体、四季春城、卤阳湖劳教所、渭纺小区综合改造、明泽坊等42个项目超额或全面完成年度任务;玉州花园等15个项目完成年度计划的80%以上;信达现代城B区等5个项目进展相对缓慢;湭河华府等4个项目因规划、设计等原因未开工建设。5个市级重点项目完成投资20亿元,超额5%完成年度计划。108国道改扩建完工,神渭(神木——渭南)输煤管线工程接近尾声,连霍(连云港——霍尔果斯)高速西入口、宁西(南京——西安)二线、渭玉(渭南——蓝田玉山镇)高速等跨区域项目进展顺利。

【中心城市建设与管理】 以文明城市创建为统揽,深化城市精细化管理,主动承接20条道路、13个广场、31万平方米绿化带清扫保洁工作任务。投资1800万元,新建(更换)垃圾桶、果皮箱2890个,增配环卫作业车辆35辆,机械化清扫覆盖城市主干道。依法拆除违法建筑2300平方米,取缔流动摊点和出店占道经营1.2万处,市容市貌干净整洁。完善“一日两扫、全天保洁”清扫机制和“白+黑(白天+晚上)、5+2(5天正常工作日+双休日)”综合执法机制,组建80支志愿者服务队和188支党员义工服务队,创建6条文明卫生示范街,协调140个单位免费开放公厕,开展野广告清理、违规建房整治、渣土车及噪音扰民治理等活动,市容市貌更加整洁有序。59个城建项目完成投资53.4亿元,征收440户10万平方米。盈田村等9个城中村和信达广场等8个片区改造项目进展顺利。编报棚户区改造项目21个,获批政策性贷款17.3亿元。信达广场二期项目完成国有土地房屋征收。实施渭蒲大桥亮化,7天完成解放路北扩62户拆除,解决丰荫村及310国道、东入口等项目1700户征迁安置问题。23个服务业项目完成投资30亿元,招引肯德基、麦当劳、必胜客等100多家品牌经销商进驻辖区,信达街区成为商业中心,桃园·美莎国际酒店建成运营,必捷滑雪场成为全市新亮点。老街美食文化城成为新名片,被省商务厅命名为首批“全省特色美食商业街区”,临渭区被省烹饪协会授予“陕菜之乡”称号。

【现代农业园区建设】 以主导产业为基础,按照“网状规划、规模发展、综合配套、分类提升”的工作思路发展现代农业园区。全年新建现代农业园区5个,总量发展到35个。其中,葡萄示范园区31个,猕猕猴桃示范园区2个,苹果示范园区1个,冬枣示范园区1个;省级示范园区3个,市级示范园区3个,区级7个。累计完成投资4.9亿元,核心区面积0.25万公顷,辐射带动2.4万公顷,形成以葡萄、核桃、设施蔬菜、畜牧业养殖为主的现代农业园区群,园区农民人均纯收入高出全区平均水平。渭北葡萄产业园按照景区标准建成游客服务中心、田园风格农家乐、垂钓池等设施,举办万人采摘、自行车拉力、王木犊欢乐行、浪漫七夕等系列活动,接待游客20万人次,获批国家3A级旅游景区,实现农业园区向景区转变。沁园山庄现代农业科技园完成温室配套设施建设,铺修道路1.5千米,引进新品种水果十余种上万株,被省政府认定为省级现代农业示范园区。现代核桃产业园形成80公顷核心区,硬化、绿化观光大道2千米,建成3处水面景观,休闲观光功能逐步完善。长寿塬猕猴桃现代农业园区被市政府认定为市级现代农业示范园区。滕头园林新增流转土地66.67公顷,栽植各类苗木23万株。必捷现代农业休闲观光示范园流转土地13.33公顷建成滑雪场项目,填补渭南没有滑雪场的空白。现代农业品牌效应显现。注册"慧照""渭乐天""长寿塬"等商标7类16个,其中,"慧照红地球葡萄"入选全国名特优新农产品目录。在国家工商行政管理总局商标局注册"临渭葡萄.cn""临渭葡萄.net""lwpt.net""linweiputao.cn""linweiputao.com""linweiputao.net"6个域名,被省工商局认定为"陕西省著名商标"。官路镇被评为全国一村一品示范镇。年末,全区葡萄、核桃、猕猴桃、设施蔬菜、冬枣面积分别发展到1.67万公顷、1.18万公顷、0.17万公顷、0.8万公顷、0.04万公顷。

【造林绿化】　加快实施渭清公园、湭河景区、老城东部生态公园建设和人行道绿化、公园广场、街头绿地的升级改造。全年完成造林3666.67公顷。其中,新栽核桃1600公顷,建设核桃百亩园25个,完成天保人工造林200公顷、退耕荒山造林133.33公顷、防护林建设333.33公顷、封山育林1000公顷、中幼林抚育1266.67公顷。全区林木覆盖率29.3%,城区居民人均公园绿地面积12.2平方米。渭河北堤农防段全线绿化,建设渭河南堤"花海大地"景观。万亩油菜花、千亩向日葵以及格桑花、二月兰等"花海"景观初步形成。完成南塬绿化三期工程累计栽植核桃573.33公顷,补植大规格侧柏6.5万株,绿化渠路178千米。完成西潼高速公路、108国道临渭段、渭河北堤农防段、310国道临渭段的绿化、补植工作。

【农村清洁工程】　①将农村"清洁工程"作为区对街镇目标考核重要内容,实行区级检查考核、街镇组织实施、村级负责清扫的工作机制。区财政每月投入55.75万元奖励检查排名前八的街镇。督促各街镇健全环卫管理制度,落实"门前三包"(包秩序、包卫生、包绿化)责任,建立村组环卫奖惩办法,实行划片分段包抓机制,构建农村环境卫生长效管理机制。②组织1.5万多人开展"双节双月"集中整治(即1月5日~3月5日为期60天)月及"卫生大清扫、垃圾大清除、三堆(草堆、粪堆、垃圾堆)大清理"等各类整治活动30余次,累计清理"三堆"4000余处,清运垃圾7万多立方米,新建垃圾收集仓和填埋点120个。③围绕"美丽乡村"建设及"渭北葡萄产业园创建国家4A级旅游景区"等活动,督促各街镇整合已有资源和各类资金,完善公共设施和环卫设施,实施农村卫生改厕、户用沼气建设、环境连片整治、村庄亮化绿化等项目,精心打造29个文明卫生示范村。④以农村"清洁工程"常态化管理为目标,以集镇街道、卫生示范村及国省道沿线为重点，对照《临渭区农村清洁工程考核细则(试行)》和“集镇干净、道路通畅、村庄整洁、河渠景美”要求，坚持每日实地检查，发现问题，现场反馈；每周综合得分，跟踪督查，全程督办；每月考核排名，奖优罚劣，黑红榜通报。⑤组织街镇分管领导对全区卫生工作进行交叉检查、观摩联评，调研解剖后进原因、督办落实到位，推动农村“清洁工程”实施。全年发出检查通报12份、整改通知43份，督促存在问题2750个，全区农村环境卫生面貌明显改观。

【大气污染防治】 ①以实施“农作物秸秆机械化综合利用项目”为契机，成立秸秆禁烧及综合利用领导小组和4个巡查小组，宣传推广玉米秸秆机械化还田技术、小麦秸秆捡拾打捆技术、玉米秸秆饲草加工技术等新技术，巡查机械化秸秆综合利用情况，夏、秋两季秸秆禁烧实现“零火点”。②加强涉水企业监管，加快重点减排项目实施进度，推进渭河水污染防治三年行动计划收官任务落实，保证出水达标排放。③开展餐饮业油烟污染和油气回收综合治理工作，安装油烟净化装置餐饮企业120余家，城区40个加油站完成油气回收治理。④开展燃煤锅炉拆改、扬尘专项整治工作。完成4台锅炉烟尘、烟气监测和33次噪声投诉仲裁监测。⑤加大污染防治设施现场监管力度，每月对重点污染防治企业设施检查二次，每月对一般污染防治设施检查一次，全年检查污染防治设施240余次，污染防治设施运行率保持在98%以上。⑥加强放射源和射线装置的环境监管，每月对放射源检查一次，每季度对射线装置检查一次。全年检查140余次，办理辐射安全许可证8家。⑦开展沋河水库水源地一级、二级保护区内游泳、垂钓等行为专项检查和每月上涨渡渭河断面常规水质采样工作，渭河水质达到省考四类标准。开展涉重金属重点行业和医药制造行业巡查工作，依法关停取缔3家电镀企业；开展环境执法后督察工作，对群众反映强烈的孝义镇杜家村铅矿粉厂，依法予以强制拆除。⑧开展废旧塑料拆除专项执法检查，对12家废旧塑料企业实施强制拆除。完成四个季度功能区噪声6个点位、交通噪声80个点位和网络噪声239个点位昼夜24小时的监测工作。⑨在城区各十字路口设立便民祭祀点58处，引导群众文明祭祀。⑩按新标准开展空气质量监测，定期发布PM2.5数据。全年受理各类环境来信来访和“12369”“12345”投诉案件208起，查处率100%，结案率99%。市区空气质量优良达标天数达到220天。化学需氧量和二氧化硫排放量分别削减99.76万吨、55.9万吨，氨氮和氮氧化物排放量为1005.54吨和1289.09吨，二氧化硫、二氧化氮、可吸入颗粒物、降尘强度4项指标分别较上年下降1%。

【人民生活】 落实就业优惠政策，搭建就业招聘平台。全区城镇新增就业9806人，城镇登记失业率控制在2.5%以内。全区农村劳动力转移就业17万人。全年办理小额担保贷款1087户8135.8万元，带动就业3800多人。全年城镇居民人均可支配收入29149元，较上年增加3006元，同比增长11.5%。农村居民人均纯收入8940元，较上年增加1070元，增长13.6%。居民消费价格总水平较上年同期上升1.6%，8大类商品均有所上升。全年新开工保障房13802套。其中，廉租6000套、公租4197套、棚改3605套。累计竣工14066套；累计受理申报对象22000余户，公示17066户，分配入住11992户。完成惠民家园、民生苑、青青家园三期基础设施配套。城市棚户区改造项目11个，签订拆迁安置补偿协议3605户,建设安置房3605套44.57万平方米。年末,城镇居民人均住房建筑面积35.2平方米,同比增长2.2%;城镇居民生活用天然气入户率65.1%,同比增长1.7%。农村居民私人建房投资5.26亿元,同比下降4.16%。

（王俊雄）

韩城市

市委书记	郭志英(5月离任) 杨炳拓(5月任职)
副书记	张建中(12月离任) 冀会康 李智远(12月任职)
常委	郭志英　张建中 李智远　冀会康 张海乾　陈　峰 李兰坤　党福勤 张　喜　雷振宇 李西峰　沙利娜 许明家　孙玉权
市纪检委书记	雷振宇
市人大常委会主任	张建华
副主任	赵耀武　王云章 文养浩 王向珍(8月离任)
市长	张建中(12月离任) 李智远(12月任职)
副市长	张海乾　李兰坤 孙玉权　王凯民 孙虎敬　高成文 冯西英　师选勤 许明家
市政协主席	冯双民
副主席	贾效民　王秀兰 里　民　程印杰

【经济概况】　2014年,韩城市实现生产总值303亿元,比上年增长11.2%。地方财政收入完成17亿元,下降10.6%;全社会固定资产投资完成250亿元,同比增长25%。

【工业】　围绕工业转型升级目标,建设国家级循环经济示范基地,完善规划布局,发展循环经济。龙门生态工业园升级为省级经济技术开发区,实施工业新扩技改项目31个,引进上海宝钢、华电重工世界500强企业。黑猫焦化成功上市。龙门煤化28万吨合成氨、48万吨尿素、添工冶金1,4-丁二醇等项目即将建成。园区建设有力推进,经开区基础设施、供水工程、污水处理厂和垃圾场建设进展顺利,企业孵化基地一期、三纬路、五纬路基本完工。创新型经济培育力度加大,实施创新型韩城建设,专利申请量突破200件,技术合同交易额1550万元。工业经济优化发展,规模以上工业增加值完成214亿元,比上年增长12.4%。

【景区建设】　以古城东北片区为重点,总投资11.86亿元,实施重大项目13个。搬迁安置项目1个,即"耕读苑"安置小区项目,总投资5.3亿元,1至9号楼主体完工,正在抓紧进行外墙涂料粉刷、室内装修及地下车库建设,力争尽早实现群众回迁。保护提升项目2个,总投资2500万元;其中民俗博物馆项目2014年5月建成开放,金城人家项目2014年9月正式对外营业。旅游配套项目4个,总投资5.6亿元。其中,旅游服务中心、隍庙巷东入口广场项目,2014年3月建成投入使用;文渊阁酒店项目,正在抓紧进行室内装修和景观施工;韩城新天地项目,已完成基坑开挖。市政与景观提升项目6个,总投资7100万元。即城东大道一期、涺阳路、环城东路北段(学巷小学以南)、环城北路东段、隍庙巷东段、108国道提升改造6大工程，均在2014年陆续建成投入使用。环城东路南段（学巷小学以南）正在实施地下管网顶管工程和文庙村33户群众和1户企业的搬迁工作。

【农业】 2014年，全市粮油收获面积2.38万公顷，总产9.86万吨，完成省任务（7万吨）的140.86%，完成渭南市任务（7.7万吨）的128.05%。其中，小麦1.37万公顷，总产4.73万吨，较上年增长24.5%。玉米0.98万公顷，总产4.99万吨。其他谷类300公顷，总产0.14万吨。通过实施现代畜牧业示范创建工程，突出肉羊基地建设和标准化示范场创建，全市肉羊发展势头迅猛，新增规模及适度以上养殖户70户。全市果业面积1.2万公顷，总产14.7万吨，收入4.7亿元，分别较上年增长3.6%、1.4%和74%。其中，苹果面积1万公顷，新增340公顷，总产12.3万吨，收入4.24亿元。全市新增设施蔬菜面积145公顷，其中日光温室67公顷，塑料大棚78公顷，完成任务的108.75%。蔬菜播种面积2946公顷，总产14.1万吨，分别与上年持平；收入2.02亿元，较上年提高6.3%。重点抓金太阳、春丰两个省级园区建设，金太阳园区全面建成，春丰省级园区建设基本完成。加快省级园区创建，完成了临河蔬菜园区建设任务，并被省正式认定为省级现代农业园区。加大市级园区建设力度，五星园区、龙亭生态循环农业示范区、西范龙鑫设施水果园区、王村设施食用菌园区等重点市级园区建设成效显著，完成年度建设任务，五星园区被认定为渭南市级园区。

加强硬件建设，建成了市农（畜）产品质量检验检测中心，监管能力实现突破。推行农产品质量安全三项制度，在全市种植基地、重点农（畜）产品企业和农资门店全面执行档案管理、质量安全承诺、签约告知三项制度，监管工作实现无缝对接。加大种养环节和农业投入品监管力度，开展了农业投入品、农（畜）产品质量安全、农资打假、"瘦肉精"、畜禽定点屠宰等8个专项治理活动，查处问题58起，下发责令整改通知书56份，立案3起，查处1起，严厉打击了违法行为。开展常态化农产品质量检测，抽检样品1万份，未检出不合格产品。开展了"诚信行业·诚信人"主题塑造活动，建立了诚信行业示范点15个，组织16家企业产品申报"三品一标"认证，在5个企业中重点开展了农（畜）产品质量安全追溯试点工作，全市农产品质量安全形势稳定。以农业龙头企业、合作社、家庭农场等为重点，深入实施农民专业合作社示范社提升项目，新发展农民专业合作社100家，累计达到413家，其中国家级示范社2家，省级示范社7家。积极落实各级农业产业化龙头企业扶持政策，全市农业重点企业发展到36家，其中省级5家，渭南市级7家，韩城市级8家。出台了《关于支持家庭农场发展的意见》，认定家庭农场48家。同时，深入实施"一村一品"示范工程，全年新增国家级"一村一品"示范村1个，全市国家级"一村一品"示范村达到3个，省级"一乡一业"乡镇5个、省级"一村一品"示范村37个。重点开展畜禽污染治理工程，在全市62个规模养殖户建设了沉尸井，并建立健全了档案资料，大力推进了畜禽标准化、规模化上档升级。年末，全市已有37个养殖场建成了粪污处理设施，其中新建蓝天牧业和长城畜牧养殖小区沼气池2处，已投入使用，运转正常。同时，在全省率先开展畜禽无公害标准化生产全程监管试点工作，顺利完成任务，经验在全省推广。

【城乡建设】 修编完成城市总规、重点镇总规和村庄布局规划,着力完善中心城市功能,投资14亿元实施城市基础设施项目34个,开工建设城市集中供热项目,市人民医院迁建主体封顶,二环东路、二环北路等7条主干道路基本建成,城市北区建设序幕全面拉开。西禹高速园区出口建成通车,108国道二期改建基本完成,贯通全境的物流大通道和旅游大环线框架基本形成。芝川重点示范镇、桑树坪重点镇、芝阳惠民小区、西庄盘龙新村等建设顺利,“一城两区两办六镇三十个新型社区”的城乡大格局基本形成,全市城镇化率达到64%,城镇综合承载力进一步提升。

【环境治理】 加大生态建设力度,全力实施“北林”工程,全年完成植树造林绿化5000公顷,完成育苗233公顷,城区以北防护林建设取得突破性进展。实施中心城区绿化亮化工程,城市绿化率达40%。积极推进农村清洁工程,加大龙门地区、国道沿线村庄环境卫生综合整治,城乡面貌大幅改观。扎实开展“治污降霾、保卫蓝天”行动,实施餐饮业污染治理,汽车“油改气”400余辆,拆改燃煤锅炉80余台,减少污染排放源,全年城市优良达标天数300天。大力实施环境保护“四大工程”,淘汰一批落后产能,实施了16项工程治理减排项目,其中龙门污水处理厂一期已建成,大唐发电脱硝改造工程、城市污水处理厂提标改造工程建成投入运行,全年万元GDP能耗下降3.4%,万元GDP二氧化碳排放下降3.9%,化学需氧量(COD)下降2%;SO_2排放量下降1%;氨氮排放量下降2%;氮氧化物排放量下降11%,全面完成考核目标任务。

【改革创新】 积极推进简政放权和“权利清单”,加大对镇办、经开区简政放权力度,取消行政审批事项152项,下放镇办管理权限47项,创新民间投融资渠道,率先在全省成立首家民贷服务中心和渭南市首家农村商业银行,引导民间资本有序进入实体经济,组建芝川重点示范镇、澽水河开发投资公司。启动公务用车改革,农村土地确权登记全面开展。12个镇办合并为8个,流转土地4133公顷,资源要素得到有效整合,发展活力不断加强。推行便民服务代办工作制,建立市便民服务大厅、镇便民服务中心、村代办工作员的三级服务体系,群众办事更加便捷高效。抢抓晋陕豫黄河金三角规划实施等机遇,积极开展招商引资,签约落地项目18个,全年到位资金46.6亿元。

【社会事业】 2014年,城乡居民收入分别达到30600元和11700元,分别增长12%和15%。新增城镇就业5968人,转移农村劳动力11.1万人。投资1.7亿元改造城乡学校,对68所学校进行布局调整,“双高双普”顺利通过省级验收,“两馆一免”免费开放率达到100%。市人民医院主体完工,民杨医院实现托管。持续加快龙门五村、西昝园区三村、采煤沉陷区和边远山区群众搬迁,惠及群众4.2万人,新建保障性住房2400套。加大社会保障力度,新农合政府补助资金到位率达到100%,城镇基本医疗保险参保达到9.9万人,城乡居民养老参保达到15.6万人。1.26万城乡低保人口应保尽保,8925人实现脱贫,解决2.4万农村人口饮水安全问题。积极实施医药卫生、文化惠民等一批公共服务项目,全年民生支出达到24.8亿元。

(孙振强)

华 阴 市

市 委 书 记 卢发兴
副 书 记 程 军 李新功

常　　委　卢发兴　程　军
李新功　郭文平
张红丽　刘宝琳
安和平　李成民
王　标　杨　涛
刘仲卫
市纪检委书记　张红丽
市人大常委会主任　段孟海
副　主　任　蔺西川　汪旭涛
孟岳亭　杨孟刚
市　　长　程　军
副　市　长　刘宝琳　安和平
高江宏　赵晓龙
李发生　单根荣
于娟侠　丁领战
张　霞　刘宏麒
市政协主席　王春生
副　主　席　张敏霄　刘小平
穆红卫　王　琪

【概况】 2014年,华阴市以建设国际山水文化旅游名城为目标,大力实施"旅游立市、工业富市、文化引领、城乡统筹"四大战略,较好地完成年初确定的各项目标任务,全年生产总值实现83.5亿元,同比增长12.5%;地方财政收入完成3.87亿元,增长9.8%。

【农业】 2014年全市实现农林牧渔业总产值104549万元(不含农民家庭兼营工业),同比增长7.1%。其中,农业产值70962万元,增长5.7%;林业产值3280万元,增长13.2%;牧业产值21427万元,增长3.1%;渔业产值3720万元,增长9.6%;农林牧渔服务业产值5160万元,增长1.3%。全年粮食产量75000吨,减产3100吨;其中夏粮总产量29886吨,增产1949吨;秋粮总产45114吨,减产5049吨。瓜果总产66260吨,增产4815吨;油料总产1165吨;蔬菜总产44163吨,增产2251吨;棉花总产1470吨,增产87吨。全年完成造林面积2066公顷,四旁零植86万株,比上年下降10.4%。水产品产量3100吨,与上年持平。年末大牲畜存栏8911头,增加1450头,增长19.43%。全年肉类总产量4228吨,增产105吨,增长2.55%;牛、羊奶产量13500吨,增产767吨,增长6.02%。农业综合开发力度加大,全年农业发展投入资金2934.04万元,用于农田基建和基础设施建设资金887万元。全年新增有效灌溉面积1100公顷,新打机井70眼,修复配套机井79眼,新修渠道、暗管50.06公里,年末累计有效灌溉面积11.53万公顷。现代农业发展提速增效。农村土地承包经营权确权登记发证工作全面开展,华西国家现代农业产业示范区建设扎实推进。新增设施农业面积200公顷、设施大棚153公顷、经济林377公顷、优质水果生产基地7个、省级一乡一业示范镇2个、渭南市级农业产业化龙头企业1个,农业园区面积达1100公顷。

【农村建设】 农业发展基础更加坚实。罗敷河分洪区被确定为渭河国家级水产种质资源保护区,长涧河分洪区成功蓄水,南山支流堤防治理工程进展顺利,柳叶河分洪区绿化、罗家沟二库除险加固等工程全面完工。投资3500余万元,完成了23个村的农业综合开发、扶贫开发工作任务,新建改造基本口粮田、中低产田1000公顷,农业综合生产能力稳步提升。沿黄公路和罗韦高速建设工作进展顺利。积极实施秦岭北麓避灾扶贫搬迁、安全饮水、农村清洁等工程,搬迁贫困群众172户722人,解决了15个村2.1万人安全饮水问题,深入开展农村环境卫生集中整治,群众生活环境明显改善。农村劳动力转移就业5.3万人,实现经济创收6.67亿元。

生态文明建设稳步推进。渭河治污三

年行动各项任务基本完成,污水处理厂二期工程按期建成试运营,城市污水处理率达90%以上,渭河三河口考核断面及长涧河入渭口水质全年均控制在目标范围内。“治污降霾保卫蓝天”五年行动计划扎实开展,华能秦电7号机组除尘提效工程全面完成,燃煤锅炉拆改工作稳步推进,秸秆禁烧成效显著,空气质量优良天数继续保持在300天以上。秦东大地园林化强势推进,全年完成造林2166公顷,四旁植树96万株,渠路绿化92.3公里,重点工程补栽补植666.7公顷,参加义务植树人数达16万人次,全市森林覆盖率达40.27%。美丽乡村建设扎实推进,华西镇良坊村、五方管区高家村、孟塬镇小寨村、冯家村等4个示范村建设初显成效,农村环境持续改善。投资1660.28万元,治理水土流失面积53.98平方公里。生态市创建工作加快推进,渭河治污三年行动基本完成,华西镇被评为省级生态旅游名镇,太华办、孟塬镇被评为渭南市级生态镇。

【工业】 加强对华能秦电、秦通公司等重点骨干企业的支持服务,全力协调企业煤、电、油、运等生产要素,努力维护企业生产经营环境。加强对工业运行监测分析和协调力度,确保工业经济运行平稳,规模以上工业产值实现95.5亿元,比上年增长5%。投资350万元,实施了罗敷工业园区方山峪进村路及园区亮化、绿化工程,园区基础设施条件明显改善。对入园项目实行“保姆式”服务,及时解决各种矛盾和问题,园区管理进一步规范,华能秦电、京华、台源、名辰等企业完成投资3亿余元。加大招商引资工作力度,引进落户了陕西秦特铁塔制造有限公司年产3.5万吨钢构件、5万吨热浸锌防腐产品生产线项目,园区规模不断壮大,园区工业产值实现60.8亿元,安置就业人员1.3万人。

【非公经济】 加大对中小企业的扶持力度。以中小企业融资为突破点,加强银企对接,帮助企业解决融资难问题;设立300万元的中小企业发展专项资金,积极引导中小企业投资新兴产业。以资金、政策、人才、技术等为重点,深入开展了送政策、送信息活动,不断提高服务中小企业的能力。全市新增中小企业60户,从业人员4万余人,获“省级发展中小企业先进县市”称号。

【项目建设】 坚持把项目建设作为推动市域经济发展的重要抓手,实行市级领导、部门包联项目责任制,加强督促协调,解决各种困难和问题,确保项目建设扎实推进。全社会固定资产投资105亿元,比上年增长9%。其中15个重点建设项目完成投资21.42亿元,完成年计划的105%,特别是长涧河应急分洪利用工程、韦罗高速等一批重大项目加快建设,为全市经济社会发展注入了新活力。

【招商引资】 紧盯国家投资方向,健全完善工作机制,招商引资力度不断加大。全年共争取基础设施、民生改善、重点产业、生态环境等项目资金3.75亿元。强化招商工作力量,采取上门招商、以商引商、组团招商等方式,组织参加了第十八届西洽会、秦晋豫黄河金三角投资贸易洽谈会等活动,新签和续建招商引资项目29个,合同引进资金108.8亿元,完成投资41.48亿元,完成渭南市下达任务的99.6%。

【优化投资发展环境】 深入开展投资环境整顿活动,严格执行重点项目扎口管理,推行涉企检查、收费、罚款签批制和备案制,坚决执行投资环境工作“一票否决”制,着力提升服务质量和效率。严厉打击强买强卖、强包强揽等影响投资环境的人和事,全面营造“亲商、安商、稳商、富商”的投资环境。全年共签批各类执法检查33起、缓批2起。

【国家卫生城市创建】 城市功能日趋完善。投资2.3亿元,全长7.6公里的东环路、南环路、贵妃路和滨河大道三条城市道路建成并通车,“四纵四横一环线”路网框架进一步完善。城市集中供热项目有序推进,建设热换站18个。新建改建免费公厕6座,累计建成42座,实现城区、景区全覆盖。垃圾中转站建成运行,华城夜市、城北蔬菜市场等改造提升,新建便民服务市场4个、垃圾收集屋10座,配备环卫车辆、城中村垃圾箱等一批设施,城市基础设施不断完善。

城市面貌焕然一新。高标准完成东环路、南环路、贵妃路西段道路绿化工程及植物园升级改造工程,实施高速路出口周边园林建设工程,形成“错落有致、高低搭配、三季有花、四季常青”的景观效果。在城区东环路口、贵妃路口、杨震路、北站广场、滨河公园建成5座仿古亭阁,在政府广场、北站广场、滨河公园、杜峪河公园、高速路出口等城市“窗口”布置10块景观石,有效提升城市文化内涵。

城市管理水平不断提高。坚持把创国卫作为加强城市管理的重要抓手,扎实推进旅游城市建设,创国卫工作通过国家技术评估。严格执行审批、定点放线、验线、监管责任制,核发建设工程“一书两证”46件。严肃查处城区违规乱搭乱建行为,依法查处违章建筑40户。开展城市建筑垃圾专项治理活动,城市垃圾处理日产日清,全年清运生活垃圾6.8万吨。加大洒水压尘工作力度,做到一日两洒,市容环境明显改善,成功创建国家卫生城市。

【免费公交安全运行】 2014年,华阴市免费公交安全运行,免费公交的班次执行率达到95%,行车准点率达到96%,行驶道路里程24万公里,客运周转量达294.7万人次。

自2013年9月18日城市免费公交正式开通以来,为确保其安全高效健康发展,在安全运行的前提下不断加大对免费公交的监管力度,全面完善车辆监管制度,合理调配安排运行线路,将华山、西岳庙、华山北站等游客集散点同城区科学连接,有效缓解城区交通压力,改善游客和市民出行品质。免费公交车的3条运行线路已全方位覆盖城区及华山景区,同时避免了因乘坐电动三轮车、“黑出租”等非法营运车辆出现的安全隐患。

【旅游业】 旅游基础设施不断完善。大华山旅游目的地建设成效显著。310国道、北赤路等亮化绿化工程全面竣工,关帝庙全面建成,龙柏行古镇等项目稳步推进。规划建设的万亩油菜“花海”完成种植工作,种植面积达到700公顷,万亩油菜花海成效显现。全市拥有A级景区3家,旅行社12家、三星级酒店4家、星级农家乐10家,旅游从业人员达3026人,旅游承载功能日趋完善。

旅游服务水平进一步优化。华山御温泉、鸵鸟王生态园等景区服务内涵不断提升,万亩荷花园等景点旅游配套服务设施不断完善。深入开展旅游环境综合整治活动,西潼高速出口、华山火车站、华山北站等城市重点设施周边及交通沿线环境卫生明显改善。全面取缔城区电动三轮车非法载客,规范安全运行城市免费公交,旅游交通秩序明显改善。加大对旅行社、宾馆饭店、出租车等窗口单位的规范管理,严厉打击黑出租、黑导游欺客宰客不法行为,旅游秩序进一步提升。设立旅游咨询点,规范110、120涉旅出警、救护行为,建立健全旅游综合服务体系,旅游环境不断改善。创新完善假日旅游服务工作机制,华山古庙会、十一黄金周等节假日平稳度过,实现“安全、质量、效益、秩序”四统一。

旅游宣传力度进一步加大。成功举办秦晋豫黄河金三角首届"华山杯"乒乓球邀请赛、"浪漫七夕、缘聚华山"、乡村旅游采风等一系列宣传推介活动,组织参加第十八届中国东西部合作与投资贸易洽谈会暨丝绸之路国际博览会、"中华根黄河魂"旅游合作交流论坛等大型旅游宣传推介活动,发放《环球旅游走进华阴》《华阴旅游》《华阴旅游服务指南》和景区宣传品10余万册,华阴、华山知名度进一步提升。加大非物质文化遗产保护力度,"华阴老腔""华阴迷胡"唱响全国,成为彰显三秦文化的一张靓丽名片。获"中国十大文化生态旅游城市"称号。全年接待游客682万人次,旅游总收入达到38.2亿元,分别比上年增长18.6%和21%。

【社会事业】　坚持把新增财力的80%用于改善民生。十大民生工程完成投资4.6亿元,完成年度任务的110.5%。"义务教育均衡发展暨双高双普"创建工作通过渭南市评估验收,新建3所公立幼儿园,10所学校成功创建为标准化学校,中考成绩位居渭南首位,高考成绩名列第四。深化医药卫生体制改革,为16363名群众发放医疗补助8586万元,公共卫生服务水平不断提升。人口自然增长率控制在5.21‰,低生育水平保持稳定。国家公共文化服务体系示范区创建工作稳步推进,成功举办第二届秋千文化艺术节、"华阴之夏·文化之乡"等系列文化活动,人民群众文化生活日益丰富。省级双拥模范城和食品安全放心市创建纵深推进,新建4个省级食品安全监管标准化示范所,开展"四打击四规范"等专项整治行动25次,食品安全保障水平进一步提升。保障性住房建设稳步推进,新建保障性住房1628套,发放农村危房改造资金240万元。城乡居民养老保险参保人数达到12.6万人,兑付养老金1976万元。全市基本医疗保险完成参保10.5万人。为7009名城市低保对象发放低保金2540万元,为10331名农村低保对象发放低保金1650万元,城市和农村低保实现应保尽保。累计发放五保供养、残疾人生活补贴等资金680余万元。搬迁贫困群众168户731人,发放创业促就业小额贷款4100万元,通过创业带动就业2000余人。新增城镇就业5151人,城镇登记失业率控制在3.24%。城镇居民人均可支配收入达到2.68万元,增长11%;农民人均纯收入达到8250元,增长13%。

【社会稳定】　扎实开展市级领导大接访、"三创三下降""三集中"等活动,深入排查化解各类矛盾纠纷,接待来访群众420批1749人次,分流交办信访案件365件。扎实开展"六五"普法活动,全民法制意识不断提高。切实做好十八届四中全会、APEC会议以及华山古庙会、"十一"黄金周等重大活动、敏感时期及节假日期间的安保维稳工作。加强防汛备汛工作,强化防汛工作责任制,实现安全度汛。大力开展安全隐患排查治理,加强重点行业和领域安全生产监管工作,严厉打击非法违法生产、经营建设行为,全市安全生产形势总体稳定。先后开展"命案侦破""秦剑2014"等专项行动,破获各类刑事案件496起,抓获刑事作案成员270人,摧毁各类犯罪团伙24个,人民群众安全感和满意度大幅提升。

【政府建设】　服务意识明显提高。扎实开展群众路线教育实践活动,按照"照镜子、正衣冠、洗洗澡、治治病"的总要求,班子及成员率先垂范、突出重点,聚焦"四风",深入开展批评与自我批评。发扬"钉钉子"精神,严实结合、上下联动、统筹推进、开门整改,将整改落实和推动经济发展相结合,做到两手抓、两促进。坚决遏制新"四风"问题,严肃查处各种"庸、懒、散"及不作为、乱作为行为,干部作风明显好转。

行政效能显著增强。全面深化7方面改革,加快推进简政放权,行政效能明显提升。开展邀请公民代表走进政府,公示单位经费、人员编制,开通“掌上华阴”,政府工作透明度进一步提升。坚持例会制度,不断加强学习、更新观念,提高政府班子综合素质。以创新的理念和举措,破除“坐、等、靠、要”的唯条件论,树立“快办意识”;弘扬“先干不争论、先试不议论、先做不评论”的干事创业风气,围绕全市中心工作出思路、定措施、抓落实,服务于经济社会发展。

法治意识不断深化。认真贯彻国务院第二次廉政会议精神,严格落实中央“八项规定”,全面清理整顿办公用房、公务车辆,“三公”经费大幅下降。强化法治观念,规范行政执法,坚决纠正和杜绝利用行政执法权谋取部门和个人利益,损害群众利益的不正之风,做到有权必有责、用权受监督、违法必追究;主动接受人大的依法监督和政协的民主监督,虚心听取社会各界对政府工作的意见和建议,畅通社会监督渠道。全年共办理各级人大建议54件、政协提案114件,办复率、代表委员满意率均达到100%。建立完善政府决策、重大事项公开制度,依法保障人民群众的知情权。

(张彩燕)

潼关县

县委书记 何树茂
副书记 樊正学 张斐
常委 何树茂 樊正学 张斐 惠建军 种逢康 王耀武 张锋 孙永亮 李勤侠 刘亨 槐峰 任磊
县纪检委书记 惠建军
县人大常委会主任 白高振
副主任 王根娃 郭瑞苗 郭启峰 范智慧
县长 樊正学
副县长 种逢康 王耀武 任磊 赵志杰 燕德民 雷晓萍 隋晓会 李建军
县政协主席 顾金孝
副主席 陈宗茂 张锁群 秦敏丽

【经济概况】 2014年,潼关继续坚持黄金、果畜、旅游、物流“四轮驱动”战略,全面实施黄金产业提升、现代农业增效、文化旅游推进、生态文明建设、社会管理创新、党建旗帜引领“六大工程”建设,圆满完成各项目标任务。全年实现地区生产总值41.1亿元,比上年增长10.4%。其中,第一产业实现增加值3.424亿元,较上年增长5.1%;第二产业实现增加值23.189亿元,增长11.8%;第三产业实现增加值14.487亿元,增长9.6%。一、二、三产业占生产总值的比重分别为8.3%、56.4%、35.3%。全县人均地区生产总值26054元,比上年增加1391元,增长5.6%。财政收入完成3.69亿元,增长15.1%;全社会固定资产投资完成53.81亿元,增长23.25%。成品金产量8046.66千克。全年非公有制经济增加值20.55亿元,占全年生产总值的50%,较上年提升1个百分点。

【农业】 2014年,全县农林牧渔业总产值实现6.43亿元(现价),扣除价格因素,比上年增长5.2%。其中,农业产值3.97亿元,增长5.6%;林业产值0.25亿元,增长

17.3%;畜牧业产值完成1.78亿元,增长3.4%;渔业产值0.07亿元,增长4.1%;农林牧渔服务业产值0.35亿元,增长4.9%。全年农作物播种面积15886.67公顷,同比下降2.58%。其中,夏粮面积7293.33公顷,下降0.82%;秋粮面积5886.67公顷,下降0.9%。粮食总产量4.19万吨,同比下降2.78%。其中,夏粮2.4万吨,增长5.18%;秋粮1.79万吨,下降11.72%。全县蔬菜面积1006.67公顷,产量3.53万吨,产量较上年增长4.5%;其中设施蔬菜面积186.67公顷,占蔬菜总面积18.5%。水果面积820公顷,产量1.13万吨。年内大牲畜出栏1335头,同比增长0.75%;猪、羊、家禽分别出栏9.33万头、0.49万只、14.95万只,同比分别增长2.34%、3.02%和0.34%;年末大牲畜存栏4065头,较上年增长2.19%;猪、羊、家禽分别存栏7万头、0.77万只、14.91万只,较上年分别增长-2.62%、6.48%、-1.45%。全年产肉7098吨,产蛋1038吨,同比增长2.88%、-0.1%。全年水产品产量390吨,同比下降1.76%。全县农业机械总动力96863千瓦,同比增长3.77%。全年栽植各类苗木1500万株,完成人工造林2702公顷,封山育林533.33公顷,绿化渠道200千米。年末活木立方存量58.7万立方米。全县森林面积18516公顷,森林覆盖率43.4%。全年完成水利建设投资5469万元,其中在农村安全饮水工程建设中,新打饮水机井2眼,新建蓄水池2座,铺设进户网管18千米,解决农村饮水安全人口11.23万人。农田基建方面,平整改造农田1666.67公顷,改造原有机井64眼,铺设管道200余千米。农村产业结构调整中,完成农村土地确权登记,全县托管土地420公顷,土地流转566.67公顷。新增专业合作社7家,总数达到96家,带动相关农户3000余户,首批认证家庭农场30家。

【工业】　全年工业增加值实现21.84亿元,较上年增长12.4%。辖区规模以上工业企业完成产值55.86亿元,实现增加值20.94亿元,分别较上年增长7.4%、12.7%。潼金公司等5家黄金企业的优化组合进展顺利,4条斜坡道掘进26118米,完成投资11.6亿元。天和苑35吨精炼厂建成投产。总投资1800万元,完成潼关金银首饰城升级改造工程,首饰城综合办公室和首饰检验检测中心正式成立,108家商户驻满一、二街,三街即将投入运营。全年金银首饰品销售额8亿元,实现利润1000余万元。全县黄金企业实现产值54.72亿元,较上年增长8.79%,生产成品金8046.66千克(257493.12两),较上年下降0.2%。中金冶炼厂获2013年度黄金冶炼十大企业称号。小秦岭矿山公园总体规划和一期详细规划正式通过评审,基础工程建设已开始进行。

【建筑业】　全年全社会建筑业增加值实现1.349亿元,同比增长4.0%。全县年末拥有资质等级以上建筑施工企业5家,年末从业人员1982人,较上年增加4人。资质以上建筑业累计总产值3.72亿元。全年房屋施工面积19.64万平方米,其中当年新开工面积3.16万平方米。

【项目建设】　2014年,实施重点项目53个,完成投资41.5亿元。其中,3个市级重点项目完成投资10.65亿元;15个纳入市级管理项目,完成投资11.4亿元。市级重大项目中,黄河大道建设项目路面及管网铺设已全部完成,太阳能路灯已投入使用,完成投资2.34亿元;古城东山景区建设项目女娲祠、钟楼正在进行外部装饰,麒麟山庄基础工程已处理完毕,完成投资3.76亿元。全县筹划、包装项目76个,向上争取各类资金12.92亿元，招商引资新建项目19个，到位资金13.24亿元。

【固定资产投资】 全年全社会固定资产投资完成53.81亿元，同比增长23.25%。其中，纳入统计范围的500万元以上的固定资产投资项目完成投资51.98亿元，较上年增长23.96%；房地产投资完成1.21亿元；一、二、三产业分别完成投资1.36亿元、19.04亿元和31.58亿元，分别较上年增长-73.39%、-14.47%和134.80%。

【商业贸易】 2014年，全县社会消费品零售总额完成11.27亿元，同比增长14.6%。按经营地分，城镇消费品零售业实现销售额6.76亿元，乡村消费品零售业实现销售额4.51亿元。按消费形态分，批发零售业实现销售额10.49亿元，增长28.0%；住宿和餐饮业实现营业额0.78亿元，下降23.8%。“潼关肉夹馍”连锁品牌逐步壮大，全国各地加盟店发展到80多家；城区小吃配送中心建成运营，实行规模化生产、标准化管理，年产值约7000万元；与西旅集团签订的四星级关中客栈项目建成营业，投资完成1.3亿元；酱菜文化展示厅已经建成，计划投资2亿元筹建的万吨酱菜加工基地，正在进行前期规划。

【旅游业】 东山景区完成女娲祠和钟楼的封顶工程，河伯酒店、十二生肖广场已动工兴建；黄河湿地公园完成投资2200万元，船型酒店已封顶，核心区湿地封育全面完成；黄河金三角休闲度假区完成土地征用，景区东西主干道全面打通，黄河湾1号院主体工程完成，垂钓园、马术俱乐部设计工作正在进行；神泉风景区完成投资850万元，“水世界”游乐项目开园运营（该园被评为全市三星级农家乐），生态采摘园正在建设之中；杨震廉政教育博物馆交由华山管委会管理，正式融入大华山精品旅游区；岳渎阁景区粗具规模，全年接待游客10万余人次；马趵泉风景区完成投资2000万元，景区内的水上儿童乐园、秦王寨博物馆、少林十三棍僧救秦王牌坊、民俗一条街、关帝庙等特色景点粗具雏形；黄河风景区、红楼观、酱菜博物馆、首饰城等旅游线路游客日益增多，旅游日渐升温。全县各风景区全年接待游客125.5万人次，实现旅游总收入10.02亿元。

【邮电交通】 全年邮政业实现主营业务收入890万元，同比增长6.5%；电信业主营业务收入实现8939万元，同比下降10.1%。年末全县固定电话用户22000户，比上年末增加1959户；年末移动电话124545户，比上年末减少1433户；年末互联网用户18200户，比上年末增加1928户。全县交通系统完成货物运输量656万吨，货物转运量42480万吨千米，较上年分别增长5.6%和5.6%；旅客运输量188.7万人，旅客周转量13582万人千米，比上年分别增长2.6%和2.3%。

【城乡一体化建设】 修编上报《潼关县城乡一体化建设规划》，启动第一批35个行政村村庄建设规划编制。秦岭大道、雄关大街全线通车，黄河大道基本建成。投资1800万元，完成县城西区排水附属工程建设、北新区污水管网及出水口工程建设，完成城区集中供热工程一期征地任务；投资8900万元，彻底清除全县6镇84村及道路沿线陈年垃圾，组建710人农村专业保洁队伍，建立全县环境卫生长效管理机制。实施29个“双美”（美丽乡村，美好家园）创建重点村整体绿化、硬化和亮化，栽植树木15.7万株，绿化道路、巷道189千米，硬化道路118千米，安装太阳能路灯1602盏。投资2000万元，完成山西入陕口升级改造工程。太要小城镇建设项目累计完成投资2.5亿元，镇区政务中心、文化广场、农贸市场投入使用，东太渡新农村社区建设已完成4幢仿明建筑主体工程。

【科技教育】　2014年,全县培育储备省、市科技项目25个,申报10项,7项被列入省、市科技计划项目盘子(省级2项、市级5项),完成财政科技投入50万元。其中“科技信息网络建设”“科技特派员行动潼关农技服务大荔模式示范建设”被列入省级科技计划项目;“土地托管与农业科技服务方式创新示范”“生猪高效SEW关键技术研究及示范应用”“低品位难选焙烧氰化尾矿有价元素综合回收技术研究及应用”列入渭南市重大科技专项项目;“百人进百社、百技惠百村行动示范县建设”“糖尿病患者白内障术后黄斑水肿治疗”列入渭南市科研发展计划项目。全县教育系统有普通高中1所,在校学生3568人;中等职业教育学校1所,在校学生36人;普通初中6所,在校学生4732人;小学29所,在校学生8781人;幼儿园18所,在园幼儿5033人。学前三年入园率达95.05%,初中毕业升学率达89.8%。全县本科上线1009人,本科上线率56.7%。

【文化体育卫生】　2014年,全县有文化馆1个,文化站6个,文化馆面积1200平方米。图书馆1个,面积1180平方米,公共图书馆图书总藏量4万册。新开工建设42个村级文化广场,总建筑面积63790平方米,实现乡村文化广场全覆盖。文化惠民活动中“四进零距”“一元剧场”等文艺演出190余场,电视剧《兵出潼关》在央视8套黄金强档播放;500余人的古战船演出在渭南市第十二届运动会开幕式上亮相;新建村级文化活动室20个,数字农家书屋10个。新增体育场面积1.52万平方米,培训三级社会体育指导员60余名。组织50余名运动员参加渭南市第十二届运动会,获得金牌3枚,银牌7枚,铜牌11枚。年末全县拥有各级医疗卫生机构147家,其中县属医疗机构5家,镇卫生院8个,村卫生室83个,个体诊所48个,私营医院1家,厂矿医院2家。全县医疗机构床位525张,其中县级公立医院368张。全县共有卫生技术人员820人,其中执业(助理)医师259人,护士242人,其他319人。

【财政税收】　全年完成财政总收入3.69亿元,比上年增加4829万元,同比增长15.1%。完成地方财政收入2.80亿元,增长14.19%。其中,各项税收收入1.0亿元,增长15.01%;非税收入1.79亿元,增长13.72%。全年地方财政支出11.86亿元,同比增长11.26%。其中,教育支出2.87亿元,增长3.16%;农林水事务支出2.02亿元,增长16.21%;文化体育传媒业支出0.26亿元,增长23.55%;环境保护支出0.65亿元,增长13.89%。全年国税完成全口径税收收入0.45亿元,其中中央级收入累计入库0.33亿元,县级收入累计入库0.06亿元;全年累计入库地方各税1.62亿元。入库社保费用及各项基金0.57亿元。

【金融保险】　年末全县金融机构各项存款余额44.46亿元,比上年增长8.3%;其中个人储蓄存款35.5亿元,增长12.9%。各项贷款余额39.6亿元,同比增长50.2%。其中,短期贷款35.88亿元,增长50.0%;中长期贷款3.72亿元,增长52.5%。全年人保财险实现保费收入1800万元,同比净增740万元,增幅70.3%。全年支付各项赔款1080.5万元,同比增加494.2万元,增幅84.28%。

【环境保护】　减排工作方面,完成中金矿业、金星公司、广鹏公司尾矿水回收利用工程及生活废水处理工程。完成金发合作社、金桥牧业沼气建设和有机肥建设项目。全年化学需氧量总量减排2024吨,二氧化硫减排387吨,氨氮减排198吨,氮氧化物减排35吨,重金属污染物减排8.95吨,其中铝3.45吨,汞0.074吨,镉5.421吨,铬0.006吨。万元GDP能耗下降0.549吨标煤/万元,万元生产总值能耗降低率为3.73%。污染物防治方面,督促全县14家宾馆饭店油烟综合治理工作,完成城区10家燃煤锅炉拆改工程;督促11家加油站完成油气回收综合治理,7家已通过验收;开展城区建筑工地扬尘专项治理;加大对机动车辆尾气达标情况检查治理;建成环境空气质量自动监测站并通过验收;夏收和秋收期间开展秸秆禁烧宣传,严防空气污染。环评管理方面实行跟踪服务,审批环评表12个,审查预审项目57个。环保执法实行零容忍态度,取缔回潮"三小"炼金240多处,拆除非法设备700多台,取缔、封查西潼峪非法坑口40个。查处环保投诉案件10件。开展生态乡村和生态示范工程建设,2个镇4个村及高桥卫生院、安乐幼儿园顺利通过市级验收。

【民生工程】 全年民生工程支出9.49亿元,占全县财政总支出的80%,获全市为民办实事"十佳单位"。其中,投资3490万元,开通城区免费公交、农村免费校车、普及农村免费数字电视;投资380万元,对全县26眼机井实施电力配套;投资1.85亿元,建设保障房1223套,分配入住392套;投资1984万元,新建镇级敬老院1个,农村互助幸福院11个,并完成县老年公寓主体工程;投资1.45亿元建设的四知学校正式开学招生。全县义务教育均衡发展,双高双普创建工作顺利通过市级验收;县医院门诊综合楼装修基本完工,医技5层楼主体封顶。投资1740万元完成扶贫移民搬迁,120户480人得到妥善安置;投资5000万元,除险加固水库4座,治理潼河重点段3350米,新建渭河右岸潼关入黄口段移民围堤1.52千米,加宽培厚渭河综治移民围堤4.19千米;完成自来水二厂扩建项目,解决4个村3900人的安全饮水问题。

【人口与人民生活】 2014年,全县常住人口15.79万人,出生率10.27‰,死亡率6.76‰,自然增长率3.51‰。城镇化率42.51%。全年城镇居民人均可支配收入26101元,比上年增加2755元,同比增长11.8%。全年农民人均纯收入8381元,比上年增加990元,增长13.4%。城乡居民收入比为3.11∶1。全县新增各类就业人员5670人,农村劳动力转移4.78万人,城镇登记失业率控制在3.2%。年末城镇职工参加养老保险13267人,农村参加养老保险60041人。城镇居民享受最低生活保障2913人,农村居民享受低保5140人,全年支付低保资金1859.6万元。全县9853人参加住房公基金统筹,比上年增加359人,2014年共统筹住房公基金2882万元。

【社会管理】 投资300万元,组成150人常态化巡警队伍,结合社区巡逻队及基层治保组织,加强巡防力度,维护社会治安。完成15个城乡警务区建设任务,重点突出视频监控,向相关单位提供视频监控500余次,提供有效线索298条,助破案件66起,现场发现犯罪嫌疑人30余人。全年排查化解矛盾纠纷318件,成功调解313件,调解成功率98%。排查较为突出的信访案件59件,解决43件,化解率72.9%。全年发生各类刑事案件397起,同比下降42.6%。

【特色产业】 2014年,县委、县政府通过调查研究和引种试种,决定在稳定粮食生产、确保粮食安全的同时,大力发展软籽石榴和油料牡丹两个特色产业,计划在县城周围利用坡沟地栽植万亩石榴,打造集生态、旅游、产业为一体的"石榴沟";在川原地带栽植万亩油料牡丹,打造集观赏、油用、药用为一体的“牡丹经济生态园”。为此,县政府出台关于扶持发展软籽石榴和油料牡丹两个优惠政策文件,对栽植软籽石榴和油料牡丹的企业、农民专业合作社及个体农户,除免费供应苗木外,每亩补助1000元,按5∶3∶2的比例三年付清。同时,县农业局编印软籽石榴技术手册1000余册,并邀请临潼石榴专家来潼传授技术;县林业局编印“油料牡丹栽培技术手册1000余册,并组织企业、专业合作社和农户代表到菏泽、洛南和宝鸡等地参观学习。林业局从外地调运牡丹种子20吨,育苗13.33公顷,引进紫斑等35个品种、9个色系观赏苗木5000株,建牡丹苗圃1处。全县成立软籽石榴专业合作社1个,油料牡丹专业合作社3个。全县共栽植软籽石榴344公顷,栽植油料牡丹473公顷。

【免费服务】　年初,经县政府研究决定,成立公共交通有限责任公司城市公交分公司、校车分公司。3月,投资791万元,购置低碳、环保天然气公交车22辆,开通城区公交线路3条,全长29.8千米,设置停靠站点89个,方便城区居民出行,实行城区免费公交全覆盖。8月,投资480万元,购置校车16辆,加上原有5辆共21辆,培训司机和随车照管员63名,开通农村校车线路5条,涉及5个镇,设置停靠站点220余个,免费接送全县农村学生及学前幼儿2000余名。10月上旬,县政府又与陕西广电网络传媒集团在省广电网络传媒公司签订协议,由县政府每年出资700余万元,为全县农村群众购买收视服务费,期限5年;省广电网络传媒公司投资2000余万元为潼关县改善网络基础设施。全县农村群众全部免费收看电视。

(郭知文)

华　县

县委书记　杨森明
副书记　朱福俊　白晓林
常委　杨森明　朱福俊
白晓林　王西峰
孙坤刚　王强国
田　芳　刘　革
赵林斌(10月离任)
马宁(12月任职)
孙光生　孙跃民
季林云(9月离任)
县纪检委书记　王西峰
县人大常委会主任　王红旗
副主任　王桂英(女)
潘增禄　史绪选
刘毓斌
县长　朱福俊
副县长　孙坤刚　王强国
季林云(9月离任)
蔡学明
杨翠红(女)
闫兴斌(12月离任)
张　旭
康彦虎(调研员)
县政协主席　吴新亚
副主席　卫爱社(女)
吕育坤　田川虎

【经济概况】　2014年生产总值完成115.745亿元,较上年增长9.2%。其中,第一产业增加值9.397亿元,增长5.4%;第二产业增加值86.698亿元,增长9.8%,其中工业增加值85.46亿元,增长9.8%;第三产业增加值19.650亿元,增长7.7%。在三次产业中,第一产业贡献率为3.6%,拉动GDP增长0.3个百分点;第二产业贡献率为84.1%,拉动GDP增长7.8个百分点;第三产业贡献率为12.3%,拉动GDP增长1.1个百分点。三次产业比为8.1∶74.9∶17.0。人均生产总值35543元,增长8.9%。

2010—2014年生产总值及增长速度

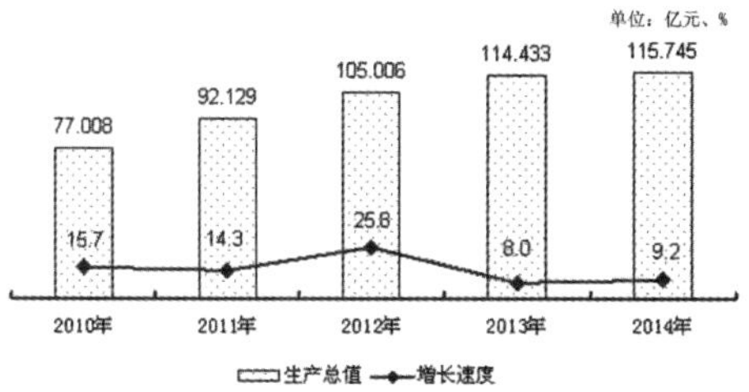

华县2014年生产总值三次产业构成(%)

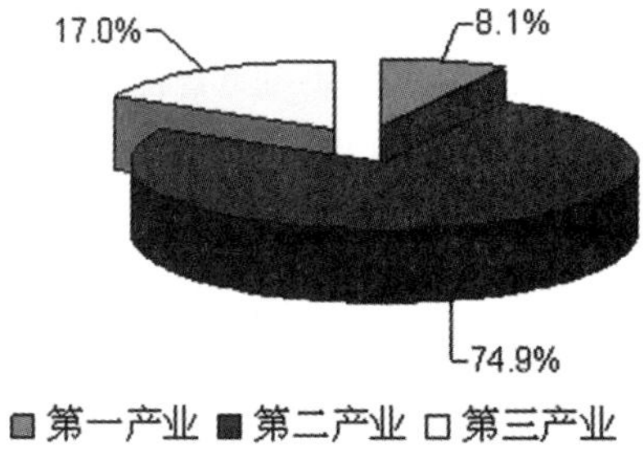

全年非公有制经济增加值29.719亿元,占生产总值的25.68%,比上年提升1个百分点。

【农业】 2014年农林牧渔业总产值完成166851万元(现价),剔除价格因素,增长5.4%。其中,农业产值135349万元,增长6.2%;林业产值3436万元,下降2%;牧业产值23970万元,增长3.3%;渔业产值640万元,增长4.6%;农林牧渔服务业产值3456万元,增长2.0%。农业、林业、牧业、渔业、农林牧渔服务业分别占总产值的比重为81.1%、2.0%、14.4%、0.4%、2.1%。

全年农作物播种面积5万公顷,比上年增长0.4%。全年粮食总产量达110102吨,下降0.2%。其中:夏粮播种面积1.53万公顷,下降0.4%,单产240公斤,总产54991吨,较上年分别增长9.1%和8.8%;秋粮播种面积1.24万公顷,下降0.05%,单产297.3公斤,总产55111吨,较上年分别下降10.7%和10.8%。

全县蔬菜面积1.9万公顷,产量557826吨,分别增长0.2%和0.1%。水果面积0.4万公顷,产量93733吨,分别增长3.5%和1.2%,其中:园林水果面积0.23万公顷,产量25930吨,分别增长7.1%和4.4%;瓜果类面积0.17万公顷,下降1.0%,产量67803吨,增长0.1%。设施农业加快发展,设施蔬菜面积0.48万公顷,占蔬菜总面积的25.4%;设施瓜类面积747公顷,占瓜类总面积43.7%。

华县2014年主要农产品产量

指　标	产　量	比上年增长(%)
小麦	54991吨	8.8
玉米	49374吨	-15.0
豆类	1862吨	2.2
棉花	450吨	133.2
油料	1405吨	24.8
#油菜籽	1238吨	10.0
蔬菜	557826吨	0.1
#食用菌	102吨	7.4
水果	93733吨	1.2
#园林水果	25930吨	4.4
#苹果	1615吨	0.9
#梨	11779吨	0.03
#果用瓜类	67803吨	0.1
中药材	145吨	6.6

全年完成造林0.25万公顷,较上年下降1.9%;四旁(零星)植树150万株,与上年持平。全年核桃产量1150吨,增长23%;板栗产量320吨,增长6.7%;花椒产量486吨,增长8%。

华县2014年畜牧业生产情况

指 标	生产量	比上年增长(%)
肉类总产量	8189吨	2.4
#猪肉	6533吨	3.1
牛肉	556吨	-1.9
羊肉	270吨	2.3
家禽肉	803吨	0.4
奶类产量	4870吨	-16.3
#牛奶	3715吨	-16.3
羊毛产量	21吨	5.0
禽蛋产量	4870吨	-0.1
蜂蜜产量	15000公斤	13.6
牛年末存栏	10918头	1.2
#奶牛	1337头	-16.4
羊年末存栏	27278只	1.3
#山羊	24456只	1.3
猪年末存栏	72894头	-5.5
#能繁母猪年末存栏	9281头	-1.3
家禽存栏	86.8万只	-1.1

全年农用化肥施用折纯量26694吨,增长0.4%;农膜使用量378吨,增长1.5%;农药使用量63550公斤,增长0.1%。

【工业】 2014年工业增加值完成85.46亿元,比上年增长9.8%。其中,规模以上工业增加值完成83.40亿元,增长9.8%。全年规模以上工业总产值完成233.01亿元,比上年增长4.5%,销售产值完成228.67亿元,增长4.6%。产销率达到98.1%。按轻重工业划分,轻工业完成产值0.86亿元,下降13.5%,重工业完成产值232.15亿元,增长4.6%。在八大支柱产业中,有色冶金工业产值188.81亿元,增长2.9%;化工工业产值39.66亿元,增长14.0%;非金属矿物制品业产值1.39亿元,增长28.6%;能源工业产值0.47亿元,下降2.5%;纺织服装工业产值0.49亿元,下降10.3%;食品工业产值0.23亿元,下降8.4%;装备制造业产值1.37亿元,下降17.8%;医药制造业产值0.14亿元,下降28.4%。全年规模以上工业主营业务收入完成230.86亿元,增长8.0%。实现利税3.87亿元,增长105.9%;其中利润总额-0.45亿元,减亏77.2%。亏损企业个数2户,比上年减少4户;亏损额1.61亿元,减少46.2%。全年规上工业能耗为1378813吨标准煤,增长316%;工业用电量为126637万千瓦时,增长67.0%。

【建筑业】 资质以上建筑企业累计总产值2.20亿元,增长16.4%,其中国有及国有控股企业0.61亿元,增长19.6%。资质以上建筑企业共签订合同额3.13亿元,增长156.6%;房屋建筑施工面积9.34万平方米,下降364.7%。

【项目建设】 年初确定的60个重点项目完成投资128亿元,占年度计划的104.9%。投资2亿元的神光氟化工一期项目、投资6.5亿元的比迪欧聚四氢呋喃项目、投资5亿元的钼采选升级改造项目、投资1.6亿元的雄风制药项目等一批具有引领作用的新兴产业类项目相继投产。招商引资实际到位资金47.08亿元,成功落地项目42个。工业园区企业服务中心、330千伏变电站建成使用,龙源路、南环西路完成主体,园区污水处理厂、标准化厂房开工建设。派尔森吡咯烷酮一期项目即将投产,成为韩国三星公司布局西北、落户西安之外的唯一配套产业项目。金钼集团高铼酸铵回收技术、3D打印采用钼金属粉末技术国际领先。园区的孵化创新和承载能力不断增强,全县规模以上工业总产值完成233亿元。潜龙寺景区祥龙道工程全面贯通,佛事文化中心、少华山庄项目主体完工,少华山被命名为省级地质公园。桥峪景区规划通过评审,进山路完成路基建设,赤高红色旅游公路即将完工。文化产业蓬勃发展,各类文化企业和经营户达482家,实现产值2.86亿元,增长30%。永安城商业综合体、惠欧购物广场、汇豪家居建材城正式运营,大众、福特等20多个汽车品牌进驻华州汽车城,一站式购物成为商业转型亮点。

【固定资产投资】 全年全社会固定资产投资152.75亿元,比上年增长16.8%。其中,固定资产投资140.22亿元,增长10.5%;农户投资2.73亿元,增长0.6%;跨区域投资完成9.8亿元,增长790.9%。固定资产投资中,第一产业投资35.33亿元,比上年增长112.2%;第二产业投资31.42亿元,下降17.8%;第三产业投资73.47亿元,增长1.9%。重点领域投资中,农业投资35.33亿元,电力、热力、燃气及水的生产和供应业投资8.8亿元,交通运输、仓储和邮政业投资9.48亿,水利、环境和公共设施管理业投资47.1亿元。全年保障性安居工程建设完成投资4.4亿元,比上年增长9.6%,新开工保障性住房1250套,竣工2920套。全年房地产开发投资1.57亿元,比上年增长25.8%;房地产开发企业房屋施工面积53.08万平方米,增长25.3%;商品房销售面积7.31万平方米,下降3.6%;商品房待售面积4.77万平方米,下降14.4%。

【交通和邮电业】 全年公路客运量502.2万人,增长0.4%,客运周转量15066万人公里,增长0.4%;公路货运量95万吨,增长2.2%,货运周转量6872.2万吨公里,增长10.9%。

全年邮政业务总收入完成2058.53万元,增长3.3%,全年邮政业务总量完成1955.55万元,下降0.01%,邮政业全年完成邮政函件业务28.3万件,包裹业务0.77万件,快递业务5.29万件。电信业务总收入完成14336.38万元,增长8.2%。年末电话交换机总容量59049线。固定电话用户共有9.88万户,较上年增加0.54万户,其中城市电话用户5.55万户,乡村电话用户4.33万户。年末移动电话通话用户达23.24万户,较上年增加0.83万户。互联网发展迅速,年末计算机互联网用户达4.51万户,较上年增加0.66万户。

【贸易】 全年社会消费品零售总额163758.4万元,增长12.7%。分地域看,城镇实现零售额103360.5万元,增长13.5%;乡村实现零售额60397.9万元,增长11.1%。

【外贸和旅游】 全年外贸出口创汇7276万美元,比上年增长12.9%。全县共引进项目42个,总投资155亿元,实际到位资金47亿元。其中新建项目19个,到位资金18.29亿元;续建项目23个,到位资金28.71亿元。全年共接待游客292万人次,增长51.3%,实现旅游综合收入18.54亿元,增长113.6%。

【少华山国家森林公园入选"影响世界的——中国文化旅游名景"】 4月12日"第二届中国文化旅游品牌建设发展峰会"在北京隆重举行。少华山国家森林公园成功入选"影响世界的——中国文化旅游名景",是本年度渭南市唯一获此殊荣的景区,同时华县获"影响世界的——中国文化旅游名县"称号。

【财政、金融和保险业】 全年财政总收入82944万元,较上年下降0.2%。其中地方财政收入34300万元,与上年持平。地方财政收入中税收收入27149万元,增长8.9%,非税收收入7151万元,下降23.6%。地方财政收入按部门划分:财政收入9624万元,增长56.3%;地税收入18576万元,下降17.9%;国税收入6100万元,增长10.4%。地方财政支出151161万元,较上年增长4.4%。

年末全县金融机构各项存款余额106.79亿元,较年初增加5.83亿元,增长5.8%。其中城乡居民储蓄存款74.78亿元,增长12.1%。金融机构各项贷款余额38.29亿元,较年初增加6.18亿元,增长19.3%。其中短期贷款8.22亿元,增长50.8%;中长期贷款17.22亿元,增长19.0%;票据融资12.85亿元,增长5.4%。

全县各项保费收入21807.12万元,增长18.5%。其中财险保费收入4879.56万元,增长23.1%;寿险保费收入16927.56万元,增长17.3%。全年支付各类赔款4823.35万元,下降22.1%。其中:财险赔款2308.67万元,下降3.1%;寿险赔款2514.68万元,下降34.0%。

【教育和科学技术】 年末全县普通中学16所,招生3671人,在校学生11588人;小学88所,招生2535人,在校学生13650人;幼儿园55所,入园人数5320人,在园幼儿10457人;特殊教育学校1所,在校学生40人。学龄儿童入学率99.9%,初中毕业生升学率67.9%。高考本科上线人数1345人,其中文史类428人,理工类917人。其中:一本上线人数为289人,其中文史类31人,理工类258人;二本上线人数为352人,其中文史类112人,理工类240人;三本上线人数为704人,其中文史类285人,理工类419人。大专、高职上线人数为590人,其中文史类320人、理工类270人。艺文50人,其中本科30人;艺理6人,其中本科3人;体育14人。

全年申报省级科技计划项目2项,立项1项,落实经费10万元。申报市级科技计划项目9项,立项4项,落实经费33.5万元。专利申请总计99件,其中已授权39件。授权专利中,发明专利3件,实用新型专利25件,外观设计专利11件。

【文化、体育和卫生】 全县文化馆1个,基层文化站10个,公共图书馆1个,藏书12.6万册,文献流通8.5万册,读者8万人次。农家书屋242个,藏书36.3万册;文化中心户50个,藏书1.5万册。县级无线广播电台2座,广播节目2套,无线电视节目2套,有线电视节目2套;全县有线电视入户率42%,农村数字电影放映覆盖率100%。

2014年,举办华县首届"全民健身周"乒乓球赛、迎"五一"干部职工篮球邀请赛、华县镇村干部群众第九套广播体操比赛。组队参加渭南市文广系统运动会,获优秀组织奖,组队参加渭南市第十二届运动会,获得金牌13枚,获青少年组团体总分第三名和体育道德风尚奖。

全县拥有卫生机构266个,其中医院5个、卫生院13家。医院、卫生院共有床位912张,其中医院床位589张,卫生院病床323张。全县有卫生人员1728人,其中:卫生技术人员1191人,卫生技术人员中执业(助理)医师304人,注册护师、护士435人。母婴保健服务不断规范,妇幼卫生管理得到加强,住院分娩率100%;孕产妇系统管理率96.5%;儿童保健管理率94%;婴儿死亡率0.23‰;5岁以下儿童死亡率0.35‰。新型农村合作医疗工作全面推进,全县参合农民258236人,参合率达98.5%,参合住院补偿达42252人次,共补偿金额9880.73万元。

【中央电视台中文国际频道大型系列特别节目《远方的家·江河万里行》在华县开拍】 10月30日中央电视台中文国际频道大型系列特别节目《远方的家·江河万里行》在华县开拍。主要拍摄华县粮食字画的制作工艺、制作过程,华县下庙水文站的日常工作情况和渭河古渡口的现状,及摆渡人的日常生活。

【水利】 全年完成水利建设投资2.7亿

元。有效(农田)灌溉面积达到1.27万公顷,节水灌溉面积达到1.42万公顷,旱涝保收面积0.74万公顷,水土流失治理面积42平方公里,堤防长度74.89公里。已建成水库12座,总库容2434.16万立方米。已建成万亩以上灌区3处,有效灌溉面积2533.33公顷,当年解决农村饮水安全人口2.49万人。

水利供水工程总供水量达到6848万立方米,其中向农业供水3556万立方米,工业供水1732万立方米,城乡居民生活供水871万立方米,城镇公共供水104万立方米,生态环境4万立方米,林牧渔畜581万立方米。

【环境保护和安全生产】 全年县城环境空气质量共监测349天,达标天数222天,达标率63.6%,其中优142天、良80天,轻度污染73天,中度污染24天,重度污染16天,严重污染14天。根据县环境保护监测站监测结果,全年二氧化硫排放总量5917.7吨,比上年削减15.1%。氮氧化物排放总量5556.2吨,增加12.9%,化学需氧量排放总量2720吨,增加11.2%,其中工业和生活化学需氧量排放量2248吨,增加11.2%,农业源化学需氧量排放量472吨,与上年持平。氨氮排放总量358.5吨,削减15%。其中,工业和生活氨氮排放量312.6吨,削减15%;农业源氨氮排放量45.9吨,与上年持平。

全年共发生各类事故55起,16人死亡,58人受伤,直接经济损失108.62万元。其中发生道路交通事故53起,死亡14人。

【人口和人民生活】 据年度人口抽样调查,年末全县常住人口32.6万人,出生率10.29‰,死亡率6.49‰,人口自然增长率3.8‰。全年城镇居民人均可支配收入达27348元,比上年增加2599元,增长10.5%。城镇居民人均总收入27507元。其中,工资性收入20722元,增长9.7%;经营净收入802元,增长10.6%;财产性收入289元,增长12.9%;转移性收入5694元,增长12.4%。全县农民人均纯收入达8438元,比上年增加951元,增长12.7%。其中,工资性收入3218元,增长23%;经营净收入4298元,增长12.3%;财产性收入259元,增长4.6%;转移性收入663元,增长4.8%。城乡收入比为3.24∶1。城镇职工已参加养老保险人数为27496人,比上年增加1159人。农村已纳入养老保险人数为140635人,比上年增加2558人。城镇已参加失业保险人数为25169人,比上年增加180人;城镇已参加医疗保险人数为89164人,比上年增加42人;城镇已参加工伤保险人数为25832人,比上年增加14721人;城镇已享受最低生活保障3639人,农村已享受最低生活保障15103人。城镇新增就业人员6412人,下岗失业人员再就业2274人,城镇登记失业率3.61%。全县农村劳动力转移就业人数达90765人。

【民生工程】 累计投入资金12.2亿元,较上年增加2.4亿元,增长20%。在民生政策落实上,共发放农资综合补贴、农机具购置补贴、库区移民后期扶持等强农惠农资金7400余万元,发放城乡低保、居民养老金、高龄补贴等资金6900余万元,共为5.2万名住院群众报销医疗费1.8亿元,报销总额较上年增加3000余万元。全年新增城镇就业岗位6412个,农村劳动力转移9万人,农村居民进城落户1.14万人,失业人员再就业2274人。着力解决困难群众的住房问题,全年新建保障房1110套,改造农村危房400户,秦岭北麓330户群众即将告别大山、迁入新居。

（石娟　王小军）

大 荔 县

县委书记	孙云峰
副书记	王青峰　马荣界
常委	孙云峰　王青峰 马荣界　张银仓 翟玉宝　王德强 杨勇(2月离任) 由建新(2月任职) 杜　鑫　武法海 师玉建
县纪检委书记	张银仓
县人大常委会主任	聂郝礼
副主任	丁少平　李振法 丁保卫　王朝民
县长	王青峰
副县长	翟玉宝　王德强 朱新红(女) 张　锋　王民峰 任教训 由建新(2月离任) 杨勇(2月任职)
县政协主席	孙忠社
副主席	冯智敏　李西林 李广利　杨景梅

【概况】 2014年,大荔县生产总值完成112.37亿元,比上年增长9.6%。其中,第一产业增加值31.13亿元,增长4.9%;第二产业增加值25.36亿元,增长18.2%;第三产业增加值55.88亿元,增长8.0%。三次产业增加值的比例为28:23:49。全县人均生产总值16093元,增长2.1%。全县非公有制经济增加值55.45亿元,占生产总值的比重为49.3%,比上年提高1个百分点。全社会固定资产投资完成117.58亿元,增长25.7%。其中,城镇固定资产投资104.03亿元,增长28.4%;跨区域投资7亿元,增长16.7%;农村农户投资6.55亿元,增长0.3%。地方财政收入完成1.92亿元,较上年增收2564万元,增长15.4%。

【招商引资和项目建设】 全年招商引资到位资金5.46亿元,新建项目35个;总投资146.7亿元,到位资金43.8亿元。招商引资工作按照走出去、引进来思路,树立招大引强的引资理念,抢抓西部大开发、关天经济区和陕西东大门建设以及秦晋豫黄河金三角承接产业转移示范区的发展机遇。参加了第十八届西洽会、厦洽会、第二届黄河金三角合作交流大会等大型活动6场次。在“大荔县投资环境说明会暨项目签约仪式”上共签约项目23个,总投资118.3亿元。蔡伦纸业、兴艺家具等25个市级重点建设项目完成投资90亿元,超年度计划18个百分点。中节能、港中旅2家央企,碧桂园、华润万家两个世界500强企业落户大荔。新建成投产项目6个,陕富面业、德飞新能源二期年产值10亿元以上,恒晟祥家具、宸宇机械等4个项目产值均在2亿元左右。科技产业园区完成营业收入76亿元。

【城市建设】 聘请清华大学同衡设计院修编城市总规,聘请同济大学城市设计院编制同州湖景区规划,完成了洛滨新区、县城北片区等5项控制性规划,城市规划区面积扩大到40平方公里。投资5亿元,启动实施了6条城市骨干道路建设,其中洛滨大道西延段(高速北引线)、荔北大道北延段、创业路西延段(高速南引线)已经通车,冯翊路西延段正在加紧建设。特别是投资1.5亿元的同州湖西路建成通车;投资1.2亿元的大朝二级旅游专线基本完工,全段高规格绿化、亮化、美化,成为全县首条花卉主题景观大道。投资3000万元,完成了西四环、北四环的绿化亮化工程。投资4亿元的沿黄公路渭洛河两座特大桥已于12月16日正式开工，打通了大荔东南门户。108国道一级路改造全面完成。大西高铁“七一”开通运行，每天停靠20趟次，使大荔真正融入了西安半小时经济圈，步入了“高速高铁”时代。规划超前、理念先进、功能齐全的高铁广场、高铁大道北延段、迎宾大道建成投用，高铁商业圈已经动工。投资1800万元，建成了纬三街、市场二路等4条城市支线道路。5月7日，陕西省卫生计生委、陕西省爱卫会代全国爱卫会向大荔县颁发了“国家卫生县城”奖牌，标志着大荔县创建国家卫生县城工作取得圆满成功。“一巩四创”全面启动，文明县城创建工作在全省做了交流发言。成立了城乡综合执法大队，下茬整治了违法用地、违法建设，全面清理整顿三轮车、野广告，城区秩序有了根本好转。

【农业】 十大园区和专业市场加快建设。沙苑万头奶牛养殖园区投资2亿元，主体基本建成，奶牛存栏4600头。黄河现代水产科技园区投资4500万元，建成330公顷核心区，南美白对虾、大闸蟹试养成功，市场供不应求。小坡万亩冬枣园区投资4000万元，建成标准化大棚330公顷。尊天现代农业园区投资1600万元，建成花卉观光、果蔬采摘、无土栽培大棚，被命名为省级园区。荔民科技扶贫园区“参股融资”“参股建园”精准扶贫模式得到省市充分肯定。冯村现代农业园区建成全省最大的田间实验室。丰沛肉鸭、新颖现代农业、苏村黄花菜、鑫坤立体生态农业四个园区成为引领当地特色产业发展的主力军。投资5000万元的汇佳农产品物流园启动建设，投资2900万元的黄花菜物流中心建成3000吨储藏冷库，投资1000万元的安仁冬枣交易中心、投资800万元的冯村设施物流中心投入运营。“大荔冬枣”获国家地理标志证明商标，成功打入广州市场，并远销俄罗斯，仅此一项实现产值60亿元。“大荔模式”走出国门，在哈萨克斯坦复制。农村土地承包经营权确权登记颁证工作全面启动，第一批双泉、两宜等6个镇率先试点。全县新增特色水果4660公顷、设施蔬菜2000公顷。

【美丽乡村】 启动实施了农村基础设施提升工程，修复了双泉至蔡庄等6条特坏路段；对汉火、大蒲等7条道路进行了“四化”提升，沿线部分村庄进行了风貌改造，安装了现代化镇村标识系统；实施完成了两宜、双泉、官池的镇区街道改造；启动了范家、朝邑、高明、羌白、下寨、韦林、安仁的镇驻地建设。年内共新建广场78个，安装路灯5000余盏，配置健身器材267套件，绘制文化墙2.37万平方米，卫生改厕4735套，硬化巷道375.6公里，韦林、平民、赵渡、范家4个镇巷道硬化率达到100%。建成了一批村民综合服务中心、敬老院、幼儿园，农村基础更加完善，群众生活更加便捷。全县90%的行政村建成清洁乡村，15个村建成美丽乡村，5个村建成幸福乡村，26个村成为省级卫生村，13个镇成为省级卫生镇，羌白镇被作为全市唯一镇提名创建国家卫生镇，福佑村被命名为“全国生态文化村”，成为全省4个国家级生态文化村之一。美丽乡村建设从根本上解决了农村“脏乱差”问题，实现了由清洁到美丽、由美丽再到以乡村旅游为主的三产转变，柳池农家乐、福佑黄河观光、畅家村史馆、平罗马术俱乐部等一些美丽乡村，加速了产业融合，推动了城乡一体化。

【工业】 2014年全县工业增加值实现22.53亿元，增长17.2%，其中规模以上工业增加值16.78亿元，增长21.8%。全县41户规模以上工业企业总产值59.1亿元,增长20%。其中,园区工业企业总产值32.27亿元,增长14.5%,占全县规模以上工业总产值的54.6%。按轻重工业来划分,轻工业完成产值33.12亿元,增长13.1%;重工业完成产值25.98亿元,增长30.3%。工业产销衔接良好。全年实现工业销售产值56.07亿元,增长20%,产销率94.87%。全年实现主营业务收入55.62亿元,增长41.1%,实现利税总额11635万元。

【旅游产业】 同州湖景区建成开放,乾坤湾爱情岛主题庄园开工建设,国庆期间接待游客6万余人次。沙苑景区投资6000万元,建成"一门一路一广场",国家沙漠公园通过国家林业局评审,总投资10亿元的港中旅沙苑开发项目启动实施,景区基本成型。丰图义仓景区广场建成开放,被命名为3A级景区。福佑古寨景区国庆期间累计接待游客10万多人次。朝邑国家湿地公园、朝邑湖景区开发已经动工。投资10亿元的同州往事项目开始征地。县级游客服务中心和7个游客接待站正在加紧建设,以51个美丽乡村示范村为主线的"美丽大荔一日游"粗具雏形。

【社会事业】 实施各类民生项目50个,完成投资15.8亿元。奚若中学教学楼主体竣工,26所中小学建成市级标准化学校,小升初、中考、高考成绩明显提升,教育工作已走上正轨。三大公立医院加快建设,东府医院基本建成。保障性住房竣工1980套,农村特困群众安居工程建成500多户。投资5500万元的黄河雨林控导工程全面建成,为滩区新增耕地466公顷。投资7000万元的公益性公墓和殡仪馆迁建工程主体完工。投资3000万元,完成了高明、韦林等14个镇驻地和机关硬件改造提升;投资500万元,为所有镇机关安装了锅炉暖气。提高了公务员津补贴和事业单位人员绩效工资,年人均标准增加2000元。农民人均纯收入9184元,其中,家庭经营性收入5327元,占58%;工资性收入为2939元,占32%;转移性收入为551元,占6%;财产性收入367元,占4%。城镇居民人均可支配收入26168元,其中:工资性收入为18318元,占70%;转移性收入为5237元,占20%;经营净收入为1570元,占6%;财产性收入为1043元,占4%。人口自然增长率为5.52‰。公共文化服务示范区创建深入开展。

【平安创建】 坚持领导干部下访、接访、约访、回访制度,积极排查化解矛盾纠纷,对24起重点信访案件和23个涉访重点对象落实了包联领导和责任单位,建立台账,挂账销号,切实做到"五到位四落实",信访形势总体呈现增量控制、存量减少的态势。建立了"网下办理、网上流转"的群众信访事项办理程序,实现了信访事项"可查询、可跟踪、可督办、可评价"。组织对中节能、中医院等10个重点项目进行了社会稳定风险评估,积极预防化解倾向性、潜在性问题,确保项目顺利实施。加快"853"技防系统建设,新安装治安探头1.5万个,22个村建成治安视频监控系统。扎实开展了"三打击一整治""秦安""扫黄禁毒"等专项行动,关停了500多个临街麻将馆,成功打掉多个黑恶势力团伙,破获了一批刑事治安案件,起到了强大的震慑作用。扎实开展群防群治,建立了村级治安分级管理和中心户长包抓制,全面推行"一村一警一线工作日"和"1带5"工作法,平安建设知晓率、社会治安群众满意率居全市前列,政法队伍满意度排名全市第一。

【党的建设】 坚持向中央基准和省市要求看齐,紧扣为民务实清廉主题,全县905个党组织、2.5万多名党员参加了党的群众路线教育实践活动。确立了"深学严查真改、争当服务标兵”活动载体,多次召开动员会、汇报会和督导会,扎实安排部署,层层传导压力,做到了活动不空。坚持聚焦“四风”,收集整理各方面意见建议1100多条,形成了“六项清单”,明确整改工作责任,立说立改,真改实改,做到了活动不虚。各级领导干部带头学、访、查、评、改,为全县党员干部树立了标杆、当好了表率,做到了活动不偏。活动开展以来,取得了一批思想成果、教育成果、制度成果,党群干群关系进一步密切,作风建设成为新常态。深化“升级晋档、科学发展”活动,针对后进村,由县级领导牵头,工作组驻村帮扶,85个后进村全部转化提升。积极开展社区“评星定级、晋位提档”工作,选派100余名改任非领导职务干部,担任社区党建指导员或监督员,7000多名在职党员佩戴红袖章,参与社区志愿服务活动,西郊社区被命名为“四星社区党组织”。推行机关规范化管理,细化干部职责,设置去向牌,树立了机关良好形象。新组建了德飞新能源、同州民众乐协会等13个“两新”党组织,选派了321名党建指导员,实现了党的组织和党的工作“双百覆盖”。认真贯彻落实中央八项规定,集中开展了公务用车、“吃空饷”等专项整治,全县清理办公用房2720平方米,公开拍卖超标公务用车24辆,“三公”经费支出同比下降28.5%。建立明察暗访工作机制,狠刹“吃喝风、娱乐风、门户风、送礼风”,移风易俗简办婚丧嫁娶成为新风尚。

【镇村改革】 认真贯彻落实中、省、市全面深化改革精神,围绕发展、民生、稳定、党建四个方面,扎实推动重点领域改革。推进镇村综合改革,坚持先并村后换届、先支部后村委,全县400个村减少到272个,264个村完成了支部换届。加快土地确权登记,高明、双泉、两宜、段家、许庄、埝桥6个试点镇全面完成任务。深化工商登记制度改革,将个体工商户的设立、变更、注销和农民专业合作社设立等审批事项全部下放到各基层所,方便群众就近办事,激发了全民创业活力,全县新增各类市场主体3246户。积极推进简政放权,坚持能简就简、能放就放,厘清政府权力清单,622项审批服务事项向社会公布。创建了“县大厅、镇中心、村代办”便民服务新机制,设立便民服务大厅52个、中心18个、代办员426名,搭建了便民服务高速路,并在全市推广。创新推行了交通事故“四位一体”处理模式,把法律援助、仲裁、行政调解和法庭审判四个环节科学整合,促进规范执法,确保群众满意。创新基层组织建设,探索建立了“网上党支部”,开设网上党课,开展在线交流,联系服务流动党员,破解了流动党员管理难问题,建立了基层工作日、机关工作开放日、志愿者服务日、农村干部定期工作日、党员集中活动日“五项工作制度”,全面推行党员星级管理新模式,各级党员干部的在党意识、服务意识明显增强。

（李晓莉）

蒲 城 县

县委书记 陈振江
副书记 李军政 陈经武
常委 陈振江 李军政
陈经武 习忙俊
张毅锋 刘志稳
刘万年 王树勋
陈淑霞(女)
张沁(女,6月离职)
石 雨
杨洪华(女,4月任职)
刘航(7月任职)

县纪检委书记	习忙俊
县人大常委会主任	李兰州
副　主　任	李全友　任全虎 赵树勋　雷林瑞
县　长	李军政
副　县　长	张毅锋　刘志稳 张沁(女,6月离职) 杨洪华(女,4月任职) 刘巧莲(女) 焦小忠　张新庄 陈　飞　赵晓军 张兆武　张　域 张晓艳(女,10月任职)
县政协主席	任恒志
副　主　席	赵福生　左高亮 校　刚

【经济概况】　2014年,全县生产总值完成151.61亿元,同比增长9.7%。其中,第一产业增加值完成23.61亿元,增长4.5%;第二产业增加值完成76.11亿元,增长10.8%;第三产业增加值完成51.89亿元,增长10.4%。地方财政收入完成6.16亿元,比上年增长12.77%。全社会固定资产投资完成214.3亿元,同比增长19.71%。全社会消费品零售总额达到50.69亿元,增长13.3%。城乡居民收入分别达到27677元、8590元,分别增长11.6%和12.8%。单位GDP能耗下降4%。

【农业】　2014年,全县农林牧渔业总产值44.08亿元,比上年增长5.0%。其中,农业产值33.9亿元,增长5.2%;林业产值0.47亿元,下降22.1%;牧业产值6.026亿元,增长3.1%;渔业产值0.12亿元,增长11.0%;农林牧渔服务业产值3.56亿元,增长11.0%。全年粮食总产35.58万吨,增长7.8%。新增设施农业179公顷,建成苏坊绒张、兴镇桑楼等5个高标准设施农业示范园,实现产值14.61亿元。现代畜牧业示范区建设全面推进,新建各类规模化养殖场73个,建成石羊百万只肉鸡养殖小区,创建省、市级示范场8个,牛、羊、猪、家禽存栏分别达到5.52万头、19.5万只、24.1万头、645万只。现代果业强县建设持续加强,编制完成《蒲城酥梨区域公用品牌战略规划》,西北农林科技大学蒲城酥梨试验站即将启动建设;新建果园2530公顷,建成绿色果品基地6666公顷、有机及国际认证200公顷,果品总产85万吨,产值18亿元。农业基础建设累计完成投资2.3亿元,先后实施了小型水利重点县建设、千斤粮食等一批农田水利项目,建成荆姚镇2000公顷高标准农田,新增节水灌溉1300公顷,恢复改善灌溉3300公顷,解决4.5万人安全饮水问题。农村土地承包经营权确权登记颁证工作全面开展,完成土地流转1386公顷;培育发展家庭农场61家,新增3个国家级示范合作社;积极开展“三品一标”认证,“蒲城西瓜”农产品地理标志登记保护顺利通过农业部审核,成功申报国家级“农业综合标准化示范县”,被评为“品牌农业示范县”。

【工业】　全部工业增加值68.98亿元,比上年增长11.5%。其中,国有和规模以上工业增加值62.51亿元,增长11.9%;规模以下工业增加值6.47亿元,增长8.2%。全年规模以上工业企业总产值169.1亿元,增长5.1%;实现产品销售收入130.37亿元,增长13.6%;实现利润10.44亿元,实现利税总额18.53亿元。县煤化工业园产业发展规划即将编制完成,投资2.51亿美元的空分项目建成投产,投资179亿元的180万吨甲醇70万吨聚烯烃项目已于10月29日生产出甲醇。投资79亿元的神渭输煤管道项目终端行政办公区、泵房、煤池、煤仓等工程已基本建成,园区完成固定资产投资54.5亿元。蒲城工业园区建设总体规划通过评审，总投资3.45亿元的重车车桥零部件一期、年产30万吨猪饲料生产线、万德科技医药中间体扩建、蓝深树脂二期扩建、环宇农机销售中心等5个项目建成投产，完成固定资产投资4.35亿元，园区实现产值60亿元。全年新增规模以上企业8家。

【重点项目建设】 全年共策划包装项目431个，招商引资签约项目33个，开工建设23个，到位资金49.28亿元。坚持实行一个项目、一个责任部门、一名责任县级领导的项目包抓责任机制，切实加强项目策划包装、审批手续办理和供地、环境保障工作，落实建设用地165公顷，保障了招商引资和重点项目建设有力推进。确定了总投资397.91亿元的78项年度重点建设项目，累计完成投资110亿元，占年度投资计划的87.18%，其中兴盛王饲料、兴华学校城南校区、重车车桥零部件生产等42个项目竣工或完成年度投资任务。22个市级重点建设项目全部开工，其中16个竣工或完成年度建设任务。

【城乡建设】 总投资23亿元的15个城市重点建设项目完成投资15亿元。其中，五原路、青年路北段等项目建成使用，S201线蒲城段改扩建工程累计完成投资5.95亿元，火车站站前广场及道路建设项目启动实施，城东区排水一标段全面竣工，城区污水处理厂B升A工程通过市上验收。以“五城联创”为抓手，全面推行城市精细化管理，积极开展城市绿化、亮化、美化工程及市容市貌专项整治、文明示范创建活动，迎宾路、渭蒲高速引线等主干道路人行道提升改造完成7万平方米；新增城市绿地7.5万平方米，高标准公厕23所，硬化、绿化、亮化、净化背街小巷126条。孙镇省级重点镇建设完成投资2亿元。陈庄镇、罕井镇被列入国家级重点镇，荆姚镇被列为省级跟办的市级重点示范镇。大力推进治污降霾工作，257家堆煤场、采石场、粉石场、粉磨站等污染源被断电关停，拆改城区燃煤锅炉34家；建成西禹路生态景观林带45公里，造林绿化2866.67公顷。积极开展农村环境卫生整治，县财政列支200余万元，启动实施美丽乡村建设，建成苏坊绒张、三合赵山等10个县级示范村和孙镇、罕井等5个清洁示范镇。

【旅游商贸】 文化旅游产业完成固定资产投资5050万元。编制完成了《唐桥陵国家考古遗址公园规划》《历史街区控制性详细规划》《槐院巷、药王庙巷、达仁巷修建性详细规划》，启动实施了桥陵景区、泰陵神道保护、历史文化街区改造提升等核心景区建设工程，惠陵、高力士墓及五陵路沿线景观林带等基础建设基本完成，蒲城县游客服务中心建成运营。签订了总投资3.3亿元的“重泉水乡古城”民俗饮食文化和“盛鑫温泉”水上度假项目；与华山旅游集团公司签订旅游战略合作协议，招引资金6.5亿元，为蒲华两地文化旅游产业合作共赢奠定了坚实基础。旅游接待人数首次突破300万人次，旅游综合收入达18亿元。商贸物流强势发展，出台《关于加快推动电子商务发展的实施意见》，投资10亿元的大明宫城南幸福城项目即将动工建设；百万头生猪屠宰改扩建项目、大运石化等项目即将建成投运。全年新建农家店25户，新建镇超市2家，城区新增大型综合性购物中心1家。全县新增限额以上商贸企业10家。

【民生工程】 全年共实施10大类65项民生工程，完成投资11.51亿元。总投资6.7亿的集中供热项目管网铺设实现城区全覆盖，供热面积50万平方米以上；总投资8000万元的城南污水处理厂正在进行综合管理用房、机修厂房、生化池等厂区主体建设;保障性住房开工 2888 套,建成 653 套;兴华学校城南校区和 49 所薄弱学校改造完成年度任务;城南学校、第二幼儿园、二院整体搬迁、中心广场改造、长乐广场等工程正在有序推进;扶贫搬迁和以工代赈扶贫搬迁共安置群众 2398 人,3.6 万人实现脱贫;全年共发放城乡低保、救助金 6351.45 万元,受益群众 4.8 万人,新建农村互助幸福院 20 个;兑现落实粮食直补、农机具、良种三项补贴共计 1.72 亿元;发放无息小额担保贷款 3993 万元;落实教育资助金 1.5 亿元,惠及学生 17 万人次;新型农村合作医疗参合率达到 99.73%,补偿率 77.92%;全县城镇新增就业人数 11476 人,下岗失业人员实现再就业 3401 人;共转移输出农村劳动力 15.3 万人次;突出抓好公共文化服务体系"蒲城模式"五项创新,新建村级文化广场 36 个,建成全县镇综合文化站(文体中心)实现全覆盖,公共文化服务体系示范区工作创建考核全市排名第一。全面推进改革创新,启动实施镇村综合改革,推进简政放权工作,全年累计承接市级下放行政审批和公共服务事项 51 项,县级下放 13 项,取消 6 项;在县级 4 家公立医院实施医院法人治理结构改革试点工作,5 月份,蒲城县被确定为国家第二批公立医院综合改革试点县;全面完成了办公用房清理整顿工作,累计清理腾退办公用房 4020 平方米。

【和谐社会建设】 坚持安全生产月通报、季点评制度,组织开展煤矿、非煤矿山、烟花爆竹等重点行业和领域专项整治 8 次,深入开展安全生产"三化建设"和"七打七治"活动,突出抓好烟花爆竹生产企业关闭退出和原材料规范管理工作,拆除烟花爆竹生产厂区 62 个,转产企业 13 家,兴镇花炮原材料税费征收服务大厅正式运营,安全生产形势持续稳定。严格落实县级领导信访接待日、集中排查化解矛盾等制度,深入开展信访"抓三强、攻三案、提三率"和党员领导干部"回原籍"帮助化解信访突出问题两项活动,全县信访总量较上年同期下降 17.9%,共化解信访积案 86 件,化解率达 72%。同时,以街面巡逻防控网、实时视频监控网、区域边界查控网的建设应用为重点,积极完善社会治安防控体系,严厉打击各类违法犯罪行为。全年共破获各类刑事案件 1448 起,命案侦破率 100%,有力提升了人民群众的安全感、满意度。创新应急管理机制,完善蒲城突发公共事件处理办法,先后开展各类应急演练 30 次,处置突发事件 6 起,突发事件处置能力进一步增强。深入开展"六五普法"教育,全民法制观念明显增强。自觉接受县人大和县政协的监督,积极采纳各界人士的合理化建议和意见,共办理人民代表议案 25 件,政协委员提案 64 件。

(唐水琛)

富　平　县

县委书记	郑成瑞(2 月离任)
	郭志英(2 月任职)
副书记	王建平　原晓军
常委	郑成瑞(2 月离任)
	郭志英(2 月任职)
	王建平　原晓军
	郭柱国(12 月离任)
	王文学　白惠敏
	杨宏伟　任正龙
	薛　斌
	闫兴斌(12 月任职)
	杜占全
	陈长泽(4 月任职)
县纪检委书记	薛　斌

县人大常委会主任 赵升良
副　　主　　任 王全峰　杜　平
　　　　　　　 屈　林　张秀坤
县　　　　　长 王建平
副　　县　　长 郭柱国(12 月离任)
　　　　　　　 王文学(12 月任职)
　　　　　　　 白惠敏(女)
　　　　　　　 陈长泽(4 月任职)
　　　　　　　 张宏哲　常　伟
　　　　　　　 王晓鹏
　　　　　　　 高波涛(10 月任职)
　　　　　　　 刘国正
　　　　　　　 张锐斯(女,4 月离任)
　　　　　　　 李晓辉(女,4 月任职)
　　　　　　　 王云杰(6 月任职)
县 政 协 主 席 郑建设
副　　主　　席 王稳正　冯小平
　　　　　　　 梁梅(女)

【经济概况】 2014 年,富平县完成生产总值 136.5 亿元,比上年增长 13%,高于全市 2.3 个百分点。地方财政收入突破 4 亿元,增长 11.3%;城乡居民收入分别达到 27296 元和 8491 元,分别增长 11% 和 13%。

【项目建设】 持续扩大投资,发展后劲不断增强。面对宏观经济下行压力加大的严峻形势,全县坚定不移地抓项目、扩投资、保增长,累计实施项目 153 个,完成固定资产投资 130 亿元,较上年增加 27 亿元,增长 26.2%,其中产业类项目投资占比 43%,同比提高了 11 个百分点。狠抓招商引资,全年共签约项目 36 个,其中 10 亿元以上项目 5 个,引进资金 198 亿元,到位 57.2 亿元。陕煤生态水泥、温泉河景观工程、底张二级公路等 50 个项目建成投用,富化技改搬迁、富平中学等 72 个项目超额完成年度建设任务,神华、北新建材、延长石油等央企省企项目落户建设,形成了项目带动、投资拉动的良好发展格局。

【工业】 推进产业升级,经济质量稳步提升。坚持抓园区、建平台,调结构、转方式,引领经济提质增效、转型发展。新型工业化加速推进。新兴产业园总体规划通过省级审批,友谊大街、富辰七路基本建成,富阎连接线建设进展顺利,“一纵两横”道路框架基本形成,标准化厂房、公租房建成 10 万平方米,企业孵化中心完成基础施工,园区承载力不断增强;神华富平热电联产开工建设,金牛乳业建成投产,瑞亿汽车配套、三丰食品、正兴车轮等一批新型工业项目即将开工,为工业转型奠定了坚实基础。庄里工业园实施供水、道路等基础设施项目 5 个,新落户企业 5 家,普石防水、盛钢管业建成投产,集群效应进一步显现。全县工业总产值完成 191 亿元,增长 17.6%,新增规模以上工业企业 5 户;工业占 GDP 的比重上升到 48%,第二产业比例突破 50%,标志着全县工业化进程迈入加速发展新阶段。

【现代农业】 以现代农业园区建设为重点,大力发展规模种植和规模养殖,新增设施农业 633 公顷,新建果园 1000 公顷,新发展柿子、核桃 900 公顷;新建标准化养殖场 60 个,获“中国羊乳之都”称号;培育家庭农场 272 户,新增市级龙头企业 4 户,“粉红女士”苹果获得国际品牌授权,农业产业化步伐明显加快。

【第三产业】 城南商贸城等 9 个商贸流通项目建成运营,新培育限上企业 13 户;全县开设网店微店 200 余家,新增快递配送企业 6 户,柿饼、羊奶粉等特色农产品线上交易额突破 1 亿元,电商营销初见成效;红色旅游日渐升温,全年接待游客 318 万人次,增长 21%;实现旅游综合收入 18 亿元,增长 24%。

【城镇化建设】 以“治理两条河、改造频阳街、打通断头路”为重点,加快中心城区建设。温泉河湿地公园建成开放,蓄水成湖、植绿成荫;石川河综合治理高点规划、快速推进,河道平整基本完成;频阳大道升级改造全面完成,弱电入地、人车分流、基础提升,成为展示富平形象的新窗口;富昌路南延、荆山大道改造、顺阳大街东延建成投用。全县新增绿地7万平方米,城市品位明显提升。坚持高起点规划、高标准实施,强力推进重点镇建设。庄里、淡村晋级为国家级重点镇,示范引领作用进一步显现;薛镇、老庙列入市级重点镇,基础设施建设力度加大;美原、流曲等县级重点镇“四个一”工程扎实推进,镇区面貌明显改观。按照统一规划、就地就近原则,抓好新型农村社区建设。建成新居476户,淡村镇幸福家园社区确定为省级新型农村社区,荆川村村庄规划获全国城乡规划设计一等奖。全县1.9万农民进城入镇,城镇化率达到43.8%,较上年提高1.8个百分点。

【生态环境】　坚持把生态环境作为最普惠的民生。扎实推进北部山区生态环境治理,巩固石灰窑关闭成果,复垦绿化266公顷,依法整治石灰石开采,取缔非法采石企业11家,集中清理210国道沿线露天煤场、粉灰场,治污降霾初见成效。加大环保重点项目建设力度,庄里污水处理厂主体竣工,县城污水处理厂二期进水调试,燃煤锅炉拆改、餐饮油烟治理等稳步推进,减排任务全面完成。深入实施农村环境卫生综合整治,以国省道沿线、镇区和行政村为重点,清理“三堆”、整修道路、美化环境,扎实推进美丽乡村建设,部分镇村环境卫生长效管理机制基本形成,城乡环境明显提升。

【民生工程】　坚持把保障和改善民生作为政府工作的出发点和落脚点,坚决落实“两个80%”硬指标,“十大民生工程”全部按期完成年度任务,全年民生支出达到25亿元,占到财政总支出的81.2%。教育事业均衡发展。实验幼儿园等8所公办幼儿园建成投用,幼儿入园率达到98.3%;淡村初中改建完成投用,富平中学建设进展顺利,富闽友谊小学开工建设,23所学校食堂改造提升,新建改建校舍5.9万平方米;贫困生资助体系全面覆盖,营养改善计划惠及学生4.6万名;高考一本上线人数位居全市第一,教育教学质量稳步提高。医疗卫生服务能力不断提升。县医院120急救中心基本建成,中医院住院楼、门诊楼主体竣工,基本公共卫生服务项目全面实施,新农合惠及57万人次,群众看病难看病贵问题进一步缓解。公共文化服务体系逐步完善。体育场二期建成开放,剧场改造竣工投用,图书馆、文化馆免费开放,30个村级文化广场和100个文化培植工程活动点投入使用,百姓大舞台、一元剧场、全民健身活动常态化开展,群众文体生活丰富多彩。社会保障精准有效。10万农村老人、5万高龄老人、3.4万城乡低保对象、1.2万残疾人实现应保尽保、全面覆盖,北部山区280户740名困难群众告别土窑洞和危旧房,2.36万人实现脱贫,5.8万群众饮水安全问题得到解决。社会治理持续加强。健全安全生产责任体系,扎实排查隐患,深化“打非治违”,46户烟花爆竹生产企业退出转产,安全生产指标“三降一平”,全年未发生一起较大以上事故;按照“五个到位”原则,狠抓问题化解,信访秩序持续好转,社会大局平安稳定。

【全面深化改革】　坚持以改革创新驱动发展、激发活力。简政放权力度加大,清理并公布县级“权力清单”478项,取消审批事项145项,取消行政事业性收费17项。镇村综合改革顺利推进,撤销镇管区9个、行政村66个。全面推行服务代办制度,建成了16个镇办便民服务大厅和241个村级便民服务室,群众办事更加便捷。事业单位改革稳步实施,行政事业单位房地产产权实现集中管理。阿宫剧团改制顺利完成,新编剧目进京演出。组建城市管理综合执法局,制定出台城改办法,规范征地拆迁标准,为加快城镇化步伐提供了有力保障。健全工程招投标、土地招拍挂、财政预算管理、人事"凡进必考"四项制度,形成了统一规范高效的工作运行机制。积极推进创新试点工作,"多规合一"完成城市开发边界划定,农村土地确权登记完成二轮清册公示,"订单质押贷款"富平模式得到农业部和国家银监会的肯定,惠民补贴"一卡通"担保贷款1.2亿元。

【作风建设】 切实转变作风,政府效能进一步提升。持之以恒改作风、提效能、优服务。以开展党的群众路线教育实践活动为契机,建立完善了县政府议事规则、调查研究等27项规章制度,按期完成了政府班子37项整改任务,车辆超限超载、城乡乱搭乱建等热点难点问题得到有效遏制。坚持勤俭办一切事业,严格贯彻中央八项规定精神,从严控制"三公"经费支出,全县公务车辆运行费下降18%,公务接待费下降13%,会议文件分别减少50%和7%。坚持依法行政,自觉接受监督,先后接受人大代表检查、配合政协委员视察28次,向人大常委会报告重点工作17次,办结人大代表议案和政协委员提案206件,办复率达到100%。加大政务公开力度,深入开展向人民报告、公民进政府、大学生到政府机关见习活动,建立群众网上诉求快速处理机制,全年办结各类咨询、信访问题957件,一批群众反映的突出问题得到妥善解决。同时,国防、双拥、宗教、工会、妇女儿童等领域工作都取得了新的成绩。

【中国羊乳之都】 2014年10月18至20日,"中国奶山羊健康养殖与羊奶加工国际研讨会暨中国羊乳之都命名大会"在富平县举办。会上,富平县被中国轻工联合会和中国乳制品工业协会授予"中国羊乳之都"称号。这标志着富平县已经成为全国羊乳制品生产加工的重要基地。

(党增航)

合阳县

县委书记	李县平
副书记	杨武民　严晓慧
县纪检委书记	任润民
县人大常委会主任	雷哲生
副主任	贾培义　雷满盈 吕淑芳　范四海
县长	杨武民
副县长	王建元　王满堂 黄家安　安建军 郭宁安　王江平 胡志强(9月任职) 郭云峰(11月任职)
县政协主席	梁军民
副主席	贾申龙　杨培民 贾忠孝

【经济概况】 2014年,合阳县生产总值完成76.89亿元,比上年增长13.1%;固定资产投资完成88.57亿元,增长23%;规模以上工业总产值完成44.81亿元,增长14.2%;地方财政收入完成2.46亿元,增长12.15%;城乡居民人均可支配收入13871元,其中城镇居民和农民人均收入分别增长17%和19%;全社会消费品零售总额完成28.01亿元,增长16.3%;人口自然增长率为5.39‰。

【项目建设】 全年实施重点项目83个,

完成投资69亿元。其中,108国道合阳段改造工程、山阳煤化工业园、文化产业大厦等8个市级重点项目完成投资30亿元,占年度任务的113%;合欢面粉厂迁建、果花果品包装生产等35个项目建成运营;三合大酒店等30个项目完成年度投资任务。

【招商引资】 依托县域特色资源,围绕"三区"建设,持续加大招商引资力度,分赴江苏、上海等地叩门招商、推介洽谈。成功举办无锡招商推介会,积极参加西洽会、农高会、黄河金三角投资交流会等各类招商洽谈会。全年签订项目合同33个,其中亿元以上项目12个。招商引资实际到位资金38亿元,完成市上下达任务的102%。太阳能光伏发电、金桥煤炭技改扩能、王村洗煤厂等29个项目落地实施,项目履约率达87%。

【工业】 煤矿建设项目完成投资11.16亿元。西卓煤矿正在进行井下通风、排水和巷道维护,山阳煤矿井下巷道掘进进尺525米,安阳煤矿煤炭运输转载系统全部竣工,即将投入试运营,百良旭升煤矿即将进行联合试运转,平政煤矿正在创建国家一级质量标准化矿井,金桥煤矿综合调度楼及3个井筒开工建设。王村洗煤厂完成初设方案和可研报告。知堡运煤专线建成通车。园区"五位一体"发展模式得到省市认可。恒兴果汁厂、一汽服务站、金源天然气等7户企业入驻园区,骊山挂车等3户企业建成投产。企业服务中心建成投入运营,工信、中小企业等8家服务单位和赛众生物等8家企业顺利进驻。企业服务大厅即将投入使用。认真落实中省市鼓励支持中小企业发展政策,与建行、邮政银行合作推出小微企业"助保贷"业务,为16户中小企业发放贷款3580万元。积极实施规模企业培育成长工程,百良旭升煤矿、顺天纸业等4户企业成长为规模以上工业企业。兴隆乳业、源源化工等15户企业成功开发新产品。全县新发展各类工商企业860户、个体工商户8700户。新增各类中小企业350户。

【农业】 围绕"一区两廊三带",新建果园2670公顷,认证绿色有机果品基地330公顷,皇甫庄白家寨千亩苹果示范园被评为国家级标准园。新增奶牛5060头,建成规模化养殖场32个,创建省市级标准化养殖场6个。流转土地3200公顷,建成各类园区38个,合洽路、马庄、黑池园区被评为省级现代农业园区。幸福渔场被评为全国标准化示范渔场。认定家庭农场152家,新增农民专业合作社121家,成立首家农民专业合作社联合社。雨阳富硒等8家合作社被认定为国家和省级示范社,好家米、兴皇苹果等8个品牌获省市著名商标。

【城镇建设】 围绕创建省级文明县城、国家园林县城、省级环保模范县,大力实施美化、亮化、绿化工程,城市面貌全面改观,品位持续提升。制作文明礼仪、核心价值观文化墙3.8万平方米;设立LED显示屏、指示牌650块。对印光大道等9条路段、三合酒店等20个企事业单位的主体楼、公园一号等多个小区住宅楼进行了立体式的灯光亮化;投资1200万元,在印光大道、金水路等5条路段设置了大型宣传灯箱。大力实施街道绿化补植和单位小区绿化提升工程,新增绿化面积13.1万平方米。省级文明县城和生态园林县城通过验收,国家园林县城通过初验。编制完成《合阳县城市近期建设规划》《合阳县城区集中供热规划》《洽川文化旅游名镇建设规划》《合阳县县域村庄布局规划》,启动了全县《村庄建设规划》编制工作。城市建设投入资金2.2亿元,完成了太姒路北段路面基层处理和大有路、泰山路东延排水管网铺设,建成凤凰东街部分路段,开工建设泰山东路东延。武帝路、凤凰北路完成人行道铺设3万平方米,城区主干街道修补盲道1.2万平方米。西大街等10条路段10公里弱电线路综合管沟全部完工。学巷片区棚户区改造完成入户测绘工作。坊镇、黑池、百良、甘井等7个镇街道改造工程完成投资9600万元,其中坊镇完成了中心广场、仿古街改造,路井镇、黑池镇完成了街道改造和绿化亮化工程,新池镇街道东扩工程全部完工,皇甫庄新型社区一期80户全部入住;坊镇、洽川镇获省级人居环境重点镇和市级文化旅游名镇称号,坊镇灵泉村、同家庄镇南长益村被列入国家传统村落。全县城镇化率达到43.59%。制定了《合阳县城市精细管理办法》等制度,建立城市管理联席会议制度,进一步理顺城市管理体系。按照综合整治、疏堵结合的原则,新增停车泊位2200个,增设小型停车场10个,加强建材销售、水果蔬菜批发等专业市场监管,建立健全占道经营、出店经营、爆竹燃放、游商流贩和马路市场巡查机制,有效规范了经营秩序。采取机械化清扫与人工保洁相结合的方式,建立了全天清扫、当天清运、24小时保洁等管理机制,增添更换了洒水车、吸尘车、垃圾清运车、垃圾桶等环卫设施,建成11处垃圾收集屋,县城环境卫生整洁靓丽。

【洽川旅游】 围绕“生态旅游名县”目标,全面启动国家5A景区创建工作,制定出台《合阳县关于进一步加快旅游产业发展的若干意见》。《合阳县旅游产业发展规划》《合阳武帝山旅游风景区总体规划》顺利通过专家评审。编制完成洽川镇、坊镇《特色名镇建设规划》,为实现旅游产业快速发展奠定坚实基础。洽川获得“国家水利风景区”称号。全年共接待游客315万人次,实现旅游综合收入20.41亿元。投资1600万元,处女泉观景亭、关雎渡码头和处女泉—夏阳瀵沙坝环线投入使用,福山植物园栽植景观苗木10万株。县城游客接待中心完成选址和方案设计。投资500万元,完成文庙、青石殿维修改造。成立武帝山森林公园管理处、徐水河国家湿地公园管理处。围绕“情诗之源、水秀洽川”主题,精心组织洽川体验式婚礼、首届千人帐篷节、“走进福州,渭你而来”等大型宣传营销活动。成功举办“文明旅游我先行”万人签名、旅游宣传广告语征集等活动。与中国公共关系协会联合举办“净土善心·和合永续—生态文化合阳行”大型系列宣传推介活动,接受了英国BBC节目原主持人欧山丹的专访,被新华社、《光明日报》、蓝海卫视、凤凰卫视、搜狐网、《陕西日报》等28家媒体广泛宣传。开通了合阳旅游网站和微信、微博公众平台。设立大型户外广告牌、引导标识牌43块。“公众回报日”免门票活动惠及省内外游客5万余名。

【现代服务业】 编制完成《合阳县商业网点布局规划》。扎实推进“万村千乡市场工程”和“农超对接工程”。新增农业网点36个、日用消费品网点94个。坊镇商贸流通园投入运营。电信、移动、联通4G业务实现全覆盖,全县固定电话用户达到5万户,移动用户28.6万户。城乡交通路网不断健全,出租车达到200辆,公交车52辆。制定《农家乐管理暂行办法》,5家农家乐被认定为市级标准化农家乐。新增限额以上商贸企业7户。完成外贸出口80万美元,实现零突破。

【社会事业】 发放养老金、高龄老人、计生家庭补助和社会各类救助资金2.2亿元。新农合为62.8万人次补偿医疗费1.49亿元。对全县干部职工、离退休老干部和65岁以上老人进行健康体检。提高干部职工津补贴、村干部和环卫工人补助,建立农村教师分区域依岗补助机制。县中心敬老院投入使用。2540套保障房基本完工。在全市率先建成国家义务教育发展均衡县,学前教育三年行动计划受到省政府表彰,高考一、二本上线比率继续保持全市领先。线腔现代戏《洽川人家》获省精神文明建设"五个一"工程奖。第二轮县志、《舌尖上的合阳》出版发行。新建110千伏变电站联网运营,结束了县城单电源供电历史。申都供水改造取得阶段性成果,初步解决了县城时常停水问题。

【综合改革】　全面落实机构编制及人员网络实名登记。承接省市下放审批权限818项,向"两镇两区"下放权力48项。建成县级便民服务中心,镇村便民服务实现全覆盖。企业服务中心入驻服务单位和企业16家。成立城市管理行政执法局和洽川景区综合执法大队。组建了工业区投资发展公司。与中科院地理研究所签订合作协议。营改增试点和国地税联合办税顺利实施,建立多部门税收协助机制。设立中小微企业"助保贷"和畜牧业、新型农业经营主体贷款风险担保基金,在全省首家推行"农权贷"业务。农村土地确权登记颁证工作进展顺利。

【行政效能】　群众路线教育实践活动扎实开展,"四风"问题得到有效整治,干部作风持续好转。群众反映的低保、教育、医疗等20项突出问题逐步解决。健全"三公"经费管理、公务接待、百姓问政等制度。公开拍卖12辆超标公车。"六五"普法深入推进。向人民承诺和报告制度全面落实。办理人大代表建议和政协委员提案121件。

【合阳县获"国家义务教育发展基本均衡县"称号】　2014年4月3日,教育部网站发布国务院教育督导委员会《关于公布2014年全国义务教育发展基本均衡县(市、区)名单的决定》,对464个全国义务教育发展基本均衡县(市、区)名单予以公布,合阳县榜上有名,在全市率先获"国家义务教育发展基本均衡县"称号。

2014年6月,国务院教育督导委员会督导检查组对合阳县义务教育均衡发展实施情况进行了认真评估,认定合阳县达到国家规定的义务教育发展基本均衡县评估认定标准。

近年来,合阳县委、县政府坚持教育优先发展战略,大力促进教育公平。县教育局坚持"创建引领,质量奠基,队伍为本,特色发展"的工作思路,积极推进队伍建设和教育质量"双提升",促进全县教育从硬件建设向内涵发展转变,从精英教育向大众教育转变,从知识技能培养向人的全面发展转变的"三个转变",县域教育事业发展实现了新的跨越。通过国家评估认定以来,合阳进一步加大教育投入,改善办学条件,持续巩固深化创建成果,深入开展"抓内涵,提质量,促发展"长效活动,推进义务教育均衡发展再上新台阶。

【合阳率先在全市通过省级生态园林县城验收】　继2013年成功创建国家卫生县城后,合阳县再鼓干劲,再接再厉,于2014年8月顺利通过由省住建厅组织的省级生态园林县城验收,成为渭南市唯一一家通过此项验收的县。合阳县在省级生态园林县城建设中,通过规划建绿、拆墙透绿、见缝插绿、退硬还绿等措施,进一步完善县城园林绿化。城区绿化面积达320万平方米,公共绿地面积达54.67万平方米,城市绿地率达42%,城市绿化覆盖率达46%,人均公共绿地10.66平方米,各项指标均已达到或超过省级生态园林县城标准。

(武晨凯)

澄　城　县

县　委　书　记　郭永峰
副　　书　　记　薛　楠
宋晓彤(12月离职)
常　　　　　委　郭永峰　薛　楠
宋晓彤(12月离职)
杜俊华
白泉朝　王　恒
弥振乾　郑文军
龚书群　许拴锁
郑丽琼(女)
县纪检委书记　王　恒
县人大常委会主任　党拴仓
县人大常委会党组副书记　袁红森
副　　主　　任　王鹏毅
毛丰莲(女)
廉文山　桂福生
县　　　　　长　薛　楠
副　　县　　长　白泉朝　弥振乾
李红伟　武建民
李　扩　薛颖(女)
卢　林
诸旭(8月任职)
刘红芳(女,8月任职)
县政协主席　杨建囤
副　　主　　席　党王科　杨仲斌
杨培忠

【经济概况】　2014年,澄城县域经济克服下行压力增大、主导产业低迷、增长动力不足等不利因素影响,呈现出结构优化、稳中趋快、效益提升的良好态势。全县生产总值完成85.3亿元,比上年增长10%。其中,第一产业19.6亿元,增长5%;第二产业39.9亿元,增长12.3%;第三产业25.8亿元,增长9.2%。三次产业结构调整为23:47:30。全社会固定资产投资完成141.3亿元,增长17.4%。地方财政收入完成4.02亿元,增长12.1%。全社会消费品零售总额完成25.43亿元,增长13.2%。城镇居民人均可支配收入和农民人均纯收入达到27374元和7691元,分别增长10.6%和13.1%。万元生产总值能耗下降3.8%。人口自增率控制在5.1‰。

【项目建设】　依托澄城自然资源、区位条件和产业基础,成功招引昌盛日电光伏农业科技大棚、10万吨硫酸钾农用肥等项目31个,到位资金43.35亿元,占年计划42亿元的103.2%。精准把握国家产业政策和投入重点,策划包装项目243个,累计争取国投资金14.58亿元,占年计划11.68亿元的124.79%,有力促进了新兴产业、基础建设、社会保障和民生事业的发展。全年实施固定资产支撑项目176个,完成投资148.95亿元,其中光伏太阳城、新型农村社区等25个市县重点项目完成投资112.6亿元,同比增长22.42%,投资20.4亿元的澄城烟厂技改项目顺利推进,投资4.6亿元的澄韦一级公路全线基本贯通,投资2105万元的澄白公路改造工程建成通行。澄城煤层气液化加工二期、美丽吴坡现代农业、安里万亩设施果蔬基地等13个市级重点前期项目开工8个,完成投资4.75亿元。

【工业】　突出工业保增长主题,拓日新能续建项目顺利推进,光伏太阳城300兆瓦单晶硅电池封装线投入运行,两条日加工1万平方米在线玻璃钢化镀膜生产线、第二条日产300吨光伏玻璃生产线全线建成。泓澄LNG一期建成试产,启源领先特种气体项目基本建成,顺捷煤层气储备站、长宏铝业6万吨铝箔、华鑫铝型材等项目建成投运,尧头斜井、群力煤业等7个煤矿技改项目顺利推进,正大集团蛋鸡试验场、

10万吨硫酸钾等一批涉农项目进展顺利。工业园区基础设施更加完善,承载能力不断加强,伟业大道和建工路建成通车,拓日和里庄110kV变电站建成投用。2014年全县规模以上工业企业实现产值82.9亿元,比上年增长6.2%,工业经济实现稳步增长。

【农业】 围绕有机农业示范县创建,精心实施现代畜牧业和现代果业项目,新改扩建25个规模养殖场。果业发展提质增效,新建果园1667公顷,新增有机认证330公顷,四项优果关键技术普及率提高到80%以上,全县水果面积扩大到2.82公顷,总产量达到50.1万吨,其中苹果39.5万吨。果业和畜牧业总产值实现33.7亿元。全年粮食面积稳定在4万公顷,总产量达到19.78万吨。现代农业园区加快建设,全县流转土地累计达到4533公顷,新增设施蔬菜面积142公顷,新改扩建吴坡、马村等13个现代农业园区,总面积达到2900公顷,安里兴安和庄头永成分别被认定为省、市级现代农业园区,郭家庄村被评为国家级"一村一品"示范村,全县省级现代农业园区发展到3个。农业产业化不断推进,新发展尚阳生态禽业等3个市级龙头企业,全县37家市级以上龙头企业实现销售收入10.88亿元,农业产业化园区被命名为全省首批农业科技园区。全力推进中央小水利重点县、农村安全饮水、病险水库除险加固及土地整理、移民开发等涉农项目,发放农机具购置补贴1200万元,完成造林1893公顷,新修改造基本农田800公顷,发展节水灌溉面积1606公顷,治理水土流失面积30平方公里,启动实施了农村安全饮水工程16处。移民后期扶持、扶贫开发、农业综合开发等工作全面推进,完成脱贫人口1.71万人,移民搬迁964人,农业生产和农民生活条件明显改善。

【财政金融】 全县地方财政收入完成40180万元,占年初预算39800万元的100.95%,较上年增收4344万元,增长12.12%。其中国税部门4360万元、地税部门16823万元、财政部门18997万元。全县财政总支出281186万元,同比增长8.84%;其中一般预算支出200369万元,较上年增支16773万元,增长9.14%。主要项目完成情况是:一般公共服务14454万元、公共安全8572万元、教育51190万元、科学技术788万元、文化体育与传媒3314万元、社会保障和就业30889万元、医疗卫生与计划生育20231万元、节能环保6325万元、城乡社区5599万元、农林水利31678万元、交通运输2505万元、资源勘探信息等2076万元、商业服务业等1071万元、金融27万元、国土海洋气象等1346万元、住房保障13872万元、粮油物资储备5895万元、国债还本付息121万元、其他416万元。在澄金融机构保持平稳增长,年末贷款余额增速超过存款余额增长速度。

【现代服务】 尧头窑文化旅游生态园区游客中心、景观吊桥等配套设施基本竣工。西河水生态风景区完成亭台、桥梁改造和景区绿化,形成5.2万平方米景观水面,被列为省级水利风景区。商贸服务业持续发展,生产服务、休闲保健、电子商务等消费日趋见旺,全县服务业种类更加齐全,网点不断增加。华元物流建材市场建成运营,扬帆建材物流中心标准化厂房基本建成,万利酒店、渭北商贸城、华和国际广场等项目加快推进,电子商务示范县建设启动实施。加速渭北区域性商业中心建设,商贸流通业发展及商业网点布局规划编制完成。全年社会消费品零售总额实现25.43亿元,增长13.2%。新发展限额以上企业6家,累计已达44家,共完成零售额8.66

亿元,增长20.8%。全年外贸出口额达到191万美元,全县商贸流通业不断提档升级。积极发掘推介传统饮食文化,澄城县获"陕菜之乡"荣誉称号。

【城乡建设】 制定出台了《关于进一步加快推进城镇化建设的意见》,《城市总体规划》通过审批,《县城控制性详细规划》通过专家评审,8个镇城镇建设和产业发展规划修编完成。投资3.1亿元,新改扩建城市道路14条,惠民路、育才路、东环路、幸福南路、建工路建成通车,兴教路、青正街东五路改造完成,西九路、公园东路加快建设,城区主干道路框架基本形成。统筹推进旧城改造和新区开发,古徵国贸中心、祖师庙巷等6个片区改造有序推进,华和春城、莱茵名郡等11个商住开发项目加快建设,司法、水务业务用房建成投用,公安业务技术大楼、综合档案馆主体完工,惠民路十字商圈加快建设,万泉街两侧建设粗具规模,城市形象和配套功能全面提升。韦庄镇、冯原镇被确定为国家级重点镇,交道镇民俗街二期、尧头镇长润路、赵庄镇垃圾填埋场等基础设施项目扎实推进,赵庄镇罗家洼、庄头镇雷家洼等10个中心村(新型农村社区)累计完成投资5.3亿元,入住1.5万人,城镇功能和公共服务水平大幅提升。

【生态环境】 深入推进"一城三创",大力开展市容市貌等六项专项整治活动,拆除违法建筑36处3800平方米,清理煤、灰、沙场21处,新增环保公厕12座,垃圾无害化处理率和污水处理率分别达到82%和85.4%,创国卫工作顺利通过省级复查验收,创国卫病媒生物防治通过省级单项考核。节能减排力度不减,群生电力实现能耗在线监测,澄合矿务局电力中心、群生电力脱硫脱硝及王村斜井生活污水扩容改造工程建成投运,尚阳生态禽业、富源农业开发等污染防治项目建成投用,寺前镇、冯原镇及韦庄农业园区污水处理厂稳步推进,拆除取缔土法石灰窑36孔,拆改燃煤锅炉17台,完成油气回收治理27户,新增天然气用户2000户,全县规模以上企业共削减煤炭5.5万吨标煤,超额完成削减任务。实施了20公顷城西生态林和新202线城区段宽幅林带工程,城区绿化面积扩大到257万平方米,绿化覆盖率达到30%以上。大浴河中小河流治理项目顺利竣工,西河水生态风景区通过省级水土保持示范园验收。精心实施美丽镇村·幸福家园"1131"工程,完成投资4100万元,11个行政村被命名为市级生态示范村,区域环境质量得到有效改善。

【社会事业】 全年民生保障支出达到8.03亿元,教育发展、医疗卫生、社会保障等民生事业全面推进。投资4.2亿元开工建设保障性住房2712套,竣工1668套,中央电视台和陕西电视台对澄城县保障性住房建设和管理工作进行了报道。投资6.08亿元建设采煤沉陷区安置房2158套,建成462套,分配安置350户。深入推进医药卫生体制改革,新农合参合率达到99.1%,卫生监督办公大楼全面建成,县医院综合楼建成投用,4个镇卫生院改扩建和16个标准化村卫生室建成投用,医改工作得到国务院医改办肯定,被命名为全省"1市10县"改革先进县。国家公共文化服务体系示范区创建工作有序推进,县体育馆和尧头镇、安里镇综合文体中心建成投用,150个村文化网络实现共享,积极开展文化艺术周、农民文化节等群众文化活动,成功创建"中华诗词之乡",尧头镇被评为国家级历史文化名镇,尧头村入选第二批中国传统古村落名录。教育质量稳步提高,城关中学、职教中心6栋教学宿舍楼封顶,澄城中学塑胶操场建成投用,高考本科上线万人比率全市第一。持续扩大养老、医疗、失业、生育、工伤保险覆盖面,累计发放城乡低保、高龄补助、残疾人生活补助等社会保障资金1.57亿元。全面落实就业再就业各项优惠政策,新增城镇就业9995人,城镇登记失业率控制在3.2%,新型城乡居民养老保险参保人数达到19.5万人,农民进城落户10862人。扎实推进精准扶贫,全年脱贫1.71万人,扶贫移民搬迁964人。计生工作全面提升,单独二孩政策平稳实施,全县符合政策生育率达到97.6%,人口自然增长率控制在5.1‰。食药监基层网络逐步健全,5个镇食药监所通过省级验收,被省政府命名为"质量兴省先进县"。镇村综合改革、土地确权登记、合村并组有序推进。提高了公职人员津补贴和镇干部工作补助标准,完成了10个镇机关供暖设施改造。持续强化安全生产、信访稳定和"平安澄城"建设,社会大局安定稳定。

【依法行政】 健全完善为民务实清廉长效机制41项,精简会议文件20%,"三公"经费同比下降18.8%,清理超标办公用房1298平方米,公开拍卖超标超配公车8辆,给予政纪处分45人,清理清退"吃空饷"121人,政府系统工作作风、办事效率和服务质量大幅提升。自觉接受人大法律监督、政协民主监督和社会各界监督,全年办理人大代表议案和政协委员提案75件,人民网留言、市长信箱、"12345"市民服务热线和环境热线交办事项391件。法治政府建设进程全面加快,被省政府命名为"依法行政示范县"。落实简政放权政策,承接省市下放事权273项,24个部门257项审批和服务类事项入驻县党政服务中心,8类63项服务项目入驻镇便民服务中心。持续深化"六五"普法,建成全市首家司法行政公共法律服务中心。全面推行政务信息公开,积极开展"向人民报告""公民代表进政府"等活动,政府工作更加公开透明。全面落实党风廉政建设责任制,强化重点领域、重点行业的审计监督,政府系统廉政建设进一步加强。

【党的群众路线教育实践活动】 扎实开展党的群众路线教育实践活动,严格落实省委副书记孙清云"把联系点建成示范点"的指示要求,突出问题导向,坚持以上率下,做到压茬推进,全县707个党组织、14085名党员普遍经受了深刻的党内政治生活教育。县委常委班子坚持每两周开展一次中心组学习,每月专题交流一次,先后召开7次县委常委会、5次领导小组会议专题研究教育实践活动。11名常委分层次建立联系点,以普通党员身份参加组织生活,全程指导活动开展,带头向全县人民作出"践行三严三实,加强作风建设"的九项承诺,严字当头、从严从实,为全县作出了表率。积极回应群众关切,在全县范围内开展了"群众最不满意的十件事和群众最不满意的十个'四风'问题"征集活动,解决了一批群众反映强烈的问题。实施"十联百帮"为民服务工程,全县26名县级领导对安全生产、信访案件等十项重点工作实行包联,千名党员干部深入基层一线,解决联系服务群众"最后一公里"问题。坚持开门整风,开办"转变作风、为民服务""向人民承诺""整改进行时"等专栏,接受群众监督。县委常委会自觉对标兰考、礼泉、洛川等示范点,做到认识不深不放过、质量不高不放过、措施不实不放过。广大党员干部都能认真对照"四面镜子",查摆班子及个人"四风"问题;严格按照"四必谈"要求开展谈心谈话,凝聚思想共识;亲自撰写对照检查材料,深刻剖析问题根源;认真开展批评与自我批评,在严肃的思想交锋中见人见事见思想,达到了

"团结—批评—团结"的目的。实行"五个一"整改机制,常委会主抓的27项专项整治基本完成。全县各级各部门提出的1429个整改事项已完成1353项。扎实开展党员评议活动,全县评出"差"格次党员79人,对10名不合格党员分类采取限期改正、除名等处置措施。同时,注重建章立制,全县各级各部门修订完善制度779项,县委常委会修订编印了以工作职责、工作规则、议事决策、选人用人等27项制度为主要内容的制度汇编,形成了用制度管权办事管人的运行体系。

【党的建设】 认真落实党要管党、从严治党要求,强化主责主业意识,夯实"两个责任",全面加强党的思想、组织、作风、反腐倡廉和制度建设。实施"五个一"学习新模式,全面推行量化考核和派员旁听制度,旁听基层党委中心组学习13次,教育引导党员干部自觉向中央基准看齐,县委中心组获全省县(区)党委中心组学习先进集体。坚持党管宣传文化、党管意识形态不动摇。强化核心价值观教育,出台《关于培育和践行社会主义核心价值观的实施意见》,设立"道德讲堂"教育平台,开展"中国好人"澄城评选活动,增强全县人民的价值认同和道德观念。强化舆论引导,开办了《聚焦改革话发展》《重点项目建设巡礼》《当好标杆,向我看齐》等栏目,用经济发展新亮点、民生改善新成就、作风建设新成效凝聚人心、激发活力。扎实开展领导班子和领导干部综合研判工作,认真贯彻民主集中制,严肃党内政治生活。严格干部选拔任用,出台了《中共澄城县委全委会对正科职干部拟任人选和推荐人选票决办法》,建立了"缺职预告、综合推荐、立体考察、差额票决"的干部选拔任用机制。严守职数红线,积极开展超职权配备干部整改消化工作,全年消化超配干部15名,无新增超配问题。结合县级公立医院综合改革试点,将公立医院领导干部管理权限下放,着手开展聘任制干部聘用、管理、考核试点。实施干部队伍建设"四项工程",分期分批对全县700余名副科级以上领导干部进行集中培训,对全县579名村"两委"、社区及"两新"组织负责人进行了集中轮训。在全省首批试点党员干部手机培训,手机课堂全面开通,拓宽了教育培训渠道。严格干部管理制度,公示机关工作人员职位职责,在全市率先开展了科级领导干部个人重大事项报告工作,756名科级领导干部按照规定报告了个人重大事项。出台了《进一步加强和改进乡镇工作的意见》。开展村级班子建设提升年活动,完善镇党委抓农村基层组织建设责任制,落实党组织书记"第一责任人"和"直接责任人"职责。深入开展村级党组织"升级晋档"活动,5个乡镇被市委评为十佳乡镇,39个村跻身省级示范村或市级百强村。派驻52个工作组驻村开展工作,排查的56个软弱涣散村级党组织得到整顿转化。落实村两委主要干部和离任村干部待遇,把基层党组织经费纳入财政预算,投资1339.5万元,完成村级组织活动场所"攻坚清零工程"。制定了《关于加强和改进城镇社区建设的意见》,选派3名副科级领导干部到村(社区)担任第一书记,解决了2个城镇社区的办公和活动场所问题,公园社区被确定为市级社区党建工作示范点。推进非公企业组织建设年活动,新成立18个非公企业党组织,向443家非公企业选派了100名党建指导员。组建党员义工服务队114个,3300余名党员开展义工活动360余次。

(宋顺锁)

白　水　县

县委书记	叶珺(女)
副书记	刘振强(11月离任)
	贾建武
常委	叶　珺
	刘振强(11月离任)
	贾建武　张全才
	刘存虎　郭世英
	李全海
	李明(7月离任)
	张春彦(7月任职)
	蒋会海　左　俊
	马世仓
	刘卓(5月任职)
县纪检委书记	郭世英
县人大常委会主任	张洪涛
副主任	王有民　王爱琴
	万可岗　任武杰
县长	刘振强(11月离职)
代县长	张全才(11月任职)
副县长	刘存虎
	刘卓(5月任职)
	刘建成　张拴全
	赵雅丽(女)
	马建军
	郑维(女,9月任职)
县政协主席	杨永丰
副主席	杨会芳(女)
	王存成
	屈晖(女)

【概况】　2014年,白水县生产总值完成66.3亿元,比上年增长8.6%。其中,第一产业增加值22.79亿元,增长5.5%;第二产业增加值18.61亿元,增长8.7%;第三产业增加值24.9亿元,增长10.6%。一、二、三产业结构为34.4∶28.1∶37.5,人均生产总值23428元。全社会固定资产投资完成77.2亿元,增长26.3%;社会消费品零售总额完成19.1亿元,增长14.2%;地方财政收入完成2.37亿元,增长10.2%;城镇居民人均可支配收入达到25824元,增长11.3%;农民人均纯收入达到8218元,增长13.9%;人口自然增长率为3.52‰。白水县在全市目标责任考核中连续三年位居前列。

【农业】　全县实现农林牧渔业总产值39.82亿元,比上年增长5.6%。其中,农业产值34.2亿元,增长5.9%;林业产值3174万元,增长19.1%;畜牧业产值46581万元,增长3.2%;渔业产值195万元,增长8.9%;农林牧渔服务业产值6281万元,增长6.7%。全年粮食总播种面积2.75万公顷,较上年下降7.9%。粮食总产量10.52万吨,下降5.0%。其中,夏粮播种面积1.36万公顷,下降4.0%;产量3.92万吨,增长5.14%。秋粮面积1.39万公顷,下降3.4%;产量6.61万吨,下降10.2%。油料总产7348吨,比上年增长56.3%。全年完成造林面积2940公顷,年末实有封山育林1.36万公顷,四旁植树80万株,育苗面积为217公顷,苗木产量2160万株。新扩建标准化规模养殖场22个,建成现代畜牧业示范园1个。大家畜年末存栏9890头,比上年增长6.21%;猪年末存栏176160头,比上年下降2.3%;羊年末存栏42232只,比上年增长3.97%;家禽年末存栏36万只,比上年下降1.96%;鲜蛋产量1455吨,比上年下降0.07%。水产品产量95吨,与上年持平。全年农业机械总动力达到39.7万千瓦,化肥施用量(实物量)144248吨,农用柴油消耗11586吨,机耕面积4.5万公顷,机播面积3.47万公顷,机收面积2.71万公顷,农药使用量1047吨。

【工业】 全县规模以上工业完成总产值38.53亿元,比上年下降8.0%。实现工业销售产值36.16亿元,下降9.0%;实现主营业务收入28.99亿元,下降15.3%;工业产品销售率为93.8%。其中原煤、白酒、发电量、浓缩果汁产品产量分别是518.38万吨、6225吨、65939万度、82920吨,比上年分别增长10.3%、39.3%、12.0%、12.8%。苹果科技产业园中小企业孵化基地已成规模,获全省县域工业集中区发展争先进位奖。13个工业类项目全面完成年度投资任务。煤矿扩能技改和机械化改造项目完成投资7.3亿元。杜康酒业二期扩建投入运行。新增规模以上工业企业5户,小微企业198户,个体工商户1007家。

【招商引资和项目建设】 全年社会固定资产投资完成77.25亿元,比上年增长26.3%。开展招商40余次,新签约项目34个,到位资金29.3亿元,被评为全市招商引资先进县。争取中省资金8.7亿元。扩大投资规模,上项目、抓招商、争资金,经济发展后劲不断增强。确定重点建设项目75个,总投资111.0亿元。21个市级重点项目完成投资62.7亿元,占年度任务的119.9%;54个县级重点项目完成投资48.3亿元,占年度任务的106.2%。蒲白高速白水段征地、拆迁、清表全面结束,白水河大桥桩基浇筑基本完成;“引石入白”供水工程实现通水;林皋湖景区道路、绿化等基础设施如期竣工。参加了第十八届西洽会暨首届丝绸之路博览会、第二届黄河金三角投资贸易会等大型招商推介活动,为经济发展注入了强劲活力。

【苹果产业】 全县苹果面积达到2.37万公顷,较上年增长0.4%;其中挂果面积2.15万公顷,增长2.5%。苹果总产量53.52万吨,增长0.96%;实现产值28.05亿元,增长7.8%。成功举办了2014年北京白水苹果品牌推介活动,并获“中国有机苹果第一县”和“国家出口食品质量安全示范区”称号。白水苹果成功申报为人民大会堂指定接待水果;白水苹果产业转型升级总体规划通过专家评审,进入审批阶段;全省果园冬管现场会在白水成功召开;中国和哈萨克斯坦苹果友谊园选址落户白水;白水苹果品牌形象店在全国一二线城市相继建立;白水苹果继出口南美洲国家智利之后又成功出口美国市场;白水苹果质量安全追溯系统正式运行,电子商务交易平台初步建立;2013年度财政支持现代果业发展项目在省市绩效考核中名列前茅。

【城镇化建设】 国家卫生县城、省级环保模范城市创建深入推进。居苑东路、保障房排水外沿工程等12项城区基础设施建设项目完成投资6.9亿元。仓颉北路、雷公东路等8条连接线竣工通行,县城建成区面积扩大到12平方公里。城市集中供热覆盖延伸到105万平方米。24辆城乡公交安全运行,白水县被确定为全省首批城乡客运一体化试点县。“一环三镇”69村50公里“美丽乡村”建设初见成效。林皋镇被确定为国家级重点镇和省级文化旅游名镇。省级园林城市创建成功,全县城镇化率上升到43%。

【交通邮电】 全年公路运输业完成客运量233万人次,比上年增长7.4%,客运周转量13115万人公里,增长10.7%;货运量324.9万吨,货运周转量18190万吨公里。全年完成邮政业务总量1409.2万元;电信主营业务收入2479.3万元;年末住宅电话用户达24642户,其中:农话用户达12935户。年末移动电话用户达23.28万户,计算机国际互联网用户达33699户。

【财政金融】 全年财政总收入完成4.34

亿元,比上年增长3.7%,完成地方财政收入2.37亿元,同口径增长10.2%,财政支出16.79亿元,增长10.0%。2014年末,全县金融机构各项存款余额62.69亿元,比上年末增长9.7%,其中城乡居民储蓄余额48.84亿元,比上年末增长10.6%,各项贷款余额24.94亿元,比上年末增长19.4%。

【社会事业】 2014年末全县有普通中学16所,专任教师数1519人;初中毕业升学率93.69%。高考一本上线400人,二本上线960人。举办"廉政文化三秦行""树新风、扬正气"反腐倡廉、"庆七一"等大型文化活动6场次;周末一元剧场全年演出120余场,尊老敬贤送大戏40场;编排大型秦腔现代戏《金果梦》1部;图书馆总藏书量8万余册,共接待3万余人次。广电传输网络不断延伸,有广播电视发射台1座,广播转播台1座,广电传输中心1座。有线电视用户数47957户,有线电视入户率为43.8%。向中、省、市科技部门申报科技项目12个,其中3个项目被省科技厅立项,8项被市科技局立项,共争取无偿资金135万元。计划生育质量指标达标,人口出生率为8.96‰,自然增长率为3.52‰,性别比为106(以女性为100)。实现创全国计划生育优质服务先进县目标。年末全县社会福利收养性单位6个,床位数170个。体育事业扎实推进,不断推动全民健身新热潮。组织举办了首届"杜康杯"钓鱼比赛、第十一届干部职工运动会等活动8场次。仓颉庙、林皋湖、方山森林公园等景点加大旅游业开发力度。全年接待游客128.9万人次,旅游总收入9亿元。

【平安创建】 开展"三无"县、"五无"乡镇创建工作。开展县级领导公开接访工作。全年县级领导153人次在信访大厅接待来访群众131批2634人次。中、省、市交办信访案件14件,到期办结13件,其中1件没有到期,办结率100%。交办群众网上来信175件,办结175件,办结率100%。全县各级调委会调处各类矛盾纠纷524起,化解矛盾纠纷517起,调处成功率98%以上。细化矛盾纠纷排查工作,进一步完善了矛盾排查制度,排查出矛盾隐患和不稳定因素85件,解决53件,确保了全县稳定和谐。

【民生工程】 民生保障力度加大,十大民生工程完成投资8.6亿元。建设各类保障房6180套。总投资8亿元、年度投资4.5亿元的沉陷区综合治理项目有序实施。县级公立医院综合改革稳步推进。国家公共文化服务体系示范区创建扎实开展,大型秦腔现代剧《金果梦》获省级优秀剧目。社会保障体系不断完善,新增城镇就业5765人,新合疗惠及21万人次,新农保发放3万余人,1.7万人享受老龄补贴,2.35万人享受城乡低保,1.45万人实现脱贫。

【政府自身建设】 坚持把群众路线教育实践活动贯穿工作始终,狠刹"四风",重视问题导向,强化整改落实,带头执行"八项规定"和"三严三实",强化行政监督和审计监督,广大干部作风明显转变,廉政建设得到加强。坚持依法行政,优化政府办事程序,被评为全省"六五"普法中期先进县。办理人大代表意见和政协委员提案88件,办结率100%。坚持政务公开,简政放权工作扎实推进,便民服务大厅规范运行。"向人民报告"和"邀请公民代表进政府"活动有效开展,"12345"政府服务热线办理全市第一。坚持把和谐稳定摆在重中之重,社会治理创新不断加强,一批信访积案有效化解,安全生产形势持续向好,被评为全省平安建设先进县。

【获"中国有机苹果第一县"称号】 9月,由中国食品工业协会主办的"中国有机苹果第一县"誉名授牌仪式在北京新发地农产品批发市场会展中心隆重举行。陕西省白水县被中国食品工业协会授予“中国有机苹果第一县”。来自中国食品工业协会、北京果林研究所、中国农业大学园艺学院等13家科研机构的评审委员们一致认为,白水特有的自然生态环境,为优质苹果发展创造了得天独厚的生长条件;有机苹果栽培面积4000公顷,产量15万吨,为全国县级区域第一;白水确定的以果为主,全面品牌培育、市场拓展等工作措施,初步建立了以苹果为核心的产业发展体系。根据《中国食品工业协会花卉食品专业委员会冠名\誉名的标准统则》,白水县有机苹果产业现状符合“中国有机苹果第一县”的誉名要求。

(梁玉婷)

渭南国家高新技术产业开发区

党工委书记 周庆文
副 书 记 朱忠效 王美丽
纪工委书记 吕焕定
管委会主任 朱忠效
副 主 任 秦 峰
徐发成(10月调离)
刘 平 虎周强
蔡 军 王非(挂职)
张效林(挂职)

【发展概况】 2014年,面对宏观经济下行潜在影响,全区上下坚持“开放、诚信、创新、高效”的发展理念,持续推进“四个三工程”,加快结构调整、强化创新驱动、推进城乡统筹、优化发展环境,经济社会发展各项工作全面进步。全区经营总收入实现251亿元,比上年增长14%。生产总值达到78.8亿元,同比增长12%。规模以上工业总产值实现134.3亿元,同比增长16.23%。财政总收入完成5.5亿元,区级财政收入完成2.9亿元,同比增长11.3%。

【产业发展】 坚持“特色、集群”的产业发展思路,努力提升精细化工产业,推动装备制造业转型发展,着力加快3D打印为主的新能源新材料产业发展,成功举办全国首届3D打印与生物医疗器械产业化推进会,建成了全国第一个以3D打印为主题的科技孵化器,搭建了全国第一家3D打印产业培育基地,设立了全国第一支3D打印创投基金。新增规模以上工业企业4户,新增限额以上商贸企业6户。“陕西省新型工业化(3D打印)产业示范基地”和“陕西省3D打印技术成果转化中试基地”通过专家论证认定。借助西洽会、黄河金三角投资合作交流大会、关天博览会等活动,进行重点招商推介,全年引进陕煤塑业新型塑料制品、三缔科技超大型3D打印、烟台路通精密铝制品、薄膜全息显示面板等新项目27个,实际到位资金49亿元。准确把握政策方向,多方争取政策资金支持,当年争取专项无偿资金突破3亿元。

【科技创新】 集聚优势资源,健全完善创新创业体系,提升园区科技实力,与西北工业大学合作成立“陕西增材制造(3D打印)研究院”,与西安交通大学共享快速制造国家工程研究中心,建成了创新创意、成果孵化、医疗康复等7个平台中心。企业创新意识不断增强,全年申请专利459件,授权专利140件,排名全市第一。申报各类科技计划45个、立项29个,争取科技专项资金2168万元。申报高新技术企业3家。技术合同成交总额达到2502.4万元,排名全市第一。科技投入持续增加,全社会科技研发投入2.07亿元,其中财政投入达到7056万元。创新平台不断完善,新增企业工程技术研究中心5家，建成了渭南首家博士后科研工作站，新引进高层次人才202人，入选陕西省科技创新创业人才2名、陕西省青年科技新星2名。科技金融结合成效明显，注册资本4亿元的聚华小额贷款公司成功落户，规模2.5亿元的3D打印创投基金启动运作。公共服务、融资担保平台逐步完善，创新服务能力快速提升。连续四年获科技部“火炬统计工作先进单位”。科技创新工作排名全市第二。

【项目建设】 紧扣产业培育、城市建设和民生发展等重点领域，优化重大项目布局，全力推进项目建设。党工委、管委会班子成员带头深入一线、现场办公、督办落实，职能部门横向联络、纵向协作，合力解决征地拆迁、水电接引、环境保障等具体问题，确保了初级中学、污水二期等续建项目建成投用，渭南万达广场主体完工，国家钼产品检测中心全面开工，黄工奥尔德、广东利盈等新建项目设备安装调试，泰尔能源、印务集团等前期项目加快推进。全社会固定资产投资累计完成119.97亿元，其中21个市级重点项目完成投资77亿元，占固定资产投资比重达到64.18%。项目建设工作排名全市第二。

【城市功能】 强化经营城市理念，加快基础设施建设，不断提升城市品位。铺设供水管网4.4公里，供水主干线长达61.6公里。新建水源井3眼，日供水能力达到1.7万吨。污水处理B升A工程通过环保验收，二期扩建工程通水运营。最严格水资源管理工作排名全市第一。巩固创国卫成果，深入开展创建文明城市，推进城市“五化”建设（即亮化、绿化、美化、硬化、净化）。投入3900万元，安装路灯170杆、景观灯26杆，完成新区东路、胜利大街、崇业路和渭富大桥景观亮化工程。栽种各类绿植1万余株，新增绿地3.5万平方米，城市绿化覆盖面积达到551.3万平方米。机械化清扫率实现60%，垃圾无害化处理率达到88%以上。硬化村组出入口23处，整修城市道路0.9万平方米。运用市场机制，在全市率先启动弱电线缆“空改地”工程，完成东风大街、新区东路、崇业路等路段弱电落地管线铺设。信息化综合服务平台建成投用，视频会议设备联网运行。制定出台了《高新区城市精细化管理实施细则》及专项管理制度21个，城市精细化管理水平不断提升。

【民生工程】 始终坚持以保障和改善民生为根本，健全教育体系、完善社会保障、维护公共安全。渭南初级中学建成投用，中心小学教学楼主体封顶，初中毕业升学率93.2%，“双高双普”顺利推进，教育经费占财政支出的15.08%。王贺、红星城改部分安置用房主体完工，张西、西庆屯安置小区开工建设，郑家村拆迁全面完成。全年开工建设保障性住房936套。新增城镇就业1860人，城镇登记失业率降低到2.7%，新农合和城镇基本医疗保险参保率分别达到99.8%和96%以上。累计发放城镇低保资金122.5万元、农村低保资金326万元，发放失地农民养老补助4910人1375.41万元，基层医疗机构药品“三统一”执行率100%。完成440户餐饮店量化分级，认定食品生产流通示范店80家，食品安全放心区创建工作稳步推进。全面拆除20蒸吨以下燃煤锅炉12台，完成渭化两台160蒸吨燃煤锅炉脱硫脱硝改造和辖区9户加油站油气回收改造，全年空气质量二级以上天数达到209天。万元GDP能耗降低3.8%，控制在145万吨标准煤以内。人口自然增长率5.6‰。

（程　凯）

产业园区建设

渭南经济技术开发区

党工委第一书记	潘　洁
党工委书记	王　勇
副书记	韦红革　王小平
纪工委书记	王小平
管委会主任	王　勇
副主任	韦红革　严忠民 石　杰　孔繁文 段宏伟 张龙(3 月任职)

【经济概况】 2014 年,经开区积极适应发展新常态,转变干部作风,提升工作能力,有力推动招商引资、项目建设、统筹城乡、党的建设等各项工作,全区经济社会保持了稳中有进的发展态势。全年规模以上工业总产值 48.3 亿元,同比增长 9.8%。新增规模以上企业 5 户。全社会固定资产投资完成 33.57 亿元,同比增长 30.4%。地方财政收入完成 1208 万元,同比增长 19.27%。全年策划包装各类项目 53 个,总投资 440.71 亿元,其中亿元以上项目 30 个。

【城市功能】 围绕打造宜业、宜商、宜居的现代都市目标,以基础设施、公共服务为先导,完善城市功能,为承载大项目和大开发奠定基础。以"五横六纵"路网建设为重点,新修道路 5 条,建设路、幸福大街、侯槐路铺油通车;配套青啤迁建的兴园路完成路基建设,预计下年 4 月通车;配合申华汽车的鸿渭大道正在进行前期征地等工作。建成全市首座一级 A 类标准污水处理厂,于 8 月 9 日正式通水调试,日处理污水 4000 吨。西区污水归集管网工程全部完工,可归集处理污水达 95% 以上。对建成的东区工业大道东延线、幸福大街、建设路、科技路等 4 条城市主干道实施绿化亮化,给排水、雨污分流、热力穿路、电力管沟等所有管线全部入地。完成沙王大桥夜景亮化工程和渭河三年综合整治,实施城市交通管制红绿灯工程 5 处。

【招商引资】 以食品工业和商贸物流业转型升级为重点,开展针对性招商,提升发展质量,全年共签约濠吉集团玖玖爱 10 万吨非油炸方便面、江苏凯泰汽配五金机电城等重大项目 20 个,引资 74 亿元,实际到位资金 37.55 亿元。

【项目建设】 以项目落地和建设为重点,通过项目组、领导、部门三级包联办法全力推进项目建设,全年实施市区两级重点项目 20 个,累计投资 46.92 亿元,其中 8 个市级重点推进项目完成投资 19.71 亿元。渭南中学如期建成开学,青啤迁建、光大农资城一期、川环管业二期工程即将试运营投产;陕西玖玖爱方便面项目正在加快建设,完成基础土建工程;申华汽车博展园项目正在进行体验赛道及园区基础设施建设;日丰管业、红新国际和凯泰五金机电城项目正在做前期设计,即将开工。

【投资环境】 以深化改革为动力,以简政放权为契机,公开行政审批事项和办理流程,提高行政效能,打造高效廉洁的政务环境。建立服务企业和评议部门作风机制,定期邀请企业负责人参加“企业提问题,我们来解决”座谈会,年终组织辖区企业和项目负责人开展了以“促经开发展、请人民评议”为主题的民主评议活动,有效解决影响企业发展问题130余件,企业满意率达98%以上。处理干扰、破坏、阻挠项目建设事件30余起,确保项目建设顺利进行。

【改善民生】 坚持用城乡一体化发展思路,着力提升人民群众幸福指数,全年民生投入20151万元,占财政支出81.26%。完成财政教育支出5105万元,占财政预算支出21%,建成渭南中学和3所幼儿园。落实城乡居民一体化各类惠民政策制度,发放各类惠农资金5888万元。建立区级镇村三级食品药品安全监管网络体系,全区无食品安全事故发生。加强安全生产日常监督检查,全年无较大安全事故发生。积极推进信访制度改革,社会风险评估率和中、省、市交办信访案件办结率均达100%,全区社会和谐稳定。

【基层组织】 在农村、企业和机关分层次开展软弱涣散村级党组织整顿和“升级晋档、科学发展”等主题活动,完成12个村的整顿销号工作,“好”“较好”类村分别增加2个和5个;创新性在全区复制推广,推行龙背镇前进村村级“五项管理”(管人、管钱、管事、管物、管地),规范和提升基层管理水平;新建标准化村级组织活动场所39个,实现全覆盖。指导建立党组织29个和工会组织48个,新建非公党组织标准化活动阵地19个,建立“党员示范岗”15个,“两个覆盖”达100%。

【重大事件】 5月8日,市级四大班子领导在经开区集中调研、现场办公,提出把经开区打造成经济转型示范区和体制机制创新先行区。5月23日—26日,经开区参加第18届西洽会,引资67.7亿元。6月19日,濠吉玖玖爱10万吨非油炸方便面项目开工建设。8月9日,渭北新区污水处理厂正式进水调试。9月1日,渭南中学建成开学。11月29日,经开区邀请白居易研究专家、学者、投资企业家等召开居易文化产业研讨会,为居易文化产业园发展建言献策。

(李瑞敏)

卤阳湖现代产业综合开发区

【概况】 卤阳湖现代产业综合开发区是2007年经陕西省人民政府批准设立的省级开发区。2014年,卤阳湖开发区坚持“生态立区、科技引领、工商并举、差异独特”的理念,以“招商引资是第一要务、项目建设是第一抓手、安全稳定是第一责任、环境建设是第一需求、干部队伍建设是第一保障、加快发展是第一追求”的发展思路,全力推进招商引资、项目建设、生态环境建设等工作。全面实施卤阳湖湿地生态恢复工程,加快建设国家级湿地公园,依照《渭南卤阳湖开发区·湖区生态环境建设规划》布局发展并围绕湿地积极发展高科技和生态旅游产业,努力打造关中“绿肺”,在开发区总体规划基础上,加快实施盐碱地综合治理项目以及推进卤阳湖景区申报国家4A景区和国家水利风景区工作,积极推进“卤阳湖—华山—洽川—司马迁祠—壶口瀑布—黄帝陵”航空立体旅游线路,力争开展短程航空旅游业务。

【招商引资】 2014年开发区坚持“效益优先、环保至上、规模适度、差异独特”的招商思路。抢抓丝绸之路经济带、秦晋豫黄河金三角经济合作等一系列政策优势，围绕开发区战略定位和发展方向，全年共签约卓达绿色建材卤阳湖产业园、美兆LED产业、荣兴集团卤阳湖旅游综合开发等招商引资项目10个，合同引资263.67亿元，其中1亿元以上项目2个，总投资2.06亿元；5亿元以上项目1个，总投资5亿元；10亿元以上项目3个，总投资255亿元。其中国家民机科研试飞基地项目已获国务院原则同意。

（杨 帆）

韩城经济技术开发区

【概况】 韩城经济技术开发区位于韩城市城区以北，规划面积110平方公里，建成面积30平方公里。经开区分为北部冶金工业区、中部煤化工业区、南部高科技产业区三大板块。经开区已入驻企业108家，其中规模以上企业56家，就业人数3.56万人。2014年，经开区工业总产值达到604.33亿元。

【循环经济建设】 经过多年的建设发展，至2014年底形成了以煤化工和钢铁产业为主导，以电力、建材、装备制造和物流产业为辅助，以循环利用、综合发展为纽带的“两主四辅一循环”产业格局。形成了煤炭700万吨、洗精煤3500万吨、焦炭1100万吨、钢700万吨、水泥300万吨、煤化工165万吨的年生产能力以及电力装机260万千瓦。区内有陕西龙钢(集团)公司、陕西龙门煤化工公司以及大唐韩城第二发电公司等一批大型支柱企业。钢铁、焦炭、炭黑产量多年居陕西第一，是陕西及西北重要的能源重化工基地。

经开区坚持循环经济发展理念，从园区统筹、企业耦合、工艺技术等多个层面上探索循环经济模式，累计投资63亿元，建成各类循环利用项目30多个，形成8条主干循环经济产业链条。2013年循环利用总产值达50多亿元，利用固体废物343万吨(水渣175万吨，钢渣68万吨，其他100万吨)、余气85亿立方(高炉煤气50亿立方、焦炉煤气30亿立方、尾气5亿立方)、循环利用水1000万吨，给企业带来直接收入20多亿元，取得了非常显著的经济、环境和社会效益。

（孙振强）

华阴市罗敷工业园区

【概况】 至2014年底，园区入驻企业32家，建成投产24家。累计固定资产投资122亿元，2014年完成固定资产投资3亿元。项目区实现工业产值为60.8亿元，企业实缴税金2.3亿元，企业从业人员12548人。

【基础配套工程】 重点对方山峪进山路进行重新规划，在方山河西侧沿河而上，计划投资300余万元修建一条进山水泥路；同时拟投资120万元，计划建设华鼎路，长800米，宽15米。前期各类准备工作已经完成。完成园区名宸南路两旁的绿化，以及企业厂区、其他道路两旁树木的补栽补植工作，共栽植柳树1200余棵，胸径5厘米，杆高2.5米；女贞500余棵，胸径3厘米，杆高1.8米，确保“厂在绿中建、人在绿中行”。加强园区的环境卫生整治，对石材荒料及废渣废料进行综合整治，美化园区环境，发展绿色石材产业，提升园区整体形象，改善园区居民的生产、生活质量及招商引资环境。以制度来解决治理环境脏、乱、差现象，投资10余万元组建一支10余人的保洁队伍，统一标识，对园区环卫工人配备工作服，制作10辆垃圾车，以及足够的清扫工具。对园区多条主干道进行每天清扫，垃圾日产日清。

【招商引资】 1.华能陕西秦岭发电有限公司三期扩建项目2×660MW(7号、8号)机组除尘提效改造项目。该项目于2013年10月开工建设至2014年10月完工。总投资7900万元。改造后两台机组每年可减少烟尘排放量2602.09t，对周围的大气环境非常有利。2.陕西秦特铁塔制造有限公司建设年产3.5万吨钢构件，5万吨热浸锌防腐产品生产线项目。该项目正在积极办理前期手续，计划总投资5000万元。建设时间为10个月，项目建成后，年预计销售收入1.5亿元，带动当地就业200余人，经济社会效益良好。

【重点项目建设】 园区办坚持实施项目带动战略，采取领导包联、干部跟踪服务、项目服务全程代办等多种保障机制，强力推动园区重点项目建设进度。2014年完成固定资产总投资3亿元。名宸石材有限公司已完成投资4900万元，完成方山矿区修路工程和7公顷土地的厂平任务，一期厂房正在建设之中；台源石材完成投资3300万元，京华石材完成投资1800万元，用于建设矿山道路和厂房建设；其他石材企业宏发、鑫丰、宏鑫等10余单位也对矿区和厂区进行整修和扩建，累计投资1.3亿元；华能秦电2×660MW(7号、8号)机组除尘提效项目7#机组改造完成，各项重点工程项目进展顺利。

（张彩燕）

潼关县工业园区

【基础设施建设】 2014年，潼关工业园区固定资产投资完成15000万元，营业收入完成382351万元。投资17万余元，协调人民之家、火车站、秦河公司等，牵头绿化双桥河畔2公顷，栽植金丝垂柳、栾树1000余株；投资150万元，协调窑上村完成河滨南路两侧4.6千米绿化，栽植白皮松、樱花1000余株；投资60万元，协调移动公司完成电讯3G升4G工作，实现通讯网络升级换代。初步完成污水厂项目建议书和选址工作，完成园区供水系统升级改造工程，实现24小时自动供水。

【招商引资】 设计印制2000本园区项目推介图册，重点介绍园区的区位优势、资源优势和招商优惠政策，吸引客商来园区投资。在秦晋、秦豫交界处及各个园区入口更换6幅巨型宣传画和标语，宣传黄河金三角工业新区。5次组团参加全国尾矿综合利用会、第二届秦晋豫黄河金三角经贸交流大会、第五届关天经济区先进制造业博览会和西洽会等。全年接待客商30批次，120人次，洽谈项目15个，正式签约合同2个。正在实施的项目5个，总投资12.5亿元。其中，投资1.5亿元，占地33公顷的10兆光伏大棚发电项目，各种手续已办理完结，进入建厂施工阶段；投资3.5亿元，占地4公顷的聚泰功能性新材料项目，已完成工商注册、立项和一期土地征用等任务，基础工程已接近尾声；投资4.7亿元，占地66公顷的陕西春天新型甲醇车用燃料项目，已办理完结立项、科研、选址和工商执照，土地征用正在办理之中；投资5000万元的合益农业孵化项目，完成3.3公顷征地任务，办理完结所有手续，10月份开工建设，已完成投资900万元。

【企业服务】 园区办对入驻园区的所有企业开展“一条龙”式服务，全年协助企业办理相关手续和证照50余次，涉及10多个部门；协调企业解决外围矛盾纠纷60余次，涉及2个镇和60多个村组及群众。对经营状况较差的企业，协调优化组合和寻找大型客商收购、兼并，促成陕西紫银矿业公司成功收购志诚公司全部资产，金塔公司的收购转让工作正在洽谈之中。扶持入园企业上规模和包装项目，为富源等两家企业争取省上项目资金20万元，争取省级基础设施建设项目尾留资金45万元。

（郭知文）

华县工业园区

【概况】 华县工业园区管理委员会成立于2006年，内设综合办公室、规划建设部、企业服务部、安检股。华县工业园区位于秦、晋、豫黄河金三角腹地，是“关中—天水”经济带的核心区之一，交通运输四通八达。园区规划面积50平方公里，紧邻310国道，西距西安75公里，东距国家级风景名胜区华山30公里。园区入驻企业49户，形成瓜坡精细化工产业区、杏林高科技产业区、莲花寺钼炉料加工区、柳枝建材加工区、金堆城钼业基地“四区一基地”布局结构。钼、生物医药、精细化工、建材、装备制造、现代服务业“六大产业”已具一定规模。2014年，园区完成基础设施建设投资4200万元，完成固定资产投资69.5亿元，项目建设到位资金1.06亿元，实现工业总产值43.8亿元。

【项目建设】 工业园区在建和拟建的项目有10万吨1,4-丁二醇扩建、陕化60-52技改、γ-丁内酯、嘉诺生物医药、雄风制药、康禾立丰生物制药、神农高科60万吨复合肥、神光集团氟精细化工、26万吨砼外加剂、2万吨钼铁技改、华光2万吨黄药生产线、神渭管道输煤、华东钼产品深加工、红岭三角转子汽油发动机、工业园区企业服务中心和污水处理厂等近20个项目，总投资约150亿元。其中投资1.6亿元雄风制药项目已通过国家GMP认证和环评验收，全面投产；投资1亿元的康禾立丰生物制药项目已完成办公楼及部分厂房建设，设备安装与调试成功；投资1.88亿元的华光2万吨黄药生产线项目招标已启动，小试装置试生产成功，产品工艺质量创全国一流；神光集团年产300吨七氟环戊烷项目完成投资1.6亿元；神渭输煤终端站及外网工程完成办公楼主体建设，煤泥池完成修建、水箱罐完成基础建设，消防池及配电室基本完工，储煤罐即将安装；2万吨伽马丁内酯、煤研院催化剂等项目建设顺利。

【基础设施建设】 园区道路建设，完成920米龙源路建设项目及850米南环西路建设项目主体路面、人行道铺设，总投资约800万元的康嘉路西段建设项目完成雨污管网铺设和基础处理。园区污水处理厂项目有序推进，该项目占地2.3公顷，总投资6858万元，设计规模日处理废水2万吨。厂区3、4号处理池、加药间、污泥脱水间、反应沉淀池等已开挖，其中3、4号处理池正在浇筑当中，完成投资1100多万元。工业园区企业服务中心项目主体已完工，该项目用地面积4905.91平方米，建筑面积2200平方米，总投资1050万元，是集一站式办公、中小企业人员培训、法律咨询服务、会计税务服务、信息技术服务、创业服务为一体的综合性服务平台。市级建设重点项目咸林330kV变电站顺利建成投产，330kV输出线路、陕化及输渭110kV输出线路架设完成，丰涨线110kV输出线路正在架设。园区招商引资项目标准化厂房已开工建设，产业定位为清洁型轻工业及高新技术型产业，方向为技术密集型产业，兼顾劳动密集型产业，项目占地5.33公顷，建设标准化厂房55000平方米、商务办公用房10000平方米和其他服务配套设施30000平方米，总投资约1.8亿元。园区内电信、移动、联通、有限电视等网络设施实现全覆盖。

【招商引资】　西洽会签约华东钼产品深加工、红岭三角转子汽油发动机、年产200万立方米混凝土搅拌站、污水处理厂工程4个项目。争取中、省、市资金1015万元。

【荣誉称号】　华县工业园区被列为省上重点扶持的20家县域工业园区之一；获省级重点县域工业园区和省级新型工业钼产业化示范基地称号；被陕西省人民政府评为县域工业集中区发展先进单位。

（王小军　石娟）

大荔科技产业园

【概况】　2014年，园区实现销售收入76亿元，完成固定资产投资11亿元，实现非公经济增加值19.5亿元，招商引资到位资金11亿元，市级重点建设项目完成投资12.7亿元，新入园企业6户，合同引资14.6亿元，园区建设呈现出快速发展趋势。

【招商引资】　2014年，新签入园企业6户，合同引资14.6亿元。分别是：陕富面业集团投资2.7亿元的日处理2400吨小麦专用面粉生产线项目、陕西德飞新能源投资3.96亿元大荔镍氢电池和锂离子电池生产项目、恒晟祥商贸有限公司投资1.1亿元建设家具创意中心及生产制造基地项目、陕西超宇机械工程有限公司投资4.96亿元的保温材料生产项目、安康百盛农业科技有限公司投资1.1亿元建设年产1万吨海鲜菇食用菌生产线项目、中储粮陕西分公司总投资9200万元的10万吨食用油储备库项目，6个项目均开工建设，其中10万吨食用油储备库项目已建成投入使用。

【基础设施建设】　2014年，园区完成基础设施建设投资1.1亿元。2.9公里的续业路主干道工程、占地近6公顷的园区文化广场、828套公租房装修工程、晨光路西延及配套工程相继完成，2.3公里的创业路西延工程已完成投资80%，园区污水处理厂已完成土建工程及设备安装。园区的给排水体系已经配套，井字路网框架已经形成，双馈路供电已经实现，通讯网络已经完备，主干道路绿化已显成效，污水达标排放指日可待，基本具备了承载大企业入驻的能力。

【重点项目建设】　2014年园区共有市级重点建设项目5个，重点项目完成投资12.7亿元，5个项目均已开工建设，分别是：恒晟祥家具创意中心及生产制造项目、宸宇聚氨酯保温板生产项目、蔡伦纸业生产线项目、大荔镍氢电池和锂离子电池生产项目、陕富面粉加工项目。

（李晓莉）

蒲城县工业园区

【概况】　蒲城县工业园区成立于2006年，地处蒲城城南5公里处，南邻国家通用航空航天产业园区——卤阳湖现代产业开发区。园区规划面积16.84平方公里，已有面积5平方公里。辖区人口3万余人，入驻企业45家。2014年，累计完成固定资产投资4.35亿元、实现产值60亿元、实现利税2.7亿元，新增就业500余人。园区先后被确定为陕西省重点咸鱼工业园区、陕西省13115科技创新工程重点产业园区、陕西省中小企业创业基地、陕西省低碳试点园区、上海股交中心企业挂牌孵化基地，正在创建省级高新技术产业开发区。

【基础设施建设】　一是完成投资1000万

元的纬二路延伸工程,2014 年底交付使用;二是纬三路延伸工程、经三路南段以及配套排水工程,该项目征地、设计工作已完成,正在进行招标、勘察、筹集资金、完善相关开工手续等前期准备工作。三是工业园区"四位一体"基础设施建设项目,正在征地、修订完善设计方案。

【项目建设】 8 个在建项目,其中市级重点建设项目 3 个,园区重点建设项目 5 个,2014 年末,已完成投资 4.35 亿元。3 个市级重点建设项目,年产 5000 吨精细化工项目,项目总投资 2.13 亿元;年产 2 万吨纳米重防腐材料生产线,项目总投资 1.5 亿元,年度计划投资 7000 万元;重车车桥零部件建设项目,项目总投资 12000 万元(分二期)。5 个园区重点建设项目,海泰新材料生产线建设项目:项目总投资 1.2 亿元,年度投资 7000 万元;新建 30 万吨/年猪饲料生产线及相关检测及配套服务设施项目,总投资 8500 万;投资 5000 万元陕西万德科技医药中间体扩建项目,计划建成 2 个车间,1 个污水处理车间及配套设施,已完成投资 5000 万元;投资 1000 万元的西安蓝深树脂二期扩建项目,计划建成 1 个车间,2 个库房及污水处理设施,已基本建成。投资 8000 万元的渭南环宇农机销售中心,已建成销售平台 10 万平方米,综合办公大楼 1 万平方米,累计完成 8000 万元。

【招商引资】 2014 年签约项目 3 个,合同引资 4.83 亿元。包括:签约投资 2.13 亿元的陕西大美化工科技有限公司年产 5000 吨精细化工系列产品建设项目;签约投资 1.5 亿元的西安华捷奥海新材料有限公司纳米纤维重防腐材料生产基地建设项目;签约投资 1.2 亿元的海德汽车配件制造有限公司重车车桥零部件制造项目。

(唐水琛)

富平县庄里工业园区

【概述】 2014 年底,园区共有 45 户各类工业企业入驻,其中已建成投产 32 户,实现工业总产值 70 亿元,实缴税金 1.8 亿元。在建项目固定资产投资累计完成 38 亿元。

【基础设施建设】 一是庄里工业园区工业二路南延段项目总投资 3125 万元,已累计完成 997 万元,完成Ⅰ标段 500 米道路基础、人行道、排水管网和绿化建设。Ⅱ标段已完成工程招标和道路用地勘测放线,资金到位即开始进行清表和工程建设。二是园区供水项目总投资 980 万元(其中水源地建设 480 万元,供水管网建设 500 万元),已完成全部投资,工业二路、工业大道所有企业全部开始供水。三是完成幸福二路、工业二路、工业三路通讯及燃气管道地埋工程。

【项目建设】 一是认真做好园区 10 个在建项目的服务工作。陕西金富城能源科技有限公司已累计完成投资 3398 万元,建成生产厂房一座,完成厂内排水管网接入幸福二路排水,购置和安装部分设备;陕西京华机械有限公司采煤机部件生产线项目已累计完成 4000 万元,完成一栋二层职工宿舍楼和食堂建设,完成办公楼基础建设,正在进行设备基础处理;陕西富化化工有限责任公司已累计完成投资 4500 万元,1、2、3 号车间设备正在安装;陕西盛钢管业有限公司已累计完成投资 2.8 亿元,完成厂房主体建设,正在进行设备安装、调试;陕西富力重工有限公司西北重型装备制造优质材料加工项目已累计完成投资1.55亿元,已开始试生产;电渣重熔车间正在进行设备安装;富平宏剑机械制造有限公司年产2万吨机械设备制造项目已累计完成投资4197万元,完成2台行车安装;陕西普石防水材料有限公司年产1750万平方米卷材及年产6000吨防水涂料项目,已累计完成投资6908万元,生产设备安装和办公楼内部装修已基本完成;富平盛豪物流有限公司盛豪物流中心建设项目已累计完成投资4180万元,投入使用;陕西燃气集团有限公司富平煤层气综合利用项目已累计完成投资3500万元,正在进行项目前期相关手续审批工作;陕西华达陶瓷有限公司年产1500万平方米陶瓷地板砖生产项目已累计完成投资3.04亿元,基础设施建设已完成。

【招商引资】 2014年共洽谈项目3个。一是总投资2.55亿元的北新建材(陕西)有限公司年产3000万平方米纸面石膏板生产线、配套年产5000吨轻钢龙骨生产线以及年产10万平方米新型房屋生产线项目已在园区内完成项目选址,完成经发局立项备案,完成公司注册登记、税务登记、组织机构代码证等办理。项目用地已完成勘测定界,开始进行清表工作。项目环评、能评等正在进行编制。二是西北化工产业园项目总投资7.65亿元,该项目已在园区内完成选址,项目用地已经进行初步勘测定界,项目前期审批工作正在进行。三是华盛达公司(富平鑫光华管业有限公司)年产20万吨钢管生产线项目在园区内完成了初步选址。

【企业服务】 一是园区管委会高度重视环保工作,加大对园区内7户陶瓷企业的环保升级改造工程的监督检查,七户陶瓷企业煤气站升级改造工程已完成,投入使用。二是认真开展营运企业职工培训工作。9月中旬对园区所有营运企业的安全负责人及企业安全员进行新《安全法》培训。衔接县劳务局11月初对步实金属工程有限公司和晟翔管道科技有限公司170名职工进行为期15天的培训,重点就职业技能、法律法规、职工维权、安全生产等方面进行了全面培训。三是安全监管工作。每季度对各营运企业和在建项目进行4次安全巡查,每月对各营运企业进行不定时走访,重点查看各企业安全管理、用工管理、食宿管理、环境卫生、防电防火、值班值守、紧急预案演练等方面工作,针对检查中暴露出的问题和隐患,提出了具体的整改要求及时限,并按时复查整改情况。

(党增航)

合阳县工业集中区

【概况】 合阳县工业集中区是省级重点建设县域工业集中区,也是全省低碳循环经济示范区。集中区规划总面积15.07平方公里,其中轻工业片区5.07平方公里,产业布局以机械、电子、农副产品加工为主;循环经济片区10平方公里,产业定位为煤化工、煤电力,涵盖冶炼、铸造等。

【项目建设】 近年来,合阳县始终坚持"系统性谋划,整体性推进,全功能建设,全方位服务,融合性发展"的发展思路,先后投资5.9亿元,重点打造特色资源加工、新材料、劳动密集型产业集群。至2014年,已入驻企业27家,引进项目35个,其中合欢面粉、赛众生物、尚德生物、中宇涂料等企业已投入生产。

【基础设施】 工业大道平整宽敞,水、电、路、讯等配套设施齐全,建有公租房、综合服务中心及企业服务平台、标准厂房。标准厂房系2012年2月开工建设,已投资8000余万元,建成面积4万平方米,水、电、路、讯等室外管网工程已全部完工并投入使用。已入驻企业7家,其中,顺天纸业、富硒小米已正常投产，谷池生物、明朗科技、纤千手土布、侨诺制造、风动工具，正在安装设备。

（武晨凯）

澄城县工业园区

【概况】 2014 年，澄城县工业园区按照"三基地一中心"建设的总体要求，以招商引资为中心，以项目建设为核心，全年累计完成产值达 66 亿元。其中，规模企业产值完成 14 亿元，完成固定资产投资 13 亿元。涉及工业、农业、商贸、物流、加工销售等一、二、三各个产业，其中有 8 个项目列入市县重点建设项目，占全县 25 个市县重点项目的 30%，总投资 733476 万元。

【招商引资】 全年策划项目 10 个，先后与天津宝迪、重庆中宝、阎良西飞等 3 家大型企业集团对接，来澄考察投资意向。先后申请了园区化工集中区建工路南段建设项目、园区节能降碳公共服务平台建设项目、园区生产力促进中心服务能力提升建设项目等 4 个项目，累计申请争取国家投资 1530 万元。

【基础设施】 启源电子材料项目配套建设的建工路项目建成。园区幸福南路建成投用。园区东边的县城东环路基本完成。万泉街园区段正在建设之中。完成了雷独路道路设计方案等前期工作。澄韦一级快速干道正在建设之中。园区道路的建成，将极大提升园区的承载功能。

【生态建设】 园区提出"空地植绿，厂区插绿，道路补绿"的整体思路，按照"整体上水平，区域上档次，机关变面貌"的总体要求，累计投资达 500 余万元，栽植雪松、白皮松、红叶李、大叶女贞、玉兰花等大型观光性常绿树木 1000 多棵，新栽各类绿化花木近万棵。新增绿地面积 30 多公顷，使园区和企业的面貌大为改变。金元铝业、长宏铝业积极走循环节能路子，回收废料，通过再加工，变废为宝，形成了再生冰晶石等新型复合电解铝利用材料，探索出了一条节能环保的新路子。群生发电投资 3300 万元，完成了脱硫脱硝除尘等环保的升级改造工作。华鑫铝型材投资 130 万元，完成了废水回收利用，使园区重点用能企业向环保绿色生产迈进一大步。

【服务企业】 全面推行领导包片、干部包点、任务包干、一包到底的目标任务包联责任制，建立健全了纵向到边、横向到底的服务企业和项目工作新机制。制定出台园区包联企业责任制，形成企业和项目事事有人管，人人有事管的工作新格局。制定、出台并实施了《澄城县工业园区经济运行分析例会制度》，每月定期对园区经济运行情况进行分析总结，为政府及时、准确、全面把握园区经济运行情况，科学判断经济发展趋势，并提出科学、合理、及时的对策，提供了很好的平台。

【安全生产】 签订了安全生产责任书，落实了安全生产责任。更新了管委会安全生产管理机构，完善了安全管理制度，修订了安全应急预案。建立了园区企业"横向到边、纵向到底、立体监管"的责任体系和安全生产监管网格化格局。统一设计印制了安全生产管理台账本，规范了企业安全管理。圆满完成了县安委会下达的安全生产宣传月活动、安全生产宣传咨询日活动。进行安全检查 20 余次，建立"谁检查、谁签字、谁负责"的安全监督检查责任制。排查整治安全隐患 30 余处，重点围绕全国两会、县级重要会议期间及节假日前后，进行安全检查。下发限期责令整改通知书 20 余份，限令停产整改企业 1 家，确保企业安全规范运行。园区范围内无 1 例因企业生产而导致的重大伤亡事故的发生，已连续5年获得县安全生产先进单位。

【信访稳定】 完善信访制度，实行信访案件包联责任制，分3次对园区企业进行逐一排查，重点案件重点突破解决。集中处理了远洋蓖麻化工有限公司拖欠徐新平500万元工程资金、拖欠陕西二建150万元、豪利隆非法集资2600余万元、长宏铝厂职工社保缴纳、勤诚实业股东耿海龙非法借贷等较大案件，确保了园区发展大局的稳定。

（宋顺锁）

澄城县农业产业化示范园区

【概况】 2014年，农业园区坚持"基础强园、产业兴园、项目立园、服务优园、党建促园"的发展思路，突出涉农加工、光伏新能源、现代物流三大主导产业，紧抓招商引资核心，全年完成固定资产投资21.2亿元，占全年任务20亿元的106%；工业总产值完成30.5亿元，占全年任务30.2亿元的101%；招商引资到位资金18.2亿元，占全年任务17.5亿元的104%；争取各类国投补助资金1754万元，占全年任务1500万元的116.9%。被县委、县政府授予2014年度目标责任考核政府综合管理部门优秀等次、项目建设和招商争资一等奖等荣誉称号。园区企业陕西海升果业发展股份有限公司渭南分公司、陕西拓日新能源科技有限公司被县委、县政府评为2014年度推动县域经济发展突出贡献企业。

【招商引资】 围绕县委、县政府"三基地一中心"发展战略，"走出去"叩门招商与"请进来"考察洽谈相结合，新引进亿元以上项目3个。投资5.3亿元的澄城煤层气液化加工二期项目完成土建及设备安装工程；投资3.6亿元的年产10万吨硫酸钾生产项目11月开工建设；投资4亿元的中和安山岩纤维项目完成前期手续办理和征地工作。千万元以上项目7个。投资6198万元的110kV变电站和投资4000万元的商用车物流园建设项目建成运营；投资3000万元的兴农3万吨果品气调冷库和投资3000万元的新元商贸加油站项目完成主体建设和设备订购；投资3800万元的正大蛋鸡试验场项目进行地基建设；投资5221万元的陕西粮农集团澄城县储备库和投资3000万元的乐融CNG气瓶检测及改装项目完成相关手续办理。积极衔接洽谈投资6亿元的中药材仓储及深加工项目和投资千万元以上的良种苗木繁育项目。

【项目建设】 拓日太阳城建成投用日产300吨光伏玻璃生产线、日加工10000平方米玻璃深加工生产线。单晶硅拉晶切片厂完成设备调试，投入运营。36万吨专业化饲料厂项目各项手续已办理结束，进入招投标程序。蛋鸡试验场建设项目完成手续办理和招投标工作，开始地基工程建设。陕西粮农集团澄城县储备库项目备案、环评及土地前期方面手续完成，进入工程规划和用地规划手续办理。正能农牧科技年产24万吨配合饲料生产线建设项目完成节能评估、立项备案、规划选址、征地补偿手续，正在办理土地报批、环评编制和工程设计。

【基础设施】 依据园区实际及产业发展规划，结合园区发展需要，科学调整了园区7.5平方公里用地性质及相关指标，促进园区规划功能更加合理。按照清洁园区建设要求实施建设的污水处理厂项目，完成了11.5公里污水管道铺设及厂区70%的土建工程。伟业大道建成投用，形成了继园区北区道路之后中心区的又一条主道，为拉大园区框架及后期园区主干道的建设奠定了坚实基础。指定专人、购买专用设备加强对修成道路的看管及维护。渭南地区第一座双回路无人值守 110kV 变电站项目建成投用,彻底解决了园区企业的用电问题。

【投资环境】 认真贯彻落实招商引资优惠政策,对入园的所有项目,严格执行“五个一”项目包联责任制,依据入园项目前期手续办理流程,安排专人协助企业代办、协办相关手续,确保每个项目按期建设,受到入园企业的好评。10 月园区被命名为全省首批农业科技园区,为园区企业在项目申报、享受优惠政策、求得更大发展提供了更多机会。围绕解决园区小微企业融资难问题,经多方争取,园区被中国人民银行西安分行评为全省小微企业信用体系建设试验区。同时,农业园区管委会积极指导并帮助园区企业申报各类国家技改、产业扶持、贷款贴息等补助资金,全年共为企业争取各类补贴资金 1754 万元。在搭建人才交流平台上,积极为企业介绍、引进和培训技术人才,全年共开展职工技能培训、消防培训、企业管理培训等 4 次,培训 360 余人次。

【安全生产】 成立了由管委会主要领导任组长的安全生产领导小组,并下设办公室负责园区安全生产管理工作。与各企业签订《2014 年度安全生产目标责任书》,并实行部局室包联、分管领导负责制度,夯实了安全生产工作责任制。每月实行安全生产例会制度,分析形势,通报情况,部署落实重点阶段安全生产工作。全面推进园区安全生产监管网格化,对监管企业进行摸底统计、危险等级划分,并建立了责任区,明确责任区人员及安全监管职责,绘制完成了本级网格监管示意图,各运行企业也绘制完成了网格监管示意图。除每月例行检查外,全年共开展春节期间安全生产大检查、“清剿火患”专项整治、五一前安全生产大检查、“六打六治”、国庆节前安全生产大检查以及冬季安全生产“百日”行动等七次隐患排查活动,对查出的问题和隐患逐一登记,提出整改意见,建立台账,严格督查检查。

（宋顺锁）

白水县苹果科技产业园

【概况】 白水县苹果科技产业园位于县城西北 3 公里处,园区规划占地 6 平方公里,已建成面积近 4 平方公里,是国家级农业产业化示范园区,陕西省首批重点产业园区,渭南市创业孵化基地。至年底,园区引进各类企业 35 家,其中规模以上企业 8 家。园区内企业营业收入完成 63 亿元,规模以上企业产值 31 亿元,安置就业 6000 余人。园区内的浓缩苹果汁、苹果鲜果两种产品出口国际市场,仓储能力达 10 万吨,已经成为渭北苹果重要的储藏和加工集散地。

【项目建设】 全年,泰尔公司的工业供蒸汽项目完成投资 13000 万元,陕西西鑫公司的中小企业孵化基地项目完成投资 7000 万元,一期建设项目已经完工投入使用;引导入驻企业完成绿化任务 8.7 公顷,完成任务的 107.7%;园区集中供热项目基本建成,污水处理和垃圾填埋项目正在前期规划筹备中。

【基础设施】 加强基础设施建设,改善园区环境。园区东部排洪项目总投资 500 万元,铺设管道 2 公里,解决了昌盛、源兴、中小企业孵化基地等排洪排污问题。投资 300 万元的园区供水管网改造项目完工,为企业生产运转提供便利。投资 1200 万元的

35千伏杜尧高压线路改造全部完工，提高了园区的土地使用率。投资200万元的杜康中路升级改造项目规划设计工作基本完成。全年基础建设累计投资2200万元。

【招商引资】 2014年园区创新招商模式，深度策划包装项目10个。积极参加各类招商引资活动，先后组织3支招商小分队，分4批次赴长三角、珠三角、环渤海、京津冀等地区进行招商。与合阳房地产公司签订5亿元的招商引资合同，建设文庭雅苑商业综合体项目，实际到位资金2.45亿元。

【协调服务】 积极为企业生产生活提供协调和咨询服务，积极为企业争取政府各类优惠政策。扎实落实县级领导包联企业、派驻特派员等措施，坚持实行重点企业挂牌保护、检查审批制、首问负责、限时办结等一系列制度。有效维护了企业的正常生产秩序，减轻企业负担。积极协调有关方面解决企业生产经营中遇到的实际困难和问题。全年累计深入企业90余次，为企业协调解决各种事务40余起。安全工作常抓不懈，对企业定期进行检查和安全隐患排查工作，全年园区未出现任何生产事故。

（郭端宁）

白水县雷公循环经济产业园区

【概况】 白水县雷公循环经济产业园区位于县城东北4公里处。园区规划面积5.69平方公里，是省发改委审批的唯一一家县级循环经济园区，已纳入园区周边企业15家。2013年9月被审定为省级重点建设县域工业集中区，10月被评为渭南市循环经济试点园区。园区地理位置优越，交通便捷，渭黄高速公路从园区东侧穿园区通过，合凤高速从园区北侧通过，西侧为省道渭清公路、南侧为高速公路引线。2014年，园区围绕优化招商引资及项目落地政策，强化园区基础设施建设，以科学规划为引领，以完善设施为支撑，以招商引资为抓手，以机制创新为突破，成效显著。完成固定资产投资1.7亿元，占全年任务130%，园区基础设施逐步完善。

【招商引资】 按照“走出去、请进来”的招商模式，外出考察学习6次，接待外来客商洽谈投资项目15次，主动邀请神华国能集团、沃科生物工程有限公司、泰尔能源集团等公司来园区考察7次。策划项目20余个，印发招商宣传册，制作宣传光盘、PPT和高速广告牌，积极参加各类招商推介会。接待外来客商20余次，达成投资意向5家。累计投资1.7亿元，完成了白水煤矿安全技术改造建设项目部分及配套工程建设。

【基础设施建设】 全年累计投资550万元。其中投资200万元完成园区主干道白凤大道18公顷地的清表、平整，中间30米绿化等前期工作；投资150万元完成园区道路排水及部分灌溉渠系恢复、便道修复工程；投资200万元完成天元大道电力工程。

（朱王斌）

调研文摘

社会调查

国家统计局渭南调查队
队　　长　门世功
副 队 长　张建录　王　军
纪检组长　马西有

据渭南调查队抽样调查资料显示，2014年渭南经济发展总体平稳，畜禽生产形势严峻，农产品生产价格总体下降，规模以下工业平稳增长，限下批发零售业持续下滑，大部分工业品价格跌多涨少，存在问题需要引起重视。

一、畜禽生产形势

受国内增加奶粉、牛羊肉进口量、动物疫病、气候及市场供需关系等综合因素影响，四季度主要畜禽产品出售价格变化波动较大，呈现“跌多涨少”态势，生产形势严峻。据对全市6县区79个调查小区和11个县市区抽中的调查点规模户和生产经营单位调查结果显示：鸡蛋价格独树一帜，养殖利润颇丰；生猪价格略有回升、仔猪价格跌入低谷；肉牛价格持平略减，肉羊价格持续走低；鲜奶价格继续下滑，跌破上年同期价格。

2014年4季度主要畜禽存栏数量，生猪181307头，牛（不含役用）29955头，羊35548头，家禽1833618只，其中鸡1759110只；主要畜禽出栏数量，生猪79256头，牛（不含役用）2667头，羊5081头，家禽640066只，其中鸡640066只。

（一）生猪收购价格稳中上浮，存栏量下降。

自一季度开始生猪价格快速下滑，二季度时跌至年内最低价11.6元/公斤左右，进入三季度后摆脱低价位，回升至13.84元/公斤左右。四季度渭南市生猪收购平均价格为13.93元/公斤左右，环比略有上浮，但同比仍下降8.72%，幅度较大。截至调查时，生猪价格由11月上旬每公斤14.20元跌至下旬每公斤13.40元左右，持续时间较长。虽然有所回落，但养殖户已摆脱低价位跨入盈利阶段。据了解，散户生猪保本收购价12.60元/公斤，规模户和生产单位生猪收购价格盈亏临界点13.20元/公斤。据分析，随着冬季的到来，元旦及春节的临近，猪肉消费需求将会增加，预计生猪价格至春节前仍有上涨空间。

同时，生猪存栏量减少，仔猪价格迎来新低。调查显示：四季度末生猪存栏42196头，环比下降12.06%。虽然四季度生猪价格处于平稳上浮，但部分养殖户添栏积极性不高，以致仔猪过剩，加剧仔猪价格大幅下跌，跌至近年来新低。主要原因：一是进入秋冬季，动物疫情疾病较多，处于高发期，尤其对生猪生产极为不利，部分养殖户为减少折损，降低存栏数量。二是近两年来春节前后生猪价格出现了暴跌，四季度补栏，出栏时间正值来年三四月份，部分养殖户总结经验教训，为减少损失，选择降低存栏数量。三是近年来生猪市场忽热忽冷，部分养殖户损失惨重，另谋出路，已退出生猪养殖。存栏减少，导致仔猪需求减少，进一步加剧仔猪价格下跌，跌至近年来新低。截至调查，8公斤重的土杂仔猪由上季末200元/头跌至调查时70元/头，品系好的三元仔猪由上季末350元/头跌至调查时160元/头左右，同比降幅达53.33%和46.67%。

（二）多因素致肉牛肉羊收购价格下跌，亏损已显现。

随着秋冬季到来，牛羊肉作为御寒消费品需求随之增加，但收购价格却不见涨，反而呈现下跌的异象，尤其是肉羊，大幅跳水。调查显示：四季度全市肉牛收购价格为23.98元/公斤，同比下降7.16%；肉羊收购价格为16.34元/公斤，同比降幅达42.87%。价格降低的主要原因：一是由于国家增加牛羊肉进口量，且进口牛羊肉价格低廉，价格优势明显，直接冲击了国内牛羊肉价格。渭南市带骨羊肉每公斤56元左右，带骨牛肉每公斤46元左右。二是由于肉羊样本以小尾寒羊为主体，小尾寒羊收购价格远低于山羊。三是禁止活羊出入陕西省禁令仍未解禁，外地客商来渭南收购缺失，只能自行消化，本地商贩借机压价，小尾寒羊收购价格仍在15—16元/公斤低价位徘徊。四是山羊价格水落船跌，每公斤下跌2元左右。

受以上综合因素影响，肉牛肉羊价格不涨反跌，加上养殖成本较高，生产形势不乐观，部分牛羊场已经开始亏损，以小尾寒羊养殖亏损最为严重。如大荔县规模户王治华，亏损较为严重，迫于行情不好，存栏只减不增，存栏由一季度4800只减栏至300只。

（三）鲜牛奶、羊奶价格持续下跌，奶牛养殖户亏损严重。

据中国海关信息网统计，2014年前10个月我国进口奶粉94.45万吨，同比增长52.70%。由于洋奶粉到岸价远低于国内价格，受利益驱动，国内洋奶粉进口量不断增加，同时又对国内奶农压低鲜奶收购价格，进一步加剧鲜奶收购价格一再受挫，尤其以奶牛养殖户损失最为惨重。部分奶农卖掉部分奶牛来减少损失，有的奶农被迫停养或转养肉牛。调查显示：鲜奶价格自一季度开始一路下滑（见附图）。鲜牛奶收购价格由一季度末3.90元/公斤跌至调查时2.50元/公斤，同比下降40.48%；鲜羊奶价格由一季度末6.00元/公斤，跌至调查时4.2元/公斤，同比下降14.29%。

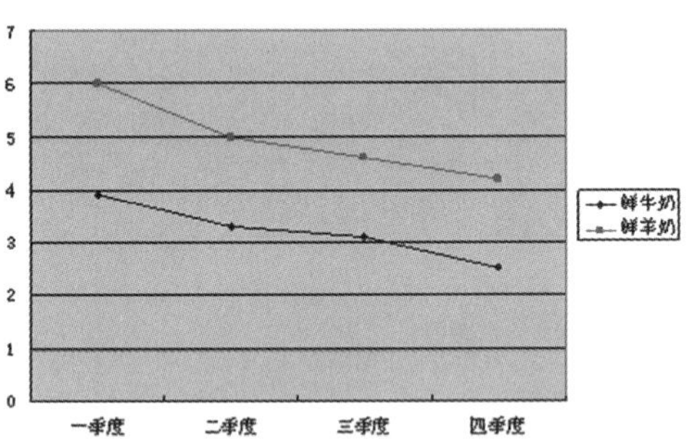

（四）鸡蛋价格行情较好，养殖利润可观，鸡仔价格跟风上涨。

自2014年六月份以来，渭南市鸡蛋价格一路上扬，由二季末7.60元/公斤，涨至三季末最高点11.60元/公斤，进入四季度鸡蛋价格虽有波动，但仍属高位。截至调查时9.20元/公斤，同比增长24.32%，养殖利润依然可观。散户盈亏线在6.60元/公斤，规模户及生产单位盈亏线在7.00元/公斤。如临渭区规模户东阳蛋鸡场养殖户赵东阳说："自今年下半年以来，鸡蛋行情比较喜人，目前按3000只蛋鸡计算，一个月纯利润在1万元左右"。拉动鸡蛋价格高位运行的主要因素：一是受近两年来禽流感影响，部分蛋鸡养殖户已退出市场，产能没有完全恢复；二是秋冬季进入制作糕点旺季，食品商和居民对鸡蛋需求增多；三是随着气候转冷，蛋鸡进入"歇窝"

期,产蛋率下降。调查显示:四季度末 79 个调查小区蛋鸡存栏 54418 只,环比增长 6.57%,但同比仍下降 24.26%。

受鸡蛋价格影响,鸡仔价格随行就市,水涨船高,主要是鸡蛋行情好,部分养殖户补栏的热情比较高,对鸡仔需求增多,促使鸡仔价格上涨。调查时一只青年鸡出售价格在 17.50 元左右,养殖成本为 14.00 元左右,利润空间较大。

(五)鸡肉价格稳中略降,但同比仍显涨势。

调查显示:四季度全市鸡肉出售平均价格为 8.76 元/公斤,环比微降 1.24%,但同比增长 6.44%。鸡肉市场行情较好,作为冬季牛羊肉的替代品,预计在春节前仍有上涨空间。以蒲城县为例,该县主要养殖 45 天速成肉鸡,调查时出售价格在 8.4—8.6 元/公斤,由于肉鸡市场行情较好,养殖户均处于满栏状态。

二、农产品生产价格总体下降

综合前三季度数据来看,四季度生产价格总指数明显下降:种植业产品价格指数一、三季度走高,二、四季度明显走低;受奶类出售价格下降影响,畜牧类价格指数四季度也呈下降趋势。(如图)

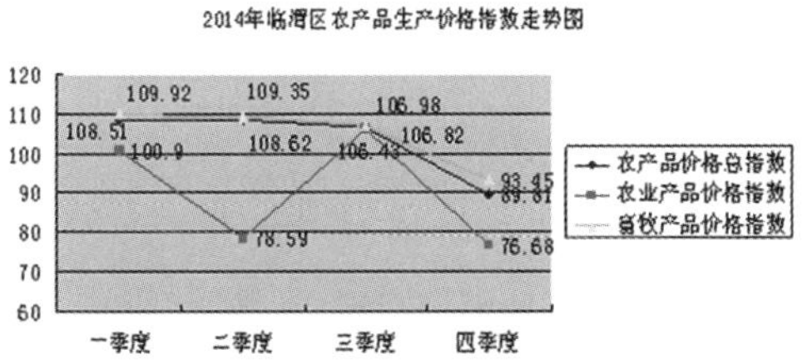

据对调查点 43 户农产品四季度出售情况调查:四季度农产品生产价格整体下降,生产价格总指数为 89.81,同比下降 10.19%。其中:种植业产品价格同比下降 23.32%;畜产品价格同比下降 6.55%。

(一)种植业产品四季度出售价格为 2.13 元/公斤,同比降幅 23.32%,主要是蔬菜类和水果类价格降幅较大所致。

1.蔬菜类价格同比下降 26.55%。调查显示,四季度蔬菜类中降幅较大是大白菜,售价0.65元/公斤,同比下降43.48%;大葱1.40元/公斤,同比下降30.00%;白萝卜售价 0.3 元/公斤,同比下降 25.00%。下降主要原因是蔬菜种植和传统的小麦、玉米种植相比具有生长周期短,见效快的特点。据了解,除部分农户大面积种植蔬菜外,很多农户在自有地经济作物中套种部分蔬菜,使当年种植面积增加,产量过剩,加之冬季又是萝卜、大白菜、大葱的主要销售期,九月份阴雨天气,造成蔬菜滞销,使得蔬菜价格下降。

2.水果类价格同比下降 47.00%。调查显示,四季度水果类出售价格普遍下降,红提葡萄出售价格 3.18 元/公斤,同比下降 47.00%。主要原因是品质受损、产量过剩所致。因为九月份阴雨天气,使葡萄出现开裂、霉变等现象,再加外运困难使葡萄积压。据了解,调查户向汉龙种植葡萄 4 亩,上年 9100 公斤收入 6.8 万元,而当年 14400 公斤才收入 3.9 万元;向党草种植 3.5 亩,上年 5400 公斤收入 4 万元,当年 6250 公斤才卖得 2 万元,两家价格同比下降一半以上。

(二)畜牧类产品四季度出售价格 4.67元/公斤,同比下降 6.55%。价格变化较大是牛奶和鸡蛋,牛奶出售价格 2.75 元/公斤,同比下降 29.49%;鸡蛋出售价格 9.53 元/公斤,同比涨幅 24.09%。

据调查,畜牧产品中乳品价格变化主要受到境外奶粉企业冲击影响,截至调查时价格仍在下降;受前期疫情影响导致家禽养殖户信心受挫而减小存栏量或关停是鸡蛋上涨的主要原因。预计随着双节来临,鸡蛋价格在短时间内不会回落。

三、1—11 月渭南规模以下工业保持

平稳增长态势

根据对我市112家规模以下工业企业和39个村(居)委会的63家个体工业户抽样调查推算结果显示:2014年1—11月我市规模以下工业呈现五大特点。

1. 营业收入保持平稳增长态势。2014年1—11月,我市规模以下工业抽样企业和个体共实现主营业务收入141156.22千元,同比增加9604.8千元,增长8.39%。其中,工业抽样企业实现主营业务收入124132.8千元,工业抽样个体实现主营业务收入17023.42千元。

2. 产品结构单一,传统行业依然唱主角。规模以下工业企业主要集中在食品制造业、自来水的生产和供应、医药制造业。这三个行业占全市规模以下工业抽样企业主营业务收入的比重为56%,其中医药制造业的比重最大,为21%,其次是食品制造业为19%。工业个体户主要以磨面、豆腐加工、电焊修理、面粉加工为主。

3. 生产经营呈现季节性特点。我市规模以下工业企业规模较小,产品多以本地销售为主,用工多来自本地,季节性生产特点较明显,一季度,季节性停产23家,二季度停产19家,三季度19家,四季度25家。

4. 市场发展空间受限。规模以下工业生产范围虽然广泛,但主要集中在利用自然资源和传统制造加工为主的"资源型"和"传统型"行业,主要销售市场是本区及周边区县,不能有效拓展市场空间。

5. 淘汰落后、不安全产能步伐加快。国家对高耗能、不安全因素的企业重视并进行调控。富平县卢转全白灰窑、富平县武书郎白灰窑等因为高耗能、高污染等环保不达标而停产整顿合并;蒲城县煤矿也因生产不规范等因素,要求停产整顿后办生产许可证,方可再生产。

四、渭南限下批发零售业持续下滑

据抽样调查资料显示,四季度渭南调查点限下批发零售贸易业持续下滑,经营困难。

经营形势不佳。数据表明,渭南市区抽取的14家样本单位全年共完成销售额430万元,较上年同期减少27.3万元,减幅6%。继三季度销售额下降后,四季度持续下滑,仅完成销售额90.6万元,同比下降8.4%,环比下降12.3%。营业收入较上年同期增长的有5户,占35.7%,较上年同期下降的有9户,占64.3%。在经营形势的判断上四季度与三季度对比时,认为稍差或明显差的有8户,占57.1%;认为持平的有5户,占35.7%;认为稍好的仅1户,占7.1%。

图1. 2014年渭南限下批发零售业抽样单位经营情况

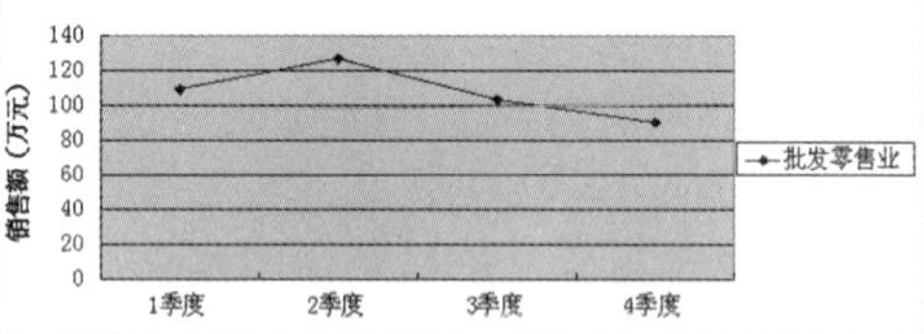

五、大部分工业品价格跌多涨少

据对渭南市37家调查企业工业品价格调查显示,四季度大部分工业品价格多数下跌。

1. 焙烧钼精矿连续下跌。由于国际市场开始下跌和国内需求跟不上的影响,使得钼精矿报价也跟风下行,宏观经济走势不佳,后期钼市续涨动力恐显不足,短期行情弱势维稳。如金堆城钼业集团有限公司出厂的焙烧钼精矿价格由9月的76000元/吨下降至10月的62474元/吨,再下降至11月的56075元/吨,跌幅明显。

2. 普碳板下跌。据生意社价格监测,临近年末,现货成交的弱势和资金面的愈发紧缺,导致了市场继续下行的方向;而高库存,高开工的基本面行情,导致了价格下行有可观空间。所以预计未来钢价延续弱势，在2015年春节前夕，基本难以止跌。如中冶陕压重工设备有限公司购进的普碳板属于阶段性批量采购，10月价格较9月采购价格下降13.8%；陕西北人印刷机械有限责任公司购进的普碳板价格由11月的4050元/吨下降至12月的3650元/吨，跌幅9.9%。

3. 天然橡胶乳下跌。据生意社价格监测，2011年初至今，天然橡胶价格持续震荡下行，累计跌幅超六成，市场整体信心不足，目前价格创五年新低，短期内若无明显的利好支撑，胶价仍将维持弱势运行。如万洲科技胶粘制品（渭南）有限公司购进的天然橡胶价格由9月的15300元/吨下降至10月的13700元/吨，跌幅10.5%。

4. 粗苯、焦油继续下跌。据生意社监测数据显示，国际原油行情不景气，国内外纯苯价格大跌，粗苯市场气氛持续悲观。如陕西陕焦化工有限公司出厂的焦油价格由10月的2000元/吨下降至11月的1672元/吨，再降至12月的1560元/吨，同比跌幅6.7%；粗苯价格由10月的5598元/吨下降至11月的4402元/吨，再下降至12月的2906元/吨，同比跌幅34%。

5. 丁苯橡胶继续下跌。据生意社价格监测，生产商方面，中石化、中石油相继下调部分丁苯胶价格，各经销商成交惨淡，价格随之倒挂。原料方面，丁二烯价格继续回落，市场受其影响，丁苯行情呈现弱势震荡。如陕西橡六胶带股份有限公司购进的丁苯橡胶价格由10月的13200元/吨下降至11月的12200元/吨，再下降至12月的11250元/吨，同比跌幅7.8%。

6. 贫瘦煤连续下跌。经核实，由于本次出厂的贫瘦煤煤质在煤中灰分、发热量、黏结性、结焦性、粒度等指标方面，较上月出厂的贫瘦煤品质较差，故价格下跌。如陕西陕煤澄合矿业有限公司出厂的贫瘦煤价格由10月的228元/吨下降至11月的195元/吨，再下降至12月的152元/吨，同比跌幅22.4%。

7. 汽油、柴油下跌。据生意社统计，目前为止，2014年内18次调价累计汽油涨幅595元/吨，柴油涨幅575元/吨，累计汽油跌幅1910元/吨，柴油跌幅2075元/吨。如金堆城钼业集团有限公司购进的－10号柴油价格由11月的8843元/吨下降至12月的7507元/吨，跌幅15.1%；万洲科技胶粘制品（渭南）有限公司购进的120号汽油价格由11月的9040元/吨下降至12月的8333元/吨，跌幅7.8%。

8. 长焰煤下跌。陕西煤炭市场整体销售状况依然不容乐观。港口和电厂库存持续高位，需求不旺。金堆城钼业集团有限公司购进的长焰煤价格由11月的600元/吨下降至12月的458元/吨，跌幅23.7%。

9. 工业用水上涨较大。经核实，工业用水价格是根据公司用水发票填写，为非居民用水价格类别，非居民用水平均价格由现行平均每立方米3.22元统一提高到每立方米5.00元。如陕西省雪龙海姆普德药业有限公司购进的工业用水价格由11月的2.91元/吨上涨至12月的4.85元/吨，涨幅66.7%。

10. 铁精矿上涨。经核实，原因是由于采购的铁精矿品位（矿石中铁元素高低程度）不同影响价格波动。如陕西龙门钢铁有限责任公司购进的铁精矿价格由11月的807.6元/吨上涨至12月的915元/吨，涨幅13.3%。

11. 煤制焦炭上涨。经核实，原因是煤制焦炭分一级焦炭和二级焦炭，采购的品质不同导致两个月的均价差异较大。如陕西龙门钢铁有限责任公司购进的煤制焦炭价格由11月的850元/吨上涨至12月的

995 元/吨,涨幅 17.1%。

12.0 号柴油上涨。经核实,原因是由于冬季添加防冻剂影响价格波动。如华能陕西秦岭发电有限公司购进的 0 号柴油价格由 11 月的 6324 元/吨上涨至 12 月的 6838 元/吨,涨幅 8.1%。

六、制约因素

1. 规模以下工业成本费用飙升。

据规模以下工业 1—11 月调查资料显示:样本企业户均主营业务成本达 2611 千元,户均应付职工薪酬 625 千元。面对原材料成本、用工成本飙升因素,89% 的样本企业普遍反映成本上升快已成为企业面临的内在问题,利润空间变小,一些企业只能维持现状,无法扩大生产。据了解,89% 的企业认为成本费用飙升已成为企业面临的内在问题,42.6% 的企业认为市场需求不足是阻碍发展的外在问题,另外同比增长 11.1% 的应收账款也是值得关注的问题。

据调查点限下批发零售贸易业调查显示,57.1% 的样本单位认为成本上升是本季度经营中存在的主要问题。多数单位面临房租和水电费的不同幅度上涨,导致经营性费用大幅上升,降低了利润空间。50% 的样本单位采用裁员来应对经营成本的上升,14 家样本单位用工人数较去年同期减少 18.6%。

2. 市场需求不足、竞争激烈。

规模以下工业企业库存普遍偏高。全市 15.1% 的企业因为无业务或库存压力大,转为停产销售。例如渭南新天金属镁有限公司、陕西天阳制衣装具有限公司、蒲城天正机电成套设备有限公司以及各县机砖生产因市场需求不足,库存压力较大,转为停产销售,消耗内存。

批发零售业中问目前经营中面临的主要问题时,所有调查单位均认为竞争激烈是主要问题,认同率 100%。

图2. 限下批发零售业抽样单位在经营中遇到的主要问题

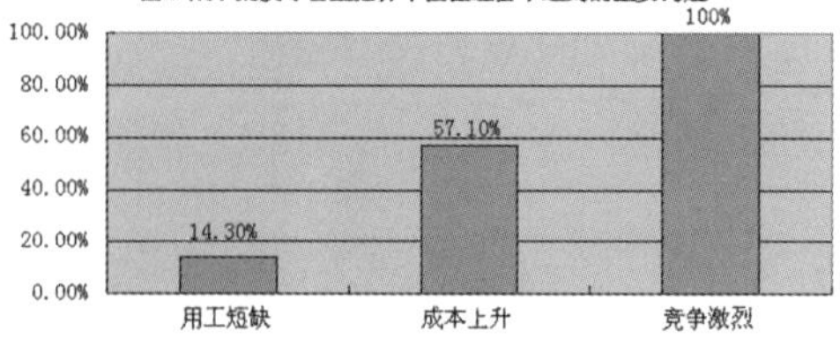

3. 拖欠款情况居高不下。

规模以下工业企业经营中先赊欠后兑付的生产模式普遍,应收账款和利息支出占用加大。1—11 月,全市规模以下工业企业应收账款同比增长 11.1%,占到主营业务收入的 32.2%,其中机砖制造业应收账款增长率最为严重,同比增长 220%,产品全部赊欠不兑付,庞大的资金占用压缩企业利润空间,生产投资受到影响。

4. 限下批发零售业信心不足。

由于限下批发零售业的自身特点及经营环境的不稳定性,多数经营者对 2015 年第一季度经营状况预期偏低,信心不足。5 个样本单位预计下季度营业额增速比本季度将"有所放慢",5 个样本单位预计将"基本持平",只有 4 个样本单位预计将"有所加快",分别占被调查样本单位数的 35.7%、35.7% 和 28.6%。

图3. 限下批发零售业抽样单位对下季度销售的预计

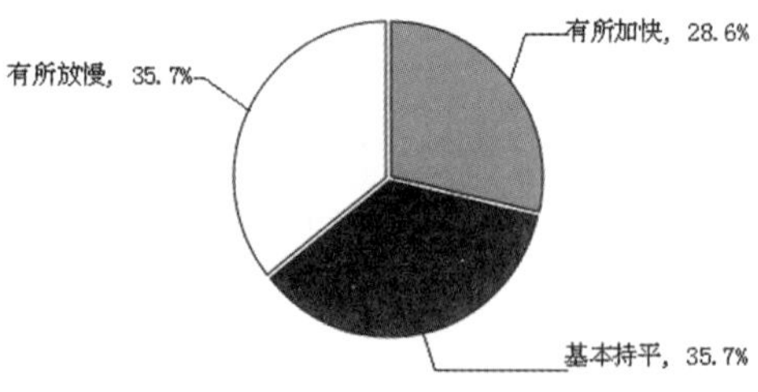

七、对策及建议

1. 首先需做好规模以下工业企业产品设计成本和原材料成本的控制。降低成本要从源头抓起,设计人员是相当重要的。其次实行"订单式"生产和"零库存"制度。

为了追逐高额利润,不少企业盲目地拓展外延,使得日后产品积压严重。第三利用网络技术降低企业多种成本。它可以帮助企业及时掌握市场动向,提高工作效率,降低经营成本。第四加强采用成本分割战略。成本分割就是指将涉及成本的项目分化到最小的单位,然后逐项降低成本。

2. 首先要继续实施更加积极的财政政策,促进投资来带动宏观经济的快速发展,积极的财政政策应继续加大对基础设施的投入;其次应采取积极的货币政策,扩大消费需求。认真研究具体有效的对策,不能简单地退出积极财政政策,也不能简单地增加货币,而是应该在充分考虑各消费群体利益及社会财富分配的基础上利用财政货币、转移支付等有效的经济杠杆,调整经济运行机制,从而有效改进目前的市场低迷消费需求不足的现象,推动市场经济较快发展。

3. 要规范建筑市场秩序,加强信用体系建设。建立和完善市场监督机制,加强执法队伍建设,加大对建筑市场的监管力度,推进建设领域信用体系建设。要完善相关法律法规制度,严格合同管理。完善《建设法》《合同法》等配套的相关法规、制度,规范建设单位和施工企业行为,保护建设工程项目双方合法权益,惩办违法损害市场主体的行为主体。

(渭南市调查队　刘义民)

三上崇凝塬

一

崇凝镇地处秦岭北麓渭水之南的崇凝塬腹地,是著名的渭华起义发祥地和西北第一个苏维埃政府诞生地,有着光荣的革命传统,属革命老区。全镇总面积35.5平方公里,耕地3.6万余亩,总人口2.8万余人,人均纯收入6393元。近年来,崇凝镇长期存在越级上访的现象,农村经济社会发展、群众生产生活面临的诸多问题,亟待政府破解。

五月的崇凝塬田间果树成荫,庄稼生长旺盛,一派生机盎然。停车驻足,漫步田埂,与劳作的乡亲攀谈拉家常,我本着用心倾听、用笔记录、用情解决的态度,乡亲们也就把话放开了,有的话语也比较尖刻。一会儿工夫,便把堵在心里的烦心事都倒了出来:"崇凝镇花香果好,而横贯南北的公路长年失修导致行车难,每到卖果子的季节就让人头疼;塬上缺水,遇到天旱,几个村子人畜饮水很困难,田间灌溉则更谈不上;要想崇凝镇好,先得治好崇凝村,罢免不思群众温饱的村干部。"攀谈中,一位从城区贩菜回来的后生插话道:"镇区乱搭滥建、拥挤不堪、街面污水横流……"

与乡亲们话别后,我来到崇凝镇政府,召开了不同层面群众代表参加的座谈会,充分听取和征求基层干部群众的意见和建议,每次会上都能听到不少"心里话",群众提的有些问题十分尖锐。我从中梳理出群众反映突出的9个问题,连夜召集镇党委会,把问题一一进行了反馈交办,并提出了解决的时限和要求。同样,对其他四个镇也都是白天征询意见,在现场答疑解惑的基础上,连夜归类进行反馈,属于镇上能解决的,明确领导,明确事项,深入调查,限期解决;属于区级层面的,及时反馈区委、区政府研究解决;属于市级层面的有线电视数字化转化中群众看电视难、信合发放惠农款项不规范不明了、交口抽渭个别灌区渠道衬砌推进慢、水费过高等问题,及时发函通报相关部门研究解决。陕西广电网络渭南分公司、陕西农村信用联社渭南办事处、陕西交口抽渭管理局都非常重视,问题很快得到了解决。

回机关的路上，我深切地体会到，以谦虚的心境深入群众，与群众促膝交谈，就能走进群众的心里，了解到真情，掌握到群众的困难。在从五个镇调研回来的日子里，我一直与区、镇保持着联系，掌握问题的解决进度，随时协调相关部门全力解决。

虽然从通报和汇报中能够了解崇凝镇的工作进展，但问题到底整改的怎么样了，我心里依然不太踏实。

二

8 月份再次踏上崇凝塬，依然是不打招呼，一路上边走边问，希望掌握更多情况。也许是难耐的暑热增添了人们的烦躁，看到一群人在路边争吵，我不由停住了脚步，一了解，原来是一些群众因修路问题与相关部门没有达成共识。我便立即与相关部门取得联系，同时劝导群众不要阻拦修路工程，并承诺一定督促镇上解决好后续问题。群众是通情达理的，施工继续进行。随后，我来到镇便民服务大厅，与前来办事的农民群众进行交谈。他们告诉我，有了服务大厅，前来办事一条龙，很是方便，希望公布惠民政策和办事流程，便于接受监督。我告诫工作人员一定要心里装着群众，把群众再小的事都要当做大事、自家的事去办，就没有解不开的疙瘩、化解不了的矛盾。

让人高兴的是，尹家、郭向、左家等村人畜饮水项目也在逐项落实，已打成了 7 眼深水井，崇凝等 7 个村硬化村道 9.1 公里，群众出行难的状况彻底改变了。还有就是，在解决突出问题和化解矛盾的两个月里，崇凝镇实现了“零上访”。

在和干部群众交谈中得知，镇上即将实施郭向、冯家等村生产生活用电线路改造增容工程，25 个村的活动场所将实现“全覆盖”，31 个支部、68 个党小组、934 名党员将拥有属于自己的“家”。镇上还为 934 名党员购买了《党章》，规定每月 1 日为党员活动日，党员不仅有了“家”，还按时过起了组织生活。

我时常想，走群众路线不仅要我们改进工作方法，改善工作作风，更重要的是集群策之力，唤群力之举，则无事不成。

三

11 月份，在暗访平安建设工作时，我再次来到崇凝塬，我想这正好是了解群众反映的问题解决得咋样了的好时机。于是，我实地察看了群众反映的乱搭滥建问题整改情况，看到了新修的通村路、新打的机井和几个村级活动场所。先前忐忑的心这才平静下来。

我真没想到，基层的干部很争气，崇凝镇开展党的群众路线教育实践活动时间不长，就一下子解决了群众关注的许多热点问题。见到镇党委书记李学斌时，感觉他也是自信满满了。他满脸兴奋地讲怎样走群众路线，与群众交朋友，如何化解矛盾纠纷和镇上的新变化。交谈中得知，为了解决乱搭滥建问题，几个月里，镇村干部走访了全镇沿途和街面 84 户乱搭滥建的居民，通过动之以情、晓之以理的说服劝导，绝大多数居民自行拆除了违章建筑，镇上依法拆除的只有 3 处。针对 3000 多口人的崇凝村多年来村级管理混乱、乱卖宅基地、长期积累的矛盾解决不了导致越级上访等问题，镇党委根据群众意愿，免了崇凝村原党支部书记职务，选举产生了新的支部班子，该村面貌焕然一新。镇村共同筹集资金，安装了 180 个视频监控探头，基本实现了镇村交通要道和主要巷口、街面门店视频监控“全覆盖”。

来到崇凝镇街道，这里已干净了许多，商贸熙攘，夜里也有了照明的路灯，在与商户们的交流中，大家对治安环境普遍满意。

我还看到,一辆辆汽车满载着农产品在已改造一新的柏油路上鱼贯穿行,内心涌动着无比的欣慰。

后来得知,崇凝镇在去年平安创建活动中,刑事案件发案下降了56%,平安创建知晓率排名全区第一,群众满意度排名第二,综合排名全区第一,被评为区平安创建先进集体。

三上崇凝塬的经历,让我也想起到其他地方调研的情景,虽然去的次数不同,解决的问题各异,但都怀着一颗为民的心境努力而为。也想到更多为了群众冷暖长期坚守在一线的党员干部,正是他们,一年四季和群众摸爬滚打在一起,化解矛盾纠纷,躬身服务群众,成为党和群众密切关系的桥梁,传递温暖的纽带,为实现民族伟大复兴的中国梦,支撑着、建造着我们共和国日益繁荣的大厦。

(中共渭南市委副书记、政法委书记　王春阳)

关于县市贯彻落实依法治国方略情况的调研报告

一、主要做法和经验

近年来,华县、临渭区认真贯彻落实党中央依法治国方略,坚持以建设法治县(区)为目标,以依法行政、严格执法、公正司法为重点,深入开展普法工作和依法治理,依法治县(区)工作取得了初步成效。"六五"普法和法治建设知晓率达90%以上,群众参与率达90%以上;在全县(区)范围内基本形成党委依法执政、政府依法行政、司法公正执法、企业依法经营、行业依法管理、监督体系健全的"法治大格局",为经济社会发展创造了良好的法治环境。

(一)规划先行,机制日益完善,保障了依法治理工作顺利推进。搞好普法和依法治理规划,是做好依法治县(区)工作的前提和基础。两县(区)每年初下发《依法治县(区)工作要点》,将普法和依法治理纳入全县(区)经济社会发展规划之中,为全县(区)普法与依法治县(区)工作提供了总的指导依据。

1. 强化组织领导机制。为切实推进依法治县(区)工作,更好的贯彻落实依法治国方略,均成立了由县(区)委书记或副书记任组长的依法治县(区)工作领导小组,办公室设在司法局。县(区)各部门及镇级都成立了领导小组和办事机构,形成了协调联动的工作网络,通过下发文件和专题会的形式,有效指导全县(区)依法治理工作,强力推进了依法治县(区)工作进程。

2. 强化工作机制。全面推行"三挂钩""四结合""五落实"的工作机制,即:与各单位年度工作责任目标考评相挂钩,与干部职工的提拔、任用、工作奖惩、实绩考核相挂钩,与领导干部的教育培训学分制考核相挂钩;与创建文明城市相结合,与创建"法治县(区)""平安县(区)"、维护社会稳定相结合,与各执法单位的执法实践相结合,达到工作计划落实、培训对象落实、活动载体落实、工作经费落实、考核评比落实。

3. 强化队伍建设机制。华县、临渭区分别组建了普法讲师团,在部门、单位设立了普法联络员,在镇(街道办)村设立了普法宣讲员和辅导员,在中小学校设立了法治副校长,建立了由青年志愿者、大学生村官、离退休老干部、老职工等组成的普法志愿者队伍,形成了横向到边、纵向到底、组织有序、覆盖全县(区)的普法网络。

（二）法治宣传、教育取得新成绩，良好的法治氛围基本形成。普法教育是依法治市的基础。通过实施六个“五年”普法规划，两县（区）90%以上的普法对象参加了各种各样的学法用法活动，公民的法律意识普遍提高，各级领导干部法治观念明显增强。

1. 严把“三关”，推进机关普法。严把学习关。坚持和完善领导干部集中学法、中心组学法等制度，华县政府在每周一例会和常务会前坚持40分钟法律学习不间断，年均法治讲座达36次以上，临渭区每年为全区万余名干部印制学法复习资料等，县（区）“四套班子”领导率先垂范，各级党委、党组中心组积极跟进，部分单位把学法纳入到周五“读书日”重要内容，拓展形式、丰富内容、逢会学法、注重实效成为各级干部学法用法的自觉行动。

严把任用关。坚持任职前法律考试制度，凡新提拔的领导干部一律首先通过法律知识考试，凡考试不过关的，坚决不予提拔。把学法用法纳入干部述职述廉的重要内容，增强了学法用法的刚性约束。

严把考试关。临渭区每年组织县处级领导参加全市法律知识考试，全区科级干部每年法律统考，四大班子领导还要到考场巡视，同时四大班子领导带头参加法律知识考试，2012年开始，市上探索推行了无纸化普法考试，华县、临渭区积极组织各级领导干部和公务员参与上网答题。

2.“三招”并举，推进城乡普法。送法进社区。通过建立社区法治宣传橱窗、法治宣传点、举办法治报告会、送法进门店、进市场、开办“法制早会”、送“法律快餐”等形式，宣传涉及劳动保障法、交通安全法、婚姻家庭等与群众生产生活密切相关的法律知识。

送法给农民工。进工地、入厂矿，开展了“农民工学法活动周”等系列活动，通过花灯戏曲、漫画展览、法治文化墙、法治春联等方式，寓教于乐，高台教化，有力提高了农民工依法维权意识。

送法到农村。在各村建立了“法律图书室”“法律咨询室”、法律援助和公证联络站等，方便了农民群众求解法律问题的需求；开展了法治宣传赶庙会、法律书籍送村民等活动，《农民实用法律知识读本》《城镇居民常用法律知识100问》《惠民政策选编》等通俗易懂、生动活泼的案例材料走进了农民的生产、生活，深受群众欢迎。

3.“三管”齐下，推进学校普法。充分发挥了全县（区）中小学法治教育主渠道的作用，做到了法治内容进教材、进课堂、进活动、进考场，达到了教材、课时、人员、效果“四落实”。开展“法治示范学校”创建、“知心律师进校园”“服刑人员现身说法”等活动，在中小学生中开展了“读法律书籍，当守法标兵”以及“万人学法竞赛”“书画比赛”“法制小记者”“青少年维权岗”“精彩人生路”“法律伴我行”“远离毒品”等活动，构建了部门、学校、家庭、社会四位一体的学校法治教育新格局。

4.“三项”培训，推进企业普法。按照谁主管谁普法的要求，分别对企业管理层进行了学法培训。各企业针对本企业特点，由本企业的法律顾问担任教员，举办了企业内部管理人员、业务营销人员的法律培训班，同时整合司法行政资源，为企业老板、工商业主、农民工提供法律服务，指导帮助其依法维权。

（三）依法行政工作取得新业绩，行政行为逐步纳入法治化轨道。

1. 狠抓依法行政意识和能力建设。县（区）坚持开展政府领导集体学法活动，举办法治讲座、开展领导干部依法行政理论专题研讨活动，坚持组织对行政执法人员开展专题培训和新法培训,并强化依法行政年度考核力度,促进了领导干部和公务员依法决策、依法办事、依法行政的能力和水平不断提高。

2. 坚持依法科学民主决策。健全科学民主决策程序,临渭区完善了重大行政决策听取意见制度、重大行政决策听证制度、重大行政决策合法性审查制度等六项制度。组建了覆盖全区的律师顾问团,聘请了 43 名执业律师与全区各街镇、各部门共 76 家单位签订法律顾问聘用合同,由律师列席政府重要会议、参加政府重大决策讨论会、参与审查出台的规范性文件等决策事项。华县制定出台了《华县规范性文件备案审查制度》,做到了"逢文必审",形成了对未经合法性审查的规范性文件,坚决不予出台的机制,确保了决策的合法。

3. 强化行政执法监督。一是规范行政执法主体。在办理执法人员行政执法证时增设了"防火墙",严禁对编制外人员、临时人员办理执法证件,净化了执法队伍。二是强化案卷评查工作。坚持每年抽查 80% 部门的 80% 行政执法案卷,并将检查结果定期通报。组织人大、政协等相关监督单位到各镇和各行政执法部门视察依法治理工作,及时纠正和处理违法的人和事,促进了严格执法和公正司法。

4. 简政放权工作成效明显。县(区)均成立了简政放权工作领导小组,印发工作方案,对本县(区)的行政权能逐一梳理,并结合省、市下放和取消的行政权能,梳理出县(区)本级的行政权能,进行了公示。同时将部分服务性的权能事项试点向镇级转移,并落实了监管责任,确保权力在阳光下运行,接受群众监督。

(四)公正司法、治安综合治理水平取得新提高,法律权威得到有效维护。

1. 公安机关大力推进社会治安综合治理,维护社会法治秩序和社会稳定。打防并举,保持对涉毒涉赌涉黑、两抢一盗等各类犯罪的主动进攻态势,着力构建社会治安防控立体网络,加强反恐应急队伍建设,加大投入治安防控技防建设和政法机关技术信息及装备建设,达到了头顶有监控、路上有关卡、街面有警察、社区有保安、农村有联防,极大地提高了治安应急防控能力。

2. 人民、司法调解作用不断强化。充分发挥司法调解的积极作用,完善组织建设,壮大人民调解员、纠纷信息员队伍,实现了镇镇、村村、每个社区都有调委会,还在涉及群众利益关系密切的医疗、交通、旅游等行业设立了专业性、行业性调委会,逐步形成了一个"横向到边、纵向到底"的人民调解组织网络体系。健全工作制度,建立了学习、例会、统计、排查、信息反馈、回访记录、案件评查、档案管理等各项工作制度,并将制度统一上墙公示,接受群众监督,有效地提高了人民调解工作的社会公信力。强化调解效力,各级人民调解组织在有效化解婚姻、家庭、邻里等多发性、常见性民间纠纷的基础上,结合县(区)经济社会发展的特点,主动参与企业改制、土地流转、移民安置等热点、难点问题,及时预防、调处、化解了大量不安定因素和突出问题。

3. 特殊人群的管教帮扶工作不断加强,切实保障特殊人群服务和管理工作的有效运行。加强社区矫正人员教育帮扶,坚持"五个一"工作方法,即:每月一次集中学习教育,每月一次个别谈话,每月一次家访活动,每月一份不少于 500 字的思想汇报。升级技防措施,为社区矫正人员办理手机定位终端,推动社区矫正工作走上一个新台阶。狠抓刑满释放人员安置帮教。建立"新航之家"安置帮教基地,为社区矫正人员和刑满释放人员提供技能培训,推送有学习意愿、学习能力的刑满释放人员去陕西扶贫教育集团学习就业技能，为安置帮教工作拓宽了新思路。

（五）基层民主法治建设取得新推进，依法治理步伐加快。近年来，通过动员人民群众积极参与，大力推进了基层民主法治建设。在城市社区，开展依法治社区。注重理顺政府与群众自治组织的关系，变政府对自治组织的领导为指导、帮助和服务，保障居民对社区事务的知情权、决定权；在农村，开展依法治村。实行民主议事制度，推进党务、村务、财务公开；在企业，开展依法治企。发挥工人阶级主人翁作用，推进企业民主管理，加快产业结构调整和建设现代企业制度的步伐；在学校，开展依法治校。规范人民群众反映强烈的收费行为，维护教职员工和学生的合法权益。

（六）监督实效取得新提升，形成了多层次、多层面的监督格局。积极构建“社会大监督”体系，加强党内监督、人大监督、政协监督、社会监督、舆论监督和群众评议“六位一体”的监督体系建设，督促县（区）各级政府、各行政执法部门，科学规范行政和执法程序，主动公开运行机制，自觉接受社会监督。人大常委会加强对“一府两院”的法律监督和工作监督，促进了依法行政和公正司法；纪检监察机关、政协和民主党派、群众团体也都进行了有效的党内监督和民主监督；新闻单位选择人民群众关心的典型案例，充分发挥舆论监督作用，使法律的有效实施得到可靠保证。

（七）法律服务工作取得新发展，服务质量不断提升。全市法律服务机构和队伍不断发展壮大，服务领域不断拓展，服务层次不断提升。业务范围覆盖了经济建设、社会事务和群众生活的各个领域。

1. 律师工作进一步加强。深入开展“法律服务惠民行动”。完善人大、政协、中小企业、重点建设项目及政府法律顾问五个法律服务团工作机制。临渭区进行试点，积极探索政府购买法律服务新途径，出资聘请律师为党政机关、街道办、镇政府提供全程跟踪法律服务。

2. 公证服务民生有效落实。继续开展“百处万件”公证法律援助活动，为困难群众、重点项目、中小企业、新农村建设提供减免费公证法律服务，着力落实公证服务“三农”便民措施。

3. 法律援助窗口建设实现新突破。加强法律援助机构网络建设，两县（区）分别在妇联、工会、残联等部门和各镇建立法律援助工作站及村级法律援助联络点；探索民事行政检察与法律援助协作机制，推行法律援助案件检察机关支持受援人起诉模式；建立法律援助案件动态监控体系，实行“一书三卡一回访”案件质量监管模式，实现“应援优援”。

二、存在的主要问题

通过调研，我们发现，华县、临渭区依法治县（区）工作取得了阶段性成效，也积累了一定的经验，但仍然存在着一些不容忽视的问题，主要表现在：

（一）认识片面，依法治理观念淡薄。部分单位领导特别是镇村领导干部一味地抓经济抓发展，对依法治国的精神实质认识模糊，忽视了对各项法律法规的学习和运用，忽视了政治文明、精神文明等方面的工作；个别行政部门主动应诉意识不强，损害了群众合法权益和政府公信力；部分企业、公民认为法治是政府的事，搞好搞坏与自己关系不大，存在着开展依法治理政府“一头热”的现象。

（二）执法随意，执法人员素质参差不齐。有法不依，执法不严，甚至违法不究的现象仍然存在，执法随意性大的现象屡禁不止。少数执法人员对当事人相同的违法事实，对关系好的，打招呼的，不处罚或轻处罚,对态度不好的,则重处罚。还有一些执法人员利用权利“寻租”,以权谋私。执法不理想的状况损害了民众对法治的信仰和对法律应有的尊敬。

(三)监督乏力,监督效果相对弱化。没有监督的权力必然会产生腐败。执法工作中一些久禁不绝的问题,往往与执法监督不力有关。当前行政监督体制中存在着上级监督信息不灵、同级监督缺乏制约、下级监督软弱的问题。日常监督和专项监督结合不够,监督环节存在空档和误区。虽然社会监督对执法工作发挥了重要作用,但由于渠道不畅、执法部门主观接受监督的意愿不强等原因,影响了社会监督的积极性和实际效果。

(四)区域倾斜,法治发展不平衡。依法治理发展不平衡,城区强、郊区弱,城市强、农村弱的现象很明显,基层依法治理的基础相对薄弱,加之社会变迁和人员流动加速,依法治理的步伐与时代发展的步伐不能完全合拍,依法治理的难度加大。

(五)经费不足、体制不顺,执法队伍建设亟待加强。县(区)部分法制机构是事业编制,却又承担行政执法监督职能,体制不顺,与承担的职能难以匹配。基层法庭、派出所、司法所不同程度存在警力不足、装备陈旧、经费短缺三大问题。个别镇派出所授衔民警仅三四人,加之专项经费少、办案成本高,给执法工作带来很大困难。受人员、设施、编制、体制等因素制约,个别看守所一直是“三所(看守所、拘留所、戒毒所)合一”,远不能满足目前治安形势需求。

三、几点意见和建议

党的十八届四中全会通过了全面推进依法治国的决定,对实现中华民族伟大复兴中国梦、实现党和国家的长治久安具有深远意义。结合对全会精神的理解,针对上述存在问题,我们建议:

(一)健全干部学法用法制度,增强各级干部法制观念。在以往工作中,干部主动学法意识不强,积极性不高,掌握法律知识往往一知半解、似懂非懂。因此,必须正本清源,领导干部带头做学法用法的表率,建议各级推行工作例会领导干部讲法制度,以“讲、做、评、议”的形式,促使各级干部法律知识入脑入心,增强本领。建立行政“一把手”出庭应诉的行政应诉机制,培养专业的行政应诉队伍。加大对企业、公民的普法教育,培养法治意识、责任意识。

(二)设立考核指标体系,强化依法治市工作考核。建议完善依法治市工作量化考核责任制,加大依法治市工作指标在年终工作任务考核中的权重,使依法治理由“软任务”成为“硬指标”。出台全市统一的党员干部学法用法考核办法,定期对党员干部进行法律知识测试,成绩记入个人档案,作为晋升、评优的重要参考标准,促使广大党员干部将知法守法内化为自觉行动。

(三)加强工作监督检查,推进司法执法公开。探索更加有效的审判公开、检务公开、警务公开和司法公开制度,保证执法行为公平、公正,树立公正司法形象;完善人大加强对“一府两院”的法律监督和工作监督办法,纠正“有法不依、执法不严、违法不究”现象,确保依法治理工作真正落到实处。

(四)加强郊区、农村法治建设,夯实基层法治基础。加大郊区、农村普法教育力度,把普法网络从县、镇延伸到村组一级,使村村都有普法宣传员,重点做好《村民委员会组织法》《义务教育法》《治安管理处罚法》和《信访条例》等法律法规的宣传教育工作,培养和增强农民参与村民自治活动和其他社会事务管理的能力,引导农民通过法律途径和正当渠道妥善解决纠纷,维护自身合法权益,以法律约束公共权力在农村的行使,实现农村实质的法治。

（五）重视法治工作投入,加强执法队伍建设。理顺法治机构体制,增加专业人员力量。积极争取、呼吁省主管部门加大对基层派出所、法庭、司法所、看守所等人、财、物投入力度,扩充一线警力,更新陈旧设施,推动政法机关瘦身和看守所“三所分离”,改变“案多人少、事多钱少”的现状。

（六）加强法治组织领导,完善依法治市工作机制。目前市县依法治市（县）工作领导小组办公室普遍都设在司法局,协调督促工作机制不顺,建议由市委牵头、增设市（县）委普法依法治理工作领导小组办公室专职副主任,升高级格。同时,明确依法治市（县）领导小组例会制度、领导工作联系点制度和成员单位年度述职报告制度,使依法治市、依法治县步入规范化、常态化轨道。

（渭南市常务副市长　郑光照）

加强基层流动党员党风廉政教育工作的思考

当前,随着市场经济的深入发展,基层出现了许多外出务工或经商的党员、退休、下岗职工党员、复转军人党员和自主择业的大中专学生党员,形成了一支为数不少的流动党员队伍。如何加强基层流动党员的党风廉政教育,不断提高流动党员的组织观念和自律意识,增强党组织的凝聚力、战斗力,是摆在地方党委、政府和纪检监察机关面前的重要课题。为摸清基层流动党员党风廉政教育的情况,增强新形势下基层流动党员党风廉政教育的实效,我带领有关同志深入渭南市各基层单位,通过走访、座谈等形式,对基层流动党员的党风廉政教育情况进行了专题调研。

一、基本现状

（一）当前全市基层流动党员基本情况。

渭南市辖 1 区 10 县（市）,党员 266844 名。流出党员 14275 名,占党员总数的 5%,流入党员 118 名,占党员总数的 0.04%。近年来,各级党组织全面落实上级部署的加强基层流动党员管理教育的任务,基层流动党员党建工作格局基本形成,建立党员服务中心（站、点）420 个,县（市、区）2 个,乡（镇）33 个,社区 27 个,村 358 个。其中,建立流动党员党支部 6 个,为流动党员接受党风廉政教育提供了场所保障。

（二）基层开展流动党员党风廉政教育的主要做法。

一是紧抓时机,突出党风廉政教育。针对流动党员常年在外的情况,各基层党委、党支部能紧紧抓住流动党员夏秋农忙和春节集中返乡的有利时机,精心定制慰问、学习、宣传、培训等四套“大餐”,通过发送廉洁手机短信、邮寄廉洁新年贺卡、走访交流等形式,开展帮扶慰问活动;组织镇村、社区干部主动上门,为返乡流动党员送上党风廉政学习资料;通过“一对一”“一对多”的形式和流动党员交流沟通,掌握他们的思想、工作和生活状况;召开返乡党员座谈会,组织学习党的方针政策、介绍县域经济发展变化及家乡建设情况,交流党风廉政建设的新体会,使流动党员不断感受到党组织的关怀。

二是打破条块,落实党风廉政教育。针对一些流动党员由于各种原因,组织关系不在流入地的现象,各基层党委、党支部不局限于组织条块,只要明确党员身份,根据流动党员的分布状况,职业特点和居住地点等情况,对流入党员按就近就便的原则,采取单位教育、行业教育和社区教育的方式进行党风廉政教育。如华县吴家社区通过社区文体活动把流动党员组织起来，以社区合唱团、舞蹈队、红白理事会等形式加强对社区流动党员的党风廉政教育。澄县商贸局党委利用行业协会把流动党员组织起来，进行守法经营，诚信经营，服务社会的党风廉政教育。

三是形式多样，丰富党风廉政教育。大部分党支部通过邮寄廉洁书籍、警示教育碟片等党风廉政资料教育流出党员，并通过电话随访的形式督促其加强学习，定期汇报思想。流入党员通过廉政书屋、图书室、阅览室、大讲堂等形式学习党风廉政知识。同时通过社区、企业的文体活动发扬廉洁新风尚，揭露腐败之恶行。如富平富华社区开展五好家庭、先进妇女之家、廉内助等评比活动，为流动党员增强廉洁意识，营造良好的社会氛围。

二、存在问题

（一）思想认识不到位。从抓党风廉政教育的主体来看，有的基层党支部认为流动党员只占党员总数的小部分，基层流动党员大多不在政府领导岗位，没有腐败的土壤，管不管，教育不教育无碍大局；有的基层党支部书记年老体弱，思想陈旧，方式简单，工作中“力不从心”，导致对流动党员管理教育的不重视。有的基层党支部认为党风廉政教育工作仅仅是纪检监察部门的事情，履行教育职责时不到位，不主动；从党风廉政教育的客体来看，基层流动党员大多组织观念淡薄，纪律观念弱化，认为自己只要不拿不贪，参不参加教育无所谓；有的流动党员认为自己只是基层党员队伍中的普通一员，没有权力也没有机会犯错，廉政教育是领导的事情，与自己无多大关联。

（二）教育工作力度不够。一是存在教育失控状态。对于长时期游离于流出地、流入地的党员，尤其是隐性党员、口袋党员、挂名党员，基层党支部未采取相应措施，存在放任自流、疏于管理、疏于教育的的现象。二是教育形式化状态。有的基层党支部虽然给流动党员邮寄过党风廉政方面的学习资料，但流动党员常以应付之心对待，造成实际意义上教与学相脱节的状况，收效甚微。三是教育内容和方法呈不对称状态。基层流动党员就业形式和职业种类繁多，对党风廉政建设的理解也呈多层次性，然而基层党支部通常是上级安排什么就学习什么，照本宣科、泛泛而谈，没有把党风廉政教育真正融入流动党员的工作生活中，也没有紧密结合基层流动党员队伍的状况和党员队伍突出问题进行针对性地强调。在教育方法上仍采用集中学习的方式，不能及时与信息化、网络化技术接轨，致使党风廉政教育如隔靴搔痒，难以触及灵魂。

（三）制度机制不健全。首先，目前全市没有一个统一的流动党员管理教育平台，有的基层党支部掌握流动党员的基本情况尚且存在困难，对流动党员的党风廉政教育更无从谈起。其次，党风廉政宣传教育工作上下联动的教育机制不够健全，整体合力不够明显。一些基层领导对流动党员的党风廉政教育工作重视不够，上级要求严时便抓，要求松时便不抓，工作随意性比较大。再次，从纪检部门来看，没有制定基层流动党员党风廉政教育制度，对基层党支部对流动党员的党风廉政教育情况缺乏严格的考勤和奖惩制度，对教育活动的过程和质量缺乏行之有效的监督机制。最后，从宣教客体来看，流动党员自觉履行党员义务意识较差，党支部执行较难。

三、对策与建议

（一）转变思想观念。首先，基层党支部要有大局意识。基层流动党员虽人数不多，但他们是中国共产党的一员，如果不重视管理和教育,他们对党组织的认同就逐渐降低,势必会影响党的形象。树立流动党员是本地人才资源的思想意识,主动为流动党员排忧解难,加强党员与党组织的联系,充分发挥好他们在外务工或回家带头致富的作用。其次,基层党支部要有服务意识。做好新形势下基层流动党员的党风廉政教育工作,必须改变以往简单的说教方式,采取切实有效的措施,从关心流动党员的实际困难出发,努力把教育、管理、监督和服务融为一体,以此增强流动党员的荣誉感和组织观念。再次,基层党支部要有民主意识。要积极创造条件让流动党员有更多的参与党的各项活动的机会,享有对本地本单位事务充分发表意见和建议的权利,为他们发挥先锋模范作用搭设平台。

(二)增强教育实效性。首先,党风廉政教育的内容要有层次性和针对性。基层流动党员因年龄、工作、生活环境等不同,在对党风廉政教育的需求上存在较大的差异性。因此,党风廉政教育必须因人施教,体现出层次性。基层流动党员依据是否工作分为两类,上班族和离退休族,对上班族,基层党支部在廉政内容的选择上,要把党风廉政教育和个人素质、家庭美德,岗位职责、企业文化、社会公益事业相结合,努力扩大党风廉政教育的容纳度,对离退休一族,要把发挥余热、谱写晚年人生新篇章作为教育的落脚点,增强离退休党员的组织观念。其次,要丰富形式,创新载体。在教育治理手段方面,进一步探索利用微博、微信、QQ 等现代通讯工具开展对流动党员的教育;在活动开展方式方面,把固定教育和流动教育相结合,传统教育手段和现代教育形式相结合,充分发挥大众传媒和计算机网络的作用,实施现代远程教育。在教育形式的选择上,利用轻松娱乐的方式,提高教育工作的活跃性,增强基层廉政宣传教育的渗透性。

(三)完善制度机制。通过建立制度的形式,把基层流动党员的党风廉政教育工作纳入党组织教育的总体规划之中,建立健全党风廉政宣传教育联席会议制度,形成齐抓共管的工作格局和运行机制。一是领导机制。建立统一的流动党员管理机构,形成党组织统一领导,纪检监察组织协调,其他各部门齐抓共管的工作格局。二是投入机制。积极解决流动党员管理经费不足的问题,在人力物力财力等方面对基层流动党员的党风廉政教育工作给予重视和支持,保证党风廉政教育活动的顺利开展。三是运行机制。健全完善流动党员管理教育制度,流出地党组织要建立专人联系制度、外出回访制度、登记建档制度、行前教育制度、活动证管理制度,保证流出党员管理不断线。流入地党组织要建立健全咨询服务、就业培训、党费收缴、活动记载反馈等制度机制,确保流入党员服务教育不间断。建立统一的流动党员教育平台,对党风廉政教育学习的内容、时间、方式、考核标准作出明确的规定。四是考核激励机制。完善各种汇报、上报制度,将单位自报与常规检查、突击检查相结合,对基层党支部的教育工作进行必要的指导和检查,并将考核情况作为奖惩的依据。加大奖惩力度,强化奖惩措施,鼓励各支部开展有创意的党风廉政教育活动。

(市委常委、市纪委书记　张建军)

重拾农业产业结构调整这个老话题

如何夯实渭南现代农业发展基础、加快发展步伐?通过近三年来的调研和思考,我认为,须重拾农业产业结构调整这一话题,顺应农业生产新形势、紧追市场需求新变化,进一步调整优化农业产业结构,以此来推动农业发展方式转变、推进农业现代化建设。

一、渭南农业产业结构调整回顾

与全国各地一样,改革开放后,渭南农业发展也经历了翻天覆地的变化。从上世纪 80 年代中期,针对农村实行联产承包责任制后出现的新情况、新问题,大荔等部分县市围绕多种经营、发展"两高一优"农业、建设农业商品基地等方面建立农村综合改革试验区为起始,渭南农业产业结构调整经历了"七五"期间的试点探索、"八五"期间以发展经济作物为主的推广起步、"九五、十五"期间多种经营并存的全面加快和"十一五"专业化、规模化发展的深入推进等多个阶段,逐步形成了以果、菜、畜为主的优势主导产业,农业的规模化、标准化和产业化水平不断提升,先后建成国家级商品粮基地县 7 个,国家级优质棉基地县 1 个,全国优质苹果基地县 6 个,省级奶山羊基地县 4 个,省级优质棉基地县 5 个;白水、蒲城、韩城、大荔、富平、临渭先后被授予"中国苹果之乡、酥梨之乡、花椒之乡、枣乡、柿乡和葡萄之乡"的称号;截至目前,全市农村共有家庭承包经营农户 106.3 万户,承包经营耕地 753.9 万亩,占全市耕地总面积的 96%;农民合作社 5425 家,农业龙头企业 344 家,家庭农场 5255 家,各类新型农业经营主体带动农户 38.2 万户,占到全市农户总数的 33.5%;年加工农产品 220 万吨,苹果浓缩汁生产能力达 28 万吨,占世界总产的 15%,成为亚洲最大的苹果浓缩汁生产基地,年加工粮食 140 多万吨,占到粮食总产 75% 以上,成为西部最大的面粉生产基地。农业产业结构调整的持续推进,也推动全市农业农村经济和农民收入健康快速增长,2013 年全市农业总产值达 357.5 亿元,农民人均纯收入达 7565 元,是 1985 年的 28 倍。

分县看,大荔县是渭南市开展农业产业结构调整最早的县市之一,也一直引领着全市农业产业结构调整工作,从上世纪 80 年代后期发展"108"(黄花菜、西瓜、花生)开始,到"九五"期间"粮棉油奠基、果菜畜富民"的第二轮结构调整,再到新世纪以来突出发展设施农业、冬枣、畜牧产业,目前大荔县已成为西部地区最大的设施农业县和全国著名的冬枣之乡。大荔县农业产业结构的持续快速调整,使得该县的农民人均纯收入长期位居全市前列。白水县依托独特的自然条件,从"八五"以来,瞄准苹果这个产业,持续做大做强做深,面积由 1990 年的 12 万亩发展到 2013 年的 55 万亩,人均 2.3 亩,发展涉果龙头企业 89 家,年出口苹果 15 万吨,实现果业总产值 36 亿元,全县 60% 以上的农户实现了"双万"目标。"白水"苹果已享誉国内外,苹果产业专业化发展的路子越走越宽。蒲城县是我市乃至全省重要的粮食生产基地,上世纪 90 年代期间依据地形地貌特点,在北部属黄土丘陵区发展苹果产业,在中部为一级黄土台塬区发展酥梨产业,农民人均纯收入快速增长,年均增速保持在 15% 左右,但进入新世纪后,果业产业发展进入平台期,农民人均纯收入增长缓慢,从 2001—2007 年间年均增速低于 10%,从 2009 年起该县在提升果业的同时,大力发展设施农业和肉鸡产业,2010 年起农民收入又进入了快速增长时期,连续三年增速在 20% 以上。澄城县是典型的渭北旱塬县,粮果收入一直以来是群众收入的主要来源,单一的产业结构严重制约着农民致富步伐,农民收入在全市排名较为落后，从2009年起该县举县一致建设百万头生猪大县，坚持走果畜结合、循环发展的路子，两大产业相互促进，相得益彰，三年时间，生猪存栏增长了2.2倍，果业面积新增6万亩，优果率提高了10个百分点；农民收入一年一大步，从不足3000元到达5000元以上，年均增速22%，农民增收的产业基础不断坚实。2012年澄城县被评为国家生猪养殖标准化示范县。从以上四个县农业产业结构调整的历程可以看出，适时分析产业现状，结合市场需求变化趋势，持续推进农业产业结构调整，是提高农业经济效益和增加农民收入的根本途径。

二、我市农业产业结构现状分析

近年来，我市各级以增加农民收入为目标，以发展现代农业为主线，全力加快农业现代化进程，特色产业的主导作用越来越突出，农业产业结构调整迈出了实质性步伐，但仍然存在着结构不合理、调整步伐不快、生产效率不高、效益较低等问题。从农业内部结构看，2013年，我市种植业、养殖业产值分别为254亿和82亿，分别占到农业总产值的71.0%、22.9%，而全省平均水平为60%、28%，种植业偏大，畜牧业比重较低，特别是我市畜牧业比重在全省各地市中排在倒数第四位，较宝鸡、商洛低13个百分点。从种植业内部结构看，近年来我市夏粮常年面积在480万亩左右、秋粮面积在460万亩，反映出全市近60%的耕地仍以种植粮食作物为主，而咸阳市、宝鸡市分别为55%、50%，这表明我市经济作物在种植业内部结构中比重偏小，发展空间较大。从粮食生产内部结构看，从2009年我市大力推广地膜玉米后，连续四年秋粮产量超过夏粮产量，其中，2013年夏粮产量97万吨，秋粮产量114万吨，呈现出“秋粮超夏粮，玉米挑重担”的粮食生产新格局，这表明在播种面积稳定的情况下，粮食仍有增产空间。从粮食生产效率看，尽管我市粮食总产位居全省第一，但我市小麦和玉米的单产水平分别排在全省的第4和第6，均在咸阳、宝鸡、西安之后，种粮效益较低，必须在提高单产上下功夫。从果业发展现状看，2013年我市果业面积260万亩、总产283万吨，与咸阳相比面积少34%、产量少46%；全市通过国家绿色食品认证的果品面积98万亩、有机认证的仅有3万亩，这表明我市果业在扩大规模、提升品质上都有大文章可做。从蔬菜产业发展现状看，2013年我市蔬菜面积113万亩、总产225万吨，面积虽比咸阳只少21万亩，但产量却少了162万吨；全市设施蔬菜面积仅占到蔬菜面积的40%，大路菜多，反季节、精品菜较少，这表明我市蔬菜产业发展空间较大。从畜牧业发展现状看，2013年我市肉、蛋、奶产量分别为21.6万吨、10.5万吨、39.3万吨，肉、蛋产量基本与咸阳、宝鸡持平，但奶产量只相当于咸阳的50%、宝鸡的60%；存栏牛28.5万头、猪216.3万头、羊102.7万只、家禽1199.93万只，牛存栏与宝鸡、咸阳的差距较大；畜牧业生产方式上，适度规模养殖和规模养殖生产量占到50%以上，近一半产量还处于家庭散养的传统模式；特别是畜产品深加工能力薄弱，产业链短。这表明我市畜牧业发展的潜力巨大。

总的来说，纵向看，我市果、菜、畜主导产业发展快，结构不断优化，但横向比，我市粮食比重大，果、菜、畜等主导产业仍然规模小、发展慢、效益低。这一现状也决定了我市农民人均纯收入特别是家庭经营性收入多年来都低于咸阳、宝鸡，尽管差距在缩小，但2013年我市农民人均纯收入还差咸阳973元、宝鸡811元。因此，我市农业产业结构调整的任务还十分艰巨。

三、我市农业产业结构调整的路径选择

随着我国全面小康社会建设的不断加快,人民群众生活质量的不断提升,广大消费者的膳食结构也在逐步变化,农产品市场消费需求的结构和品质也在发生着深刻变化。要确保农业健康发展、农民持续增收,就必须紧跟市场变化,持续推进农业产业结构调整。在提高粮食单产水平,提升种粮效益的基础上,突出畜、果、菜三大主导产业,努力提升规模化、标准化、品牌化水平,全力打造"陕西大粮仓、关中大厨房、西安大菜园"。

1. 以推进永久"粮田"建设为根本,加快巩固"陕西大粮仓"。粮食安全事关国计民生和社会稳定。渭南历来是全省的粮食主产区和重要的商品粮基地,素有"陕西粮仓"之称。我们必须高度重视粮食生产工作,坚持产粮大市地位不动摇,把渭南这一"陕西大粮仓"装饱装足,在确保渭南人民的饭碗装着自己粮食的基础上,更多地为全省粮食安全做出贡献。2012 年我市的蒲城县荆姚镇、大荔县范家镇被确定为省级现代粮食建设基地,以建设"永久粮田"为目标,建成"旱能灌、涝能排、土肥沃、产出高"的高标准农田,为全市乃至全省现代粮食基地树立样板。同时,将进一步发挥渭南作为全省最大农业灌溉区的优势,积极推进以抽黄灌区为主的大中型灌区续建配套和节水改造,计划投入36.74亿元,新增恢复 170 多万亩灌溉面积,新增粮食生产能力 65 万吨。在不断夯实粮食生产的物质基础的同时,要进一步调整粮食生产内部结构,继续深入推进粮食高产创建活动,依靠科技,提高单产水平,提高粮食综合生产能力,确保粮食产量稳定在 210 万吨以上,巩固"陕西大粮仓"地位,并为农业产业结构调整腾出更多空间。

2. 以建设现代畜牧业示范区为载体,加快发展现代畜牧业。畜牧业是现代农业的重要标志。发达国家畜牧业产值占农业总产值的比重超过 60%,有的甚至达到 70% ~80% 以上,而目前我市仅为 25%,比全国、全省平均水平分别低 12 个和 5 个百分点。自 2012 年以来,我们就在思考、谋划如何加快畜牧业发展。在省农业厅、省畜牧局的精心指导下,经过充分调研和论证,决定在渭南建设陕西现代畜牧业示范区,并形成了《建设陕西现代畜牧业示范区的总体规划和五个子规划》。这一工作得到了省委、省政府领导以及省上有关部门的认可和支持,2012 年 11 月 26 日市政府与省农业厅签订了厅、市共建合作备忘录,省农业厅、发改委、财政厅从 2013 年起每年列支 5000 万元专项资金予以扶持,加上市委、市政府每年列支的 2000 万元的扶持资金,我们规划以澄城县为核心,辐射带动大荔、白水、临渭等县(区),建设具有千万头出栏能力的生猪产业示范区;以合阳县为核心,辐射带动华阴、临渭、富平等县市区,建设 20 万头奶牛产业示范区;以蒲城县为核心,辐射带动富平、临渭等县(区),建设亿只肉鸡产业示范区;以大荔县为核心,辐射带动华县、华阴等县(市),建设亿只肉鸭产业示范区;以富平县为核心,辐射带动临渭、蒲城等县(区),建设百万只奶山羊产业示范区,同时顺应市场需求,大力发展肉牛、肉羊产业,力争到 2020 年全市畜牧业、畜产品和饲料加工总产值达到 1200 亿元以上,其中畜牧业产值达到 400 亿元,占农业总产值 45% 以上;畜产品加工、饲料加工产值达到 500 亿元以上,畜牧业在农民人均纯收入中的贡献达到 3500 元。自 2013 年初全面启动陕西现代畜牧业示范区建设以来,全市畜牧业养殖规模迅猛扩张,生产方式加速向规模养殖发展,也吸引了新希望、正大集团等 28 家

龙头企业来渭南投资发展，示范区建设起步快、进展好。

3. 以打造陕西现代果业强市为抓手，加快推进果业升级转型。果业是我市的优势特色产业、农民增收的主要来源。但目前优质果品生产基地规模小、果业品牌建设滞后，已难以适应市场需求变化，影响果业持续健康发展和果农收入持续增收，亟须转型升级。2013 年以来，我们就在考虑如何推进转型升级，经过与省果业局及有关专家的充分调研和论证，确定了“加快现代特色果业发展，打造陕西现代果业强市”的思路，编制了全市果业发展规划，2013 年 10 月下旬，市政府与省果业局签订了合作备忘录，市委、市政府连续出台 3 个文件，全力推进现代果业强市建设。按照《规划》，我们将以区域公用品牌为先导，制定我市优势特色水果标准综合体，整合果业发展资源，在渭北海拔 600 米以上地区打造优质苹果生产基地 220 万亩，做大“白水苹果”品牌；以蒲城为中心，辐射带动富平、临渭、大荔等县打造优质酥梨生产基地 30 万亩，做大“蒲城酥梨”品牌；以渭北葡萄产业园区为核心，合阳、临渭、蒲城为中心，辐射带动澄城、大荔、富平等县打造优质葡萄生产基地 43 万亩，做大“临渭葡萄”品牌；以大荔、临渭为重点，在黄渭洛三河流域打造鲜食冬枣基地 25 万亩，做大“大荔冬枣”品牌；同时以大荔、临渭、蒲城为重点，在城市近郊和交通便利地区以及秦岭北麓地区发展桃李杏、樱桃、猕猴桃等时令特色水果 32 万亩。力争到 2020 年，全市水果面积发展到 350 万亩，优果率达到 85% 以上，建成绿色果品基地 200 万亩，有机果品基地 20 万亩；实现果品产值 350 亿元，果品出口创汇 3 亿美元，果业综合收入 455 亿元；果业在农民人均纯收入中的贡献达到 5000 元，把渭南建成全国“西果东送”特色果业强市和全国特色水果主要生产基地及集散中心。

4. 以建设现代农业园区为支撑，实施好新一轮“菜篮子”建设。近年来，各县市区顺应市场需求，紧抓省上实施现代农业园区和现代设施农业项目建设的机遇，将两个项目有机结合，以设施蔬菜为主的现代农业示范园区规模快速扩张、功能日趋完善、效益持续提升，使蔬菜产业成为近年来我市发展最快的增收产业。2012 年以来，按照《陕西东大门建设规划》中提出的把渭南建设成西部现代农业先行区的要求，我市编制了现代农业园区发展规划，先后出台了“加快园区发展”“加快土地流转”和“新型职业农民培育”的意见，先后命名了 31 个市级示范园区，落实了奖扶资金，有力地加快了现代农业园区发展步伐。同时，按照 2012 年 7 月召开的全省“菜篮子”建设工作会议的要求，制定了《新一轮“菜篮子”建设规划》。下一步，要继续整合涉农项目，引导土地有序流转，大力实施现代设施农业项目建设。以大荔、华县、蒲城、富平为核心，建设以大中棚为主的设施瓜菜园区，以临渭、澄城、白水为核心，建设以日光温室为主的设施果菜园区；充分利用黄河、渭河滩涂水面资源，大力发展莲菜种植，力争到 2020 年全市现代农业园区总面积达到 85 万亩，瓜菜面积达到 200 万亩，建成设施基地 120 万亩，其中建设日光温室 30 万亩，标准化大中棚 90 万亩，蔬菜产值达到 100 亿元，瓜菜在农民人均纯收入中的贡献达到 2500 元，努力把渭南建成品种丰富、质量放心、配送快捷的“大菜园”。

5. 以推进扶贫移民搬迁七年行动计划为重点，全力打好新时期扶贫攻坚战。通过创新扶贫开发机制，实施精准扶贫，实现精准脱贫，打胜扶贫攻坚战。对全市省定贫困线以下的 84.7 万贫困人口摸清底数、建档立卡、细化措施,进一步明确目标、任务、责任、举措,“扶真贫”“真扶贫”。设立扶贫模式创新专项资金,鼓励探索试验,创造“一村一策、一户一法”精准扶贫的有效实现方式,确保扶贫到村入户。切实抓好整村推进、产业扶贫和贫困户能力提升工程,紧紧围绕片区扶贫攻坚规划,以村级道路畅通、饮水安全等十项重点工作为抓手,加大对贫困地区的扶持力度。有效整合社会扶贫资源,组建驻村工作队对全市首批715个贫困村实施全覆盖,做到脱贫任务完不成,帮扶干部不撤走。去年全面启动扶贫移民搬迁七年行动计划,用7年时间,对秦岭北麓、渭北旱塬和中部盐碱滩涂地区的5.07万户、19.67万人实施移民搬迁。

6.以美丽乡村幸福家园建设为带动,大力改善农村人居环境。全面推进美丽乡村建设,建立和完善省、市、县历史文化名村、特色景观名村、地方传统村落、美丽宜居村落名录。推广大荔、潼关等县市美丽乡村建设做法和经验,把农村像城市一样重视、一样投入、一样管理。从2014年起,采取项目捆绑扶持、夯实部门责任的方式,全面开展农村人居环境整治,利用两年取得明显成效,持续开展美丽乡村建设。到2020年形成以设施完善、环境优美的特色村庄为引领,生活条件良好、村容村貌干净整洁的一般村庄为主体的两级村庄体系。各县(市、区)要先选择域内高速铁路、高速公路、铁路、国省道路沿线的镇村,开展“三堆”(垃圾堆、柴草堆、杂物堆)、破败建筑、建筑材料、广告标语、土葬塔碑“五整顿”活动,集中半年时间,彻底改变面貌,并尽快使之绿起来、美起来。要始终坚持把提升经济实力,增加农民收入作为改善村庄人居环境、建设美丽乡村的基础,坚持因地制宜,着力扶持区域优势特色产业发展,推进高效生态农业品牌化经营和农产品加工业集群化发展,最大限度地激活农村服务业,积极培育一批产业大村、经济强村,做好产业提升工程。到2020年形成以设施完善、环境优美的特色示范村庄为引领,生产生活条件良好、村容村貌干净整洁的宜居宜业村庄为主体的两级村庄体系。

综上所述,到2020年,在确保粮食产量稳定的前提下,全市瓜果菜面积将达到550万亩,剔除复种因素,瓜果菜占用耕地在500万亩左右,占全市耕地总面积的60%,粮经比由目前的6:4变为4:6,农民人均经济作物收入达到7500元,加上畜牧业和种粮收入,预计农民人均种养收入将达12000元,是2012年农民家庭经营收入的4倍,农民实现收入倍增的目标或将提前实现。

(渭南市副市长　吴蟒成)

渭南人才体制机制调研报告

一、渭南人才基本情况

近年来,我市坚持以科学发展观为指导,认真实施人才强市战略,确立人才优先发展战略布局,切实把全面加强以党政人才、科技人才、企业人才为重点的人才队伍建设摆到突出位置,统筹推进各类人才队伍发展,不断健全人才工作体制机制,完善人才发展政策环境,引导人才向基层一线流动,充分发挥各类人才作用,取得了显著成效。截至目前,渭南市共有各类人才53.59万人。其中,企业经营管理人才10.01万人,约占人才总量的18.68%;专业技术人才11.30万人,约占人才总量的21.09%;农村实用人才7.09万人,约占人才总量的13.23%;技能人才23.42万人,约占人才总量的43.7%；其他人才1.8万人，约占人才总量的3.36%。人才队伍中高层次人才约为6500人，占人才总量的1.2%。其中，享受国务院政府特殊津贴人员26人，省有突出贡献专家13人，市有突出贡献专家213人，市级优秀人才41人，陕西东大门建设智库专家44人，省、市专家工作站高层次人才共159人，中、省博士服务团挂职博士5人。人才工作的主要指标排在全省前列，为全面建设陕西东大门提供了强有力的人才保障和智力支持。

（一）人才发展体系得到不断完善。近年来，按照中省人才工作会议精神，渭南市调整充实了市委人才工作协调领导小组，成立了以市委书记为组长，市长、组织部长和分管副市长为副组长，27个市直部门负责人为成员的市委人才工作协调领导小组，进一步理顺完善了人才工作领导体制，充实和加强了人才工作力量。制定印发了《渭南市中长期人才发展规划（2010—2020年）》《关于加强高层次人才队伍建设的实施办法（试行）》等规范性制度文件，出台了《渭南市三个“百人计划”实施意见》，提出通过5年时间，着力打造培养造就百名以上德才出众、堪当重任的党政人才，百名以上学术前沿、带动创新的科技人才，百名以上战略思维、引领发展的企业人才。针对农村人才工作滞后的实际，组织人社、农业、卫生、住建等部门，对农村实用人才情况进行调研，着手制定我市农村实用人才评定标准，积极探索符合渭南实际的农村实用人才体系建设，促进渭南农村实用人才发展。面对新时期人才工作的新任务、新要求，渭南先行先试把蒲城作为人才发展改革试验区，探索建立“多元培养、柔性引进、科学评价、有效激励、合理使用”的人才工作体制机制。

（二）高层次人才队伍建设不断强化。制定印发了《关于加强高层次人才队伍建设的实施办法（试行）》，从引进、培养、优化环境、组织领导等方面提出了具体的政策措施。出台了《陕西东大门建设智库专家服务管理办法》，聘请徐德龙等44位院士专家担任陕西东大门建设院智库专家。建立中联重科土方机械、利君—渭职院中医药、临渭区葡萄产业化、渭南市蔬菜高效绿色栽培9个省市级专家工作站，柔性引进各类院士专家159位。加大急需紧缺人才招引力度，2011年以来共为市直事业单位引进博、硕士人才502名。先后引进中、省博士服务团成员11位。组织中联重科申报设立第二批“三秦学者岗位”，面向国内外招聘岗位学者。实施高层次人才素质提升计划，选派16名高层次人才赴清华大学等高校院所深造培养。开展市直事业单位高级专业技术职务任职资格补助工作，共对符合条件的15名市直事业单位专业技术人才发放了补助。开展首批渭南市首席行业（学科）专家评定工作，经过个人申请、单位推荐、部门审核、专家评审、考察公示等环节，李军农等9人被评定为首批渭南市首席行业（学科）专家。这些措施极大地激发了获评专家干事创业的积极性和创造性。

（三）人才作用发挥机制初步建立。积极发挥陕西东大门建设智库专家作用，制定印发了《关于做好邀请陕西东大门建设智库专家来渭南活动工作的通知》，组织专家联系单位邀请智库专家来渭南活动。目前，已有高远洋、刘兴莲、李胜利等30多位院士专家来我市分别就国家民机科研试飞基地项目、渭南市现代渔业发展园区建设、合阳县奶业发展等问题开展咨询论证和技术攻关等活动。充分发挥省市级专家站和农业专家服务团作用，进一步扩大农业专家服务示范区域，通过开展讲座、培训班、下乡指导等方式,为基层送知识和技术。

(四)人才服务保障持续完善。实施市级领导联系高层次人才制度,召开不同层次的人才工作座谈会,听取人才对我市经济社会发展及人才工作的意见和建议。在中央财经大学、西北大学、渭南职业技术学院等高校建立了渭南市骨干人才培训基地,加强人才的日常培训工作。做好中省博士服务团5名成员来渭挂职工作,全力搞好服务保障,创造优良发展环境,使其专心干事创业。组织开展市管拔尖人才学习体检,关注人才自身健康。举办园区人才工作业务培训班,对园区人才工作联席会议制度进行学习研讨,提升了渭南人才工作者队伍业务素质和人才管理服务工作水平。

(五)人才发展社会氛围基本形成。制定印发了《关于做好全市人才宣传工作的通知》,采取多种途径,大力宣传中、省、市人才工作的重大战略思想和方针政策,优秀人才的先进事迹等,并积极给予优秀人才以物质和精神奖励。经过多年来的努力,渭南尊重知识、尊重人才、尊重劳动、尊重创造的社会氛围已基本形成。调查问卷中,对渭南人才发展环境总体评价情况,认为较好以上的占到71%。

二、存在的主要问题

近年来,虽然渭南在人才工作方面取得了一定成绩,但通过调研也发现了一些实际问题,主要表现在以下几个方面:

(一)基层人才缺乏的现象较为突出。特别是高层次人才和专业技术性人才十分缺乏已成为基层存在的普遍性问题。以蒲城为例,蒲城县共有人才42161人,大专以上人才仅有6606人,每万人拥有大专以上人才仅为82人,农业方面人才、社会工作人才和非公有制企业人才均不能满足产业结构调整和经济可持续发展的需要。高学历、高职称的人才比例少,各类人才队伍中,具备研究生学历的只有257名,占人才总量的0.6%,而且大部分分布在党政机关和事业单位中。企业经营管理人才队伍中,大学专科以下学历人数6540人,占企业人才总量的98.8%,大学本科以上学历人数不到2%;从职称结构看,蒲城具有高级职称的人才仅为954人,占专业技术人才总数的9.6%。

(二)人才"引不来、留不住"的问题依然存在。在基层专业技术性较强的教育、卫生、水利、农业等单位,人才"引不来、留不住"的现象尤为突出,已成为影响基层发展的掣肘。调查问卷中认为要提高工作待遇水平的达到41.2%;搭建良好工作平台的占39.2%;拥有良好的发展机会占22.8%;其他的占15.3%。以潼关县为例,该县农业局10年内新进农业相关专业大中专学生仅为5人,其中大学1人,中专4人。该县教育局近几年人才引进几乎没有,公办幼儿园教师几乎都是从小学老师中抽调,没有一名幼教专业教师。调研中还发现,基层事业单位中,具有本科以上学历或中高级职称、年富力强的专业技术人才流失严重,从而使本已薄弱的专业技术人员队伍更加雪上加霜。据潼关县卫生局反映,2010年以来,该县先后为县人民医院招聘专业人才16人,但由于待遇方面问题(主要体现在:相比其他地市待遇偏低,对新招聘人员绩效工资不能足额发放,"三金一险"等社会福利没有落实到位),有5名人才已另行择业。

(三)人才社会分层固化现象较为明显。在人才流动机制上,调查问卷中认为身份限制的占24.6%;认为体制限制的占23%;身份、体制已成为影响人才流动的主要因素,具体表现为:一是身份的分层固化。官员、老板、教授、农民工阶层相对固定,带来了身份的障碍,待遇的不公、就业的歧视等问题,出现社会上层和社会底层的区别。调研中部分人才反映,自己作为专业技术人才,干了几十年的技术岗位,如今想调整到其他岗位,更好的发展,但未能如愿,这种身份壁垒阻碍了人才的综合发展。二是人才流向相对固化。以白水县为例,近几年该县教育系统的骨干教师,稍有名气的教学能手,或被渭南或者西安的知名学校挖走,或自己离职走向好的地方,造成全县师资严重紧张,教学质量不断下滑。三是单位内部流动固化。个别基层单位存在在编人员年龄偏大、文化程度较低、有的常年病休等现象,已经不能胜任本职工作,但却占有编制,现行体制下无空编单位则无法引进人才,从而形成了单位人才"出不去、进不来"流动固化的现象。

(四)个别人才存在"庸、懒、散"的现象。在人才激励保障机制上,调查问卷中认为科研激励机制不健全和政府支持力度不够的占 36.4%,激励保障机制不完善客观上制约了人才作用的发挥,长期积累促使个别人才在主观上产生了惰性思想,具体表现为:一是"庸"。个别人才兢兢业业干事但却几年不出成果,作用发挥不明显。二是"懒"。个别人才不重视学习,自身知识已不能满足工作要求,怕吃苦受累,深入田间地头、生产一线指导的时间少。三是"散"。个别人才享受着政府津贴,占有着单位编制,却我行我素不服从管理,甚至在外从事其他事情。

(五)人才的培养体系尚不完善。在人才培养机制上,调查问卷中认为政府或用人单位应该加强人才培养占 39.1%;认为政府或用人单位应该进行科研资助的占 27.8%;认为应该经常组织参加高层次学术研讨会的占 20.9%。其他的原因占 12.2%。从数据上看,人才对加强培养愿望是很迫切的,但实际走访中,我们了解到基层对人才的培养主要依托上级培训计划,自主开展人才培养仅仅为短期培训班、讲座等,尚未完全建立系统化的人才培训体系,而且在人才的培训数量上、培训内容上、培训师资上远远满足不了实际需求。在鼓励现有人才自学等方面,缺乏有效的激励机制,在人才自学的时间上仅仅为短期保障,或以工作代替学习,在一定程度上影响了人才的进步。

三、问题产生的原因分析

针对发现的问题,调研组进行了认真分析,既有客观制约因素,也有主观方面的原因,主要表现在以下几个方面:

(一)人才引进机制还不够灵活。具体表现为:一是思想观念不够开放。个别地方和单位对于人才引进仅仅依靠上级政策与扶持,没有充分发挥主观能动性,创造性地开展人才引进工作。二是引才方式比较单一。基层人才的来源主要是行政渠道的公务员、事业单位招录、西部振兴计划及大学生村官等,渠道窄加之受编制及名额限制,招录的数量远远不能满足实际需要。三是基层引才自主权较小。基层用人单位一般无自主招录权,不能招录所需人才。在招录时间上,大多数招录每年一次,与用人单位用人的时效性矛盾。

(二)人才流动机制还不够顺畅。一是体制壁垒对人才流动形成阻碍。社会的阶层、身份相对固化,行业之间的人员正常流动难以实现。二是经济差异导致人才的流动固化。流动缺少政府有力的宏观引导,导致了人才的非需求流动、低效化流动,人才向经济发达地区、大城市流动的多,向基层、向艰苦地区和岗位流动的少,在基层一线创业的少之又少。出现了大城市人才集聚固化,小地方人才稀缺,基层专业技术人才极缺。三是行业差异明显导致岗位固化。

人才集中在央企、国企、政府部门等，无论单位的工作岗位与所学专业是否相符，都不愿失去既得利益，死抱“铁饭碗”，出现了很多人岗不符、未尽其才的现象。

（三）人才培养机制还不科学。近年来，人才资源培养开发力度不断加大，但机制不够完善，成效不够显著。一是人才培训覆盖不全面。组织公务员和领导干部培训多，组织农村实用人才和企业技能人才培训少。二是人才培养开发动力不足。一部分行政事业单位，尤其是民营企业，对人才培训开发重视不够，经费投入不足，对参训人员的学习时间和经费不能给予保证，用人单位培养开发人才资源的主体作用没有得到充分发挥。三是人才培训开发效益不高。现在，包括党校、职业技术学校和民办的各类职业技术培训学校多，组织人事部门的调训和上级业务主管部门组织的业务培训并存，但管理不规范，存在着培训机构师资水平不高、培训科目设置不科学、培训手段不新、重复培训、培训实效性不强等问题。

（四）人才激励机制还不完善。在人才的激励方面受经济条件的限制，物质激励相比于其他地区经济激励偏少，而且形式单一，以货币激励为主；精神激励不足、对人才价值仅为每年评审一次，平时的精神鼓励较少。情感激励缺失，在上下级之间建立融洽和谐关系，增强亲和力方面有待提高，在促进下级之间关系的协调与融合方面做得不够。没有很好地营造健康、愉悦的团体氛围和工作环境，导致人才有时对单位的归属感不强烈。

（五）人才保障机制还不健全。首先，由于财政收入有限，财政收入主要用于保干部工资、保正常运转、保刚性支出项目，对发展人才事业缺乏财力保障。其次，人才工作部门较多，相关资金分散在各个部门，缺乏项目资金整合，资金使用效益不高。其三，一部分企事业单位对人才重要性认识不够，缺乏自主开发人才资源的强烈意识，对人才队伍建设舍不得投入，难以满足人才队伍建设的客观需要。其四，人才柔性政策覆盖率低。人才培养培训、选拔使用、评价激励以及养老、失业、工伤、医疗等待遇保障政策只是针对机关事业单位而言，而非公有制企业人才、“两新”经济合作组织人才、农村人才等普遍缺乏保障。

四、急需完善的体制机制

针对人才工作面临的问题，从深层次分析，根源是制度机制不健全完善，执行不顺畅到位造成的，今后要在完善制度，创新机制上多下功夫，提升人才工作水平。

（一）完善党管人才的领导体制。坚持党管人才原则，创新党管人才方式方法，健全各级党委人才工作领导机构，建立协调统一、运转高效的人才工作运行机制，不断提高党管人才工作水平。县（市、区）委要完善调整人才工作专门机构，市、县编制部门要在人才工作机构的审批上予以支持。积极建立党委、政府人才工作目标责任制和党委常委会听取人才工作专项报告制度，将人才工作专项考核纳入各级领导班子综合考核指标体系。充分发挥政府人力资源管理部门作用，强化各职能部门人才工作职责，发挥市场配置人才资源的基础性作用，推动政府人才管理职能向创造良好环境、提供优质公共服务转变，运行机制和管理方式规范有序、高效便捷。

（二）建立灵活性的人才引进机制。打破体制壁垒和身份障碍，建立唯才是举，择天下英才而用之的体制机制。以引进高层次专业技术人才为重点，按照“不求所有、但求所用、来去自由”的方针，重点引进急需的高新技术、企业管理和市场营销、金融、贸易、城市管理等方面的高层次人才和紧缺人才。采取核心人才带动引进、高新技术项目开发引进等方式，提高引进高层次人才工作的针对性和实效性。制定高层次人才的创业政策，使他们以多种形式为渭南的经济建设服务。打破户籍、地域、身份、人事关系等刚性制约，通过智力引进、人才创业、人才派遣等多种形式，实现高层次人才的柔性引进。

（三）建立顺畅性的人才流动机制。充分发挥市场机制对人力资源的配置作用，探索构建“能进能出、能上能下、非胜即走、优胜劣汰”动态竞争型的人才流动体制机制。健全人才向基层流动、向艰苦地区和岗位流动、在一线创业的激励机制，在待遇、职称、选拔任用等方面向县、镇和艰苦岗位人才倾斜，切实解决人才在工作、学习、生活等方面的实际困难，促进人才向基层一线地区聚集。打破在体制范围内寻找发现人才局限，使人才体制从组织内部管理型向社会开放型的人才集聚体制转变。

（四）建立系统性的人才培养机制。坚持实践锻炼、岗位培养作为人才培养的主要方式，通过轮岗交流、挂职锻炼、建立师承制度等多种形式，加强对各类人才的培养；积极开展大规模的干部教育培训，改进培训方法、拓宽培训渠道、完善落实培训制度、确保培训时间，着力提高党政干部的学习能力、职业素质和履职能力；完善青年党政后备人才、青年优秀专业技术骨干和青年优秀经营管理人才的选拔培养制度，加速优秀青年人才的成长。

（五）建立科学性的人才评价机制。规范职位分类与职业标准，建立以能力和业绩为导向的人才考核评价标准；完善人才评价手段，积极引进并推广国内外先进的人才测评技术，增强考核评价工作的社会化、规范化和科学化；加快制定党政人才的岗位职责规范，按照群众公认、注重实绩的原则，采用向服务对象征询意见等方式，探索建立党政人才社会公众考核制度；企业经营管理人才的评价以市场和出资人认可为标准，建立企业经营管理人才业绩档案和信用评价管理系统，突出业绩和综合素质的考核评价。专业技术人才的评价以业内和学术认可为标准，打破区域、部门、行业、身份、学历、资历的限制，建立以知识、能力、业绩为取向的评价标准和评价制度。

（六）建立综合性的人才激励保障机制。坚持物质奖励、精神奖励、成就奖励相结合的原则，认真落实中、省有关奖励政策，制定不同类型优秀人才奖励评定办法，设立优秀人才奖励基金，形成规范的人才奖励机制，逐步建立起协调、多元的人才奖励体系。设立高层次人才创业的专项基金，鼓励用人单位和社会各界在工作上、生活上为高层次专业技术人才提供保障，激发他们的贡献热情和创造精神，充分发挥他们在人才队伍中的示范带头作用。落实人才保障措施，引导用人单位建立补充社会保险，提高人才社会保障待遇水平，减少人才的后顾之忧。落实各项人才保护政策制度，加大对人才在科技研发、项目承包、技术服务、创业、兼职、流动等活动中合法权益的司法保护力度。

（市委组织部　樊涓涓）

不怕波涛前路远
乘风改革正扬帆

——渭南市简政放权工作纪实

一、主要做法

（一）分步推进，“简”“放”协调有序。

渭南克难攻坚，勇于突破，从 2012 年开始，先后进行了 3 轮 5 次简政放权工作，目前，已累计下放、取消、转移经济社会管理权限和职能 1079 项,其中下放 885 项,取消 145 项,向社会中介组织转移职能 49 项。市级取消、下放事项达到总数的 34%,全省率先晒出政府“权力清单”和“审批流程”。总体工作分为三个阶段进行:

第一轮启动阶段。从 2012 年 5 月至 8 月。向基层下放经济社会管理权限 587 项,取消行政审批事项 101 项,下放行政审批事项 73 项。

第二轮深化阶段。从 2013 年 2 月至 7 月。下放经济社会管理权限 127 项;向社会中介组织转移政府服务职能 49 项。

第三轮完善阶段。从 2013 年 7 月至今。全面审核市级 47 个部门的行政审批事项,下放行政审批 98 项,取消行政审批 44 项。将保留的 291 项审批事项以“权力清单”的形式向社会公布,规范“审批流程”,逐事项制作、公布办理规程,接受社会监督。

(二)四项措施,确保改革顺利推进。

1. 重视组织领导,责任分工明确。一是统一思想认识。市委、市政府从部署安排之初就把简政放权作为全市的一项中心工作来抓,要求各部门必须把简政放权作为促进经济发展、提升市场活力、转变政府职能的重要举措,上下思想统一,有力推进工作。二是加强组织领导。先后成立了由市级领导任组长,各职能部门主要领导为成员的简政放权工作领导小组和转移职能工作领导小组,研究部署整体工作,协调解决重大问题,监督落实进展情况,保障工作顺利进行。三是夯实工作责任。明确工作分工,市法制办牵头负责行政审批制度改革、经济社会管理权限下放工作。市编办牵头负责政府转移职能工作,承担发展目标确定,总体方案制定以及转移目录拟定和发布。各参与部门在领导小组的统一部署下,积极主动开展工作。四是实现市、县联动。市政府制定出台全市简政放权工作方案,部署全市工作。各县市区及时成立了简政放权工作领导机构,编印工作方案,承接下放事项,规范保留事项,推进职能转移,加强与市级相关部门的沟通,市县协力推进简政放权工作。

2. 调查研究深入全面,出台政策稳妥适时。一是注重学习,做好理论准备。学习十八大、十八届三中全会精神和中、省相关文件精神,找准工作重心和方向,明晰工作目标和任务。在权限和事项的取消、下放上,以保量为基础,以保质为要求,突出经济发展、城乡建设、就业社保、社会管理等重点领域的简放力度。探索社会管理和公务服务方式,促进公共服务向提供主体多元化和提供方式多样化的方向发展。二是调查研究,摸清实际情况。先后开展了行政审批事项摸底调研和公共服务体系、社会中介组织情况等系列调研工作。全面掌握我市行政审批事项总量与分布,深入了解经济领域投资、资质资格认定、生产经营活动、便民利民服务等方面的审批数量、内容以及运行情况。摸清全市公共服务现状,了解社会中介组织的发展情况,为提出切实可行的转移职能方案做好前期准备。三是出台政策,明确工作方向。市委、市政府先后出台了《渭南市进一步推进简政放权工作方案》《关于进一步做好县市政府简政放权转变政府职能工作的通知》《关于下放经济社会管理权限的实施意见》,建立清理审批事项、规范审批行为、简化审批流程、提高审批效率、健全审批监管的长效工作机制。强调“四个统一”,即统一标准、统一期限、统一条件、统一名称的总体工作要求。确定“依法合规、强化服务、权责一致、提高效能”的工作原则,尽量赋予县级政府、开发区和部分重点镇经济社会管理权限的工作思路。

3. 落实政策精确到位，公开透明确保实效。严格落实中、省简放工作政策，按要求完成好“规定动作”，确保工作实效。一是贯彻政策，确保中、省取消、下放事项落实到位。对于中、省明令取消的审批事项，坚决落实，不搞变通，并将此作为监督检查重点。对中、省下放事项，按照下放层次，分别做好市级承接工作和指导县级单位承接的工作。二是严格审核，确保保留事项的必要性。设计行政权能申报表、审核表、反馈表、确认表，抽调专门人员集中办公。按照申报—审核—反馈—确认的“四步审核法”，对市级审批事项逐项逐条审核，确保了审核依据的有效性、规范性和事项保留的必要性。三是阳光透明，积极推行权力清单制度。将市级保留的291项审批事项以“权力清单”的形式向社会公布，严禁部门超出“权力清单”范围行使职权。让权力运行在阳光下，接受社会的监督。四是优化流程，不断提高行政效率。按照统一要求，制作并公布了全部审批事项的办理流程。对办理地址、条件、期限、联系人、责任人及不服审批结果的救济渠道和监督机关都进行了明确表述。特别是在确定办理期限时，对法律没有明确办理时限的，统一要求在3个工作日以内予以办结。方便群众办事的同时，保障行政效率的不断提高。

4. 多措并举先行先试，由点到面深入推进。按照省上赋予渭南“先行先试、改革创新”重要决定，市委、市政府结合本地实际，采取多种措施，不断推进简政放权工作的深入。一是强化服务，积极确定下放事项。从服务基层出发，最大限度赋予县市区和重点镇更多、更灵活的经济社会管理权限。凡是法律法规没有明确规定由市级审批的，全部向县级进行下放。特别是加大经济、土地、城建、卫生、社保等重点领域的下放力度，有力调动县级政府的积极性，较大程度地释放了发展潜能。二是引导规范，积极做好承接工作。针对下放权力内容，加强对基层的培训指导，增强基层承接能力。三是强化监管，确保权力规范运行。各级纪检监察部门、法制部门，按照公布的权力清单、办理流程，严格监督权力运行，促进部门依法行政。四是注重宣传，提高群众的知晓度。在《渭南日报》、政府网站及时报道全市简政放权工作情况，介绍政策措施，公布简放目录和办理流程，方便社会监督。

（三）制度创新，推进政府向外放权。

1. 调研提出改革方向目标。政府向社会中介组织转移职能，是理顺政府与市场、社会关系的有效探索和实践。通过对国际上著名的“新公共管理”（NPM）理论深入学习，借鉴广东、深圳等地市做法，在调研的基础上出台《关于发展壮大我市社会中介组织积极承接政府转移职能的意见》，确定渭南市转移职能工作的总体目标：到2015年，建立起功能明确、治理完善、运行高效、监管有力的社会中介组织管理体制和运行机制，更好地发挥社会中介组织在社会公共事务管理和提供公共服务中的作用，达到每万人有5个社会中介组织，政府转移事项改革的运作模式基本形成。通过建立两个“倒逼”机制，形成政府下放职能“倒逼”社会中介组织发展，通过发展壮大社会中介组织“倒逼”为经济社会发展服务的良好机制，实现转移职能工作整体推进。

2. 研究确定转移职能目录。一方面摸清各部门转移职能的意向，重点梳理政府的行业管理与协调职能、社会事务管理与服务职能、非基础性教育与医疗服务职能、技术服务与市场监管职能，深入部门了解职能履行情况以及可转移事项，并与部门反复讨论确定。另一方面摸清社会组织发展现状，走访全市数十家社会组织，了解当前业务开展情况以及存在的问题。最终研究确定《渭南市第一批政府向社会中介组织转移职能目录》,将市级19个部门共49项职能向社会中介组织转移,其中服务民生事项占到70%。第二批目录将市级20个部门共92项职能向社会中介组织转移,其中服务民生事项占到85%。目前,市级共转移政府职能141项。

3.制定职能转移工作方案。为了明确政府转移职能工作程序,扎实做好组织实施工作,坚持"顶层设计、源头管理、先行先试、稳步实施"的工作思路,制定下发《渭南市政府向社会中介组织转移职能工作方案》,重点创新制度设计,突出监督管理和绩效评估内容,对转移职能工作的承接主体、职能分类、工作程序、具体步骤等十方面内容进行明确。坚持一手抓转移职能工作有序推进,一手抓社会中介组织培育发展,先后出台了《渭南市社会组织发展规范实施方案》《确定具备承接政府职能转移资质的社会组织目录办法》《政府向社会中介组织购买服务程序》等配套文件和政策,确保相关职能和工作事项能"转得出、接得稳、管得住"。

(四)配套改革,助力实现工作目标。

1.开展社会组织登记制度改革。创新制度建设,制定出台《渭南市社会组织发展规范实施方案》,通过改革社会组织登记办法,降低登记门槛,放宽准入限制,对行业协会商会类、科技类、公益慈善类、城乡社区服务类社会组织实行直接登记,2013年下半年登记制度改革实施后,当年就直接办理登记的社会组织6家、民办非企业2家。放宽登记管理限制,探索"一业多会"机制,扩大异地商会登记范围,县级同一籍贯自然人或法人在渭南市投资兴办的企业可以向登记管理机关申请成立登记异地商会。政府以提供资金、场地、项目策划、学术交流和社会组织孵化实验基地建设等多种形式,对社会组织予以能力建设、资源和智力支持,培育社会组织发展,引导社会组织提供公益服务。

2.推进工商登记制度改革。全省率先实施改革,制定《关于工商登记制度改革的若干意见》,通过实行"先照后证"、认缴登记制度、取消企业名称限制、放宽经营场所登记限制、取消注册资本限制、简化工商登记事项、实行年度报告制、简化行政审批、推进"信用渭南"建设等多项举措,放低准入门槛,激发民间投资创业热情,为渭南经济发展注入了新的活力。

3.稳步推行政府购买服务。在实现政府转移事项采取项目购买的同时,制定《渭南市市级各类培训服务推行政府采购实施方案》,改进和加强各类培训服务管理,将党政机关、事业单位使用财政性资金的各类培训业务统一纳入政府集中采购范围,通过引入评价机制,强化监管手段,降低培训成本,提高培训效果。

4.加快政府机构改革和事业单位分类改革。结合简政放权和新一轮机构改革的要求,积极转变政府职能,准确界定各级政府职责,根据部门审批权限减放,加强部门监管职责,优化政府机构设置。在机构编制日常管理上,按照"保障重点、加强基层"的原则,将编制和人员向基层倾斜,充实基层力量。深化事业单位清理规范,开展第二轮清理工作,实现政府职能转移和清理规范统筹推进。创新事业单位用人机制,采取"定岗不定人"的办法,通过政府购买服务,提高用人机制的灵活性和工作效率,提升公共服务总量和水平。

二、工作成效

(一)市场活力不断激发。

通过下放经济社会管理权限、转移政府职能、推行工商制度改革等一系列措施,为全市的经济社会发展注入了强劲的推动力。以工商登记为例,实行先照后证、放宽经营场所登记限制、取消注册资本限制、简化登记流程等措施后,大幅缩短了办照时间、节约了办事成本,激发了市场主体的活力。上半年,全市共新增市场主体 14594 户,较去年同期增长 25%,特别是各类公司新增 2829 户,较上年同期增长 112%。

(二)服务举措惠民便民。

在简政放权工作开展前,许多县区的群众办事需要到市上来办理,由于路途遥远,加之审批时限较长,给群众额外附加了交通、食宿等费用。通过审批事项的下放、办事流程的简化,大幅节约了群众的办事成本。以车辆牌照办理为例,2013 年市级将此项权力下放各县市区车管所,群众在当地购车后直接在家门口就能办完所有的车辆手续,仅此一项每年就可为全市群众节省费用 2000 多万元,既实现了车辆上户的有效分流,又方便群众减少了开支,深受大家欢迎。各县市区主动完善便民服务机构管理,澄城、潼关、临渭等县区政务(办证服务)大厅服务事项齐全、运作规范;大荔县建立了"县大厅、镇中心和村代办"三级贯通、无缝对接的便民服务新机制,县、镇、村便民服务中心高效运转,解决了服务群众"最后一公里"问题。

(三)行政成本有效降低。

通过职能的转移,不仅将政府从具体事务性工作中解放出来,能够集中力量做好宏观管理和决策,更有效地提高了社会中介组织参与社会事务管理的热情和能力,分担了政府社会管理的压力,节约了行政运行的成本。转移职能前,市政管理部门每年花 25 万元专项经费治理不了的城市野广告,通过招标以 13 万元转包给家政公司,专业的清理队伍和严格的考核机制,让野广告在渭南街头几乎绝迹。

(四)社会力量热情参与

政府通过购买、外包等方式向中介组织转移职能并加大扶持力度后,社会组织"运作资金难、培训学习难、扩大宣传难"的问题得到解决,社会组织参与社会管理和公共服务的作用凸显,形成了现有社会组织积极承接政府职能,准备筹备成立新的社会组织积极投入经济社会发展的良好氛围。

(渭南市机构编制委员会办公室 赵强 陈岩)

关于我市工业经济转型升级情况的调研报告

为促进我市工业经济转型升级,12 月 24 日,市政协以食品工业、装备制造业、新兴产业发展为重点,就全市工业经济转型升级进行了专题调研。委员们先后深入到陕富面业、西部重装、3D 打印基地,实际察看了企业运行情况,和相关专家学者、企业界代表、政府部门负责人进行了座谈讨论,对我市工业经济发展情况给予了充分肯定,指出了存在问题,并就加快我市工业经济转型升级提出了一些意见和建议。现就调研情况报告如下:

现状和问题

委员们认为,近年来,我市始终坚持"工业强市"战略,主动适应经济发展新常态,以加快转型升级为重点,积极培育和发展支柱产业和特色产业,初步形成了以有色冶金、能源化工、食品建材、装备制造等为主导的产业体系,工业经济取得了突飞猛进的发展。预计到 2014 年底,全市规模以上工业总产值达 1860 亿元,涌现出了 185 户产值过亿元的龙头企业,其中,韩城、华县5个县(市、区)规模以上工业总产值突破100亿大关,龙钢集团、金钼公司两家产值超过100亿元的龙头企业。但是还应看到,我市工业经济仍然存在较多问题,主要表现在3个方面:一是产业规模小,工业总量仅占全省的8.79%,在全省处于中下位置,六大主导产业中,除有色冶金外,其余行业占全省同行业比重均低于10%;二是工业效益低,全市规模以上工业税收总额与企业利润仅占主营业务收入的3.85%、4.08%,亏损企业占到企业总数的24.5%,占到全省亏损企业总数的18.89%;三是结构不合理,有色冶金、能源化工占比过重,占到全市工业总产值的77.8%,高新产业发展方向和定位不明晰,结构调整的任务十分艰巨。

几点建议

一、加大推进产业结构转型升级的力度。一是成立工业转型升级发展领导小组,建立多部门共同参加的协调工作机构,协调和指导产业转型升级发展。二是准确研判和把握全市经济新常态主要特征,结合"十三五"工业经济发展规划编制工作,抓紧制定工业产业结构转型升级实施意见,增强产业优化升级的指导性和可操作性。规划编制要做好纵向与横向的衔接配套,促进行业相互支撑,融合发展。

二、把发展食品工业作为我市的重大战略产业进行谋划。我市是传统的农业大市,农业人口多,农业资源丰富,土地、产品、技术、总量、品质在全省和整个黄河金三角区域具有明显优势。经过近年来全市上下的共同努力,我市食品工业有了较大发展,已占到全市工业总量的10%以上,培育出了14个中省级品牌,我市在全国率先建立了相对完善的食品安全监管体系,这些都为发展食品工业提供了有利条件。以食品工业带动现代农业发展也是国家政策扶持的重点,因此,把食品工业作为我市的重大战略产业来谋划,促进食品工业与现代农业发展同步统筹、对接配套,既有利于形成我市的工业特色,又有利于促进现代农业发展和农民增收。

三、将创新驱动作为转型升级重要抓手。突出企业创新主体地位,支持大中型企业建立技术研发机构、产业技术研究平台、科技创新投资基金。支持重点行业、骨干企业与高校院所加强合作,政府搭建平台,组建一批产学研协同创新联盟,整合人才、技术、资金等创新要素向企业集聚,建立创新驱动的发展模式,使企业从根本上承担起技术创新的主体责任,提升企业发展的内生动力。

四、完善人才引进、培养和使用机制。一是强化市县工业部门人才队伍。通过开展全市遴选、人才引进等方式,充实工业部门管理力量;要充分考虑工业工作专业性较强的因素,建立健全后备干部选拔培养机制,着力在全市培养和建设一支专业化管理干部队伍。二是设立市县两级工信研究服务事业机构,成立工业技术研究院(中心),加强工业发展的技术研发支撑。三是支持企业加大高端人才引进和培养力度,完善激励创新和创业的制度和机制,出台切实可行的配套措施,如良好的居住、生活环境,科研经费配套等,支持企业对高级管理人才实行灵活的激励奖励形式,实行引进人才柔性服务,认真解决人才创业、生活的后顾之忧。

五、进一步加大市级财政对工业的投入力度。据了解,省内兄弟城市中,西安市、宝鸡市、咸阳市用于工业的财政列支资金分别为每年5亿元、1.18亿元和1.20亿元,我市财政资金每年用于工业稳增长只有2000万元,明显单薄。建议能够进一步加大工业投入,主要用于支持产业转型重大专项、传统产业提升改造等领域,促进工业持续稳定发展。

六、进一步营造企业发展的良好环境。一是切实把“工业强市”战略贯彻落实到实际工作之中,加强舆论引导,引导社会各界牢固树立“企业家功高、纳税人至上”的观念,在全社会形成“尊重企业家、支持企业家、服务企业家”的氛围,提振企业发展信心。二是牢固树立保护企业就是保护生产力、保护企业家就是促进发展的意识。深化简政放权工作,加强发改、国土、环保、财政等部门的协调,努力在规范审批行为、提高审批时效上求突破,在促进企业融资、项目基础配套等方面创新形式,积极服务,跟踪落实,以更优的环境推动企业健康发展。

(市政协综合处)

固本强基的“金城”实践

——来自潼关县的调查

近年来,潼关县委运用统筹、开放的党建思路,打破城乡、地域的体制壁垒,坚持重心向基层倾斜、资源向一线配置、干部向一线流动,逐步形成了“上下贯通、左右联动,条块结合、融合发展”、县镇村“三级联动”的党建一体化大格局,有效打通了服务群众的“最后一公里”,提高了党建工作与城乡经济发展的吻合度和紧密度,全县“好”类村和“较好”类村达到64.1%,“较差”类村下降到6.4%。全县人心思进、和谐稳定,农民人均纯收入连续三年增长均在20%以上,实现农村有线电视、校车免费和县城公交车免费,有力提升了发展质量和群众的幸福指数。

重心到基层。抓基层打基础,不是一般的工作问题,而是政治责任问题,是衡量一级党委和党委书记能否履职尽责的态度问题。对此,潼关县委有清醒、统一的认识,把抓基层打基础摆上重要议事日程,定期研究部署、加强统筹谋划,搞好顶层设计、探索有效路径,使抓基层打基础的思想更加牢固,履行主体责任的行动更加自觉,加强基层的措施更加有力。领导力量到基层。建立了党建工作联席会制度,形成了县委牵头抓,各党(工)委分头抓,县委组织部、县委宣传部、纪委监察局等部门联合抓的大党建工作格局。县委常委会每季度研究一次党建工作,每半年听取一次党建工作领导小组成员单位履行党建责任情况,年终听取各党(工)委抓党建工作情况。县委书记每年向全委会、党(工)委书记向县委常委会、基层党支部书记向上级党委进行一次专题党建工作述职,接受评议,今年先后听取了17名党(工)委书记党建工作履职情况汇报。建立县级领导和部门包抓基层党组织制度,33名县级领导每人包联一个部门、一个镇、一个党建示范村、一个社区、一个“两新”组织,每月到联系点指导基层党建工作不少于3天;115个县级部门单位分别包联一个村(社区),将工作力量真正沉到基层。机制保障到基层。成立农业、林业、文化、卫生、司法等专家服务队,60余名专家通过上门授课、远程视频开展服务,实现了从“上门请”到“主动帮”。县财政每年列支2000万元,实行“资金捆绑、项目直接到村”扶持新农村建设,实施了一批“免费”的民生工程。每年为大村、小村和社区分别拨付1.2万元、1万元和3万元工作经费,同时为每个村、社区按照5000元标准拨付冬季取暖和夏天降温费,确保村级组织正常运转。激励考核到基层。实行“一定一保五挂钩”绩效补贴,村干部每人每月固定任职补贴500元,每人每年办理1000元养老保险,经考核合格村干部年最高可领取补贴1.5

万元，实现了村干部工作有补贴、奖励有“干货”、退后有“保险”，增强了村干部岗位的吸引力。

工作到支部。坚持向支部用力用劲，选优配强农村基层班子，不断夯实“党的全部工作和战斗力的基础”。包抓帮到支部。每年按照10%～20%的比例倒排一批后进村党组织，紧紧围绕培养“好带头人”、配备“好班子”、建设“好阵地”，建立“组建一套整顿班子、拍摄一部现状片子、建立一套整顿台账、办成一批好事实事、形成一套长效机制”的工作机制，让党政部门包“瘫”村、政法部门包“乱”村、经济部门包“穷”村、涉农部门包“慢”村，选派机关干部进村入户，“一村一策”开展整顿。今年以来，共整顿后进村16个，调整村级班子2个。采取村与村联建、村与社区联建的办法，在地域相邻、产业相近、优势互补的“大村”和“弱村”推行“联村党总支”建设，实现资源共享、支部共建。目前，全县共建立联村党总支6个，涉及村（社区）14个，党员436人，占全县村（社区）总数的15%。阵地建到支部。实行领导包村拉项目、部门包村拿资金、乡镇自筹补债务的办法，近5年来，全县累计投资3000余万元，新改建村级组织活动场所78个，实现了村村有阵地、活动有场所。同时，不断加强村级活动场所的管理，推行干部坐班制、说事日等措施，真正让活动场所不“空置”。干部派到支部。选派一批优秀后备干部到村党支部担任第一书记，建立党建指导员制度，全县党政机关3238名党员每3个月一轮，轮流到村、社区、“两新”组织担任党建指导员，与基层干部一起每天驻村坐班开展工作。

服务到群众。坚持优化流程，缩短距离，确保服务效能最大化，真正让群众感受到方便和实惠。点上服务“一对一”。推行“三个一”联系服务群众工作法，全县5000余名党员干部每人联系一户群众，发放一张“连心卡”，群众随时随地可通过电话联系到干部。每名干部人手一本“连心簿”，每月1至5日到群众家中实地走访一次，代办各类服务事项，了解需办事项及意见建议，并由县委组织部负责督促办理，今年以来共收集解决各类问题1878个。推行镇党代表常任制试点，试行镇党代会年会制，探索建立了1个镇级、17个村级党代表工作室。党代表围绕“知党情、听民意、促和谐”这个主题，开展走访调研、征求意见、服务群众工作，做到代表履职“全天候”、监督“全方位”、服务“全领域”。试行一年来，党代表工作室已接受党员群众关于合疗、小额贷款、镇党代会年会精神等方面的咨询39起共72人次，协助镇、村党组织处理矛盾纠纷18起，充分发挥了党代表联系、服务群众的桥梁纽带作用。面上服务全覆盖。建立走村入户问计于民机制，每年春节前后，全县5000余名党员干部深入全县每户群众家中收集意见建议和存在问题，由县纪委负责督促办理。2014年春节期间，共收集意见建议111条，目前已全部办结。线上服务“一条龙”，县、镇、村三级分别建立“人民之家”“百姓之家”和便民服务室，集审批服务事项于一厅，做到“一站式办公、一条龙服务”，实现群众办事“只进一个门”。目前，三级便民服务中心共收纳各类审批事项146个，办结各类服务事项106251个。

成果听民意。坚持工作让群众评判，对服务效果的考核，充分听取服务对象的意见，真正做到评先进、选优秀“群众说了算”。对联系服务群众工作情况采取日常纪实考核和年终实地考察相结合的办法进行。对工作成绩突出的实施表彰奖励，对效果不明显、群众不满意的及时处理，把

“板子”打到具体人身上。每月“巡查”。县委组织部组成暗访组，深入到村组和各基层党组织，面对面巡查服务群众工作开展情况。巡查结束后，下发《巡查整改意见单》逐项“点评”，并提出针对性的整改意见，目前已发放巡查整改意见单43份。季度“例会”。每季度召开一次由党（工）委书记或副书记参加的工作汇报会，对领导班子建设、基层组织建设、党员队伍建设、工作机制建设、主题活动开展、党建工作创新等方面进行全方位“会诊”，“开方抓药”、及时“纠偏”。半年“调查”。结合反馈的民意调查情况，每半年对各镇和县级各部门工作开展一次民意调查活动，调查结果在全县排名。对思想不重视、工作不力的提出批评，限期整改，跟踪问效。年末“总评”。年终考核重点听取所联系帮扶村党组织和群众的意见。凡联系服务群众工作排名靠后的不得评定为年度目标责任制考核优秀单位，领导班子也不得评为优秀班子。对年度考核末位的，单位主要负责人向县委进行专题报告，连续两年考核末位的，对单位主要负责人进行组织调整。目前，已对联系服务群众工作不力的环卫局、水务局等17个单位进行了通报批评。对连续两年考核滞后的1名相关负责人进行了组织调整。通过“阳光考核”，联系服务群众工作找准了结合点、找到了支撑点，有效发挥了服务发展、促进和谐的作用。

潼关县大抓基层、抓实基层、服务基层的探索实践，在解决农村基层组织建设难题上有新的突破，给如何强基固本带来了一些有益启示。

启示一：强基固本必须形成大抓基层的工作导向。潼关的实践证明，县委的工作重心就是最好的导向。大抓基层，固本强基，就是要从各级党委抓起。潼关县委建立的服务基层联席会议制度，明确县级领导和镇、村及基层组织建设领导小组成员单位工作职责，强化定期述职汇报、现场评议打分等措施，完善党组织书记全面抓、分管领导具体抓、基层党组织抓落实机制，改变了过去抓基层更多停留在嘴上、体现在口号中的“尴尬”局面。对基层工作成效的客观评价，要突出“一把手”的责任，切实做到真管真严、敢管敢严。采取专项检查、综合分析等手段对镇、部门进行科学评定，并将结果纳入综合考评之中，有效解决重机关、轻基层，重工作、轻服务的问题，真正实现服务在基层“落地”、成效在一线显现。

启示二：强基固本必须形成加强基层的用人导向。“用好一个干部，树立一面旗帜。”潼关县委明确，新提拔干部必须有一年以上的驻村帮扶工作经历，且考核必须为优秀格次，确保将工作在基层、热爱基层、群众公认、实绩突出的干部用起来。潼关的实践证明，选什么样的人，从哪里选人，怎样选人，是最有效的导向。要把贤才能人派上一线，将精兵强将用到基层。注重从基层、从一线、从艰苦岗位“选育”干部，真正重视、真情关怀、真心爱护基层干部，建立优秀的年轻干部到基层工作的引导激励机制，提升镇干部工作待遇、优化镇村工作环境，形成人人愿到基层、干在基层、成长在基层的良好用人环境。

启示三：强基固本必须形成支持基层的政策导向。注重政策支持，强化机制保障，是最有力的导向。潼关县突出补短板、强核心、提能力，做到钱往基层投、政策往基层倾斜，延伸服务触角，搭建服务平台，增强基层组织的服务保障能力。通过整合资源，组织、人事部门强化人力支持，发改、民政等部门加强硬件建设，财政、扶贫、农业、交通等部门在项目、资金等方面予以保障，集中人力、财力和物力进行重点突破。近三年来，实现了全县新增财力和财政支出的80%以上用于农村基层和民生改善。不断完善民意调查排摸、快速反应和利民惠民服务、党员干部直接联系群众等方面的政策措施,运用拓展好教育实践活动成果,促进服务基层、支持基层工作的长效化、常态化。

启示四:强基固本必须形成关注基层的舆论导向。持续关注基层,强化舆论引导是最鲜明的导向。潼关县注意挖掘群众中鲜活的事、身边典型的人,开展群众身边"能人"、标杆人物、"为民服务先进集体"等评选活动,凝聚发展的正能量,真正让各方了解基层、关注和支持基层,多关注基层的艰难、多理解基层的辛苦,改变了漠视基层甚至抹黑基层的不良倾向。全县涌现出了刘永生、车万喜、王新军等一批优秀共产党员和全国先进基层党组织窑上村、全省先进基层党组织太要镇和3个全市"十佳乡镇党委"、20个全市"百强村"、3名全市优秀镇党委书记。要加强工作成效的宣传公示,及时让群众知道做了什么、正在做什么、如何做的,赢得群众的参与和支持。抓好示范点,推行与村企联建、村村帮建,促进城乡基层党组织的互帮互学,形成抓先进抓示范与抓后进抓整顿并举的浓厚氛围,有效激励"差变好、好变强",形成基层出典型、出干部、出生产力的生动局面。

(市委组织部　党耀升)

渭南市农机专业合作社土地规模经营情况调研报告

一、农机合作社规模经营基本情况

当前,土地流转已经成为"三农"无法回避的热词。据统计,截至2013年底,渭南市全市耕地面积为753.6万亩,其中流转面积达89.6万亩,流转率已经达到了11%。这意味着全市超过1/10的可耕地已流转。"十二五"期间,土地流转速度仍将加快,据预测2015年市内土地流转率将达到20%左右。土地流转提速,意味着未来土地将更加集中,发展适度规模的农业经营新经济体如家庭农场、合作社也迎来快速发展。2014年底,全市在工商管理部门注册登记的农机专业合作社共有111家,近年来,市农机部门积极引导农机台作社通过租用、入股、托管等方式扩大土地流转面积,鼓励合作社开展"一条龙"生产经营服务,延伸产业链,创建合作服务品牌。截至目前,全市共有34家农机合作社开展土地规模经营,共流转土地27785亩,流转土地以耕地为主,流转方式以土地承包和社员带地入社为主,其中合作社承包经营土地14515亩,占流转总面积的52.2%;社员带地入社10675亩,占流转总面积38.4%;其他土地经营2595亩,占流转总面积的9%。在这些合作社中,从总体上实现了合作社与农户、粮食生产安全与农机化事业等多方共赢,成为推动农村经济实现新一轮跨越式发展的亮点。

二、农机专业合作社在社会和农业生产中发挥的作用

1.成为推进农村土地流转规模经营的主导力量。农民成立农机专业合作社的最初是把手中的单一机械整合起来,形成集中的规模化作业以适应现代农业的需求。后来为了获取更大的效益便把自己的耕地交由合作社经营,自己专门从事农机化作业。逐步形成了不仅从事单一的农机服务作业,还实施土地流转经营的多样化合作社。以我市的富平县富秦星农机专业合作社、蒲城高都农机专业合作社、合阳牛乐农

机专业合作社为例，这三家合作社共实施土地流转经营近2万亩。他们不仅仅是我们农机化发展行业的排头兵，也是县域体系内实施土地流转规模经营的先锋军。

2. 逐步成为充分解放农村生产劳动力和农村经济增长的长效动力。农机专业合作社在农机化作业过程中，利用先进的农业机械和规范的作业技术，进一步提高了农业生产效率，节省了农业生产劳动力，同时通过实施土地流转使更多的农村劳动力从繁重的农业劳动中解放出来投入到第二、三产业中去。有的合作社充分吸收剩余的农村劳动力为合作社农业项目产业工人，不仅让自己创收，而且使农民收益，真正做到了双赢。我市的临渭区瑞峰农机专业合作社、大荔明堂农机专业合作社、白水洪文农机专业合作社就是此类型。

3. 作为农机化新技术和新机具的推广使用载体，农机专业合作社的发展在农业生产中起到了农机化作业标准化、规范化、规模化的示范作用。特别是在玉米机收、土地深松、免耕播种、秸秆还田等保护性耕作技术及创新技术推广项目实施过程中，农机专业合作社发挥了相当大的作用。今年，我局依托临渭区宏业农机专业合作社，建设陕西东部新机具试验示范基地，示范推广玉米茎、穗兼收、防缠绕硬茬播种、机械深松和小麦免耕播种等技术。正是农机专业合作社的努力和帮助，给我们农机化工作带来了较高的社会效应。

4. 农机专业合作社装备的更新逐年加快，有效地带动了渭南市农机装备水平，加快了配套机械的协调发展，切实做到节能增效。随着现代农业的发展需求，能耗高、污染重、效率低的落后机型将逐渐被淘汰，具备高科技、高性能的大型拖拉机及大型农机配套机具投入农机生产作业，工作性能增强，单位油耗降低，复式作业率加大，机械作业效率和作业质量明显提高，基本满足了主要作物重点生产环节机械化生产的需要。澄城县的鸿远农机专业合作社组织社员的30余台90马力以上大型拖拉机进行机械化作业，种植药材共创市场，给社员带来可观收益。

三、农机专业合作社进行土地流转的成效

经过调研，我们认为：农机专业合作社进行土地流转规模经营的主要成效概括有以下五点：一是进一步保护了耕地，提高了土地的利用率；二是合作社成为社会化、专业化的农业生产单位，避免了农业机械的重复购置和闲置浪费，提高了机械利用率；三是种子、化肥、农药等生产资料可以统一批量购进，大大降低了农业生产成本；四是合作社可以统一进行连片作业，降低了机械作业成本，提高了机械作业效率；五是有利于农机化新技术、新机具的试验、示范和推广，大大降低了农机化新技术的推广成本。

四、农机专业合作社在当前土地流转中存在的问题

（一）认识不足，重视不够，土地流转不规范。许多农民还没有把土地流转作为整合土地资源、提高土地产出率、转变经营方式、解放农村生产力、发展多种经营、拓宽增收渠道等有效手段和必然途径。有些农民依然存在小富即安的传统观念，不愿离开自己那块有限收入的土地。目前合作社土地流转大多数是私下进行的，未向村组备案或经村组同意，有的只是口头协议，没有书面合同，有的即使有合同，但条款不全，双方的权力和责任不明，承包关系不清晰。由于缺乏政策法规和有效的组织形式致使不规范的流转和承包合同容易引起潜在的纠纷隐患。

（二）土地流转规模小。从流转规模看，土地家庭联产承包时，地块好坏搭配，致使不少农户有多处小块田地，制约了土地流转的规模。从流转期限看，农业劳动力转移难度大，农民务工经商收入不稳定，农民仍然把土地作为经营风险的退路，种地仍然是农民眼中最保险的，大多数农民依然不愿放弃土地，农民在土地流转中仍然表现出较大的顾虑。农机合作社土地流转主要在邻里及亲属之间进行。大多数农户还没有因为土地流转而获得更多的收益，还没有因土地流转实现土地、资金、技术和劳动力资源的优化配置，影响了土地流转进行。

（三）流转时间短期化。农业受自然和市场双重影响，风险大，经济效益不稳定，合作社对加大农业投入极为慎重，所以大多数采取短期转包的方式流转土地。

部分地区土地流转有短期化现象。主要原因：一方面是部分农户私下流转，但流转时效上心存顾虑，有的甚至出现一年一签现象；另一方面，农业受自然和市场双重影响，风险大，经济效益不稳定，合作社对加大农业投入极为慎重，有的合作社缺乏长期经营的打算，流转一年算一年，存有短期掠夺式经营的行为。

（四）管理水平有差距。目前，很多合作社农机具结构大同小异，作业项目趋于雷同，布局不尽合理，难以满足新阶段农业结构调整和农民增收致富的多种需求且以农机大户牵头组建的合作社，往往领头人既是管理者又是操作手，管理水平有待加强，发展内在动力不足，广大社员整体素质也需要进一步提高。特别是合作社土地规模经营面积大大增加后，一些合作社的管理能力明显跟不上，也是阻碍经营规模扩大的一个重要原因。

（五）解决建设用地难。合作社土地流转开展适度规模经营的另一个难题是如何在当前政府推进城镇化建设，在招商引资大环境满足企业发展用地的同时，顺利地获得合作社发展中的建设用地。目前，渭南市仅有1/4的农机合作社拥有机库，农机合作社场库用地解决难已成为制约合作社做大做强的又一个“瓶颈”，由于土地审批困难一部分合作社只能租赁场地搞设施建设，增加了自身成本；而另一部分合作社则用合作社法人或社长自己的宅基地作为设施建设用地，使合作社在发展规模上受到限制。

五、建议和对策

（一）增强发展信心。推进合作社土地规模经营是党的十八届三中全会、今年中央一号文件和中、省农村工作会议提出的推进现代农业发展具有方向性要求；合作社发展土地规模经营，国家有号召、学习有样板、收入有保证。因此，主管部门要深入研究、制订规划，真抓实干，推动合作社土地规模经营的快速健康发展。

（二）要设法流转土地。合作社要加强与镇政府以及附近村民委员会和村民小组的联系，借助当地政府和村组领导能有效组织发动群众的优势，整村整组流转土地；也可以把主要劳力在外务工、子女通过考学等途径在城市就业，主要依靠老人和妇女照管责任田的家庭作为主要发展对象，说服他们流转土地。在土地流转中要特别注意，集中连片更好，便于机械作业，即使不能集中连片，只要数量到一定程度，也照样可以实现规模经营。

（三）加强管理，严格程序。一是完善土地流转合同管理制度。无论以何种方式达成流转意向的，合作社都要按统一的流转合同规范文本签订流转合同，实行制度化和规范化管理。二是实施规范的土地流转程序。我市的农村土地流转 主要包括转包、委托代耕、互换、转让、出租等形式。按照农业部《农村土地承包经营权流转管理办法》的规定,委托流转的,必须有承包方的书面委托书。以转包、互换、出租、入股等形式流转的,农户应向村组备案,保证土地流转规范开展。

(四)提升装备水平。现有的合作社,绝大部分以开展农机作业服务为主要内容,配备的机械往往以耕、种、收等田间作业机械为主。要开展土地规模经营不能只有田间作业机械,同时还要考虑规模经营产出的大量粮食的晾晒、烘干和仓储等机械和设施。因此,合作社要在借助农机购置补贴政策实施,提升农机装备水平,满足规模化生产需要的同时,还要考虑粮食晾晒场地、烘干设备和仓储用房等设备和基础设施建设。

(五)开展诚信经营。合作社承包土地开展规模经营,受到筹措承包地资金困难和市场风险、自然灾害风险等多种风险完全由合作社承担的困扰;而农民带地入社的最大困扰是,怕合作社暗箱操作,隐瞒经营收入,损伤农民的利益。因此,对于农民带地入社发展规模经营的合作社,一定要树立诚信经营的理念、合作共赢的理念和通过规模经营多中盈利的理念,以充分尊重农民合理收益权为根本,开展诚信经营,取信于农民,促进规模经营的不断发展壮大。

(六)开展培训,提高素质。现阶段,新入社社员大部分都是奔着提高经济效益而入合作社的,为民服务、为合作社贡献的思想需要加强;同时,新入合作社社员掌握农机操作技能和其他业务素质等等不一,也需要进行系统培训,提高全员素质,使新旧合作社社员形成一个团结的、高素质的整体,发挥其应有的作用。而合作社本身进行自我培训能力差,需要由管理部门和行业技术推广部门联合举办培训班,对合作社社员进行培训,提高其素质,增强发展后劲。

(七)提高管理水平。目前,除一些开展实质性经营的合作社,我市相当多的合作社管理较为松散,有些连基本财会人员都没有。开展规模经营,要做好农机作业组织管理、经营成本核算和利益分配等项工作。要从健全管理机构、建立规章制度和配备管理人员等方面入手,以规章制度健全、管理高效运行、各类账目清晰为目标,全面提高管理水平。

(八)加大政府扶持力度。通过实施国家惠农政策,将农机购置补贴、报废更新补贴、农机燃油补贴、农机培训、作业补贴等项目资金向农机服务组织倾斜,优先安排,集中使用。加强与通讯、石油石化等企业合作,为农机社会化服务组织提供信息和用油供应等多种优惠服务。

(市农机局　张忠孝　葛卫忠　孙忠峰)

渭南市农作物秸秆综合利用的调查与思考

一、秸秆综合利用现状及主要途径

渭南是个农业大市,2013 年小麦种植面积 476 万亩,玉米种植面积 480 万亩。全市小麦机收面积为 459 万亩,占种植面积的 96.43%,玉米机收面积 369.6 万亩,占种植面积的 77.00%。小麦秸秆机械化还田和秸秆捡拾面积分别是 356 万亩和 51 万亩,小麦秸秆机械化综合利用率达到 85.50%。玉米秸秆机械化还田和秸秆青贮收获面积分别是 251 万亩和 68 万亩,玉米秸秆机械化综合利用率 66.46%。小麦、玉米秸秆机械化综合利用率平均达到 76%。截至 2013 年底,全市拥有各类秸秆综合利用机械 41617 台,其中,秸秆还田机 10891 台,免耕播种机 14641 台,饲草加工机械15958台,秸秆捡拾打捆机81台,牧草收获机2台,青饲草收获机44台。秸秆综合利用专业合作社35个,合作社成员635人,拥有各类农业机械1510台(套)。其中大型拖拉机720台,小麦、玉米联合收获机械690台(套),机库房面积7万余平方米。

随着农村经济的持续发展,农民的生产生活方式有了很大变化,秸秆这一长期作为农民生活的重要燃料已被越来越多的农户所抛弃,农作物秸秆的传统利用价值急剧下降,特别是农民从自己眼前利益出发,为了省时省钱,往往采取一把火来解决,这不仅浪费了大量宝贵的生物能源,还带来了污染环境、引发火灾、诱发交通事故等一系列社会问题。因此,秸秆综合利用已不单是一项技术性问题,更重要的是已成为一项综合性的社会性工作。

合理利用农作物秸秆可以实现节约资源、利用资源、减少焚烧浪费、发展畜牧业、增加农民收入、保护生态环境、统筹人与自然和谐发展的目的。我市小麦玉米秸秆综合利用途径还比较有限,主要有以下4种途径:

1. 作为肥料进行秸秆机械化直接粉碎还田。

这种方式是目前我市秸秆综合利用方面的一项主要途径。该技术主要是针对小麦或玉米收获后,留根茬或秸秆粉碎还田。其好处是秸秆直接还田可以改善土壤理化性状,增加土壤有机质含量,有利于提高农作物产量,是集资源利用、环境保护、生态农业和可持续发展于一体的农机化新技术。2013年,全市小麦秸秆机械化还田面积356万亩,占小麦种植面积的74.79%;玉米秸秆机械化还田面积251万亩,占玉米种植面积的52.29%。

2. 作为饲草实施秸秆机械化饲草加工。

这一技术在我市的秸秆综合利用面积上处于第二位。全市2013年小麦秸秆捡拾面积51万亩,捡拾5.74万吨,占小麦种植面积的10.71%;玉米秸秆青贮收获面积68万亩,加工玉米秸秆饲草71万吨,占种植面积的14.79%。小麦秸秆主要是小麦机收后,对小麦秸秆进行人工捡拾或机械捡拾打捆,贮藏后用于饲喂牲畜。玉米秸秆主要是进行玉米秸秆机械化饲草加工,经过铡切、揉搓、青贮、氨化后,适口性好,营养价值高,易于牲畜采食,也节省了精饲料。该项技术既解决了我市畜牧业迅猛发展带来的饲草短缺问题,还可通过牲畜粪便,实现秸秆过腹还田。

3. 秸秆能源化利用。

该技术目前在我市秸秆综合利用技术应用中所占比例较低,不足10%。主要用在沼气推广中。另外利用热裂解生物质燃油项目正在我市大荔县建设,是一项引进的新型秸秆利用技术。该项目以秸秆、稻壳等为原料,以连续的工艺和工厂化的生产方式进行快速热裂解生产出液体燃料油、碳粉及可燃气体,是一种新型绿色环保燃料,计划用三到五年时间建成15到20条万吨级生物质油生产线,全部正式投入生产,每条生产线可年利用各类秸秆2.5万吨,生产出万吨以上液体燃料油。这一技术有广阔的发展前景。

4. 秸秆手工编织利用。

在我市临渭区南塬几个镇有传统的麦秸编织业,农民利用麦秸秆编织的草帽目前发展势头良好,已形成一批秸秆编织专业村、专业镇,但秸秆的需求标准高、用量少。还有利用秸秆进行工艺品加工,编织成花圃、提篮、果盘、纸篓、洗衣篮、宠物窝等实用与观赏一体的生活文化工艺品,但数量很少,没有形成气候。

二、存在的主要问题

1. 思想认识不足。我市秸秆近80%

以上还田利用主要靠政府采取高压禁烧的措施实现的，其主要原因是农民对秸秆综合利用技术了解甚少，对秸秆利用的好处和意义认识不清、理解不深，对秸秆综合利用的长远利益、社会效益以及利用新途径等方面的认识也不到位。

据专家测算，小麦每亩平均产秸秆250公斤左右，玉米每亩平均产鲜秸秆940公斤左右。我市2013年可产生小麦秸秆119万吨，鲜玉米秸秆451万吨，全年共产生小麦、玉米秸秆约570万吨。农作物秸秆中含有大量的有机质、氮、磷、钾和微量元素。1吨秸秆相当于3.2吨土杂肥的有机质含量，1吨秸秆含氮、磷、钾相当于15公斤碳铵、8公斤过磷酸钙和6.12公斤磷酸钾。2013年小麦还田356万亩，还田秸秆89万吨，玉米还田251万亩，还田秸秆236万吨。小麦、玉米共还田秸秆325万吨，相当于给土壤增施了4.88万吨碳铵、折合人民币2879万元，2.60万吨过磷酸钙、折合人民币1612万元，1.99万吨磷酸钾、折合人民币9512万元。全市2013年通过秸秆还田可以节约人民币1.4亿元。

2. 秸秆综合利用机具价格高。目前我市的秸秆综合利用技术的发展与发达地区比较相对滞后，主要是小麦秸秆捡拾打捆、玉米秸秆青贮、揉丝微贮加工等机具价格高，作业运输成本大，质优、价廉、多功能处理秸秆的机械少，现虽有较成熟的捡拾打捆机械，但因一次性投入大，作业时间短，作业量有限，加上收割后马上打捆或青贮，由于技术及原料等问题，储存存在安全和霉烂风险，损失率大，直接影响经济效益，所以投资大收益低难以被农户和企业采用，直接影响了有机户购置机具的积极性。

3. 秸秆综合利用专业合作社数量少。目前在我市成型的秸秆综合利用专业合作社数量较少，截至2013年底，全市秸秆综合利用专业合作社只有35个，加工饲草约138万吨。专业合作社发展慢的主要原因是运营成本高，亏损大，市场运作力度不够，深加工利用率所占比重过低。大部分企业为了减少运输成本，选择在其周围较小范围内回收秸秆，从而导致偏远地区秸秆得不到回收利用，造成较大浪费，使秸秆回收利用率降低。

三、建议与对策

1. 强化宣传监管，营造良好氛围。

要使农民由不敢烧秸秆向不想烧秸秆转变，就必须加大宣传工作力度，努力提高农民科学技术素质。一是要充分利用电视、广播、报纸等媒体进行宣传。扩大秸秆综合利用宣传面，提高农民群众的认知能力。二是把秸秆综合利用技术制作成光盘，组织农民和农机手观看；编印成图册发放到农民手中，指导农民照着做。三是举办各类技术培训和观摩会，把村组干部、农民和农机手代表作为培训的主体，通过新技术推广工作搞得好的村干部介绍经验，农机手和农民代表现身说法，农机、农技和农艺等有关方面专家现场答疑，进行有实践、有理论、有经验、有教训，实地实事宣传和培训。四是结合每年科技宣传月活动对秸秆综合利用进行宣传，引起社会关注，促进技术推广。五是目前在农民群众对秸秆利用认识上还有差距的情况下，各级政府和职能部门应加大秸秆禁烧工作监管力度，使农民群众深刻认识到焚烧秸秆是违法行为。这也是目前不得不采取的有效措施。

2. 加强组织领导，发挥职能部门作用。

各级政府涉农的环保、农业、农机、财政等部门，要建立健全协调机制，要做到分工明确、密切配合、统筹研究、共同推进。农业、果业等部门应从生态农业、农业可持续发展和美丽乡村建设等方面采取措施，制订规划、加强对农民的引导、宣传和培训。环保、公安等部门要抓好秸秆禁烧工作,从环境保护、大气治理、减少温室气体排放和环保法律法规等方面加强宣传和监管工作力度,营造良好氛围。农机部门应结合农机化项目实施,扶持建立秸秆综合利用专业合作组织,引进先进的秸秆加工机械和田间作业机具,开展秸秆机械化综合利用新技术新机具的引进、试验、示范和推广,从根本上转变农民传统的“精耕细作”的耕作习惯。招商部门要加大招商力度,着力引进技术含量高的秸秆综合利用企业,提高秸秆的综合利用价值。财政部门要会同有关部门抓紧制定出台具体的秸秆综合利用扶持补贴政策,包括企业回收利用秸秆和农民秸秆还田补助办法,对生产性能好、适应性强的秸秆综合利用专用机具,在国家农机购置补贴 30% 的基础上,再追加 20% 的机具购置补贴。

3. 加强示范引导,扩大应用范围。

针对农民群众对新技术认识水平不高的问题,各级政府部门应建基地、抓试验、搞示范,通过现身说法和实实在在的典型,引导和带动农民群众主动参与秸秆综合利用技术推广。在示范推广过程中,组织秸秆机械化综合利用专业合作及农机作业服务队深入示范基地开展社会化服务,把新技术、新机具送到田间地头,使农民群众对新技术、新机具看得见、摸得着,消除农民群众的疑虑和后顾之忧,加快农民群众接受新技术的速度,激发农民群众学习和应用先进技术的兴趣,提高农民对秸秆利用技术的认识水平和参与意识,最终成为农民的自觉行动。

4. 加强社会化服务体系建设。

各级政府要按照市场化运作规律扶持建立一批秸秆机械化综合利用的专业合作组织和龙头企业,要在加强对其扶持、培育和监管的同时,注意保护他们的合法权益,引导他们健康发展。对秸秆综合利用企业和农机服务组织购置的专用机械给予信贷支持,鼓励和引导社会资本投入,在生产资料供应等方面给予支持,鼓励农机专业合作社、农机协会、农机专业户、种粮大户等服务组织积极开展秸秆综合利用社会化服务,加快秸秆综合利用技术的推广进程。

（市农机局　张力民　赵五灵　汪金桂）

渭南市 2014 年农民工监测调查报告

一、调查样本基本状况

根据我市 2014 年农民工监测调查情况,全市 78 个调查样本(普查小区)共计抽中调查 703 户,取样调查总人口为 2828 人,其中劳动力 2028 人,占总人口71.7%;非农就业人员共计 574 人,占到劳动力总数的 28.3%;其中外出从业 438 人(指全年内在本乡镇以外从业总时间超过六个月的人员),占到劳动力总数的 21.6%。根据调查情况来看,外出务工人员主要有以下几个特点:

1. 整体素质不高,以青壮年为主。

从年龄结构看,以男性、青壮年为主。据调查资料显示,外出劳动力 438 人中男性 289 人,占比 65.98%。40 岁以下(含 40 岁)的有 350 人,占 79.91%。

从文化程度看,外出务工人员以初中学历为主,整体文化层次较低。其中,小学文化程度及未上过学的有 24 人,占 5.48%;初中学历 262 人,占 59.82%;高中或中专学历的 67 人,占 15.30%;大专及以上文化程度的 85 人,占 19.4%。

从技能培训看,仅有极少数接受过正规的职业培训,自我充电意识不强。调查显示，全部438名外出从业人员中，仅有143人接受过非农技术培训，占到外出劳动力的32.65%。

2. 外出方式以自发组织为主。

我市农村劳动力外出务工的组织方式具有明显的自发性。由于劳动力市场发育不完善，农民主要依靠自己寻找门路和依靠亲戚朋友介绍外出务工，依靠自己的社会关系、血缘关系寻求就业机会，以降低择业风险。据全市农民工监测资料显示，我市外出人员中有358人是通过亲朋好友介绍或自发组织外出务工的，占到外出务工总人数438人的81.71%。可见，目前农村劳动力外出就业仍以自发组织为主。这种以人缘、地缘关系为基础的"投亲靠友"和"以老带新"式流动，带有较为明显的"连锁迁移"特性，无法对劳动力资源进行最有效的配置。

3. 省内流动特点显著。

在目前城乡及各地区依然存在着很大差别的情况下，农村劳动力流动的主要方向是由欠发达地区向发达地区流动、由农村向城市流动。据2014年农民工监测抽样调查数据显示，外出务工人员中，省内务工人员294人，占所有外出务工人员的67.12%。省外流向方面，东部仍是劳动力的重点流入区域。有99名务工人员流向东部，占到外出人数的22.60%，尤以长三角、珠三角为集中；在中部地区务工的劳动力8人，占1.83%。

4. 制造业、建筑业从业比重较高。

从所从事的行业看，我市外出务工人员的行业分布仍有所集中，制造业、建筑业、住宿餐饮业及居民服务业仍是外出务工人员所从事的主要行业。其中，从事制造业的人数最多，为110人，占外出人数的25.11%；其次为建筑业64人，占外出人数的14.61%；相对于其他行业，制造业、建筑业所需的技能水平较低，与我市外出从业劳动力技能素质不高的现状相符。

二、外出务工人员面临的困境以及对农村社会造成的影响

1. 在外务工人员缺少技能培训，成长空间有限，长期打工存在问题，维护自身权益意识淡薄。

由于外出务工人员大多学历低，又没有受过专门培训等，与技能型、管理型工种无缘，大多从事苦、累、脏、险的普通工种。调查资料显示，外出务工人员中，初中及以下学历占65.30%，大部分人员被企业录用后，很少参加企业的培训，直接从事低技术、高体力的工作，同时受文化程度低的影响，大部分农民工对关系到务工人员切身利益的国家有关政策，除了听说，往往不清楚具体内容。

2. 外出就业盲目性较大，政府组织输出亟待加强。

调查中有八成多的外出务工者是依靠亲朋好友和自身寻找工作，这导致他们就业质量不高，甚至打工不成倒贴务工成本。

3. 外出务工者劳动强度普遍较大。

根据调查，我市外出务工人员工资普遍在2000—3000元区间。但工资中，加班工资占的比例较大。外出务工人员月平均工作时间22天以上（不包括22天）的386人，占所有外出务工人员的88.13%；日平均工作时间8小时以上（不含8小时）的142人，占所有外出务工人员的32.42%。据接受调查的务工者反映，很多企业不但不认为这是违法行为，却认为很正常。其理由：一是外销任务重，到时一定要交货，不加班企业将受损失；二是计件制多劳多得，务工者自己愿意加班；如果务工者选择不加班上八小时双休，工资一个月也只能拿1500元左右，主要收入还得从加班中获取。

4. 就业环境仍需改善。

随着城镇化的逐步推进，各地政府相继出台多类文件，取消对农民进城务工就业的不合理限制，切实解决拖欠和克扣务工者工资问题，改善农民工生产生活条件，做好农民工培训工作，多渠道安排农民工子女就学，加强对农民工的管理。但相对于拥有城市户籍的劳动者而言，农民工仍明显地处于二级劳动力市场，面临工资低，缺乏安全保障，合法权益难以得到保护等问题。

(1)社会保障制度不完善，影响外出务工者的切身利益。近年来虽然我国一直积极推进农民工社会保障工作，但调查中也反映出一些问题，即企业对职工的社会保障不够重视。据农民工监测数据显示，外出务工中仅有10.5%的农民工上了工伤保险，仅有6.6%的人缴纳了住房公积金。

(2)劳动安全卫生条件较差。特别是建筑业从业人员，普遍存在工地饭菜简单，卫生条件差，安全防护措施不够严密，在高温情况下工作，单位(或雇主)尚未采取任何防暑降温措施。

5.青壮年劳动力流入城市对农村社会发展带来的问题。

农村劳动力的不断转移，而农业现代化进程相对滞后，导致留守农村劳动力高龄化、妇女化日益增多，留守儿童教育问题突出；根据农民工监测调查结果显示，全市调查样本农民工子女337人，仅有171人跟父母双方生活在一起，其余要么跟单亲生活，要么跟祖父母等生活，对子女成长造成不良影响。另外，农村留守劳动力整体素质较低，科技人员和知识青年严重缺乏，不利于农业科技的推广及应用，直接影响到农业生产效益，在一定程度上影响了农业的发展。农村基础设施建设无劳力，基层政权建设和民主管理受到影响，农村社会治安维持困难增大，农村后勤服务难以支撑，过红白喜事缺人手帮忙成普遍现象。

综上可见，进城务工农民存在文化程度低、技能素质差、以体力劳动为主等特点，同时相对于城市劳动者，收入水平低、劳动强度大、缺乏安全保障、遭受劳动歧视、生活费用高等现象也是困扰我市农村劳动力外出务工的重要原因。另外由于农村青壮年劳动力大量流入城市，对农村社会发展带来诸多问题。进入城市后在城市中生长起来的80后二代农民工，无法适应农村生活，在城市又无法融入城市主流生活，成为“边缘人”等关系到社会稳定的一系列问题。

三、农民工城镇化任重道远

农民工长期在外务工，是城镇化过程中的主力群体之一，如何引导农民工合理有序城镇化，是目前各级政府面临的一项重要任务。根据大荔县进行的重点调查来看，农民工外出务工的稳定情况和居住状况对农民工在就业地落户影响很大。

大荔县62户调查户65名农民工，在直辖市就业的7人，占10.77%；在省会城市就业的16人，占24.62%；在地级城市就业的21人，占32.31%。省内就业主要是本县县城和西安市，省外部分以东部地区为主，主要集中在北京、江苏、浙江、广东等省市。通过调查，这65名外出农民工从事当前工作时间在一年以下的有23人，超过一年的有42人；居住在单位宿舍的有45人，与他人合租的有18人，就业地自购住房的2人。

在外务工从事当前工作超过一年的长期外出务工的人员主要分为两部分，一部分是家庭的一个主要劳动力在外从事务工，家里剩余的劳动力和半劳动力进行农业生产，子女主要由其父母妻子抚养，这部分人虽然长期在外务工，但是目的是为了增加家庭的收入，同时其亲人、朋友等大多在乡里，这一类人落户城镇的意愿不强烈。

另外一部分所在的村镇土质不好、肥力偏差,多年只能从事粮食作物生产,收入偏低,因而村里很多人拖家带口外出务工,长期在城镇工作、生活,其子女也在务工地上学。这一类人希望能够留在城镇,是最容易实现城镇化的群体。

根据调查情况来看,对于愿意落户城镇的农民工,影响其进城的困难和问题主要集中在以下几个方面:

1. 宅基地和承包地处置。

由于长期在城镇务工,子女也在城镇入学,外出农民工现有的宅基地处于长期搁置状态,承包地是长期出租。在调研中,30%农民工希望能够尽快明确土地流转办法和流程,可以有偿处置宅基地和承包田;有70%的农民工拒绝用土地作为交换条件进城落户,他们认为在城市务工只有多增加一些收入和解决孩子上学提高素质等一些最基本的要求,对于缴纳土地进城落户并不积极。

2. 对政策缺乏了解。

很多农民工对于户籍迁移的相关政策和流程不了解,只是在本地亲朋好友中表露过愿意落户城镇的想法,也咨询过当地的迁出政策,但对务工地的落户条件了解不够,怕户籍迁出后而务工地不接收。所以很多在外务工、生活多年的农民工迟迟没有将户籍落在务工地。

3. 住房困难。

在调研中我们发现,外出农民工普遍存在着住房困难的问题。大多数农民工收入低并且不稳定,而务工单位又不缴纳住房公积金,无力购房,住宿在单位宿舍或者租房,而打工单位提供的宿舍往往又非常简陋、有限,很多携子女进城务工的只能在城中村和城乡结合部这些租金比较低廉的区域租房居住。

4. 子女心理问题。

在大部分农民工家庭,由于农民工工作繁忙,知识水平偏低,经济条件薄弱,不能在孩子成长阶段给予较好的辅助,其子女往往得不到良好的家庭教育,他们在成长环境、家庭教育等方面与城市孩子存在一定的差异,经济条件、生活环境的差异使他们在生活、学习中产生一些自我封闭、自卑心理。

四、促进我市农村劳动力转移就业,有序城镇化的可行性途径

(一)积极改善农业发展的各种环境和条件,吸引农民工本地就业。一是大力扶持农业产业化龙头企业。二是加大农业基础设施的投入力度,特别是农村水利设施建设力度。三是积极发展农村中介组织,完善社会服务体系。

(二)加大职业教育培训力度。渭南享有全国职业技术培训基地的美名。农村劳动力的受教育程度影响着农村劳动力输出的就业率和稳定性,虽然我们在培训方面已经做了大量积极的工作,取得了较为显著的成绩。但目前还不能满足社会经济发展的需求,今后应加大职业教育培训力度,着重培训输出人员的职业技能和岗前培训,使他们学有所用,达到输得出、留得住、站得稳,为自己打拼出属于自己的一片天地。

(三)以创业带就业。在开展技能培训同时,应专门对有创业意愿的农民工进行创业培训。大力宣传创业典型,树立他们的创业信心;同时,政府和银行对农民工创业要开辟绿色通道。

(四)健全和完善劳动力转移的政策制度。在全面推进城镇化的背景下,农民工必将成为城镇化的主力军,但在当前,农民工在就业安置、社会保障、城市住房优惠等方面仍不能享受与城市市民等同的各种福利。造成农民工即使常年在城市工作也无法像城市居民一样生活,无法真正实现城镇化转移。因此,千方百计使农民工享受同等的社会保障待遇等是促进农民工城镇化的当务之急。

(五)加大对农民工的保障力度。劳动保障部门要加强对用工企业的监管,可向外出务工地较为集中的地区派遣劳动保障监察协调员,主要负责本区外出农民工在当地企业的权益受到侵害时同当地的劳动保障部门协调解决,最大限度的保障外出务工人员的利益;同时积极解决当前农民工返乡后的社会保险关系接(转)续和工伤、失业保险待遇、工资支付等问题。

(六)着力推进农民工城镇化。一是加快落户政策和程序的出台和宣传,尽快出台农民工落户城镇的实施细则和土地流转的相关政策、流转办法,加强对农民工落户城镇的政策宣传,使有落户意向的农民工尽快了解办理落户的条件和流程。二是多渠道解决住房问题。目前,政府已明确把农民工列为公租房的受益对象,这是一个好政策。但由于公租房的数量有限,仍须采取多种渠道解决农民工的住房问题:大力建造保障性住房,监督督促就业单位建立住房公积金制度、住房补贴制度等住房补助性政策;另外可制定退出宅基地并符合保障房条件的进城落户农民工,优先提供保障性住房等兼具保障性及激励性的政策。三是帮助解决子女教育及心理问题。建议学校开设"青少年心理健康咨询室",做好对新市民子女在生理健康、心理健康等方面的咨询;启动救助工程,救助贫困新市民子女及家庭,在学业、生活上给予切实帮助;做好宣传工作,倡导社会共同关注新市民子女的成长;同时按照就近入学原则,统筹安排农民工子女就读,与城市学生实行统一教学、统一管理。

(国家统计局渭南调查队　马西友　张新荣　王力)

移风易俗革陋习
厉行节约树新风

——对农村大操大办红白喜事不良之风的调查与思考

一、农村红白喜事大操大办的表现及危害

(一)目前农村红白喜事大操大办的主要表现。

一是办事名目繁多,增加了农民负担。除平常的婚丧嫁娶外,诸如孩子满月、过生日、完灯、上大学、参军、参加工作、升迁、订婚、建房上梁、乔迁、开业、店庆、老人过寿、过三年等无所不办。调研中,很多被访者提到,往年一到暑假,各种谢师宴应接不暇,有人一个暑假单谢师宴就参加了23场;而一个普通干部在春节后参加亲朋家孩子的"完灯"宴就有7场之多,让人苦不堪言。

二是操办规模渐大,助长了攀比之风。农村一些地方婚礼操办规模比较大,相互之间盲目攀比,除酒席外,迎亲车队、家具家电、司仪、摄像、拱门成了婚礼的标配。丧事更要大操大办,乐队从早吹到晚,有些家境好的,甚至从省里请戏班子、歌舞团表演,有些表演低俗,让人咋舌。可谓"丧期三天,旧俗全搬,乐队伴唱,红黄两掺,多时积蓄,三天花完"。亲朋好友来吊唁的少者百十人,多者近千人。

三是消费档次较高,影响了农村风气。农村娶媳妇,家具、彩电、洗衣机、冰箱、三金、婚纱照等已基本普及,空调、电脑、摩托车、小汽车等也陆续迈入农门。调研了解,结婚彩礼一般3—8万元不等,个别地方的彩礼有"前四后八"之说,即订婚付4万,结婚再付8万元,高到令人咋舌的地步。

在大荔县许庄镇调查时了解到，过去有些村民仅在别人婚礼当天，用挡婚车和拦轿索要红包的方式，就可收入3000元。一场婚事开支十二三万元是正常情况。有的大操大办下来，花几十万元也不足为奇。办场丧事，烟花、乐人、商业演出齐全，只乐人一项开支，就在3000—5000元；酒席多的甚至超过100桌；再加上殡葬、酒席和其他费用，一场白事下来至少开支三四万元。

（二）农村红白喜事大操大办造成的危害。

调研中了解到，以渭南市一个中等收入水平家庭为例，办一场婚事的开支在12万元左右，这其中不包括建房费用；一次丧事的费用在3.5万元左右；而人情关系消费一般在3000—5000元不等；据统计，渭南市2014年农民人均纯收入7565元，比上年增长了963元。从以上几项数据不难看出，婚丧嫁娶的巨额开支对于农村家庭来说已成为一个沉重又难以卸掉的包袱，人情消费又似雪上加霜。有些人辛辛苦苦攒了好几年的钱，办回红白喜事，就“一夜回到解放前”。随礼的人为了把送出去的礼金再收回来，就会想方设法找名目大肆操办，导致你方唱罢我登场无限延伸的“人情链条”，让人很厌恶却又不得不参与其中。在农村大操大办风气的影响下，村民为了不丢面子随风跟上，不惜打肿脸硬撑门面，使得红白喜事的规模日益膨胀。而红白喜事也失去它原本的味道，逐渐沦为部分村民炫耀财富和人脉关系的秀场，传统淳朴的婚姻观和价值观在此风气的影响下也遭到严重扭曲。

二、造成农村大操大办红白喜事不良风气的原因

调研发现，造成大操大办红白喜事不良风气的原因是多方面的。

一是农村长期形成的风俗陋习与从众心理所致。调研发现，大家对农村大操大办红白喜事之所以盛行的原因，更多的是认为，这是农村长期以来形成的风俗习惯决定的，大家都已经接受。即使一场红白喜事操办下来也会抱怨劳民伤财，但谁也不会想着从自己开始去改变，担心万一自己标新立异，不但不被亲朋邻里理解，甚至连自己家人都难以接受。因此，面对大操大办盛行之风，大多数人选择随波逐流。

二是长期受面子文化影响的结果。农民普遍认为婚丧嫁娶是人生大事，一定要办得风光体面，这样自己在村里才有面子。婚事办得大，不仅让自家人脸上有光，在女方家人面前也能抬得起头，所以再大操大办也不为过。在丧事上，为显示子女孝顺和后辈有出息，讲究风光大葬。所有人都爱面子，谁也不愿意在面子上输给别人，在这种面子文化的胁持下，婚丧嫁娶大操大办的面子消费愈演愈烈。

三是长期受封建迷信思想影响。由于大多数农民文化水平较低，长期受封建迷信思想的影响较为严重，对待鬼神之说常怀有一种“宁可信其有”的忌惮。因此，面对丧葬仪式中一系列的繁文缛节和陈规陋俗，即使很多所谓讲究忌讳劳民伤财浪费极大，也坚持为之。

四是红白理事会等农村自发组织职能发挥有限。农村红白理事会由来已久，是基层群众自治组织。调查发现，虽然很多村成立了红白理事会，但往往按照事主要求安排理事，更多体现的是服务职能，对农民红白喜事消费方式的监管作用有限或缺失。加之管理不规范，缺少明文章程，随意性较大，且本身创新不足，对陈规旧俗缺少破除的勇气。因此，红白理事会流于形式，职能发挥非常有限。

三、针对农村大操大办红白喜事不良之风的对策与建议

调研发现,农民对于移风易俗节俭办事的热情和期望非常高,态度非常积极,但对于农村红白理事会如何规范化管理以及能否常态化发展还存有疑虑。因此,对于移风易俗,遏制农村大操大办红白喜事问题,我们建议,从以下几个方面抓起。

(一)加强规范管理,指导建立相关制度。

婚丧嫁娶事关千家万户,是老百姓一生的大事,既要隆重办好,又要节俭文明。反对铺张浪费,移风易俗是精神文明建设和社会主义新农村建设的重要内容。怎样既能遏制住大操大办的不良之风,又能让老百姓满意,是各级领导干部要思考和着力解决的问题。各级党委要提高思想认识,把移风易俗作为一项为民办好事、办实事的重要事项来抓,作为践行群众路线、转变工作作风、密切联系群众的重要内容来抓。

调研中了解到,大荔县出台了关于对农村婚丧嫁娶等事宜进行规范管理的文件,各镇也制定了具体实施办法,对倡导农村移风易俗,节俭办事发挥了积极作用。当前,农村办理婚丧嫁娶等事宜,相比中央八项规定出台前有较大进步,大操大办风气有所收敛,但在一些地方还存在盲目攀比大操大办现象。各地对于如何合理操办有关事宜,是否需要成立农村红白理事会,理事会的性质、职能、作用如何定位,应建立哪些必要的制度等等一系列问题,群众普遍存在一定误区,因此,对办理农村婚丧嫁娶事项加强规范和管理势在必行。

建议:市委出台有关指导性文件,进一步引导和规范农村节俭办事和文明办事,加强农村风气建设。同时把对农村移风易俗工作的完成情况作为考核乡镇干部政绩的一项重要内容和评定文明单位、文明村、文明社区的重要标准,推动建立农村移风易俗工作的长效机制。

(二)加大宣传教育力度,崇尚纯朴文明的良好民风。

在调研中了解到,大荔县许庄镇中汉村除了召开村民大会、分发倡议书,还利用重阳节的慰问活动,向本村的老人解释有关移风易俗的重要意义,以及村里对红白喜事节俭操办的规定等事宜,取得了老人的理解和支持,为进一步推动工作奠定群众基础。同时,启动以“倡导移风易俗、反对铺张浪费”为重点的村规民约修订完善工作,把一系列文明节俭操办红白喜事的规定写进村规民约,引导群众自觉摒弃比阔气、讲面子、讲排场、铺张浪费、封建迷信等思想,积极倡导文明节俭的消费理念,提倡婚事新办、丧事简办、厚养薄葬的观念,让厉行节约、移风易俗在农村蔚然成风,促进农村经济健康发展、社会和谐稳定。

建议:各级党组织,尤其是宣传、文化部门要旗帜鲜明地开展宣传教育工作,大造声势,形成反对铺张浪费、厉行节约,移风易俗的舆论氛围。要充分利用电视台、广播电台、门户网站等媒体开展形式多样的宣传活动。镇和村组通过召开村民大会、开设宣传栏、广播、横幅、倡议书、黑板报、文化墙、编排小品和快板戏、观看电影晚会等,用大家喜闻乐见的方式,引导婚恋自由,婚事雅办,丧事简办,节俭操办的文明新风,引导农民树立厚养薄葬的观念,宣传相信科学反对迷信,倡导群众破除陈规陋习。同时,还要注重发现和培养典型,广泛宣传先进典型、先进经验,逐步形成树新风、破旧俗的舆论导向和社会氛围。要把节俭办事、文明办事的要求列为乡规民约的重要内容,建立相应的监督办法,防止村规民约成为“纸上村规”“墙上民约”。

(三)建立农村红白理事会组织,全面开展移风易俗。

调研中了解到,凡是由村“两委”会主

任担任红白理事会会长的村红白理事会管理都比较规范、运行相对顺畅，一些红白理事会还积累了比较成熟的经验，一些好的做法值得我们学习借鉴。如大荔县许庄镇中汉村红白理事会章程制定得很具体，规定所有过事设宴席按一品一盘制，酒席七个凉菜，中间热菜一品一盘，饭席五盘，烟不超过5元，酒不超过30元；红白喜事均不请贺客，红白喜事均不得向亲朋索要钱物，红事挡车挡门不得索要钱及高档烟酒，白事夜奠不得设席待客，一律不得燃放烟花，不得请商业艺演等等。并将这些规定制成通告牌，有村民操办红白喜事时，将通告牌放到事主家门口，既是一种警示，也起到解释说明作用，消除亲戚之间的误解，这一方法在中汉村执行以来，取得很好成效。据统计，自红白理事会成立运行以来，3个村先后有15户办理红白喜事，红事平均节省约1万元，白事节省约1.5万元，其他事节省约0.3万元。蒲城县三合乡白家渠村红白理事会，倡导文明节俭办事，探索使用追悼会形式，使丧礼的操办走向文明化。白水县尧禾镇尧禾社区红白理事会通过提前介入，树新风，革陋习，强化服务，取消了在殡仪活动中请民间乐队吹奏演唱的习俗。

建议：强化基层党组织对红白理事会的领导，抓好红白理事会队伍建设，切实将农村公道正派、德高望重、敢说敢管、热心服务的人员，纳入红白理事会。镇党委要制定节俭办事的具体实施意见，对红白理事会的组建及操办原则、宴请范围、程序控制、车辆数量、席面标准等方面做出相应规定。引导村组红白理事会从本村实际出发，建立切实可行的工作章程。鼓励支持红白理事会勇于探索，革旧立新，破除迷信传统和歪风陋习。各级要抓好示范点建设，以点带面，充分发挥示范引领作用。每个县、每个镇都要建立红白理事会建设示范点，完善规章制度，统一工作标准，总结工作经验，通过召开现场会等形式在全县、全镇推广先进经验。

（四）发挥党员干部的带头作用，以党风带民风持续好转。

农村移风易俗工作的顺利开展，需要发挥党员领导干部的示范带头作用。调研发现，但凡村里政策规定清晰，红白理事会运行顺畅，作用发挥充分，老百姓积极拥护支持的，都离不开党员干部的高度重视和带头示范。如大荔县羌白镇布头村党支部书记孙石桥，原本打算花20多万元给儿子办个体面风光的婚礼，为了响应全县移风易俗的号召，他以身作则，不仅喜宴标准和桌数大幅压缩，撤下了高档烟酒，退掉了原定的32辆高档迎亲小车，还听取红白理事会的建议，取消了彩礼、上轿、下轿、回门等习俗。许庄镇中汉村的党支部书记王林，本来计划明年给80岁高龄的父亲风光举办寿宴庆祝，为了给群众带个好头，已打消了大操大办的念头，并提前给老人做好了思想工作。这些党员干部以身作则的典型，在群众中引起强烈反响。

建议：建立农村党员干部报告个人重大事项制度，教育党员干部带头控制办事名目，除婚丧嫁娶外，其他事宜坚持不办，带头不收礼金，不盲目攀比，带头控制宴席档次，提倡吃农家菜、抽平常烟、喝普通酒，用党风带民风，推动农村风气更加清新纯朴，逐步实现移风易俗经常化、常态化。

除此之外，还要加强规范管理，严明纪律，对党员干部操办个人重大事项情况进行全面监督，对违规办理的从重查处，切实打消少数人的侥幸心理，对典型案件，要进行通报曝光，形成强有力的震慑。

（中共渭南市纪委　渭南市监察局）

渭南市主要经济社会指标

基本情况

县市区	常住人口（万人）	行政区划面积（平方公里）	镇（个）	街道办（个）	居委会（个）	村委会（个）	村民小组（个）
渭南市	534.30	13030.56	110	21	207	3198	17801
临渭辖区	89.07	1263.76	16	9	59	508	2670
临渭区	–	–	14	6	54	431	2402
高新区	–	–	0	3	5	24	79
经开区	–	–	2	0	0	53	189
华　县	32.60	1132.46	9	1	15	242	1358
潼关县	15.79	427.35	4	1	20	78	513
大荔县	69.90	1690.59	15	1	26	400	2241
合阳县	44.02	1317.15	11	1	4	353	1706
澄城县	39.03	1121.64	9	1	12	266	1234
蒲城县	74.75	1579.81	15	1	12	360	2940
白水县	28.33	983.95	7	1	8	193	1024
富平县	74.94	1245.99	14	1	9	337	2109
韩城市	39.71	1591.60	6	2	26	275	1251
华阴市	26.19	676.26	4	2	16	186	755

生产总值(一)

指　　标	总量(亿元)	同比±%
地区生产总值	1460.94	10.5
农、林、牧、渔业	217.30	5.0
#农、林、牧、渔服务业	10.14	7.2
工业	695.03	12.2
规模以上工业	638.35	12.3
#开采辅助活动		
#金属制品、机械和设备修理业		
规模以下工业	56.68	8.2
建筑业	99.48	11.3
批发和零售业	96.70	11.1
批发业	54.54	12.9
零售业	42.16	8.9
交通运输、仓储和邮政业	72.05	6.7

生 产 总 值(二)

指　　标	总量(亿元)	同比±%
住宿和餐饮业	25.17	5.1
住宿业	9.02	3.4
餐饮业	16.15	6.3
金融业	40.78	15.2
房地产业	41.64	8.4
房地产业(K门类)	21.67	11.6
居民自有住房服务	19.97	5.0
其他服务业	172.79	10.1
营利性服务业	32.41	8.6
信息传输、计算机服务和软件业	15.08	8.5
其他营利性服务	17.33	8.6
非营利性服务业	140.38	10.6
公共管理和社会组织	76.47	11.9
其他非营利性服务业	63.91	9.1
第一产业	207.16	4.9
第二产业	794.51	12.1
第三产业	459.27	9.7

农业生产情况

指　　标	单　位	2014年	同比±%
一、农林牧渔服务业总产值	万元	3844624	5.1
农业产值	万元	2776511	5.4
林业产值	万元	73313	4.1
牧业产值	万元	797990	3.2
渔业产值	万元	32788	16.8
服务业产值	万元	164022	7.2
二、农作物播种面积	万亩	1035.71	-0.9
三、主要农业产品产量			
粮食总产量	万吨	206.01	-2.4
夏粮	万吨	104.01	7.2
秋粮	万吨	102.00	-10.7
油料	万吨	7.35	14.7
棉花	万吨	4.02	-25.0
蔬菜	万吨	238.80	6.1
水果	万吨	292.06	3.2
苹果	万吨	193.70	0.4
肉类总产量	万吨	22.20	2.9
禽蛋产量	万吨	10.51	-0.1
奶类产量	万吨	40.23	2.5

农村基本情况

指　　标	单　位	2014 年	同比 ± %
一、乡村从业人员	万人	228.32	-1.2
1. 男	万人	119.10	-1.5
#农业从业人员	万人	75.97	-
2. 女	万人	109.22	-0.8
#农业从业人员	万人	67.97	-
二、年末常用耕地面积	万亩	766.71	-1.6
#水田	万亩	1.17	22.0
旱地	万亩	765.54	-1.6
#水浇地	万亩	491.39	-0.5
三、农用化肥施用量	吨	1741588	8.8
农用塑料蒲膜使用量	吨	13543	7.0
农用柴油使用量	吨	328486	6.0
农药使用量	吨	568.61	7.2
农村用电量	万千瓦时	392356	-1.4

工业企业主要经济指标

指　　标	单　位	2014 年	同比 ± %
企业单位数	个	414	-
#亏损企业个数	个	103	-3.7
工业总产值	亿元	1883.48	8.1
工业销售产值	亿元	1796.69	7.0
产品销售收入	亿元	1467.26	0.8
工业增加值	亿元	638.35	12.3
利税总额	亿元	41.92	-35.9
#利润	亿元	5.32	-73.1
亏损企业亏损额	亿元	30.28	1.7
资产总计	亿元	2071.49	5.0
#流动资产	亿元	832.07	-4.4
负债合计	亿元	1300.36	-1.6
职工平均人数	万人	14.66	-4.8

注:工业增加值同比 ± % 按可比价计算。

工业总产值(一)

指　　标	总产值(亿元)	同比±%
总计	1883.48	8.1
一、按登记注册类型分组		
内资企业	1837.88	8.5
国有企业	160.87	-9.3
集体企业	1.02	-60.1
股份合作企业	0.35	45.8
联营企业	1.70	22.5
有限责任公司	1380.92	12.6
股份有限公司	65.63	-32.9
私营企业	220.44	20.5
其他	6.95	46.8
港澳台投资	4.42	-25.6
外商投资	41.18	-2.9
二、按轻重工业分组		
轻工业	246.05	10.9
重工业	1637.43	7.7
三、按企业规模分组		
大型企业	947.77	0.2
中型企业	390.57	3.9
小型企业	541.37	31.3
微型企业	3.77	-52.0
四、按行业大类分组		
煤炭开采和洗选业	199.80	0.9
石油和天然气开采业	0	0
黑色金属矿采选业	3.02	8.8
有色金属矿采选业	29.18	9.6
非金属矿采选业	2.92	1.8
农副食品加工业	129.96	17.5
食品制造业	15.23	17.1
酒、饮料和精制茶制造业	42.50	17.8
烟草制品业	4.49	18.1
纺织业	11.88	24.9
木材加工和木、竹、藤、棕、草制品业	7.38	52.3
家具制造业	0.23	0.4
造纸和纸制品业	4.60	-69.1
印刷和记录媒介复制业	1.19	-14.2
文教、工美、体育和娱乐用品制造业	1.45	34.9

工业总产值(二)

指　　标	总产值(亿元)	同比±%
石油加工、炼焦和核燃料加工业	209.47	8.1
化学原料和化学制品制造业	126.90	8.2
医药制造业	5.25	14.3
化学纤维制造业	3.16	87.0
橡胶和塑料制品业	14.79	47.3
非金属矿物制品业	109.41	17.5
黑色金属冶炼和压延加工业	397.50	17.9
有色金属冶炼和压延加工业	252.63	-4.7
金属制品业	9.65	22.0
通用设备制造业	12.57	17.5
专用设备制造业	41.70	4.3
铁路、船舶、航空航天和其他运输设备制造业	0.97	-17.7
电气机械和器材制造业	43.87	33.1
计算机、通信和其他电子设备制造业	8.63	3.9
其他制造业	6.15	-13.0
废弃资源综合利用业	0.21	0.0
电力、热力生产和供应业	183.53	0.8
燃气生产和供应业	2.62	16.8
水的生产和供应业	0.63	8.7

注:本表为规模以上工业快报数。

主要工业产品产量(一)

产品名称	单　位	2014年	同比±%
原煤	吨	22922130	-9.3
洗煤	吨	9588267	-5.1
铁矿石原矿	吨	286215	0.5
钼粗矿折合量(折纯钼45%)	吨	39206	0.4
硫铁矿石(折含硫35%)	吨	675114	5.3
小麦粉	吨	1016536	-8.3
饲料	吨	996948	52.1
精制食用植物油	吨	163398	7.4
乳制品	吨	25643	-0.3
白酒(折65度,商品量)	千升	6811	43.4
啤酒	千升	55708	-14.6

主要工业产品产量(二)

产品名称	单　位	2014年	同比±%
软饮料	吨	600354	28.0
卷烟	万支	392500	-1.9
纱	吨	25292	38.8
家具	件	30476	3.4
机制纸及纸板(外购原纸加工除外)	吨	68457	-16.0
纸制品	吨	74287	-78.4
硫酸(折100%)	吨	441185	-5.6
焦炭	吨	9183622	-2.5
精甲醇	吨	786523	-3.4
合成氨(无水氨)	吨	985915	75.3
农用氮、磷、钾化学肥料(折纯)	吨	851619	70.5
氮肥(折含氮100%)	吨	787736	74.4
磷肥(折五氧化二磷100%)	吨	63883	33.7
化学农药原药(折有效成份100%)	吨	2714	-71.5
中成药	吨	188	-11.7
塑料制品	吨	56478	36.0
硅酸盐水泥熟料	吨	6285888	20.4
水泥	吨	9464970	-3.1
生铁	吨	4757256	-2.1
粗钢	吨	5892120	9.5
钢材	吨	6127378	9.7
铁合金	吨	144585	20.3
原铝(电解铝)	吨	22356	-46.1
黄金	千克	10421	-1.7
工业锅炉	蒸发量吨	578	-51.1
起重机	吨	1003	-48.2
挖掘、铲土运输机械	台	3052	-25.8
金属轧制设备	吨	36293	52.4
印刷专用设备	吨	8186	0.1
电动机	千瓦	35722	-51.5
交流电动机	千瓦	35722	-51.5
电力电容器	千乏	1088000	-10.8
电子元件	万只	223147	18.7
印制电路板	平方米	1328435	13.3
自来水生产量	万立方米	733	10.6
发电量	万千瓦小时	3346633	-1.6

注:本表为规模以上工业。

交通　邮电

指　　标	单　位	2014 年	同比 ± %
一、交通			
1. 公路客运量	万人	9169	4.8
公路客运周转量	万人公里	351325	4.9
公路货运量	万吨	13133	13.0
公路货运周转量	万吨公里	3573985	13.8
水路客运量	万人	14.72	3.9
水路客运周转量	万人公里	73.6	3.9
2. 民用汽车拥有量	辆	392958	–
#载客汽车	辆	299838	–
3. 年末公路里程	公里	18083	0.5
#等级公路	公里	15036	1.0
二、邮电			
邮政业务收入	亿元	3.63	8.7
电信业务收入	亿元	10.60	23.3
固定电话用户数	万部	77.17	-4.2
无线移动用户	万部	431.21	4.1
互联网宽带接入用户	万户	63.79	5.1

注:公路运输不含韩城。

固定资产投资

指　　标	单　位	2014 年	同比 ± %
一、全社会固定资产投资	亿元	1765.61	20.3
1. 固定资产投资	亿元	1646.34	21.2
其中:国有投资	亿元	818.10	33.2
民间投资	亿元	828.20	11.4
其中:新增固定资产	亿元	1541.66	54.2
2. 农村私人建房	亿元	41.40	0.4
3. 跨区域项目	亿元	77.90	13.8
二、房地产开发			
商品房销售额	亿元	120.36	6.6
商品房销售面积	万平方米	325.26	1.3
商品房施工面积	万平方米	1030.81	-13.8
#新开工	万平方米	191.09	-56.4
竣工面积	万平方米	218.55	18.3

工业投资及资金来源情况

指　　标	单　位	2014 年	同比 ± %
本年完成投资	亿元	448.16	-7.9
按性质分			
其中:新建	亿元	317.71	-6.2
其中:扩建	亿元	33.64	-9.4
其中:改建和技改	亿元	80.47	-24.3
按构成分			
建筑安装工程	亿元	277.54	4.5
设备工器具购置	亿元	131.46	-25.1
其他费用	亿元	39.16	-13.9
本年资金来源合计	亿元	448.96	-1.8
1. 上年末结余资金	亿元	20.81	-3.7
2. 本年资金来源小计	亿元	428.16	-1.7
(1)国家预算资金	亿元	10.25	228.5
(2)国内贷款	亿元	19.82	-20.9
(3)利用外资	亿元	5.36	-38.3
其中:外商直接投资	亿元	5.36	-38.3
(4)自筹资金	亿元	379.91	-2.8
其中:企、事业单位自有资金	亿元	36.13	-27.1
(5)其他资金来源	亿元	12.82	66.4
施工项目个数	个	518	15.1
其中:本年新开工	个	347	39.4
本年投产项目个数	个	406	24.5

国内外贸易和旅游

指　　标	单　位	2014 年	同比 ± %
一、社会消费品零售总额	万元	4185464	14.0
城镇	万元	3170258	15.3
#城区	万元	1807176	-21.1
乡村	万元	1015206	10.0
二、对外贸易			
海关进出口总额	万元	141684	-5.9
进口	万元	22573	-12.1
出口	万元	119111	-4.6
三、利用外资			
新批外资企业	个	1	-66.7
合同利用外资	万美元	825	-67.9
实际利用外资	万美元	1216	-75.7
四、旅游经济			
旅游总收入	亿元	252.08	18.9
#旅游外汇收入	万美元	5093	-11.5
接待游客人数	万人次	3202	10.4
国内旅游者	万人次	3183	11.2
海外旅游者	万人次	19	-0.1

财政情况

指标	单位	2014年	同比±%
一、地方一般预算收入合计	万元	674648	3.7
(一)税收收入	万元	422313	-5.1
1.增值税	万元	77948	-12.4
2.营业税	万元	124552	-7.9
3.企业所得税	万元	20229	9.3
4.企业所得税退税	万元	-	-
5.个人所得税(款)	万元	7595	-8.2
6.资源税	万元	14894	-21.5
7.城市维护建设税	万元	32474	-34.7
8.房产税	万元	10561	4.8
9.印花税	万元	8728	-0.7
10.城镇土地使用税	万元	9032	15.0
11.土地增值税	万元	10523	-5.9
12.车船税(款)	万元	10433	11.6
13.耕地占用税(款)	万元	53690	17.1
14.契税(款)	万元	41627	28.9
15.烟叶税(款)	万元	27	-
16.其他税收收入	万元	-	-
(二)非税收入	万元	252335	22.8
1.专项收入	万元	132736	23.6
2.行政事业性收费收入	万元	51509	1.5
3.罚没收入	万元	29643	36.5
4.国有资本经营收入	万元	14431	20.4
5.国有资源(资产)有偿使用收入	万元	18990	83.8
6.其他收入(款)	万元	5026	52.7
二、地方一般预算支出合计	万元	2934111	6.4
1.一般公共服务	万元	318501	6.0
2.外交	万元		
3.国防	万元	277	15.4
4.公共安全	万元	117412	9.3
5.教育	万元	628419	-5.7
6.科学技术	万元	25459	48.5
7.文化体育与传媒	万元	73434	2.3
8.社会保障和就业	万元	372147	7.4
9.医疗卫生	万元	309710	6.7
10.环境保护	万元	75914	7.1
11.城乡社区事务	万元	126794	45.2
12.农林水事务	万元	540393	12.8
13.交通运输	万元	58654	4.9
14.资源勘探电力信息等事务	万元	35560	20.8
15.商业服务业等事务	万元	15609	-36.6
16.金融监管等事务支出	万元	1376	-52.0
17.地震灾后恢复重建支出	万元		
18.国土资源气象等事务	万元	28052	47.7
19.住房保障支出	万元	172609	15.7
20.粮油物资储备管理事务	万元	22384	0.3
21.国债还本付息支出	万元	5005	38.4
22.其他支出(类)	万元	6402	-55.4

注:该表为财政快报数。

金融保险情况

指　　标	单　位	2014 年	同比 ±%
一、金融			
1. 金融机构存款余额	亿元	1664.57	9.3
#单位存款	亿元	518.32	3.5
储蓄存款	亿元	1110.48	12.1
2. 金融机构贷款余额	亿元	811.40	11.8
#短期贷款	亿元	343.61	6.3
中长期贷款	亿元	400.95	11.0
二、保险			
1. 保费收入	亿元	50.14	23.6
#财险	亿元	12.62	12.8
寿险	亿元	37.52	27.7
2. 赔付金额	亿元	7.98	14.5
#财险	亿元	7.02	12.9
寿险	亿元	0.96	28.0

文 化 教 育

指　　标	单　位	2014 年	同比 ±%
一、文化体育			
公共图书馆个数	个	11	0.0
公共图书馆藏书量	千册件	855	13.8
剧场、影剧院数	个	12	0.0
体育场、馆数	个	27	0.0
体育馆数	个	20	0.0
二、广播电视			
电视综合覆盖率	%	96.70	-0.1
广播综合覆盖率	%	95.02	0.1
三、教育			
各类学校数	所	1308	-8.9
职业中学	所	42	-19.2
普通中学	所	329	-4.9
小学	所	937	-9.7
在校学生数	万人	56.52	-6.0
职业中学	万人	2.58	-32.5
普通中学	万人	26.73	-8.8
小学	万人	27.21	0.9
学龄儿童入学率	%	98.38	2.4

卫 生 福 利

指　　标	单　位	2014 年	同比 ± %
一、卫生			
卫生机构数	个	4203	1.6
#医院、卫生院数	个	291	7.4
卫生技术人员	人	25780	5.2
#医师	人	7266	5.6
卫生机构床位数	张	20832	5.6
#医院床位数	张	13541	6.3
每万人拥有医生数	人	13.6	5.4
每万人拥有医疗床位数	张	38	2.7
二、社会福利			
养老服务机构	所	39	0.0
养老服务机构床位数	张	2400	0.0
养老服务机构入住人数	人	2000	0.0
社会福利院数	个	1	0.0
福利院床位数	张	260	0.0
福利院收养人数	人	169	0.0
儿童福利院	个	1	0.0
福利院床位数	张	300	0.0
福利院收养人数	人	156	0.6
城镇居民最低生活保障人数	人	55295	-20.3

价 格 指 数

指　　标	单　位	2014 年	同比 ± %
居民消费价格总指数	%	101.7	1.7
非食品价格指数	%	101.1	1.1
服务项目价格指数	%	101.4	1.4
扣除鲜菜鲜果总指数	%	101.6	1.6
消费品价格指数	%	101.7	1.7
一、食品	%	102.6	2.6
二、烟酒及用品	%	99.8	-0.2
三、衣着	%	103.0	3.0
四、家庭设备用品及维修服务	%	101.0	1.0
五、医疗保健和个人用品	%	101.4	1.4
六、交通和通信	%	100.2	0.2
七、娱乐教育文化用品及服务	%	100.5	0.5
八、居住	%	101.2	1.2
商品零售价格总指数	%	101.0	1.0
农业生产资料价格指数	%	99.7	-0.3

人民生活

指　　标	单　位	2014 年	同比 ± %
一、城镇居民生活			
1. 城镇居民人均总收入	元	27491	10.4
工资性收入	元	19794	10.0
经营净收入	元	1145	10.1
财产性收入	元	742	12.1
转移性收入	元	5810	11.5
2. 城镇居民人均可支配收入	元	26725	10.6
二、农村居民生活			
农民人均纯收入	元	8534	12.8
工资性收入	元	3661	13.0
经营净收入	元	3854	12.8
财产性收入	元	231	13.2
转移性收入	元	788	11.9
三、从业人员平均工资	元	42508	5.4
企业	元	43785	5.5
事业	元	41620	5.4
机关	元	38902	5.0

各县市区主要经济指标(一)

县市区	常住人口（万人）	生产总值		第一产业增加值		第二产业增加值		第三产业增加值	
		绝对量（亿元）	同比 ± %	绝对量（亿元）	同比 ± %	绝对量（亿元）	同比 ± %	绝对量（亿元）	同比 ± %
渭南市	534.30	1460.94	10.5	207.16	4.9	794.51	12.1	459.27	9.7
临渭辖区	89.07	303.79	11.5	33.90	4.9	145.88	13.9	124.01	10.0
临渭区	-	224.92	11.3	33.61	4.9	90.11	13.8	101.20	10.8
高新区	-	78.87	12.0	0.29	4.6	55.77	14.1	22.81	6.5
经开区	-	-	-	-	-	-	-	-	-
华　县	32.60	115.75	9.2	9.40	5.4	86.70	9.8	19.65	7.7
潼关县	15.79	41.10	10.4	3.42	5.1	23.19	11.8	14.49	9.6
大荔县	69.90	112.37	9.6	31.13	4.9	25.36	18.2	55.88	8.0
合阳县	44.02	71.39	8.9	17.49	4.7	20.55	8.9	33.35	10.5
澄城县	39.03	85.29	10.0	19.64	5.0	39.86	12.3	25.79	9.2
蒲城县	74.75	151.62	9.7	23.61	4.5	76.11	10.8	51.90	10.4
白水县	28.33	66.30	8.6	22.79	5.5	18.61	8.7	24.90	10.6
富平县	74.94	135.51	11.2	26.33	4.7	68.63	15.5	40.35	10.0
韩城市	39.71	303.02	11.2	13.82	4.5	236.45	12.2	52.75	8.9
华阴市	26.19	78.35	11.8	5.63	5.2	42.05	13.7	30.67	9.5

各县市区主要经济指标(二)

县市区	人均 GDP（元）	非公增加值		粮食总产量		水果总产量		工业增加值	
		绝对量（亿元）	比重（%）	绝对量（万吨）	同比±%	绝对量（万吨）	同比±%	绝对量（亿元）	同比±%
渭南市	27372	694.60	47.54	206.01	-2.4	292.06	3.2	695.03	12.2
临渭辖区	34143	146.81	48.33	33.33	-1.9	26.26	4.5	97.02	12.5
临渭区	-	110.43	49.10	27.53	-3.6	21.76	-12.7	45.81	9.4
高新区	-	36.38	46.13	0.60	0.0	0.30	25.5	51.21	15.2
经开区	-	-	-	5.20	8.3	4.20	-	-	-
华　县	35544	29.72	25.68	11.01	-2.0	2.59	4.4	85.46	9.8
潼关县	26054	20.55	50.00	4.20	-2.5	1.13	-0.4	21.84	12.4
大荔县	16093	55.46	49.35	27.05	-2.7	51.40	-0.6	22.53	17.2
合阳县	16234	35.98	50.40	19.74	-4.7	35.53	1.4	17.10	8.8
澄城县	21875	44.96	52.71	16.73	-4.5	45.62	9.6	38.85	11.8
蒲城县	20305	70.68	46.62	32.97	-0.1	31.28	2.8	68.98	11.5
白水县	23428	33.25	50.15	10.52	-5.0	53.70	1.0	18.51	8.7
富平县	18102	69.66	51.40	35.50	-1.4	32.27	6.0	65.71	16.3
韩城市	76385	162.76	53.71	7.28	-6.2	11.43	-1.5	221.58	12.2
华阴市	29950	37.54	47.91	7.70	-1.4	0.84	1.7	40.37	13.9

各县市区主要经济指标(三)

县市区	规模以上工业增加值		规模以上工业总产值		规模以上工业企业用电量		规模以上工业综合能源消费量	
	绝对量（亿元）	同比±%	绝对量（亿元）	同比±%	绝对量（万千瓦时）	同比±%	绝对量（吨标准煤）	同比±%
渭南市	638.35	12.3	1883.48	8.1	1038258	3.3	14799034	0.5
临渭辖区	81.39	13.4	257.74	9.7	56654	-5.8	1512483	-2.9
临渭区	38.48	9.7	74.98	-0.5	4517	-27.3	23995	39.0
高新区	42.91	16.7	134.30	16.2	45725	-2.4	1452170	-1.9
经开区	-	-	48.46	10.2	6412	-9.4	36318	-4.4
华　县	83.40	9.8	233.01	4.5	129213	64.8	1378813	315.2
潼关县	20.94	12.7	55.86	7.0	12734	-5.9	15718	-12.3
大荔县	16.78	21.8	59.10	20.0	05540	5.1	21167	1.6
合阳县	15.45	8.9	38.94	-1.0	7772	-8.0	12195	-5.5
澄城县	36.30	12.6	82.89	6.2	98385	-12.0	390059	-9.1
蒲城县	62.51	11.9	169.10	5.1	152999	-1.1	2628501	-5.4
白水县	13.60	8.8	38.53	-8.0	16127	-7.2	133848	-11.3
富平县	62.24	17.3	160.21	16.8	98008	5.1	719417	2.7
韩城市	214.04	12.4	673.61	8.3	357976	2.7	6630893	-9.8
华阴市	34.64	14.6	103.73	11.8	92850	-10.8	1355940	-1.5

各县市区主要经济指标(四)

县市区	规模以上工业产值单耗		全社会固定资产投资*		固定资产投资		工业投资	
	绝对量(吨标准煤/万元)	同比±%	绝对量(亿元)	同比±%	绝对量(亿元)	同比±%	绝对量(亿元)	同比±%
渭南市	0.82	-7.13	1765.61	20.3	1646.34	21.2	448.16	-7.9
临渭辖区	0.75	-12.04	399.26	20.1	370.84	15.7	46.41	-29.6
临渭区	0.12	-25.60	245.06	-	217.30	-	18.41	-
高新区	1.08	-15.62	120.37	25.5	119.97	26.2	20.70	-13.9
经开区	0.07	-13.20	33.83	-	33.57	-	7.29	-
华　县	0.59	297.19	152.75	16.8	140.22	10.4	30.30	-20.7
潼关县	0.03	-18.02	53.81	23.3	51.98	24.0	19.04	-13.6
大荔县	0.04	-15.33	117.58	25.7	104.03	28.4	23.95	33.5
合阳县	0.03	-4.60	96.75	24.2	90.33	25.5	24.39	-14.8
澄城县	0.50	-13.92	141.30	17.4	124.04	7.4	59.33	-6.9
蒲城县	1.55	-9.98	214.30	29.7	206.08	31.0	68.99	-18.3
白水县	0.35	-3.60	77.25	26.3	68.60	25.9	17.24	26.8
富平县	0.45	-12.09	129.98	26.2	122.39	28.0	25.59	-22.5
韩城市	0.98	-16.75	252.39	25.7	248.79	26.1	122.04	11.3
华阴市	1.31	-11.96	121.65	26.3	119.02	25.1	10.87	18.5

*分县投资数据没有将市直投资全部包含。

各县市区主要经济指标(五)

县市区	社会消费品零售总额		从业人员平均工资		城镇居民人均可支配收入		农民人均纯收入	
	绝对量(亿元)	同比±%	绝对量(元)	同比±%	绝对量(元)	同比±%	绝对量(元)	同比±%
渭南市	418.55	14.0	42508	5.4	26725	10.6	8534	12.8
临渭辖区	110.78	13.7	48837	13.9	-	-	-	-
临渭区	82.35	14.0	-	-	29149	11.5	8940	13.6
高新区	28.43	12.5	-	-	-	-	-	-
经开区	-	-	-	-	-	-	-	-
华　县	16.38	12.7	45460	0.4	27348	10.5	8438	12.7
潼关县	11.27	14.6	38110	7.0	26101	11.8	8381	13.4
大荔县	51.53	13.0	38604	5.5	26168	10.9	9184	13.8
合阳县	27.48	14.1	39989	-8.7	25563	10.5	7620	12.3
澄城县	25.43	13.2	42907	-7.1	27374	10.6	7691	13.1
蒲城县	50.69	13.3	41715	18.3	27677	11.6	8590	12.8
白水县	19.12	14.2	36876	7.5	25824	11.3	8218	13.9
富平县	48.87	13.1	36750	5.2	27321	11.1	8476	12.8
韩城市	21.17	13.6	41798	1.3	30071	10.1	11400	12.0
华阴市	35.83	13.0	39721	4.9	26719	10.2	8241	12.5

各县市区主要经济指标(六)

县市区	地方财政收入		财政支出	
	绝对量(万元)	同比±%	绝对量(万元)	同比±%
渭南市	674648	3.7	2934111	6.4
市本级	129258	6.8	392622	-4.1
其中:本级	125194	6.5	355305	-6.5
卤阳湖	2856	14.2	8987	4.7
经开区	1208	19.2	28330	37.2
县级小计	545390	3.0	2541489	8.2
临渭区	35744	10.4	326036	1.1
高新区	29017	11.3	54959	26.8
华　县	34300	0.0	151161	4.4
潼关县	28010	14.2	118600	11.3
大荔县	19174	15.4	262388	4.7
合阳县	24568	12.2	211500	10.2
澄城县	40180	12.1	200369	9.1
蒲城县	61600	12.8	304836	15.0
白水县	23700	10.2	167935	10.0
富平县	40365	11.3	308006	9.5
韩城市	170031	-106	307921	9.6
华阴市	38701	9.8	127778	1.2

全省各市主要经济指标(一)

县市区	常住人口(万人)	生产总值		第一产业增加值		第二产业增加值		第三产业增加值	
		绝对量(亿元)	同比±%	绝对量(亿元)	同比±%	绝对量(亿元)	同比±%	绝对量(亿元)	同比±%
全　省	3775.12	17689.94	9.7	1564.94	5.1	9689.78	11.2	6435.22	8.4
西安市	862.80	5474.77	9.9	214.55	5.1	2205.37	11.3	3054.85	9.0
铜川市	84.50	340.42	11.0	22.57	4.8	221.74	12.1	96.11	9.6
宝鸡市	375.30	1658.54	10.8	161.33	4.9	1078.18	11.9	419.03	9.2
咸阳市	495.70	2077.34	10.9	321.72	5.0	1219.88	13.5	535.73	8.2
渭南市	534.30	1460.94	10.5	207.16	4.9	794.51	12.1	459.27	9.7
延安市	221.40	1386.09	6.2	113.70	5.5	968.89	5.3	303.50	9.3
汉中市	343.20	991.05	11.6	183.98	5.4	457.92	15.4	349.15	9.7
榆林市	338.40	3005.74	9.0	145.04	5.5	2051.94	9.8	8.8.76	7.2
安康市	264.20	689.44	11.7	93.01	5.5	299.67	15.2	185.78	9.1
商洛市	235.10	576.27	11.0	90.82	4.7	299.67	15.2	185.78	8.1
杨凌区	20.30	93.20	12.5	6.92	4.9	51.22	14.5	35.06	11.0

全省各市主要经济指标(二)

县市区	人均生产总值(元)	非公增加值		农林牧渔业总产值		规模以上工业总产值		规模以上工业增加值	
		绝对量(亿元)	比重(%)	绝对量(万吨)	同比±%	绝对量(万吨)	同比±%	绝对量(亿元)	同比±%
全　省	46929	9324.42	52.7	-	5.2	20142.06	10.8	7468.64	11.3
西安市	63602	2883.48	52.67	367.21	5.1	4433.85	13.0	1195.28	11.1
铜川市	40337	165.50	48.62	41.88	5.0	565.39	3.7	186.36	12.8
宝鸡市	44241	830.40	50.07	280.90	4.9	2242.63	7.0	745.20	12.2
咸阳市	41971	1068.39	51.43	559.99	5.3	2987.34	15.7	912.83	14.5
渭南市	27372	694.60	47.54	384.46	5.1	1883.48	8.1	638.35	12.3
延安市	62714	292.55	21.11	203.20	5.6	1627.46	1.2	911.30	4.9
汉中市	28908	510.81	51.54	325.51	5.4	1003.83	16.6	312.47	17.1
榆林市	89005	1214.20	40.4	250.03	5.4	3393.85	7.5	1974.14	10.0
安康市	26117	364.75	52.91	163.75	5.3	786.99	23	273.21	18.3
商洛市	24538	297.22	51.58	165.92	4.7	632.47	29.5	171.09	20.0
杨凌区	45978	47.19	50.63	11.86	5.0	110.40	20.9	33.63	16.0

全省各市主要经济指标(三)

县市区	全社会固定资产投资		固定资产投资		地方财政一般预算收入		地方财政一般预算支出	
	绝对量(亿元)	同比±%	绝对量(亿元)	同比±%	绝对量(亿元)	同比±%	绝对量(亿元)	同比±%
全　省	18709.69	17.4	18358.01	17.8	1889.98	13.6	3961.73	8.1
西安市	5903.98	15.0	5824.53	15.2	583.76	16.3	819.50	12.3
铜川市	327.63	26.0	281.56	21.1	22.06	14.0	82.90	2.2
宝鸡市	2105.59	26.1	1979.17	21.8	78.05	15.6	235.61	6.9
咸阳市	2492.43	21.3	2398.57	21.6	85.46	16.2	271.44	2.4
渭南市	1765.61	20.3	1646.34	21.2	67.46	3.7	293.41	6.4
延安市	1541.07	16.7	1297.93	12.5	168.09	13.1	310.10	5.2
汉中市	845.04	24.4	705.49	19.6	40.89	15.6	234.08	9.2
榆林市	1647.04	-9.9	1396.50	-12.42	67.84	13.3	423.54	0.3
安康市	605.56	25.5	541.78	22.0	28.09	13.9	205.09	9.6
商洛市	625.16	26.0	586.26	20.3	29.04	15.3	163.24	11.6
杨凌区	115.31	26.2	104.47	25.5	7.93	24.5	21.64	7.7

全省各市主要经济指标(四)

县市区	规模以上工业产值单耗		全社会固定资产投资＊		固定资产投资		工业投资	
	绝对量(吨标准煤/万元)	同比±%	绝对量(亿元)	同比±%	绝对量(亿元)	同比±%	绝对量(亿元)	同比±%
全　省	1683.53	35.0	855.54	34.9	5572.84	12.8	3732.26	13.3
西安市	1534.54	37.7	734.62	39.7	2872.90	12.8	2282.53	13.2
铜川市	1.37	34.6	1.36	44.5	82.55	14.1	46.77	20.1
宝鸡市	52.73	-4.1	41.23	-4.7	535.59	14.0	272.77	18.0
咸阳市	35.39	-5.5	28.28	-4.4	525.22	14.3	250.29	22.7
渭南市	14.17	-5.9	11.91	-4.6	418.55	14.0	271.24	15.1
延安市	7.14	20.0	7.14	20.0	193.18	13.5	102.22	13.5
汉中市	6.39	41.0	4.54	9.3	281.42	13.5	144.20	16.8
榆林市	2.93	2.3	2.55	-2.1	321.21	7.6	231.05	-2.9
安康市	2.17	20.0	2.17	26.2	193.02	12.5	95.32	12.9
商洛市	22.47	484.8	18.32	525.7	136.87	12.4	30.12	10.1
杨凌区	4.25	-18.4	3.42	-25.2	12.33	13.2	5.74	16.7

全省各市主要经济指标(五)

县市区	城镇居民人均可支配收入		农民人均纯收入	
	绝对量(万元)	同比±%	绝对量(万元)	同比±%
全　省	24916	9.0	7270	11.8
西安市	36100	9.1	14462	11.9
铜川市	27237	11.2	9169	12.6
宝鸡市	31560	10.7	9421	12.5
咸阳市	31530	10.7	9612	12.6
渭南市	26725	10.6	8534	12.8
延安市	30588	10.7	9779	12.7
汉中市	24605	11.0	7933	12.5
榆林市	29665	10.6	9730	12.0
安康市	25011	11.0	7468	12.7
商洛市	24727	11.1	7035	13.0
杨凌区	36008	9.1	14046	13.0

附　　录

重要文件目录

1月6日　渭政发〔2014〕1号　关于2013年度科学技术奖励的决定

1月17日　渭市字〔2014〕6号　市委市政府军分区关于加强民兵应急力量常态化建设的意见

1月17日　渭市字〔2014〕7号　市委市政府军分区关于进一步加强全市国防教育工作的意见

1月22日　渭市发〔2014〕2号　市委市政府关于加快推进城镇化发展的意见

1月24日　渭政发〔2014〕2号　关于对渭河渭南城区段违法采砂进行综合整治的通告

1月27日　渭人发〔2014〕2号　关于表彰2013年度优秀市人大代表的通知

1月29日　渭人发〔2014〕1号　关于全市简政放权工作调研情况的报告

2月6日　渭政发〔2014〕3号　关于烟花爆竹行业整治和落实监管责任的意见

2月9日　渭政发〔2014〕14号　关于表彰2013年度渭南市质量管理奖渭南市名牌产品企业及渭南市标准化工作先进单位的决定

2月12日　渭市字〔2014〕16号　市委关于进一步加强党校工作的意见

2月12日　渭政发〔2014〕4号　关于对2013年度工业保增长工业固定资产投资先进单位进行通报表彰的决定

2月13日　渭人党发〔2014〕5号　关于补选石立东等三名同志为市四届人大代表的报告

2月24日　渭政发〔2014〕5号　关于表彰2013年度安全生产先进单位的通报

3月4日　渭政发〔2014〕7号　关于印发《中共渭南市人民政府党组会议规则》的通知

3月6日　渭人党发〔2014〕6号　关于印发党的群众路线教育实践活动学习教育听取意见环节工作计划的通知

3月6日　渭人党发〔2014〕7号　关于印发党的群众路线教育实践活动实施方案的通知

3月6日　渭人党发〔2014〕8号　关于成立党的群众路线教育实践活动组织领导机构的通知

3月7日　渭政发〔2014〕6号　关于实施前进路北段道路建设工程的通告

3月7日　渭政发〔2014〕8号　关于实施解放路北段道路建设工程的通告

3月11日　渭政发〔2014〕9号　关于下达2014年地方财政一般预算收入任务的通知

3月11日　渭政发〔2014〕10号　关于下达2014年财税各部门地方财政一般预算收入任务的通知

3月11日　渭政发〔2014〕11号　关于印发渭南市2014年重点建设项目计划的通知

3月12日　渭政发〔2014〕12号　关

于表彰奖励2013年新增规模以上工业企业的决定

3月12日 渭政发〔2014〕13号 关于表彰奖励2013年度地理标志保护产品县省质量兴省先进县及陕西省名牌产品单位的决定

3月12日 渭人党发〔2014〕9号 关于报送党的群众路线教育实践活动实施方案的报告

3月12日 渭人党发〔2014〕10号 关于报送党的群众路线教育实践活动学习教育听取意见环节工作计划的报告

3月18日 渭政发〔2014〕15号 印发贯彻落实国务院办公厅关于进一步加强煤矿安全生产工作意见的实施办法的通知

3月18日 渭政发〔2014〕16号 印发关于渭南市2014年国民经济和社会发展计划的通知

3月19日 渭人发〔2014〕4号 渭南市人大常委会2014年工作要点

3月31日 渭政发〔2014〕17号 关于市政府部分领导同志分工调整的通知

4月2日 渭政发〔2014〕18号 关于命名表彰第二批市级现代农业园区的决定

4月3日 渭市发〔2014〕4号 市委关于深化改革的意见

4月9日 渭政发〔2014〕19号 关于印发《渭南市市属国有企业领导人员管理办法（暂行）》的通知

4月9日 渭政发〔2014〕20号 关于印发《渭南市市属国有企业监事会工作管理办法（暂行）》的通知

4月15日 渭人党发〔2014〕12号 关于党的群众路线教育实践活动征求意见座谈会情况的报告

4月15日 渭政发〔2014〕21号 关于印发渭南市市级部门保留取消下放行政审批事项目录的通知

4月16日 渭政发〔2014〕22号 关于印发《渭南市税收保障管理暂行办法》的通知

4月18日 渭人发〔2014〕7号 关于检查权力清单制度落实情况的通知

4月18日 渭政发〔2014〕24号 关于公布规范性文件清理结果的通知

4月21日 渭政发〔2014〕23号 关于全面改善村庄人居环境建设生态美丽乡村的实施工作意见

4月22日 渭政发〔2014〕25号 关于表彰2013年度金融机构支持地方经济社会发展先进单位的通报

4月24日 渭政发〔2014〕26号 关于切实做好2014年工业稳增长若干意见的通知

4月24日 渭政发〔2014〕27号 关于支持高新区打造国家新材料高新技术产业化基地的实施意见

4月25日 渭人发〔2014〕8号 关于市四届人大常委会主任、副主任、秘书长分工的通知

4月25日 渭人发〔2014〕9号 关于印发渭南中心城市规划建设管理专题询问评论实施方案的通知

4月29日 渭人党发〔2014〕13号 党的群众路线教育实践活动征求意见情况报告

4月29日 渭政发〔2014〕28号 关于印发治污降霾保卫蓝天行动计划（2014至2017年）实施方案的通知

4月30日 渭人党发〔2014〕14号 关于党的群众路线教育实践活动学习教育征求意见环节情况的报告

5月6日 渭人党发〔2014〕15号 关于建立党的群众路线教育实践活动征求意见“六项清单”的报告

5月8日　渭政发〔2014〕29号　关于印发渭南市农村金融服务创新工程规划(2014至2020年)的通知

5月19日　渭人党发〔2014〕16号　党的群众路线教育实践活动查摆问题开展批评环节实施方案

5月27日　渭市字〔2014〕31号　市委关于印发《渭南市三个“百人计划”实施意见》通知

5月30日　渭市发〔2014〕5号　市委市政府贯彻落实中省《关于全面深化农村改革加快推进农业现代化的若干意见》的实施意见

5月30日　渭政发〔2014〕30号　关于贯彻落实省政府取消和下放41项行政审批项目的决定的通知

6月6日　渭政发〔2014〕31号　关于执行国家第四阶段机动车污染物排放标准的通告

6月6日　渭政发〔2014〕32号　关于建设沿黄公路渭南段渭洛河大桥项目的通告

6月26日　渭政发〔2014〕34号　关于表彰奖励2014年上半年工业稳增长贡献突出企业的决定

7月23日　渭市字〔2014〕42号　市委印发《关于进一步严明干部选拔任用工作纪律的暂行规定》的通知

7月23日　渭市字〔2014〕43号　市委印发《关于落实党风廉政建设责任制党委主体责任实施意见》的通知

7月25日　渭市字〔2014〕44号　市委关于印发《渭南市贯彻落实中央〈建立健全惩治和预防腐败体系2013—2017年工作规划〉实施办法》的通知

7月31日　渭人党发〔2014〕20号　关于印发市人大机关2014年党风廉政建设责任制实施方案的通知

8月4日　渭政发〔2014〕35号　关于渭南仲裁委员会第三届组成人员的通知

8月7日　渭政发〔2014〕36号　关于2014年征兵的命令

8月11日　渭市字〔2014〕47号　市委市政府关于建设创新型渭南的若干意见

8月12日　渭市发〔2014〕6号　市委关于印发《中共渭南市委工作规则》《中共渭南市委常委会议事决策规则》的通知

8月14日　渭政发〔2014〕37号　印发关于整合中等职业教育资源的意见的通知

8月15日　渭人党发〔2014〕23号　关于开展领导干部任职回避有关问题专项检查的自查报告

8月15日　渭政发〔2014〕38号　关于市政府部分领导同志分工调整的通知

8月20日　渭政发〔2014〕39号　关于表彰全市知识产权先进县市和专利优势企业的决定

8月20日　渭政发〔2014〕40号　关于印发创新型渭南建设工作方案的通知

8月26日　渭市字〔2014〕51号　市委关于印发《中共渭南市委全委会对正县职干部拟任人选和推荐人选票决办法》的通知

8月28日　渭人发〔2014〕14号　关于全市禁毒品走私案工作情况的调研报告

8月28日　渭人发〔2014〕15号　关于印发《渭南市人大常委会专题询问暂行办法》的通知

9月3日　渭人发〔2014〕16号　关于批准渭南2014年地方债券收支安排及市级预算调整的决定

9月7日　渭市发〔2014〕7号　市委印发《关于进一步加强政治协商工作的意见》的通知

9月24日　渭政发〔2014〕41号　关

于印发《渭南市行政审批事项管理办法》的通知

9月24日 渭政发〔2014〕42号 关于印发第二届黄河金三角投资合作交流大会实施方案的通知

10月8日 渭政发〔2014〕43号 关于印发渭南市第二批政府向社会中介组织转移目录的通知

10月9日 渭政发〔2014〕44号 关于印发渭南市促进农村居民收入倍增规划的通知

10月14日 渭人党发〔2014〕27号 关于设立渭南市人大常委会机关党组的请示

10月15日 渭市发〔2014〕8号 市委市政府关于分类推进事业单位改革的实施意见

10月16日 渭人党发〔2014〕28号 关于学习贯彻习近平总书记在党的群众路线教育实践活动总结大会上的讲话情况的报告

10月23日 渭政发〔2014〕45号 关于理顺渭南经开区财政收入分配关系的通知

10月28日 渭政发〔2014〕46号 关于划定高污染燃料禁烧区的通知

10月30日 渭政发〔2014〕47号 关于贯彻落实国务院计量发展规划(2013—2020年)的实施意见

11月7日 渭人发〔2014〕19号 关于安康市贯彻实施《陕西省综合治理条例》情况报告

11月11日 渭人党发〔2014〕30号 关于召开党的群众路线教育实践活动总结大会的请示

11月13日 渭人党发〔2014〕31号 关于报送党的群众路线教育实践活动工作总结的报告

11月14日 渭人发〔2014〕20号 关于切实做好2013年度审计查出问题整改落实工作的意见

11月14日 渭人发〔2014〕21号 关于批准通知渭南市2014年市本级财政支出预算的决定

11月14日 渭人发〔2014〕22号 关于批准追加渭南市2014年市级财政决算的决议

11月17日 渭市字〔2014〕61号 市委市政府军分区关于推进军民融合深度发展的意见

11月18日 渭政发〔2014〕49号 关于印发全市重污染天气应急预案的通知

11月18日 渭政发〔2014〕51号 关于表彰奖励2014年下半年工业稳增长突出贡献企业的决定

11月26日 渭政发〔2014〕50号 关于继续对渭河渭南城区段违法采砂进行综合整治的通告

12月4日 渭政发〔2014〕53号 关于2014年秋季秸秆禁烧工作的通报

12月4日 渭政发〔2014〕54号 关于严厉打击非法施行计划生育手术和非医学需要的胎儿性别鉴定行为的通告

12月5日 渭政发〔2014〕52号 关于市级各部门进驻市行政服务大厅实行一厅式办公有关事项的通知

12月5日 渭政发〔2014〕55号 关于贯彻落实中省关于促进市场公平竞争维护市场正常秩序若干意见的通知

12月10日 渭市字〔2014〕63号 市委市政府关于印发《渭南市县级人民政府职能转变和机构改革实施意见》的通知

12月10日 渭人党发〔2014〕33号 关于省委人大工作会议精神及我市贯彻意见情况报告

12月17日 渭政发〔2014〕56号

关于印发《渭南市城乡居民基本养老保险实施办法(试行)》的通知

12 月 19 日 渭市发〔2014〕9 号 市委关于进一步加强和改进人大工作的意见

12 月 30 日 渭市发〔2014〕10 号 市委关于废止和宣布失效一批党内法规和规范性文件的决定

白水杜康酒

杜康是中国古代传说中的“酿酒始祖”。杜康,字仲宁,黄帝时代人,生于陕西白水县康家卫,葬于此地。杜康酒是中国珍贵的遗产之一。千百年来,杜康一直被人们奉为中国酿酒的“祖师爷”,流芳百世,但其酿酒方法早已失传。

为了发掘继承杜康酒的传统工艺,使历史名酒重放异采,1976 年陕西省白水杜康酒厂在杜康当年酿酒遗址杜康沟畔重建。通过查阅历史文献,发掘杜康造酒遗方,走访民间酿酒世家,广采传统制曲经验,继承古代造酒精华,走西凤,下泸州,访杏花,取名家之精艺,创杜康之新风,博取全国名酒之长。经过反复研究试验,汲取当年杜康造酒用的清冽甘美杜康泉水,选用当地优质大麦、小麦、豌豆作曲,精选关中优质高粱为原料,沿用老土泥池发酵,应用传统酿造遗方与现代科学酿酒工艺相结合,经制曲、发酵、立窖、挑窖、蒸馏、勾兑,终于精酿而成。千古流芳的杜康名酒又获新生。

白水杜康酒,属清香型白酒,酒液清澈透明,芳香纯正,入口绵甜,醇厚柔和,五味协调,回味悠长,饮后留香,风味独特。产品畅销全国 31 个省市,在台湾尤为抢手。并出口日本、新加坡、墨西哥、德国、美国、玻利维亚等十多个国家和港澳地区。

2013 年 4 月国家质检总局专家会议通过了对白水杜康酒地理标志保护产品的申报审核。

索 引

说 明

一、本索引是《渭南年鉴》(2015)的内容分析索引。按主题词的汉语拼音字母(同音字按声调)顺序排列。

二、类目、分目标题采用黑体字。目录、特载、附录、文内插图、彩色插页、补白不作索引。

三、索引款目用宋体字排印,表格注有“(表)”字样。标引词后面的数字表示内容所在页码,数字后的 a、b 表示栏别(从左到右)。

四、同一主题的“参见”内容,在索引款目后分别标注页码和栏别;与主题有关的内容作为“附见”于次行缩进二字起排。“参见”和“附见”按内文中出现的先后次序排列。

A

B

C

D

E

F

J

N

P

Q

T

Y

图书在版编目（CIP）数据

渭南年鉴. 2015 / 王答雄主编. -- 西安 : 陕西人民出版社, 2015
ISBN 978-7-224-11749-3

Ⅰ. ①渭… Ⅱ. ①王… Ⅲ. ①渭南市－2015－年鉴
Ⅳ. ①Z524.13

中国版本图书馆CIP数据核字(2015)第283425号

渭南年鉴 2015

主　编	王答雄
出版发行	陕西新华出版传媒集团　陕西人民出版社 (西安北大街147号　邮编：710003)
印　刷	中煤地西安地图制印有限公司
开　本	787mm×1092mm　16开　36.5印张　120插页
字　数	645千字
印　次	2015年12月第1版　2015年12月第1次印刷
书　号	ISBN 978-7-224-11749-3
定　价	160.00元